FACSIMILE OF OXFORD, BODLEIAN LIBRARY, MS DIGBY 86

EARLY ENGLISH TEXT SOCIETY
SS 16
1996

FACSIMILE OF OXFORD, BODLEIAN LIBRARY, MS DIGBY 86

WITH AN INTRODUCTION BY

JUDITH TSCHANN and M. B. PARKES

Published for
THE EARLY ENGLISH TEXT SOCIETY
by the
OXFORD UNIVERSITY PRESS
1996

Oxford University Press, Walton Street, Oxford OX2 6DP
Oxford New York
Athens Auckland Bangkok Bogota Bombay
Buenos Aires Calcutta Cape Town Dar es Salaam
Delhi Florence Hong Kong Istanbul Karachi
Kuala Lumpur Madras Madrid Melbourne
Mexico City Nairobi Paris Singapore
Taipei Tokyo Toronto
and associated companies in
Berlin Ibadan

Oxford is a trade mark of Oxford University Press

British Library Cataloguing in Publication Data
Data available

ISBN 0-19-722417-2

1 3 5 7 9 10 8 6 4 2

Set by Joshua Associates Ltd, Oxford
Printed in Great Britain
on acid-free paper by
Ipswich Book Company Ltd.

ACKNOWLEDGEMENTS

The Council of the Society wishes to thank the Curators of the Bodleian Library for their kind permission to reproduce the manuscript, and the Keeper and staff of the Department of Western Manuscripts for their co-operation in the production of this volume.

In the course of preparing the introduction the editors have been indebted to the following for suggestions, comments, and information: Dr B. Barker-Benfield, Dr M. Corrie, Dr B. Hill, Dr T. Hunt, and Prof. A. G. Watson; Prof. R. J. Dean, Dr A. I. Doyle, and Dr R. Zim also commented on drafts of parts of the introduction, and Miss K. Fisher assisted with checking the typescript. However, the editors take full responsibility for any errors and for the views expressed.

TABLE OF CONTENTS

PRINCIPAL ABBREVIATIONS USED IN THE INTRODUCTION

ANTS	Anglo-Norman Text Society
Bennett and Smithers	Bennett, J. A. W., and G. V. Smithers, *Early Middle English Verse and Prose*, with Glossary by N. Davis, 2nd edn. (Oxford, 1968)
BL	London, British Library
Bloomfield	Bloomfield, M., *The Seven Deadly Sins* (East Lansing, Mich., 1952)
BN	Paris, Bibliothèque nationale
Brown	Brown, C., *English Lyrics of the Thirteenth Century* (Oxford, 1932, rpt. 1952)
Bryan and Dempster	Bryan, W. F., and Dempster, G., *Sources and Analogues of Chaucer's* Canterbury Tales (London, 1958)
CBEL	*Cambridge Bibliography of English Literature*, ed. F. W. Bateson, supplement ed. G. Watson (Cambridge, 1941–57)
Chevalier	Chevalier, C. U. J., *Répertorium hymnologicum*, Louvain-Brussels (1892–1921; rpt. Hildesheim, 1971)
Duncan	Duncan, T. G., *Medieval English Lyrics 1200–1400* (London, 1995)
Furnivall	Furnivall, F. J., *Minor Poems of the Vernon Manuscript*, EETS OS 117 (London, 1901)
Horae Eboracenses	*Horae Eboracenses*, ed. C. Wordsworth, Surtees Society 132 (London and Durham, 1920)
Hunt	Hunt, Tony, *Popular Medicine in the Thirteenth Century* (Cambridge, 1990)
IMEP, 3	*Index of Middle English Prose—Handlist III: the Digby Collection, Bodleian Library, Oxford*, ed. P. J. Horner (Woodbridge, Suffolk, 1986)
IMEV	*Index of Middle English Verse*, ed. C. Brown and R. H. Robbins (New York, 1943), supplement ed. R. H. Robbins and J. L. Cutler (Lexington, 1965)
Jeffrey and Levy	Jeffrey, D. L. and B. Levy, *The Anglo-Norman Lyric: An Anthology*, Studies and Texts, 93 (Toronto, 1990)
JEGP	*Journal of English and Germanic Philology*
Långfors	Långfors, A., *Les Incipit des poèmes français* (Paris, 1917)
Leroquais	Leroquais, C., *Les Livres d'heures manuscrits de la Bibliothèque nationale* (Paris, 1927)
Luria and Hoffman	Luria, M. S., and R. L. Hoffman, *Middle English Lyrics* (New York, 1974)

Manual	*A Manual of the Writings in Middle English, 1050–1500*, 9 vols, ed. J. Burke Severs and A. E. Hartung, based upon J. E. Wells' *Manual* (New Haven, Conn., 1967–93)
Meier-Ewert	Meier-Ewert, C., 'A Study and Partial Edition of the Anglo-Norman Verse in Bodleian MS Digby 86', D.Phil. Thesis (Oxford Univ., 1971)
Miller	Miller, B. D. H., 'The early history of Bodleian MS Digby 86', *Annuale medievale* 4 (1963), 26–56
NM	*Neuphilologische Mitteilungen*
Noomen and van den Boogaard	Noomen, W., and N. van den Boogaard, *Nouveau recueil complet des fabliaux* 4 (Assen, 1982)
RES	*Review of English Studies*
Rézeau	Rézeau, P., *Répertoire d'incipit des prières françaises à la fin du Moyen Âge*. Addenda et corrigenda aux répertoires de Sonet et Sinclair Nouveaux Incipit (Geneva, 1986)
Robbins	Robbins, R. H., *Secular Lyrics of the Fourteenth and Fifteenth Centuries*, 2nd edn. (Oxford, 1955)
Sinclair 1	Sinclair, K. V., *Prières en ancien français*. Nouvelles references, renseignements, complementaires, indications bibliographiques, corrections et tables des articles du *Répertoire* de Sonet (Hamden, Conn., 1978)
Sinclair 2	Sinclair, K. V., *Prières en ancien français*. Additions et corrections aux articles 1–2374 du *Répertoire* de Sonet. *Supplement* (Townsville, Qld, Australia, 1987)
Sinclair *FDT*	Sinclair, K. V., *French Devotional Texts of the Middle Ages* (Hamden, Connecticut and London, 1979)
Sonet	Sonet, J., *Répertoire d'incipit de prières en ancien français*, Société de Publications Romanes et Françaises 54 (Geneva, 1956)
Stengel	Stengel, E., *Codicem manu scriptum Digby 86 in Bibliotheca Bodleiana asservatum* (Halle, 1871)
Thorndike, *History*	Thorndike, L., *A History of Magic and Experimental Science*, vols 1 and 2 (New York, 1923)
Thorndike and Kibre *Incipits*	Thorndike, L., and P. Kibre, *A Catalogue of Incipits of Medieval Scientific Writings in Latin*, rev. edn. (Cambridge, Mass., 1963)
Vising	Vising, J., *Anglo-Norman Language and Literature* (London, 1923)
Walther, *Initia carminum*	Walther, H., *Initia carminum ac versuum medii aevi posterioris latinorum*. Carmina medii aevi posterioris latina 1, 2nd edn. (Göttingen, 1969)

INTRODUCTION

OXFORD, BODLEIAN LIBRARY, MS DIGBY 86 is a layman's common-place book or miscellany which was originally copied towards the end of the thirteenth century. It includes prayers and devotional texts, romances, fabliaux, humorous lyrics, a game and party tricks, medical receipts for both humans and birds, prognostications and titbits of useful information (like the different procedures for ridding a house of malignant spirits, and guests who have outstayed their welcome). A Kalendar was subsequently supplemented by the scribe-owner to enable it to serve as an almanac. Although most of the texts are in French or Latin, they include eighteen Middle English texts and a macaronic one; four of the French literary texts and twelve of the Middle English ones are unique to this manuscript. Like its later counterpart, London, British Library, MS Harley 2253 (also in this series of facsimiles), the manuscript provides a valuable witness to the context in which these texts were preserved. Digby 86 was originally associated with the Grimhill family, and subsequently passed to the Underhill family in South Worcestershire.

In the sixteenth century the manuscript was preserved in the collection of Thomas Allen who subsequently bequeathed it to Sir Kenelm Digby. The manuscript contained hardly anything of interest to the antiquaries of the period, and the description of Digby 86 in the catalogue of Allen's collection drawn up for Brian Twyne in 1622 is the only entry which is seriously inadequate. Interest in the manuscript was aroused by Stengel's account, accompanied by transcriptions of some of the texts, in *Codicem manu scriptum Digby 86 in Bibliotheca Bodleiana asservatum* (Halle, 1871). In the Bodleian Quarto Catalogue of the Digby collection (1883), Macray did not attempt to identify all the contents, and relied heavily on Stengel's work.

The list of contents printed here is the fullest inventory of the manuscript to appear in print so far. However, since some items have not yet been identified because of damage to the manuscript, it cannot claim to be complete.

CONTENTS

This inventory records texts in the order in which they appear in the manuscript, but in three sequences: the first (arts 1–81) consists of those texts which were entered in the manuscript by the original scribe; the second sequence (arts *82–*97) consists of subsequent additions by this scribe arranged in the same way, and the third of additions by later scribes (arts *98–*101) arranged in chronological order. An asterisk on its own appears in

the first sequence to draw attention to the existence at this point in the manuscript of added items which are described in the later sequences.

In transcriptions, a straight line | indicates the end of a line of verse written as prose in long lines across the page. The spellings in Latin works have been made more consistent with two exceptions: we have not emended the word *sauntus* (for *sanctus*), nor words containing *ngn* (for *gn*; e.g., *singnificat*, fol. 34^{v}, no. 12), since the scribe consistently adopted these spellings. Full stops in the transcriptions represent *punctūs* in the manuscript, and upper case letters represent *litterae notabiliores* or initials. Abbreviations have been expanded silently. Bibliographical references are meant to be helpful, not exhaustive. We refer to Stengel's description of the manuscript (1871) only when he gives manuscript or bibliographical references which have not been superseded. Pr. indicates that an item has been printed from MS Digby 86. Ed. indicates that the work has been printed from another manuscript.

1. fols 1^{r}–4^{v}
Distinctio peccatorum. Set morteus pecches sount. Li premer est orgoil. Le secound est envie. Le terz est ire . . . (fol. 3^{r}) **Si commencent les set morteus pecchez** Si hounques mesprit vers deu a escient. si li fust hounkes auis ki les bens qui il out venisent de luy meymes . . .
Vising 166; see Bloomfield, p. 143; cf. Bryan and Dempster, pp. 745–50. For arts 1–6, see Stengel, pp. 1–3.

2. fols 4^{v}–5^{r}
On confession:
Pus deyt demaunder si il onques destourbast nul sacrement afere par fest ou par counsail. ou meit peine de oscire enfaunt en la ventre sa mere . . .
Vising 168; Bloomfield, pp. 170, 387–8, n. 107; cf. Bryan and Dempster, pp. 751–8.

3. fols 5^{r}–6^{r}
Dis comaundemenz sount. le premer comaundement defent mescreaunce. le secound defend fous seremens . . . **Ci comencent les x comaundemens.** Le premer comaundement est qui houme neyt fors vn deu. qui il deit amer et onourer et seruir de tout soun quer . . .
Vising 166.

4. fols 6^{r-v}
The Twelve Articles of Faith:
En apres deuez sauer. qui douze articles sount en la fey de seinte eglise. les queles checun cristien deit crere et tenir fermement . . . Li premer Article est la fey de la seinte trinite . . .
Vising 166.

5. fols 6^{v}–7^{r}
The Seven Sacraments:
Set sacramens sount. ceo est a sauer. bapteme. confermement. eukariste. penaunce. ordre. mariage. enouingnement. bapteme fest lalme nette de touz pecches . . .
With exposition of baptism, confirmation, the eucharist and penance. Vising 166.

6. fols 7^{r}–8^{v}
Form of confession:
A deu et a ma dame seinte marie et a touz les seins noustre seingnour et a vous pere esperitel me reng coupable. de quant qui ieo ay pecche. en penser. en parole. en fest . . .
Sinclair *FDT* 2387; Vising 168; and references cited above, art. 2.

7. fols 8^{v}–15^{v}, 17^{r}–21^{r}
Ici comence le liure ypocras ki il enuead a cesar lemperour. Chescun houme veraymen t et beste et oisel qui cors tent en sey. ad quatre humours. et nomement cors de houme. Ceo est a sauer La vne est chaude. et lautre est freide . . . (fol. 9^{r}) (i) Pur dolour del chef. (cf. Hunt, p. 104, and pp. 109–41, nos 7, 8, 21, 8b, 8a, 9a, 10–16). (fol. 9^{v}) (ii) As oilz mescine (incl. cf. Hunt, nos 26–9); (iii) Pur oil lermaunt (cf. Hunt, no. 30); (iv) Pur la maele (cf. Hunt, no. 37); (v) Pur la maele et pur la teye (cf. Hunt, no. 30); (vi) Pur la teie (cf. Hunt, nos 39, 31). (fol. 10^{r}) (vii) As oilz dolenz (cf. Hunt, nos 33–6); (viii) Pur auer clere veue (cf. Hunt, no. 47); (ix) Pur puour de bouche (cf. Hunt, nos 48–50); (x) Pur dolour des denz (cf. Hunt, nos 51, 56–8); (xi) Pur dolour des denz od emfleure (cf. Hunt, nos 59–60). (fol. 10^{v}) (xii) pur neires denz enblaunchir (cf. Hunt, no. 62); (xiii) As nariles puauntes (cf. Hunt, nos 41–5); (xiv) Pur la dolour des orailles (cf. Hunt, nos 65–9); (xv) Pur cheuelure auer (cf. Hunt, nos 70, 72–3, 71 and p. 140). (fol. 11^{r}) (xvi) Pur lunge chevelure auer (cf. Hunt, no. 76); (xvii) Pur fere blaunche face (incl. cf. Hunt, nos 78, 80 and p. 140); (xviii) A face lentilouse (Hunt, p. 140); (xix) Pur la dolour del piz (incl. cf. Hunt, no. 82). (fol. 11^{v}) (xx) Pur la secche touse (incl. cf. Hunt, no. 83); (xxi) Pur le mal del pomoun; (xxii) A houme ki est enpoisoune (cf. Hunt, nos 88–91). (fol. 12^{r}) (xxiii) Pur mal ke tout a houme talent de manger (cf. Hunt, no. 92); (xxiv) Encuntre vomisement (cf. Hunt, nos 93–5); (xxv) Si houme perd sa parole (cf. Hunt, nos 97, 98); (xxvi) Pur dolour et pur duresse de uentre (cf. Hunt, nos 99–101); (xxvii) Pur vn mal que loum apele en engleis .le uic. (pr. Hunt, p. 140). (fol. 12^{v}) (xxviii) Pur costiuure (cf. Hunt, nos 102–4); (xxix) Pur rauncle de denz; (xxx) Pur meneisun (cf. Hunt, nos 105–6,

106a and p. 141). (fol. 13r) (xxxi) Pur meneisun (pr. Hunt, p. 141). (fol. 13v) (xxxii) Pur le mal del cancre (cf. Hunt, nos 114–16 and p. 141); (xxxiii) Si houme plaie pura guarir ou noun (incl. Hunt, nos 119, 118, 120); (xxxiv) A plaie warir (*with English gloss* 'canuwre: id est henep' *by the scribe*). (fol. 14r) (xxxv) A plaie soursance; (xxxvi) Pur chef esquache; (xxxvii) A toutes plaies; (xxxviii) Pur rauncle oscire (cf. Hunt, no. 124). (fol. 14v) (xxxix) Pur rauncle de seingnee (cf. Hunt, nos 127, 125); (xl) Encountre feures (cf. Hunt, no. 151); (xli) Pur freides feueres (cf. Hunt, nos 152–4); (xlii) A feures terceines (cf. Hunt, no. 155); (xliii) Si houme ne poest dormir (incl. cf. Hunt, nos 157–9); (xliv) Pur morsure de serpent (incl. cf. Hunt, nos 160–2). (fol. 15r) (xlv) Pur saunc estauncher (that pr. Hunt, p. 141 and incl. cf. Hunt, nos 163, 164, 168); (xlvi) Pur les glaundres; (xlvii) Pur estaler; (xlviii) a houme qui estale saunc; (xlix) Pur ouster uernes; (l) Pur ouster la teingne del chef. (fol. 15v) (li) A chevelure; (lii) Pur roinge; (liii) Pur espine sailli al cors; (liv) Pur trere hors espine; (lv) A feme qui trauaille denfaunt (text continues on fol. 17r after inserted leaf); (fol. 17r) (lvi) Ad feme lentilouse; (lvii) as mameles emfles; (lviii) Pur le mal del esplen; (lix) A feme enceinte; (lx) A ki faut lait. (fol. 17v) (lxi) Pur dolour des quises; (lxii) Contre emfle de coup; (lxiii) A emfle de coup; (lxiv) A emfle de pez; (lxv) As genoilz emflez; (lxvi) Pur reine en maladie; (lxvii) As nerfs contrez; (lxviii) Pur parole en dormaunt; (lxix) A sauer si le malade purra viure. (fol. 18r) (lxx) Pur goute enosse; (lxxi) Pur goute quel ki ele seit; (lxxii) Pur goute festre. (fol. 18v) (lxxiii) Pur freide goute; (lxxiv) a ardaunte goute; (lxxv) pur morte goute. (fol. 19r) (lxxvi) pur la goute chaine; (lxxvii) pur le feloun.; (lxxviii) pur le mal des rains. (fol. 19v) (lxxix) pur emflure del piz; (lxxx) pur fere bon ciroine; (lxxxi) countre brusure de os; (lxxxii) countre brusure de braz; (lxxxiii) As oilz malades et renuerses; (lxxxiv) countre arsure de fu; (lxxxv) cuntre tusse; (lxxxvi) cuntre roine de mainz. (lxxxvii) a seirouns; (lxxxviii) pur mal des oilz. (fol. 20r) (lxxxix) cuntre la pere; (xc) cuntre dertre; (xci) a teingne de la teste; (xcii) a sengle (pr. Hunt, p. 141); (xciii) ki pisser ne poet; (xciv) pur saunc estauncher; (xcv) pur dolour de denz; (xcvi) pur le mal del membre; (xcvii) pur la dolour del membre; (xcviii) pur la dolur del oraile; (xcix) pur morsure de chen. (fol. 20v) (c) Pur sauer de chose emble; (ci) A trouer chose perdue; (cii) pur pucele esprouer; (ciii) pur puces houster; (civ) pur bon colour auez; (cv) pur houster peil; (cvi) pur seingne. Ici finist le liure ipocras. qui il envea a cesar lempereur . . .

Expanded text of the *Letter of Hippocrates*, in French: Stengel 2; *Lettre d'Hippocrate* ed. (from BL MS Harley 978) Hunt, pp. 100–41, see especially pp. 104–5, 140–1; and (from MS Vatican, Reg. lat. 1211) O. Södergård, *Une lettre d'Hippo-*

crate d'après un manuscript inédit, Acta Universitatis Lundensis, Sectio 1 Theologica Juridica Humaniora 35 (Stockholm, 1981); cf. Thorndike and Kibre, *Incipits*, 1181 (Hippocratis, *Epistola de humoribus*); see also P. Meyer, 'Manuscrit français de Cambridge Ff.1.33', *Romania* 15 (1886), 274; and references cited for arts 16 and 20.
For fol. 16 see below art. *101.

*

8. fols 21^r–26^v
Ci comence la lettre ke prestre Iohan enuea a la pape de roume. Prestres iohans par la grace deu disum roys entre les rois crestiens maunde saluz et amistez et fraternite al empereur de roume . . .
Stengel 3; Vising 70; cf. Thorndike and Kibre, *Incipits*, 298, 1084 (*Epistola presbiteri Johannis*); ed. M. Gosman, *La Lettre du prêtre Jean*, Mediaevalia Groningana 2 (Groningen, 1982). See also Bryan and Dempster, pp. 357–63; V. Slessarev, *Prester John, The Letter and the Legend* (Minneapolis, 1959); and P. Meyer, 'La Lettre du prêtre Jean', *Romania* 39 (1910), 275–6.

9. fols 26^v–28^r
Prayers in French and Latin:
(fol. 26^v) (i) **Oracio ad deum.** Cest oreisun fist seint fraunceis en le onour de vn saluz de nostre seignour iesu crist. . . . Aue iesu crist ki pur nous peccheours de cel decendistes. | et de la virgine marie char et saunc preites. | Långfors, p. 34; Sonet 122; Sinclair 1. 122; Rézeau 122; Sinclair *FDT* 2619; Stengel 4; ed. Jeffrey and Levy, pp. 52–6). (fol. 27^r) (ii) **Quinque gaudia marie.** Nostre dame seinte marie envea cest oreisun a seint morice eueske de paris. . . . Aue al noraunce de nostre dame seinte marie ki cuncust sun cher fiz saunz conisaunce de houme. (attributed to Maurice de Sully, bishop of Paris (d. 1196)); Sinclair *FDT* 2490, 3221; Vising 94; see also C. A. Robson, *Maurice de Sully and The Medieval Vernacular Homily* (Oxford, 1952); N. R. Ker, *Facsimile of BL MS Harley 2253*, EETS ES 255 (1965), p. xv and item 104; M. B. Parkes, *English Cursive Book Hands 1250–1500*, rev. ed. (London, 1979), pl. 1(ii); and P. Meyer, 'Manuscrit français de Cambridge Gg.1.1', *Romania* 15 (1886), 307–8). Followed by rubric **Pater noster** and (fol. 27^v) (iii) **Oracio ad deum** Sire deu omnipotent. | si cum ieo crei verement. | ki li prestre tent en present. | vostre seint cors en sacrement. | Långfors, p. 395; Sonet 1216; Sinclair 1. 1216; cf. 1972, 1991). (iv) Gloriouse dame seinte marie ke le fiz deu portastes. | virgine le concustes. et virgine lenfauntastes. | et de virgnau let virginaument le letastes. | (version of prayer from the Five Joys attributed to Maurice de Sully; Långfors,

p. 148; Sonet 663; Sinclair 1. 663; see also P. Meyer, 'Notice du MS Bodley 57', *Romania* 35 (1906), 570–3). (v) **Oremus** Omnioun [*for* omnium] opifex deus qui nos a brutis racionem eternis in nobis racionem conserua. vt perillam recti sensus nostros ab illicitis . . . (fol. 28^r) (vi) **Oracio ad sanctam mariam** Douce dame seinte marie virgine gente. ki en toun seint cors portastes vostre dingne fiz. ceo fu iesu crist ki en crois fu mis. (Sinclair *FDT* 2781; possibly part of Maurice de Sully's prayers to the Virgin; cf. P. Meyer, *ibid.*). Followed by (vii) Omnis virtus te decorat. | omnis sauntus te honorat. | in celesti patria. | omnes te benedicunt | et laudantes tridicunt. | aue plena gracia. (Chevalier 31302).

10. fols 28^r–33^v
Charms and prognostications in French and Latin:
(fol. 28^r) (i) Pur saunc estauncher (pr. Hunt, p. 83, no. 6); (ii) pur farcin (pr. Hunt, p. 83, no. 7); (iii) Pur enpledement (pr. Hunt, p. 84, no. 8). (fol. 28^v) (iv) Pur feures charme; (v) Pur feures; (vi) Pur feures (pr. Hunt, p. 84, nos 9–11). (fol. 29^r) (vii) Pur feures; (viii) Pur feures; (ix) Pur feures; (x) Icest bref est bon a guarir (pr. Hunt, p. 84, no. 12). (fol. 29^v) (xi) Pur houme ki auera wen (pr. Hunt, p. 84, no. 13); (xii) pur enfaunter; (fol. 30^r) (xiii) medicine de denz; (xiv) pur doleur de denz; (xv) Pro fantasmate. (fol. 30^v) (xvi) Medicine de fantesme; (xvii) In nomine (&c) . . . Ab omni malo et dolore et angustia . . .; (xviii) Pro fantasmate; (xix) pur rauncle (pr. Hunt, p. 85, no. 14); (fol. 31^r) (xx) carmen ad oculos; (xxi) Pur pors medicine (pr. Hunt, p. 85, no. 15); (xxii) In nomine . . . quicumque hec nomina secum portauerit. non peribit in hignem nec in aqua nec per gladium nec per venenum; (fol. 31^v) (xxiii) Pur goutefestre (pr. Hunt, p. 85, no. 16); (xxiv) Pur la gute. (fol. 32^r) (xxv) Signa ob domo de natalis domini (Thorndike and Kibre, *Incipits*, 1450, see Thorndike, *History* 1, 678); (xxvi) Propter quamlibet mendam; (xxvii) Charme pur soriz (pr. Hunt, p. 85, no. 17). (fol. 32^v) (xxviii) Charme pur soriz. (fol. 33^r) (xxix) Pro morbo caduco; (xxx)Si homo non potest loqui; (xxxi) Ad dolorem mamillarum. (fol. 33^v) (xxxii) Ad abendum requisissionem rectam; (xxxiii) Ad morsum canis; (xxxiv) Pur saunc estauncher; (xxxv) Countre vomisement de saunc; (xxxvi) A plaie; (xxxvii) ad morte plaie; (xxxviii) Si puer non potest retinere lac. (ends abruptly).

Vising 319; see also L. E. Voigts, *A Latin Technical Phlebotomy and its Middle English Translation* (Philadelphia, 1984); L. E. Voigts, 'Anglo-Saxon Plant Remedies and the Anglo-Saxons', *Isis* 70 (1979), 250–68; and M. S. Ogden, *The Liber de Diversis Medicinis*, EETS os 207 (1938), pp. xv–xix; O. Cockayne,

Leechdoms, Wortcunning and Starcraft of Early England, Rolls Series 35, 3 (London, 1866); G. Henslow, *Medical Works of the Fourteenth Century* (London, 1899; rpt. 1961).

[Quire missing]

11. fol. 34r
Experimentia and recipes (beginning lost):
(i) Vt appareat aliquibus quod flumen sit in domibus; (ii) Vt homines exeant domo; (iii) Vt vas fini sit ad omnia quod vis aptum; (iv) Si vis eligere meliorem porcellum; (v) Ad muscas necandas; (vi) Si vis facere aliqua mortua cantare; (vii) Si quis wlt aparere quod sit lazarus; (viii) Si quis wlt tumorem talem abicere; (ix) Si quis wlt ne aliquis scribat super percemenum; (x) Si vis haboundare apibus. And the following miscellaneous items: (xi) Amarusca est mors apibus . . . (xii) Et fuga de rore mayo fit vermium multitudo . . . (xiii) Serribile est fuga coloumbarum; (xiv) Pone smerewyrt in terra . . . ingenerabountur vermes . . .; (xv) Vt carnes exeauat de olla . . .; (xvi) Descende tres leucas in terra et videbis stellas; (xvii) Annetum facit hominem dormire . . .
Thorndike, *History* 2.802; cf. art. 15 below.

*

12. fols 34v–40r
Daniel propheta petebatur a principibus ciuitatis babilone vt somnia que eis videbantur. eis soluere[t]. tunc sedit et hec omnia scribat tradidit populo ad legendum. Arma in somnis portare securitatem singnificat. Arcum tendere et sagittas mittere lucrum vel laborem singnificat Arcum tractare vel portare expectacionem vel desiderium singnificat
Interpretation of dreams, arranged alphabetically: Thorndike and Kibre, *Incipits*, 363; see also Thorndike, *History* 2. 294.

*

13. fols 40r–41r
Ci comencent les singnes del iour de nouel. Si le iour de noel auent par dimaine. bon iuer serra mes vetous [*for* ventous] sera. ver ventous. aste sehc et bon. vendeinge bone.
Prognostications according to day of the week on which Christmas falls: Thorndike, *History* 1. 678–9; cf. Vising 305; for Latin versions, see T. Hunt, *Medium Ævum* 56 (1987), 170, 180, n. 126.

14. fols 41^{r}–46^{r}
Ci comence le soungnarie daniel le prophete si est apele lunarie. La premere lune fu adam crie. bon est de mettre enfaunt a lettre et profitable est a toutes choses comencer. et couenable . . .
Prognostications of lucky and unlucky days according to the moon: Stengel 12; Thorndike, *History* 1. 680–2; cf. Långfors, p. 60; cf. Vising 304; Robbins, p. 248.

*

15. fols 46^{r}–48^{r}
Hic incipiunt experimencia bona et optima. (i) Gluten mirabile. Ad deaurandum quicquid volueris; (ii) Ad faciendum scripturam cupream vel eneam auream vel argenteam . . .; (iii) Ad scribendum literam que legi non possit ab alico nec estiam videri nisi ad ingnem calefiat . . .; (iv) Ad scribendum literam que de die legi non potest set de nocte . . . (fol. 46^{v}) (v) Vt litera legi non possit nisi mediante speculo . . .; (vi) Vt a sole candelam possis accendere . . .; (vii) Vt aqua vidiatur vinum bibentibus . . .; (viii) Vt vinum aque mixtum ab ipsa valead separari . . . (fol. 47^{r}) (ix) Ut ouum super aquam positum fundum petere non possit . . .; (x) Vt ouum ascendat super quispidem lancee . . .; (xi) Vt ouum includatur in vase vitreo stricti orificii . . .; (xii) Vt ouum baculo percussum. vel contra parietem proiectum frangi nequeat . . .; (xiii) Vt pomum vel pirum vel boerum includatur in vase vitreo . . .; (xiv) Vt anulus saltet per domum ad modum locuste . . .; (xv) Vt gallus cantet in veru (*glossed* broche) et voluatur per se . . . (fol. 47^{v}) (xvi) Vt ab vna candela accensa mille accendi valeant . . .; (xvii) Ut candela accensa ardead in aqua et non extinguetur . . .; (xviii) Vt candela accensa semel et millesies extincta tosciens se ipsam accendat . . .; (xix) Vt candela accendatur ab imagine in pariete depicta . . .; (xx) Ampullas mirabiles ad modum vrinalis hoc modo facias . . .; (xxi) Vt vinum pendeat in partica vase destructo vel non effundatur posito euerso . . . (fol. 48^{r}) (xxii) Vt carnes per frustra minutissima incise in simul coniungantur . . .
Cf. C. R. Dodwell, Theophilus, *De diversis artibus* (Oxford, 1961), pp. 17, 29; for 'amicdali' (item 1) and other medical and chemical terms, see T. Hunt, *Plant Names of Medieval England* (Cambridge, 1989), p. 21 and *passim*; and J. L. G. Mowat, *Alphita: A Medico-Botanical Glossary*, Anecdota Oxoniensia, 1. 2 (Oxford, 1887).

16. fol. 48^{r}
Pur sounge esprouer. Si vous volez sauer la verite de voustre sounge. Alez a mouster deuaunt le auter et aiunuilez et diez misere mei deus et

domine in furore et pernez pus vn sauter clos et ouerez cel sauter et par la premeraine lettre de la ceneitre pagine poez sauer la verite de vostre sounge . . .

17. fol. 48^{r-v}

Quindecim singna dierum iudicii. Quindecim singna quindecim dierum ante diem iudicii. inuenit sanctus geronimus. in analibus libris ebreorum. Primo die eriget se mare in altum cubitis xl super altitudines montium . . .

Thorndike and Kibre, *Incipits*, 557 (*De signis ante iudicium*); see also W. W. Heist, *The Fifteen Signs Before Doomsday* (East Lansing, 1952), pp. 65–70, 205, n. 18; and art. 41 below.

18. fol. 48^{v}

Prayers in Latin:

(i) **Oracio.** Saunta maria mater domini nostri iesu cristi in manus eiusdem filii tui et in tuas manus commendo hodie et in omni tempore animam meam . . . (attributed to St Edmund of Abingdon, archbishop of Canterbury (d. 1240); Leroquais 2. 299: see L. G. Gjerløw, *Adoratio Crucis* (Oslo, 1961), p. 116; W. Wallace, *Life of Saint Edmund of Canterbury* (London, 1893), p. 472). (ii) **Oracio ad dominum.** Deus qui scauntum crucem ascendisti et beate marie matris tue consilium dedisti et preces latronis in parte tua dextera pendentis exaudisti . . . amen.

*

[leaf missing]

19. fols 49^{r}–62^{r}

Ci comence le medicinal des oiseus. Si vous auez en aucun luy ayre de houstour ou de esperuer. ou de autre oisel. et vous quidez ou sachez de veir ki nul houme seyt entour de vous embler cel ayre . . . (fol. 49^{r}) (i) Pur ben norir. (fol. 50^{v}) (ii) A esperuer en oiseler; (iii) Pur merilun afeiter. (fol. 51^{r}) (iv) Pur esperuer comistre. (fol. 51^{v}) (v) Pur faucon comistre. (fol. 52^{v}) (vi) Pur la conz plie; (vii) Si vous volez ki oisel vous eime. (fol. 53^{v}) (viii) Pur penne freite par torsseure. (fol. 54^{r}) (ix) Pur la cowe depesse. (fol. 54^{v}) (x) Ore auez oy la manere de affeyer. et del garder et de comistre oysel. Ore orrez des enfermites . . . (xi) Si vostre oysel ne mangne piu. (xii) Si vous volez oysel sein tenire. (fol. 55^{v}) (xiii) Si vous volez oysel ben muer. (fol. 56^{r}) (xiv) Si vous volez voustre oysel dedens vn meys muer; (xv) Si vous volez tercel ou faucon madle. (fol. 56^{v}) (xvi) Si voustre oysel ad mal dedenz le buel; (xvii) Pur char

retenue. (fol. 57[r]) (xviii) Pur char iette de oysel; (xix) Pur la coustimire. (fol. 57[v]) (xx) Pur la pere en oisel; (xxi) Pur la beistie. (fol. 58[r]) (xxii) Pur la felere; (xxiii) Pur les verues; (xxiv) Pur le poagre. (fol. 58[v]) (xxv) Pur les feures; (xxvi) Si voustre oisel est glettous; (xxvii) Pur iaunbe depesse o quise. (fol. 59[r]) (xxviii) Pur la pepie; (xxix) Pur rumpure; (xxx) Pur le cauncre; (xxxi) Pur membre affebli. (fol. 59[v]) (xxxii) Pur les aguilles. (fol. 60[r]) (xxxiii) Pur male teiste; (xxxiv) Pur le re. (fol. 60[v]) (xxxv) Pur le tesse; (xxxvi) Pur les poilles. (fol. 61[r]) (xxxvii) Pur les teingnes.

On care of hunting birds: Vising 311; on terminology, see F. Lecoy, 'Ancien français crouiere "pie grieche"', *Romania* 77 (1956–7), 85–7; G. Tilander, 'Ancien français peroindre', *Romania* 56 (1930), 267–75; G. Tilander, 'Vieux français paalee, palee', *Romania* 55 (1929), 554–60.

*

20. fols 62[v]–65[r]

Les xv saumes.

Gradual Psalms (Pss. 119–33) with the collects 'Deus cum proprium est misereri semper et parcere' (following Ps. 123), 'Ecclesie tue quesimus domine preces placatus' (following Ps. 128) and 'Fidelium deus omnium conditor' (following Ps. 133).

*

21. fols 65[r]–67[v]

Les vii saumes.

Seven Penitential Psalms (Pss. 6, 31, 37, 50, 101, 129, 142) followed by antiphon (in red) 'Ne reminiscaris domine delicta nostra vel parentum nostrum', and rubric 'et postea dicata letaniam in principio scriptam libri'.

*

22. fols 67[v]–68[r]

Veni creator spiritus et cetera
Seint esperit a nous venez
Les quers des toens revisitez . . .

In French verse but with first Latin line of each stanza in red. Sinclair *FDT* 3567. See also S. H. Thomson, 'Three Anglo-Norman Translations of the *Veni Creator Spiritus*', *Medium Ævum* 8 (1939), 36. Jeffrey and Levy, pp. 114–15.

23. fol. 68[r]

Ici sunt escrites les dolerous jours del an. Ceo est a sauer ki en geniuer ad vi iours. le premer et le secund et terz et le quart et le quint

et le disenefime. E en feuerer ad iii le cessime et le dissetime et le disentime . . .

List of unlucky days in the year: Stengel 18; Thorndike, *History* 1. 685–9; Vising 307; see also W. R. Dawson, 'Observations on the Egyptian Calendars of Lucky and Unlucky Days', *Journal of Egyptian Archeology* 12 (1926), 260–4; and W. R. Dawson, *A Leechbook, or Collection of Medical Recipes of the Fifteenth Century* (London, 1934), pp. 16, 328–9; cf. Robbins, pp. 67–70. This text occurs twice in the manuscript (see no. *91 below).

24. fol. 68r (and 67v)

le abite de augrim. (Arabic numerals 1–10) **Numerus.** (Arabic numerals 11–46, ending at foot of fol. 68r, and continued in available space at foot of previous leaf, fol. 67v) **Defectus numeris.** (Arabic numerals 47–60). (Ends abruptly, bottom of page removed.)

See G. F. Hill, *The Development of Arabic Numerals in Europe* (Glasgow, 1915); and E. G. R. Waters, 'A Thirteenth-Century Algorism', *Isis* 11 (1928), 45–84.

25. fols 68v–74r

Kalendar without grading, but with feasts entered in red and black.

Those in red include depositions of Wulfstan II (19 Jan.), Oswald (28 Feb.), and Ecgwin (30 Dec.), all of whom were bishops of Worcester. Feasts in black include translations of Wulfstan II (7 June), Ecgwin (10 Sept.), and Oswald (8 Oct.), but in the last two the scribe has inked over the **w** in each name in red. The translation of Oswald took place in 1218.

*

26. fol. 74v

Post primam lunam epiphanie computa decem dies. et in dominica sequenti. claudetur alleluia. Post secundam primam epiphanie computa. duos dies . . .

Directions for calculating movable feasts (cf. *Ordinale Sarum sive Directorium sacerdotum*, ed. C. Wordsworth, Henry Bradshaw Soc. 22 (1902), pp. 615, 624, 708).

27. fols 74v–97v

Ci comence le romaunz peres aunfour coment il aprist et chaustia sun cher fiz. belement.

Le pere sun fiz chastioyt
Sens et sauoir lui apernoyt . . .

(i) De vn demi ami; (ii) De vn bon ami enter; (iii) De vn sage houme e de i fol; (iv) De vn roi e de vn clerc; (v) De vn gopil e de vn mul; (vi) De vn houme e de vne serpente e de i gopil; (vii) De vn roy e de vn uersifiour; (viii) De ii clercs escolers; (ix) De un prodoume e de sa male feme;

(x) Del engin de femme del uelous; (xi) Del espee autre engin de femme; (xii) De vn roy e de vn fableour; (xiii) De vne veille e de vne lisette; (xiv) De la gile de la pere el puiz; (xv) De vne prodefemme bone cointise; (xvi) De ii menestreus; (xvii) Del oisel ki aprist les iii sens au uilein; (xviii) De vn vilein e de i lou e de i gopil; (xix) De vn roy e de Platoun; (xx) De vn roy fol large; (xxi) De Maimound mal esquier; (xxii) De Socrates e de roi Alisaundre; (xxiii) Compareisoun del secle de i laroun; (xxiv) Del roi Alisaundre e de i philosofe; (xxv) De vn philosofes et del alme.

Petrus Alphonsi's *Disciplina clericalis*, earliest French version translated from the Latin. Långfors, p. 208; Stengel 20; Vising 54; French text ed. E. D. Montgomery, *Le Chastoiement d'un père à son fils* (Chapel Hill, 1971); Latin text ed. A. Hilka and W. Söderhjelm, *Petri Alphonsi Disciplina clericalis*, Annales societatis scientiarum Fennicae, 38, 49 (Helsinki, 1911, 1922); English tr. J. R. Jones and J. E. Keller, *The Scholar's Guide* (Toronto, 1969); see also D. Metlitzki, *The Matter of Araby in Medieval England* (New Haven, 1977), pp. 95–106.

28. fols 97^{v}–102^{r}

Ci comence le romaunz de enfer le Sounge rauf de hodenge de la voie denfer.

En sounge deit fables auoir
Si sounge poet deuenir uoir . . .

Le voie d'enfer, by Raoul de Houdenc: Långfors, pp. 132–3; Stengel 21; ed. A. Jubinal, *Mystères inédits du XVe siècle* 2 (Paris, 1842), 384–403; and M. T. Mihm, *The Songe d'Enfer of Raoul de Houdenc: An Edition Based on All the Extant Manuscripts*, Beihefte zur Zeitschrift für romanische Philologie 190 (Tübingen, 1984).

29. fols 102^{v}–103^{v}

De vn vallet qui soutint dames et dammaiseles.

A dames et as dammaiseles
Weuues espouses et puceles . . .

Unique witness to text, also called 'La bonté des femmes' by Långfors, pp. 22–3; Stengel 22; Vising 279; pr. Meier-Ewert.

30. fols 103^{v}–105^{r}

De roume et de gerusalem.

Roume et ierusalem se pleint
De coueitise ki vous ueint . . .

La complainte de Jerusalem, satirical poem against the pope, by Huon de Saint-Quentin: Långfors, p. 352; Stengel 23, and pp. 106–25; on the last strophe see F. Wulff and E. Walberg, *Les vers de la mort par Hélinant*, Société des anciens textes français 50 (Paris, 1905), p. xxxv.

31. fols 105^r–109^v

Le lai du corn.

De vne auenture qui auint
A la court al bon rei qui tint . . .

Unique witness to text. Romance from the matter of Britain, by Robert Biket: Långfors, p. 111; Vising 40; pr. C. T. Erickson, *Le lai du corn*, ANTS 24 (Oxford, 1973). See also M. D. Legge, *Anglo-Norman Literature and Its Background* (Oxford, 1963), pp. 132–3.

32. fols 109^v–110^r

Le fablel del gelous.

Deu ne fist ounkes gelous nestre
Ne deu ne set ren de sun estre . . .

Unique witness to text. Långfors, p. 93; Vising 269; pr. Stengel, pp. 28–30; Meier-Ewert.

33. fols. 110^r–111^r

De vn pecheour ki se repenti (heading over erasure).

Ieo ay vn quer mout let
Qui souent mesfet . . .

La prière Nostre Dame, by Thibaut d'Amiens: Långfors, p. 173; Sinclair *FDT* 2977; ed. B. Woledge, *Penguin Book of French Verse* 1 (Harmondsworth, 1960), pp. 131–9; see also P. Meyer, 'Le MS 8336 de la Bibliothèque Phillipps', *Romania* 13 (1884) 528–9; and L. Mourin, 'Poésies religieuses françaises inconnues', *Scriptorium* 3 (1949), 224.

34. fols 111^r–112^v

Ci comence la beitournee.

Estraungement
Par est mun quer dolent . . .

[ends abruptly at line 205 (line 117 of Kingsford edition:)]

Couert de plom et de tiulle

La bestournee, by 'Richard'; humorous verse similar to the *fatrasie* or nonsense poem: Långfors, p. 140; Vising 266; pr. Meier-Ewert; and (from BL MS Harley 978) C. L. Kingsford, *The Song of Lewes* (Oxford, 1890; rpt. Brussels, 1963), pp. 154–8; see also Antoine Thomas, 'Le No. 44 des manuscrits français des Gonzague', *Romania* 10 (1881), 407.

[Quires missing]

35–37. fols 113^{r-v} and 113^v–114^r

Three French verse texts [beginning abruptly].

Toust auez huy iournee feste
Tes ta sere ne te deshete . . .

Les quatre souhais saint Martin, fabliau: begins abruptly at line 44 of Noomen and van den Boogaard's edition; line 46 of Barbazan's edition. Långfors, p. 435; Stengel 28; ed. Noomen and van den Boogaard, 4, no. 31; B. J. Levy, *Selected Fabliaux* (Hull, 1978), 3; E. Barbazan and M. Meon, *Fabliaux et Contes* 4 (Paris, 1808), 386–90; adapted by Sophie Moore, 'Ribald Classics', *Playboy Magazine* (Aug. 1975), p. 131.

This is followed without a break at fol. 113^v (b) line 12 by verses beginning:

Ne est mie saie qui femme creyt
Morte ou viue quele qui seyt . . .

an extract from *Le blasme des fames* ('A' version) ending at fol. 114^r (b) line 1. However, this in turn is interrupted at fol. 114^r (a) lines 5–24 by verses beginning:

Femme est de mal atret et de male nature.
Quant celui qui la eime ne ne preise ne na cure . . .

an extract from *Le Chastie-musart*.

Långfors, pp. 325–6; Vising 60; pr. Stengel (who includes these works with no. 35), pp. 38–9; ed. ('A' version, from BN MS français 1593) A. Jubinal, *Nouveau recueil de contes, dits, fabliaux*. . ., 2, 330–3; corrections to Jubinal's ed. in Noomen and van den Boogaard, 4, p. 409; ed. ('B' version, from Cambridge University Library MS Gg.1.1) G. Fiero, W. Pfeffer, and M. Allain, *Three Medieval Views of Woman* (New Haven, 1989); and ('B' version, from BL MS Harley 2253) T. Wright and J. O. Halliwell, *Reliquiae antiquae* (London, 1841–3), 2, 218–23; see also G. Paris, 'La Femme de Salomon', *Romania* 9 (1880), 436. 'Le Chastie-musart' pr. Noomen and van den Boogaard 4, p. 410; see also P. Meyer, 'Manuscrit français de Cambridge Gg.1.1', *Romania* 15 (1886), 339, 603–10.

38. fols 114^r–116^v

La vie de vn vallet amerous.

Iolifte
Me fest aler ad pe . . .

Unique witness to text. Långfors, p. 189; Vising 270; pr. Stengel, pp. 40–9; and Meier-Ewert.

39. fols 116^v–118^v

Des iiii files deu.

Un rois estoit de grant pouer
De bon valour de grant sauer . . .

From *Le Chasteau d'amour*, by Robert Grosseteste: S. H. Thomson, *The Writings of Robert Grosseteste* (Cambridge, 1940), pp. 152 *et seq.*; Långfors, pp. 313–14, 431–2; Stengel 30; Vising 289; ed. J. Murray, *Le Chasteau d'amour* (Paris, 1918); lines 204–468 of this work appear in Hope Traver *The Four Daughters of God* (Philadelphia, 1907).

*

40. fols 119r–120v

Hou iesu crist herowede helle
Of hardegates ich will telle
Leue frend nou beþ stille
Lesteþ þat ich tellen wille . . .

IMEV suppl. 1850.5, cf. 185; *CBEL*, p. 188; *Manual* 2. 449, 641; ed. W. H. Hulme, *The Harrowing of Hell and the Gospel of Nicodemus*, EETS ES 100 (1907).

41. fols. 120v–122v

Les xv singnes de domesdai.

Fiftene toknen ich tellen may
Of xv dayes er domesday . . .

Outer half of fol. 121 missing with 70 lines of verse text. *IMEV* 796, 1823; *Manual* 9. 3047–8; pr. Stengel, pp. 53–7; ed. F. J. Furnivall, *Hymns to the Virgin and Christ*, EETS OS 24 (1867), pp. 118–25.

42. fols 122v–125v

Ci comence la vie seint Eustace qui out noun placidas.

Alle þat louieþ godes lore
Olde and ȝonge lasse and more . . .

IMEV 211; *Manual* 1. 120, 2. 586; Stengel 34; ed. C. Horstmann, *Sammlung Altenglische Legenden: Neue Folge* (1881; rpt. Hildesheim, 1969), pp. 211–19.

43–44. fols 125v–127r

Les diz de seint bernard comencent Ici tres beaus.

þe blessinge of heuene king
And of his moder þat swete þing . . .
Seint bernard seiþ in his bok . . .

Followed on fols. 126v by

Vbi sount qui ante nos fuerount

Uuere beþ þey biforen vs weren
Houndes ladden and hauekes beren . . .

IMEV 3310, 2865; *Manual* 9. 3008–9; pr. Furnivall, pp. 757–63; and H. Varnhagen, *Anglia* 3 (1880), 59–66; 'Ubi sunt' pr. Brown, pp. 85–7; Duncan, 47; and Luria and Hoffman, 12. J. E. Cross, 'The Sayings of St. Bernard and Ubi Sunt Qui Ante Nos Fuerunt', *RES* NS 9 (1958), 1–7, argues that the 'Ubi Sunt' verses are part of the *Sayings of St. Bernard*. See also J. B. Monda, '"The Sayings of St. Bernard" from MS. Bodleian Add.E.6', *Mediaeval Studies* 32 (1970), 299–307.

45. fols 127^{r-v}

Chauncoun de noustre dame.

Stond wel moder ounder rode
Bihold þi child wiþ glade mode . . .

IMEV 3211; *Manual* 3. 676–7, 837 r; pr. Duncan, 91; Brown, pp. 87–9; ed. Furnivall, pp. 763–5. This lyric is preserved with music in BL, Royal MS 12, E.i, fol. 193^{r}, and in Cambridge, St John's College, MS E.8, fol. 106^{v}: see E. J. Dobson & F. Ll. Harrison, *Medieval English Songs* (London and Boston, 1979), pp. 152–60, 254, 300..

46. fols 127^{v}–130^{r}

Her biginneþ þe sawe of Seint bede prest.

Holi gost þi miȝtte
Ous wisse and rede and diȝte . . .

IMEV 1229, 3607; *Manual* 3. 694, 850 i; pr. Furnivall, pp. 765–7; ed. (under the title 'Sinners Beware') R. Morris, *An Old English Miscellany*, EETS os 49 (1872), pp. 72–83; see also Bloomfield, pp. 153, 405.

47. fols 130^{r}–132^{r}

Coment le sauter noustre dame fu primes cuntroue.

Leuedi swete and milde
For loue of þine childe . . .

Bottom half of fol. 131 detached with loss of 37 lines of verse text. *IMEV* 1840; pr. Furnivall, pp. 777–85; and Horstmann, *op. cit.*, pp. 220–4.

48. fols 132^{r}–134^{v}

Les ounsse peines de enfer.

Oiez seynours vne demaunde
Que le deble fist estraunge . . .
(line 7) Hounseli gost wat dest þou here
þou were in helle nou for ȝere . . .

Also called *Vision of St. Paul*: *IMEV* 3828, *CBEL*, p. 176; *Manual* 2, 452–3, 645–6; pr. C. Horstmann, 'Nachtrage zu den Legenden', *Archiv für das Studium der neueren Sprachen und Literaturen* 62 (1879), 403–6; ed. Morris, *Miscellany*, pp. 147–55. The last three stanzas are part of a separate work, 'Swete Iesu King of Blisse' (*IMEV* 3236), pr. Duncan, 67; Brown, pp. 91–2; and Bennett and Smithers, p. 131.

49. fols 134^{v}–136^{v}

Le regret de maximian.

Herkneþ to mi ron
As hic ou tellen con . . .

IMEV 1115; *Manual* 9. 3034–5; pr. Brown, pp. 92–101.

50. fols 136^{v}–138^{r}

Ci comence le cuntent par entre le Mauuis et la russinole.

Somer is comen wiþ loue to toune
Wiþ blostme and wiþ brides roune . . .

The Thrush and the Nightingale: *IMEV* 3222; *CBEL*, p. 183; *Manual* 3, 720–1, 882–3; pr. F. Holthausen, 'Der me Streit zwischen Drossel und Nachtigall', *Anglia* 43 (1919), 52–60; ed. Brown, pp. 101–7; and Luria and Hoffman, 59; see also F. L. Utley, *The Crooked Rib* (Columbus, 1944), no. 273.

51. fols 138^{r}–140^{r}

Of þe vox and of þe wolf.

A vox gon out of þe wode go
Afingret so þat him wes wo . . .

Unique witness to text. *IMEV* 35; *Manual* 9. 3146–7; pr. Bennett and Smithers, pp. 65–76.

52. fols 140^{v}–143^{r}

Hending þe hende.

Iesu crist al þis worldes red
þat for oure sunnes wolde be ded . . .

The Proverbs of Hending: *IMEV* 1669; *CBEL*, p. 183; *Manual* 9. 2975; ed. G. Schleich, 'Die sprichwörter Hendyngs', *Anglia* 51 (1927), 220–77, and 52 (1928), 350–61; and Wright and Halliwell, *Reliquiae antiquae* 1, 109–116; also O. Arngart, 'The Durham Proverbs', *Speculum* 56 (1981), 289. The text here ends with verses 160–3 of *The Proverbs of Alfred* (contrast *IMEV* 2078, the text in BL MS Harley 2253).

53. fols 143^{r}–149^{v}

Les prouerbes del vilain.

Ici ad del vilain
Meint prouerbe certein . . .

Långfors, pp. 161, 145; Stengel 45; ed. A. Tobler, *Li Proverbe au vilain; Die Sprichwörter des gemeinen Mannes* (Leipzig, 1895).

54. fols 150^{r}–161^{r}

Les miracles de seint nicholas.

A ceus ki nount lettres aprises
Ne lor ententes ni ount mises . . .

Attributed to Wace, translated from the Latin for Robert fiz Tiout: Långfors, p. 3; Stengel 46; ed. E. Ronsjö, *La Vie de Saint Nicolas par Wace*, Études romanes de Lund, 5 (Lund, 1942).

55. fol. 161^{r-v}
Prayers and suffrage in Latin:
(i) **Oracio ad sauntam mariam.** Salue virgo uirginum (cf. Chevalier, 2270). (fol. 161^{v}) (ii) **Quinque gaudia saunte marie.** Gaude mundi gaudium Maria laus virginum . . . **Oracio.** Deus qui beatam uirginem In conceptu et partu uirginitate (ed. *Horae Eboracenses*, p. 64) . . . Aue sancta maria gracia plena . . .; (fol. 162^{r}) (iii) **Oracio ad sauntam mariam.** Regina clemencie maria vocata (Chevalier 17165; Walther, *Initia carminum*, 16515; cf. Leroquais 2. 89).

56. fols 162^{r}–163^{v}
Ragemon le bon.

Deu vous dorra grant honour
E graunt ioie et grant uigour . . .

A game of chance: Långfors, p. 98; Vising 59, 150, 151; pr. T. Wright, *Anecdota literaria* (London, 1844), p. 76; and Meier-Ewert; ed. A. Långfors, *Un Jeu de société au moyen âge, Ragemon le Bon*, Annales Academiæ Scientiarum Fennicae, Ser. B, 15, No. 2, 1920 (Helsinki, 1921–2). See also A. Freudenberger, *Ragman Roll* (Erlangen, 1909), pp. 2–17.

57. fols 163^{v}–164^{r}
Chauncun del secle.

Uuorldes blisse ne last non þrowe.
Hit wint and went awei anon . . .

IMEV 4223; *Manual* 9, 3029; pr. Wright, *Anecdota literaria*, p. 90; ed. Brown, pp. 78–82; and Duncan, 38. This lyric is preserved with music in Bodleian MS Rawlinson G.18, fol. 105^{v}, and in BL MS Arundel 248, fol. 154^{r}. Cf. Brown, p. 201; Dobson & Harrison, *Medieval English Songs*, pp. 136–42, 244, 299;and the recording *Medieval Music*, Everest Label 3447, Pye Records (Cambridge).

58. fol. 164^{v}
Hic demonstrat veritatem seculi isti.

Fides hodie sopitur
uigilatque prauitas . . .

Walther, *Initia carminum*, 6492; pr. Wright, *Anecdota literaria*, p. 92.

59. fols 165^{r}–168^{r}
Ci comence le fablel et la cointise de dame siriz.

As I com bi an waie t
Hof on ich herde saie . . .

Dame Siriþ: Unique witness. *IMEV* 342.; *Manual* 9. 3158–9; pr. Bennett and Smithers, pp. 77–95. Changes of speaker in the text are identified by the following letters opposite the end of the first line of each new speech: **V** for *Vxor*

(Margeri), **C** for *Clericus* (Wilekin), **f** for *femina* (Dame Siriþ), and **t** probably for *testator* (i.e., the narrator).

60. fol. 168^{r-v}

Les nouns de vn leure en engleis.

Þe mon þat þe hare Imet
Ne shal him neuere be þe bet . . .

Charm invoking 77 names (mainly terms of abuse) for a hare: unique witness. *IMEV* 3421; pr. Wright and Halliwell, *Reliquiae antiquae* 1, 133–4; see also A. S. C. Ross, 'The Middle English Names of a Hare', *Proceedings of the Leeds Philosophical and Literary Society* 3 (1932–5), 347–77.

*

61. fols 169^{r}–177^{r}

Ci comence la vie nostre dame.

Seingnours ore escoutez ke deus vous beneie
Sur sa mort dolerouse ki nous dona la uie . . .

L'Assumption de Nostre Dame, attributed to Hermann de Valenciennes: Långfors, p. 377; Stengel 54; see also J. Bonnard, *Les Traductions de la Bible en vers français* (Paris, 1884), pp. 11–4.

62. fols 177^{r}–182^{v}

Ci comence le doctrinal de enseingnemens de curteisie.

Si il estoit vns fraunсs houme ki me vousit entendre
Cheualers clers et lais ben I purreit aprendre . . .

Le Doctrinal sauvage, moral and courtly instruction: Långfors, pp. 394, 377–8; pr. Stengel, pp. 69–72; ed. A. Sakari, *Doctrinal sauvage publié d'après tous les manuscrits*, Studia Philologica Jyväskyläensia 3 (Jyväskylä, 1967), p. 52 (where this witness is given the siglum Q), reviewed in *NM* 70 (1969), 164–5; see also Hunt, pp. 103, 363–4, n. 33; T. Hunt, '*Le Doctrinal sauvage*—another manuscript', *French Studies Bulletin* 17 (1986), 1–4; and P. Meyer, 'Notice sur un MS Bourguignon, xvii: Le Doctrinal sauvage', *Romania* 6 (1877), 20–2.

63. fols 182^{v}–186^{v}

Ci comence le romaunz de temtatioun de secle.

Entendez ca vers moi les petiz et les graunz
Un deduit vous dirai beus ert et auenaunz . . .

Le Sermon du siècle, by Guischart de Beaulieu or Beauliu: Långfors, p. 134; Vising 22; ed. A. Gabrielson, *Romaunz de temtacioun de secle* (Uppsala and Leipzig, 1909) (where this witness is given the siglum O); and Stengel, pp. 72–80; see also M. D. Legge, *Anglo-Norman Literature*, pp. 134–8; B. Hill, 'The twelfth-century Conduct of Life formerly the Poema morale', *Leeds Studies in English* 9 (1977), 97–144, esp. 123–6.

64. fols 186ᵛ–190ʳ

(i) **Ci comencent les aues noustre dame.** Aue seinte marie mere al creatour (Långfors, pp. 36–7; Sonet 145; Sinclair 1. 145 and 2. 145; Vising 88; pr. Meier-Ewert). (fol. 188ᵛ) (ii) Ma dame pur Icele ioie ke taunt fuites le (The Five Joys of BVM: Långfors, p. 77; Sonet 325; Sinclair 1. 325 and 2. 325; Rézeau 325; pr. Meier-Ewert; see also P. Meyer, *Romania* 35 (1906), 574). (fol. 188ᵛ) (iii) Gloriouse reine heiez de moi merci (Långfors, p. 149; Sonet 669; Sinclair 1. 669 and 2. 669; Sinclair *FDT* 4657; Vising 184, 151; pr. Meier-Ewert). Sinclair considers these three texts as a single work. Stengel (57, 58, 59) and W. D. Macray in the Bodleian Quarto Catalogue of the Digby Collection, p. 95, list them as separate works.

65. fols 190ʳ–191ʳ

De ii cheualers torz ke plederent a roume.

Il auint ia ke en flaundres out vn cheualer tort

Qui ama vne dame de ceo nout il pas tort . . .

Långfors, p. 164; Vising 274; pr. Stengel, pp. 82–3.

66. fols 191ʳ–192ᵛ

Bone preere a nostre seingnour iesu crist.

Douce sire iesu crist ke vostre seint pleisir

De femme deingnastes neitre et houme deuenir . . .

Contemplation of the wounds of Christ; adapted from a Latin poem attributed to St Edmund of Abingdon, archbishop of Canterbury: Långfors, p. 107; Sonet 541; cf. Vising 74; pr. Meier-Ewert; and Stengel, pp. 83–4. G. Naetebus, *Die nichtlyrischen Strophenformen des Altfranzösischen* (Leipzig, 1891), 8, 21, adds BN, MS français 837 fols. 338–339ᵛ

67. fols 192ᵛ–195ᵛ

Ci comence lestrif de ii dames.

Iuer le periceus ki touz iours frit et tremble

E ke lez le fu despent quant ke autre tens assemble . . .

Långfors, p. 168; pr. Stengel, pp. 84–93.

68. fols 195ᵛ–200ʳ

Hic incipit carmen inter corpus et animam.

Hon an þester stude I stod an luitel strif to here . . .

(fol. 197ᵛ, line 3)

Uuen I þenke on domesdai wel sore mai me drede . . .

(fol. 198ʳ, line 22)

þench of þe latemeste dai hou we schulen fare . . .

Now regarded as three lyrics *IMEV* 1461 + 3967 + 3517, but treated here as a single text. 3967 is followed by 'amen' (dictated by content of previous lines), but the beginning of 3517 is incorporated within the same clearly marked verse paragraph. Subsequently, an index hand was added pointing to the beginning of 3967. For the difference between this and other witnesses see Brown, pp. 187–91. *Manual* 3. 693–4, f, g, h, 849–50; *CBEL*, p. 177; pr. Stengel, pp. 93–101; ed. T. Wright, *The Latin Poems Commonly Attributed to Walter Mapes*, Camden Soc. 16 (1841; rpt. Hildesheim, 1968), pp. 346–9 and 323. *IMEV* 3967 and 3517 ed. Brown, pp. 42–54; and ('Uuen I þenke') Duncan, 46; cf. R. Woolf, *The English Religious Lyric in the Middle Ages* (Oxford, 1968), p. 97.

69. fol. 200r

Ci comence la manere quele amour est pur assaier.

Loue is sofft loue is swet loue is goed sware
Loue is muche tene loue is muchel kare . . .

Unique witness. *IMEV* 2009; pr. Brown, pp. 107–8 under title 'What Love is Like'; ed. Duncan, 6; Luria and Hoffman, 19; see also P. Meyer, 'Mélanges de poésie anglo-normande ix: une définition de l'amour', *Romania* 4 (1875), 382–4; F. L. Utley, *The Crooked Rib*, no. 171; and R. M. Wilson, *Early Middle English Literature* (London, 1939), p. 262.

70. fol. 200v

Chauncoun de noustre seingnour.

Couuard est ki amer ne ose vilein ki ne veut amer
Saunz amour ne se repose le quer del houm ne le penser . . .

Långfors, p. 75; Sonet 286, 1745 (which begins at line 17 of the Digby 86 poem); Vising 159; pr. Stengel, pp. 128–9; ed. Jeffrey and Levy, pp. 268–71; see also P. Meyer, 'Pastourelle Franco-Latine', *Romania* 4 (1875), 380–3; and *Romania* 13 (1884), 518.

71. fol. 200v

Oracio ad deum.

Beaus sire iesu crist eiez merci de mai
Qui de cel en tere veneites pur mai . . .

Attributed to St Edmund of Abingdon, archbishop of Canterbury: Långfors, pp. 106–7; Sonet 540; Sinclair 1. 540 and 2. 540; see also Wallace, *Life of St Edmund of Canterbury*, p. 473.

72. fol. 201r

Sanguinevs multum apetit quia calidus et multum potest quia humidus

Largus amans ylaris ridens rubeique coloris . . .

Latin verses on the four humours; cf. Walther, *Initia carminum*, 10131, 17266; Thorndike and Kibre, *Incipits*, 1374, 811; also *Horae Eboracenses*, p. 24.

73. fol. 201^{r}

Welcome ki ke bringe ki ne bringe fare wel.

Macaronic proverb.

74. fol. 201^{r}

Intus quis tu quis ego sum quid queris vt intrem
Fers aliquid non esto foras fero quid satis intra.

Walther, *Initia carminum*, 9518.

75. fol. 201^{r}

Hic sunt distincta mala feminarum.

Femina res ficta res subdala res maledicta
Femina ventosa res fallax res venenosa . . .

Walther, *Initia carminum*, 6396; pr. Stengel, pp. 102–3.

76. fol. 201^{r-v}

Widete istos versus et intendite quia vera sunt.

Wita quid est hominis nisi res vallata ruinis.
Est caro vita cuius modo principium modo finis . . .

Chevalier 21975; Walther, *Initia carminum*, 20687.

77. fol. 201^{v}

Hic sunt versus quas diabolus fecit pro puero.

Nexus ouem binam per spinam duxit equinam . . .

Walther, *Initia carminum,* 11754, followed by couplet beginning

Est desolata mea meus qua carmine solor . . .

78. fol. 201^{v}

Cum fueris rome romano viuite more . . .

Walther, *Initia carminum*, 3621.

79. fol. 201^{v}

Hic sunt virtutes scabiose distincte.

Fert scabiosa pilos verbena non habet illos . . .

Probatum est quod scabiosa habet omnes virtutes prenominatos in istos sex versus . . .

On the verses, see Thorndike and Kibre, *Incipits*, 555; Walther, *Initia carminum*, 6449; cf. also Hunt, p. 217, and (for a different version), pp. 103, 363, n. 22.

80. fol. 201^{v}

sequere istud. Audite mangnantes et omnes populi et rectores eclesie auribus percipite . . . (ending abruptly).

[Leaf missing]

81. fols 202^{r}–205^{v}
Prayers and devotions in Latin:
(i) Deus inestimabilis misericordie. deus inmense pietatis. deus conditor et reparator vmani generis . . . (attributed to Alcuin; Leroquais 1. 40; cf. A. Wilmart, 'The Prayers of the Bury Psalter', *The Downside Review* 48 (1930), 198–216, esp. p. 210). (fol. 203^{r}) (ii) **Oracio.** Domine saunte et septiformis spiritus deus. spiritus sapientie ⟨. . . . .⟩ et intellectus spiritus consilii et fortitudinis . . .; (iii) **De beata maria matre d⟨omini⟩.** Benedicta et celorum regina et mundi tocius ⟨. . . . .⟩ et egris medicina (Chevalier, 2428); (fol. 203^{v}) (iv) Gaude gloriosa | mundi vernans rasa (Chevalier, 6817; Walther, *Initia carminum*, 7047); (v) Private devotions or prayers at Mass (the outer edge of fol. 203 has become detached with loss of text at the beginnings of lines, and the fragments of text which remain have not been identified). (fol. 204^{r}) (vi) **Oracio domini.** Domine deus omnipotens eterne et ineffabilis sine fine . . . Leroquais 1. 315; cf. A. Wilmart, 'Le Manuel de prières de saint Jean Gualbert', *Revue bénédictine* 48 (1936), 259–99, esp. 270, n. 1; 276, n. 3); (vii) **Oremus.** Omnipotens deus misericors pater et bone domine miserere mihi. de preteritis peccatis indulgenciam. de presentibus continenciam . . . (cf. Leroquais 2. 261); (viii) Deus propicius esto mihi peccatori . . . (ed. *Horae Eboracenses*, p. 125). (fol. 204^{v}) (ix) **Oracio.** Dulcis et benigne domine iesu criste qui exibuisti caritatem qua maiorem nemo habet. et cui parem nemo habere potest . . .

The following items were added by Scribe *A* at different times, but are listed here in the order in which they appear in the manuscript (arts. *82, *83(i), *90, and *96 appear to have been added at the same time).

*82. Additions to art. 7 (fols 8^{v}–21^{r}):
(fol. 9^{v}) (i) Que le disesetime iour de Marz del braz destre saunc amenusez et le vtime iour de aueril del braz senestre . . . (fol. 15^{v}) (ii) Pur dolour de denz . . . (fol. 19^{v}) (iii) Pur triacle esprouer . . . (fol. 20^{r}) (iv) Si ieet eyt perdu sa vertu par ewe . . . (fol. 20^{v}–21^{r}) (v) Pur baume esprouer . . .

*83. Additions to art. 10 (fols 28^{r}–33^{v}):
(fol. 28^{v}) (i) Que en fin de May le quart iour ou le quint saunc amenusez . . . (fol. 33^{v}) (ii) Isti sunt dies egipciacii qui multum

obseruanda sunt in quibus nullo modo liceat hominem nec pecora sanguinem minuere nec nullum medicinam impende . . . (ending abruptly before missing quire).

On 'dies egipciacii' see literature cited for art. 23 above.

*84. Additions to art. 14 (fols 41^{r}–46^{r}):
(fols. 42^{v}–43^{r}) (i) Beda: En checun meys sunt ii iours en queus nulerens nest bon a comencer . . . (fols. 44^{v}–45^{t}) (ii) Seynt Bede dist. ke iii iours de la lune sunt en lan. en queus si houme amenusez sun saunc. ou beiure de medicine . . .

*85. Addition to art. 18 (fol. 48^{v}):
(fol. 48v) Sistomus. Karistomus. Metaphoy. Homnipotens sempiterne deus parce metuentibus propiciare supplicantibus vt post noxios nubium ygnes . . . Ista oracio est bona pro tonitruo.

*86. Addition to art. 19 (fols 49^{r}–62^{r}):
(fol. 60^{r}) (i) Pur le re . . . (fol. 62^{r}) (ii) [S]i voustre oysel soyt blesce ou bruse . . .; (iii) [S]i voustre oysel ad les poilles . . .

*87. fol. 64^{r}
In quatuor angulis domus scribantur hec quatuor nomina et si malignus spiritus ibi abitet statim recedet . . .

*88. fols 66^{v}–67^{r}
Vn apostoile aueit sa mere ke fust perie la quele fust sauue par vn trentel qui fust chaunte en cest manere . . . (ending abruptly fol. 67^{r} where part of the bottom margin has been removed).

A memorandum (presumably to accompany art. 21) listing specific Masses for an efficacious trental, and the times at which they should be celebrated.

*89. Additions to art. 25 (fols 68^{v}–74^{r}):
(i) for a list of the feasts added throughout the Kalendar see Miller, pp. 44–9, esp. 47, n. 7 and 48, n. 10. However it is most unlikely that all of these additions (inserted at different times) were for devotional purposes. In the Middle Ages it was a widespread practice to date documents by reference to the nearest feast day, and the augmentation of this Kalendar was probably intended to increase the number of feasts for this purpose (cf. C. R. Cheney, *Handbook of Dates for Students of English History*, Royal Historical Society, Guides and Handbooks, 4 (London, 1948), pp. 7 and 40 *et seq.*); (ii) Lunary information relating to diet and to administration of medical treatment has been added in the bottom margins throughout the Kalendar (cf. I. Taavitsainen, *Middle English Lunaries: A Study of the Genre*, Mémoires de la Société

philologique de Helsinki, 24 (Helsinki, 1988)). (fol. 70r) (iii) Cum a prince ou a haut houme alez dites en vostre quer treis fez. stetit iesus in medio discipulorum suorum et dixit pax vobis (added in a different style of script, but apparently by Scribe *A*). (fol. 71v) (iv) (18 July) Obitus Alexandri de grimehull' (see below, p. lvii). (fol. 74r) (v) (22 Dec.) Terremotus secundus generalis per angliam anno gratie m° cc° xl° viii°.

*90. fol. 118v

[O] maria stella maris
Medicina salutaris . . .

Attributed to John of Hoveden. Chevalier, 13224.

*91. fol. 168v

Les dolerous iours del an.

As art. 23 (cf. below, pp. xliii and xlvi).

*92. fol. 205v

Hic sunt nomina regum anglie.

Beginning with Ine and ending with Edward (I) (see below, p. xxxvi).

*93. fol. 206r (col. a)

In manus tuas domine conmendo spiritum Meum redemisti me domine deus veritatis.

In þine honden louerd mine
Ich biteche soule mine . . .

Latin ed. *Horae Eboracenses*, p. xxxvii, 26; English: *IMEV* 1571.

*94. fol. 206r) (col. b)

Vide bonam oracionem dicendam ad leuacionem sacramenti.

Aue caro cristi cara
Inmolata crucis ara . . .

Chevalier 1710; Leroquais 2. 110.

*95. fol. 206r (cols a and b)–207r

Oreisun de noustre dame.

Presciouse dame seinte marie
Deu espouse et amie . . .

(ending abruptly, bottom half of fol. 207 detached).

Långfors, pp. 291–2; Sonet 1700; Sinclair 1. 1700, 2. 1700; Rézeau 1700.

*96. fol. 206r

⟨Hec⟩ sunt merita visionis corporis Christi . . .

The benefits to be derived from the view of the body of Christ at the elevation during Mass (added here to accompany art. *94).

*97. fol. 207^{v}
Ki veut verray ami elire il doit iiii choses regarder . . . (ending abruptly, bottom half of fol. 207 detached).
Disquisition on the qualities of a friend: pr. Stengel, pp. 104–5; cf. T. Hunt, in *French Studies Bulletin* 30 (1989), 9–11.

The following additions were made by scribes of *s*. xiv *med.*:

*98. Additions to art. 12 (fols 34^{v}–40^{r}):
(fol. 38^{v}) (i) litigare in sompnis gaudium singn⟨ificat⟩. (fol. 39^{r}) (ii) oculum dexterum amittere fratrum aut filium perdere singnificat.

*99. Additions to art. 25 (fols 68^{v}–74^{r}):
(fol. 71^{v}) Two obits: (11 July) Obitus Amiscie vxoris Symonis Vnderhull; (23 July) Obitus symonis vnderhul (see below, p. lvii).

Middle English glosses of French words in art. 7 (fols 8^{v}–21^{r}) added by a scribe of *s.* xiv *ex.*:

*100. (fol. 11^{r}) (item xvii) *tedue*: leow; (fol. 15^{r}) (xlix) *ungles*: hoof; (l) *teingne*: scalle; *peiz*: pich; (fol. 15^{v}) (li) *sauz*: sawe; (fol. 20^{r}) (xc) *dertre*: dreye scabbe; (xci) *teine*: scalle; *parele*: dokk; (xcv) *petit orteil*: luytel too.

The following item in English and French in a hand of *s.* xiv *ex.* appears on a leaf which has been inserted subsequently as an addition to art. 7 (see below, p. lvi).

*101. fol. 16^{r}
For a styche . . .
IMEP 3, 75.

DATE

The date usually assigned to the manuscript—between 1272 and 1282—is based on the list of kings of England from Ine to Edward (art. *92), which Scribe *A* added on fol. 205^{v}. The name 'Edwardus', in the same ink as the rest of the list, follows the entry for Henry III. Subsequently Scribe *A* added alongside 'Edwardus' the words 'filius eius' and '.x.' in a different ink. The name 'Edwardus' could not have appeared in this position in such a list

before 16 November 1272–15 November 1273, the first year of the reign of Edward I. The words 'filius eius' referring to his relationship with the preceding monarch is in accordance with the usage elsewhere in the list, and with the numeral '.x.' must have been added in the tenth year of his reign, 1282–1283.[1] It is unlikely that 'filius eius' could refer to Edward II,[2] since Scribe *A* left two lines at the foot of the column which could have accommodated entries for subsequent monarchs.

Below the list of kings in the bottom margin is a drawing of a head and 'scripsi librum' written by Scribe *A* in red, to which he added 'in anno et .iii. mensibus' in a different red ink with the edge of the pen. The words 'scripsi librum' do not constitute a colophon, but a note added by the scribe-owner.[3] The words have been centred at the foot of the page, divorced from the texts on it, and entered before the drawing (which extends into the outer margin) was executed. Because of this careful positioning it is not clear whether the note was written before the list of kings was added, since Scribe *A* was prone to leave unoccupied ruled space for possible additions.[4] The words 'in anno et .iii. mensibus' appear to have been an afterthought, or an addition above Scribe *A*'s quire signature.

The interpretation of this evidence is not so straightforward as might appear at first sight. Fol. 205^{v} is the final page of quire xxvi, a six-leaf quire subsequently signed 'Y'. Since this quire appears at the end of the manuscript, and is now followed by two damaged singleton leaves, it has been assumed that it must have been the last quire to be copied. However, as we shall see,[5] the quire signatures reflect a rearrangement of the gatherings, and, from the variations in the handwriting and in the colour of the ink, it is clear that Scribe *A* continued to add texts on existing gatherings on different occasions. We cannot, therefore, determine the precise stage in the production of the present manuscript at which the entries on this page were made: at what point the list of kings was added, how much had been copied before 1272 or after 1282, or how much was copied in fifteen months.

Because of these problems we conclude that the evidence provided by these entries on fol. 205^{v} should not be interpreted too literally as providing *termini* for the production of the manuscript. However, they do add strong support to inferences from the script of Scribe *A*'s normal handwriting[6] and the early history of the manuscript,[7], that the whole collection was copied,

[1] Examination of fol. 205^{v} under ultra-violet light does not support the comment by E. W. B. N[icholson] in *Summary Catalogue of Western Manuscripts in the Bodleian Library at Oxford* (Oxford, 1895–1953), no. 1687, that the words 'filius eius .x.' were written over erasure.

[2] See S. H. Thomson, 'Three Anglo-Norman translations of *Veni creator spiritus*', *Medium Ævum* 8 (1939), 36.

[3] See below, p. lvii.

[4] See below, p. xliv.

[5] See below, p. xlvii.

[6] See below, pp. xxxix–xl.

[7] See below, pp. lvi–lviii.

assembled, and supplemented in the last quarter of the thirteenth and, perhaps, the earliest years of the fourteenth century.

MATERIAL

The manuscript is on parchment leaves of varying thickness and quality, which were trimmed to different sizes.[1] The hair side of some leaves is very dark in colour offering poor contrast to the colour of the ink. Some bifolia have been taken from the extremities of the skin before trimming, and this has resulted in irregular shapes at the bottom of the leaves. To compensate for these irregularities Scribe *A* neatly scarfed a number of leaves, and attached patches of parchment to build up the bottom margin or lower fore-edge. For example, in quire xx leaf 5 (of the central bifolium) (fol. 161) and leaves 7 and 8 (fols 163 and 164) have been trimmed again and repaired, but leaf 6 (fol. 162) retains its irregular shape, since this did not interfere with the copying of the text.[2] He also patched the bottom fore-edge of fol. 87 in Scribe *B*'s first quire before entering the *litterae notabiliores*. The repairs to the fore-edge of fols 78, 131 and fol. 203, and the bottom half of fol. 207, have since become detached with consequent losses of text. The two 'half-leaves' forming fol. 206 are now sewn together. On, for example, fols 167^{v}, 180^{v}, 183^{r}, where the skin has been stretched, shine-through from the text on the other side of the leaf has been emphasized by the process of photography. Elsewhere the scribe has carefully avoided surface damage or scar tissue in the parchment when copying.[3]

The various splits and tears visible on fols 4 and 5 (the central bifolium of quire i) appeared after the text was copied, and were, perhaps, caused in use by tensions imposed by the sewing, since some relate to the broken fold in the lower part of the bifolium. The outer edge of fol. 121 has been cut away causing loss of text.

The now reduced lengths of twisted thread secured to the top fore-edge of fol. 26 (the first leaf of quire iv), and the bottom fore-edge of fol. 192 (the last leaf of quire xxiv), were probably used to attach *scedulae* (loose pieces of parchment containing annotations or additions) which have been lost.

HANDWRITING

The manuscript was copied by two thirteenth-century scribes. Scribe *B* was responsible for two quires only (xi and xii, fols 81–96), and his stint occurs in

[1] Cropping of the top edge during the course of binding (as, for example, in quires ix and x containing the Kalendar on fols 68^{v}–74^{r}) has reduced the number of visible discrepancies.

[2] Cf. leaves 5, 6, and 7 of quire viii (fols 61–63).

[3] See below, pp. xlvi, n. 1; liii.

the middle of a text (art. 27). Scribe *A* was responsible for the rest of this text and the other texts in the manuscript, although some were added on different occasions after the principal texts had been copied. *A* also entered all the headings, decoration and corrections in the manuscript, including those in the stint of Scribe *B*.

The text on the recto of the inserted leaf (fol. 16) was copied by a late fourteenth-century scribe. The early fourteenth-century hands responsible for additions to the Kalendar, and for pen trials will be discussed later.[1]

Both *A* and *B* employed Anglicana script of the last quarter of the thirteenth century. The most obvious detail appropriate to this late date is the way in which the tall headstroke of **a** was converted into a loop, thus producing a two-compartment form which later became a standard feature of the script. This feature appears far more frequently in the hand of Scribe *A* than in that of Scribe *B*. The principal differences between the handwriting of the two scribes lie not only in the aspect (*B*'s hand is upright; *A*'s has a pronounced leftward slope), duct and proportions of the hands but also in certain details. These include a number of letter shapes: *B* employed 'double-headed' forms of **f** and **s**,[2] headless **a** and **y** formed with a loop; he also employed '2'-shaped **r** within a word more frequently. *A* preferred short **r**, whereas *B* used long-tailed **r**; *A*'s **z** form has a cross bar, whereas *B*'s does not; *B*'s form of the ancient *nota* for *et* has a much longer headstroke formed with a double curve. The two scribes also formed certain letters in different ways. *B* used short **s** within a word, distinguishing it from final **s** where the headstroke was turned downwards at the end, and traced like his common form of abbreviation; *A* turned the headstroke of his final **s** upwards at the end also like his own common mark of abbreviation. *A* formed the ascenders of **b**, **h**, **k**, and **l** by means of an upward loop converting to a long curved, downward approach-stroke to the tops of the stems, and traced the second stroke of the 'fork' lower down; whereas the strokes forming the forks in *B*'s ascenders are more evenly balanced. *A* traced a long curved, oblique hairline stroke above the letter **i**, whereas *B*'s stroke is shorter and more obviously detached from the letter.

The handwriting used by Scribe *A* for his additions to the manuscript (see especially fol. 62^{r}) has analogues in the handwriting of other scribes from this period,[3] and would seem to be his normal handwriting. Since he entered additions on different occasions with different pens, and had to

[1] See below, pp. lxii–lxiii.

[2] For example, fol. 82^{v}(a)26, (b) 18.

[3] Compare, for example, C. Johnson and H. Jenkinson, *English Court Hand, A.D. 1066–1500* (Oxford, 1915), pls xiii (b) and xvii (b); A. G. Watson, *Catalogue of Dated and Datable Manuscripts* c. *435–1600 in Oxford Libraries* (Oxford, 1984), pls 116, 127, 129, 144, and 145.

accommodate some of them in the limited space available, this handwriting varies in aspect and size, but not in structure.[1]

A used a larger, more unusual version of Anglicana for copying the principal texts. The duct of this handwriting is bold, the letters were traced with thicker strokes, and have a more pronounced leftward slope. The personal character of the duct is most apparent in two different movements of the pen, clearly illustrated on the opening of fols 153ᵛ–154ʳ. The first is the long, upward-curving (anticlockwise) movement reflected in the large loop which continues into the stroke forming the tall, curved ascender of a **b**, **h**, **k**, or **l**. The second (clockwise) movement is reflected in the trace forming the tall headstroke of **a**, and the much shorter strokes of the minims in **i**, **m**, **n**, or **u**. The scribe appears to have traced the strokes here with rhythmic movements involving shoulder and arm as well as hand and fingers, but elsewhere, particularly in the first few pages of the manuscript, these rhythms were not achieved, and the movements were more restricted. In this version of the script Scribe *A* failed to distinguish between **n** and **u** (as in the last line of each column in this particular opening).

Scribe *A* may have been attempting to produce an interpretation of the Anglicana script, which he regarded as a more formal version appropriate for copying a book. *A*'s interpretation was not based on a model like the 'engrossing' version of the script, which underlies the evolution of Anglicana formata.[2] His interpretation might be regarded more appropriately as one of the personal experiments in adapting Anglicana for use in books, which appear in the late thirteenth and early fourteenth centuries, before the model for Anglicana formata was generally accepted.[3] This formal handwriting of Scribe *A* exhibits considerable variation in size and in the quality of its execution in different parts of the manuscript. This variation not only reflects different stints but suggests that *A* experienced difficulty in keeping up the effort to maintain both the size and the relevant degree of formality (as, for example, fols 9ᵛ, 12ᵛ, 13ᵛ, 15ᵛ). Nevertheless the quality improved with practice.

In quires xv–xvi (fols 113–132) the handwriting is unstable. On the earlier pages Scribe *A* attempted to produce a more upright hand than elsewhere,

[1] Miller, p. 26, identified some of Scribe *A*'s work as hands *c*, *d*, and *e*.

[2] See M. B. Parkes, *English Cursive Book Hands 1250–1500* (Oxford, 1969; revised reprint, London, 1979), pp. xvi–xvii, and pl. 4 (i).

[3] Other examples of such experimental hands are illustrated in P. R. Robinson, *Catalogue of Dated and Datable Manuscripts* c. *737–1600 in Cambridge Libraries* (Cambridge, 1988), pls 114 and 128; Watson, *Dated MSS in Oxford Libraries*, pls 123 and 131; the hand of the London chronicle, copied in stages between *c.*1258 and *c.*1272, illustrated in reduced facsimile by A. Gransden, *Historical Writing in England* c. *550*–c. *1307* (London, 1974), pl. xi (b); and the hand of fols 70ʳ–104ᵛ illustrated in the facsimile edition of *The Auchinleck Manuscript: National Library of Scotland, Advocates MS 19.2.1*, with introduction by D. Pearsall and I. C. Cunningham (London, 1977).

but the strokes have been clumsily traced. This handwriting may reflect an early stage in his experiment to develop a more formal script for his book, a stage in which he sought to emulate the effect of a smaller Textura hand more closely, although he continued to use cursive forms.[1] Ascenders of **b** and **l** are more often forked without the approach loop to the right of the stem; **u** and **n** are more carefully distinguished than elsewhere. Scribe *A* often produced minim strokes with a heavier, more upright trace than usual, and finished them with a curve at the foot. His apparent difficulties in controlling the strokes in the formation of the letters may have been exacerbated by the problems of tracing longer strokes on poor quality parchment: the quality of the handwriting is noticeably worse on the hair sides of the leaves. A new quire (xvii) on parchment of smaller size begins on fol. 133. The script was written according to a smaller module, and from this point onwards the quality of the handwriting slowly improves (particularly on the flesh sides of the leaves). However, the handwriting begins to settle down only with a new stint commencing at the top of col. b on fol. 143 in quire xviii, a point at which Scribe *A* apparently settled for the larger more formal interpretation of the handwriting to which he was more accustomed.

THE PRESENT CONSTRUCTION OF THE MANUSCRIPT AND THE EVOLUTION OF THE COLLECTION

(i) The manuscript now contains iii + 207 + iii leaves, foliated i–iii, 1–210. The first and last free paper endleaves are modern; the parchment endleaves (ii–iii, 208–9) are seventeenth-century.

The manuscript now consists of twenty-seven quires arranged with hair-sides outside, and signed as follows:

[Quire missing] i^8 (fols 1–8) signed ii and a; ii^8 + one (fol. 16, containing a late fourteenth-century addition) after 7 (fols 9–17) signed iii and b; iii^8 (fols 18–25) signed iv and c; iv^8 (fols 26–33) signed v and d; [Quire missing]; v^8 (fols 34–41) signed vii and e; vi^8 wants 8 (after fol. 48) (fols 42–48) signed viii and f; vii^8 (fols 49–56) signed ix and g; viii^8 (fols 57–64) signed x and h; ix^8 (fols 65–72) signed A (on last verso) and i (on first recto); x^8 (fols 73–80) signed B and l; xi^8 (fols 81–88) signed c and C (on last verso) and m (on first recto); xii^8 (fols 89–96) signed d and D (on last verso) and n (on first recto); xiii^8 (fols 97–104) signed E (partly cropped) and o; xiv^8 (fols 105–112) signed

[1] Cf. less formal examples of the script, as in Oxford, Jesus College MS 29 illustrated in *The Owl and the Nightingale*, EETS OS 251 (1963); London, British Library, Cotton MS Cleopatra C.VI illustrated in the frontispiece opposite the title page of *The English Text of the Ancrene Riwle*, ed. E. J. Dobson, EETS OS 267 (1972); and *Facsimile of MS Bodley 34*, with introduction by N. R. Ker, EETS OS 247 (1960).

F and p; [Quires missing, see below]; xv^{8} (fols 113–120) signed L and q; xvi^{12} (fols 121–132) repair detached from foot of first leaf, signed r on second recto; xvii^{8} (fols 133–140) signed N and s; xviii^{8} (fols 141–148) signed O and t; xix^{8} (fols 149–156) signed P and v; xx^{8} (fols 157–164) signed Q and x; | xxi^{4} (fols 165–168) signed R (on last verso) and y (on first recto) | xxii^{8} (fols 169–176) signed S and z; xxiii^{8} (fols 177–184) signed T and aa; xxiv^{8} (fols 185–192) signed W and bb; xxv^{8} (fols 193–200) signed X and cc; xxvi^{6} wants 2 (after fol. 201) (fols 201–205) signed Y (on last verso) and dd (on first recto); xxvii two singleton leaves (fols 206, and 207 with repair detached from bottom half of leaf).

Sixteenth-century quire signatures on the first recto of each of the surviving quires present a complete sequence from fols 1–205; a–z (but omitting k and u, although there is no loss of text at these points), aa–dd.

There are two earlier sequences, not necessarily to provide instructions for a binder, but to keep the quires in order. One in the *litterae notabiliores* of Scribe *A* begins with A on the present quire ix and ends with Y on quire xxvi. The signatures A, C, D, R, and Y appear on the last versos; the rest (with the exception of M which has been cropped) appear on the first rectos. The signatures between F (quire xiv) and L (quire xv) are missing (between fols 112 and 113) with losses of text both following F and before L. If the scribe had employed K as a signature, this would reflect a loss of four quires. This sequence is preceded by another in roman numerals, probably in the hand of Scribe *A*, running originally from i–x. The signatures i and vi of this sequence are now missing, reflecting a loss of two quires. On fol. 67^{v} there is a reference to 'letaniam in principio scriptam libri' which has not survived, but may have appeared in the lost first quire. Text has been lost (including that of the added item *83, ii) following fol. 33^{v} at the end of the present quire iv (signed v), and before fol. 34 at the beginning of the present quire v (signed vii). Single leaves have been lost from two other quires. One is missing from the end of the present quire vi (after fol. 48^{v}): the last text on fol. 48^{v} is complete, but vestiges of two decorated initials on the following stub indicate that the missing leaf must have contained texts, at least on the recto page. Another leaf is missing (with loss of text) in quire xxvi (after fol. 201).

(ii) The order in which texts now appear in the volume may appear at first sight to be somewhat random, but it is not that in which they were copied. The palaeography of the manuscript yields clues as to how the scribe-owner, Scribe *A*, set about copying the text and building up his collection. If the following account of the evolution of the collection involves speculation, nevertheless it serves to draw attention to those details of the palaeography requiring explanation.

The quires appear to have been kept unsewn for some time since the bifolia had slipped vertically before they were cropped at the head by a binder. The gatherings appear to have been kept lightly folded over.[1] In addition to the loss of quires and leaves (especially at the beginning and end of the present volume) the outside pages of other quires are now soiled or rubbed: fols 89^{r} and 96^{v} (quire xii), 112^{v} (quire xiv), 113^{r} and 120^{v} (quire xv), 121^{r} and 132^{v} (quire xvi), 133^{r} and 140^{v} (quire xvii), 164^{v} (quire xx), 165^{r} (quire xxi), 200^{v} (quire xxv), 201^{r} (quire xxvi).

The presence of two sequences of early quire signatures suggests that the unbound gatherings originated as two separate sections to receive different kinds of texts. If we accept that texts for religious instruction (including a form of confession), the interpretation of dreams, and prognostications, fall into the general category of prose texts with practical application (along with medical receipts and experiments), then this theme dominates the content of the first seven surviving quires (arts 1–19, fols 1–58), and spills over into the eighth as far as fol. 62^{r}. The first six surviving quires may have been originally part of a self-contained unit or booklet, much of which was copied in a single stint. Art. 18 appears to have been copied as an addition in a different stint on fol. 48^{v}. The lines of prose in these quires are longer than those elsewhere in the manuscript.[2]

The gatherings of the second section (now represented by quires xv–xxvi) probably began with one of the quires now missing between the present quires xiv and xv (i.e. between fols 112 and 113 where there is a striking change in the quality of the handwriting). The outside leaves of at least six of the quires after this point are soiled or have been rubbed, a phenomenon which suggests that they were among the earliest to be produced. Support for this suggestion may be adduced from the quality of the handwriting.[3] This second group of gatherings (quires xv–xxvi) contains secular verse texts for edification or entertainment including some devotional texts. It incorporates another separate booklet (a self-contained unit exhibiting a correlation between its content and its physical structure):[4] the anomalous quire xxi of four leaves (fols 165–168). The size of the parchment leaves is different from that of the adjacent quires. The text of 'Dame Siriþ' (art. 59) occupies seven of the eight pages, and is followed by art. 60 which was copied in a different stint. Subsequently art. *91 was added at the end of the

[1] See below, p. liii, and fig. 1.

[2] The width of the written space here varies between 115 mm and 118 mm (resembling that in the quires ruled for two columns of verse), whereas in subsequent quires the width of the written space for prose texts varies between 105 mm and 110 mm.

[3] See above, pp. xl–xli.

[4] See P. R. Robinson, 'The "Booklet": a self-contained unit in composite manuscripts', *Codicologica* 3, ed. A. Gruys and J. P. Gumbert (Leiden, 1980), 46–69.

last column and completed in the bottom margin of the final page of the quire. The initials of the first two texts are monochrome; only that of the subsequent addition has been elaborated. Moreover, Scribe *A* did not use the 'Mumpsimus' or 'beaver-tailed' **S** as a form for initials in this quire, whereas elsewhere in the manuscript he employed it frequently and, in some texts, exclusively.[1]

Quires xxii–xxvi (fols 169–205) within this second section of gatherings were probably regarded by the scribe-owner as an adjunct or 'annexe', and maintained as a separate unit for reasons of convenience. The leaves have been ruled for long lines to accommodate verse texts written in, for example, alexandrines or fourteeners, other measures of comparable length in Latin, and subsequently prose texts (art. 81). In these quires the stanza forms in verse texts have been indicated by braces, whereas elsewhere in the manuscript they appear only in art. 56 on fols 162^r–163^v.

It seems to us that the two sections were originally regarded as two discrete but complementary collections. The scribe-owner may well have entered texts from the same exemplar into quires from the two different sections on the same occasion, but to prove it in this manuscript would push to the limit the kinds of palaeographical arguments currently available. Nevertheless we record the impression that, given the considerable variation in the handwriting of Scribe *A* throughout the manuscript (and the constraints imposed by the amount of space available), the handwriting and ink of, for example, the Latin prayers added on fol. 48^v at the end of quire vi resemble that of art. 57 on fols 163^v–164^r at the end of quire xx as closely as if the pages had been copied in a single stint.

For the most part Scribe *A* copied across quire boundaries, occasionally beginning a new text,[2] or a new stint[3] on the last page of a quire. He seems to have copied from different exemplars as they came to hand. This procedure is suggested by the way in which texts of different kinds, or in different languages, appear in 'clusters'. The principal clusters are texts of religious instruction (arts 1–6) which occupy most of the surviving first quire (fols 1–8^v), and the prayers and hymns: four prayers in French and two in Latin (art. 9 on fols 26^v–28); two further Latin prayers (art. 18 on fol. 48^v); hymns to the BVM with a collect (art. 55 on fols 161^r–162^r); other prayers to the BVM (art. 64 on fols 186^v–190^r); and a group of eight prayers in Latin (art. 81 on fols 202^r–205^v). The largest (and, for immediate purposes, the most significant) cluster is that containing twelve of the eighteen texts in English preserved in the manuscript (arts 40–51 on fols 119^r–140^r). The first of these

[1] See also below, p. xlix and n. 1.
[2] For example, arts 41 (on fol. 120^v), 52 (on fol. 140^v), and 67 (on fol. 192^v).
[3] For example, arts 70–1 (on fol. 200^v).

texts begins on a new recto page after a space left in the last column of the previous verso (subsequently filled with art. *90 at a later date), and the sequence continues through the two following quires. One of these (quire xvi, fols 121–132) is an anomalous quire of twelve leaves, a phenomenon which suggests that Scribe *A* realized that he would need to supplement a regular quire of eight leaves in order to complete his transcription of a series of texts in a particular exemplar. This sequence of twelve texts is followed immediately by another in English (art. 52), but on a new page (fol. 140^{v}). A smaller 'cluster' of two texts in English (arts 68 and 69) appears on fols 195^{v}–200^{r} in one of the adjunct quires, since the poetic measures employed required the ruling in long lines.

Although Scribe *A* copied from exemplars as they became available to him, the patterns of some of his stints, revealed by changes in handwriting (visible in the facsimile) or in the colour of the ink (not always obvious from the facsimile),[1] indicate that, when space was available at the appropriate place, he inserted a new text alongside one that he had already copied, which had related content or themes. Thus he inserted *Les proverbes del vilain* (art. 53) to follow immediately after the *Proverbs of Hending* (art. 52) in a new stint beginning at the head of the second column of fol. 143^{r}. Similarly he inserted a Latin poem on the vanity of this world (art. 58) on the last page of quire xx (fol. 164^{v}) to accompany an English poem (art. 57) on the same theme which ends at the foot of the previous page.

Quires ix–xiv (fols 65–112) form a 'bridge' section between what we take to have been the two original collections. Within this section quires xi and xii (fols 81–96) form an extraneous (but not independent) unit, and were copied by Scribe *B*. The size of the parchment leaves is again smaller than that of the adjacent quires, and the outside pages of quire xii (fols 89^{r} and 96^{v}) have been soiled and rubbed. Scribe *A* appears to have obtained these quires either as discards, or, perhaps, by appropriating them from his exemplar.[2] Because the text at this point (art. 27) was in verse, it would have been easy for him to calculate the number of lines required to connect with the fragment of text contained in *B*'s quires, and one can infer Scribe *A*'s process of calculation.

First, Scribe *A* abandoned his layout of 32 long lines per page, and on fol. 74^{v} (the fourth page of quire x) adopted the layout of Scribe *B*: two columns of 33 lines per page. Having calculated the number of lines required, he

[1] The photographer has often had to compensate for the poor tonal contrast between the colour of the parchment and that of the ink to ensure that the text may be more easily legible.

[2] For a later example of this practice see the description of Oxford, Bodleian Library, MS Digby 235 by L. E. Voigts, 'A doctor and his books: the manuscripts of Roger Marchall (d. 1477)', in *New Science out of Old Books: Studies in Manuscripts and Early Printed Books in Honour of A. I. Doyle*, ed. R. Beadle and A. J. Piper (Aldershot, 1995), p. 283, no. 41.

discovered that he had sufficient space on the last fourteen pages of the quire to allow him to avoid the repair in the outer column of fol. 75 by omitting one line on each page.[1] Having established that he needed to accommodate 40 lines of verse on fol. 74^{v}, he entered them in two columns of 20 lines each, calculated from the foot of the page. The symmetry of this layout, and the amount of space left over, presumably encouraged him to depart yet again from his usual practice, this time that of inserting headings within the verse column,[2] in order to display the heading here, and still leave a space between it and the short prose text (art. 26, copied across the verse ruling) on the first ten lines of the page. He therefore entered the heading in red in bolder script on two lines across both columns, thus producing the most elaborate page layout in the whole manuscript.[3] He also followed this practice of calculating space according to the number of verses in a text elsewhere in the manuscript, but with less success.[4]

It would seem that, in order to fit this text on fol. 74^{v}, and to allow a whole page for each month of the Kalendar, Scribe *A* extended the process, calculating backwards to the previous quires. The last text in the supplement to the 'practical' section (art. 19, beginning on fol. 49^{r}) spilled over on to fol. 62^{r} in quire viii (where it was later supplemented by art. *86 (ii and iii) in space originally left blank). From this point onwards Scribe *A* began to compress his material on the page. In the next two items (arts 20 and 21, fols 62^{v}–67^{v}) he resorted to run-overs preceded by paraphs, but often removed from the incomplete line and at a distance which could prove awkward for a reader. For example, in the second Penitential Psalm (Psalm 31) on fol. 65^{r} the beginning of the run-over of the first verse in line 24 occurs at the end of line 20 above (i.e. following the end of Psalm 6, verse 9, the previous psalm); the completion of this run-over from Psalm 31 occurs in line 17 above, following the end of Psalm 6 verse 7. Moreover he did not link the run-overs to the text by hyphens used as *signes de renvoi*, as he did elsewhere.[5] The way he entered the following texts, arts 22–3 on fols 67^{v} and 68^{r} indicates that he realized that he would require a whole page for each month of the Kalendar (art. 25) on fols 68^{v}–74^{r}. Although the pages had been ruled in long lines, *A* copied the 44 lines of verse of the hymn (art. 22) in a calculated layout of two columns of eleven lines on fols 67^{v} and 68^{r}. He followed this with art. 23, the unlucky days of the year, thus repeating a text which he had added in quire xxi (art. *91), in order to bring it into proximity with the Kalendar. For the same reason he entered in a different stint art. 24, the 'augrim' (a sequence of

[1] Scribe *A*'s usual practice elsewhere in the manuscript had been to squeeze a line of text alongside or around a repair: for example, on fols 114 and 163^{v}.

[2] Contrast, for example, fol. 97^{r} later in this section of the manuscript.

[3] Contrast fol. 68^{v}.

[4] See below, p. xlviii.

[5] See below, p. liii.

Arabic numerals, a system which had recently become current in England), because of its value in making calculations in connection with the Kalendar. He continued the sequence at the foot of the opposite verso (fol. 67^{v}), presumably because the three shields drawn in the bottom margin of fol. 68^{r} were present already.[1]

Scribe *A* completed the 'bridge' section by adding at least seven French texts (arts 28–34), the last of which now ends abruptly on fol. 112^{v}. The content of these texts, together with that of art. 27, consisting of secular verse texts for edification and entertainment, would have augmented the original second collection which began before fol. 113.

After he had completed the 'bridging' section, Scribe *A* subsequently arranged the various component quires of the two original collections, and established their relative positions in what we might call a single augmented miscellany, through the second sequence of quire signatures, that in *litterae notabiliores*. Five of these are in anomalous positions in that they appear on the last pages, as opposed to the rest on the first pages, of the quires: A (quire ix) on fol. 72^{v}, C (quire xi) on fol. 88^{v}, D (quire xii) on fol. 96^{v}, R (quire xxi) on fol. 168^{v}, and Y (quire xxvi) on fol. 205^{v}. All but C and Y appear on the page opposite that containing the signature of the following quire. A (with its links to the previous eight quires) is followed by B containing the rest of the Kalendar and the beginning of art. 27, and connects with the text on the interpolated quires. C and D are the interpolated quires, and D (fol. 96^{v}) is placed opposite E (fol. 97^{r}) on the following quire in which Scribe *A* completed art. 27. R is the booklet of four leaves, and is followed by the section of 'adjunct' quires. Y appears on the last quire of the manuscript before the damaged singleton leaves.

By leaving the gatherings unsewn Scribe *A* was also able to make further additions to the manuscript more easily, and some of them (for example, art. *83 (ii) on fol. 33^{v}) extend into the inner margins.

RULING AND LAYOUT

Scribe *A* appears to have ruled after folding the sheets, since each page has prickings in both margins. He ruled in grey plummet, sometimes across each bifolium,[2] sometimes a page at a time (for example, fols 74^{v}–80^{v}), thus producing inconsistencies in the ruled space which varies between 165 mm and 175 mm × 110 mm and 130 mm. He ruled fols 1–74^{r} for 32 long lines per

[1] See below, p. lviii.

[2] This practice can be determined by comparing the different dimensions of the ruled space on openings between leaves of adjacent bifolia: for example, fols 159 + 164 with fols 160 + 163 and 161 + 162.

page, fols 74^{v}–80^{v} and 97^{r}–168^{v} for double columns of 33 lines each to receive verse texts, and fols 169^{r}–205^{v} for 33 long lines per page also primarily to receive verse texts. The last two leaves (fols 206–207) were ruled for double columns of 33 lines each.[1] In the ruling for verse texts the extra columns for initials and *litterae notabiliores* were separated from that containing the rest of the first word of each verse, and this layout was used both for stichic verse and that in stanza form.[2]

Scribe *B* also ruled his two quires (xi and xii, fols 81^{r}–96^{v}) for double columns of 33 lines each, but in drypoint. He often employed double rows of prickings in each margin (visible in the facsimile on fols 82^{r}, 87^{v}, 90^{r}). He produced a ruled space of 165 mm × 125 mm on quire xi, and 160 mm × 120 mm on quire xii, and also provided a separate column for *litterae notabiliores*.

The most obvious feature of the layout in the manuscript is the way in which it witnesses to Scribe *A*'s determination to fill all the available ruled space. He copied all the texts but one below the top line: the exception is the Kalendar (art. 25) which he entered above the top line because he expected to add further memoranda relevant to each month below the 32 lines required for the Kalendar itself. The handwriting is often cramped (cf. fols 114^{r} col. a and 116^{v}), and he resorted to frequent, and sometimes drastic abbreviations at the ends of verses and of prose texts.[3] It was often difficult for him to find space to accommodate run-overs in verse texts.[4] Some verse texts in arts 9 and 81 (fols 26^{v}–27^{r} and 302^{r-v}), were copied continuously, and the verses were identified by *litterae notabiliores* and separated by punctuation.

It would seem that Scribe *A* tried to calculate the number of pages required, when, at the beginning of a new stint, he entered a text in an unfinished quire. Sometimes he underestimated the amount of space he needed: for example, in art. 53 he was eventually reduced to writing some verses continuously and accommodating the refrain, drastically abbreviated, in the margins (see fol. 149^{v}, b). Sometimes he forgot to allow for the heading of a new text, and had to enter it in the margin above the top line (for example, on fols 1^{r}, 14^{v}, 20^{v}, 33^{v}, 49^{r}, 62^{v}, 102^{v}, 140^{v}, 150^{r}, 165^{r}, 169^{r}, 200^{v}). At other times he overestimated the space required, and when he found that he had a blank line left over at the foot of the last column, he filled it.: for example at fol. 164^{r}, b, 33 he repeated the word 'Amen' four times, and at fol. 164^{v}, b, 33 he added one of his rare colophons 'Explicit de veritate'.[5]

Scribe *A* entered all the headings, and was responsible for all the decora-

[1] See above, pp. xlv–xlvi.

[2] Cf. M. B. Parkes, *Pause and Effect: an Introduction to the History of Punctuation in the West* (Aldershot, 1992), p. 98.

[3] See below, p. lii.

[4] See below, p. liii.

[5] See also above, pp. xliii–xlv.

tion throughout the manuscript (including the quires copied by Scribe *B*). Headings are in red, and the language used for them is predominantly French. Three English texts (arts 46, 51, 52) have headings in English, two others (arts 44, 68) have Latin headings, and in one with no heading (art. 40) the first two lines of the text have been entered in red. Latin texts (arts 15, 17–18, 55, 58, 75–81, *92, *94), and groups of prayers in French as well as Latin (arts 9, 71) have headings or rubrics in Latin; and in the French version of the Latin hymn (art. 22) the first line of the Latin text 'Veni creator spiritus et cetera' serves as a heading. The rest of the headings and subheadings are in French. For the most part headings precede the relevant text or section within the column, but the subordinate headings for the medical receipts in arts 7, 10, and 19 were added in the margins alongside the texts.

Scribe *A* also left spaces and guide letters for initials at the beginning of a new text or section, but the amount of space provided (ranging from the equivalents of two to five lines of text in depth) does not always correspond to the significance of the division in the organization of a text. He employed red, or red and black, Capital and Lombard forms for initials (occasionally supplied with crude flourishings, as on fol. 4^{v}, or crude infilling, as on fol. 17^{v}), but *litterae notabiliores* in the ink of the text at the beginning of each line of verse, or of each *sententia* in prose texts. He subsequently elaborated them with black and red decoration or splashed them with colour. He preferred the 'Mumpsimus' or 'beaver-tailed' form of *littera notabilior* **S**,[1] because the 'beaver-tail' was eminently suited to receive elaborate infilling (see, for examples, fol. 59^{v}).

Whilst supplying initials and headings, Scribe *A* added rough sketches in red ink in the margins. Some have captions which suggest that the sketches were prompted by details in the adjacent text. They appear on the following pages: fol. 8^{v}, a head with the caption 'ipocras' (the author ascribed to art. 7 which begins on this page); fol. 34^{v}, a drinking man with the caption 'bibo' (cf. line 20) and a coffin with the caption 'toumba' (cf. lines 13–14?); fol. 35^{r}, with the caption 'celum' (cf. line 31); fol. 36^{v}, churches (cf. line 21) and, in the bottom margin, a crow (?) (cf. lines 6–7); fol. 37^{r}, 'arbor' (cf. line 13); fol. 41^{r}, 'luna' (cf. 'Lunarie' the title of the text which begins on this page, art. 14); fol. 46^{v}, 'sol' (cf. line 7) and 'aqua' (cf. line 19); fol. 47^{r}, 'gallus' (cf. line 28); fol. 48^{r}, 'mare' (cf. line 26). Other sketches without captions may refer to the adjacent text in a more general way: fol. 82^{v}, a finger pointing to the head of a woman (perhaps representing a character—'la male feme'—in the tale from art. 27 which begins on this page); fol. 102^{v}, heads of a man and a woman (perhaps representing a 'vallet' and a 'damaisele', cf. the title of the text, art. 29, which

[1] This form of **S** was unfamiliar to readers and scribes in later centuries, who misread it as **M**, thus copying 'Sumpsimus' as 'Mumpsimus'.

begins on this page); fol. 150ʳ, a head wearing a mitre (perhaps representing Saint Nicholas the subject of art. 54 which begins on this page). We are unable to suggest specific references for the sketches on fols 79ᵛ (with captions 'rosa', 'manus', 'femina'), 80ʳ (with caption 'femina'), 83ᵛ (with captions 'mortuus' and 'tomba'), and 84ʳ (all of which accompany tales in art. 27), or 98ʳ (adjacent to art. 28). Those on fol. 4ᵛ with the captions 'presbiter', 'calix', and 'altare' appear with a group of texts of religious instruction (arts 1–2). That on fol. 205ᵛ (added alongside the words 'scripsi librum') was probably intended to represent the scribe-owner himself. The sketches on fols 103ʳ, 164ᵛ, 165ʳ, 169ʳ appear to be unrelated to the text. Those on fol. 84ᵛ (including a tracing of the shine-through of the sketch on the previous page) are in black ink, and are by a different hand. On the arms which appear in the bottom margin of fols 47ʳ, 68ʳ, see below.[1]

ABBREVIATIONS

Scribe *A* employed abbreviated or simplified forms of words frequently in the Latin texts and the French prose texts. They appear less frequently in the French verse texts, except at the ends of lines where space was limited (for example on fols 113, 114ʳ, 154ʳ), or to avoid a repair in the parchment (for example, on fol. 78ᵛ, a); but abbreviated forms are rare in the English texts. The techniques for simplifying the graphic representation of words were much more fully developed for Latin texts than for those in the vernacular, but, apart from the common mark of abbreviation, they could be adapted more readily to the spellings of romance words than to those of native English ones.[2]

The principal techniques of abbreviation which appear in the vernacular texts in this manuscript are the common mark of abbreviation, suspension, and shorthand symbols. Contractions are more or less restricted to the *nomina sacra* and the Latin texts. Apart from these contractions the common mark of abbreviation is confined to indicating the omission of a nasal consonant: for examples in French texts see 'mortaleme*nt*', 'maleme*nt*' (fol. 7ʳ, line 14), 'empeyreme*nt*' (fol. 6ᵛ, 1), 'sacrame*ns*' (6ᵛ, 23), 'sie*n*gnurie' (24ᵛ, 20), and 'sauueme*nt*' (49ʳ, 5); for examples in an English text see 'stro*n*ge' (119ʳ, b, 3), 'hou*n*stro*n*ge' (119ᵛ, b, 24), 'cu*n*nes' (119ᵛ, a, 19), and 'gru*n*te*n*' (119ᵛ, a, 4).

Suspension is a technique of simplifying the spelling of a word by omit-

[1] See below, p. lviii.

[2] See further M. B. Parkes, *Scribes, Scripts and Readers: Studies in the Communication, Presentation and Dissemination of Medieval Texts* (London, 1991), pp. 19–33, esp. 24–8 (with further references); idem., 'Latin autograph manuscripts: orthography and punctuation', in *Gli autografi medievali: problemi paleografici e filologici*, ed. P. Chiesa and L. Pinelli, Quaderni di cultura mediolatina 5 (Spoleto, 1994), pp. 23–36, esp. 23–34.

ting all but the first letter of a word or syllable. Medieval scribes inherited ancient *notae* consisting of signs which identified the missing letters. Examples from the French texts in this manuscript include the following: ‘p*ar*’/‘p*er*’, ‘p*ur*’, ‘q*ue*’ (*passim* in fols 1–48), ‘Q*ue*’ (as in fol. 9^{v} margin), ‘pl*us*’ (fols 12^{v}, 31; 15^{v} margin) and (adapted for a French word) ‘v*ous*’ (114^{r}, a, 12). In ‘q*ui*’ the suspension is indicated by a different technique, and is identified by the letter of the missing vowel which is suprascript. For other words both scribes employed syllabic suspension in those syllables for which recognized elements of abbreviation already existed.

In the following examples from the French texts the suspensions have been indicated by a *nota* used as a syllable sign: with that for p*er*/p*ar* in ‘p*ar*age’ (108^{r}, a, 8), ‘p*ar*enz’ (6^{v}, 32), ‘p*ar*ler’ (17^{v}, 26), ‘p*ar*oles’ (2^{v}, 29), ‘p*er*du’ (20^{r}, margin), ‘p*er*durable’ (6^{v}, 19), ‘p*er*il’ (43^{r}, 32), ‘p*er*ilouse’ (17^{r}, 31), ‘p*er*nez’ (fols 8–21, *passim*), esp*er*it’ (7^{v}, 21), and ‘eschap*er*a’ (45^{r}, 16); with the sign for p*re* in ‘p*re*mere’ (44^{v}, 27) and ‘p*res*’ (49^{v}, 6;. 50^{v}, 15); with that for p*ro* in ‘p*ro*fitable’ (43^{r}, 22) and ‘esp*ro*uer’ (19^{v}, margin); with the sign for p*ur* in ‘p*ur*rez’ (10^{r}, 24), ‘p*ur*ra’ (11^{v}, 29), and ‘p*ur*rount’ (7^{r}, 4); with that for q*ue* in ‘le q*ue*l’ (6^{r}, 8), ‘desq*ue*’ (13^{v}, 31), ‘ounq*ues*’ (4^{r}, 14; 15^{r}, 1), and ‘euesq*ue*’ (7^{r}, 9). The syllabic sign for -*er* appears in ‘s*er*a’ (45^{r}, 2 and 4), ‘s*er*ount’ (49^{v}, 27), ‘chaunt*er*’ (158^{r}, b, 1), and ‘mang*er*’ (ibid., b, 17).

Syllabic suspension indicated by suprascript letters appears in the following examples from French texts: with suprascript **a** in ‘g*ra*ce’ (19^{r}, 21), ‘g*ra*cious’ (42^{v}, 32), ‘g*ras*’ (101^{r}, a, 19 and 22), ‘g*ra*nt’ (21^{v}, 27), ‘g*ra*nz’ (5^{r}, 6), ‘g*ra*unge’ (32^{r}, 30, which indicates that suprascript **a** was not used by this scribe to indicate *au*), ‘q*ua*ier’ (‘q*ui*re’, 102^{r}, a, 21), ‘q*ua*nt’ and ‘q*ua*rante’ (21^{v}, 28), (t*ra*uayle’ (15^{v}, 27), ‘ent*ra*illes’ (8^{v}, 16) and ‘out*ra*ge’ (108^{v}, a, 7); with suprascript **e** in ‘aut*re*’ (6^{r}, 18), ‘aut*res*’ (9^{v}, 22), ‘count*re*’ (7^{r}, 19), ‘encount*re*’ (11^{v}, 32), ‘noust*re*’ (4^{v}, 32, cf. Latin ‘nost*ra*’ in 28^{r}, 11), and ‘out*re*’ (4^{r}, 26); with suprascript **i** in ‘g*ris*’ (169^{r}, 33), ‘p*ris*’ (169^{r}, 9), ‘p*ri*st’ (6^{v}, 4), ‘p*ri*ueement’ (170^{r}, 14), ‘q*ui*sez’ (12^{r}, 4), ‘q*ui*te’ (9^{r}, 22), ‘t*ri*stesse’ (8^{r}, 16), t*ri*cherie’ (8^{r}, 17), ‘esc*ri*uer’ (15^{r}, 16), ‘iniq*ui*tez’ (170^{r}, 32), ‘mesp*ris*’ (8^{r}, 30), and ‘nasq*uit*’ (103^{r}, a, 29). There are very few examples in English: ‘t*ra*yling and þat p*ro*ude ȝong’ (126^{v}, b, 12), ‘t*ra*sce’ (136^{v}, a, 33), and ‘g*ra*ce’ (130^{v}, a, 11).

Scribe *A* employed three shorthand symbols: the ancient *notae* for *et*, *con-* and *est*. He used the *et* symbol only in French and Latin; in English he wrote the word ‘and’ in full. *Con-* appears in the following French examples: ‘*con*fessioun’ (46^{r}, 9; 7^{r}, 18), ‘*con*forter’ (172^{r}, 29), ‘*con*t*ri*ssioun’ (7^{r}, 17). He used the *nota* for *est* rarely (an example appears in 114^{r}, a, 23).

Compound abbreviations, where more than one syllable in a word has been suspended, appear frequently in the Latin texts (for example, ‘p*er*t*ra*xeru*nt*’, 202^{v}, 21), but Scribe *A* employed them sparingly in French

texts, preferring to use single abbreviated forms in several words in the same line (for example, 43^{r}, 32). Examples of his compound abbreviations appear in '*con*tr*ar*ious' (185^{v}, 3), '*con*tr*is*sioun' (7^{r}, 17), 'p*ar*dou*n*' (191^{r}, 26), and 'q*ue*rau*n*t' (154^{v}, a, 19).

Scribe *A* habitually employed abbreviated forms of words which occurred frequently in the formulae of practical works in the manuscript. In the medical recipes in art. 7, for example, we find 'emplast*re*', 'ent*ra*illes', 'esp*ro*uer', 'q*ui*lleres' ('spoonfuls'), 'q*ui*sez' and 'q*ui*te', 't*ri*bler' ('mash', 'grind'), and 't*ri*acle'. He confined his most drastically abbreviated forms (the first letter only of each word) to refrains or constantly repeated phrases, such as 'c.d.l.v.', or 'c.d.l.' for 'ceo dit le vilain' in art. 53, and the various representations of 'quad hending' in art. 52 (for example, on fol. 142^{r}). In Latin texts he employed them for well known formulae, such as 'In no*mi*n*e* pat*ri*s + *et* f*ilii* + *et* s*piritus* + s*ancti* . am*en*.' (fol. 29^{v}, 17),[1] and 's' for 'significat' in art. 12. The only frequently appearing example of drastic abbreviation is that for *et cetera*.

Scribe *B* used the same techniques of abbreviation as Scribe *A*, but his abbreviated forms appear with greater frequency, and in a broader range of words. The first page of his two quires (fol. 81^{r}) contains 70 abbreviations in 66 lines of verse, and includes common words like ap*res*, est*re*, m*u*lt, pl*us*, and *vous* as well as numerous examples of the common mark of abbreviation for an omitted nasal. The page also contains a higher proportion of compound abbreviations than a similar sample of Scribe *A*'s work, and includes 'p*ro*mett*re*' (a, 25), 'cont*ra*riau*n*t' (b, 28), and 't*er*minau*n*t' (a, 29).

PUNCTUATION AND OTHER SIGNS

The forms of punctuation employed throughout the manuscript are *litterae notabiliores* at the beginning of each verse, or of each *sententia* in prose texts, and the *punctus*, placed indiscriminately at different heights in relation to the body of the letter forms, to indicate all pauses. In prose the *punctus* was used within *sententiae* primarily to indicate those syntactical units which are not identified by lexical syntax markers. Verse texts (other than those which were copied continuously) were not pointed. Scribe *A* relied on his own and other readers' ability to recognize the lexical syntax markers in prose (such as 'pur', 'pur que', 'quant', 'li quel'), and the coincidence of sense rhyme and metre in verse texts, to identify units of syntactic, semantic, and rhythmic structures.[2] In arts 56, 62, 64, 66, and 67–70 he inserted braces to indicate the

[1] Not all the examples of series of single letters that appear in the charms of arts 7 and 10 represent abbreviated forms (for example, fols 17^{v}, 29; 31^{v}, 5–6).

[2] Cf. Parkes, *Pause and Effect*, p. 101.

rhythmic structure of stanzas (but not in the monorhymed texts, arts 63 and 65).

Scribe *A* also employed the *punctus* to isolate numerals (for example, '.C.Mile', 22^{v}, 6), and **I**, even when used, for example, in the French pronouns and demonstratives '.I.cest', '.I.ceo', and '.I.cel'; and in English, to represent not only the unstressed form of the first personal pronoun '.I.' but also the prefix of the passive participle (for example, '.I.maket') and forms like '.I.wis' and '.I.nou'.

Scribe *A* formed the hyphen with two short diagonal strokes, using it not only to indicate word-division at the end of a line (for example on fols 51^{r}, 55^{v}) but also as a *signe-de-renvoi* to identify the correct position of a line omitted from a verse text (for example, on fol. 126^{r}, b, 1 and 3), and to link an incomplete line to a run-over (for example, on fols 129^{r}, b; 140^{r}). Although the position of a run-over was dictated by the space available, he usually placed it before the incomplete line, and marked it with a paraph, so that a reader could be made aware of its existence before it was required to complete the verse. One-word omissions were inserted and accompanied by a caret mark (for example, on fols 1^{r}, 26^{r}, 166^{v}, a; 173^{v}, a).

Scribe *A* deleted by expunctuation (for example, 'p[a]assez', 170^{v}, 3; and [owrs], 31^{r}, 21), by striking through a group of words (171^{v}, 25; 190^{r}, 18), or by erasure (for example, 37^{v}, 26–7; 110^{r}, a, 10; 158^{r}, b, 13). Erasures on fols 3^{v} (underlined before erasure), 13^{r} (expunged before erasure), 15^{v} and 25^{v} have subsequently been struck through with a line in red. The erased text on fols 3^{v} and 13^{r} is legible, and appears to duplicate the groups of words which follow the erasures; that erased on fols 15^{v} and 25^{v} is visible, but not legible. Scribe *A* also traced horizontal strokes in the course of copying on fols 53^{r-v} (where there is a slit in the parchment which would have impeded the process of writing), and 107^{v} where the parchment is scarred.

There is no punctuation in Scribe B's quires, except the *litterae notabiliores* added by Scribe *A*, along with corrections (on fols 83^{v}, b; 86^{v}, b; 88^{v}, a). *B* made one neat run-over on fol. 93^{v}, a, 30.

BINDING

The gatherings appear to have been kept unsewn for some time, lightly folded over, and perhaps secured by tape or in a wallet or wrapper. Most of the leaves throughout quires ix–xxvii bear traces of a relaxed light fold from top to bottom (fig. 1), but the distribution of the effect of this fold varies from quire to quire. It is most prominent from quire xv onwards, and the seventeenth-century parchment endleaves at the end of the book have adapted to it.

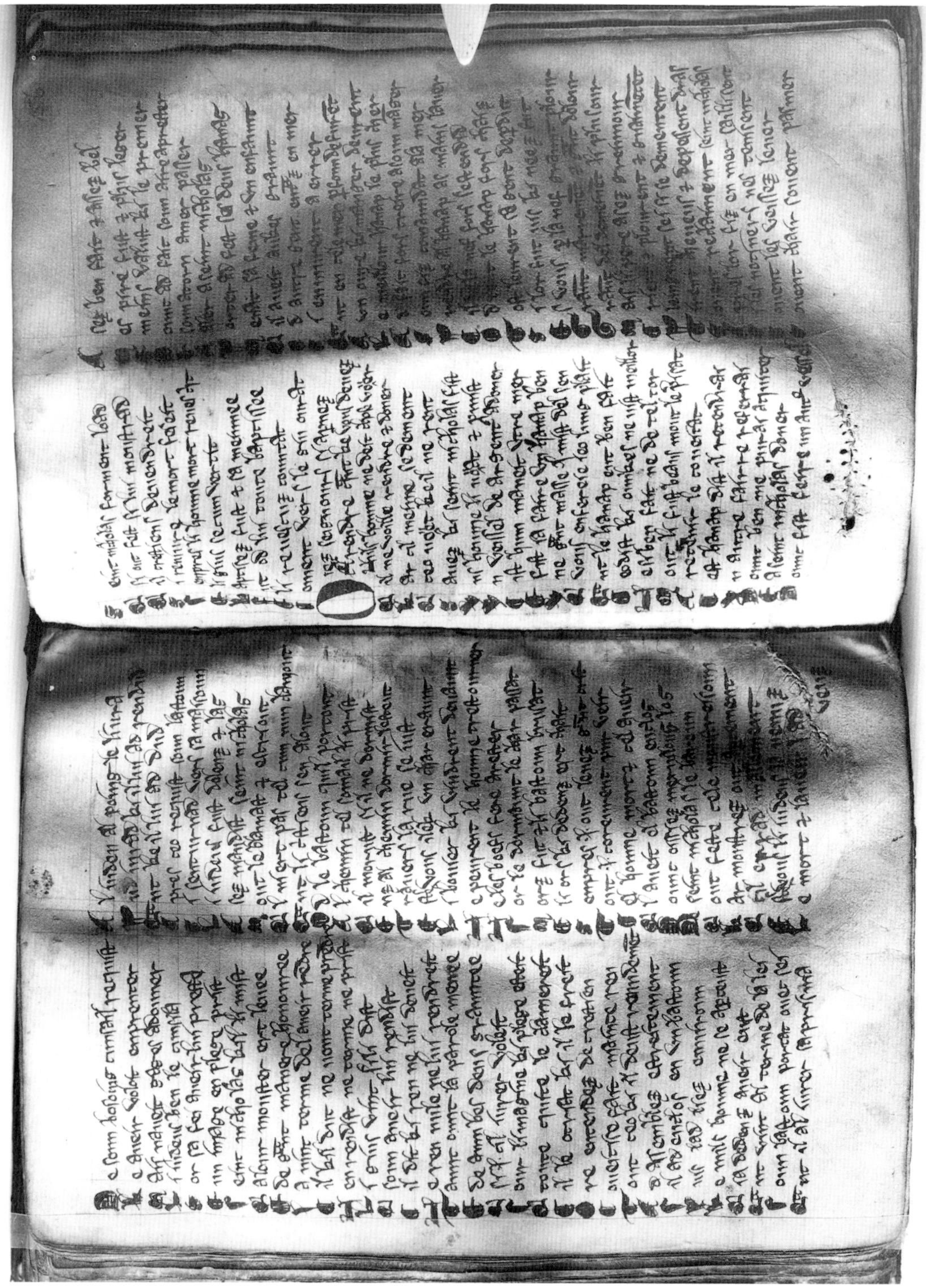

Fig. 1 Shadows created by vertical fold (concave on verso page, convex on recto)

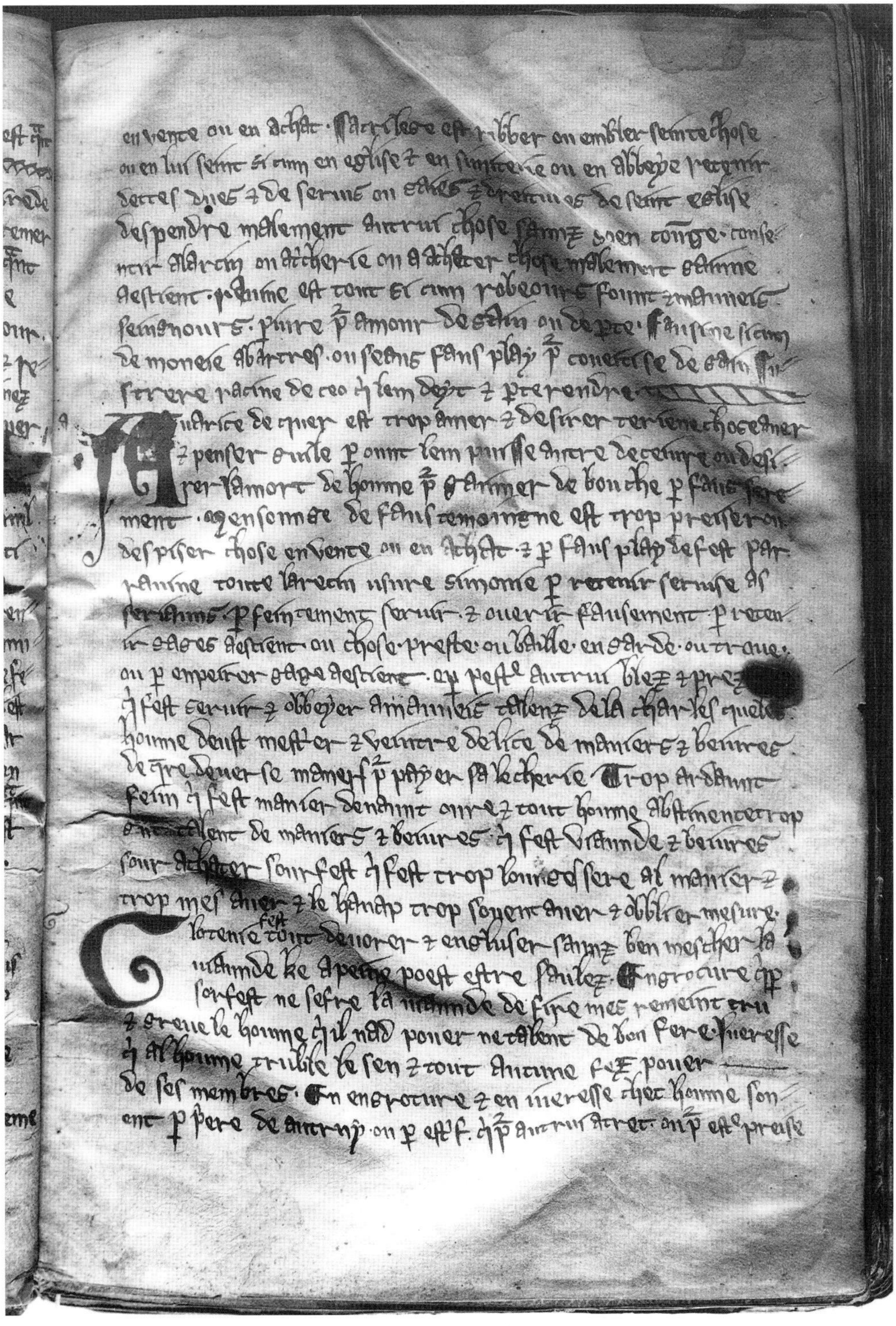

Fig. 2 Large black mark at centre of fore-edge indicates hole and rust marks; prominent shadows above and below it are created by 'v'-shaped fold

The manuscript was resewn on four bands for the present binding between 1632 and 1634.[1] The earlier sewing must have taken place probably when the complete sequence of quire signatures was added.[2] Letter forms used for these signatures (notably **b e f** and **g**) suggest that it took place in the second half of the sixteenth century, perhaps when the book first came into the hands of Thomas Allen.[3]

The leaves in the first three gatherings also have a relaxed 'v'-shaped fold with its apex at the centre of the outer margin (fig. 2), and the seventeenth-century parchment endleaves at the beginning of the book have adapted to this fold. The first three leaves have been pierced at this point, and have rust marks that perhaps derive from the metal fixture for a device which would have applied the pressure to create this fold: for example, the buckle of a strap to constrain the vertically folded gatherings (which would explain why the 'v'-shaped fold is not reflected on the final endleaves of the book), or for a single clasp on the early binding. This phenomenon confirms the evidence of the complete series of quire signatures that the first quire had been lost before this early binding took place.

Fol. 16 (with the text, art. *101, copied by a late fourteenth-century scribe) bears traces of relaxed vertical and horizontal folds (visible in the facsimile of the verso), indicating that it had been folded rather like a letter. It appears to have been kept in this way, perhaps slipped between the leaves in the earlier binding, but was subsequently flattened and tacked in during the course of the present binding.

The present binding is covered in plain light-brown calf with, on both covers, a stamp in gold of a vesica figure containing the arms and inscription of Sir Kenelm Digby, and with a fillet border tooled in gold close to the edges of the boards. One of the two clasps (front to back) from this binding has been preserved, but detached from the book. There is no evidence of further resewing since the book came to the Bodleian.

HISTORY OF THE MANUSCRIPT

The inconsistencies in some of *A*'s scribal practices indicate that, although he was an experienced scribe, he was not accustomed to producing books. Nevertheless, he became aware of some of the conventions which he found in his exemplars, and he appears to have learned from his experience as he went along.[4] The quality of the handwriting, the presentation of the texts,

[1] See below, p. lx. [2] See above, p. xlii. [3] See below, p. lix.

[4] One revealing detail appears in the Kalendar (art. 25). On fols 68^v–72^r Scribe *A* used the abbreviation for 'id*us*', but on fols 72^v–74^r he changed to the monogram. He would have been accustomed to using the abbreviation when writing a date on a document, but he would have encountered the monogram in the liturgical Kalendar which served as his first exemplar.

and his capacity to calculate the space required to receive them, all improved during the course of the process of production. The rough sketches which he entered along with headings and initials, his activity in adding further material at different times in the margins or in vacant spaces, and his research to augment the Kalendar,[1] all indicate that he was also the earliest owner of the book.

The principal clues to the history of the manuscript lie in the three obits added to the Kalendar on fol. 71^{v}. One entered by Scribe *A* (writing formally, but with the edge of the pen), is that of Alexander de Grimehull' (18 July); the other two, entered by a hand of the first half (or possibly middle) of the fourteenth century, are those of 'Amiscie', described as 'vxoris symonis Vnderhull' (11 July) and of Simon Underhull himself (23 July). The son of Simon (and presumably of Amice as well), William, appears in the pen trials (see below). Miller identified Amice as the daughter of Richard de Grimhill II (*c.*1263–*c.*1308), but found no trace of Alexander de Grimhill in the printed sources;[2] Miller suggested that Alexander might have been the father or brother of Richard II. If we accept this suggestion, since Scribe *A* entered the obit of Alexander, Richard de Grimhill II would be a strong candidate for collecting the texts (which are predominantly of a secular or private devotional character) and copying the manuscript for his own use.

Pen trials do not provide evidence for ownership, but a context in which evidence might be sought for ownership. The relevant pen trials are in a single hand which, to judge from the content and date, is that of William Underhulle.[3] The pen trial on fol. 191^{v} is 'Edwardus dei gratia rex anglorum', and the handwriting is appropriate to the latter part of the reign of Edward II (1307–27) or the early years of that of Edward III. The names which appear in these pen trials are 'Simon dehud' (fol. 34^{v}, probably an abandoned entry for Simon de hu*n*derhulle), 'Willelmus de underhulle' (fols 40^{r}, 141^{v}) also described as 'filius simonis de underhulle' (fol. 99^{v}, and compare 'Willelmus' on fols 87^{v}, 99^{r}, 117^{v}); 'Robertus filius Roberti de penedok' (fols 39^{v}, 98^{v}, and compare, perhaps, fols 89^{v}, 194^{r}); 'Iohannes

[1] See the entry for art. *89 in the inventory of the contents above, p. xxxiv. Some of the added feasts are unusual in English liturgical Kalendars.

[2] Miller, pp. 40–1.

[3] Miller, although perhaps somewhat mesmerized by the amount of information he was able to accumulate about the Pendocks, nevertheless recognized that the most significant pen trials were in Underhill's hand (ibid., p. 42, n. 168). William's hand is not only Miller's hand *h* (ibid., pp. 26–7) but also appears in some of the pen trials attributed by Miller to hand *i*. 'Galfridus Willelmus Robertus de Penedok scripsit' on fol. 89^{v} (also in Miller's hand *i*), together with other pen trials on fols 76^{r} and 90^{r} appear to be in another (perhaps younger) contemporary hand and in a different ink. The pen trials on fols 75^{r} and 193^{v} (Miller's hand *j*) are much later. Other pen trials which do not contribute significantly to the identification of the context for the provenance of the manuscript occur on fols 47^{r}, 49^{v}, 50^{r}, 55^{v}, 76^{r}, 90^{r}, 113^{v}, 180^{v}, 191^{v}, 194^{r}.

dominus de penedoch' (fol. 111^{v}). The most striking pen trial is in the formulae of a will (fols 39^{v}–40^{r}) purportedly by Robert de Penedok. However, after the usual formulae relating to the disposal of his soul and mortal remains (to be buried in the cemetery at 'ridmarleye'), the only bequest of property is that of his colt ('pullum') to William de Underhulle. The text ends abruptly at this point, and in spite of the formulae the pen trial (in the hand of William) suggests youthful high spirits rather than a copy of or draft for a genuine document.[1] Miller established that the names of all three families (Grimhills, Pendocks, Underhills) are associated with place names in the vicinity of Hallow (near Worcester), and of Redmarley (Redmarley d'Abitot, formerly in Worcestershire, but subsequently in Gloucestershire).[2]

The context suggested by these pen trials furthers the argument based on the evidence of the obits: that after the death of Richard de Grimhill II (*c.* 1308) the manuscript passed through his daughter Amice to the Underhill family.

At the foot of fol. 68^{r} there are three shields outlined and shaded in red, but without tinctures. Miller associated these arms with three families—from left to right: de Vesci, Beaumont and Fitzjohn—who were not related either by marriage or by tenure, but who held some of their lands in the Worcester diocese.[3] These arms were originally associated more prominently with the Kalendar (which begins in a somewhat unusual position on the following verso)[4] than they are now. Unlike the smaller shields on fol. 47^{r} (which were added with the accompanying drawing when the headings and initials were entered)[5] these more carefully executed shields on fol. 68^{r} must have been entered before at least one of the texts now present (art. 24) was added, since it is in a different ink from the rest, and had to be completed on the facing (previous) page. It is possible that these families might have been patrons of the scribe-owner in his other capacity (whatever that may have been).[6] The more obvious explanation is that the original liturgical Kalen-

[1] Or, perhaps, since it occurs on the pages immediately following this scribe's additions to art. 12 on the interpretation of dreams, it may represent wishful thinking.

[2] There is a Grymehull Farm in the parish of Hallow which lies in the hundred of Oswaldslow to the north-west of Worcester (see A. Mawer and F. M. Stenton, *The Place Names of Worcestershire*, English Place Name Society, 4 (1927), p. 131). The other parishes are also in the hundred of Oswaldslow: Redmarley d'Abitot lies between Tewkesbury and Ledbury; the parish of Pendock is three miles to the east, and Underhull Farm is in the adjacent parish of Berrow (ibid., pp. 156, 154, 97). M. Laing, *Catalogue of Sources for a Linguistic Atlas of Early Medieval English* (Cambridge, 1993), p. 130, observes that the 'language of the [English] texts [in Digby 86] is congruent with the later S-Worcestershire material' in A. McIntosh, M. L. Samuels, and M. Benskin, *A Linguistic Atlas of Late Medieval English* (Aberdeen, 1986).

[3] Miller, pp. 50–5.

[4] Most Kalendars begin on a recto page and occupy a six-leaf quire.

[5] Miller, p. 51.

[6] In the absence of texts of strictly professional interest which would identify Scribe *A* as either a cleric or a layman, one can only speculate about his status and occupation. His obviously close links with the Grimhill and Underhull families, the range of texts and their nature

dar which formed the basis for that on fols 68^{v}–74^{r} was derived from a more luxurious manuscript in which the arms had appeared prominently in the decoration (perhaps as those of benefactors to the institution to which the manuscript belonged), and that the scribe-owner of the present manuscript inserted them because of the local connections.

There is no evidence to indicate how long the manuscript remained in the Underhill family. There is a gap in the history of the collection until it was acquired by Thomas Allen in Oxford in the sixteenth century. However, it is possible to supplement Miller's speculations about the family's connections with Oxford. In 1372 Thomas Underhill of Worcestershire acted with others as mainpernor (surety) for one William Feriby, clerk, who was travelling to Rome.[1] This is most likely to refer to William Feriby, fellow of Balliol College, Oxford, from *c.*1364 until *c.*1375, and subsequently Chancellor to Henry, Prince of Wales (later Henry V).[2] A contemporary of Feriby's as fellow of Balliol was Robert Underhull, who subsequently succeeded Feriby as Senior Proctor of the University.[3] In 1374 a 'Master Robert Underhulle' received letters dimissory from the Worcester diocese (i.e. that in which he was born) for ordination as subdeacon,[4] and the Fellow of Balliol was ordained subdeacon by letters dimissory by the Bishop of Hereford in the same year.[5] Perhaps Robert provided the connection between Thomas Underhull and Feriby. If Robert had brought the manuscript to Oxford it might explain how it subsequently came into the hands of Thomas Allen, who, besides preserving books which might be regarded as relics of saints, was also a snapper-up of ill-considered trifles. Alternatively the manuscript may have remained in the possession of the family, and might have come to Allen via John Underhill (1545?–1592), fellow of New College and subsequently bishop of Oxford, who, although born in Oxford, might, perhaps, have been a descendant of the same family.[6]

Thomas Allen (1540–1632), a member of Trinity College, Oxford, who subsequently removed (*c.*1570) to Gloucester Hall, Oxford, where he

(for example, arts 19 and additions, 62 and *87) would suggest that he was a layman. The presence of texts in three languages, the use of latinized French words in some of the memoranda (for example, in art. 11, items xi–xvi), his familiarity with conventions for writing documents as opposed to those for writing books, the quality as well as the nature of his normal handwriting, and his augmentation of a Kalendar without grading to provide a reference tool for dating (cf. the entry for art. *89)—all suggest that he might have been a lawyer, or involved in the management of an estate.

[1] Miller, p. 38.

[2] A. B. Emden, *A Biographical Register of the University of Oxford to AD 1500* (Oxford, 1959), p. 678.

[3] Ibid., p. 1930.

[4] Miller, p. 38.

[5] Emden, *Biographical Register*, p. 1930.

[6] See *Dictionary of National Biography*, 58, 30; *History of the University of Oxford*, 3, The Collegiate University, ed. J. McConica (Oxford, 1986), 426, 428–9.

resided (as an archetypal bachelor don) for the rest of his long life, assembled a collection of about two hundred and fifty manuscripts.[1] He gave some away, but in the catalogue of his collection which was drawn up in 1622 (now Oxford, Bodleian Library, MS Wood F.26, pt. I)[2] the present manuscript appears as '8° A.1', and Allen's number '1' appears in the top margin of fol. 1^r of MS Digby 86. In this catalogue (p. 20) the contents were described cursorily as:

Distinctio peccatorum. Gallice.
Certayne charmes. Gallice.
Interpretatio somniorum
Experimentia bona et optima et videtur accidere ad Alexidis secreta.
Callendarum quodam vetus
Certayne Romances Gallice.

To this entry the number '86' was subsequently added in the margin by Gerard Langbaine the Elder.[3]

Allen bequeathed the substantial residue of his collection to Sir Kenelm Digby, who appears to have been one of his 'moral pupils' whilst studying at Gloucester Hall, and who became enthused with some of Allen's interests. During the two years in which the manuscript was in Digby's possession, it was given the inventory number 'A 100' (which also appears in the top margin of fol. 1^r), and like the rest of Digby's manuscripts it was catalogued,[4] and rebound before he gave his collection to the Bodleian Library in December 1634.

BIBLIOGRAPHICAL NOTE

A bibliography of this manuscript would include all the editions and many of the reference works cited in the inventory of the contents (above,

[1] A. G. Watson, 'Thomas Allen of Oxford and his manuscripts', in *Medieval Scribes, Manuscripts and Libaries: Essays presented to N. R. Ker*, ed. M. B. Parkes and A. G. Watson (London, 1978), pp. 279–314.

[2] *Summary Catalogue*, 8488. The catalogue is partly in the hand of the antiquary Brian Twyne, and partly in an unknown hand; the catalogue was probably intended for Twyne's own use. An edition of the catalogue with a description and discussion of the manuscript by A. G. Watson will appear as an appendix to the reissue of Macray's Bodleian Quarto Catalogue of the Digby collection, with annotations to Macray's entries.

[3] For the work on Bodleian manuscripts by Gerard Langbaine (1609–1658), Fellow (1633), and subsequently (1646) Provost of Queen's College, Oxford, see R. W. Hunt's historical introduction to the Bodleian collections in *Summary Catalogue*, I, xv–xxv. Langbaine's notes on manuscripts in the Digby collection (now Oxford, Bodleian Library, MSS Langbaine 4 and 18) do not refer to Digby 86. Langbaine died from the consequences of a cold which he caught whilst working in the Bodleian.

[4] The catalogue which came to the Bodleian with the collection is now MS Digby 234 a.

pp. xi–xxxvi). The most detailed account is by Miller (see Abbreviations, above, p. x); the following list contains brief general discussions, some with opinions which do not coincide with those expressed in this introduction: C. Brown, *English Lyrics of the Thirteenth Century* (Oxford, 1932), pp. xxviii–xxxiii; M. Corrie, 'A Study of Oxford, Bodleian Library, MS Digby 86: Literature in late-thirteenth-century England', D.Phil. Thesis (Oxford Univ., 1995); J. Frankis, 'The social context of vernacular texts', in *Thirteenth-Century England*, 1, ed. P. R. Coss and S. D. Lloyd (Woodbridge, 1986), 175–84, esp. 183; D. L. Jeffrey, *The Early English Lyric and Franciscan Spirituality* (Lincoln, Nebraska, 1975), esp. pp. 205–11; K. Reichl, *Religiöse Dichtung im englischen Hochmittelalter* (Munich, 1973), pp. 73–9; R. Woolf, *The English Religious Lyric in the Middle Ages* (Oxford, 1968), p. 374.

APPENDIX: Words not visible in the facsimile

Scribe *A* often extended a line of text into the inner margin, and the following words at the ends of such lines are not always reproduced in full in the facsimile, because they are now obscured by the binding.

Headings in the margins which relate to the items in arts 1, 7, 10 are not included here, because they are given in full in the inventory of the contents (above, pp. xii–xvi); but headings in the forms of 'autre', 'aliud', or 'autre manere' indicating additional remedies are not given here because they are partly visible in the facsimile.

References are to folio, column (where appropriate) and line number.

1^{v}: 32, 'preme'
3^{v}: 17 (margin), 'de ira'; 24 (margin) 'de accidie'
4^{v}: 17, 'enfau*nt*'
7^{v}: 8, 'Iure'; 9, 'recorde'; 22, 'pas'
8^{v}: 8, 'absolucious*n*'; 32, 'doume'
9^{v}: (bottom margin) 1, 'amenusez'; 2, 'ne'
10^{v}: 17, 'sil fe-'; 18, 'ver'; 19, 'vin'
14^{v}: 17, 'cors'
15^{v}: 27, 'vent-'; 28, 'anna'; 29, 'remigium'; 31, 'p*er*il'; 32, 'et pus'; (bottom margin) 1, 'q*ui*re e*n* vin'; 2, 'puis metez'; 3, 'par desouz les'; 4, 'pl*us* chaut si'
17^{v}: 18, 't*ri*blez'; 24, 'metez sure'; 25, 'od'; 27, 'oef q*ui*'; 28, 'sure'; 29, 'la'; 32, 'plau*n*te'
19^{v}: 11, 'pas'; 12, 'chaude'; 13, 'dens'; 15, 'mauue *et*'; 16, 'can-'; 17, 'met-'; 19, 'che-'; 21, 'poudre'; 22, '*et* te'; 24, '*et* fin'; 25, 'sel *et*'; 27, '*et* pou-'; 28, 'porc'; 30, '*et* lauez'; 31, 'gingiure'; 32, 'en vn bacin'
20^{v}: (bottom margin) 2, 'poi*nt*'
24^{v}: 1, 'jour'; 18, 'fesum'; 21, 'nul'; 24, 'fornicacioun'; 28, 'od aut*re*'

25^{v}: 4, ‘sunt’; 33, ‘patriarch’
28^{r}: (margin) ‘*et* iii pater noster et aue maries’ marked with hyphen as *signe de renvoi* for insertion after ‘feze’ in line 28
28^{v}: 30, ‘ame*n*’
32^{v}: 1, ‘amen’; 32, ‘*con*stringe’
33^{v}: (bottom margin), 1, ‘homine*m*’; 2, ‘kal.’ (i.e. 2–3 ‘kal.april’)
34^{v}: 7, ‘significat’; 8, ‘fidelem s*ignificat*’
39^{v}: 1 and 6, ‘s*ignificat*’
41^{r}: (margin) between 4 and 5, ‘del’
41^{v}: 8, ‘terte’; 9, ‘lune’
42^{v}: 1, ‘semer’; 2, ‘la se⟨ti⟩me lune’; 30, ‘la nefime lune’; 31, ‘toutes’; (bottom margin), 3, ‘viime’; 4, ‘ou viime’
43^{v}: 12, ‘lune’
44^{r}: 4, ‘La’; 5, ‘lune’; 14, ‘La’; 24, ‘La’; 31, ‘La’; 32, ‘[-]time’
44^{v}: 5, ‘*et* c*etera*’; 26, ‘d*om*ine *et* c*etera*’; (bottom margin), 1, ‘amenusez; 4, ‘p*re*saunt’
45^{v}: 7, ‘lune’ (run-over from line 6); 17, ‘vodira’; 20, ‘La vinte vtime lune’; 29, ‘nefime lune’; 30, ‘neitra’
46^{v}: 32, ‘sep*ar*ari’
48^{v}: 32, ‘ame*n*’; (bottom margin) 1, ‘metuentibus’
80^{v}: (b), 20, ‘demau*n*da’
120^{v}: (b) 25 ‘a’ (*for* amen); 27, ‘may’; 28, ‘domes day’; run-over from 30 to 24 ‘gero|mie’
136^{v}: (b), 17, ‘he*n*de’
139^{v}: (b), 4, ‘lifdaie’; run-over from 26 to 25 ‘.I.do’
142^{v}: (b), 3 and 33, ‘q*ua*d h*ending*’
145^{v}: (b), 10, ‘cu*m*painun’; 19, 26, and 33, ‘c*eo* d*it* l*e* v*ilain*’
147^{v}: (b), 30, ‘un q*uer*’
148^{v}: (b), 7, ‘lointaigne’; run-over from 23 to 22, ‘c*eo* d*it* l*e* v*ilain*’
149^{v}: (b), 32, ‘ki ne’; 33, ‘trop doleir’
162^{v}: (b), 15, ‘seingner’
166^{v}: (b), 30, ‘hider’; 32, ‘hounderstonde’

FACSIMILE

INSIGNIA KENELMI DIGBY EQVITIS AVRATI

front cover

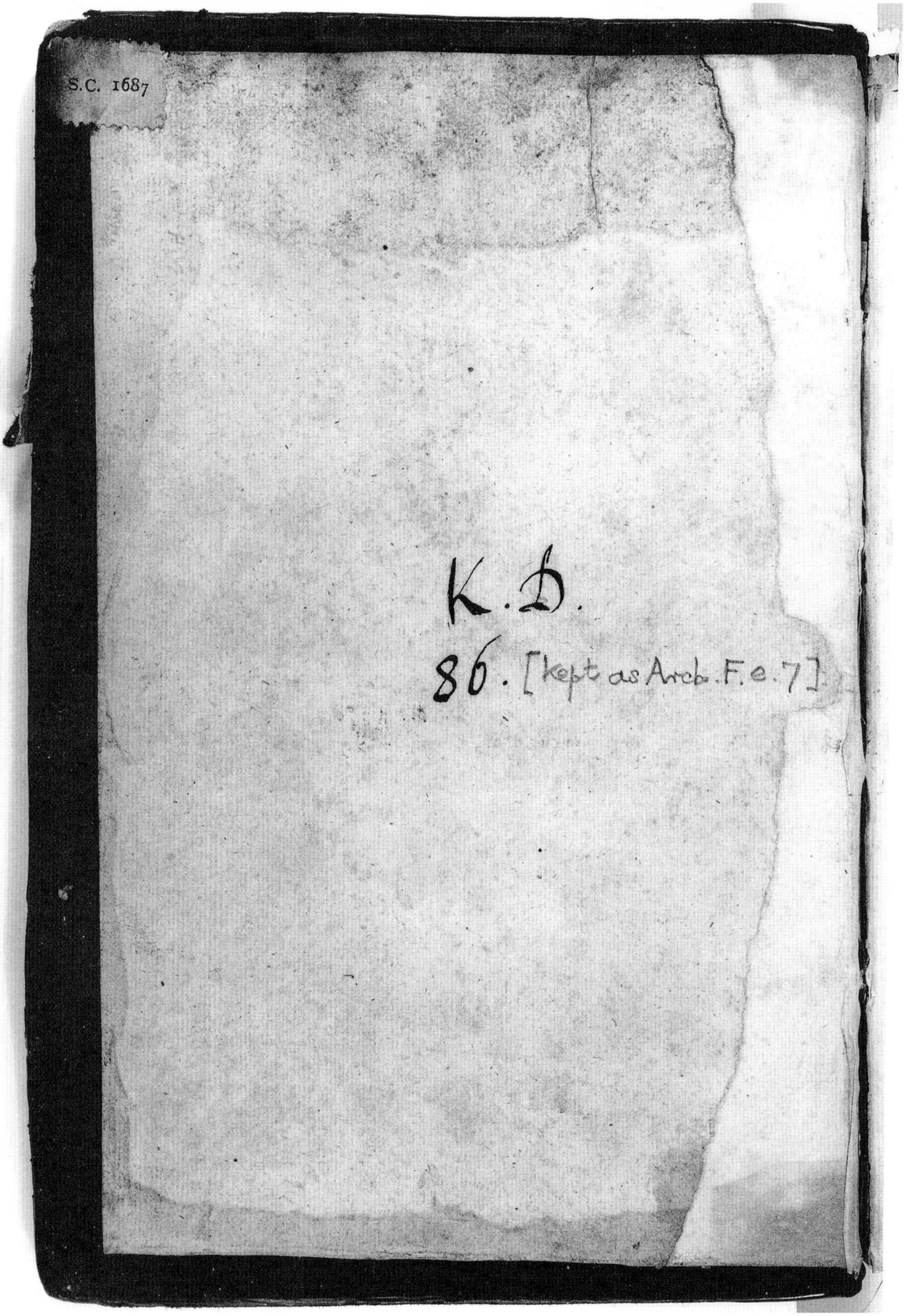
S.C. 1687
K.D.
86. [kept as Arch. F.e.7]

pastedown

i

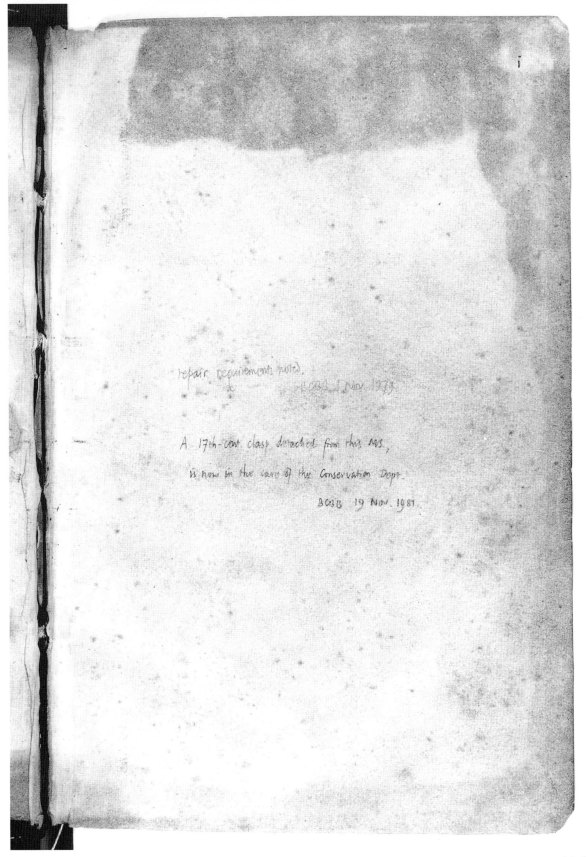

repair requirements noted.

BCBB 1 Nov. 1975

A 17th-cent. clasp detached from this MS,
is now in the care of the Conservation Dept.

BCBB 19 Nov. 1981

fol. i^{v}

Distinctio Peccatorum.

fol. ii^{r}

fol. ii^{v}

iii

fol. iii^{r}

fol. iii^{v}

I

A. 100.

Distinctio peccatorum

peches

premer

Set mortens sount. Le premer est orgoil. Le second est envie. Le terz
est ire. Le quart accidie. Le quint avarice. Le sime glot
onnie. Le settime lecherie. Orgoil fest homme estre
de gros quer & hautein & despire ses premes & desir
er hautesces & seingnorie sour autres. & quant homme
quide de nul ben qil eit qe ceo seit de lui ou quant il quide qil
eit le ben de dieu par sa deserte ou quant il se vaunte de
aver ceo qil nad pas & quant il ad des autres. Et mult deserte
& desire qil ne est sovereyn ne per. Ypocrisie est qe fest hou
me feindre estre autre qil ne seit. Veine glorie est fere ren
pur los del secle. Ceo qil fest vauntaunce ceo est vaunter sei de
ceo qil ad & de ceo qil nad. Inobedience ceo est encountre seignoura
ges. Presompcioun ceo est homme perdre & afetement oblie
r. Estrif ceo est estre estout & contrariouns. Sourquider est
enprendre chose outre soun poer & quide estre meillour qil ne seit.
Arrogaunce est outrage qe fest homme voler estre plus hautein qe
ne appendist a lui ou sil ne est de aver dedein. Jangle est aver
trop des paroles pur ceo qil quide plus valer ou plus esticer
autre. Curiouserie est entremettre sei de mout des choses pur sa
prouesse ou sa valour moustrer pur sei eshaucer. Endurcissement est aver
le quer hautein qe ne veut soffrir aver soverein repris. Contu
mase est fere [illegible] encountre ses soverains. Inpacience
est quant homme ne poest soffrir ceo qe li greve ou despleit.
Despit est aver le quer dur si qe ne veut fere ceo qe fere
deust. Envie fest homme ———— aver le quer pesaunt
de ceo qil veit autre estre meinz valer de sei. Lesement de quer
est doler de autri ben. Detraccioun est dire mal pur derere &
amenuser le ben de soun preme tant cum il poet. Ingratitude est
mettre en oblie bens & onours [illegible] Mal [illegible] est qe ne rend mie le
ben si cum il deust. Malice est lonc tens quant homme desire
grever autre. Descorde est quant homme barat entre gent
pur mettre de pes. Paciense est qe homme ne poest soffrir

ii

fol. 1r: art. 1

ren q lui despleise ne orent bonement. Indignacioun est quant
homme semble eschiu de ceo q ne est fet a soun talent.
b Blasfeme est parler a deu le mal q lui chet ou mesdire de
deu & de ses seinz & mescrere sor certe fere. [illegible]
onnoide est quant homme oste autre p(ar) sa ou p(ar) autre & quant
il le encerche & mest sentence de lui oster. Ire fest homme
pecher de quer p(ar) haine de mesprise [illegible] indignacioun. presumcioun.
desdein de bouche p(ar) mesdire [illegible] tencer maudire & p(ar)-
juer de fest p(ar) ferir boter [illegible] ocire de ferir ordinez
& mere ou homme de pecheioun. p(ar) ci che accidie q trove le quer
de homme amoll & le fest pensif & [illegible]. De accidie [illegible]
pesse ceo est [illegible] & feindre soi malade quant il est bien
ou plus malade q il nest. Petitesse de quer nose nul ben nenul
autre chose emprendre. Desespeir de la bouche & de la merci
deu. Nechlegence q fest homme nounchalif de ceo q il deit fere.
Laschesse [illegible] est de chastier & apren-
dre ceus q il ad governer. Tristesse est quant homme est ennui-
e de sa vie q il nad talent de ben fere. Presse de penitence fere orer & ben ouerer. Par accidie peche homme de quer quant il est
trop dolent p(ar) damage de teriene chose ou perte p(ar) despeir p(ar)
ennui de sa vie. [illegible] contre deu p(ar) ennui de ben fere & ben
or de bouche quant homme maudist ceus ou eure p(ar) ennui & quant
trop se pleint de fest p(ar) [illegible] quant homme deust
veiller p(ar) tresse monstrer en semblant & sei sustrere de ben fere.
a Avarice est de mesure amer de teriene chose aver
[illegible] & destreint & [illegible] le quer. De ce vent
coueitise q fest homme toute voie baer a aver plus
[illegible] tant plus ad plus desire & sanz resoun ceo
fest homme trop ferm tenir ceo qil ad contre deu & soun preme. Simonie est achater ou vendre chose espirital. [illegible]
est [illegible] p(ar) soun presme deceivre. Usure est vendre
le tens p(ar) gainer. Tricherie est deceivre [illegible] soun preme

fol. 1v: art. 1

en vente ou en achat. Sacrilege est robber ou embler seinte chose
ou en liu seint si cum en eglise et en simitere ou en abbeye retenir
dettes dues et de servise ou dimes et dreitures de seint eglise
despendre malement autrui chose saunz doen congie. conse
ntir larrecyn ou acheter le ou achater chose malement [illegible]
destrent. Rapine est tout si cum robbeours font [illegible]
seignours et prive par amour de celui ou de pere. Fausine si cum
de moneie abatre ou seels faus plaiz par coveitise de gain. Su
ffrere rapine de ceo ke lem deyt et prerendre.

Avarice de quer est trop amer et desirer teriene chose et amer
et penser coment pur quei lem puisse aver e retenir ou des
irer la mort de homme pur aver. [illegible] de bouche par faus sere
ment. tesmoignance de faus temoignage est trop preiser ou
despiser chose en vente ou en achat. et par faus plaiz [illegible] est par
rapine toute larecin usure simonie par retenir servise as
serjaunz. par feintement servir et overir fausement par reten
ir dettes destrent ou chose preste ou baille en garde ou trove.
ou par empeirer autre destreint. ou par pestre autrui blez et prez
ke est servir et obbeyer [illegible] talenz de la char les queles
homme deust mestrier et veintre delice de manger et beivre
de trop desirer se meinent par pecher par lecherie. Trop avaunt
fein ke fest manger devaunt oure et tout homme abstinent trop
[illegible] talent de mangers et beivres ke fest viaunde et beivres
sour achater sour fest ke fest trop lonnedessere al manger et
trop mes amer et le hanap trop sovent amer et oublier mesure.

Glotenie fest tout devorer et engluser saunz ben mascher la
viaunde ke a peine poet estre avalez. Engrotture est
lor fest ne sofre la viaunde de fere mes remeint cru
et greve le homme kil nad poer ne talent de ben fere. Yveresse
ke al homme trubile le sen et tout aucune fez poer
de ses membres. En engroture et en iveresse chet homme son
ent par pere de autrui [illegible] ou par [illegible] autrui aret. ou par [illegible] preise

fol. 2r: art. 1

de autri gent fole or p[ar] autre houme on p[ur] deli[t] ou p[ar]
te gloto[n]ie z corenz q[ue] le[m] chete si li pe[c]che est souern[er]
er il est mortele. Gule fest homme pecher de q[ue]r p[ar] trop
o[u]te deli[t] z trop o[u]te desir z talent de manger ou de beuure
z entr or penser ou grocer enso[n] q[ue]r q[ua]nt hor[n]me na[d] uola[n]
des nic beuures malent de bouche p[ar] trop anmster mier est
uier z tenter de fest p[ar]trop manier ou beuure trop delis[i]o[n]s
ement ou gloute mient p[ar] lonc seer Al manier z trop mes a[n]er
z p[ar] manier chose p[ar] chier plus o[u]te talent ou deli[t] de beuure.

Luxurie fest le q[ue]r fondre z decure la ou sa uolomte
senchne ça[n]z grace de reteno[n]ir. De ceo vent fole la riesse
de doner ceo q[ue] ne est pas a doner blandtire losenger
de p[ar]oles da[n]tresse z mensonge. Iolirte q[ue] fest homme
uolag[e] z aba[n]done z ceo sens A folte. Gaiesse q[ue] fest homme
doner ça[n]z del tout A folte z pl[us] uoiller fere de ordure q[ue] il ne
peust z deliter ça[n]z z penser des folies z pler[s]. p[ro]uerte q[ue] fest ho
[n]me del tout p[ar]re homme lei q[ue] p[ar] den nep[us] homme ne vent sa fole
esser. Auluterie q[ue] fest homme fauser la lei de marriage z ceo est
p[ar] homme na[d] regard a parente ne a ordre. Incestueoir p[ar] ho[n]
homme desoneste feint lur z se[i]nt teus z peche obeno[i]te ou beneit
peche coutre nature e p[ar] q[ue] homme se entremet de ordure
de soen tors fere coutre nature z ceo est en mesme manier.

Achesouns de luxurie sount. udinesse beuerie z nomement
de beunes q[ue] mout eschaufount z regarder fommes
z p[ar]oles z poles o[ub]iees z mier oueles eus en lieus p[ur]es
z mout daller od femes de meime e poles. Luxurie de
q[ue]r est penser de ordure z fole uolomte auer. Gelousie
delit de penser de femes z consentir A fole de bouche p[ar] bla[n]
ndir fequiere de folie p[ar] c[h]anmsouns poles o[ub]iees p[ro]messes
z baisers de fest p[ar] n[ost]re acomv Auluterie en cest desidcure
peche z ord manier p[ar] soilture de ça ch[a]r p[ar] folem ent mier
fraunce doner p[ar] coniure souns. p[ar] issemet z fole concenstinte.

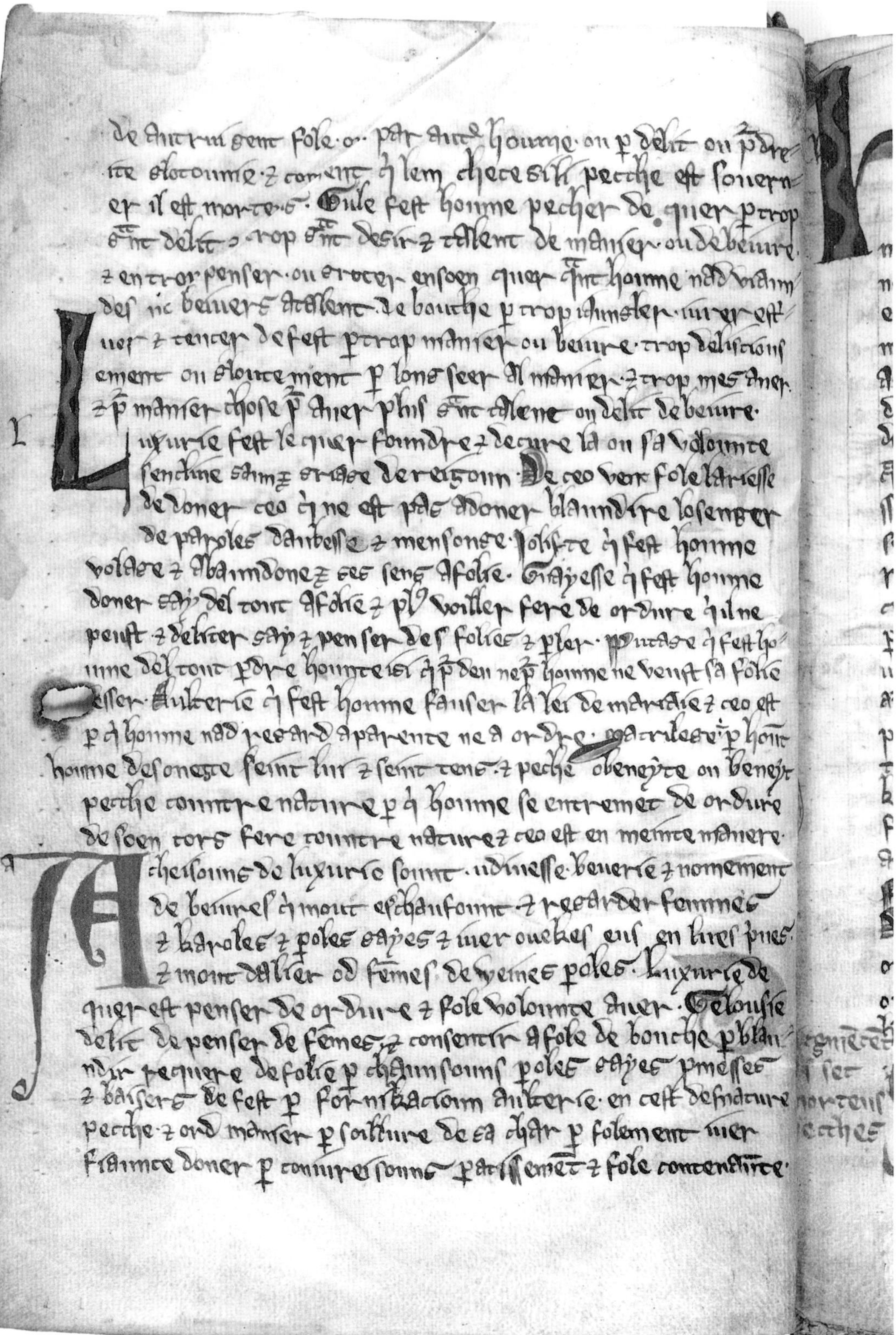

Homme ad orgoil de quer de force de beute e pruesse de
saver e de richesse de honour e de hautesse par desir de
veine glorie dedeinz elacioun. Autre cez de vertu de l'alme de humilite e pacience de ammones fere e autres bens
ne ad orgoil. De bouche pecche homme par orgoil par vauntance
eschar entarisement mesdit ledenge e reprece de cest. Par homme por oiller par mainter tere sa pruesse pur los del secle ou
autre ben par atiffement e atornement de robes de chivals
de guimples de chauncement e de tant que homme ou feme ad delit
de aver ou mainteer par veine glorie. Irreverence peche homme
tant ne porte nent reverence a ceus qu'il deit. Malevoillance
est tant est lee de autri damage. Malesoun est encuser
son presme pur lui enpeirer. Derisioun est escharnir e pire par malice de soen presme. Envie fet homme pecher de
quer par doel aver de autri ben e joie aver de autri mal.
par suspecioun e male voillaunce de bouche e par detraccioun e enc-
usement fause plainte pur semer descord de fet par fere mis-
chance e mal e moner plaiz e acord. Ire est une deme sun-
peste de quer de crovent pacience. Tencoun est dire par mal
talent ameres paroles. Ledenge est dire tout le leit e le mal
ke il set. Desperaunce est ke homme ne se purveit de ben
fere ne de mal eschivre. Suspecioun est socher mal des
autres. Descorde est q[illegible] met guere e tout pes entre gent.
Fol hardiesse entreprendre folie de ferir nafrer e ociere.
Desnaturesse est oublier le ben que l'em li ad fet. Malice est par parler
ou enginner mal a soun preme. Grouz est medire a celee e gr-
oucer tant il ne ose avouer. Hatine est ire a durree que retret
ho de ben fere a soen preme e lentice de tere [illegible] mal ou [illegible]

Si homme ques mesprit vers Deu a escient s'il fust
hounkes ausi ki les bens qu'il out venissent de
lui meymes. et si fust hauncez ausi qu'il aveit
deservi que Deu li fet ben e il hauncez [illegible]
de orgoil

fol. 3r: art. 1

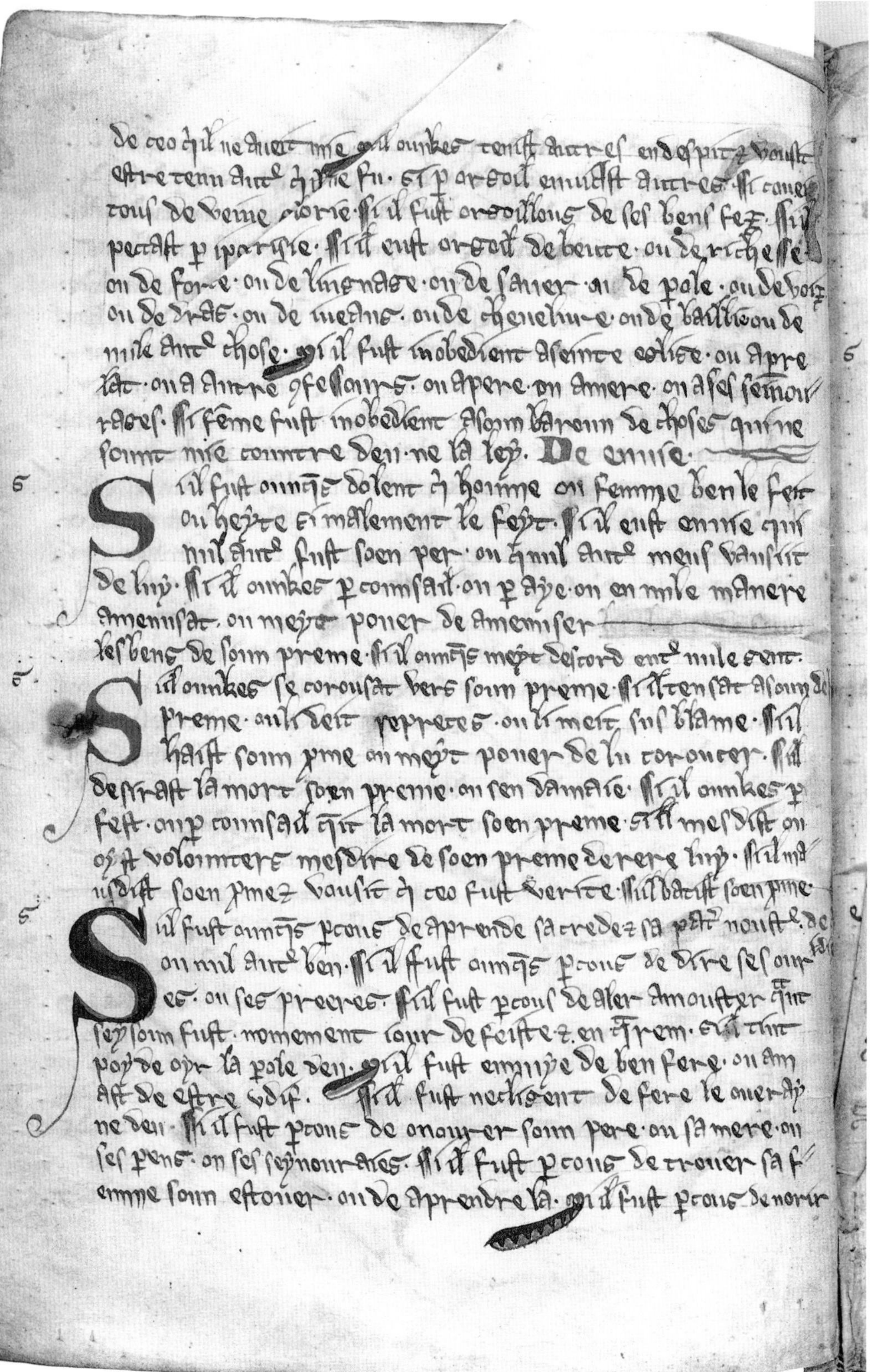
de ceo qil ne duit mie. Sil unkes tenist autres en despit & voust
estre tenu autre qe il ne fu. Si par orgoil enuiast autres. Si coveit
tous de veine glorie. Sil fust orgoillous de ses bens fez. Sil
peccast par surquiderie. Sil eust orgoil de beute. ou de richesse
ou de force. ou de lignage. ou de saver. ou de parole. ou de voiz
ou de grace. ou de mestier. ou de chevalrie. ou de baillie ou de
nule autre chose. Sil fust inobedient a seinte eglise. ou a pre
lat. ou a autre confessour. ou a pere. ou a mere. ou a ses seignour
ages. Si feme fust inobedient a soun baroun de choses qui ne
sount mie countre deu ne la ley. De envie.
6 Sil fust unqes dolent qe homme ou femme ben le fet
ou hayte e malement le feyt. Sil eust envie qui
nul autre fust soen per. ou qe nul autre meus vausist
de luy. Si il unkes par counsail. ou par aye. ou en nule manere
amenusat. ou meyst poer de amenuser
les bens de soun proeme. Sil unqes meyst descord entre nule gent.
6 Sil unkes se corousat vers soun proeme. Si il tensat a soun de
proeme. ou li dist reproces. ou li meist sus blame. Sil
haist soun proeme ou meyst poer de lui corouser. Sil
desirast la mort soen proeme. ou sen damage. Sil unkes par
fest. ou par counsail qist la mort soen proeme. Sil mesdist ou
oyst volonters mesdire de soen proeme derere luy. Sil me
sdist soen proeme & vausit qe ceo fust verite. Sil batist soen proeme.
5 Sil fust unqes pereçous de aprendre sa crede & sa pater noster. de
ou nul autre ben. Sil fust unqes pereçous de dire ses our
es. ou ses prieres. Sil fust pereçous de aler a mouster qant
reysoun fust. nomement jour de feste & en quaresme. ou a tant
poy de oyr la parole deu. Sil fust ennuye de ben fere. ou ennu
ast de estre ydif. Sil fust necligent de fere le overaygne
ne deu. Si il fust pereçous de onurer soun pere. ou sa mere. ou
ses parens. ou ses seignourages. Si il fust pereçous de trover sa f
emme soun estovier. ou de aprendre la. Sil fust pereçous de norir

fol. 3v: art. 1

ses enfaunz. ou de aprendre. ou de chastier. Sil unkes feyt
nul fol vou & le tint. ou nul serment & ne le tint pas. Sil unqes
fust en tel estat qe ne luy eschausist de la joie de ciel ne de la peine
de enfer. Sil fust executour. Sil fust p[ro]uns de garder sa meso-
soun. ou sa meine. Sil fust p[ro]uns de servir nul homme taunt
cum il deust estre en soun servise. De Avarice.

Sil unqes fust coveitous de p[ur]chacer nul aver a tort. Sil fust
escharz de retenir. ou fou large de doner. Sil robbast
unqes nule chose. ou emblast. ou fust cunsentaunt a robbeours. ou a larouns. et il celast nule chose qe lem luy baillast. & re-
tint. Si il ne rendist pas le servise a ses servaunz as termes
dues. Einz il avoit le servise deservi. Sil celast nule chose qe
fust trove. & le despendist. & vendist. ou aprestast ren a usure.
ou feit nule simonie. ou deust unqes soen preu en nule marchaundise. ou feyt nul faus iugement. ou menti sa fey. & coment. ou mentisoun. ou se p[ar]iurast sour seins. ou autrement.
ou portast faus temonie. ou losengast nul homme. ou t[ra]hist. ou
enginnast p[ur] e dimer. ou retenist ses dimes de nule chose qui
renovele le fiz p[ar] an. & a scient. ou autrement. ou sil donast meins. ou pirs qil ne deust doner. ou sil les donast countre sa volounte. ou ne feyst ses offrendes si cum il deust fere. Sil
destourbast nul testament. ou fust en fol servise p[ur] coveitise.

Sil mangast. ou beust devaunt oure p[ur] glotounie. ou delitast — de glotonie
aver mounz mes. & divers beivres. ou mangast ou beust
ardaument. ou achatast cheres viaundes. ou cheres
beivres p[ur] glotounie. Sil mangast. ou beust outre mesure. a escient. ou feyt nul homme beivre trop p[ur] force. ou emblast manger ou beivre p[ur] glotounie. De lecherie.

Sil unqes feyt nul avoutrie. ou nule fornicacioun od
nule femme. ou feyt lecherie od nule sa parente espirit-
able. ou charnele. ou od deus femes. ou od plus qe
fusent parentes. ou od femme de religioun. ou od feme

de vie · ou od feme ke ne consent mie · ou od feme malade · ou od
feme pucele · ou unkes maniast feme vilemement · e coment ·
ou descent espaundist sa nature autrement ke il ne deust ·
ou delitast de penser de lecherie · e cum longement il demu
rast en cel pecche · e en pense · ou met entente de fere
lecherie autrement ke od feme · ou unkes espaundi sa natu
re equeldement saunz feme · e coment · ou endormaunt · e coment
ke il avient a la feze al homme endormaunt · par trop manger ·
ou par trop beivre · ou par fous penseres ke il pensa devaunt couch
er · ou coveitast mile feme · ou voust estre coveite de mile · ou se
assemast pur estre covete · e en quele manere · ou fust cunsentaunt
autrui lecherie · ou feist mile manere lecherie en enfaunce
ou fust voleie de corders · ou de cors · ou donast rens a menest
rels · ou a autres · pur fere plus tost sa lecherie · ou delitast de aler
a la karole ou a veilles · ou a mile fole assemble pur sa lecherie ·

Plus deit demaunder · si il unkes destourbast nul sacre
ment a fere par fet ou par consail · ou met peine de oscire enfant
en la ventre sa mere · ou apres ceo ke len saunt fu ne ·
ou feist mile chose · pur quei il deust plus tart engendrer · ou fust
en present ou enfaunt murust saunz baptesme · ou si il sache
la manere de baptiser · ou creust · ou feist mile chose encountre
dreite creaunce · ou feist ou preist sorcerie · ou leust nul enfaunt
ke ne sache pas sa crede e sa pater noster · ou essaiat de fere li
aprendre · ou fu necligent de ces meymes · ou de soun enfa
unt fere confermer · ou fu necligent de aler a confessioun
tost apres soun pecche · ou se feint en confessioun · ou depart
ses pecches a plusours prestres · ou celast une partie de sa...
ou enfreint sa penaunce · ou fust en presence ou homme espou
sat feme ke il ne deust espouser · e il le sout e nel destourbast
a soen poer · ou destourbast descent dreite matrimoine · ou
en mortel peche receust le cors nostre seignour · ou se...
st en estree · ou ... le cors nostre seignour en clotenie ·

fol. 4v: arts 1, 2

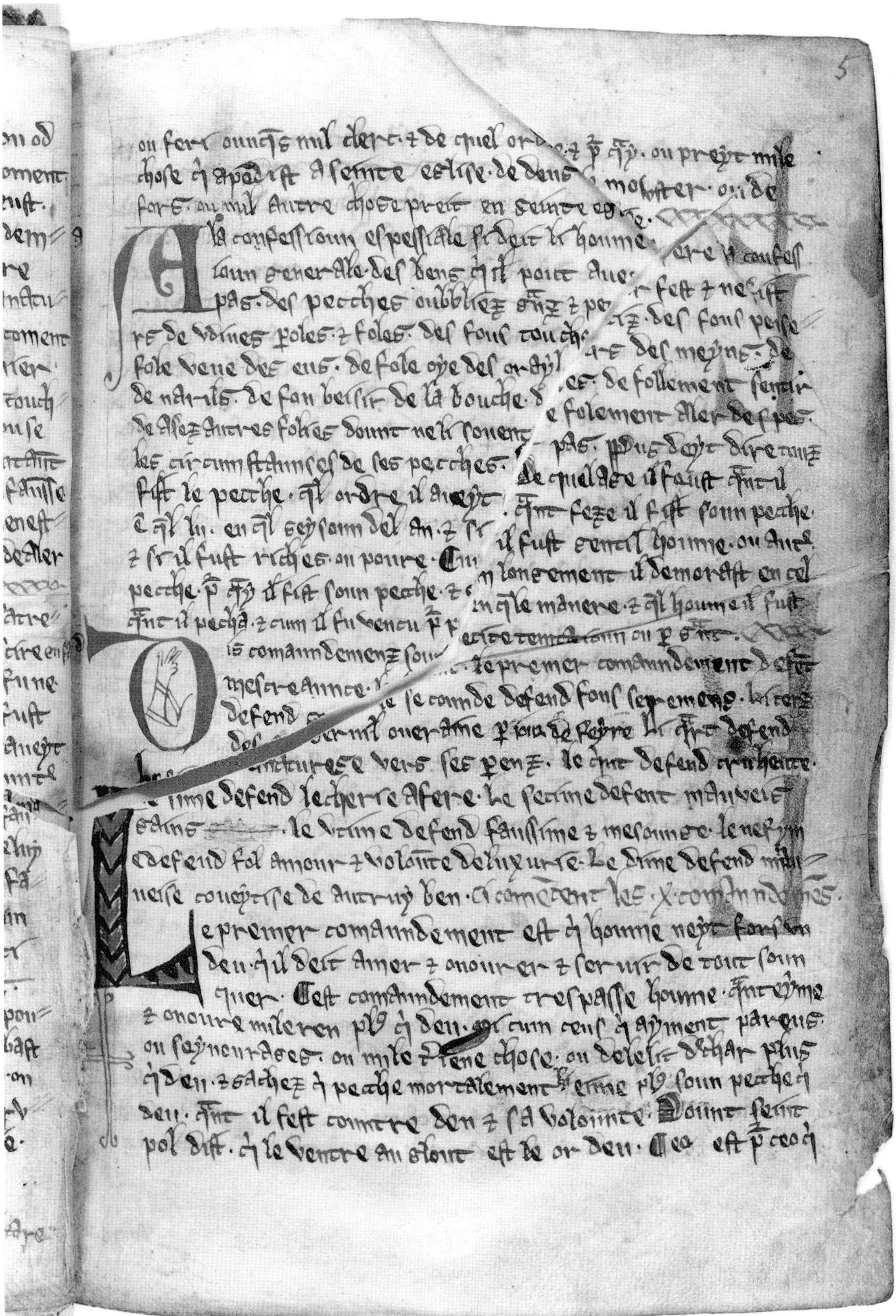

5

ou fert ouncis nul clerc . & de quel ordre . & pur quei . ou preist nule
chose qe apendist a seinte eglise de deus [illegible] mostier . ou de
fors . ou nul autre chose preit en seinte eglise .
Ala confessioun especiale si deit li houmme [illegible] fere il confessioun generale des biens qil poiet aver [illegible] fest & ne sust
pas des pecches oubliez [illegible] des sons pense
re de veines foles & foles . des sons touche [illegible] des meins . de
fole vene des eus . de fole oye des oreilles [illegible] de follement sentir
de narils . de fou beisir de la bouche [illegible] folement aler des pede alez autres folies dount ne li sovent pas . Pus deit dire toutes les circumstaunses de ses pecches . de quel age il fust quant il
fist le pecche . qel ordre il avoit . quant fest il fist soun pecche .
e qil li . en qel sesoun del an . & si il fust gentil houmme . ou autre
& si il fust riches ou poure . Cum longement il demoret en cel
pecche pur quei il fist soun pecche . & [illegible] en quele manere . & qel houmme il fust
quant il pecha . & cum il fu venu pur [illegible] confessioun ou pres nun .
Dis comaundemenz sount [illegible] le premer commaundement defent
mescreaunce . [illegible] le secounde defend fous seremens . le terz
defend [illegible] overaigne pur [illegible] le quart defend
des [illegible] aventures vers ses parenz . le quint defend crualte .
le sime defend lecherie afere . le setime defent mauveis
[illegible] le utime defend fausime & mesounge . le nefyme
defend fol amour & volounte de luxurie . Le dime defend mauveise coveitise de autri bien . Ci comencent les x comaundemens .
Le premer comaundement est qe houmme neyt fors un
deu . qil deit amer & onourer & servir de tout soun
quer . Cest comaundement trespasse houmme quant eyme
& onoure mileren plus qe deu . car cum ceus qe ayment parens
ou seynurages . ou nule terrene chose . ou delit de char plus
qe deu . & sachez qe peche mortelement que eime plus soun pecche qe
deu . quant il fest countre deu & sa volounte . Dount seint
Pol dist . qe le ventre au gloutt est le or deu . Ceo est pur ceo qe

fol. 5r: arts 2, 3

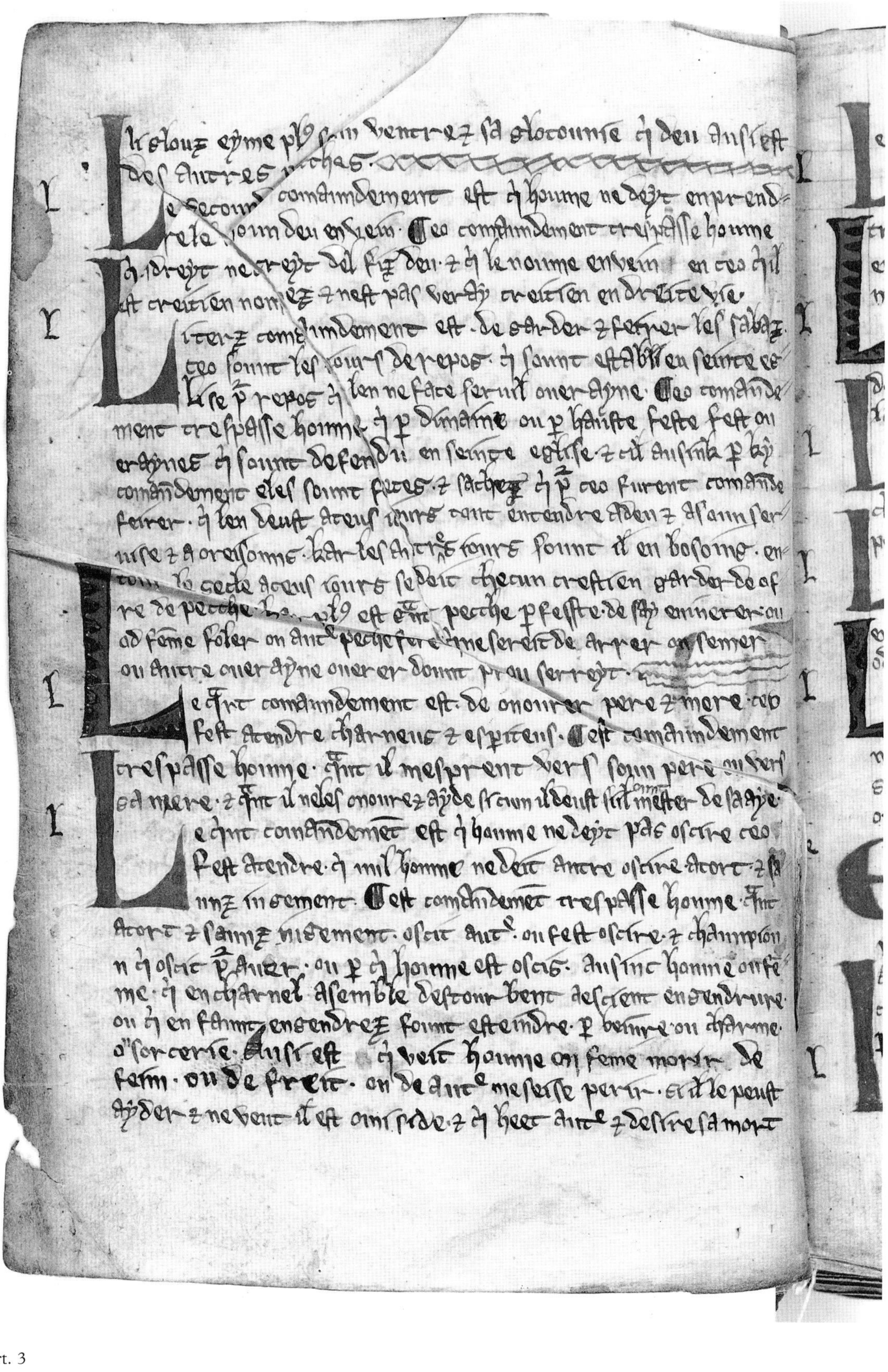
Le glout eyme plus soun ventre e sa glotounie que deu. Ausi est
des autres pechés.
Le secound comaundement est que homme ne deyt enprendre le
noun deu en vein. Ceo comaundement trespasse homme
que dreyt ne creyt del fiz deu, e que le noume en vein en ceo qil
est cretien nomez e n'est pas verrey cretien en dreite vie.
Le terz comaundement est de garder e feyre les sabaz.
ceo sount les jours de repos que sount establi en seinte eglise pur repos que l'en ne face servil overayne. Ceo comaundement trespasse homme que pur dimeine ou pur hauste feste fet ou-
erayne que sount defendu en seinte eglise e est ausi mal pur lur
comaundement eles sount fetes. E sachez que pur ceo furent comaunde-
feres que l'en deust a teus jours tant entendre a deu e a sun servise e a oreisoune, kar les autres jours sount il en besoine. Entour ... a teus jours se deit chescun crestien garder de af-
re de peche kar plus est graunt peche par feste de ... ou
ad feme foler ou autre peche fere que ne sereit de arer ou semer
ou autre overayne overer dount prou serreyt.
Le quart comaundement est de onourer pere e mere, ceo
est a entendre charneus e espiritens. Cest comaundement
trespasse homme quant il mesprent vers soun pere ou vers
sa mere, e quant il ne les onoure e ayde si com il deust s'il (soun) mester de sa aye.
Le quint comaundement est que homme ne deyt pas ocire, ceo
est a entendre que nul homme ne deit autre ocire a tort e saunz jugement. Cest comaundement trespasse homme quant
a tort e saunz jugement ocist autre, ou fet ocire, e champion-
n que ocist pur aver, ou pur que homme est ocis. Ausint homme ou feme que en charnel asemble destourbent de estre engendrure,
ou que enfaunz engendrez sount esteindre pur beivre ou charme
de sorcerie. Ausi est que veit homme ou feme morir de
faim ou de freit ou de autre meseise perir, e il le peust
ayder e ne veut, il est omicide, e que heet autre e desire sa mort

fol. 5v: art. 3

Lest de ceo comandement corpable.

Le sime comandement est q homme ne eyt char nel asemble a ren mes q a sa feme espouse. Cest comandement trespasse homme quant il p fournist le delit de sa char. Autrement q en mariage. & touz ceus q des naturelement sassemblent fors a lour femes espouses & en mauueise manere.

Le setime comandement est. q homme ne deyt embler. Cest comandement trespasse homme quant p coueitise de embler prent autrui chose. contre la volunte celui qi la chose deyt estre. & en cele manere q homme sest rauine ou tout a tort.

Li vtime comandement est. q homme ne die faus temoines. Et trespasse homme quant il ment a escient. p quele chose qe seyt. & sachez q nul mensonge nest dist sanz grant peche. & chescun mensonge p q home est empeire & nul amende est est peche.

Le neofime comandement est. q homme ne deit coueiter la feme soun proeme. Et peche homme ne mie soulement en fesaunt sa luxurie. mes en coueitaunt. & volenter autrui feme od volunte de pecher od li. seyt q ceo seyt espouse autre ou noun.

Le dyme comandement est. q homme ne deit coueiter malement la mesoun soun proeme. ne soun beef. ne soun asne. ne ren qil eyt. Et pechent touz li maneres coueytous. ne mie soulement en embler la chose malement. mes q ceo seyt meble ou noun. & deuez sauer ke touz ces tenent ausi ben les femmes cum les hommes.

Enapres deuez sauer q douze articles sunt en la fey de seinte eglise. les queles chescun cristien deit crere & tenir fermement. & q countre nul de ces doze pointz de la fey mesprent. de ceo se deit repentir & confesser. Li premer article est. la fey de la seinte trinite. ke homme deyt fermement crere q li pere celestre. & li fiz & li seint espirit est en deu en treis persones. cest point suffist a la laye gent. simplement. & q le plus sunt de seinte eglise. [illegible]

Le secound article est. q li fiz deu prist char & deuint verraiment homme en la virgine marie. p le seint espirit. sanz charnele

fol. 6r: arts 3, 4

L[illegible] Deu e homme e saunz empeirement de sa virginite.
Li terz est que il nasqui de la virgine Marie issi que sa virginite demorast
entere e pure devaunt l'enfaunter e apres.
Li quart article est que li fiz Deu en la char qu'il prist de la virgine Marie soffri passioun e mort veraiment saunz empeirement de sa deite.
Li quint article est que soen cors el sepulcre iust mort saunz le alme
deqes al terz iour qu'il releva. mes sa deite ne se parti mie del cors
Li sisme article est que le alme Jhesu Crist. ne del alme.
quant fust partie del cors. descendi en enfern e delivera les
seinz que dedenz esteient par la vertu de sa seinte deite.
Li settime article est qu'il le terz iour releva de mort a vie
en cors e en alme ensemblement Deu e homme pardurablement.
Li utime article est qu'il verraiment en char humayne mounta
en ciel e en sa enhauca humeyne nature sour touz les ordres
des aungles. e que en sa deite est per e ouel a soen pere celestre en pusaunce.
Li nefime est qu'il a la fin del secle vendra iuger vifs e morz e bons e malves.
Li disme article est que touz ceus que unques furent vifs en ceste vie
releverount en cors e alme. a la fin del secle si que iames morir ne purrount.
Li unzime article est que li bone averaunt ioye pardurable en
cors e alme e li malveis peine saunz fin e tourment.
Li duzisme article est la fey des sacremens de seinte eglise
kar chescun cristien deit crere que les sacremenz de seinte e-
glise aunt vertu de parfere la chose pur que est establiz. Set sacremens

Set sacremens sount. ceo est a saver. baptesme. confermem-
ement. eukariste. penaunce. ordre. mariage. enuinne-
ment. Baptesme fet l'alme nette de touz pechez. Cest
sacrement ne poet nul homme receivre fors une soule fez
mes chescun creistien par defaute de prestre poet baptiser par
besoing de mort. par plunger l'enfaunt en ewe. ou geter ewe
sur lui. e dire Jeo te baptize el noun del pere e del fiz e del
seint espirit. Encountre soun baptesme mesprent homme quant
apres qu'il est baptise peche mortelement. e li perez al enfaunt

fol. 6^{v}: arts 4, 5

q est en pil de mort. s'il nel baptisaunt, pechent greuement.
Qar il ne pount prestre auer. Confermement ne poet
nul fere fors le euesque. En ceo pechent li parenz qe lour
enfaunz ne fount confermer si tost cum il pount. E si nel fount
al terz iour apres ceo qe li enfes est conferme porter le al
moustier pur fere le prestre lauer la creme del frount. e puis
arder la bende dount il fu lie, pechent greuement.

Eukariste ceo est le cors nostre seygnour Ihesu Crist qe
nul ne poet sacrer fors prestre de euesqe ordine. Cest sacrement deyt chescun qe de discrecioun est e d'age receyuire
vne feze par an. e qe nel fet e seyt en bone vie, il peche greuement.
qe ne creit fermement qe ceo seyt le cors Ihesu Crist qe lem sacre
en seinte eglise. e qe en peche le receyt saunz verray repentaunce
e confessioun, peche mortelement e qe malement. ceo sar de apres de peche.

Penitaunce est li quart sacrement. Ceo deyt chescun crestien fere touz les fez qe il ad peche. Penitaunce ad treis
choses en sey. Ceo est fere verray confessioun qe est parfound
del de soun peche. e apres confessioun e satisfaccioun. Ceo est fere
ceo qe li confessour enioint. E countre cest sacrement fet homme qant il retourne a soun peche dount il fust confes e puis
saunz verray repentaunce e bone volounte se confesse.

A deu e a ma dame seinte marie e a touz les seinz
nostre seignour e a vous pere espiritel me renc
coupable de ceo qe jeo ay peche en penser, en
parole, en fet. Jeo reconoys ici a deu e a vous qe jeo ay
pense de vanitez e de enuesures e de ordes choses en
eglise e aillours en le seruise deu e delit en ay eu. e trop
qe suy demore longement e destreint e souent. e poy me suy
entremis de houster moy ent. Despendu ay mon tens folement e ma vie. trop ay pense de temporeus e de seculers
e poy des espiritels. Parle ay des pruenement, seculerement,
desordeinement, ordement, lechereusement, desfiaunceement.

fol. 7r: arts 5, 6

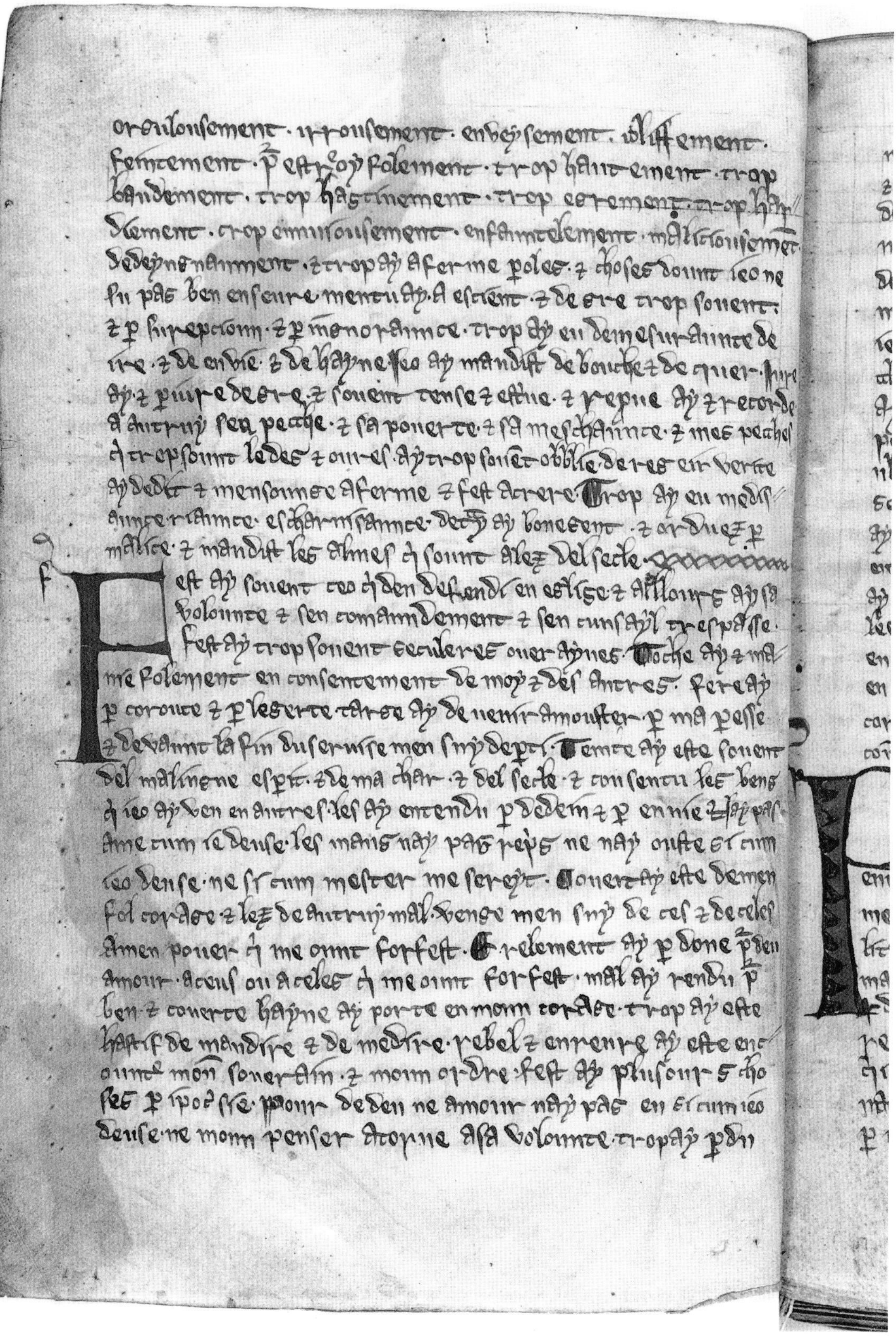
orguilousement · irrousement · enveysement · wlffement ·
feintement · pur estre trop folement · trop halteinement · trop
baudement · trop hastivement · trop estrement · trop hay-
dement · trop envirousement · enfaunteleement · malicousement
deceyvaunment · e trop ay afermé poles e choses dount ieo ne
su pas ben enseure · menti ay a escient · e de ire trop sovent ·
e par hypocrisie e par ignoraunce · trop ay en demesuraunce de
ire · e de envie · e de hayne · fes ay maudist de bouche e de quer · parjure
ay · e juré de ire · e sovent tensé e estrivé · e repris ay e recorde
a autruy sen pecché · e sa povertee · e sa meschaunce · e mes pechés
qe trop sount ledes e orres · ay trop sovent oblié · de vertue
ay dedit e mensounge afermé e fet acreire · Trop ay en medis-
aunce e rechaunce · escharnisaunce · detrait ay bonement · e ardue par
malice · e maudist les almes qe sount alez del secle ·
Fest ay sovent ceo qe Deu defend en eglise e aillours · e ay sa
volounté e sen comaundement e sen cunseyl trespassé ·
fest ay trop sovent seculeres overaynes · Troché ay e mal-
mis folement en consentement de moy e des autres · Feré ay
par corouce e par leserté teres ay de venir a moustier · par ma peresse
e devaunt la fin du servise men suy departi · Tempté ay esté sovent
del malignene esprit · e de ma char · e del secle · e consentu les bens
qe ieo ay ven en autres · les ay entendu par dedeyn e par envie · les ay pas
ame cum ieo devse · les maus n'ay pas repris ne n'ay ouste si cum
ieo devse · ne si cum mester me sereyt · Covert ay esté de men
fol corage e lez de autruy mal · venge men suy de ces e de celes
amen pover qe me ount forfet · Enterement ay pardoné pur Deu
amour · a ceus ou a celes qe me ount forfet · mal ay rendu pur
ben · e coverte hayne ay porté en moun corage · trop ay esté
hastif de maudire e de medire · rebel e enrenye ay esté encountre mon soverayn · e moun ordre · fest ay plusours choses par ypocrisie · pour Deu ne amour n'ay pas en si cum ieo
devse · ne moun penser atorné a sa volounté · trop ay par . . .

fol. 7v: art. 6

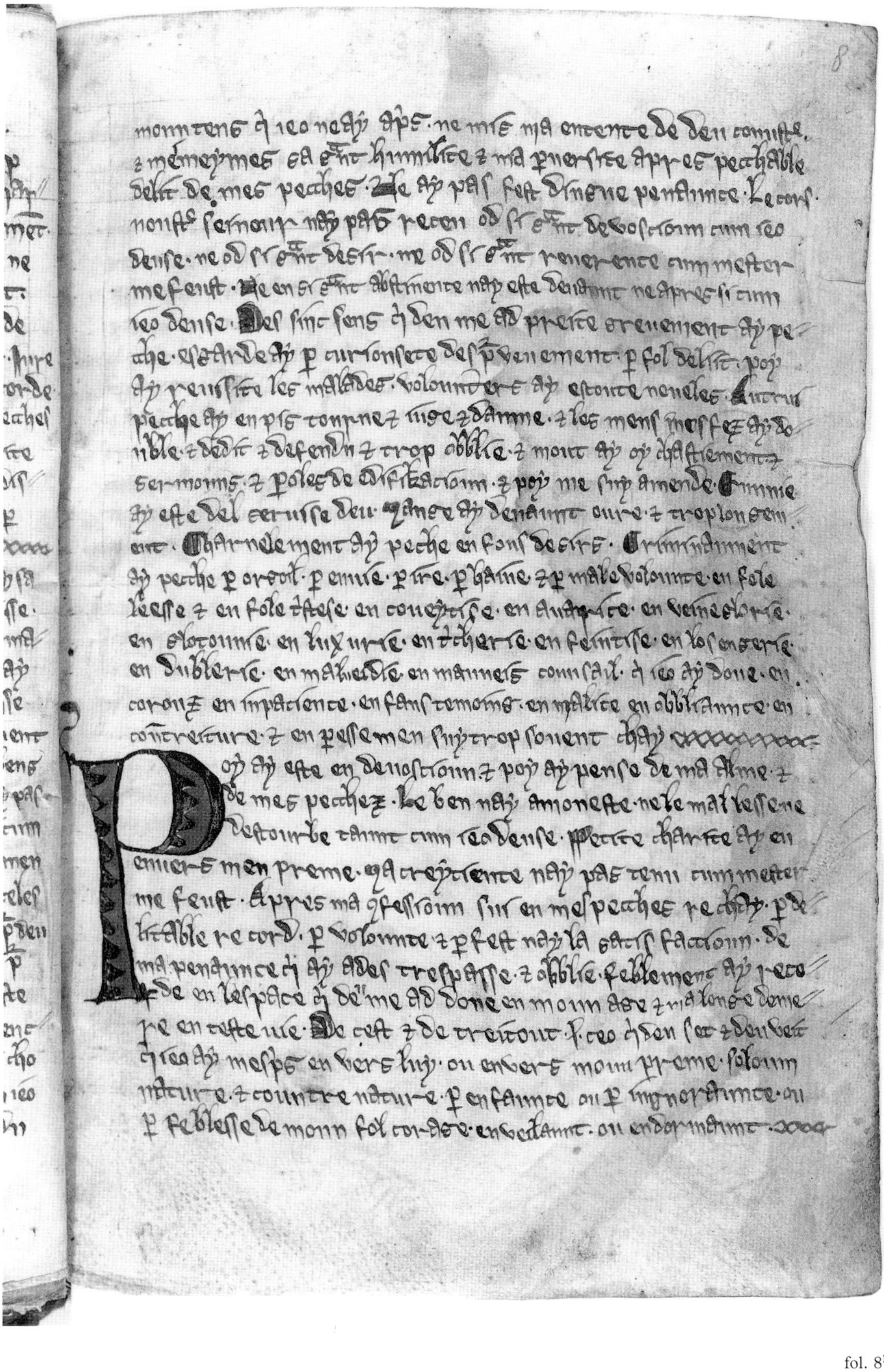

8

mount temps qe jeo nay pas ne mis ma entente de deu conustre.
e memesmes en estant humilite e ma poverte apres e pechable
delit de mes pechez. Ne ay pas fet digne penitance. Le cors
nostre seignur nay pas receu od si estant devocioun cum jeo
deuse. ne od si estant desir. ne od si estant reverence cum mester
me feust. Ne en si estant abstinence nay este devant ne apres si cum
jeo deuse. Des sint sens qe deu me ad preste overement ay peche. especiaument par curiosete des prevenement par fol delit. poy
ay veusse les malades. volunters e ay escoute noveles. Autrui
pecche ay en pres torne e uge e damne. e les mens messfez ay doble e dedit e defendu e trop oblie. e mout ay oy deliteement e
sermouns e poles de edificacioun. e poy me suy amende. Enmie
ay este del servise deu. e lanee ay devaunt oure e trop longement. Charnelement ay peche en fous desire. Criminaument
ay pecche par orgoil. par envie. par ire. par blame e par male volunte. en fole
leesse e en fole tristese en coveitise. en avarice. en veine glorie.
en glotounie. en luxurie. en cherte. en feintise. en losengerie
en oblierie. en malveiste en maintes [illegible] jeo ay done. en
coroucez en impacience. en faus temoins. en malice en [illegible]. en
contreiture e en pesemen sui trop sovent chey.
Poy ay este en devocioun e poy ay pense de ma alme. e
de mes pechez. Le ben nay amoneste ne le mal lesse ne
destourbe taunt cum jeo deuse. Parfite charite ay en-
enviers mon preme. ne pacience nay pas tenu cum mester
me feust. Apres ma confessioun sui en mes pechez rechey. par de-
lectable recort. par volunte e par fet nay la satisfaccioun de
ma penitance qe ay ades trespasse e oblie. feblement ay perd-
de en lespace qe deu me ad done en moun age e ma longe demore en ceste vie. De cest e de treitout. Pur ceo qe deu set e deu veit
qe jeo ay messpris enverse luy. ou enverse moun preme. solonc
nature e countre nature. par enfaunce ou par ignoraunce. ou
par feblesse de moun fol corage. en veillaunt. ou en dormaunt.

fol. 8r: art. 6

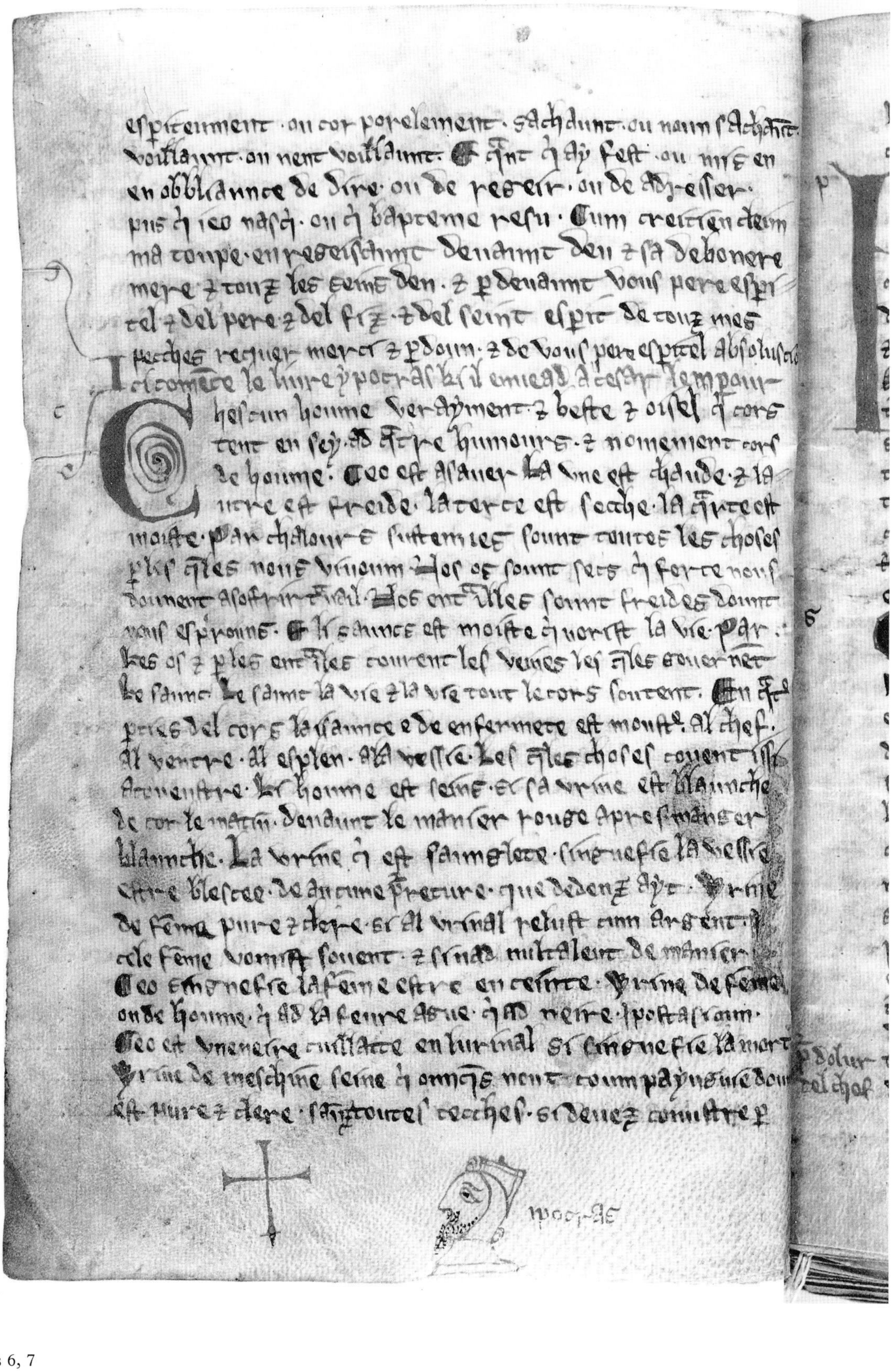

espiritelment · ou corporelement · sachaunt · ou naun sachaunt ·
voillaunt · ou nent voillaunt · E [illegible] qe ieo fet · ou mis en
en oblivaunce de dire · ou de reteir · ou de adresser ·
puis qe ieo nasqui · ou qe bapteme resu · Cum crestien cleim
ma coupe · en regeissaunt devaunt deu ȝ sa debonere
mere ȝ touz les seintz deu · ȝ pardevaunt vous pere espiri
tel ȝ del pere ȝ del fiz · ȝ del seint espirit de touz mes
peches requer merci ȝ pardoun · ȝ de vous pere espiritel absolucioun
Ici comence le livre par [illegible] si il enmenda a ceste [illegible]
Chescun homme verraiment ȝ beste ȝ oisel qe cors
tent en sey · iiii. natures humours · ȝ nomement cors
de homme · Ceo est asaver · la une est chaude · ȝ la
autre est freide · la terce est seche · la quarte est
moiste · Par chalour e sustenaunce sount toutes les choses
par les queles nous vivoum · Les os sount secs qe forte nous
dounent a sofrir travail · Les entrailles sount freides dount
nous espirouns · E li saunc est moiste qe norist la vie · Par
les os ȝ par les entrailles courent les veines les queles gouvernent
le saunc · le saunc la vie ȝ la vie tout le cors soutent · En quatre
pars del cors la sauntee e de enfermetee est moustre · Al chef ·
al ventre · al esplen · a la vessie · Les queles choses covent issi
a conustre · Le homme est seine et sa urine est blaunche
de cor le matin · devaunt le manger rouge apres manger et
blaunche · La urine qe est saunguelente · signefie la vessie
estre blescee de aucune creture · que dedenz seit · Urine
de femme pure ȝ clere · et al urinal reluist cum argent · si
cele femme vomist sovent · ȝ si nad mie talent de manger
Ceo signefie la femme estre enceinte · Urine de femme
ou de homme qi ad la fevre ague [illegible] neire · [illegible]
Ceo est une neire cercle en le urinal si signefie la mort
Urine de meschine seine qi onqes nent compaygnie de home
est pure ȝ clere · sauntz toutes tecches · si devez conustre par

par dolur del chef

fol. 8v: arts 6, 7

Les ueines les mains del hymeine cors. E knt uous les auerez
coneuz: si prez uer medicine z esprimens de plusours maneres. p dolur
ur la dolur del chef. qui se puisol en eist si merez as del
naptes que eles la odut surtent z si feitez une coroun
ne de cel puisol qui si coroune le chef. pur la dolur dur
pur longement tent al chef. prez une pomence de rue z autre
de eure ter estre z la rer ce des foilles de lorer z grof bayes
z si risez tout ensemble en eue od oile z de ceo oinez ben le chef
Aueroine od mel z od eisil z ble souent benez z oinez l. ceo chu
ble rue od oille si oinnez lei temples. ffiel de leure z ble z oinnz dut
si z mout est ble. z si si semblaune est de rede colour z
taune l. Aiez del un cum del autre z de ceo oinez le frount z les
temples. Tribblez le puisol od la flur. e donez a beiure od le be che
chaunde en sam. er se tenec de manger de si Anoine. Aueroine ca e dne
ffoille erre ter est destemprez z od eue. si donoz a beiure. une ble au
ee od fel z od mel z merez cum enplastre al chef. sachez ki mout vaut.

S
Nous est Auve ki le chef la sinc sett en foundre eng
cum une fosse. les feilles de es moyne risez od mel z me
tec len plastre suire. er emerad. Usec cel de me ben
en beire. z pus si la colez pur un drap. sil est de z en beiure z
de ceo oinez le chef z pus le lauez en leue. en la sile la cel doine
sett este. pur le fe ki est el chef. sril sett tout emsle. prez
la oresse del cerf. z mel. z farine de orge. z er re ter est. z mo
orele. z ble tout ensemble. z pus rdez le chef al malade er
merez cest e enplastre en une aume escohaufee od le mel
aste sil merez erchaunt sour le chef. z soit il si desci si soit dit
pur tout mauz del chef. prez rue z ble ben. e la merez e
en fort eisil. z de ceo oinez ben le chef de sus. Usez ben rue
z fanoil en eue. si lauez le chef. prez la nerre be te si la
destemprez ben. si prez si rue. si si oinez le frount z las
temples. pur toute dolure del chef. prez les meilles foilles
del bere si z ble z mout en eisil z od oille olat. er er oinez le

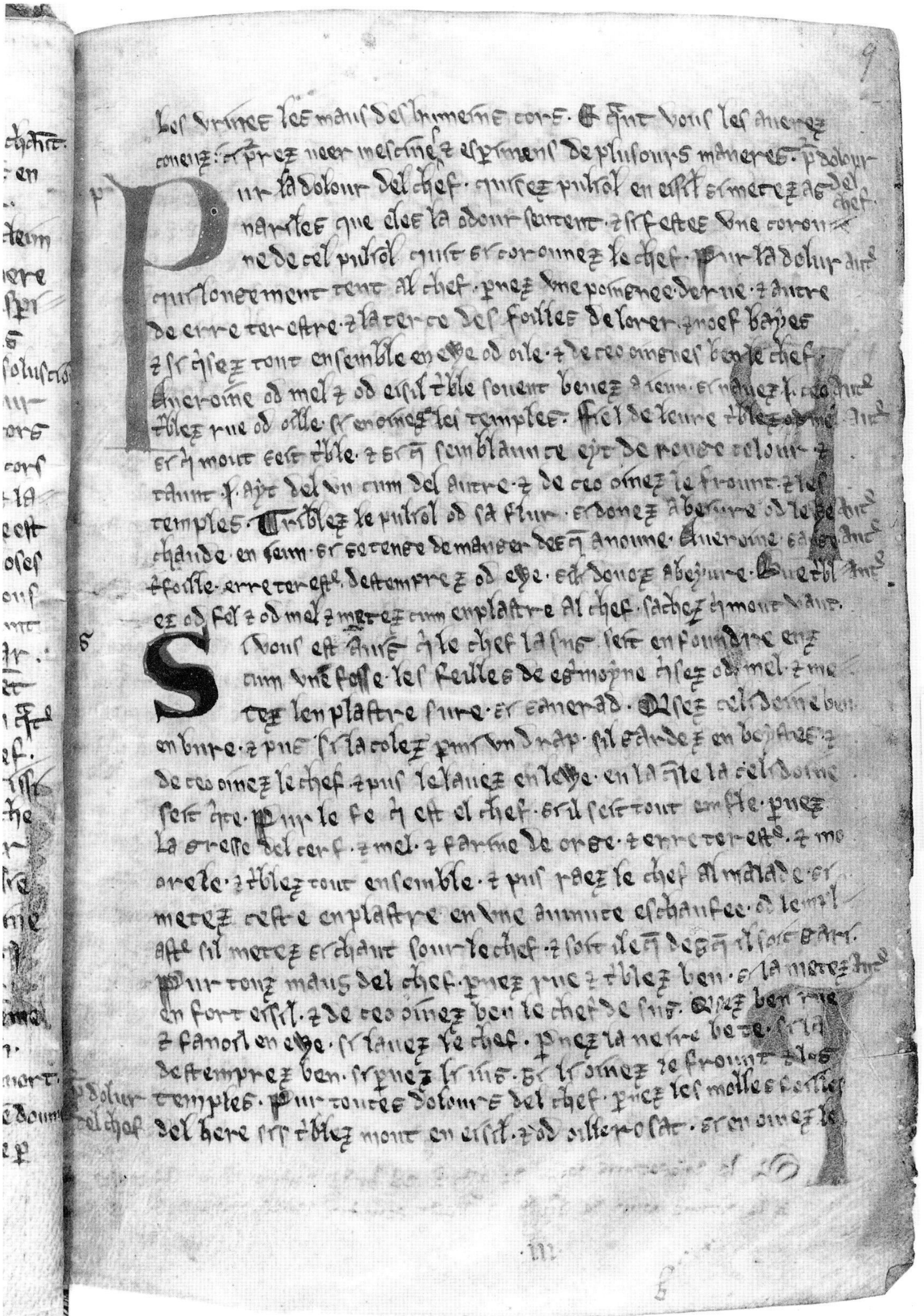

frount. e les temples. Prenez le ius de cerfoille si mellez od oille
e od sel arse en poudre. si en oinez le chef. Sauge od cel [illegible]
e oille rosat meslé. e de ceo oinez le chef al mallade. Verue
ne. e betoine. aloine. e celidoine. plantaine. puliol. e sauge. e esto
pe de seu. e mel. od greins de peiure e tblez ensemble. si l
cusez ben en vin. si en bevez chescun iour ieun. e autre fez quant
vous irrez coucher. de que vous seiez sein. Al oilz mescine

Pur le mal des oilz. Dolour des oilz auient souent. od
grant bullissement. ascune od grant emflure. ascune
sanz emflure. ascune od profusioun des lermes. ascu
ne od profusioun de sanc. ascune od maniere. ascune od chale
atonz les maus des oilz. verray mescine. quillez le rouge lima
coun en [illegible]. si tblez la grese. si en oinez les oilz. Ou ardez
le limacoun en poudre sur un fer ou sur une tuile. si l
metez as oilz. quant vous irrez dormir. Pur chacie prenez
arement e mel od aubon del oef. e tblez ensemble ouelement. e
metez lemplastre sur les oilz. e si rens [illegible] de [illegible] sanc ou de
[illegible]. tout [illegible] sanz faille. Pur oil lermant. Prenez
une foille de rouge cholet. si la oinez de cleire d oef de ge
line. puis si metez la mist sur les oilz. Pur la maele. La maele
auient souent des diuers humours del cervel. ceo est asauer
de malencolie. e des autres humours. la cure est cele. Cil qi le mal
ont lessent le rouge vin. e le [illegible]. si ne se forcent pas de ch
anter. e beiuent souent leit de cheiure. e vin blanc atempreement
e al comencement seinez le malade de la veine capitale. e vous
trerez un poy del sanc. apres prenez le ius del erre terestre. e
le ius de la pimpernele. e le ius de oline. ouele mesure. si en oinez les oilz.

Pur la maele e pur la tele. metez cest mout fort en un vessel
de arein. e le ius de purneles de bois. e plum. e aloen. e
mellez ensemble. tout si l lessez ester el vessel longement
ben couert. e quant mester serra metez as oilz. si oustera la
maele. si rompra la tele des oilz. Pur la tele prenez le fel de leure

Or le disesetime iour de marz del braz destre [illegible]
e le [illegible] iour de auril del braz senestre [illegible] veine des [illegible]

[illegible]

fol. 9v: arts 7 (i-vi), *82(i)

e mel. oue mesure. se destemprez ensemble. si en oinez les oilz.
Ceste colerie est bon as oilz. Prenez aufre de bone pere. si destempr
ez durement. puis prenez fors le ieus. par un drap. e prenez saim
de porc malle. e autretaunt de oyle. ou de veline. si en fetes sa
im. en une paele de arein. si colez par un drap. puis remetez le sa
im en la paele. si le eschaufez. e puis prenez le ius. si boillez ben
ensemble. e monez les founz dune rounde pere. puis le metez
ius. si lessez refreider. si outez de en boystes. si en metez es
oilz quant vous irrez dormir. un petit deuant que vous seiez endormi.

As oilz dolenz. medlez mel od le ius de centorie ensemble. as oilz
si en oinez les oilz. As oilz sanglenz. maschez mente. dolenz
si metez lounguement as oilz. Mangez vetoine a ieun.
si vous amendera mout la veue. Pur auer clere veue. beuez pur auer
chescun iour la rue e mangez. si vous esclarcirount les oilz. clere
al solail luisaunt verrez les esteilles. Pur puour de bouche. veue
Mangez puliol ret. ou cerfoil. ou maschez coste ieun par matin.
ou et glouter eisil. quant vous irrez coucher. ou mangez souent les
foilles de fon. e lauez la bouche od eisil. ou beuez puliol destempre
od vin apres manger. e ceo souent. si enchacera toute la puour.
ou destemprez peiure od vin blaunc. chaut. si tenez en vostre
bouche. si oustera la puur. Pur dolour des denz

Pur puour de bouche

Pur dolour des denz. prenez le corn de cerf. si quisez celera
uire en vin ou en eysil. si humez si chaut com vous le
porrez soffrir. si le tenez en vostre bouche. deque il seit ref
reidi. donques le getez fors. e humez plus. e ceo fesez souent
deque vous seiez gari. Ou mangez milfoille. e beuez le ius so
uent. Ou quisez ben en breses la racine de la chenele. si la terez auant
de fors od un coutel. si la attemprez ben. si metez sour les denz desque
que ele soit refreidie. e puis remetez autre. Ou quisez vetoine
en eysil. desque la tierce part. si tenez ben chaut en vostre
bouche. e souent desque vous serez gariz. Ou prenez wancelt
ne od la racine. si le tablez ben. si en fetes enplastre. si la

Pur dolour des denz ne de emflure

fol. 10r: art. 7 (vi-xi)

metez sur lemflure. e soit decis longe pece. E ceo fetes
Autre sovent et osterez. Ou tablez la pimpernele. od la [illegible] des qi vous en trayez
le ius. et metez le ius en sa narille mes nent de cel part ou la dolour
Pur fetes denz enblaunchir est me del autre part. Pur les denz enblaunchir. prenez les
braunches de la vigne. si enferez charbom. et enfrotez vos denz
od le charbom. e od eve. e ceo mont sovent. si enblaunchiront.

A As narilles puaunteez. Pur ceste enfermete avent del cervel. si le
entrevenent lum pelement mescune vertue. Le ius de mente.
e de rue metez ensemble. sil metez as narilles sovent. si
amendra mont le cervel. e oustera toute la puour. Ou le ius de
[illegible] erre metez as narilles. Ou le ius del dragaunce. Ou tablez la
rose. et la quisez ben en vin. od un poy de mel. et le colez par mi
un drap et metez as narilles. Ou fetes poudre de escales de oef
de geline dount les poucins sount esclos. si sufflez as narilles.
E endementers qe vous fetes les mescines. qe ieo ay avaunt dites.
fetes le beivre aloyne od mel table. Pur la dolour des orailles

P Pur la dolour des orailles. Prenez le ius de la mente. sil fe
tes teve. sil metez as orailles. et amendera. Pur les ver
mis qi sount as orailles. destemprez la mentastre od vin
et la colez par mi un drap. sil fetes teve. et metez as orailles. Ou
le ius de aloyne. Ou le ius de la semence de leu. si amendera mont
la oye. Ou le ius del fenoil. teve mis as orailles. ociera les
vermis. Ou le ius del eble. qi doune oye al homme qi longement
ad este sourd. auxi teve metez as orailles. Pur chevelure aver

P Pur chevelure aver. de la feblesse del cors. ou des males
humours avent qe homme pert sa chevelure. veez cy me
decine encountre. [illegible] ardez. sil metez od oille. si en
oinez le chef. Ou quisez aloine en lessive. si en lavez le chef
assiduelement. Ou prenez la cendre de la vigne. e la cendre as
bestes. e metez. Pur en oint. si en fetes oignement. e de ceo oinez
le chef. viii iours chescun iour une fez. Ou prenez la moele
del cerf. e oinez le chef. si confermera la chevelure ben.

fol. 10v: art. 7 (xi-xv)

A bloye chenelur · e auez · e lonex · prnez le frut q crest
al son · sil asez mont en vin blanc · ou en ceruoise · si enlauez
le chef souent · premerement en poy moillez · z apres le lauez son
ent · pur lonxe chenelure thien · peisnepostel chef souent.
z sil moillez al meis de may · de la roseye · z sw fetes treys feiz
z merci cum tour · On prnez la racine de vne herbe q est apele · unole
de chenal · si la asez ben en eye · z puis lanez le chef · pur chau
ncle · asez les seches racines de choles · en clere eye de founte
ine · desq a la meyte · z de cel lanez le chef en baine · z iamnes ne
peront channe · si souent le fetes · pur ce blanche face

Pur fere blaunche face · z suene · z clere · prnez loint del
porc freis · z laubun del oef demi qure · et meslez ensemb
le · od un poy de poudre de lapes de lorer · si enoignez
la face · On prnez la racine de lineseche · z la racine de lil · z asez amx
en eye desq a la terce prt · et enoignez · z lanez souent la face
Ou prnez saim de porc · z saim de celine · ou cla mesure · si deus
meslez ensemble · si enoignez la face souent · al seir · z le matin
z apres lanez la · od ernel d'aueyne builli · z apres od eye tenue ·
Pur lentilles ouster de la face · oignez la face souent · de sanc aut
de leure · si ousteras · Pur enbelir la face · asez plantin en autre
eye · od sauc de celine · et enoignez la face · si la face est trub
la dre le ulise · fumeteine · z plantein destemprez · si donez a beiure souent
a face lentillouse veray medicine · oignez la face del oille de noiz
enuese · si beue z le plantein · si enousteras les lentilles z les autres mauls.

Pur la dolour del piz · z p tusse · z le mal de quer q lun la
nun apele quer pus · prnez un noef pot · si fetes dolou
im le as souuz · de marroil · z dache · z de tenecum
z de lineseche · z de isope · z de un herbe q lium apele en englei
lo hundeseunce · z heyhoue · z puis fetes un autre lic ·
de lard freis · et q le poz soyt pleine · z puis soyz couert
e sur la chalour viste en mil luz · z emplez puis un chaud
erun plein de eye · z metez cel pot en cel eye · sur eye

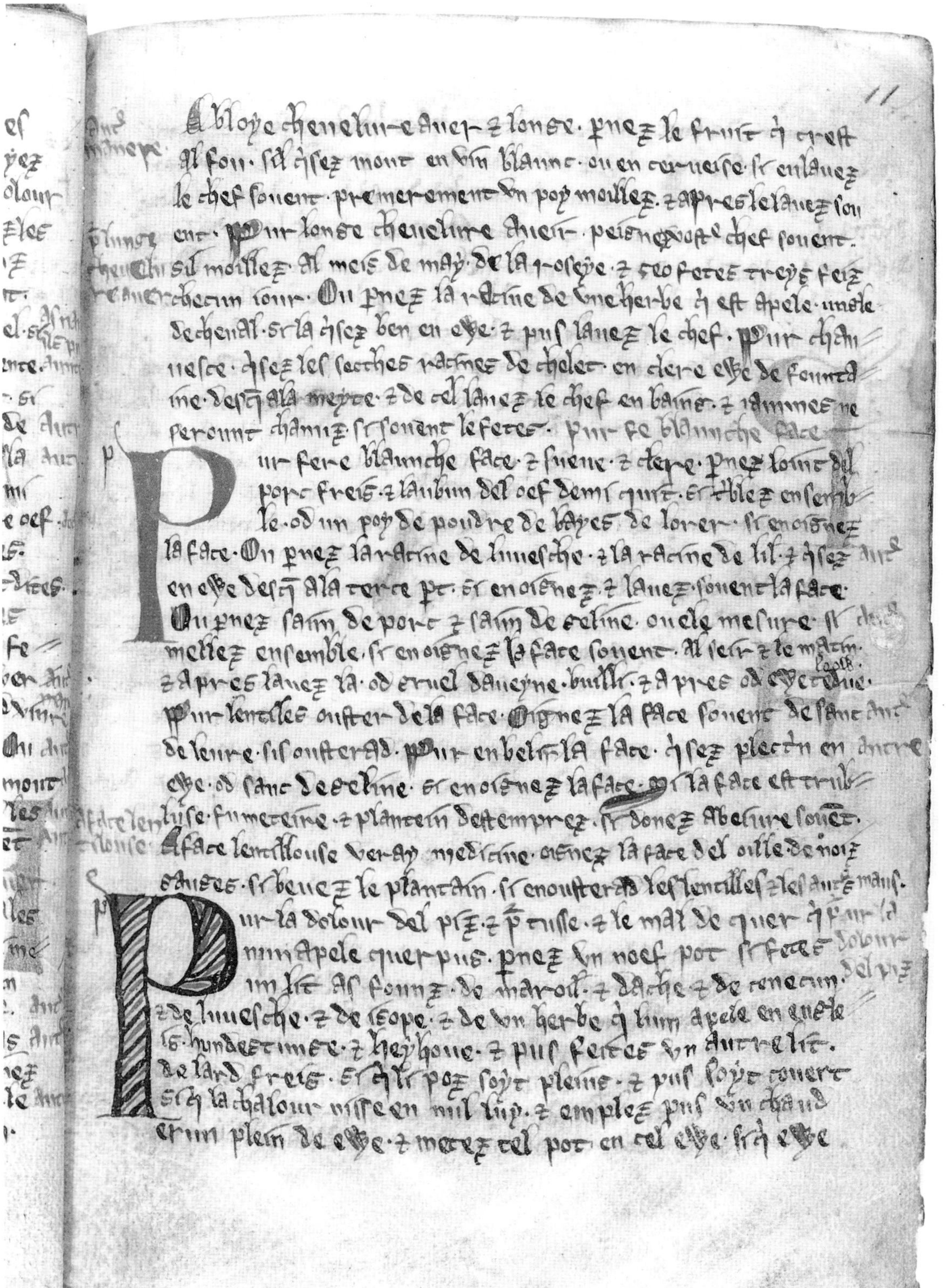

m entre de sus. e issi seient chaces. que les herbes seient remis
es toutes. e puis colez par un lin drap. e puis prenez une quillere e m
etez en vin. ou en cervoise ben chaude. sil bevez a ieun. e al cou
autre cher sovent. et enterrez en fin. Ou prenez treis baies de lorer.
autre et les quisez ben od vin e blef od mel. si en bevez al coucher. Ou tri
blez le mirroil e isope ensemble. si quisez ben en estale cervoise.
od bure fresc. si en bevez ben chescun iour. si garirez.

p Pur la secche touse. prenez la semence de ache. e de fenoil
e de anis. ouele mesure. si en fetes poudre. sil quisez ben
od mel. e od vin si bevez al vespre chaud. e al matin fr
eid sovent. Pur la touse pilouse. prenez la racine del fenoil.
sil destempez ben. e mel od vin. sil bevez a ieun. Pur le mal
del pomoun. prenez la semence de ache. e de anis. od peivre e mel
e un poy de vin destemprez ensemble. tant qe il seit ben espess
puis sil metez en boistes. e al seir e al matin enmangez. iii. qu
illeres. de ce vous serez gariz. A homme ki est enpoisonne.

a A homme qi est enpoisonne. prenez simphonie. si en prenez
le pris de un dener. si destemprez od urine de feme.
e donez lui a beivre. et mor ad tout li mens. e le
venim istera fors. e puis mangez treis plauntes
de cerfoil. e bevez let de chevre. ou de asnesse. Ou prenez
la racine de dragance. si la raclez memi. si la secchez al
soleil. si en fetes poudre. e puis prenez de cel poudre. le pes
de cinc deners. e metez en eve tedue. sil lessez iloec toute
nuit. lendemain ietez fors leve. e metez .i. vin. sil quisez
ben. si li fetes beivre tedue si enteriad. Ou prenez limesche.
e alisaundre. e anis. si triblez ben ensemble. e quisez en vin
si li donez a beivre. si chaunt cum il purra soffrir. e tout
vomira. toute la poysoun. e tout le venim apres. A contre
toutes poisouns. prenez lait de chevre. e quisez od la semence
de chanevre desqe a la terce part. e bevez treis iours. sonez cel
nad si bone medecine encountre venim. Quant a ben venim

fol. 11v: art. 7 (xix-xxii)

prenez le ius de marrubl. e bevez od bel vin. si gette fors le ven
im e sanera la poisoun. Pur mal ke tout a homme talent de ma[nger]

Pur mal q[ue] tout a homme talent de manger. prenez centoire
si la hachez ben en estale cervoise. e quant levee avera mont
est. metez le ius si le destemprez ben. e puis si la reme
tez al pot. si la lessez durement cure. puis si la colez parmi
un drap. e prenez les deus parties de cel. e la terce de mel. q[ue] ce est
ime. e fetes boillir ensemble. de si q[ue] mont sort espesse. e
metez puis en botte. si en fetes al malade manger chescun
jour treis quillerees e ceo lui oustera la olette del quer si
li fera aver talent de manger e de beivre. Encountre vomissement

Encountre vomissement. quant homme ne poet retenir
sa viaunde. prenez puliol. e mar roil. e peivre e hachez
ben en eisil. si lui fetes beivre souvent. si estaunt.
Ou prenez les deus parz de ius de fenoil. e la terce de mel. e quisez aut[re]
de si q[ue] il seit espes. si usez de cel. al seir e al matin. si vous am
endera mont les plen e le pomoun. Encountre vomissement aut[re]
de saunc. ou estopir. prenez la croste de cheuere. si en fetes pou
dre. e prenez bure. e une poinenee de farine de orge. si en fe
tes viaunde en eaue. e quant vous la avrez gettez en une bo
ne quillere de cele poudre. e souvent mangez de cele viaunde.
si guarrez par veir. Si homme perd sa parole en enfermete.
prenez aloen si destemprez od eaue. si li versez en la bouche
si parlera. Ou prenez sauine. e les foilles de pin. e pioine
e peivre. tout ensemble si li donez a beivre. Pur dolour e pur reste

Pur dolour e pur duresse de ventre. prenez deus quilleres de ventre
del ius de cumfoille. si li donez a beivre. Pur emflure aut[re]
del ventre. e blez rue od cervoise ou od vin e il bevez
souvent. Si vermis sount al ventre. prenez la perche del cerf. aut[re]
si la ardez en poudre. e destemprez od eisil. si li donez soue
nt a beivre. Ou quisez verte rue en vin si li donez souent a beivre reim. aut[re]
Pur un mal q[ue] l'em apele en engleis le uic. prenez de estale.

fol. 12r: art. 7 (xxii-xxvii)

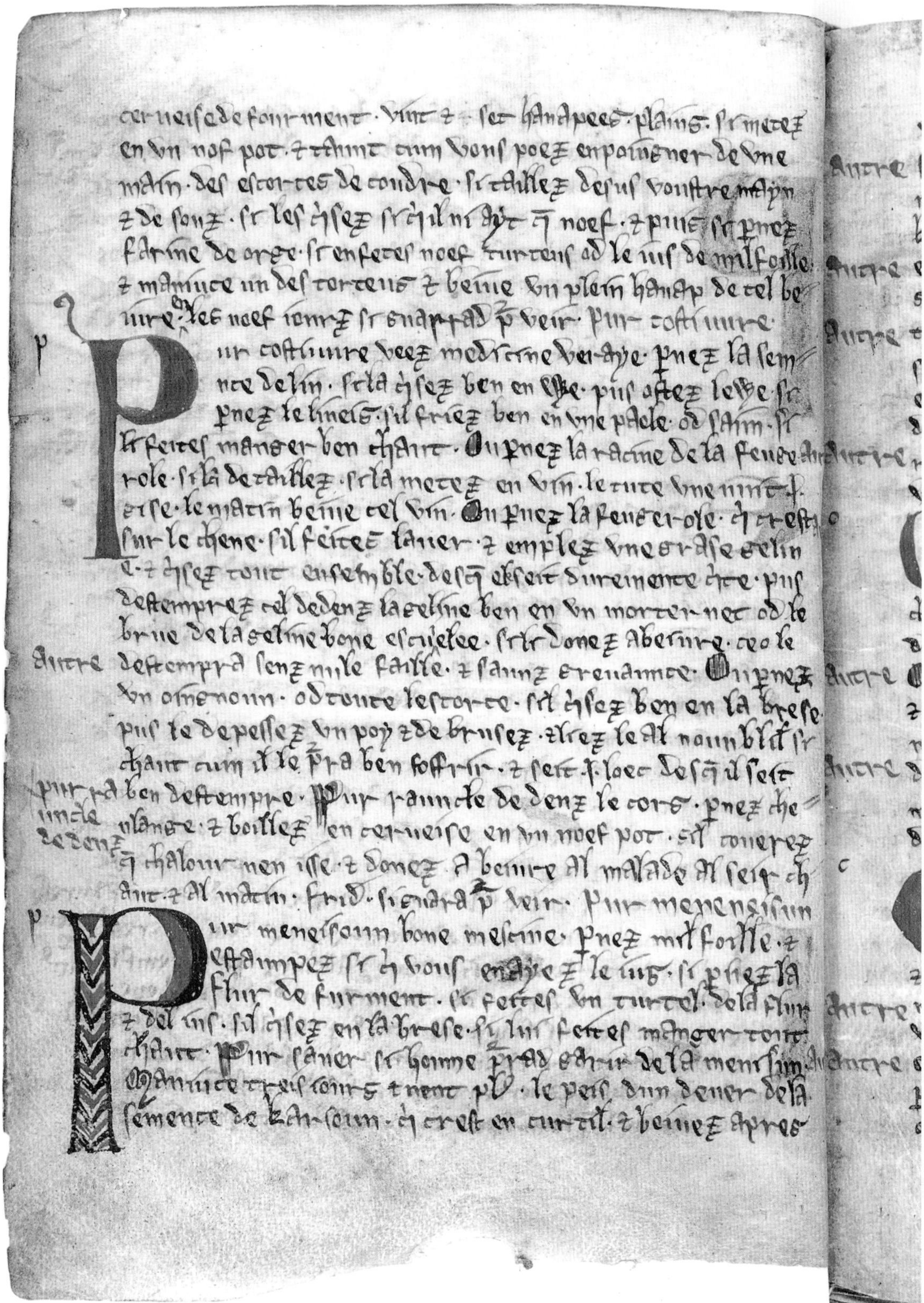

cerueise de fourment · vint e · set hanapees plains · si metez
en vn nof pot · e chaunt cum vous poez enpoinener de vne
main · des escortes de coudre · si taillez desus vostre meyn
e de sonz · si les quisez si qil ni ait que noef · e puis si prenez
farine de orge · si enfetes noef turteus od le jus de milfoille
e manjuce un des torteus e beiue vn plein hanap de tel be
iure · les noef iours si guarra par veir · Pur costiuure
Pur costiuure veez medecine verraye · prenez la sem
ence de lin · si la quisez ben en ewe · puis ostez le ewe si
prenez le lin · si friez ben en vne paele od saim · si
le feites manger ben chaut · Ou prenez la racine de la fene
role · si la detaillez · si la metez en vin · le tute vne nuit e
eise · le matin beiue cel vin · Ou prenez la fenerole · que crest
sur le chene · si la feites laver · e emplez vne grasse geline
e quisez tout ensemble desque ele seit durement quite · puis
destemprez cel dedenz la geline ben en vn morter net od le
brue de la geline bone e chaude · si li donez a beiuere · ceo le
Autre destemprera senz nule faille · e sanz trenchance · Ou prenez
vn oignoun · od toute le escorce · si quisez ben en la brese
puis le depessez vn poy e debrusez · e liez le al noumbril si
chaut cum il le porra ben soffrir · e seit la loez desque il seit
pur la trenchee dedenz ben destempre · Pur la trenchee de denz le cors · prenez che
vlanere e boillez en cerueise en vn noef pot · si tenerez
que chalour nen isse · e donez a beiuere al malade al seir ch
aut e al matin · freid · si guarra par veir · Pur menesoun
Pur menesoun bone mescine · prenez milfoille e
destempez si que vous en traiez le jus · si prenez la
flur de furment · si feites vn turtel de la flur
e del jus · si la quisez en la brese · si lui feites manger tout
chaut · Pur saner si homme porra garir de la menesun
Manjuce treis iours trenent par le peis dun dener de la
semence de kersoun · que crest en curtil · e beiuez apres

fol. 12v: art. 7 (xxvii-xxx)

vn treit de vin · ou de cerveise · sil estaunche si garra

Autre — si noun si morra. On prent pommes si entailez deus en manere de deners. si cuisez en une paele en cire virgine ke il soient ben cuit e friit en la cire. si lui donez a manger

Autre — ensi tout chaunt si cum il le purra soffrir. On prent feves si cusez en un test de pot en sui de motoun. si li donez a manger

Autre — tout chaunt. On prent une tiule. si le eschaufez mout chaude tant ke ele seit toute vermaile. quant vous la verrez del fu. si la metez en plein chaudrun de let de vache aumaillere. si lessez ben boillir desqe il seit mout espes. puis si lui donez si chaunt cel lait a user

Autre — e ceo sovent. On prent formage freis sil cusez ben en vin vermail ou en ewe. si lui donez a manger. Pur menesoun

On prent le restebof de la fontaine plain pot. sil cusez e boillez qe il soit ben cuit. puis fetes mettre les pez del malade dedenz cel ewe. si chaunt cum il le poet soffrir. desqe a la chevile del pe lungement e fete laver ses genuls e ses jambes de cel ewe ——— e ceo sovent si estaunchera od l'aide deu.

Autre — On prent le saim del motoun. si fetes ben quire en ewe e puis prenez cel saim e del sui de motoun assez. si fetes une wile ben grase. si la cusez ben apres. puis si donez al malade

Autre — a manger toute chaude si garra. On prent farine de forment e autretaunt de crese. si en fetes viaunde de lait de vache aumaillere. si lui donez a manger chaut. Countre menesoun

Countre meneisun. prenez prunes vertes e emplez un pot e metez en chaude fourne e fetes sechir e fetes poudre e mellez od mel e od farine de furment e lessez buillir. desqe il seit espes e fetes un torteus e do

Autre — nez a manger al malade. Countre meneisoun de sanc. prenez une quillere plein de vuil de fer e metez en ewe e lessez

Autre — ester toute nuit. le matin colez e bevez. Countre menesoun. prenez plein poing de pevre e poudrez e mellez od le moiel del oef cru. fetes aussi dure paste e rostez en une pomme.

fol. 13r: art. 7 (xxx-xxxi)

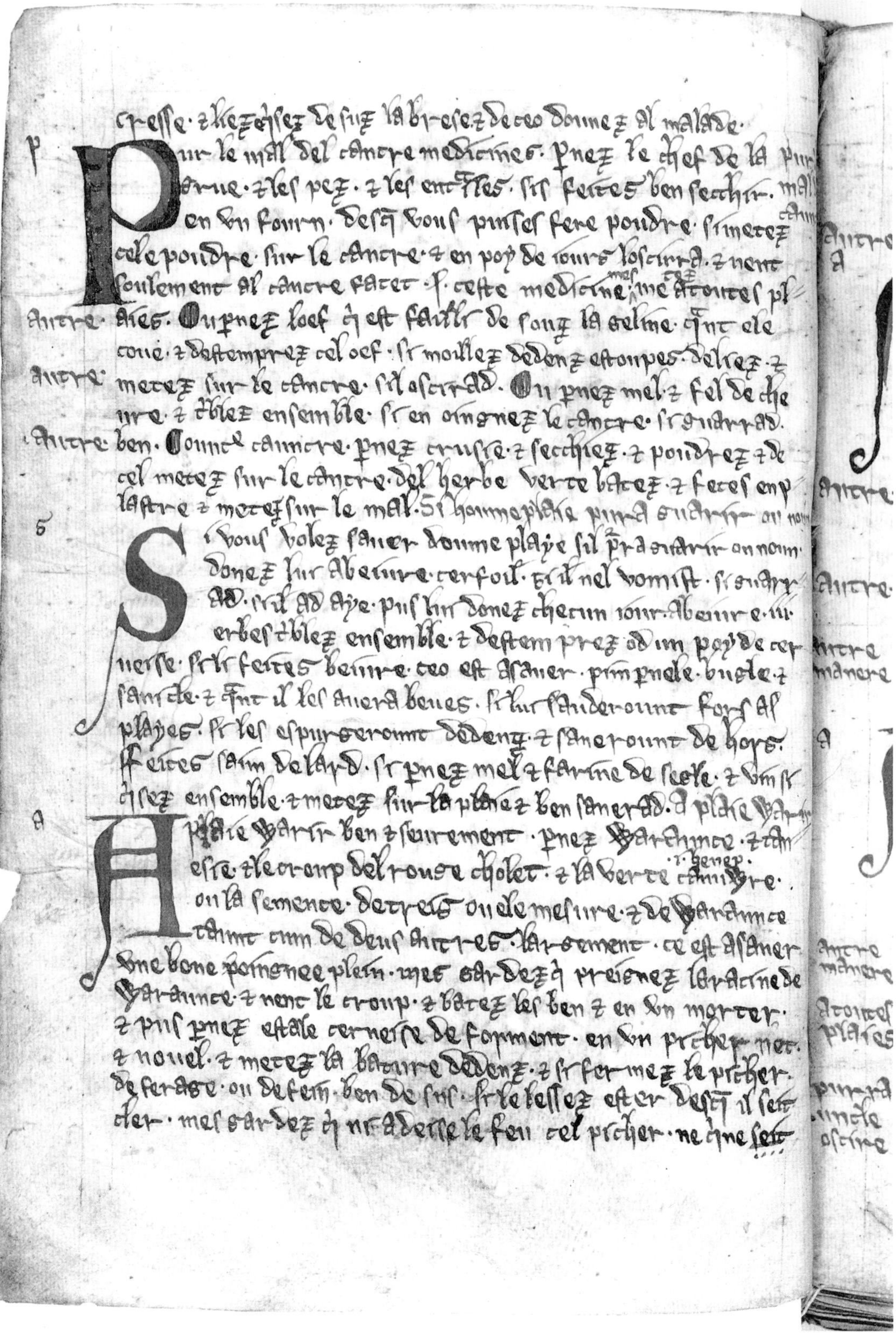
cresse · e le[illegible] desus la brese · e de ceo donez al malade.
p Pur le mal del cancre medicines. Prenez le chef de la pur
cenue · e les pez · e les entrailes · sis fetes ben secchir · mes
en un forn · dekes vous puisez fere poudre · si metez
cele poudre sur le cancre · e en poi de iours le ocirra · e nent
soulement al cancre fetet · si ceste medicine mes a toutes pl
Autre · aies. Ou prenez le oef ke est failli de soz la geline · quant ele
coue · e destemprez cel oef · si moillez dedenz estoupes · deliez e
Autre · metez sur le cancre · si le ocirra · Ou prenez mel e fel de che
vre e tablez ensemble · si en oignez le cancre · si guarra
Autre · ben · Countre cancre · prenez crusse · e secchez · e poudrez e de
cel metez sur le cancre · del herbe verte batez · e fetes emp
lastre e metez sur le mal · Si homme plaie par aventure ou noun
s Si vous volez saver homme playe sil poet garir ou noun
donez lui a beivre cerfoil · Et il nel vomist · si garra
· Et il ad [illegible] · puis lui donez chescun iour a beivre iii
erbes tablez ensemble · e destemprez od un poi de cer
voise · si lui fetes beivre · ceo est a saver · pimpernele · bugle · e
sanicle · e quant il les avera beues · si lui [illegible] fors as
playes · si les espurgeront dedenz · e saneront de hors ·
Fetes saim de lard · si prenez mel e farine de segle · e bulliss
ez ensemble · e metez sur la plaie e ben sanera · A plaie garir
a A plaie garir ben e seurement · prenez warence · e can
eise e le crop del rouge cholet · e la verte canniere · i. genep ·
ou la semence · de treis ouele mesure · e de warence
tant cum de deus autres · largement · ce est a saver
une bone poignee plein · mes gardez ke preignez la racine de
warence · e nent le croup · e batez les ben e en un morter ·
e puis prenez estale cervoise de forment · en un pecher net ·
e nouel · e metez la bature dedenz · e si fermez le pecher
de ferage ou de feutre ben desus · si le lessez ester dekes il sera
cler · mes gardez ke ne adesse le feu cel pecher · ne [illegible] sera

fol. 13v: art. 7 (xxxi-xxxiv)

sest remue de un liu ver ci aval. mes estoise empres. que seit
desestope. puis si lavez la playe chescun ⁊ un matin. od eve
tevie ⁊ coverez la playe od seim de porc ⁊ bevez le be
Autre. vre du seir ⁊ du matin. un poi. si garrez cum espue est.

A plaie garir. pernez bin nette ⁊ germandre ⁊ herbe
robert ⁊ avance. bugle ⁊ sanicle. de checune oele
mesure ⁊ batez ensemble ⁊ mellez od bure ⁊ bullez.
⁊ puis metez un poi de cire e encens ⁊ bullez ⁊ colez parmi un
drap. ⁊ de cel metez a la plaie od lin. A plaie garir. pernez autre.
pimpernele ⁊ bugle ⁊ sanicle ⁊ tablez ⁊ bullez en cervoise ⁊ bevez
puis pernez vetoine ⁊ sinerce e verte ⁊ herb urine verte ⁊ bullez
Autre. en saim de porc ⁊ de cel saim liu enter verse chaude. A plaie
garir pernez spurge ⁊ senecum ⁊ le tendrun de la ronce ⁊ le
cupun de ortie ⁊ boillez en saim de porc ⁊ colez ⁊ bevez od chau
Autre. de cervoise. A plaie garir. pernez peiz ⁊ cire ⁊ siu ⁊ gresse de po
rc ⁊ bure ⁊ la racine de marchaunte ⁊ tablez ensemble ⁊ boillez
Autre en paele ⁊ de cel metez a la plaie od lin. A plaie novele en nerf e
manere coupe. perez ⁊ siu de chevre ⁊ encens madle ⁊ cire e vernie. boillez
ensemble ⁊ seiez bone entrete. A plaie saun saner.

A A plaie sursanee. pernez la crote de chevre ⁊ vieil oint. si en
feites emplastre ⁊ metez sur la playe. si ele est nellement
close si overa. ⁊ si ele est nellement overte si clorra. Ou autre
festes paste de farine de orge od le blaunc del oef si m
etez sur la plaie. si overa. Pur chef esfrussé de coup. ou pur chef
nafre. metez i les teilles de meime od aisil ⁊ od oille ⁊ ja ne el chiche.
Autre departirount einz qe il serent sane. Si les os sount depessez
manere al chef. pernez vetoine si tablez si i metez ⁊ bevez le jus. si en
Atouchez les istera les os ⁊ saner a la plaie. A toutes plaies veilles ⁊
plaies noveles. pernez les cholez rouges ⁊ cisez en eve od touz les
trus. si enlavez les plaies. mout rest bone medecine mout
Pur ranncle a fere. Pur rauncle oscire. pernez la mie de pain si tablez
oscire od eve ⁊ od la glaire de oef ⁊ metez sur si oscira. Pur ven-

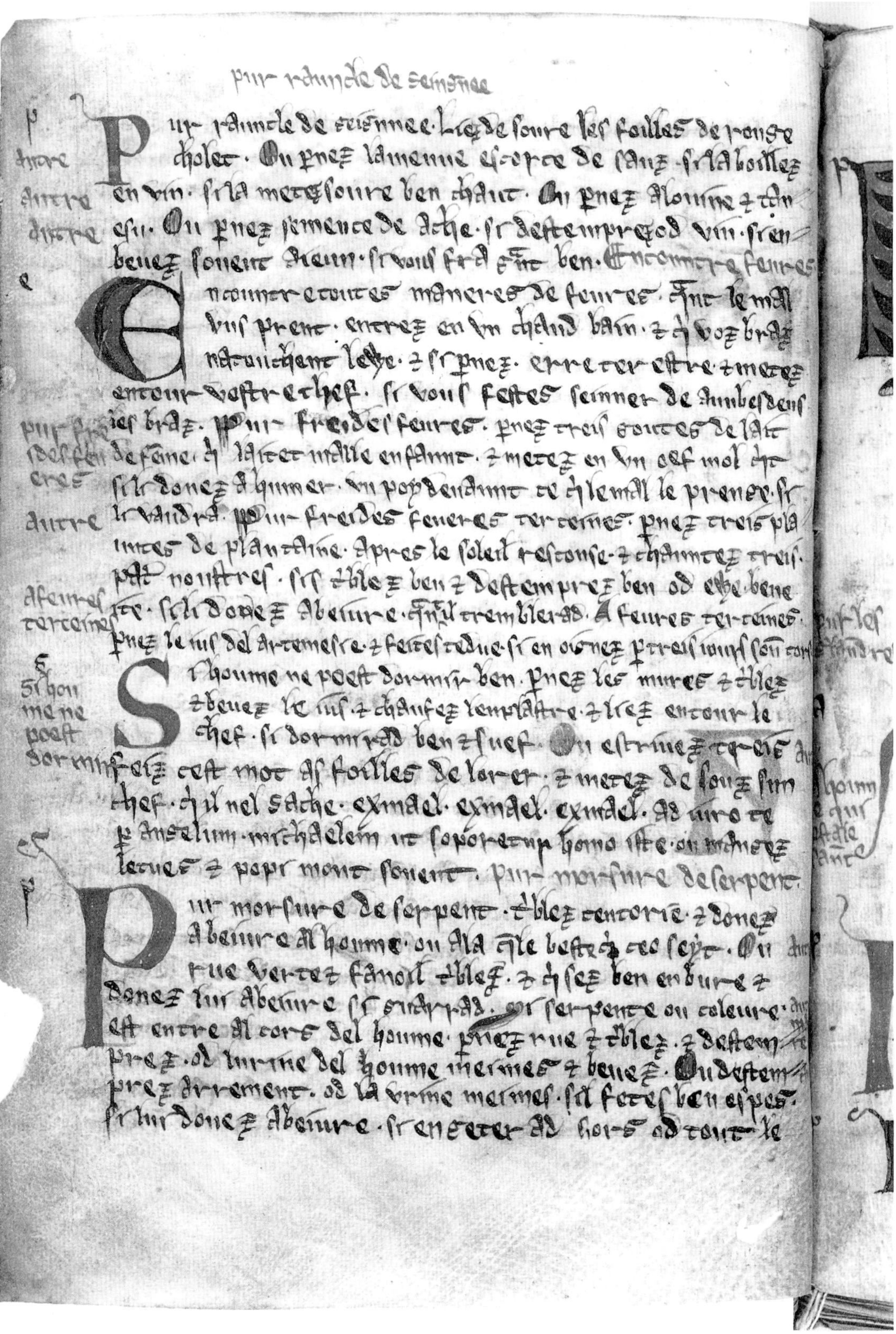

Pur rauncle de seignee

Pur rauncle de seignee. Pre de soure les foilles de rouge
cholet. Ou prenez la menue escorce de sauz. si la boillez
en vin. si la metez soure ben chaut. Ou prenez alouine & ter
esu. Ou prenez semence de ache. si destemprez od vin. si en
bevez sovent chaut. si vous fra grant ben. Encountre feures

Encountre toutes maneres de feures. quant le mal
vus prent. entrez en un chaud bain. & que voz braz
nomeement leve. & si prenez. erre terrestre & metez
entour vostre chef. si vous festes seinner de ambes deus
les braz. Pur freides feures. prenez treis goutes de lait
de feme que alaitet malle enfaunt. & metez en un oef mol que
si li donez a humer. un poi devaunt ceo que le mal le prenge. si
li vaudra. Pur freides feueres tercenes. prenez treis pla
intes de plauntaine. apres le soleil resconse. & chauntez treis
pater nostres. si les tablez ben & destemprez ben od ewe bene
ite. si li donez a beivre. quant il tremblera. A feures tercenes.
prenez le jus del artemesie & feites teule. si en oignez treis jours son cors

Si houme ne poet dormir ben. prenez les mirre & tablez
& bevez le jus & chaufez le emplastre. & liez entour le
chef. si dormira ben & suef. Ou escrivez ceo
fetz cest mot as foilles de lorer. & metez de souz sun
chef. qu il nel sache. exmael. exmael. exmael. ad uro te
per angelum michaelem ut soporetur homo iste. ou metez
letuce & popi mont sovent. Pur morsure de serpent.

Pur morsure de serpent. tablez centorie. & donez
a beivre al houme. ou a la quele beste que ceo seit. Ou
rue vertez fanoil tablez. & quisez ben en bure &
donez lui a beivre si garra. Si serpent ou coleuvre
est entre al cors del houme. prenez rue & tablez. & destem
prez od lurine del houme meismes & bevez. Ou destem
prez arrement. od la urine meismes. si le fetes ben espes.
si lui donez a beivre. si enesterra hors od tout le

fol. 14v: art. 7 (xxxix-xliv)

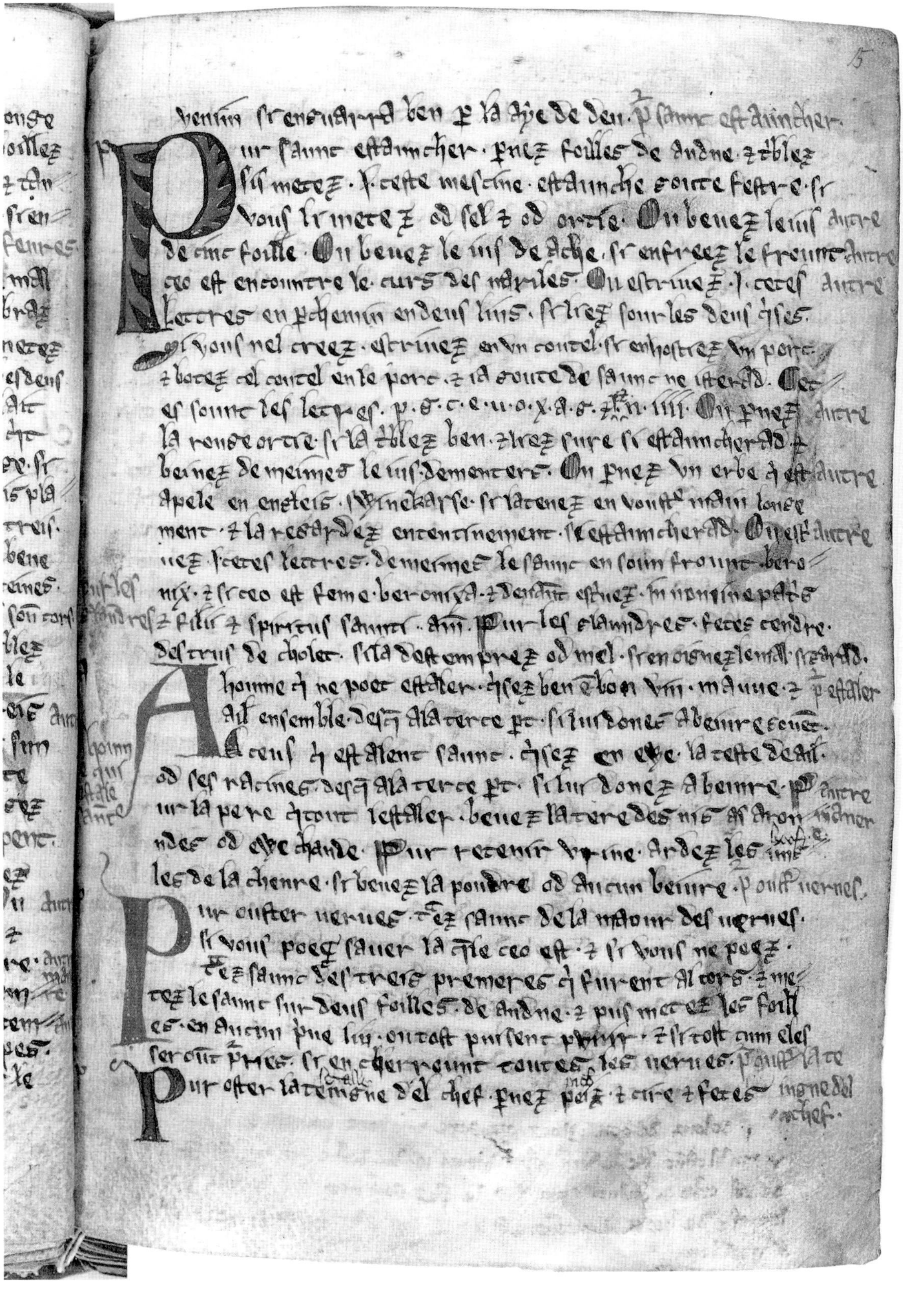

venim si en guarira ben par la grace de deu. Pur saunc estauncher.
Pur saunc estauncher. Prenez foilles de andne e tablez
e puis metez. Par ceste mescine estaunche goute festre. E si
vous li metez od sel e od ortie. Ou bevez le jus — autre
de cinc foille. Ou bevez le jus de ache. Si enfreez le frount — autre
ceo est encountre le curs des narilles. Ou escrivez .i. cetes — autre
lettres en parchemin en deus lius. Si liez sour les deus quisses.
Si vous nel creez, escrivez en un coutel. Si enhostrez un porc.
e botez cel coutel en le porc. e la goute de saunc ne isterad. Ce
es sount les lettres. p. o. c. e. u. o. x. a. o. ... iiii. Ou prenez — autre
la rouge ortie si la tablez ben. e liez sure si estauncherad. e
bevez de meimes le jus dementers. Ou prenez un erbe que est — autre
apele en engleis. Wynekarse. Si la tenez en vostre mein longe
ment. e la resgardez ententivement. Si estauncherad. Ou escri — autre
vez ceces lettres de meimes le saunc en soun frount. bero
nix. e si ceo est feme. beronyce. e dessoubz escrivez. In nomine patris
Pur les glaundres — e filii e spiritus sancti. Amen. Pur les glaundres. Fetes cendre.
des trus de cholet. Si la destemprez od mel. Si en oignez le mal. Si garrad.
A homme que ne poet estaler. Quisez ben e bon vin. Mauve. e — Pur estaler
ail ensemble desque a la terce part. Si lur donez a beivre e guerra.
A ceus que estallent saunc. Quisez en ewe la teste de ail
od ses racines desque a la terce part. Si lur donez a beivre. P — autre
ur la pere que tout lestaler. Bevez la terre des nis de arond — autre
nder od ewe chaude. Pur retenir urine. Ardez les inte
les de la chevre. Si bevez la poudre od aucun beivre. Pur les vermes.
Pur ouster vermes. Tretez saunc de la racine des vermes.
si vous poez saver la quele ceo est. e si vous ne poez.
tretez saunc des treis primeres que furent alors. e me
tez le saunc sur deus foilles de andne. e puis metez les foill
es en aucun pre. lui ou tost pursent porrir. e si tost cum eles
serount porries si en cherrount toutes les vermes. Pur oster la te
Pur oster la temgne del chef. Prenez pois e cire e fetes — tingne del chef.

fol. 15r: arts 7 (xliv-l), *100

builliz ensemble · e pelez le chef · ki toute la cheveleure en
seit ostee · e metez lenplastre sur un drap · si metez tedue
sur le chef · e nel ostez mie devaunt le noef me iour · si ou
autre arra pur veir · Ou e blez chal od mel · e metez sure · Ou pernez
autre le ius de la neire bete · si en oignez le chef sovent · A fere
a cheveliure cheveliure crestre · e sez foilles de salz od oille · e metez
la ou la cheveliure faudra · si cresteront ben pur veir ·
P Pur roigne oster · pernez fumetere · e lavez la e blez
ben od cerveise · e bevez si vaudra al mal dedenz ·
A la roigne ou a la menine · ou desracure pernez la rouge
doke · e ostez fors la racine · e blez la racine · od bure de mai
e od veil oint e mout le chisez · e colez par mi un drap · si met
ez en boistes e enoignez le malade al fu · Pur espine saillir al cors
S Si fer · ou fust · ou espine · seit sailli al cors · ou en pe
ou en talloun · pernez [illegible] e blez od veil oint ·
si le metez · Ou pernez dictame e blez · e metez sur
la plaie · si en bevez e mengez de la dictame · Ou pernez
la racine del rosel · e blez mout od mel · e metez en un lin
ge drap · e puis sur la plaie · si entrerad
Pur trere hors espine hors saunz dolour · Pur trere hors espine
meisme espinee · pernez la musse del espine · bone pere si
la chisez mout ben en vin vermail · ou en autre · si metez
cel emplastre de la musse sur la plaie · e tout entour
lemfleure · si en ostera toute la dolour · si enterrad
autre lespine · Ou pernez loint de levre · si metez sure si l
entrerad · mes lautre devaunt est meillour · A feme
A A feme ki travaile de enfaunt · letez si soin vent
re · si · cest escrit · + maria peperit xpm · + anna
mariam · + elizabet iohm · + celina remigium ·
+ sator + arepo + tenet + opera + rotas +
autre Ou donez li a bevre dictame · si enfauntera saunz pl
autre Ou escrivez la pater noster · en un madelin as femmez e puis
Pur dolour de denz · pernez [illegible] une bone poigne [illegible]
[illegible] ke le vin [illegible] ke lerbe seit ben [illegible] puis met
de cel erbe [illegible] le plus [illegible] sur le mal [illegible]
[illegible] de hors [illegible] si le [illegible] e metez [illegible]
saverez ben ·

fol. 15[v]: arts 7 (l-lv), *82 (ii), *100

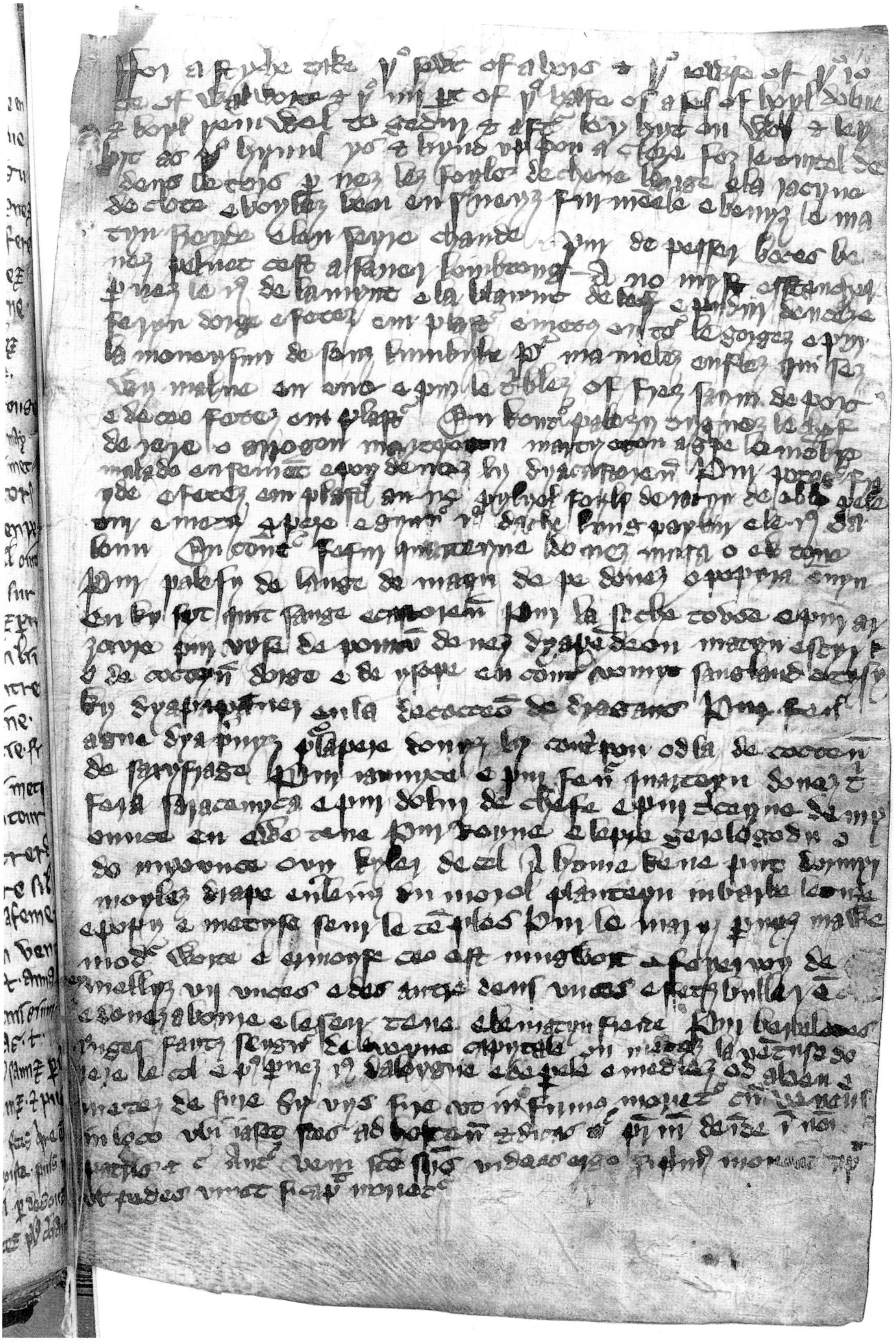

fol. 16r: art. *101

fol. 16v

17

le lavez od vin e od ewe e donez li a beivre. e ceo sachez q'
salvement pur il en ert delivre. Ou donez lui a beivre isope od
ewe chaude si enfauntera. tut fust le enfaunt mort ou prez.
Pur fere feme tost enfaunter. prenez sarriette. si le metez al ventre. si enfauntera tost hors soun enfaunt ou mort.
ou vif. Femme q' ad dolur enfaunte. ortie morte e mil foil
chesez en vin e li donez a beivre. Femme q' est malmise de enfaunter. poses chies en vin beive le matin e al seir. des q'
ele se sent guarre. Femme q' de dolur fait sa vrine. cerfoil.
e alisaundre e armille chesez en vin blaunc. e persil e linues-
che. e fenoil. e ache e burnette e beivez le matin e le seir
desque ele sent nettement garie. A feme lentillouse

Femme lentilluse. prenge pelettre boillie en vin e leve sa
face. gardez de [illegible] oste les lentilles de vis. si sovent
soit enoint sur le vis. Femme q' ad dolour al chef. en autre
[illegible] beivez chescun jour le jus de vetoine. Femme q' ad les mameles enflees. prenez le tortes de chenvine. si triblez od oillero-
sat. e metez sure. e apres prenez le jus de la morele e de menue consoude e de coliandre e lineis ben moillez e les [illegible] de
[illegible] e les oes [illegible] od les esta[illegible]. si triblez ben e buillez
ensemble od la farine de orge e fetes un emplastre e
metez sur lenflure. Pur le mal del esplen.

A femme q' ad le mal del esplen. beivez en blaunc vin le
vert cardun pelus. e la genevere. e la veroine. si se
tenge de oes e de toutes viaundes q' venent de la pe-
pus si se seigne de la destre main de une veine q' est entre
les deus derreinz deis. De cele veine se seignent les
dames plusurs. pur fere le vis plus cler e plus blaunc e de
meimes la veine est bon seigner al entree de mai pur
aver bon talent de manger tout leste apres. Femme
enceinte est seignee plousurs al enfaunt. car le saunc est la sus-
pouture del enfaunt. q' defendez est. A feme q' fait [illegible]

fol. 17r: art. 7 (lv-lx)

pnez cristall. si d depesciez ceit en poudre z donez luy. Aber
ure od vin. si luy abonderas la laiz. z asez. auera d. Ou
pdrtez la meneor letues. z humer. butre od vin. Ou beinez
semence de fanoil. od vin souent. Pur dolour des quisses

P ur dolour des ysles. eblez la crote de berbiz. od cisil si
en oinenez souent les ysles. z vos ysles desus ceroit.
ou desouz serent emflees. on la pel depesiee benez eble z blee
en cer uoise p noet touz. Countre emfle z dolour de coup p
emfle builiez de cy il seit espes. z liez al emfle. Countre emfle
de pez de pez. batez plantein z metez sur. Countre emfle. pnez
struiz de beof z builiez en cisil. z metez souz temfle. s lem
ple est dure. altrest de struiz de cheure. Countre emfle de
couz pnez faueroie z poret. z metez menu. od sim de mo
toun. builiez en lrez de cerueise. Fnt ert ben builiez. me
tez dr en de forment. z feres emplast. On pnez cire dr
z me. si eschaufez al fu. z trempez ben z metez soure cerise
si croiz lorge pere. al s croiz emflez. on dolenz pnez pue stebles
emflez od sel. z od mel z metez lemplast sure z ceo souent. p esise

S i homme ou feme. peine en maladre destem pnez se
mence de pue. od cisil. z donez lu abeuure. z ber
sez le luy al mauelez. Ou pnez ceuetrre. z eblez od cisil. z
al nernt od mel. z benez ceo souent. al nerfe cuntr ez. pnez pet
tere. z sim. z mellez ensemble. si eschanfez z metez

P ur petrole en la maunc. destempez cheroine od
vin si li donez abeuure. si lerra le pleir. A sauer si
le malade purra vhir e ou noun. pnez l vn oef.
z teres lettres. z 700. s. p. p. x. c. p. x. s. g. z pus met ez loef. pas
fors delonz le cel en sun luy. z pus len demain depesez loef. vu
si auint crist si murrad. z si uad mil si mene de saiue si escap p
od espuee chose est. Ou pnez lard. si craiisne z la plantei

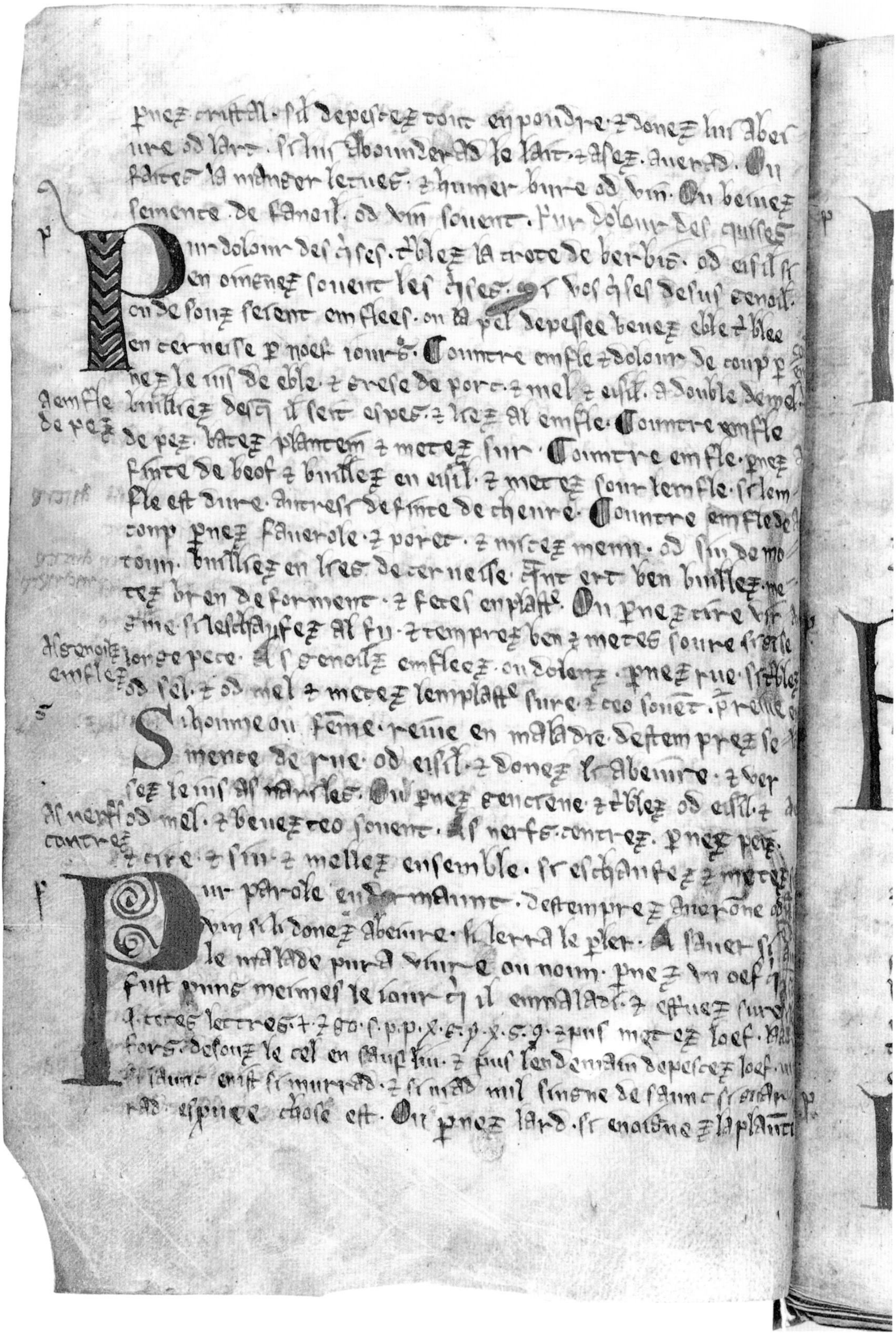

des pez al malade · sil ietez puis a un matin · sil le meinent seur
greement si vivera · si il nel ne(n)t a leser · si mu(r)ra sanz dutance.
Pur goute enossee · p(re)nez ambroise · si enboillez en vin blaunc · pur-
si enbevez sovent. Ou oignez la goute premerement de goute
miel cler · e depescez cire · e tablez od mel · si metez sure enosse
si garrez. Pur goute enossee · p(re)nez erbive · valdetesle · e autre
brockarse · e averoine un poy · des autres ovele mesure · e fetes
cire ensemble · en vin · ou en cerveise · ou en ewe · e bevez al
matin e au seir. Pur meimes la goute · p(re)nez erbive · e sorte autre
e les foils de sanz ruse · e averoine · e camamille · e tablez ben
ensemble · en un morter · e puis p(re)nez bure de may · e de ces
la meyte de lun · la meyte del autre ou tout bure · e fetes buillir ensemble · en une paelle · puis colez par mi un
drap · e metez en boistes · e oignez le malade · si garra.
par le beivre e par la oignement. Pur goute q(ue)le ke seit.
Pur goute queleke ele seit · p(re)nez la flur de sec segle ·
si en fetes paste · od le jus del eble · si en fetes deus torteus · e cisez en brese · puis p(re)nez un des torteus mout
chaud · si liez sur le mal · e tant seit a refreidi · si metez un autre.
e si fetez desi vous seez garriz. Pur goute verdy oignement autre
ent. p(re)nez le gars od tout sonn oint · e le oint del chat
malle e cire virgine · al peis de treis sous · e autant cum vous
p(re)nez en poinener de une mein de kersun · e treis oings neus
e oint de porc salvage · e metez tout ensemble · si tablez
puis le metez tout al gars · e rostisez al fu le gars · de
si il seit ben quit · e le saim q(ue) en degouttera · cuillez mout
ben · si le gardez e oignez en la goute al fu si garrez. Ou bevez autre
nez ambroise · buillie en clere cerveise. Ou p(re)nez le oint de autre
tessun · e le oint del chat · e cerfoil · e ail · si tablez ben ensemble ·
e metez en un linge drap · si en oignez le mal al fu. Pur goute festre
Pur goute festre e(n) quele mescine p(re)nez · vis persaunes q(ue)
sunt apelez roches · sis ardez vis · en un noef pot.

si en fetes poudre. e pernez [de] avence le jus. si versez de pus. e emplez
de la poudre. e issi faites desque les pus seient sechiz. e les plaies
seinez. endementers que vous cest freez fetes le malade ber
autre ure de le jus del avance. Ou pernez de un erbe que est apele
reneuessot. la racine. si metez a chescun pertuis que court une
autre racine ou deus. si que le pertuis seit covert. Countre festre que
le mal ad. prenge la main de un mort houme. e de cele ma
chief[?]in grate le mal. Countre goute festre. pernez herbe robert
e avance. e ambroise. e moleine. e tablez ben e metez en un no
vel pot. e la urine al malade metez od tout. e chescun jour
matin colez e benez. puis pernez [?] puisse. e avance e batez e
e metez sur le mal. si garra. Pur freide goute
G
oute festre. la une est chaude e ardaunte. lautre est
freide. A la freide goute que fet pertuis menus. pernez
de lanceleele jus. e le blaunc del oef oveke mesure. e flour
de segle. e faites paste. si en faites une enplastre e metez sur le
mal si liez de un drap. e seit ileques desque il chece par sey. e puis re
a ardaun metez autre. e ceo faites desque il seit gari. A ardaunte gou
te goute te festre. pernez la flur de segle. si en fetes paste od clere goute de
mel e pure. si fetez la paste si dure cum vous purrez. si en fe
tes tant de turtens cum il ad pertuis. e metez en chescun pertuis
un turtel. e quant il serrunt enmoistiz. ostez les si metez
autres. e ceo faites desque il seit gariz. Countre goute am
mre. pernez le siu de la meisun. e del rasyn. e mellez ensemble
e en oynez. Countre goute. escorchez un chen. e fetes peces
e les buillez desque les os checent. e quillez la grese. e de corn
de cerf. autresi e la grese de teissun e mellez ensem
ble. e oignez la ou la goute est. Countre goute. pernez le jus de ache
e flur de furment. e le aubun de un oef. e mel tablez ensem
ble. e metez sur le mal. si garrez. Pur morte goute
p
P
ur morte goute. pernez calamente calamine. lavendre.
peusleppe. pimerole. kersun de funtaine e de curtil

fol. 18v: art. 7 (lxxii-lxxv)

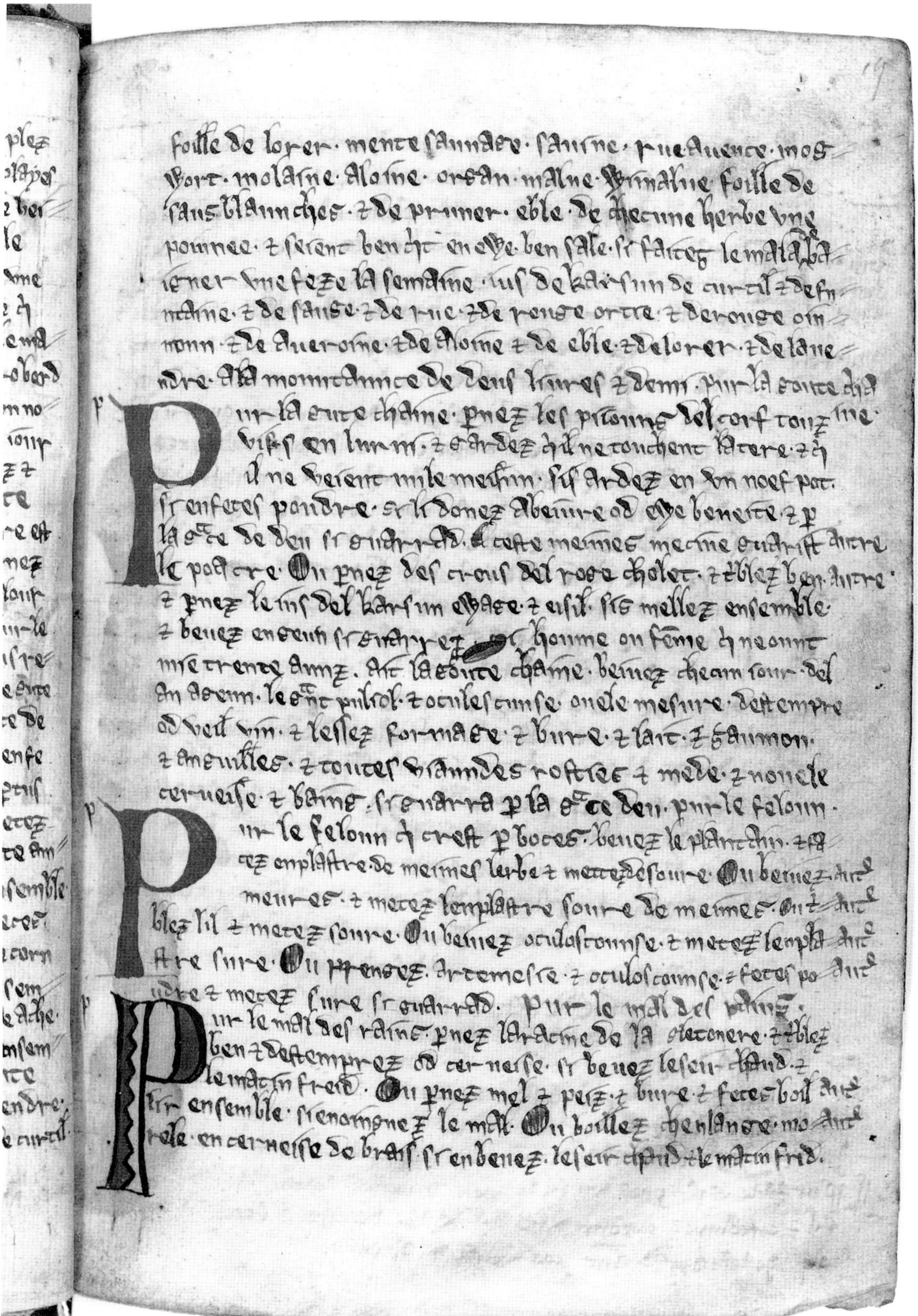
foille de lorer · mente sauvage · sauine · pucelaunce · mog
wort · molasne · aloine · orgain · malue · wimalue · foille de
saus blaunches · et de primer · eble · de checune herbe vne
pounee · et serent ben quit en ewe ben sale · si faitez le malade ba
igner vne feze la semaine · ius de karsun de curtil et de sa
nicle · et de sauge · et de rue · et de rouge ortie · et de rouge cin
noun · et de cheruoine · et de aloine et de eble · et de lorer · et de laue
ndre · a la mountaunce de deus liures et demi · Pur la goute chaine
Pur la goute chaine · prenez les prisouns del cerf touz
vifs en lun mai · et gardez qil ne touchent la tere · et qe
il ne veient nule meson · sis ardez en un noef pot ·
si en fetes poudre · et li donez a beiuere od ewe beneite · et par
la grace de deu si garra. a ceste memes mecine garist autre
le pastore · Ou prenez des crouis del rose cholet · et blez ben · autre
et prenez le ius del karsun ewage · et aisil · sis mellez ensemble
et beuez en seun si garrez homme ou feme qe ne ount
mie trente aunz · a la goute chaine · beuez chescun jour · del
an demi · le quart puliol · et oculus cristi · onele mesure · destempre
od veil vin · et lessez formage · et burre · et lait · et salmon
et anguilles · et toutes viaundes rostiee et mele · et nouele
cerueise · et beiuere · si garra par la grace deu · pur le feloun ·
Pur le feloun qe crest par boces · beuez le plantein · et fe
tez emplastre de memes lerbe et mettez desoure · Ou beuez mo
meure · et metez lemplastre soure de memes · Ou
blez lil et metez soure · Ou beuez oculus cristi · et metez lempla
stre sure · Ou prenez artemese · et oculos cristi · et fetes po
udre et metez sure si garra · Pur le mal des reins ·
Pur le mal des reins · prenez la racine de la gletenere · et blez
ben et destemprez od cerueise · si beuez le seir chaud · et
le matin freid · Ou prenez mel et peiz · et burre · et fetes boil
ir ensemble · si en oignez le mal · Ou boillez chenlaue · mo
rele en cerueise de breis si en beuez le seir chaud et le matin freid.

fol. 19r: art. 7 (lxxv-lxxviii)

Autre · Ou batez blaunc peiz · oint en poudre · sit est haufez bien
metez sur le mal · & velies estopes asez · metez sure · &
liez od un lonc drap · & portez lemplastre dese ke dere p sei.

Pur emflure del pié — Al mal & al emflure del pié & liez bien ache & la mie del
& del pié pain · & destemprez od veil vin · si enferez emplastre ·
& metez al emflure & sachez q̃ mout vaut · Pur fere bo

Pur fere une creine · Pnez cire virome & rouse un ounce · & un ounce
bone cire de sen de mutun novel · q̃ est entur le reinoun · & deus em
onne. ces de peiz reisin · code & brusez en un morter · ou tru ouf̃t
& foundez contre cire & contre sun ensemble · puis metez le
la poudre de peiz reisin comoudunit ben · & ne laffrez pas
al boille · puis le colez p̃mi un drap · en un vessel en ewe chaude.
q̃ ne seit refroillume · cette creine vaut al cors & de deus
& de hors · de plaie & de postume · Countre bruisure de os

Countre bruisure ou pesture de os · Pnez crespe mal̃mes
osmounde · & osoude la ende & la potere · la semence de cu
enez sauvage · & vardnure & boillez en cerveise & me
countrez un poy de mel & bevez · Counte bruisure de braz, & de
bruisure ambe · fetez poudre de la tuile vesnerte · & de char boun de che
e de braz · & donez a beure · checun iour dese il seit sein · Al oilz Al

maladel & reverses · pnez eĺamine & ardez · & fates poudre m
& puis mettez estopes en ewe freide · & pnez hore lewe & ri
countredez ben la dcure · & puis metez la poudre soure · Countre

Ars̃ure de fu · Arsure de fu · oinez le de saün · puis pnez lart freisi
de mutun & le oinun desn · Counte tusse & blez Al od sel · &
frotez les plaumes des peę count le fu de col al · Autre roine d[

Counte roine de maine · pnez la radorne de parole · & pou
dre de sufre vif · & de vertre · boillez od orese de port ·
& oignez la roine ne · Countre serreure des mains · lanbre ·

lignez les mains od ius de mente · Ou hsez mente en ewe & lavez
& mal les od lewe · Counte le mal des oilz · pnez eĺamine & eine ṽ
des oilz & aloen · & fetes poudre · & destemprez od blaume vin · en

¶ Pur tade espii · pnez un fil de sede si le moillez dedenz la tade & novez
fil & envolupez entur une aschmndile de cire & fere la entim
de destendoydo q̃nt ceo vendrad al fil.

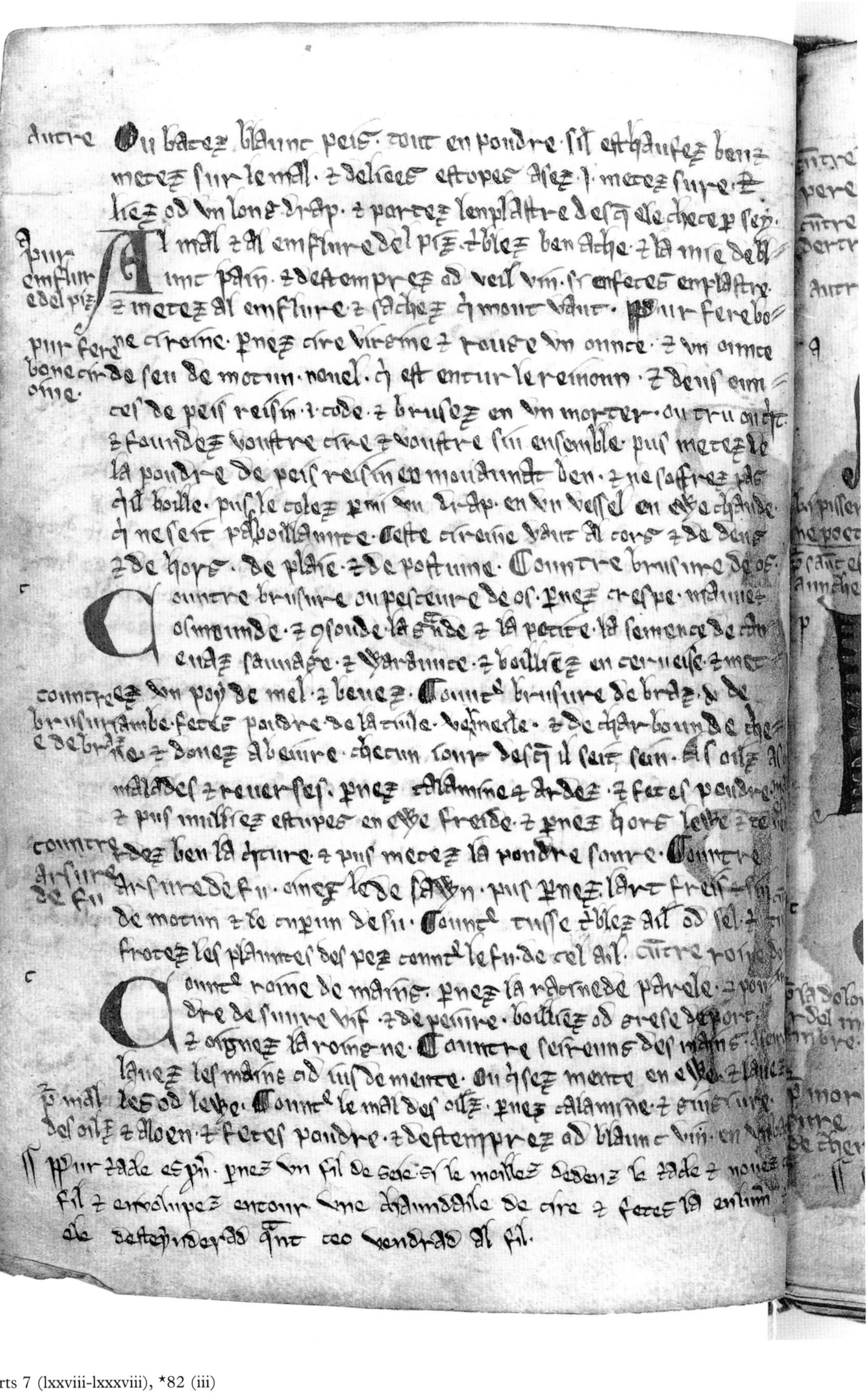

20

les lessez ester si metez de cel vin de oilz. Countre la pere
prenez en teun alume od sel. e benez la poudre des greins de
heirre od le jus de alume. Countre dertre. batez morte
morele e treez le jus e frotez sovent le dertre de cel jus. Co
untre dertre. prenez la gumme de ceriser e de pruner e tem
prez en eisil. e frotez ben la dertre de cel oinnement. Ateinne
Ateinne de la teste. prenez la racine de alume e de ellebore
ceo est setervort. e de parele. e de eletemerre. e blez
e boillez en bure e colez e enoignez la teste. A senele assen
prenez del saunc al homme qi ad eu cel mal. e en oignez la senele.
si est homme de homme e si est feme de feme e guarra.
Ki pisser ne pot. prenez la fiente de berbiz e mellez od mel.
e boillez ben e mette le en une moille dedenz e tout chaunt metez
sur le penil. Pur est auncher saunc de playe. prenez tere
vermaille e sel mellez e batez e sur la plaie le metez. Pur dolour de
Pur dolour de denz. prenez un fer si le eschaufez al fu de si
qil seit tout rouge. puis prenez la racine de une erbe qe len
apele hennebane si la fetes net. puis si le metez sur le fer.
si le eschaufez ben. puis la metez sur le dent malade. aussi cha
ud cum vous le purrez suffrir. e clouez vostre bouche si qe la
fumee ne voise mie hors de la bouche. e la tenez la desqe ele seit
tout refreidé. si ne la fetes houster pur nule anguise. e si vous
volez fere saunc faille serrez garri de cel mal. Ou prenez pie
de corne e metez sur le petit orteil. Pur le mal del membre
Countre le mal del membre. batez simonere e fetes em
plastre. e metez sur. e si est ester chie del jus e metez
e lavez. Pur la dolour del membre prenez le cer
vel del ver qui de serre isu. qit en mel. e metez sur e il
guarra. Countre la dolour del oraille. prenez le jus de chenevt
lesie e eschaufez e metez en le oraille. si verm i a si
murra. Countre morsure de chen. batez dradine e
benez. e batez plantain e metez sur la morsure.

Il ret est fait sa vertu pur ceste. fetes la vin en blanc vin e
puis la sachez e le touchez a cristal.

fol. 20r: arts 7 (lxxxviii-xcix), *82 (iv), *100

Pur saver de chose emble.

Pur saver de chose emblee escrivez cestes lettres en pain
Alez z donez a chescun z a chescun de ch z vous averez l'ospe-
scroun. z si il est coupable de la chose ne li passey ad ia ia
z orez. a. b. b. v. c. a. p. p. c. e. p. a p. c. c. p. p n. a. p l a a. i. b i b.

Si la anim vous oint emble mile chose. hautement fetes chaunter vne messe del invencioun de la croiz si il seiez z oiez la messe. puis prenez foiles de lorir. z escrivez les
noune en celes foiles. dount vous avez suspescioun. z
metez les foiles sus vostre chef treis nuiz. z celidez vous ben de toutes polucioun saunz destre la verite nuit vous
serra moustre le larroun. A trouer chose pdue. prenez escume de argent z aubon de oef. z metez ensemble z ferez
vn oil en la pere. z apelez tous ceus ch vous avez en suspescioun. z si vous dites ch il responde en loiel z ch coupable serra
poun oil termera. z si il nie le larroun. ferez vne chandile z ferez en loit z il le sentira maintenaunt z dirra le fet. Pur pucele

Pur pucele esprouer si ele seit pucele ou noun. prenez del es-
menu eeit z enfetes poudre s metez de cel poudre en
le beivre ki vous li dorrez abeivre si ele est corrumpue
de pissera la ou ele seit. si ele est pucele ne frama. Pur mestruit
ces houster. iutez p la meisun. corial dre cit en elle z si vous
vous volez ch eisil cume en vin. prenez semence de porret z
metez dedenz deus meitez z leissez ester. P bon coloun aver

Pur aver touz iours bone coloun. fetes treis souves ensemble z taunt vous les entreverrez. del elle pudrez les
ben de limeure de fer. si mangez en coin z cord-
ez p noef iours. z saunz faille verrez le ben coloure. Pur sit
hoster pel. en keil seit. prenez arrement. z arpiment. hu
z sarru. z oelee vne de che cun oule mesure. puis les mel-
tez od lescivre chaude. z oingez le sun. z ostez le peil. puis iatez
ont dett houmez femme flee de ele freide saunz demore k-
e esgarder ch trop ne laist de soun saunc. car si il saunt

Pur baume esp. prenez vne aguille si la touchez dedenz la fiole del
baume z p prenez elle de fountaine clere en beu aucy z touchez le poi
del aguille en cel elle z la soute demorad a lelle. si ele flote ren
ne vaunt ne si de cher diseil. mas si ele se tet apot coke est bone.

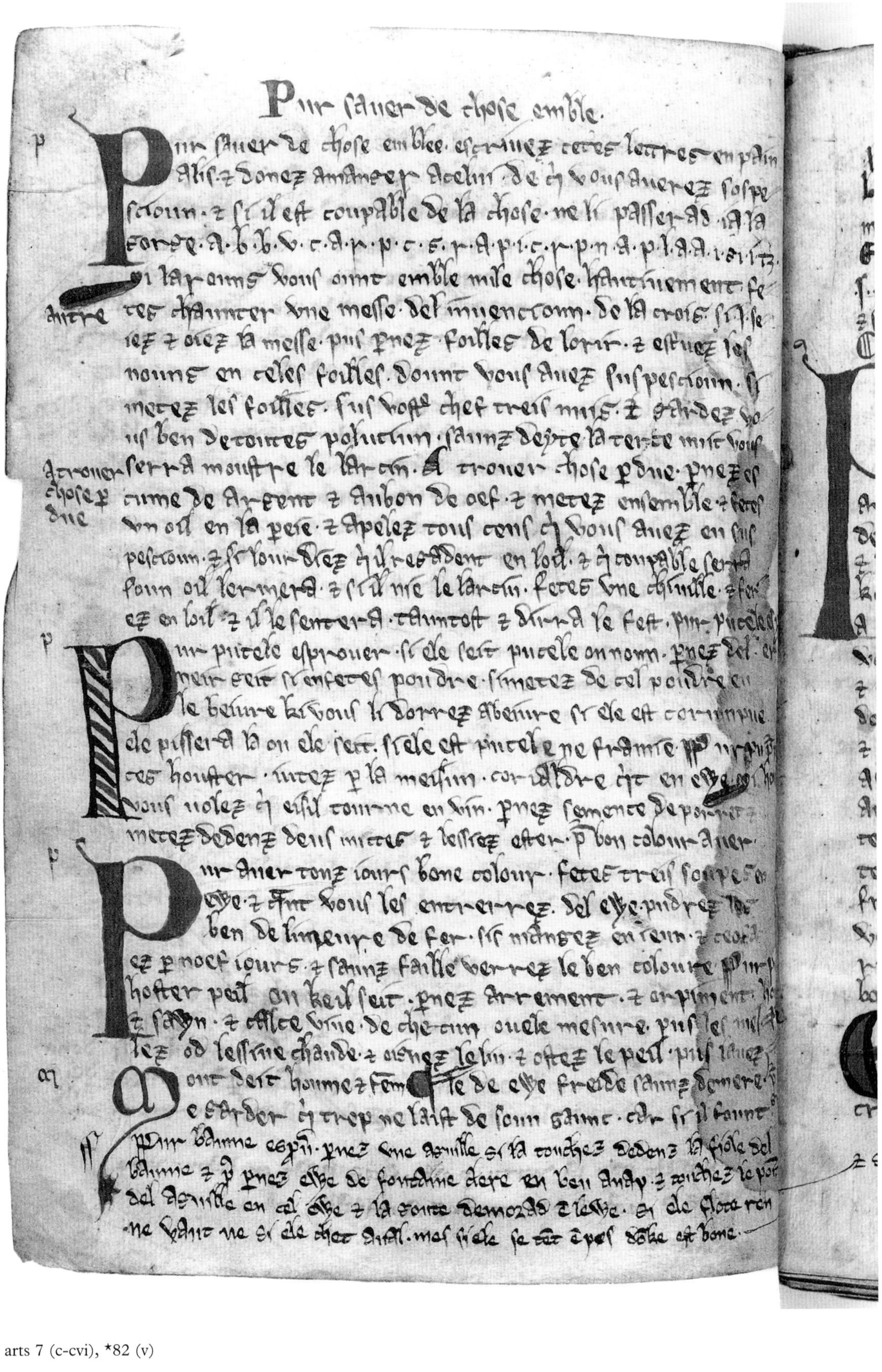

& ses mains en sey verounte. La face & les oreilles enfreidissent.
Li quers endefaunt. Le palmes envent. Le cervel enfeblist. Les
mains entrembleent. Toutes de plusurs maneres enuenent.
E la destresse de piz. E le vertun del chef. & autres maus plusurs.
Ici finist le liure ipocras. Ke il enveia a cesar lemperur.
& sachez qil est bon pur garder le cors de plusurs maus.
Ici comence la lettre ke prestre Johan enveia a la pape de Romme

Prestre Johans par la grace deu dessum reys entre les rois crestiens maunde saluz & amistez & fraternite al emperur de Romme. Nous vous fesoms a saver a vostre hautesce & a vostre amiste ke il nous ad este counte ke vous estes mout desiraunt de saver par verites enseigne de nos estres & de nos aferes & de nos teres & de nos choses. E pur ceo ke nous avoms oy dire ke vostre gent ne se acorde pas a ceo ke si creient endreit sicum nous creoms. Nous volums ke vous sachez ke nous creums en le pere en le fiz & en le seint espirit. iii. persones & un deu. Nous vous maundoms la creaunce & la manere de nos genz & de nostre tere & nous fetes a saver par vos lettres & nous vous frums a saver nostre manere & nostre lay. E s'il vous plest aucune chose ke nous pussums trover en nostre tere fetes nous a saver & nous le vos enverums mout volunters. E s'il vous plest venir en nostre tere nous vous frums seneschal de nostre court. E ben sachez pur voir ke nous avoms la plus haute corounne & la plus riche tere del mounde si cum de or & de argent & de bones peres presciouses & de forz chasteus & de citez.

E sachez de verite ke li rois sount desouz nostre poeste & nostre corounne & sount crestiens. E si avoms reis desouz nous ke ne sount mie crestiens & sount a nostre comaundement.

& si ele se put autre fez al deuille ki la pusez remettre en la fiole.

fol. 21r: arts 7 (cvi), 8, *82 (v)

E touz les poures ke sount en nostre tere nous les
sustenoums pur lamour de deu. Sachez ke nous auum
fest nostre voye de visiter le sepulcre nostre seigno
ur ki est en ierusalem al plus tost ke nous purrums.
E sachez ke nous irrums honourablement e od
grant host pur enhaucer la lei deu e pur destruire la ley
mescreaunz e henemis ihesu crist. E sachez ke tr
eis Indes sunt en nos parties. Inde menour. Inde mo
ienne e Inde maiour. e en cele sumes demoraunt.
E en cele est li cors seint thomas.

Apres ceo troue lem babiloine la deserte. e la
tour de babel. E les autres Indes sount
es parties de septemtrion. e sount plentiuus
de pain. e de vin. e de charz e de totes autres
viaundes. e si est nostre herbergement. Sachez ken nostre
tere nessent les olifaunz e li martichomadarie. e theo
medarie. e dromadarie. e cheuall blaunc. e troies blaun
nes sauuages. E leouns de quatre colours. neyr. ruge.
blaunc. tachele. e sount auxi come buffle. E si aue
ums bufles sauuages. e mout des autres bestes ke
nous ne sauum pas. Si auum vn oisel kest apele gri
phun. si est de tele vertue ke il portereit .i. boef a
ses pennes. E si auum vn .. oysel ki est apele alerium.
si ad seignourie sur touz les oyseus del munde. e si
ad colour semblaunt a fu. e ses eles sount trench
aunz cum rasours. e petit est. e nest veues plus
grant de vn egle. En tout le mound nen ad kun parel.
kar quant ad vescu quaraunte aunz lores fount deus oefs
si les couent par quaraunte iours. e puis se esclorou
nt. e deuenent deus pieuns. E quant le pere e la me
re les voient si sen vount fuiaunt vers la mer.
e li autre oiselez encumpainent de la cuntre de kes

fol. 21v: art. 8

a la mer. lores se plungent en la mer. ⁊ se noyent.
⁊ li oisel retournent as preounes. si les gardent ⁊
norissent quarante jours. ⁊ dunc sunt druz si sen volent.
issi norissent li alerium. E sachez ke nous avoum li
gere ⁊ si sount un poy meindre del olifaunt. Si
devourent mult de nos autres bestes. En une pere
del desert avoums hommes cornuz. ⁊ genz ke nount ke
un oil. ⁊ genz ke ount oylz devaunt ⁊ derere. E le num
de cele gent si est saguzdauri. ⁊ pynoy. cenophali. ethi
olopes ⁊ farne. En lautre pere del desert avum genz
ke vivent de char crue. ⁊ quant aukun est mort si le m
angent ⁊ dient ke cest la meilleure char du mounde.
si est de homme. E le num de cele genz si est gog. magog. an
fortinepr. Caneameete. agrimodi. Touz ces generacio
uns mist li rois de macedoine entre les mounz de Gog
⁊ de magog en la pere de north. Il ne sount mie des fiz de
israhel. mes quant nous volums veer nous de nos henemi
es. il les menevient touz ke nul ne remeint. E puis les
remettoums arere. la ou nous les preimes. kar si il este
ient lungement entre nous. il devereint mout de
nos genz. ⁊ de nos bestes. ne lamunces [ne mangerunt] fors devaunt le
tens antecrist. E lores se departirount ⁊ espaunder
ount par toute la tere. ⁊ nule gent les porrount contre
ester. par abhominacions. ne verunt al jour de iugem
ent. mes nostre seignour lour envera fu du ciel
ke les ardera. En une pere del desert encountre
les plems de la mer de renise ad une maniere de
genz. ke ount le pes rous com chevaus. ⁊ la roundesce
de pes a treis cutes entour. ⁊ si sunt [illegible] quaundement.
Sachez ke il ne sount pas genz de armes mes il su
nt laboureurs de teres ⁊ nous dounent quant trauder
por [illegible]. En un autre pere del desert. est une tere

fol. 22r: art. 8

ki est apele femenie. en la quele nul houme ne put viure
fors .i. an. Cele tere est mult bone e grande. e dure
ben cinquante iornes. de lunge e autre taunt de laise. En
cel tere enount treys reines. e kaunt eles voillent cheu
aucher sur lur henemis. Eles amenent ben en lur cum
paignie. C. mile dames de pris. estre celes ki vount a
cheual aveke lour harneys. e lur viande.

Apres nous vous dimis. ki nostre tere est envi
rone dun flum ke est apele. Gison. ki vent de
paradis. e est taunt grant ke houme nel put passer
fors a nef mun. Outre cel flum. ad une tere ke est
apele phetonie. en cele tere habitent genz petiz cum en
fauntz de cinc aunz. e sunt crestiens. e ount chevaus de
la graundure de un motun. E nus ne lur fet gere fors
une manere des oyseaus ke venent sur eus kaunt il voll
ent messoner. ou vendenger. Adunke est li roys en con
ntre les oyseaus. en bataile. e li oisel funt mut grant
mortalite de eus. e issi se departent. E sachez ke pres de
nous aunt sagittaries ke sunt de la ceinture amount houme
e de la ceinture aval sunt cheval. e portent archs e meine
nt en desert. E pres de lour marche sount houmes saluag
ges. ke maniuent herbes e chars crues. E si les funt pre
ndre de tes genz par engin. par regard de estraunge gent.

E si avoums les unicornes. e aunt une corne en mi
le frount. e sunt de quatre colours. rouges. bloys
neirs e tachele. Mes li bloys sunt plus fort ki
nul des autres. Car il se combatent ben al leoun. e li leoun
le ocit en une manere. kaunt la bataile deit estre entre
eus. li leoun se met encoste un fort arbre. e quant li unicor
ne le quide ferir. il se eschuist. e li unicorne fert sa
corne en larbre. si ne la put retrere. e lores li leoun le
ocit. E si li unicorne lui peut la ou li arbre ne sount.

fol. 22v: art. 8

si losengeoms ben. Si sount pres de nous une genz de nos regiouns ki soleient en icel duer sessaunte cutes de lung. mes nen ount soulement ore ke .xv. & nous rendent chescun an grant truage. & sunt a noustre comaundement. E lur tere est si grant ke ele dure ben .C. iurnees de lung. & .lx. de large. E si il fusent ausi pruz cum il sount grant il pussent cumbatre a tut le mounde. Mes nostre seignour lur dona un doun ki ne se entremeisent fors de la bourer. p(ar) ceo ki il quiderent abatre le cel p(ar) la tour ke il founderent ki fu apele Babel. Or avum un oisel ke est apele fenix. & sachez ki il est plus beaus ke mil autre oisel. & la plume de cel oisel ne puit enpeirer. & nul hom el ne la puit prendre fors li santime.

Sachez ke un de nos Indes est si net ke il ni ad verm ne serpent. & par mi court un flum ki ad a noun Ydonus. & vent de paradis. & si departe en .vi. ruissealus ke courent p(ar) toute la cuntree de Inde. E la gent de la tere ount asez de or & peres presciouses. si cum Emeraude & saphire. Jaspes. Calcedoines. berilles. sardines. charbucles. unicles. Thopacies. rubies. crisopases. crisolites. & mut des autres. E sachez ke delez nostre paleis i ad un herbe ke est apele parnacable. & ki emporte la racine sur sey. il puet enchaunter le malfe. & fere venir a lui. & parler & dire ki il vout demaunder. & pur ceo ne ose le deble ileoc habiter.

E sachez ke nous avum une tere ou li peivre crest. & tote cele tere si est pleine de serpenz. mes quant le peivre est meur sur les arbres ki sunt drit & espes par mi & ben chargé. dunc met om le fu. & le bois art & le peivre chet a tere & les serpenz fuent dedenz. mes cil ki ardent les fuz environ les occient. E quant le fu est trestut remis. il aportent tribles

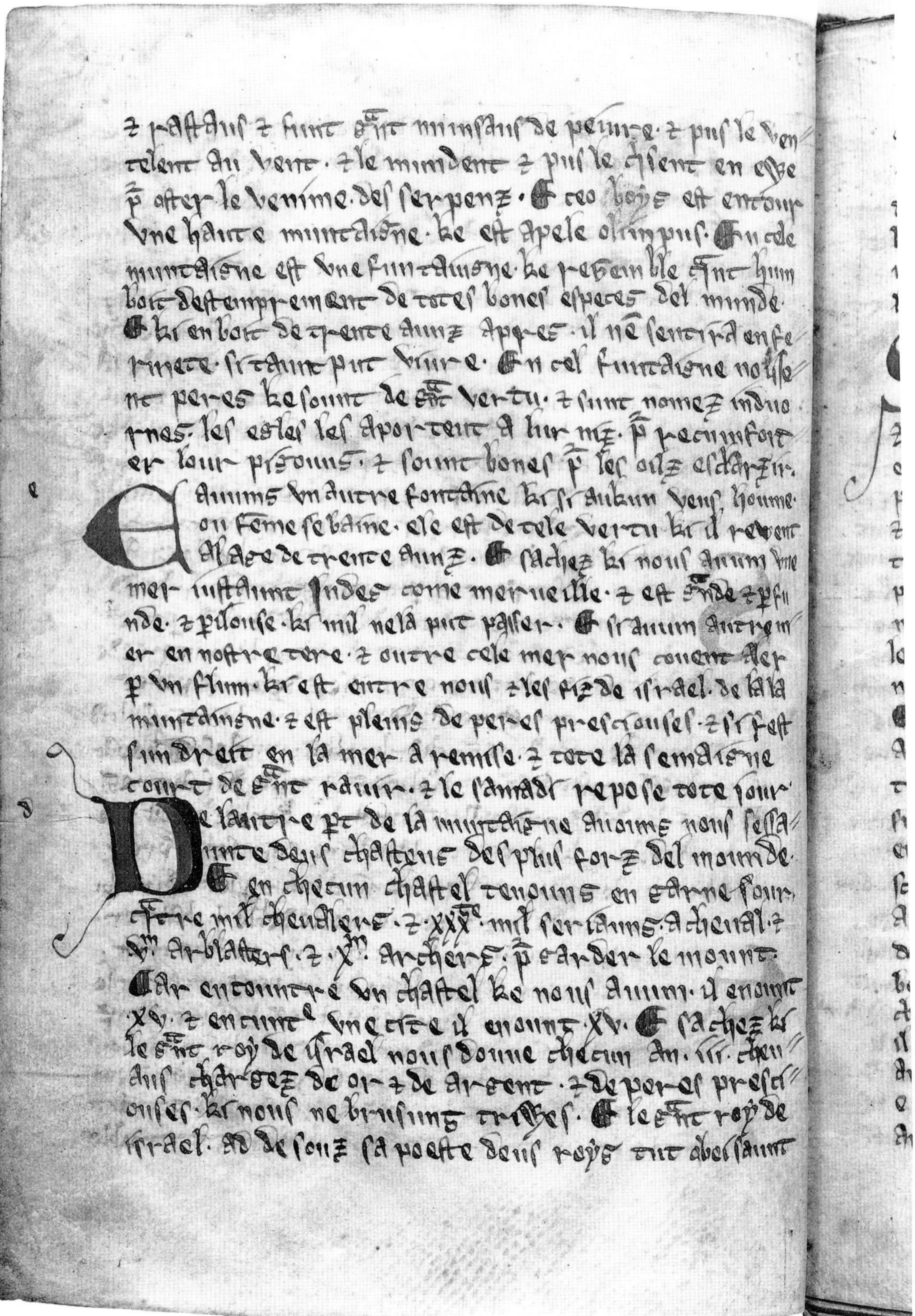

& rastelus & fount contre minsdus de peivre. & puis le ven
telent au vent. & le mundent & puis le quisent en ewe
pur oster le venime des serpenz. E ceo boys est entour
une haute muntaigne ke est apele olimpus. En cele
muntaigne est une funtaigne ke resemble chant hum
bait destemprement de totes bones especes del munde.
E ki en bait de trente aunz apres. il ne sentira enfe
rmete si cum il put vivre. En cel funtaigne nousse
nt peres ke sount de grant vertu. & sunt nomez indio
nes. les egles les aportent a lur niz. pur reconforter
er lour regouns. & sount bones pur les oilz esclarzir.
E avums un autre fontaine ki si aukun veus homme
ou feme se baine. ele est de tele vertu ki il revent
al age de trente aunz. E sachez ki nous avum une
mer ki est cleime Indes come merveille. & est grande & parfu
nde & pilonse ki nul ne la put passer. E si avum autre m
er en nostre tere. & outre cele mer nous convent aler
par un flum ki est entre nous & les fiz de israel. de la la
muntaingne. & est pleins de peres precieuses. & si fest
fundrent en la mer a remise. & tote la semaigne
court de grant ravir. & le samadi repose tote iour.
De lautre part de la muntaigne avoms nous sessa
unte deus chasteus des plus forz del mounde.
E en chescun chastel tenoums en eterne sour
quatre mil chevaliers. & xxx. mil seriaunns a cheval. &
v. mil arblasters. & x. mil archers. pur garder le mount.
Car entoumtre un chastel ke nous avum. il enount
xv. & entour une cite il enount xv. E sachez ki
le grant roy de Israel nous doune chescun an. iii. cen
dus chargez de or & de argent. & de peres pre
cieuses ki nous ne brusiums treskes. E le grant roy de
israel et de souz sa poeste deus roys ont obesaunt

fol. 23v: art. 8

ahu. E p sa tere court deus flums de paradis. Les
mine des monteines sunt. Goc et Magoc. sachez ki
deus furent du lingnage de israel. et de ces deus freres
les engendrerent nos auncessours. E pres del munt vers
israel aumi une tere la plus forte du mounde. En ce
le cite meint un de nos rois ki chescun an recet le treu.
Sachez ki kaunt nous volomus terrer. nous les
feimus enostre volounte. et occiouns tuz les veil
lars. et detenums touz les enfaunz pur nous servir.
E pres de cel mount est un desert. ou nul homme ne put aler
er pur la grant chalour. En cel desert court un flum de
fu. ke nuls ne put passer si lors noun ki il court aucune
et dunc I. put hum ben passer. mes ben se garde kil ne se tarde
trop longement. ki il p. seroit tost pris. et la poudre ki il en
porte est covers en peres presciouses. Mes il ne les put do
ner ne vendre aucunt ceo ki nous les avums veuz. si nous
les pleisums si retenums. En cele tere norist hum enfan
nz en eyse pur aprendre a conustre peres presciouses en esse.
En cele tere nessent verms ki ne pount vivre fors en fu
ardaunt. et sunt apele salamandres. E si funt une pel en
tur eus ausi cum le verm ki fet la seie. et de ceo peil fe
sums robes a dames. E cele vesture ne put estre lave for
en fu ardaunt. Sachez ke nous avoum taunt de riche
sce ke nuls ne put estre poveres sil vent en pelrinage
a moun seignour seint Thomas. Nous les sustenums
de nos almoines pur lamour deu. E nostre sire fet mut de
beles miracles pur moun seignour seint Thomas. Car il pre
che chescun an et se leve de sepulcre en cel tel jour cum
il fu martirez. et fet predicacioun as genz de la cite et lur
anuncie les salvez de lur almes. E sachez ben nostre ter
e nen aime nul larouns ne coveytous. E avoms chen
aus les meillours del munde et ben certeinz et nous covet

muntet par escheles. e si porte un chevaler arme tote jour
e la viaunde de treis jours. E kaunt nous alums en bataille encountre nos henemis. nous facum aporter devaunt
nous. iiii. croiz de or. e gumfanuns. e enseingnes linges.
e lees. Numbre. C. e ensement li autre prince dus. e
contes. portent de pailles e de cendals teles cum il devient
aler en lur armes. E devaunt nous vount. xxx. mil. clers
saunz chevalers. e. c.m. seriaunz. e. l.m. arblasters. e. xl.m. arche-
res. saunz ces ke vount ou la baronie e ou le harneys.
E sachez kaunt nous alouns en bataile. nous comaund-
uns nostre tere a garder. a. iiii. patriarches de seint
thomas. E quant nous chevauchums simplement par
nostre tere nous facum porter devaunt nous. i. croiz ki ne
est de or ne de argent. pur ceo qe nous eums en remembraunce
la passioun nostre seinour. E quant nous entrums en une cite
nous facum porter devaunt nous un vessel plein de tere
pur remembrer ke nous sumes de tere e a tere repeirums.
e ceo nous demoustre ke nous seums deboneire. E fesum
porter devaunt nous. i. autre vessel plein de or ke cil ki
nous verrount counterount nostre graunt seignurie. E ke
ceo sui le plus graunt roy ke es en occident. E sachez ke nul
nose mentir en la cite seint thomas. ki taunt ost ne merge
de male mort. Car ihu crist comaunda ke li un amast
lautre en bone fey. E comaunda ke avouterie. fornicacioun
homicides. ne faus iugemenz ne feit par nul houme ne
femme. E si nuls provums en ces peches mortaus nous
les feissum arder meintenaunt. Car deu establi matri-
monie. e ke chescun eust sa femme pur ceo ki il ne feit peche od au-
E sachez ke nous visitums le cors seint Daniel le
prophete chescun an. E menums. xx.m. chevalers od
armes. e. iiii.m. arblasters. e. C. chastels fortz fetes sur olifaunz. e en tele manere enalums pur nous

fol. 24v: art. 8

defendre des serpenz & des dragouns ki ount uint testes.
E chement ki nous uenimes en babiloine. si nous couent
aler .viii. iornees par le desert . & trououmes amanger
asez cum bestes sauuages & oisaus de grant plente. Apres
les .iii. iornees trouumus babiloine ou le cor seint Dani
el gist . & si fest mout beles uertuz deu par lui.
E sachez ki nostre paleis ad le semblaunce du paleis
Godefrei de Inde seint thomas coment a la manere du
n eschekere. E uoil que uous le sachez ke les cheu
erouns sunt de chetim . & la couerture de ebain . & ne put
arder. E en haut sur le paleis sunt pomer de or . & sur
chescun pomer deus charbucles por ceo ki li ors reluit par
iour . & le charbucle par nuit. Les plus grauns portes du
paleis sount de sardines melleez oueke cerastes. E
les portes aunt tele uertue ke maunere de uenime nen
poent enz entrer. E les autres portes sunt de eb
ain. E les fenestres sunt de cristal . & de or . & de amat
istes sunt li pilers ke la portent . & si est de tele uertue
ke nul homme ne put estre corucez al manger. E deuaunt
nostre paleys si est une bele place ou nos tumenteus
iustent. E tout nostre paleis est fet de peres preci
ouses ki sount apelez ornicles. La chaumbre en la quele
nous dormums est de or . & si est aourne de meinte pere
preciouse . & si ad une lampe pleine de baume . si rent grant
odour. E le lit en le quel nous dormoumes est de saphirs.
& por ceo dormoums en tel lit ki nous deuoumes auer la
uertu de chastite. E nous auoumes mout beles femes.
& ne gisumes oueke les eus ke par .iiii. fere mois par an. & le fa
cium par encheisun de engendrer. E li autres hommes unt
lur femmes a lur uolunte. E sachez ki trente mil hom
mes manguent chescun iour a nostre court. ke tuz sun
nt de nostre maisone. certeinement chescun iour.

E sachez ke nous auomms devant nostre pallays
un mireour al entre de la porte par entre engin. ke qu
el mireour est mont bel e gentz e mont resplend
issaunt. E cil de la cite le veient de iour e de nuit. E ki
veut mounter al mireour il li covent mounter par
cessaunte set degrez e touz li cessaunte set degrez sunt
de peres precioses. cum berilles. cristaus. sardines
iaspes. serpentines. labastes. e amatistes. E par de sus
touz les degrez sunt assis quatre pilers. e sur les quatre
pilers si est un chapitel. e sur li chapitel si est une co
lumbe. e sur la columbe si est un chapitel. e sur ceo cha
pitel si aunt .ii. columbes. e sur ceo deus columbes sunt
.iii. pilers. E sur ceo .iii. pilers si est un chapitel. e sur
ceo chapitel si aunt .xxii. columbes. e sur ceo .xxii. columbes
si est un chapitaus. sour le quel la soueraine columbe si
est. sur le quel li mireours est assis. E par tel engin ke
tuz touz ke le veient ne sevent dire par quei ne come
nt li mireours est assis. E sachez ke nul ne mounte si
par nuit non. E .iiii. chevaliers le gardent par iour armez e
.xxx.e par nuit. E sachez ke chescun iour me servent a ma
table .vi. reys e .l. ke ducs ke countes. E les serianz ki
nous servent sunt ben armez. E sachez ke a tuz les
fraunceis ke venent a nous. nous lor donum le ordre
de chevalerie. seit prestre clerc ou vallet. E quant nous
alums en bataille les fraunceis veine entur nous
pur garder nostre cors. E si auomms gens de
toutes teres. ke nous sount a saver les maneres e les
langages de lur pays. E li fraunceis nous dient bones noveles
du pape de Roume nostre frere e nostre ami ensement. E quant
reys ou ducs marent saunz heir. nous donums sa tere
a un fraunceis pur estre en sun liu. E sachez ke .ii. maunuent
chescun iour del an a nostre table .xii. ercevesques e .i. patriar

fol. 25v: art. 8

de seint thomas · e · xxiiii · eueskes · E si ad des abbez
autaunt cum il en ad iours en lan · e chaunteraunt
chescun iour en nostre chapele · e quant il en aunt celebr-
e si retournent en lur abbeies pur preecher lur freres.

E sachez ke ieo sui apele prestre iohan pur ceo que ieo
deif auoir humilite cum prestres. Car nostre
sire fu humbles cum prestres. e puis ke deus
out ordre de prestre · dounke est prestre le plus haute ordre du mounde · E pur ceo que le noum est si hau-
t si sui ieo apele prestre iohan · E sachez ke nous auoms
la corone del empire par le patriarch de seint thomas.
e la corone pur estre empere · ou roys · E auoms vn paleys
grant e fort · e si fu fet en tele manere · vne voiz vint auaunt
deuaunt ceo que ieo fu nez · si lui dist · fetes vn paleys pere
a tun enfaunt que est vncore a uenir · sachez ke il serra le souerain roy terien de ceo paleis · e auera tanz
des vertuz deu ke ki entera · ia tant familous ne sera.
ke maintenaunt ne soit reempli · cum si il eust mange
asez de toutes les bones viaundes del mounde · E quant
moun pere se esueilla · si fust tout esbaiz pur le sounge.
e pur la voiz quil out oy · Mes nepurquant il comaunda ke le
paleys fust fet e labourez · Par de hors de lire de
cristaus · e de denz de saphirs · e de topaces · entrechez en
semblaunce del ciel · e des esteilles · e le pauiment de amatistes · E cist paleys est sustenu de L colunes de or fin · e a
chescun corbiloun en est vn colun · dor de cinquante · ix · coutes
de haut · grosses de hors · e de denz mout soutil · E en tut
le paleis nen ad hus ne fenestre · fors ke vne part
ke mout sount fet cleres de peres preciouses ·

E sachez que nous tenums nos courz en ceo paleys ·
si cum le iour de nowel · de paske · lascencioun · e de
pentecouste · e le iour de touz seinz · e la natiuite ·

fol. 26r: art. 8

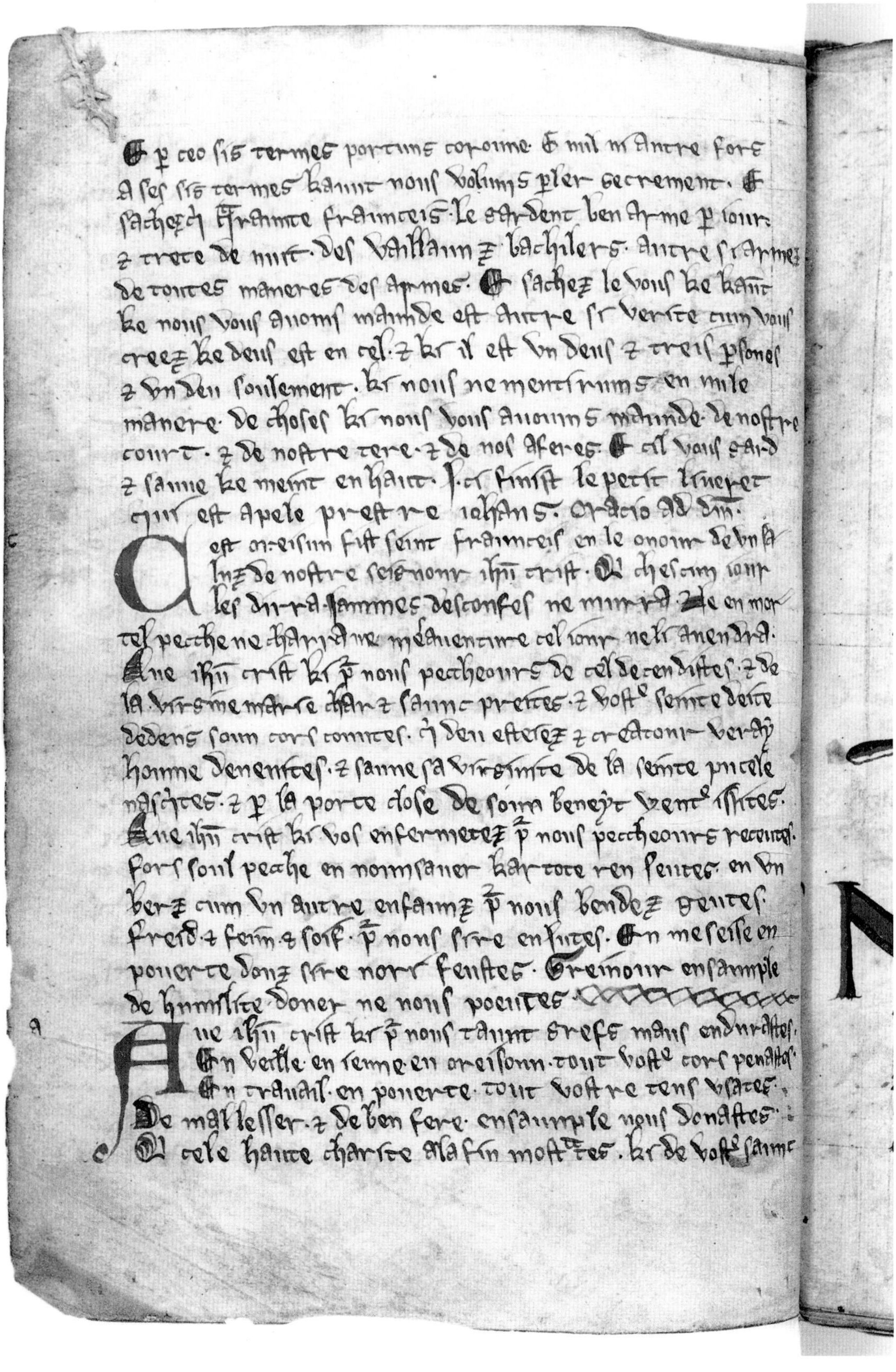
E pur ceo sis termes portums corone. E nul autre fors
a ses sis termes kaunt nous volums parler secrement. E
sachez ke chescun chivaler fraunceis le servent ben chescune pur iour
e treit de nuit. des vallauns e bachilers. autre si armes
de toutes maneres des armes. E sachez le vous ke kaunt
ke nous vous avoms maunde est autre si verite cum vous
creez ke deus est en cel. e ke il est un deus e treis persones
e un deu soulement. kar nous ne mentirums en nule
manere de choses ke nous vous avoums maunde. de nostre
court. e de nostre tere. e de nos aferes. E cil vous gard
e saune ke meint en haut. Ici finist le petit livere
qui est apele prestre iohans. Oracio ad deum.
Cest oreisun fist seint fraunceis en le onour de v plaies
lur de nostre seignour ihesu crist. Qui chescun iour
les dira. iammes desconfes ne murra. de en mor
tel peche ne charra ne meschaunce cel iour ne li avendra.
Ave ihesu crist ke pur nous pecheours de cel decendistes. e de
la virgine marie char e saunc preistes. e vostre seinte deite
dedens soun cors muces. qi deu estez e creatour verray
homme devenistes. e saune sa virginite de la seinte pucele
nasquistes. e par la porte close de soun beneit ventre issistes.
Ave ihesu crist ke vos enfermetez pur nous pecheours receustes.
fors soul peche en nounsaver kar tote ren sentes. en un
berz cum un autre enfaunz pur nous vendez gentes.
freid e feim e soif. pur nous sire en sufrites. En meseise en
pouerte donc sire nostre seustes. Greinour ensaumple
de humilite doner ne nous poeites.
Ave ihesu crist ke pur nous taunt grefs maus endurastes.
En veille en ieune en oreisoun tout vostre cors penastes.
En travail en pouerte tout vostre tens usastes.
De mal lesser. e de ben fere. ensaumple nous donastes.
Qe cele haute charite a la fin mostrastes. ke de vostre saunc

fol. 26v: arts 8, 9 (i)

precious de mort nous rechatastes. Aue ihu crist ke pur nous
futes pris e lie. E deuaunt les princes de la lei si vilement acu-
se. Despoilles futes souent mult batu e mout pene. E afu-
ble du mauntel vermail e des espines coroune. E vostre
glorious face escoupe e buffete. Entre larouns en la fin
futes crucifie. Aue ihu crist ki homme pecheour entes
si cher. Pur ki soffrites vostre cors si vilement treiter.
Vos seintes mains e vos pez en croiz estendre e clouficher-
er. E vostre couste precious de une launce percer. E v.
playes de saunc pur nous feites seigner. Defendez nous
sire ihu de peche e de encumbrer. Aue ihu crist ki tan-
nt amastes humeine creature. Pur ki vous mettes
vostre cors en si forte presure. Mout fu grande la charite parfite e douce e pure. Ke feites pur nous pecheours soffrir mort si dure. Cil ki ben vodereit penser mettre sa
deit entente cure. De vous amer. seruir. loer. sur tute humeine creature. Aue ihu crist ki vos douz bras pur moy
volsez estendre. En cele glorious croiz pur moy fere entendre.
Sire donez moy la grace ke ieo la sache aprendre. Ke mon
espirit a la fin puisse en vos meins rendre. Amen. Ki ces saluz souent dirra. la ben del secle ne li faudra. E de ses
peches pardoun auera. E apres sa fin a deu irra. Kar
nostre seignour lotria. al seint homme ki li pria. Expl[icit] [illegible] marie

Nostre dame seinte marie enveia cest oreisun a seint
morice euesk de paris. Ke chescun iour le dirra
v. feze od bone deuocioun en la onoraunce de nostre
dame seinte marie. il verra nostre dame v. iours
deuaunt sa mort. E ia en mort en peche ne murra. ne desconfes. Ne mesaventure cel iour ne li auendra. De feu
ne de ewe. Ne de playe. Ne ia en [illegible] ne charra. si il eyt dreit en sun defens. E feme ki le dirra de enfaunt ne perira.
Aue a la onoraunce de nostre dame seinte marie. ki un cust sim

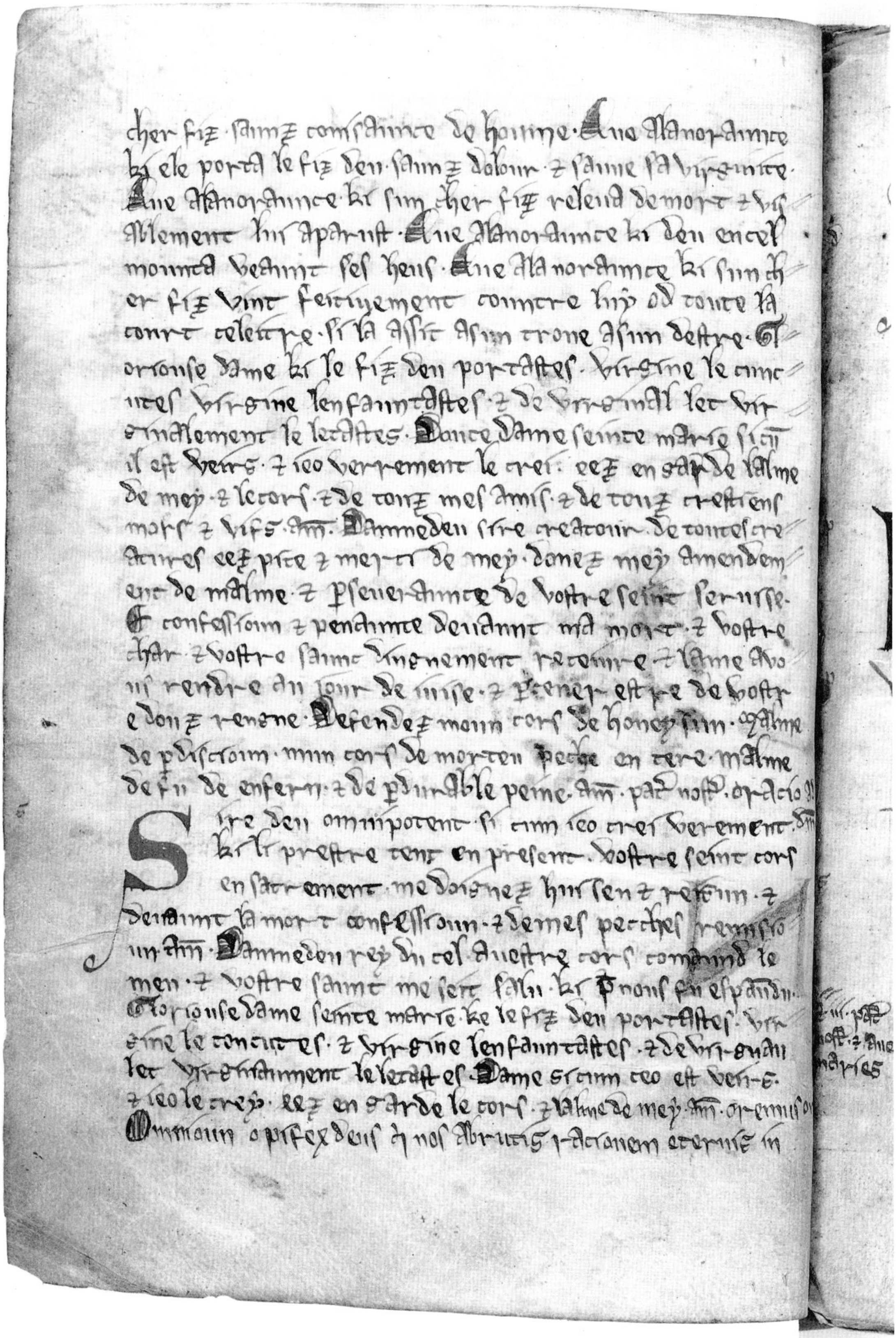
cher fiz. saunz conisaunce de homme. Aue a la honoraunce
ki ele porta le fiz deu saunz dolour. et saune sa virginite.
Aue a la honoraunce ki soun cher fiz releua de mort et vi-
sablement lui aparust. Aue a la honoraunce ki deu en cel
mounta veaunt ses ueus. Aue a la honoraunce ki soun cher fiz vint feitiuement countre lui od toute la
court celestre. si la assist a soun trone a soun destre. Gloriouse dame ki le fiz deu portastes. virgine le conceustes virgine lenfauntastes. et de virginal let vir-
ginalement le letastes. Douce dame seinte marie si cum
il est verite. et ieo verement le crei. gardez en garde lalme
de mei. et le cors. et de touz mes amis. et de touz cristiens
mors et vifs. Amen. Dammedeu sire creatour de toutes creatures eez pite et merci de mei. donez mei amendem-
ent de ma alme et perseueraunce de vostre seint seruise.
et confessioun et penaunce deuaunt ma mort. et vostre
chier et vostre saunt auenement receiure et lalme a vous rendre au iour de iuise. et perener estre de vostr-
e douz regne. Defendez moun cors de honeysun. lalme
de perdicioun. mun cors de mort en peche en tere. ma alme
de fu de enfern. et de pardurable peine. Amen. Pater noster. oracio.
Sire deu omnipotent si cum ieo crei verement. Amen
ki li prestre tent en present. vostre seint cors
en sacrement me doignez hui seint receiuer. et
deuaunt la mort confessioun. et de mes pechez remissioun. Amen. Dammedeu rei du cel a uostre cors comaund ie
meu. et vostre saunc me seit salu. ki pur nous fu espaundu.
Glorieuse dame seinte marie ke le fiz deu portastes. virgine le conceustes. et virgine lenfauntastes. et de virginal
let virginalment le letastes. Dame si cum ceo est verite.
et ieo le crei. gardez en garde le cors. et lalme de mei. Amen. Oremus.
Omnium opifex deus qui nos ab inicio per creacionem eternitatis in

iii pater noster et iii aue maries

fol. 27v: art. 9 (ii-v)

nobis paciencia concedas ut per illam pectore[?] sensus nostros ab illicitis
compescentes sobrii nobis iusti et proximo pium esse studeamus et esse
studeamus et per illam virtutum ad te pervenire valeamus. Amen. Oracio de sancta Maria. [margin: sancta Maria]

Douce dame seinte Marie le virgine gente ki en toun seint
cors portastes vostre digne fiz ceo fu Ihesu Crist ki en
croiz fu mis pur pecheours. Jeo vous dour e pri e cri merci ke
vous me ja ne soffrez de moun cheitif cors estre hom ne saunz verray confessioun morir. Omnis virtus te decorat.
omnis sanctus te honorat. In celesti palacio omnes te benedicunt
et laudantes te dicunt Ave plena gracia. Per placidam Ihesu Christi
cruentas flens vidisti pro nostra miseria. Fac me dignum te
videre et videndo te gaudere in perenni gloria. Amen. Pur sanc estauncher. [margin]

Pur sanc estauncher dites cest oreisun. Nostre seignour fu
pris e en la croiz fu mis. Longis li vint illuc e de la launce
li feri. Sanc e ewe en issi tret. Ses oilz leve e cler veit. Pur
la vertu ki deus li fist. conjur les veines e le sanc. ki ne seine
plus avaunt de un verray pere. Pater noster iii fez le dirrez. Pur farcin.

Pur farcin dites ceste charme. Seint Iob vermis out.
[?] noef out de noef a vit. de vit a set. de set a sis. de sis
a cink. de cink a quatre. de quatre a treis. de treis a deus. de deus a un
de un a nul. Ihesu Crist si verraiement cum tu garisez seint
Iob de vermine si verraiment guarris ceo[?] cheval de farcin. E
dites treis feze Pater noster. Si guarra. Pur enpledement.

Si un homme seit enpleide en la court le rey ou en autre
liu de mes ou de tere ou de chatel e il eit bon dreit en
sun defens. si die chescun iour del an par bone devocioun
la plus petite salme de David. Dixit dominus. ke est en le
sauter vii fez. e il serra venge de sun adversere dedenz le
an comenz ki ceo seit. Si comence la salme issi. Deus laudem
meam ne tacueris quia os peccatoris et os dolosi super me apertum
est. Ensement la manere si un homme enpleide un autre
en la court le rey ou en autre liu de mes ou de tere.

[margin: iii Pater noster e Ave Maria apres]

fol. 28r: arts 9 (v-vi), 10 (i-iii)

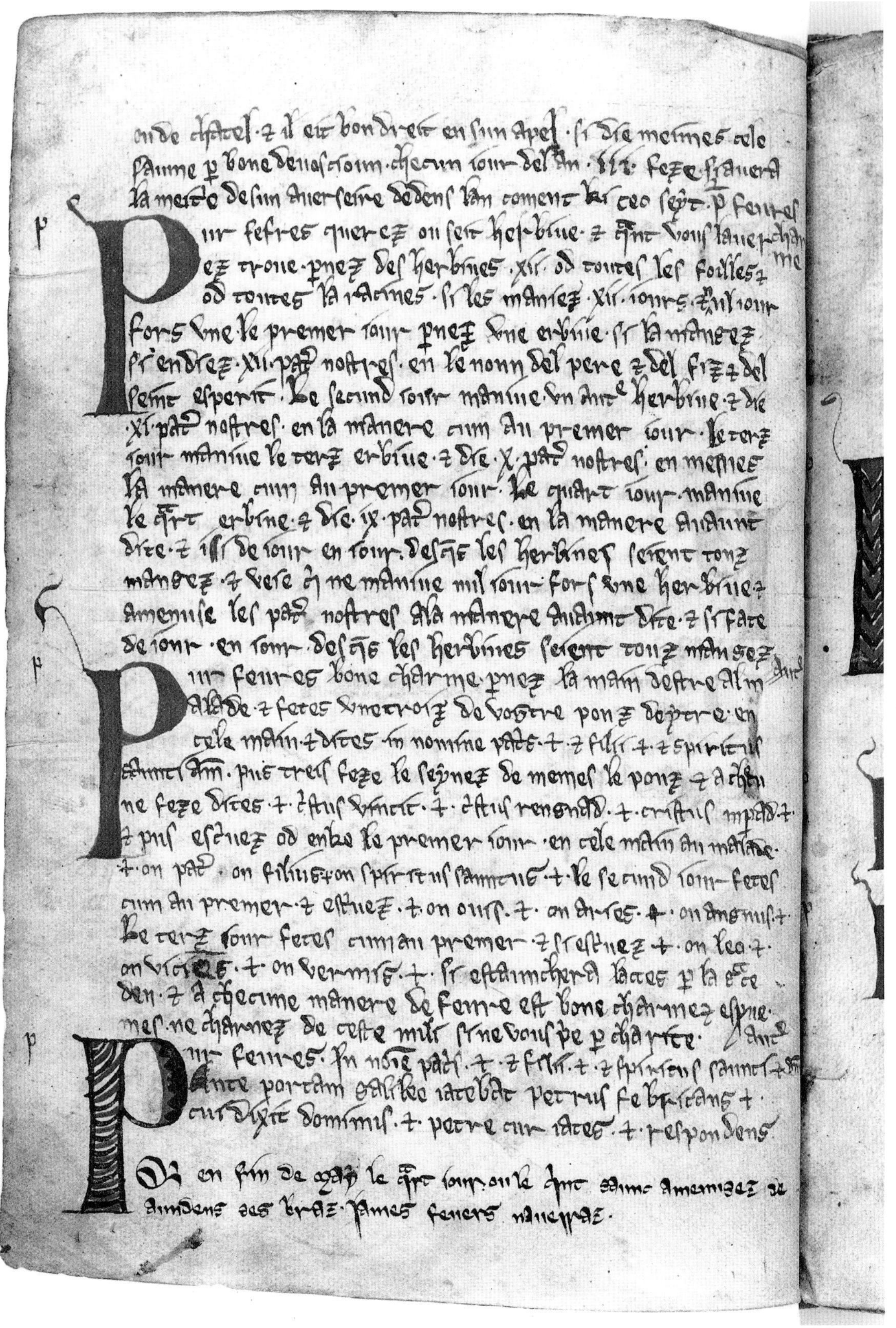

cun de chastel · e il ert bon dreit en sun apres · si die meimes cele
saume pur bone devocioun · checun iour del an · iii · feze si avera
la merite de sun dreit servise dedens l'an coment ke ceo seit · pur femmes

p Pur fevres quarteines sent herbive · e ceo charme vous lauez pur charme
Pernez trove · prenez des herbives · xii · od toutes les foilles e
od toutes la racines · si les maniez · xii · iours · chescun iour
fors une le premer iour · prenez une erbive · si la manigez
si endrez · xii · pater nostres · en le noun del pere e del fiz e del
seint espirit · le secund iour maniue un autre herbive · e die
· xi · pater nostres · en la manere cum au premer iour · le terz
iour maniue le terz erbive · e die · x · pater nostres · en meismes
la manere cum au premer iour · le quart iour maniue
le quart erbive · e die · ix · pater nostres · en la manere avaunt
dite · e issi de iour en iour · deskes les herbives seient touz
mangez · e veez qe ne maniue nul iour fors une herbive · e
amenuise les pater nostres a la manere avaunt dite · e si fate
de iour · en iour · deskes les herbives seient touz mangez ·

p Pur femmes bone charme · prenez la main destre al malade · e fetes une croiz de vostre pouz desure · en
cele main · e dites in nomine patris · + · et filii · + · et spiritus
sancti amen · puis treis feze le seignez de meimes le pouz · e a chescune feze dites · + · christus vincit · + · christus regnat · + · christus imperat · +
e puis escriuez od enke le premer iour · en cele main au malade ·
+ · on pater · on filius + on spiritus sanctus · + · le secund iour fetes
cum au premer · e escriuez · + · on ours · + · on aries · + · on agnus · +
le terz iour fetes cum au premer · e si escriuez + · on lea · + ·
on vitulus · + · on vermis · + · si est aunchere la lettre pur la grace
deu · e a chescune manere de femme est bone charme e eprove
mes ne charmez de ceste nuit si ne vous pe pur charite ·

p Pur femmes · In nomine patris · + · et filii · + · et spiritus sancti · + amen
Sancte portam galilee iacebat petrus febricitans + ·
cui dixit dominus · + · petre cur iaces · + · respondens

Ci en fin de aqast le quart iour ou le quart semeine amenuisez de
aimdens aes bretz · fames feuers manepeat ·

fol. 28[v]: arts 10 (iii-vi), *83 (i)

cui dixit + domine plenus sum febribus + quem dominus
manu sua tetigit + et statim sanus fuit + et dixit pe
trus domine hanc epistolam habuit non habebit febrem. et
cui dixit dominus + angelus fiat + sicut petisti + angelus
domini nostri ihesu christi + liberet hunc famulum dei + N. vinum et de
febribus + siue cotidianis + siue biduanis + siue triduanis + .
siue quartanis + christus vincit + christus regnat + christus imperat + chris
tus famulum dei + N. + defendat + de febribus + et de omnibus mal
is defendat + per crucis hoc signum fugiat procul omne malig
num. et per idem signum saluetur quodque benignum + in nomine patris et filii et spiritus sancti.

Pur feures. In nomine patris + et filii et spiritus sancti + amen. Christus
+ p. thesus + a. ihesus + n. ihesus + e. ihesus + m. ihesus ++ al
pha + et oo pater pax + filius veritas + spiritus sanctus rem
edium + an pater + on filius + on spiritus sanctus + In nomine patris et filii
et spiritus sancti amen. fugiant a famulo dei N. accessiones febri
um + cotidiane + biduane + triduane + quartane. et tergere omn
es accessiones febrium et omnium malorum amen. Accipe po
mum et inde in tres partes. in prima parte scribe. ihu + fa + fa.
in secunda + ihu + sion. in tercia + ihu + gramaton. et da
ei ad comedendum quando egrotus fuerit. Autre

Pur feures. In nomine patris et filii et spiritus sancti amen. Pater est alpha et
filius est vita. spiritus est sanctus amen. christus vincit + christus regnat +
christus me filium tuum N. defendat liberet ab omni malo
a febribus quibus infirmior + In nomine patris et filii et spiritus sancti amen.

Pur feures. In nomine patris et filii et spiritus sancti amen. domine + christe +
natus + christe passus + christe resurrexit + fugiant accessi
ones febrium et fantasmatis. cotidiane. terciane. quartane. ab
hoc famulo dei N. et omnes infirmitates eius abluat christus ihesus amen.

Icest bref est bon a donner a les genz ke ount les feuer Autre
es et comence issi + christe + arex + pre + [illegible] +
[illegible] + [illegible] + [illegible]. Et comence un autre bref qui
bon est a feueres et aces qui sunt travaillez de nuit.

fol. 29r: art. 10 (vi-x)

In monte celion in quo requiescunt . dormierunt . vii .
dormientes . + Malcus . + Maximianus . + Dionisius . +
Johannes + . Martinianus . + Serapion . + . Constantinus .
+ . et sicut dominus requieuit super illos sic requiescat super hunc
famulum tuum . N . et puis dire . iii . pater noster . el noun del
pere et del fiz del seint espirit . Pur homme ki auera wen .

In nomine patris et filii . et spiritus sancti . amen . Celui ki auera
wen sur lui . si le deit seigner de sun pucer . et issi dire
en la nominacion de Jhesu Crist . ki char et sanc prist en la
seinte virgine . et de seint Lo . et deit comencer en cres-
sant et dire ke il est . ix . nuz . deuant le descours et nent
plus . et . ix . nuz en le decurs . meime apres . et nent plus . et
dire seint Lo wens hot . et issi dire des que a . ix . et puis dire
pater noster . et quant la pater noster sera dite si recomencez . In nomine
patris . et f . et s . s . amen . et puis dire seint . Lo . wens ont . et issi tot dire
wins . des que a . viii . et puis pater noster . et apres la pater nostre terce
feiz . In nomine patris et f . et s . s . amen . et puis comencera seint Lo .
wens ont . quant enout wen enhout . et issi des que a . ix . et puis
pater noster . et deiuent dire chescun iour et nent plus . pur enfaunter .

In nomine patris et filii et spiritus sancti amen . Femina que parere non
potest istas litteras sebet et hec in pede dextro . + . Sancta
uirgo Maria peperit deum . et dominum nostrum Jhesum Christum .
Elisabeth peperit Johannem . baptistam . Felicitatem peperit re-
mi(?)nem . et Anna peperit Mariam matrem domini . sic pereat(?) abeat
istius femine . infantis mater . oro fans Christus deus et
dominus noster ipse te reuocet ad lucem . In nomine patris et
filii . et s . s . amen . + . exoe . mesi si es masculus aut puella . discede
ab hac femina . per Jhesum Christum dominum nostrum et filium dei
uiui . + . on + . on . + . Adonay . + . Dirupisti uincula mea et
tibi sacrificabo in ostiam laudis . et in nomine domini inuocabo post
cito auferte breue ab illa ne forte gerneat ut puer cum
matre exiat . Lego hoc carmen super uentrem pregnantis .

fol. 29ᵛ: art. 10 (x-xii)

30

In nomine patris & filii & spiritus sancti amen. Sancta maria virgo peperit
xpm genuit qui nos suo sanguine redemit. medicine de dent.
Hec est medicina dencium. In primis facite signum +
& postea pater noster. & tunc dic. Xpc. sedebat super marmore-
am petrum & petrus ante eum tristis stabat. manum
que eius ad maxillam tenebat. & interrogauit eum dicens. qua-
re tristis es petre. & respondit petrus. domine dentes mei
dolent. Adiuro te migraneam uel malignum gutturn. per patrem & filium & spiritum sanctum. & per. xx. seniores. & per
xii. apostolos & per quattuor euangelistas. marcum. matheum.
lucam iohannem. & per celum & per terram. & per omnia que in eis
sunt. & per omnia nomina domini nostri ihu xpi. & per omnes electos
dei. qui deo placuerunt. ab inicio mundi. ita non habeas potestatem nocere huic famulo dei. N. neque in dentes. neque
in aures. neque in fronte. pater noster. & dic. iii. pro dolore dentium.

Contra dolorem dencium. In nomine patris & f. & s. s. amen. +
agreo. + frendeo. + doleo. + hoc scriptum habebis
circa collum. contra dolorem dencium. In nomine patris & f. amen
& spiritus sancti amen. + bou + beu + nanu + aetenon. + terecon.
+ tetragramaton. + ae + plus dencium dolore qui nos redemit sanguine ipse te liberet. N. A dolore dencium. Adiuro te migraneam + in guttam. per patrem. + & filium + &
spiritum sanctum. ut non habeas potestatem commorandi super hunc
famulum dei. N. in capite nec in manibus. nec in dentibus.
nec interius membris. Deus pater qui te creauit. N. sanet
te filius patris qui pro te passus est. N. sanet te dominus et saluum
faciat hunc famulum tuum. sit benedictio tua. amen. cuius
habet angustiam super dentes. super dexteram maxillam. scribe +
+ fix + fax + nax + pax. fiat xpo nato amen. Pro [illegible]

Coniuro uos & uos & omnia sanctissima. patrem & filium &
spiritum sanctum. per mariam sanctam domini nostri ihu
xpi. & per omnes angelos & archangelos. & per confessores.

fol. 30r: art. 10 (xii-xv)

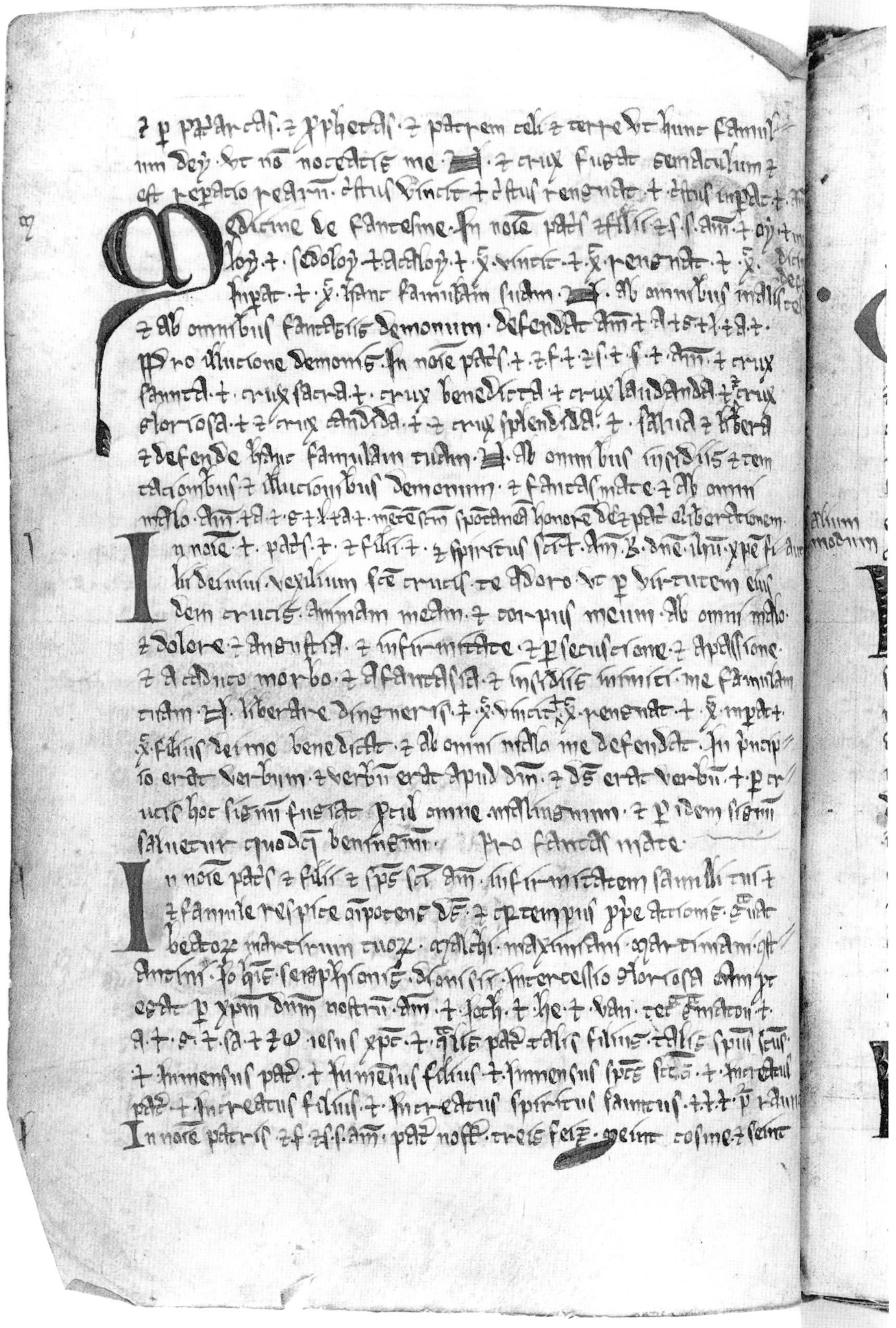
& per patriarchas & prophetas & patrem celi & terre ut hunc famul-
um dei N. ut non noceatis me N. + & crux fuit signaculum &
est reparatio perditorum. Christus vincit + Christus regnat + Christus imperat +
Medicine de fantasme. In nomine patris & filii & spiritus sancti amen + ...
...lorum + scedolorum + ...lorum + Christus vincit + Christus regnat + Christus
imperat + Christus istam famulam suam N. ab omnibus malis
& ab omnibus fantasmis demonum defendat amen + a + g + l + a +
Pro illusione demonis. In nomine patris + & filii + & spiritus + sancti + amen + crux
sancta + crux sacra + crux benedicta + crux laudanda + & crux
gloriosa + & crux candida + & crux splendida + salua & libera
& defende hanc famulam tuam N. ab omnibus insidiis & temptacionibus & illusionibus demonum & fantasmate & ab omni
malo amen + a + g + l + a + metre sem spoctimed honore dei patris a liberationem.
In nomine + patris + & filii + & spiritus sancti + amen. Domine ihesu christe fili dei uiui, vexillum sancte crucis te adoro ut per virtutem eiusdem crucis animam meam & corpus meum ab omni malo
& dolore & angustia & infirmitate & persecutione & oppressione
& caduco morbo & fantasmate & insidiis inimici me famulam
tuam N. liberare digneris + Christus vincit + Christus regnat + Christus imperat +
Christus filius dei me benedicat & ab omni malo me defendat. In principio erat verbum & verbum erat apud deum & deus erat verbum + per
crucis hoc signum fugiat procul omne malignum & per idem signum
saluetur quodque benignum. Pro fantasmate
In nomine patris & filii & spiritus sancti amen. Infirmitatem famuli tui
& famule respice omnipotens deus & corporis proprie ... ...
beatorum martirum tuorum ... ...
... ... seraphicis ... intercessio gloriosa ... pr-
estet per christum dominum nostrum amen + ... + ... + ...
a + g + l + a + & ω iesus christus + qualis pater talis filius talis spiritus sanctus
+ inmensus pater + inmensus filius + inmensus spiritus sanctus + increatus
pater + increatus filius + increatus spiritus sanctus + + + ...
In nomine patris & filii & spiritus sancti amen. Pater noster. tres ... ... cosme & seint

fol. 30v: art. 10 (xv-xix)

Damien en veie aler ent. nostre dame seinte marie encontrerent
dist la dame Cosme et Damien. ou estes. dame en ost alum plaies serer
um. dites dunc coment nous les sanerum. de vostre main destre les
seignez. del espirit dei les tochez. si que goute ne relincle ni acoille
ne ostre sire Jhesu del cel nel volle. Carmen ad oculos.

Carmen ad oculos. Deus misereatur nostri. kyrieleison. xpeleison.
kyrieleison. pater noster. salvum me fac servum tuum. mitte ei domine
auxilium de sancto. nichil proficiet in. e. et f. dominus conservet eum
et vivificet eum Carum salvator mundi. qui es redemptor mundi.
qui pedibus super mare ambulasti. et per discipulos tuos aliter leprosos
mundasti. eum maculam et albuginem munda. et de famulo tuo [illegible].
Similiter dic ad celestis et homo de terra. et sanabuntur presentes
et absentes. Set vide ut nomina eorum bene scias. Ad
oculos lacrimantes. misce sucum rute cum felle capre et oculos unge.

Jeus et Judeus enchaisterent mult plurent se depleineunt pur
plur pors ke morerunt. seint Aubre les survint. si lur dist pors
beus enfanz pur quei plurez. pur quei vous des plest. sire ci medi-
seinn et plurum pur nos pors qui merent. de trench. et de drech. et de tuz ne
mehis dount pors merent. seint Aubre lur dist de prendre. pernez
del et orge et blez ensemble. en un chose. si lur donez a manger.
par la force de deu saint seint Aubre vos pors. de trench. et
de drech. et de tuz mehis dunt pors merent. amen. et dites
iii pater nostres. et iii. ave maries. en lonour dunte del seint
espirit. Ad sanandum porcos de quolibet morbo. accipe aliud
panem ordeaceum. et fac crucem domini per medium panis. et in
qualibet quarta parte scribe. In nomine patris et filii et spiritus sancti amen. et hec
tria verba. pasco. capo. porco. et si porcus de pane illo manducet. sine
dubio sanabitur. Ad vitandum quodlibet furtum et quelibet
adversa. dic in aurore et ter [illegible] furibus mantica illa.

In nomine + patris + et filii + et spiritus + sancti + amen + olla + caluia +
fabula + seth + adonay + [illegible] + ora + adh + [illegible] + quicumque hec nomina secum portaverit. non peribit in higneum.

alium modum

fol. 31r: art. 10 (xix-xxii)

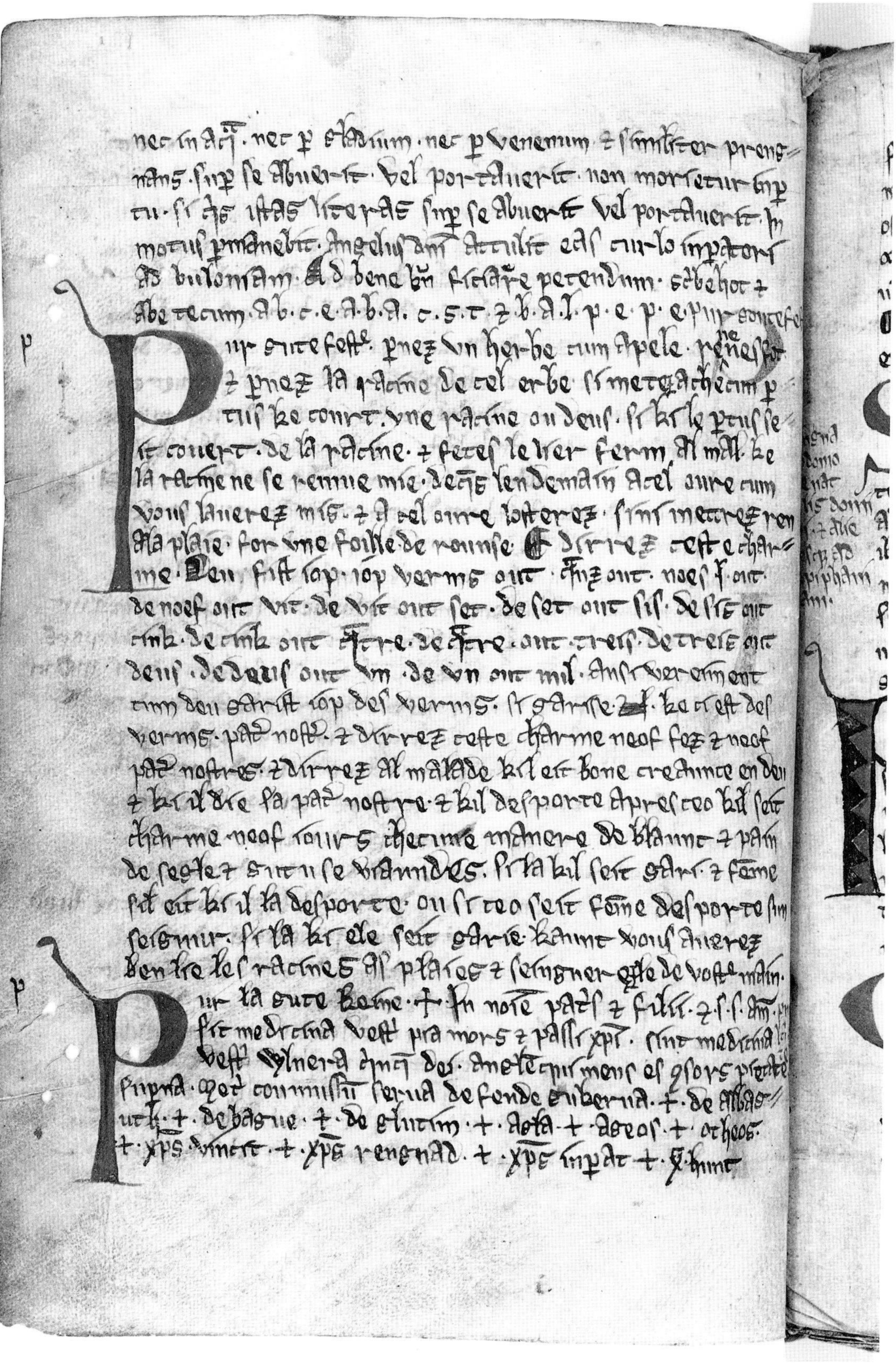

nec in acu . nec per gladium . nec per venenum . et similiter prenos-
trans super se abuerit . vel portauerit . non morietur sub-
itu . si quis istas litteras super se abuerit vel portauerit . pro-
motus permanebit . Angelus domini attulit eas carolo imperatori
ad bulonetam . Ad bene [illegible] petendum . sebehot et
abe tecum . a . b . c . e . a . b . a . c . s . t . et b . a . l . p . e . p . e . p [illegible]
P ur ente feste . prenez un herbe cum apele persone
et prenez la racine de cel erbe si metez a chescun petis ke court . une racine ou deus . si ki le pertus se
st covert . de la racine . et feres le ver ferm al mal . ke
la racine ne se remue mie . de ceo lendemain a cel oure cum
vous laverez mis . et a cel oure losterez . si mettrez en
la plaie . sor une foille de rounse . E dirrez ceste charme . Deu fist iop . iop vermes out . dis out . noef out .
de noef out uit . de uit out set . de set out sis . de sis out
cink . de cink out quatre . de quatre out treis . de treis out
deus . de deus out un . de un out nul . ausi verement
cum deu garist iop des vermes . si garisse N . ke ci est des
vermes . pater noster . et dirrez ceste charme neof fez et neof
pater nostres . et dirrez al malade kil eit bone creaunce en deu
et kil die sa pater nostre . et kil desporte apres ceo kil seit
charme neof jours checune manere de blaunc et pain
de segle et [illegible] . si la kil seit garri . et feme
seit ou ki il la desporte . ou si ceo seit feme desporte sun
seignur . si la ki ele seit garrie . [illegible] vous averez
[illegible] les racines as plaies et seigner cele de vostre main .
P ur la goute [illegible] . + In nomine patris et filii et spiritus sancti amen .
Sit medicina vestra mors et passio christi . sit medicina
vestra vulnera [illegible] . [illegible]
[illegible] . quod commisisti serva defende guberna . + de albo-
[illegible] . + de basine . + de glutim . + dola + deros + otheos .
+ xps vincit + xps regnat + xps imperat + [illegible]

fol. 31v: art. 10 (xxii-xxiv)

familium siue habeat famulam suam ⁊c. Ab omni genere
malorum defendat. p[er] eum q[ui] venturus est iudicare viu-
os ⁊ mortuos ⁊ seculum p[er] ignem, kam · + · ka · + · mat · + · spas · +
agath · + · rubeo · ⁊ hec omnia genera malorum ab hoc fam-
ulo dei siue ab hac famula ⁊c. recedere. p[er] [christ]m d[omi]n[u]m n[ost]r[u]m. Am.
Telu[n]t q[ui] celeste charme porterra fate chaunter vne messe.
en la onour[an]ce del pere ⁊ del filz ⁊ del seint esprit.

S[i] fuerit ventus validus in nocte natalis d[omi]ni. in hoc
anno reges ⁊ pontifices p[er]ibunt. s[cilicet] d[omi]no. Si fuerit
in nocte s[e]c[un]da · defecerent. Si in nocte
tercia. orphani ⁊ muliere[s] p[er]ibunt. Si in nocte q[ua]rta panis en[im]
abundabit. Si in nocte · v · artifices p[er]ibunt. Si in nocte sexta p[er]-
ibunt erunt scandala. Si in nocte septima ibunt bello reges. Si in
nocte octaua. p[er]ibunt fructus assende[n]s d[omi]nus. Si in nocte nona.
fenenus p[er]ibunt. Si in nocte decima regna Si in
nocte undecima. pecora p[er]ibunt. Si in nocte duodecima reges ex bello peribunt. Ista sunt signa natalis d[omi]ni. ⁊ p[er] cuiuslibet
p[ro]phetam cuiuslibet mendam. Domine ihesu [christ]e q[ui] nazarene t[ur]bam
surrexisti tercia die ⁊ p[er] virtutem tuam destruxisti in-
fernum. Destrue [christe] maculam ⁊ ad uiro te maculam. p[er] patrem ⁊ filium ⁊ spiritum sanctum. ⁊ p[er] q[uatuor] euang[e]lis-
tas. macheum. marcum. lucam. iohannem. ⁊ p[er] s[an]c[t]am
mariam q[ui] deum portauit. in terra. si enes alba te s[er]pet s[i]
tu es rubea. [christus] te delet. s[i] enes uerda. [christus] ouidet. [christ]e vincit. [christ]us
renonet. [christ]us imp[er]at. Charme pur sortz ⁊ ·

Charme p[ur] sortz. prenez entre d[eus] cultres peres de creye
cum il i ad v · en uo[st]re grandisce. ⁊ corneres. ⁊ fetes
checune pere creuse ⁊ mettez en creus sezil sein ⁊ la-
... onclement batu ensemble. ⁊ puis prenez de la p[re]miere
charettee ke vendra al bie de la omne. ⁊ d[eus] cultres d[e] herbe q[ui]
vous auez peres. ⁊ alez p[ar] dehors le bie. ⁊ mettez en checune
creske vne des peres. si ke vous ne espandez ceo ke il i ad

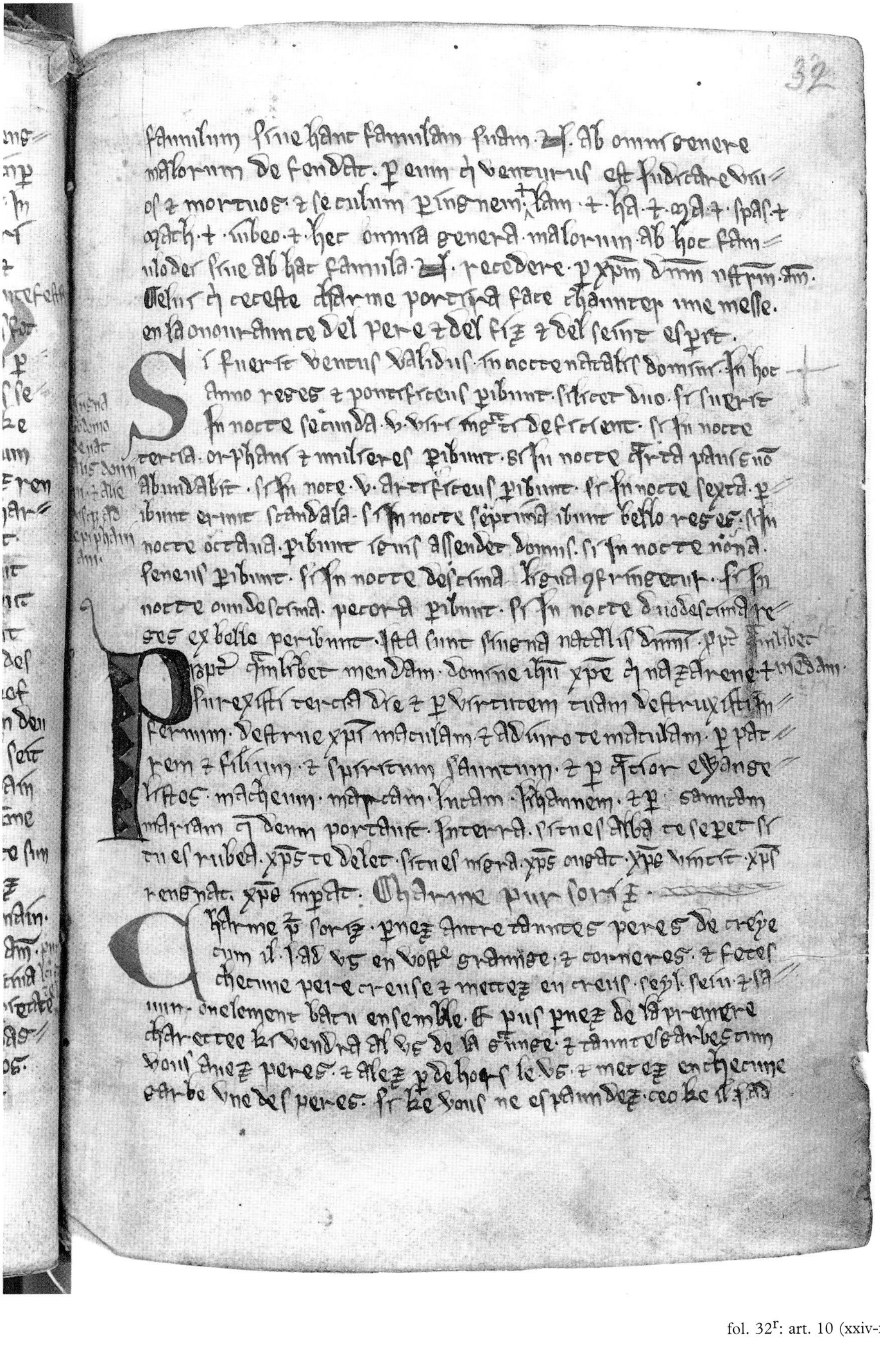

einz z fnt vous prez la premere garbe dicez in nomine pat z z fla[m]
z sle emportez e en mi la grange z dicez une pat noster sile
fetes tenir · j les saunz pler · z ysi le fetes de tutes les autres
garbes z donez puis celes garbes framont deu · sr fetes mett
de sus le ve de la sinne · on le ble entera · une per-e · on lr est ost
einz ihu · sus les cetre corners · les cetre per-es · on en chem[n]-
ne per-e est este un des nouns des cetre euangelistes z feres tete
cele benete p la merisun z puis alez si ve on le ble entera z
dicez a voste compaignun · kr dedens serra · pas vous conne en
noun del pere z del fiz z del seint espit · kr me dicez de ny
virreiunt les raz z les sortes ondm en ceste grange z irose
pounderra pas vous di pro pere z le fiz z le seint espit · krne
virreiunt for del senil · z de crede z ihu z saun · z ceo dicez
treis fez z treis fors dicez voste pat nr · z puis sere le ble mest
ems · z dicent fin nomine patis z fiz z s · sam · mes plus ne meins nostre ve

In nomine patis z filii z spiritus saun · z fin nomine dni nri ihu · X · salua ab
nonctiam istam z liberata eam z qseruata ab custoditt z mallis
omnibus tam uisibilium eam m uisibilium z sit scura
z defenso qc minis z varmes · quiro dos var-mes · p virtutem patis z filii z sptus sti · z peticiam marciam mcterem dni
nri ihu · X · z p omnes virtutes celoz · z p spiritus ct cetor
sensores et qi non cessant mgne clamare · sce · sce · sce · dne
deus sabath · z p cetor euangelistos · z p · xii · Apostolos p
martires z p virginos z viduas · z p tres magos dno
ihu X · munera optulerunt ut non abodent licenciam mah
duccendi custandi tritecum frumentum situginem cebim
neit duentam fn horteo isto dextera dni cis · et-coiti dficis
rintett animes frances z gore dentes z irolas murium
annonam istam comedencium siue vastancium · deus q amet
p verbum tuum qc dixit · z sub cuius supro omnia qsistunt
cuis iussitt ut suptces fn ierusalem non abrasent nec
attenum custasent · contere dentes eorum · z uiolas eoz gstrieu

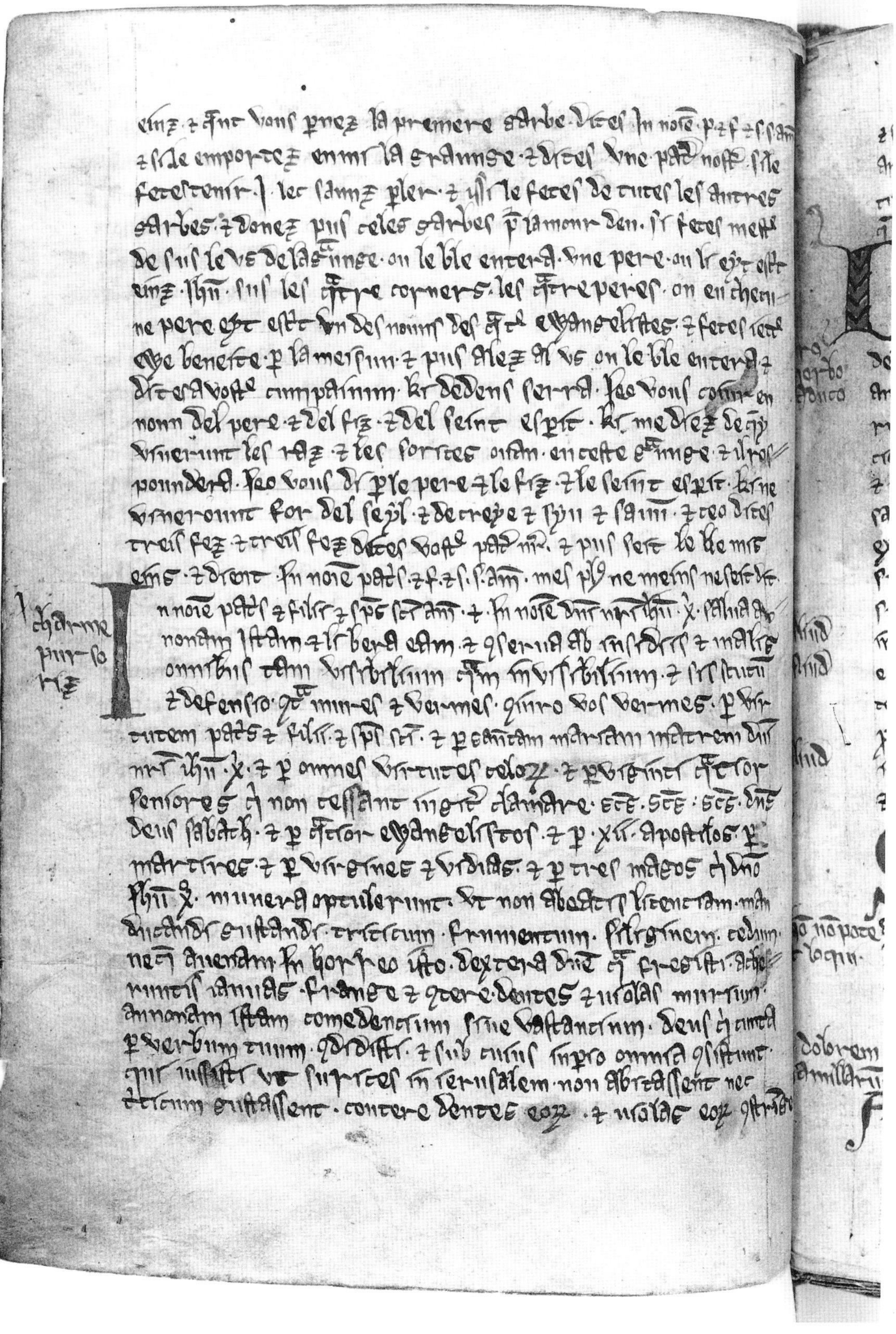

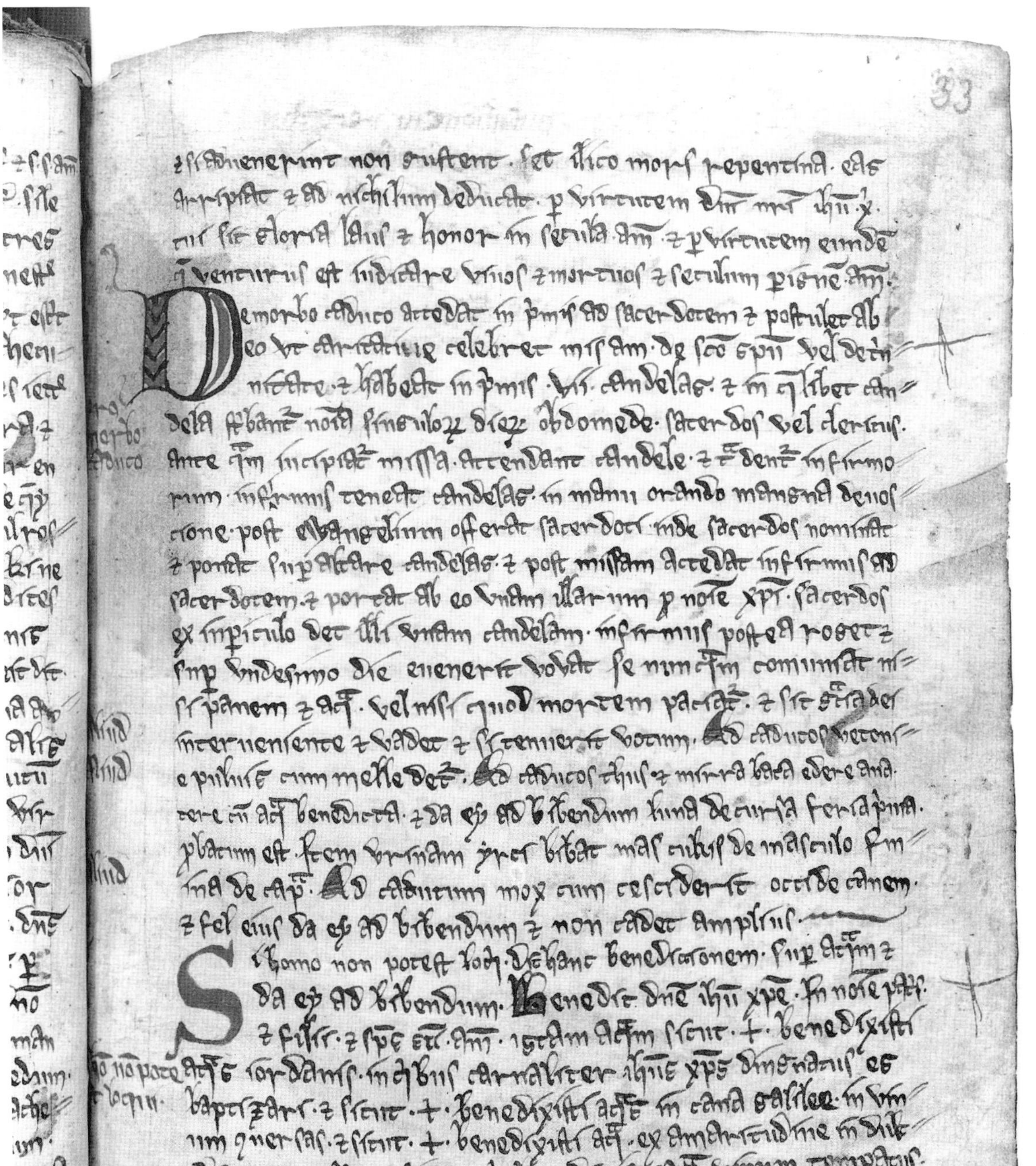

& si advenerint non sustent. set illico mors repentina eas
arripiat & ad nichilum deducat. per virtutem domini nostri Ihesu Christi.
cui sit gloria laus & honor in secula amen. & per virtutem eiusdem
qui venturus est iudicare vivos & mortuos & seculum per ignem amen.

Pro morbo caduco

De morbo caduco. Accedat in primis ad sacerdotem & postulet ab
eo ut caritative celebret missam de sancto spiritu vel de trinitate. & habeat in primis .vii. candelas. & in qualibet candela scribantur nomina singulorum dierum ebdomade. sacerdos vel clericus.
ante quam incipiatur missa. accendantur candele. & tradantur infirmo
primum. infirmus teneat candelas in manu orando cum magna devo-
cione. post evangelium offerat sacerdoti. inde sacerdos nominat
& ponat super altare candelas. & post missam accedat infirmus ad
sacerdotem. & porrigat ab eo unam illarum in nomine Christi. sacerdos
ex improviso det illi unam candelam. infirmus postea roget &
super undecimo die evenerit volet se nunc primum communicat in-
fra panem & aquam. vel nisi quod mortem paciatur. & sic gratia dei
interveniente & valet & firmiter fit bonum. Ad caducos vetoni-

Aliud

ce pulvis cum melle detur. Ad caducos thus & mirra bene adere aurum
contere cum aqua benedicta. & da ei ad bibendum hunc de curia ferla primum

Aliud

probatum est. Item verminam iterum bibat mas cuius de masculo femina
de capite. Ad caducum mox cum ceciderit occide canem.

Aliud

& fel eius da ei ad bibendum & non cadet amplius.

Si homo non potest loqui. dic hanc benediccionem super aquam &
da ei ad bibendum. Benedic domine Ihesu Christe. In nomine patris
& filii & spiritus sancti amen. istam aquam sicut + benedixisti

Pro non potente loqui

aquas iordanis. in quibus corporaliter Ihesus Christus dignatus es
baptizari. & sicut + benedixisti aquas in cana galilee in vinum conversas. & sicut + benedixisti aquam ex amaritudine in dulce-
dinem conversam. & sicut + benedixisti vinum tempestatis.

dolorem in natalie calicem que + benedixisti apostolis tuis. & sicut +
mamillarum benedixisti aquam ex latere tuo fluentem in die passionis tue.

Ad dolorem mamillarum. plantaginem suppone ut fiat pulvis bibat cum aqua & probatum est.

fol. 33r: art. 10 (xxviii-xxxi)

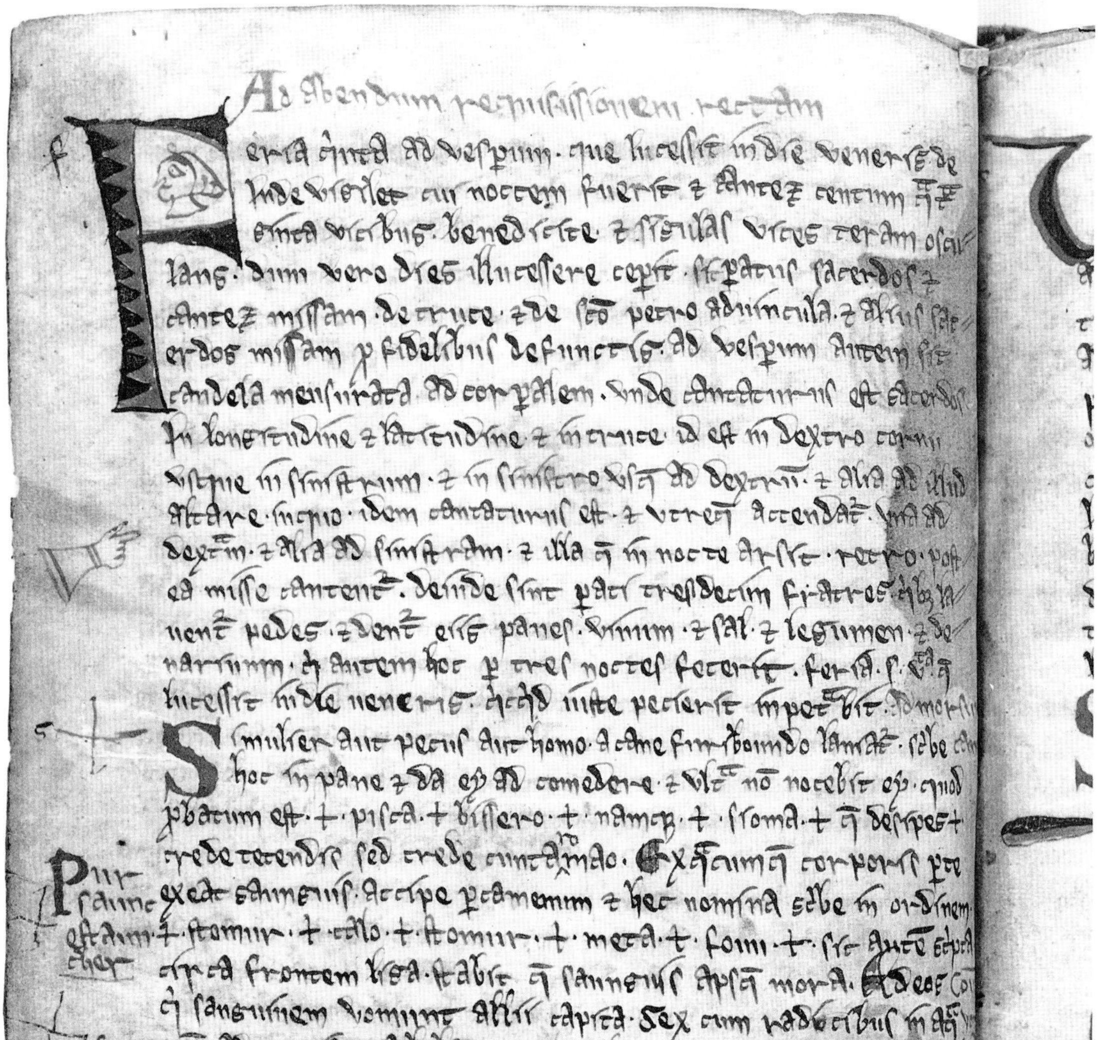
Ad sciendum repulsionem [illegible]
Feria quarta ad vesperum que incessit in die veneris de
inde vigilet cum noctem fuerit et cantet centum [illegible]
cum his verbis benedicite et genulas vices ter [illegible] oscu-
lans. dum vero dies illucessere cepit. sit paratus sacerdos et
cantet missam de cruce et de sancto petro ad vincula et alius sacerdos missam pro fidelibus defunctis. ad vesperum autem sit
candela mensurata ad corporalem. unde [illegible] est sacerdos
in longitudine et latitudine et in cruce id est in dextro cornu
usque in sinistrum et in sinistro usque ad dextrum et alia ad illud
altare [illegible] idem [illegible] est et utrique attendat una ad
dextram et alia ad sinistram et illa que in nocte arsit retro post
ea misse cantent. deinde sint parati tresdecim fratres et la-
vent pedes et dent eis panes vinum et sal et legumen et de-
narium. qui autem hoc per tres noctes fecerit feria quarta que
incessit inde veneris [illegible]
Si mulier aut pecus aut homo [illegible]
[illegible]

fol. 33v: art. 10 (xxxii-xxxviii), *83 (ii)

Ut appareat piscibus q̇ flumen sit in domibus pone
omnium in q̇̇erimo ingenio poro z cooperiat ẏ̇̇dem
usiliḃ q̇ p nouem dies z noctes z destructa nocte
ad doṁ um reportet z humidit filium de ṫma furd
rum z ẏ̇hat p medium domus. Et homines exeunt
domo sume manonetem puluerem seaṫtum ctḃombus
postea in quoṙ angul̇ domus. Et ḣas virum sit ad
omnia q̇ vis aptum pone in eo. vi libras salis z q̇ m
caldissimum z vel ẏ̇ẏ̇ cius eligere meliorem porcel
lum sume ex remocius. Est agenda z q̇ ppm ḣs est pedi
bus. Aut tombus egerrio modo z de seṗ um ḣabent iḃus vt
de capolis ż uis. Pone terefimum sub arbore q̇ crescet ñ fruc
tu faciet. Ed muscas necandas pone maṗuḃii albium in melle vt
vetet z muscis pone ad mures capiedas idom fac z ḟndaḃntur.
Si vis facere aliq̇ mortua andere pone pennam in dexṫ
sca crossam z pone in eam viuum argentum z diim
ḣailat auem sicut pennam in cẏ̇ne ordine ptro ṡdo.
Siq̇s vis apparere q̇ sit la zarus ponat de pluere cap
sta z erto crossius z inflatus. Si q̇s vis tumorem talem
absterre bibat de succo indrast z ṗtim amouet vius moḋ
inflacio. Si q̇s vis ne aliq̇s selat sup pamentum extum
bomi z satis alibr ponde parum de cepeta q̇ non apeat.
Si vis habeundam apibus sume ro humano ad spe z
pruessedias bene frica z acdam frica melle z ḣs
dam frica de veroq̇. cu adpused est mors apibus.
Et cuta de pore maio est vermium multetudo. Serui
bile z fricat columbarum. Pone smierẏ̇pt in dra z
nouem dies. ingenerabunt vermes ṗṫnes ad mo
dom tocti bene cooperiunt ṗuias ordes z demouent. platit z
Et carnes q̇ẏ̇ude de olla. seḃ in olla. videroti debant. elab
ant tum ad mensem reducit. Descende tres tentas in dra z
videbis stellas. Cumerium facit homine dormire p longū temṗ.

vii

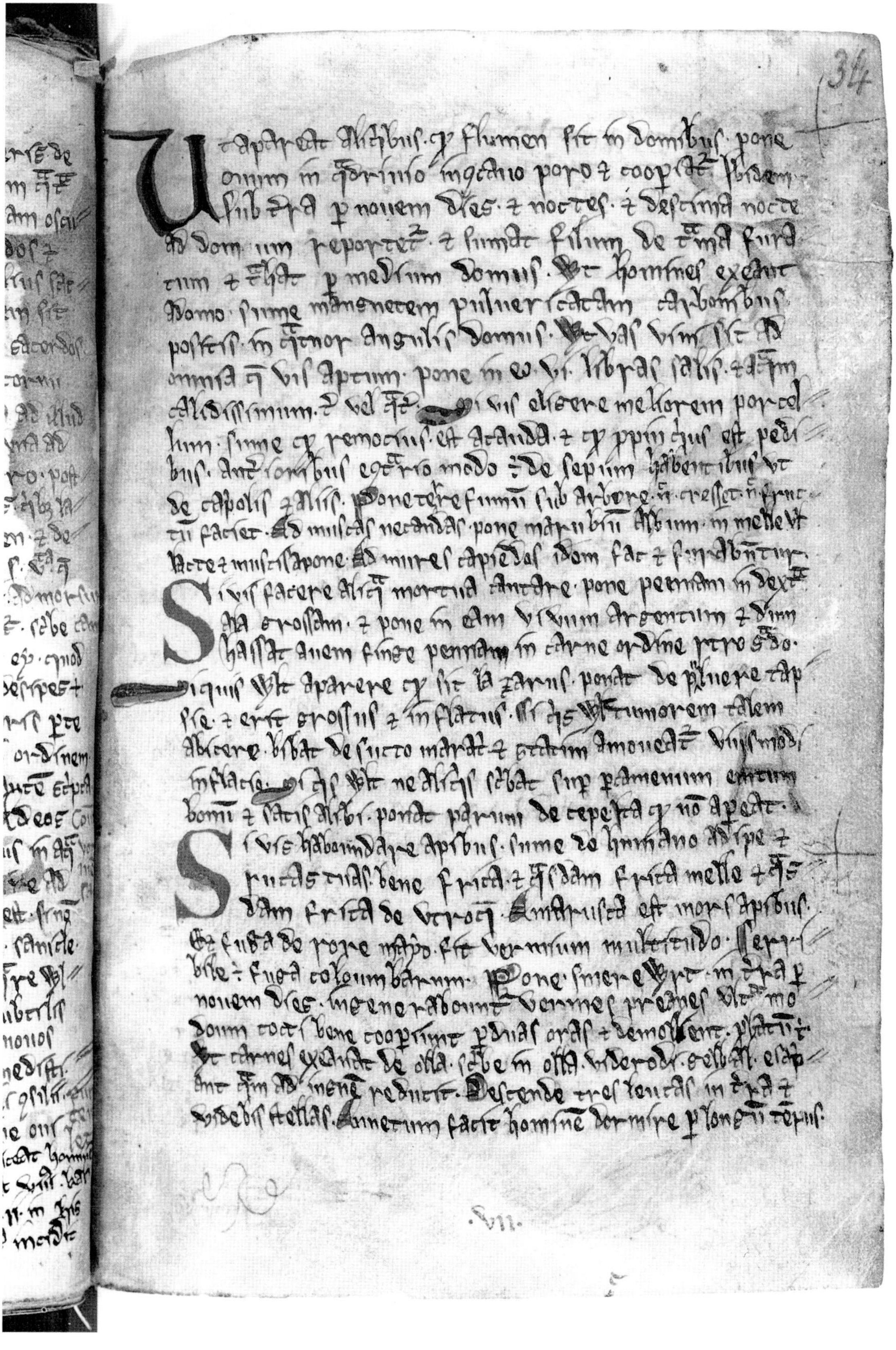

Simon de hid

Daniel propheta petebatur a principibus ciuitatis babilone
ut somnia que eis uidebantur eis soluere. tunc sedit
et hec omnia scribat tradidit populo ad legendum.
Arma in somnis portare securitatem significat.
Arcum tendere et sagittas mittere lucrum uel laborem s.
Arcum tractare uel portare expectacionem uel desiderium s.
Arcum tenere honorem uel fortitudinem. sic inspice.
Arbores ascendere honorem. s. Arbores cindere mictum fidelem
Arbores cum fructibus uidere gaudium uel lucrum. s.
Arbores ostendere inimicos et principis custodire. s.
Aurum habere inuidiam. s. Argentum tractare uel pens
are lucrum. s. Argentum pesare uel gubernare contencionem
tristiciam. s. Arare terram uel cindere solicitudinem tristiciam
uel mortuum. s. Ardere carnes uidere dampnum. s.
Ad moniam edere bonum nuncium. s. Assas carnes uidere
uel manducare peccatum uel iracundiam. s. Anulum
dare dampnum. s. Anulum accipe securitatem. s. Ancores
uidere magnum honorem. s. Acetum uel uinum eorum
bibere infirmitatem. s. Asino sedere laborem. s.
Absincium bibere litem contencionem. s. Asinos uel edes uide
re negocium. s. Abestrare se infestari. ab inimicis
significat. s. Astra celi uidere magnam leticiam. s.
Aerium spinis plenum magnam habundanciam. s. Aerum
serenum uidere lucrum s. Albas uestes uel splendidas uestire
leticiam. s. Aues uel apes uidere et cum eis pugnare dam
pnum uel litem. s. Ambulare per aquam liquidam securitatem. s.
Ambulare per aquam torrentem impedimentum. s. Ad impera
rem loqui honorem. Apotecas homine accipere. s. Aquam in domo
sua intrantem uidere desolacionem. s. Angelum uidere et
cum eo loqui intencionem uel orndacionem. s. Aliquid legere bre
uiculum famam. s. Apes tractare leticiam. s. Aquilam uel col
umbam super se uidere honorem. s. A mortuo aliquid accipe

bibo

tomba

fol. 34^v: art. 12

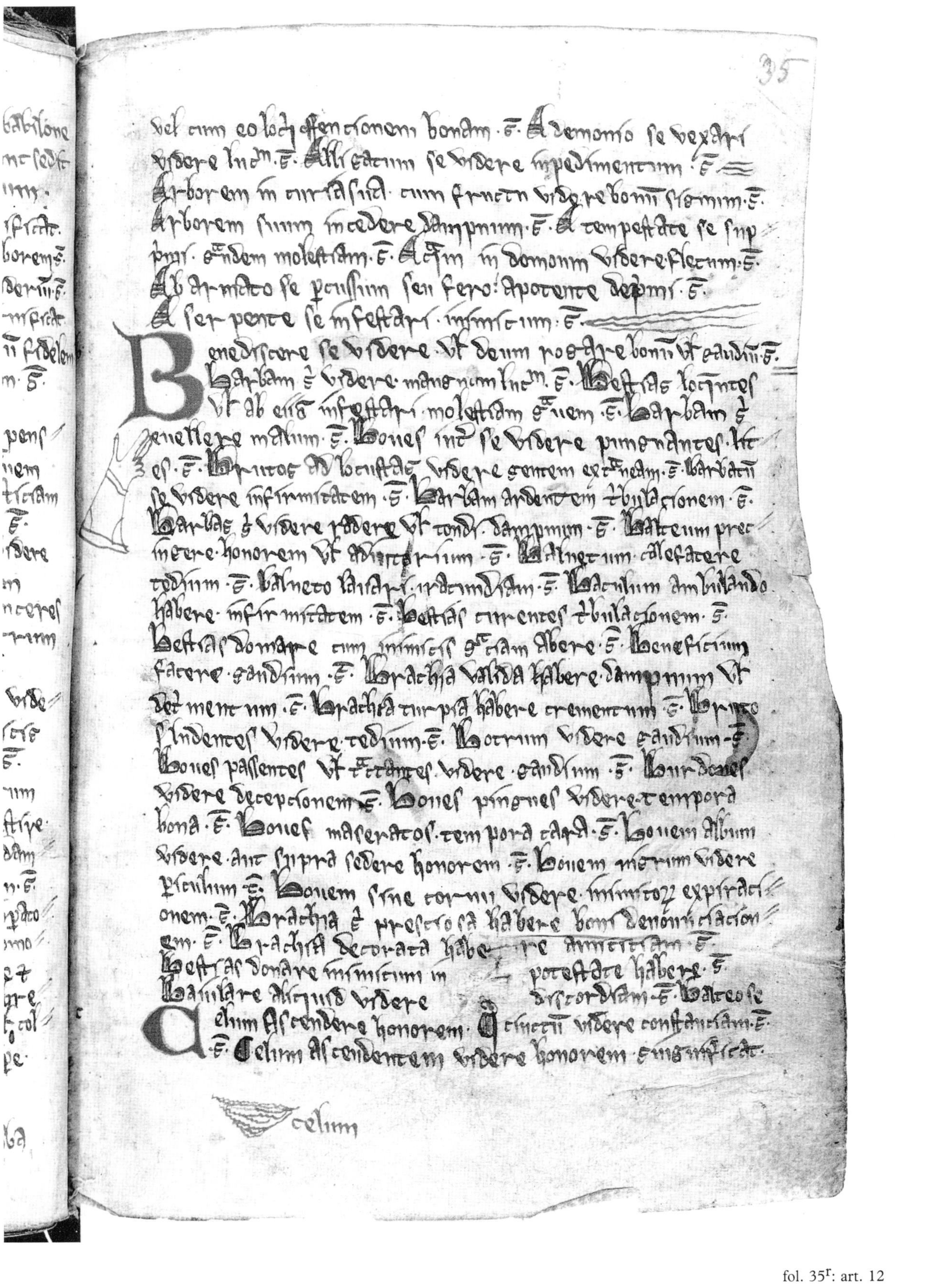

35

vel cum eo loqui offensionem bonam. s. A demonio se vexari
videre luctum. s. Alligatum se videre impedimentum. s.
Arborem in curia sua cum fructu videre bonum signum. s.
Arborem suum incidere dampnum. s. A tempestate se sup
primi contendem molestiam. s. Actum in domum videre fletum. s.
Ab armato se percussum seu fero: a potente deprimi. s.
A serpente se infestari inimicum. s.
Benedicere se videre vel deum possidere bonum vel gaudium. s.
Barbam suam videre magnorum luctum. s. Bestias loquentes
vel ab eis infestari molestiam contrariam. s. Barbam suam
evellere malum. s. Boves inter se videre pugnantes lite
es. s. Barbatos ad civitatem videre gentem extraneam. s. Barbatum
se videre infirmitatem. s. Barbam ardentem tribulacionem. s.
Barbas suas videre radere vel tonderi dampnum. s. Baltheum prec
ingere honorem vel adiutorium. s. Balneum calefacere
tedium. s. Balneo lavari iracundiam. s. Baculum ambulando
habere infirmitatem. s. Bestias currentes tribulacionem. s.
Bestias domare cum inimicis concordiam habere. s. Beneficium
facere gaudium. s. Brachia valida habere dampnum vel
detrimentum. s. Brachia turpia habere tremorem. s. Brito
nes ludentes videre tedium. s. Botrum videre gaudium. s.
Boves pascentes vel arantes videre gaudium. s. Burdones
videre decepcionem. s. Boves pingues videre tempora
bona. s. Boves macerantes tempora cara. s. Bovem album
videre aut supra sedere honorem. s. Bovem nigrum videre
planctum. s. Bovem sine cornu videre inimicorum expiraci
onem. s. Brachia sua preciosa habere bonam denunciacion
em. s. Brachia decorata habere amicitiam. s.
Bestias donare inimicum in potestate habere. s.
Bajulare aliquid videre discordiam. s. Baculo se
Celum ascendere honorem. Cingulum videre constanciam. s.
s. Celum ascendentem videre honorem et magnificat.

celum

fol. 35r: art. 12

Celum si videris in te expectacionem .S. Celum videre sta-
mentum. Aliqs inspectos in orbe .S. Celi padium videre sig-
es lites .S. Cervium pferi timorem no teneri .S. Candelas
andelas pias videre aliqs fumos .S. Cervicem indri-
Aps inimicos cavere .S. Ceram vt cereum videre
magnandm letificiam .S. Capud midium videre inens
Capellos tonsos videre crementum .S. Capud lavare ab
omni mallo liberabit .S. Capellos de corpore tolli damnum .S. Canes videre adversari .S. Canes infestantes
inimicitia te superare gmit .S. Canes q infestare cane
ad ne ab inimicis descripti .S. Canes latentes saudium .S.
Cantare in somnis iracundiam .S. Ampitudum sonitre t son-
tum cius videre aliam famam .S. Carbones vivos videre
inimicos cavere .S. Carbones extinctos monere inimicos
exestare .S. Cartam scibere consolacionem .S. Cum impatore
vel rege abscedere saudium .S. Cartas legere vt scibere
ninisum inutilem .S. Carcerem videre securitatem .S.
Caseum recentem videre vel usudu edare luc m .S. Caseum
salsum mistum bonum .S. Casside vestri securitatem .S.
apud suum trim edar q videpst magnum luc m .S.
Calciamenta nova vestiri luc m .S. Calciamenta ve-
tera decrementum .S. Coronari se videre letisi-
ciam .S. Cor puscedacionem consternum audire luc m .S.
Clamide se vestiri securitatem .S. Corium edelsere adere pabitere piculum .S. Colom bas videre t his clam .S.
Corpus callidum habere bonum .S. Coddes vt lic das leo-
ne saudium .S. Cum Maiore se simp honorem .S. Cu
mare te iacturam .S. Cum meret te bibere damnum .S.
Cum coniuge lia t cumbere lcem Enem .S.
Cum masculo actium bere lcem .S. Cum latre sue gaum
clam. vt anxietatem .S. Cum pecore infirmitatem .S.
Cum vxore ppra vt alenm forinicare lucrum .S.

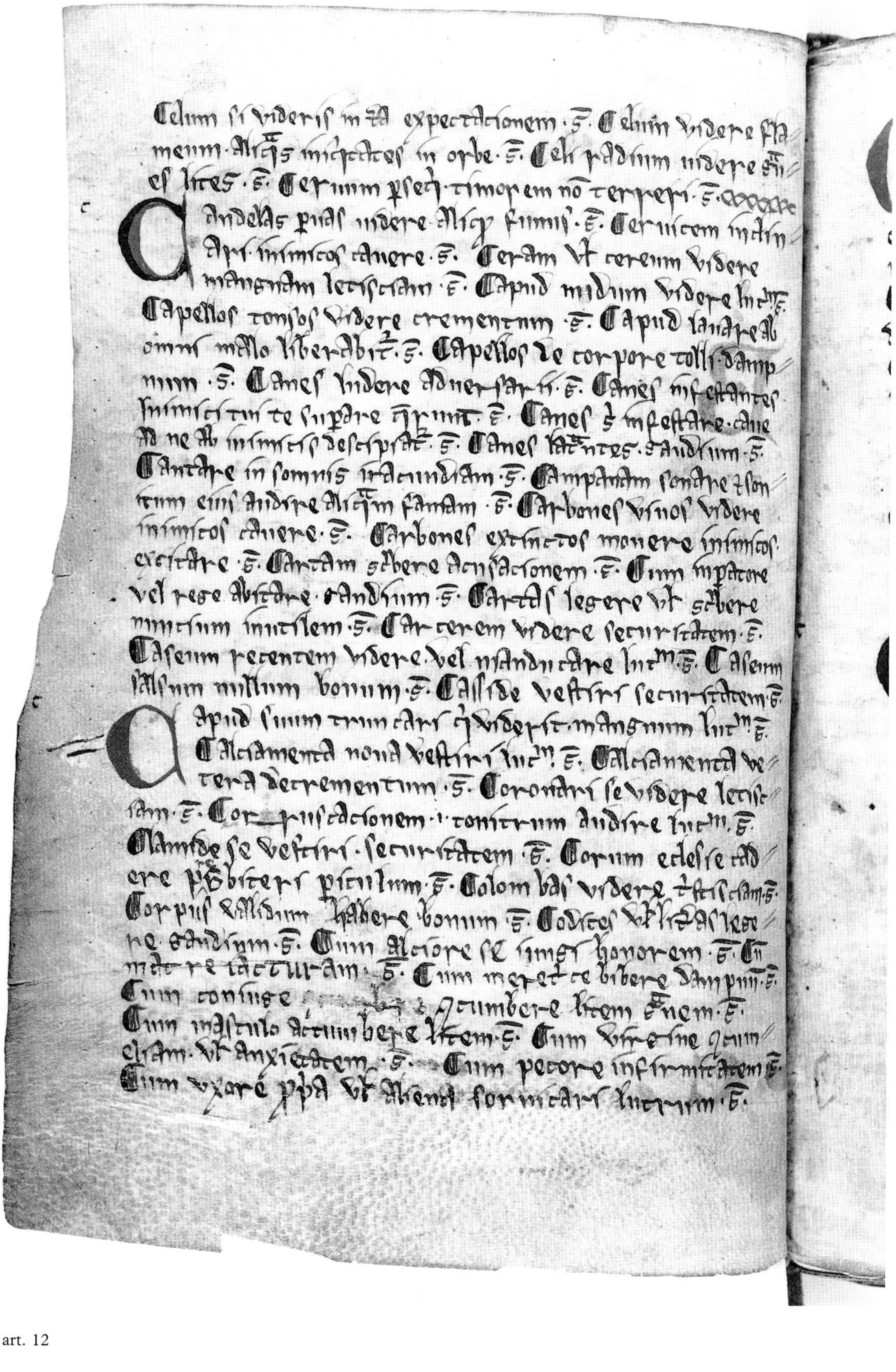

Cum inimico tuo vel cum alio concertari honorem. s.
Comburi se videre calumniam. s. Compedes habere
inimicicias vel infirmitatem. s. Cum infantibus lud
ere gaudium. s. Cum mortuos fideles tecum loqui vide
ris memoriam eorum habere. s. Cum mortuo loqui lucrum. s.
Custodias videre tedium. s. Castellum accipere inimicos
de te mala loqui. s. Cultellum dare inimicum evadere. s.
Curiam tedere litem. s. Currere se videre et non posse
impedimentum. s. Currere posse leticiam. s. Corpora acci
pere lucrum. s. Curruum sedere litem. s. Cervices suas ampu
tari inimicis sui mortem. s. Cum meretrice concumbere lu
crum. s. Cum virgine anxietatem. Cum sorore dampnum. s.
Cum matre [illegible] securitatem. s. Cum uxore
sua concumbere actus bonus. s. Cum uxore amici concumb
ere sollicitudinem. s. Coronam auream habere ad possessio
nem. s. Compedes habere angustiam. s. ~~[illegible]~~
Caput album habere lucrum. s. Caput et tondi damp
num. s. Caput videre compositum honorem. s.
Capillo fuse fieri infirmitatem. s. Carbones vivos
aut extinctos videre inimicorum exercitus. s. Cartam leg
ere nuncium bonum. s. Carnem suam cum ferro inci
dere grauem sollicitudinem. s. Crucifixi se videre magnam
tribulacionem se pati. s. Canes videre inimicum evadere. s.
Cibum vomere quicquid in secreto perdiderit apparet. s.
Cecum videre amissionem. s. Currere se videre velocius
leticiam. s. Crisma si super capitem fundatur gracia spiritus sancti ei
prestabitur. s. Corvum qui supra se viderit volantem evadet
insidias diaboli. s. Cimbalum vel saltum audire litem. s.
Clivum vel montem ascendere laborem. s. Clivum descen
dere bonum. s. Carnes siccas comedere [illegible]. s.
Cervices amittere amicum fortem amittere. s. Carnes
recentes manducare tristiciam vel mortem. s. Carnes

fol. 36r: art. 12

assas mandū cape peccatum vt tram E. Capariolum defloribus in
capite suo vidēre leticiā ostm E. Clamidem habere vestrum
honorem cum gaudio E. Clamidem pur-puram habere leticiam E.
Calceam accipe tristiciam E. Crucem portare tristiciam E. Capud
suum precipitare dampnum E. Cecum se vidēre impedimentū E.
Cornos vidēre dentes E. Corium sup se vidē p̄ p̄culum E.
Corium in domo aliquid p̄-cape dampnum E thenisi-cat

eum adorare gaudium E. deum immolare manerium
illud mē E. Decolare se vidēre lucrū E. Dentes suos cadere
inferiores cum sanguine p̄psicus eius morret E.
Dentes inferiores cum maxilla cadere cum sanguine sine
dolore extinū E. Vt coronis eris. Diadema vidēre lucrū E.
Domorum suam vidēre cadentem vt destructam tue dampnum E. Domum suam edificare vidēre aūmentum E. Domi
suam ardentem vidēre infirmitatem E. Dracones vidēre
gaudium vt vberitatem E. Dulce aūd edere decepcionem
multos aūnibus gp̄mis E. Dendirios trectare loūgas maugis E.
Desertum pt̄dere aūtū edere E. Dormes se vidēre
dampnum E. Diadema accipe gaudium E. Duas lunas vidēre
gaudium E. Decolare se vidēre pudorem E

clesiam edificare vt me te nomini sacerdotem E.
Equum album vt russum ascendere bonum E.
Equos nigrum dampnum E. Equum se vidēre
dampnum E. Equum suum cadere dampnum E. Expo-
liare se vidēre dampnum E. Egrotum se vidēre angustiam E.
Elefantes vidēre gaudium E. Equum dodare lucrū E.
Equum mortuum lucrū E. Equum bonum equitare nec-
ostium vt lucrū E. Ebrium se vidēre securitatem E.
Ex pectonem se vidēre anxietatem E. Eclesiam adere
p̄culum censorīs E. Expauentem se vidēre infirmitatem E.
Ebrium se vidēre fieri tedium E. Eunucū se vidēre dampnū E.

Fistolam bibi vidēre tristiciam vt longam E. Fistolam cum

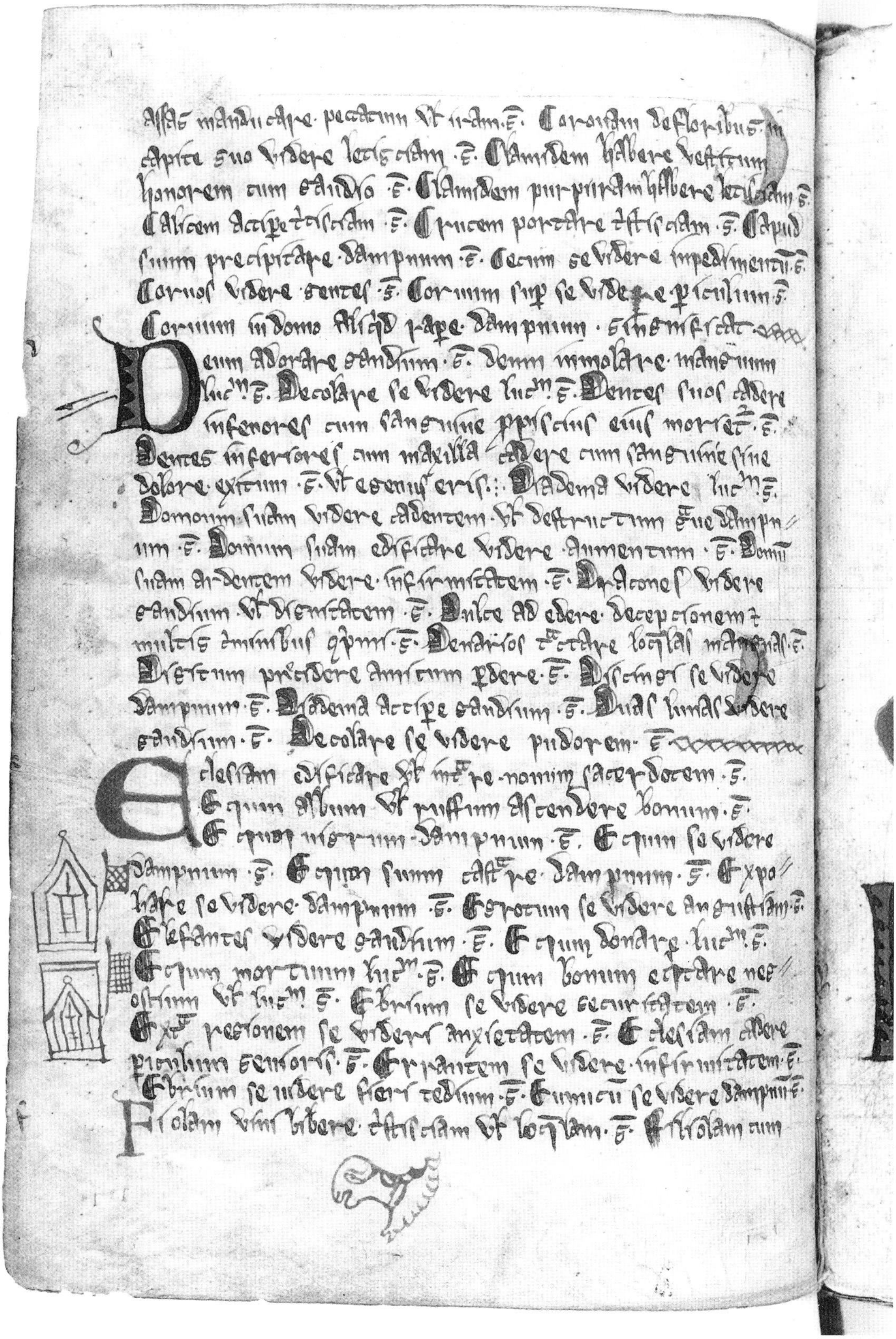

petenti vino bibere et accipe infelicitatem s. Filios vel filias
videre nasci incrementum s. In figuram qui se videre
mutatum deceptionem s. Filium suum in alto videre
letitiam et longam vitam s. Faciem suam habere formosam
in honorem s. Faciem suam turpem habere criminationem.
s. Faciem suam in aqua videre plurimam s. Fontem videre
et ex eo bibere negotia aliena ex ipsis letitiam adquirit s. Fontem
ebullientem videre offensionem s. Fontes videre et in eos
cadere gaudium s. Flumen in domum intrare vite periculum s.
Flumen cum impetu transire securitatem s. Fluvios vide
re et in eos cadere periculum s. Foveas videre aut in eas cad
ere indiscreta cavere s. Formicas videre premium malorum s.
In fossa cadere calumniam s. Flores in arboribus vide
re gaudium s. Feretrum videre mortuum s. Fode
re terram vel cindere sepulturam s. Ferro percussum se vide
re sollicitudinem s. Ferrum secum portare infirmitatem s.
Formicas videre gaudium s. Fantasma videre anxiet
atem s. Frumentum transportare infirmitatem s.
Grues videre vel audire litem s. Gallinam parere letitiam s.
Gallinam videre ova comedentem letitiam cum solli
citudine s. Gladiatorem se videre factum dampn
um s. Gladium ferre et de ipso ledere anxietatem s. Gladium
portare securitatem s. Gladiantes expectantes videre
litem s. Gemmam de anulo perdere dampnum s. Gemmas
videre varietatem s. Gallos pugnare sollicitudinem s. Gaud
ere in somnis tristitiam s. Gentes pugnantes videre
litem s. Grandinem videre dampnum s.
Hominem in feram versum videre in somnis laborem s.
Hominem in sompnum occidere tutamentum s. Homi
nem occisum videre turbationem s. Mortuum videre
et per eum ambulare letitiam s. Hospites habere
invidiam s. Hircum vel capram videre expectationem s.

arbor

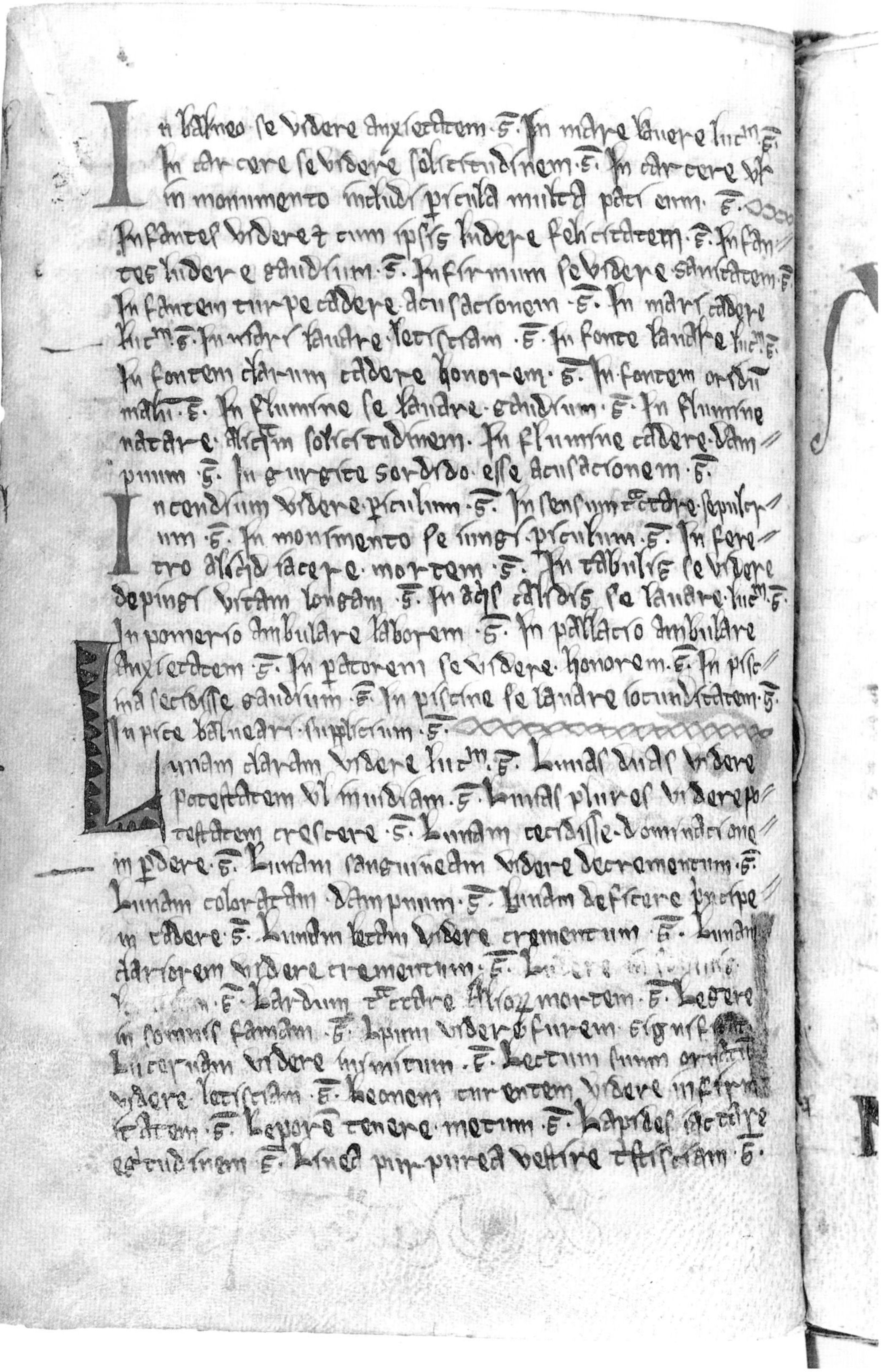
In balneo se videre anxietatem s. In mictura lavare luc(rum) s.
In carcere se videre sollicitudinem s. In carcere se
in monumento includi periculum multum pati eum s.
Infantes videre et cum ipsis ludere felicitatem s. Infantes ludere gaudium s. Infirmum se videre sanitatem s.
In fontem turpe cadere accusationem s. In mari cadere
luc(rum) s. In [illegible] lavare letitiam s. In fonte lavare luc(rum) s.
In fontem clarum cadere honorem s. In fontem [illegible]
mali s. In flumine se lavare gaudium s. In flumine
natare aliquam sollicitudinem. In flumine cadere dampnum s. In gurgite sordido esse accusationem s.
Incendium videre periculum s. In [illegible] cadere sepulcr-
um s. In monimento se iungi periculum s. In fere-
tro aliquid iacere mortem s. In tabulis se videre
depingi vitam longam s. In aquis calidis se lavare luc(rum) s.
In pomerio ambulare laborem s. In palatio ambulare
anxietatem s. In [illegible] se videre honorem s. In piscina sedisse gaudium s. In piscina se lavare iocunditatem s.
In prece balneari supplicium s.
Lunam claram videre luc(rum) s. Lunas duas videre
potestatem vel [illegible] s. Lunas plures videre potestatem crescere s. Lunam cecidisse dominum eius
in perdere s. Lunam sanguineam videre decrementum s.
Lunam coloratam damnum s. Lunam de [illegible]
in cadere s. Lunam tectam videre crementum s. Lunam
clariorem videre crementum s. [illegible]
[illegible] s. Lardum tractare aliorum mortem s. Legere
in somnis famam s. Lupum videre furem [illegible]
Lucernam videre inimicum s. Lectum suum ornatum
videre letitiam s. Leonem currentem videre infirmitatem s. Leporem tenere metum s. Lapides [illegible]
[illegible] s. Lineo purpureo vestire tristitiam s.

fol. 37v: art. 12

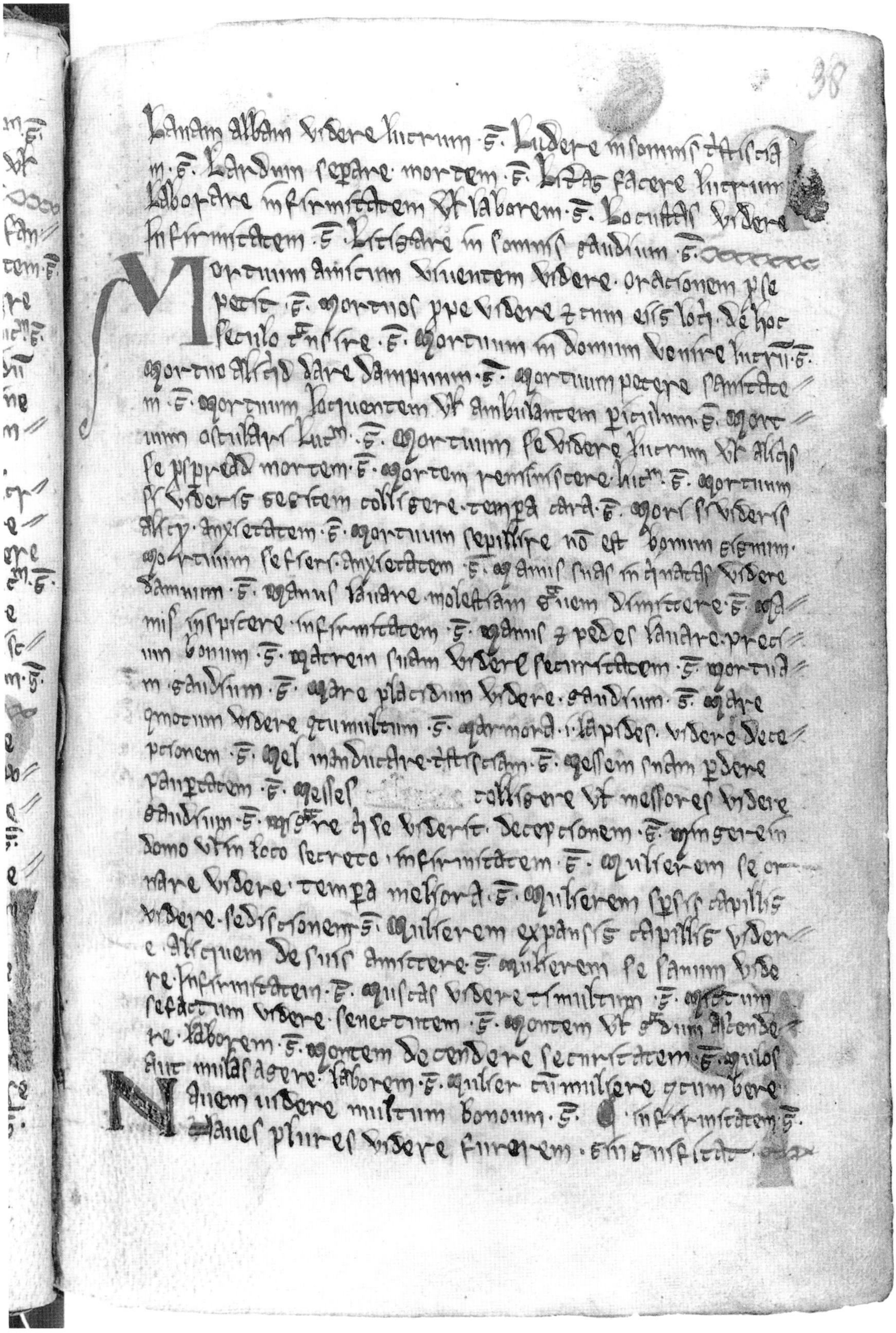

Leporem album videre lucrum .s. Videre in somnis [illegible]
m .s. Lardum separare mortem .s. Lutum facere lucrum
Laborare infirmitatem vel laborem .s. Locustas videre
infirmitatem .s. Letari in somnis gaudium .s.
Mortuum amicum viventem videre orationem pos-
cit .s. Mortuos prope videre et cum eis loqui de hoc
seculo exire .s. Mortuum in domum venire lucrum .s.
Mortuo aliquid dare dampnum .s. Mortuum petere sanitate-
m .s. Mortuum loquentem vel ambulantem periculum .s. Mortuum osculari luctum .s. Mortuum se videre lucrum vel aliquis
se presentire mortem .s. Mortem reminiscere lucrum .s. Mortuum
si videris segetem colligere tempora cara .s. Mori si videris
aliquis anxietatem .s. Mortuum sepelire non est bonum signum .s.
Mortuum se ferre anxietatem .s. Manus suas inquinatas videre
dampnum .s. Manus lavare molestiam omnem dimittere .s. Manus inspicere infirmitatem .s. Manus et pedes lavare presagi-
um bonum .s. Matrem suam videre securitatem .s. Mortua-
m gaudium .s. Mare placidum videre gaudium .s. Mare
commotum videre tumultum .s. Mare [illegible] lapides videre deceptionem .s. Mel manducare tristiciam .s. Messem suam perdere
paupertatem .s. Messes [illegible] colligere vel messores videre
gaudium .s. Mingere quis se viderit deceptionem .s. Mingere in
domo vel in loco secreto infirmitatem .s. Mulierem se ornare videre tempora meliora .s. Mulierem sparsis capillis
videre sedicionem .s. Mulierem expansis capillis vider-
e aliquem de suis amittere .s. Mulierem se sanam videre infirmitatem .s. Muscas videre tumultum .s. [illegible]
sefactum videre senectutem .s. Montem vel gradum ascendere laborem .s. Montem descendere securitatem .s. Mulos
aut mulas agere laborem .s. Mulier cum muliere coitum he-
Navem videre multum bonum .s. [illegible] infirmitatem .s.
Naves plures videre furorem . [illegible]

fol. 38r: art. 12

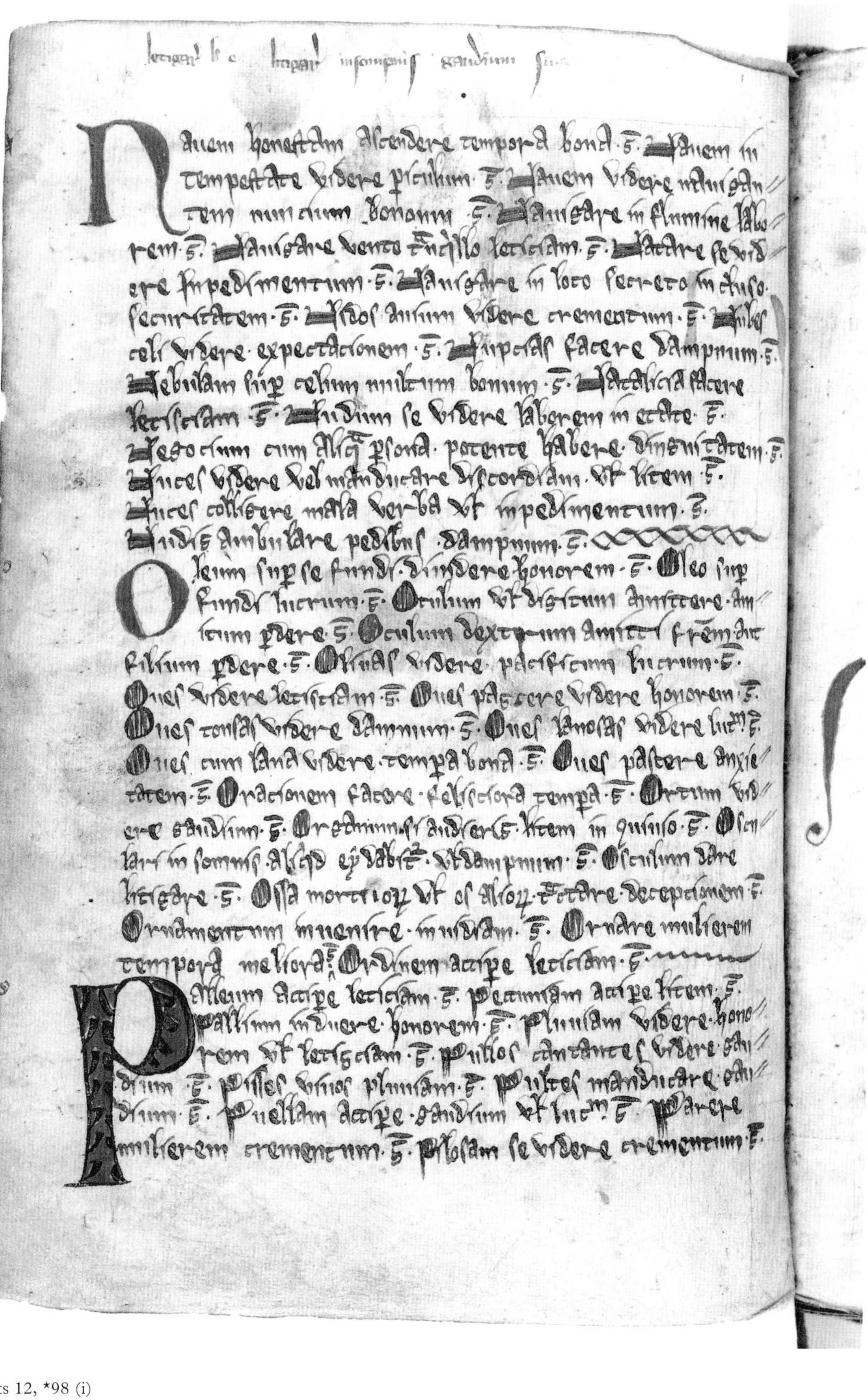
leticiam s. c. lucrum insomniis gaudium si...

Navem honestam ascendere tempora bona s. Navem in
tempestate videre periculum s. Navem videre velum geren-
tem nuncium bonum s. Navigare in flumine laborem s. Navigare vento tranquillo leticiam s. Natare se videre impedimentum s. Navigare in loco secreto inclusos
securitatem s. Nidos avium videre incrementum s. Nubes
celi videre expectacionem s. Nuptias facere dampnum s.
Nebulam super celum multum bonum s. Natalicia facere
leticiam s. Nudum se videre laborem in estate s.
Negocium cum aliqua persona potente habere dignitatem s.
Nuces videre vel manducare discordiam vel litem s.
Nuces colligere mala verba vel impedimentum s.
Nudis ambulare pedibus dampnum s.
Oleum super se fundi videre honorem s. Oleo super
fundi lucrum s. Oculum vel digitum amittere amicum perdere s. Oculum dextrum amittere fratrem aut
filium perdere s. Olivas videre pacificum lucrum s.
Oves videre leticiam s. Oves pascere videre honorem s.
Oves tonsas videre dampnum s. Oves lanosas videre lucrum s.
Oves cum lana videre tempora bona s. Oves pascere anxietatem s. Oracionem facere feliciora tempora s. Ortum videre gaudium s. Orechinum si audieris litem in quinto s. Osculari in somnis aliquem ex debito vel dampnum s. Osculum dare
leticiam s. Ossa mortuorum vel ossa aliorum tenere decepcionem s.
Ornamentum invenire invidiam s. Ornare mulierem
tempora meliora s. Ordinem accipere leticiam s.
Pellem accipere leticiam s. Pecuniam accipere litem s.
Pallium induere honorem s. Pluviam videre honorem vel leticiam s. Pullos cantantes videre gaudium s. Pisces vivos pluviam s. Pultes manducare gaudium s. Puellam accipere gaudium vel lucrum s. Parere
mulierem incrementum s. Pilosam se videre incrementum s.

fol. 38v: arts 12, *98 (i)

Panem candidum manducare lucrum s. Pedes lavare bonum s.
Plorare in sompnis gaudium s. Panem ordeaceum edere detrimentum s. Porcos videre infirmitatem s. Processiones
vel cruces videre mortuum s. Pirum manducare infirmitatem s. Procelle arboris radicem admissam dampnum s.
Poma manducare dampnum vel iracundiam seu laborem s.
Patrem barbatum videre crementum s. Patrem concumbere videre morbum s. Pueros videre gaudium s.
Pontem videre securitatem s. Pingere videre lucrum s.
Picturas videre deceptionem s. Purpureas videre valet-
udinem s. Puteos videre et in eos cadere miseriam vel indi-
cium s. Pugnare et vincere victoriam aut inimicum cavere s. Petram vel ceram tractare mortuos s. Pulices tractare exitum s. Porcinas videre minus certus s.

Quadragesimam videre infirmitatem s. Quercus videre
dampnum s. Qui expoliari viderit dampnum s. Qui
ficum viderit aut manducaverit oculorum dolorem s.
Qui domum suam viderit cadere aut destrui dampnum s.
Qui militem se factum viderit tempus se nescire s. Qui carbones vivos aut extinctos viderit inimicorum exercitus s.
Qui nortum viderit leticiam s. Qui vestes portaverit tri-
acionem s. Qui in medium carnem viderit. peregrinacione s.
Quadrupedia cornuta dare anxietatem s. Qui equitare viderit
et luem vel pluviam s. Querere coronam pecuniam s. Qui
cellam videt valitudinem s. Qui telam videt valitudinem
vel infirmitatem s. Qui tectum videt litem s. Qui se videt
arbores cedere de terra mala locutionem s. Qui in exilium mittere videt criminibus opprimetur. Qui se currere videt et non
potest impedimentum s. Qui se volare videt locum quem
tabit s. Qui ursum se infestare viderit inimicos sedicionem s. Qui se viderit cadere honorem suum amittere s.
Quadrupedem videre se infestare malum significat.

fol. 39r: arts 12, *98 (ii)

In nomine dei amen ego Robertus filius Tobi de Penegod condo testamentum meum
in hunc modum In primis lego animam meam deo corpus meum ad sepe

Paretes videre. vt eas colligere. mala verba. vt impedimentum. s.
Rosetum tinctum videre vt indui infirmitatem. s.
Rosas videre valitudinem. s. Radicem arboris
videre discordiam vt litem. s. Radicem mandu
care similiter. s. Ratem cedere infirmitatem. s. Rip
am ascendere laborem. s. Ripam descendere bonum tempus. s.
Remigare laborare. s. Renigare et rinos fabricare
infirmitatem. s. Retia vt pisces per eos videre pluui
am. s. Rete portare tristiciam. s. Regem se videre
honorem vt leticiam. s. Reginam deceptionem. s.
Riuos crescentes videre lites principis. s. Ridere vt
subridere dentibus tristiciam. s. Reges de seculo migrare
dampnum. s. Ruentem se videre pessimum signum. s.
Soles duos in celo videre honorem. s. Solem si videris
cadere principem amittere vt metum. s. Solem
splendidum videre gaudium vt magnum metum. s.
Solem et lunam crescere videre litem. s. Solem et lun
am prelium curre litem. s. Stellas plures videre iudi
cia predicta. s. Stellam crescentem videre metum. s.
Stellam si videris cadentem nullum bonum. s. Stellam
videre deceptionem. s. Si quis flagellatum se viderit
sepctorem. s. Sanguinem si videris de te cadere damp
num. s. Serpentem se infestare inimica accusationem. s.
Serpentes occidere inimicos superare. s. Siluam in som
nium tectare gaudium. s. Spinas calcare inimicos sup
erare. s. Stiuales videre amicicias. s. Sellamentum videre
impedimentum. s. Sepulturas videre mortuum. s.
Tonitrum audire nuncium bonum. s. Terremotum
nullum bonum vt aliquid amittere. s. Tenebras videre
infirmitatem. s. Telam texere videre litem. Suem
amittere vt infirmitatem. s. Tauros videre ventila
cionem vt impedimentum. s. Testamentum facere

fol. 39^{v}: art. 12

tribulacionem s. Tabulas videre leticiam. s. Tunicam
vestire aumentum s. Taurum se infestare inimicum. s.
Uinum mortuo aliquid dare paupertatem. s. Vites ple-
nas videre gaudium. s. Vindemiare videre dampnum. s.
Vites maturas videre leticiam. s. Viam lutosam
ambulare molestiam. s. Vinum bibere turbulentum infirmitatem. vel iram. s. Vinum clarum bibere loquelas fortes. s.
Ventilacionem facere lucrum. s. Vestimentum suum comburere
re dampnum s. Vestimenta sua videre parata. similiter. s.
Ungulas radere dampnum. s. Ungulas incidere anxietatem. s. Vestem formosam habere leticiam. s. Vestem
purpuream honorem. s. Vestiri se videre formidacion-
em. s. Vestium varietatem habere contrarietatem. s. Vestem rubicundam habere iracundiam. s. Uxorem ducere
dampnum. s. Virginem in capillos videre lucrum. s. Virginem videre aut tangere angustiam. s. Vias arctas. manu
tenere litem. s. Uvas albas videre gaudium. s. Uvas
nigras peregrinacionem. s. Zonam cingere protectionem. s.
Zona se precingere bonum. s. Zonam perdere litem. s.
Zonam auream cingere mundiciam. s. Zizanias tangere vel
videre fatigacionem. significat.

Ci comencent les signes del iour de nouel.

Si le iour de noel auent par dimanche. bon iuer serra mes
ventous serra. ver ventous. este sehc & bon. vendenge
bone. boes cresteront. bles foisounable serrunt.
Fruit de cortil abounderont. plentiuete de toute rien seront.
Pais en concord serra. aucune nouele chose oy serra on
de prince ou de pape. Veillars & femmes morront. En toutes le iours de dimanche en cel an. bon est toutes choses
comencer. ki nestra haut houme & riche serra. larcin couert serra.
Si auent par lundi. iuer comun serra. ver ventous. este del lun
sehc. & ventouns. & tempestes. chaunce de chivalers di

fol. 40r: arts 12, 13

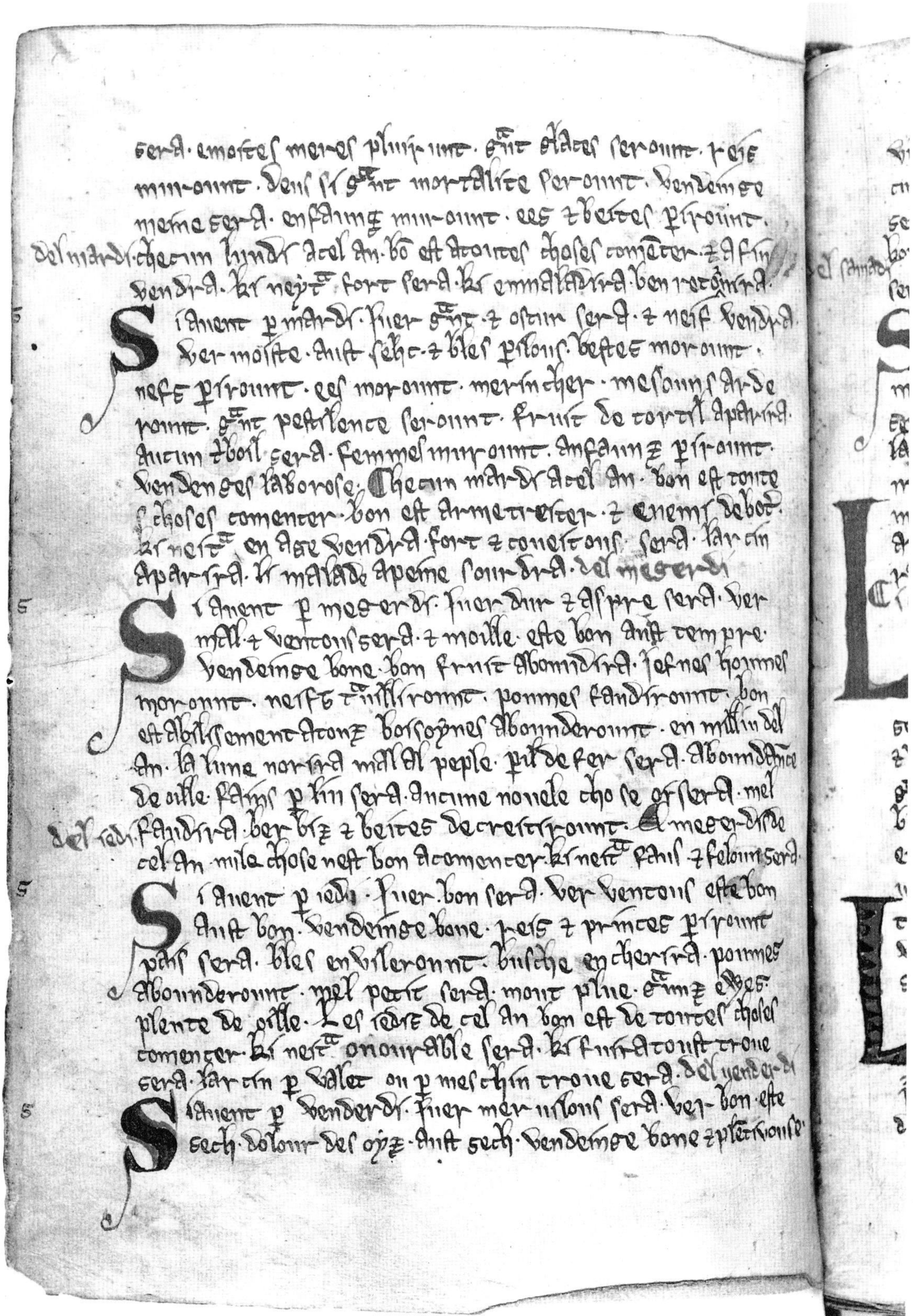

serra. emostes meres plusurs. grantz oraces serount. reis
murrount. deus si grant mortalite serount. vendenge
meine serra. enfaunz murrount. ees & bestes perirount.
Del mardi. Chescun lundi de cel an. bon est a toutes choses comencer. & a fuyr
vendra. ki nestra fort serra. ki enmaladira ben recovera.
Si avient par mardi. Iuer grant & oscur serra. & neif vendra.
Ver moiste. autumpne seche & bles perirount. bestes morrount.
nefs perirount. ees morrount. merchaunt mesaunsir de
pount. grant pestilence serount. fruit de terre apeirera.
autumpne & boil serra. femmes murrount. enfaunz perirount.
vendenges laborose. Chescun mardi de cel an. bon est toute
choses comencer. bon est a merchander. & enemis debotter.
ki nestra en ceo vendra fort & coveitous serra. kar cin
aparra. ki maladera apeine sourdra. Del mescredi
Si avient par mescredi. Iuer dur & aspre serra. Ver
mall & ventous serra. & moille. este bon. autumpne tempre.
vendenge bone. bon fruit aboundera. iefnes hommes
morrount. nefs perillerount. pommes faudrount. bon
est ablissement a touz. borsoynes aboundrount. en milliu del
an. la lune norira mall al peple. pais de ter serra. aboundance
de oille. fevres par lui serra. aucune novele chose oyr serra. mel
faudra. ver bles & bestes decrestrount. Chescun mescredi de
cel an nule chose nest bon a comencer. ki nestra fol & feloun serra.
Si avient par iedi. Iuer. bon serra. Ver ventous. este bon
autumpne bon. vendenge bone. reis & princes perirount
pais serra. bles enbilerount. busche encherra. pommes
aboundrount. mel petit serra. mout plue. enfaunz e[illegible].
plente de oille. Les iedis de cel an bon est de toutes choses
comencer. ki nestra onourable serra. ki fuira tost trove
serra. kar cin par valet ou par meschin trove serra. Del venderdi
Si avient par venderdi. Iuer merveilous serra. ver bon. este
sech. dolour des oylz. autumpne sech. vendenge bone & plentivouse.

fol. 40v: art. 13

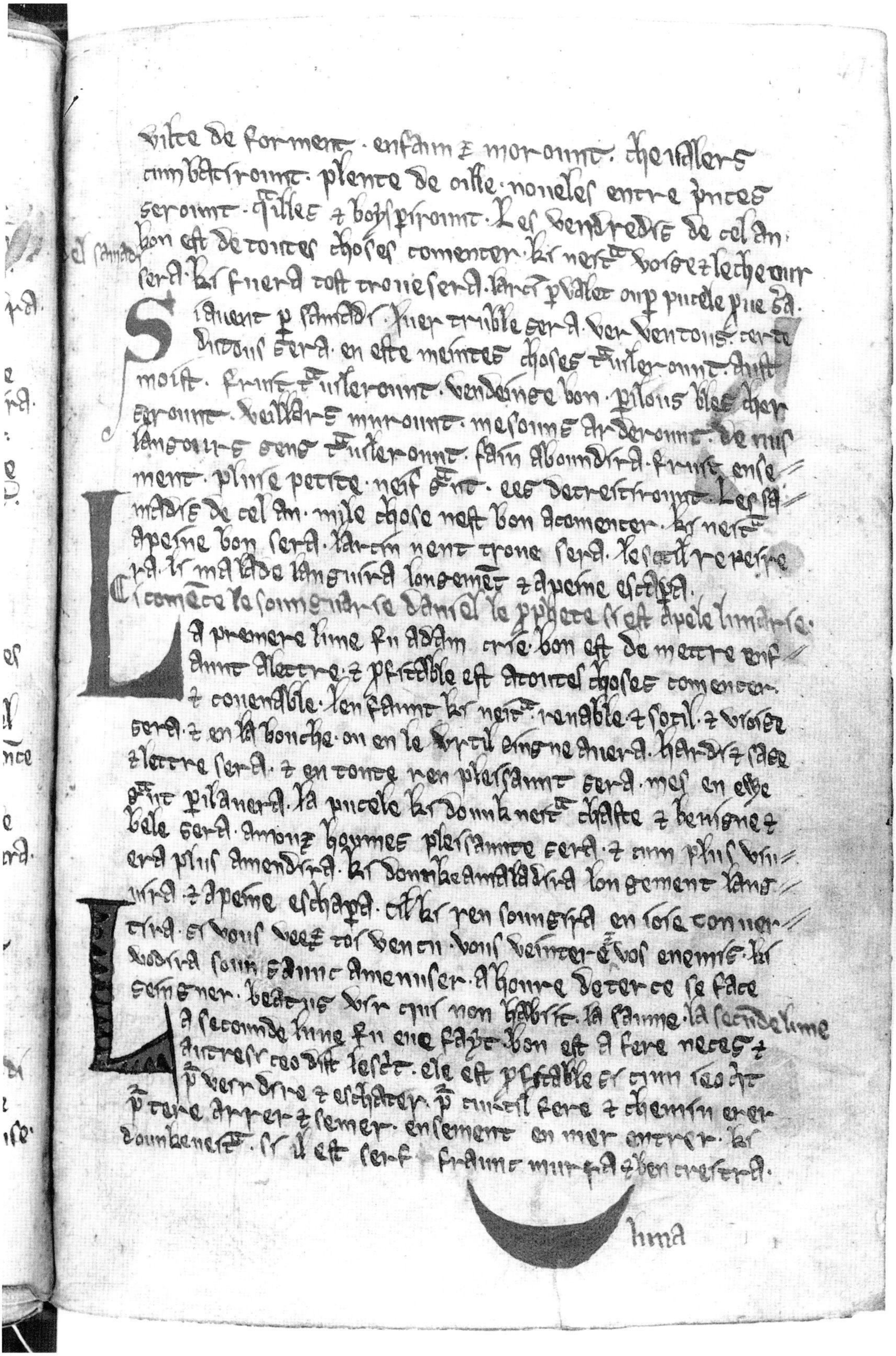
vitee de forment. enfaunz morrount. chevalers
cumbaterount. plente de oille. noveles entre princes
serount. citees e bors periront. Les vendredis de cel an
bon est de toutes choses comencer. ki nestra voisouz e lecheour
serra. ki fuiera tost trove serra. larcin [illegible] pucele [illegible] serra.
Si [illegible] p samadi. yver terrible serra. ver ventous. este
[illegible] serra. en este meintes choses perirount. aust
moist. fruit perirount. vendenges bon. [illegible] bles cher
serount. veillars murrount. mesouns arderount. de nuis
langours [illegible] perirount. fam abundera. fruit ense
ment. plure petite [illegible]. [illegible] destrestrount. Les sa
medis de cel an. nule chose nest bon acomencer. ki nestra
apeine bon serra. larcin ne [illegible] trove serra. le [illegible] reverse
ra. ki malade languira longement e apeine eschapera.
Ci comence le sungnarie Daniel le prophete si est apele lunarie.
La premere lune fu Adam crie. bon est de mettre enf
aunz a lettre. e profitable est a toutes choses comencer
e convenable. Lenfaunt ki nestra [illegible] e sotil. e veiser
serra. e en la bouche ou en le [illegible] signe avera. [illegible]
a lettre serra. e en toute ren plesaunt serra. mes en [illegible]
[illegible] [illegible]. la pucele ki dounke nestra chaste e [illegible]
bele serra. amonz hommes plesaunte serra. e [illegible] plus [illegible]
[illegible] plus amendera. ki dounke amaladera longement langu
ira e apeine eschapera. cil ki ren sounjera en joie con[illegible]
[illegible]. et vous [illegible] [illegible]. vous [illegible] vos enemis. ki
[illegible] sa fame amenuser. a houre [illegible] se face
[illegible]. [illegible] qui non [illegible]. la [illegible]. la secunde lune
La secounde lune fu Eve faite. bon est a fere [illegible] e
[illegible] ceo dist [illegible]. ele est profitable [illegible] ceo [illegible]
pur vendre e achater. pur [illegible] fere e chemin [illegible]
pur terre arer e semer. ensement en mer entrer. ki
dounke nestra. si il est [illegible] [illegible] e ben [illegible] serra.

fol. 41r: arts 13, 14

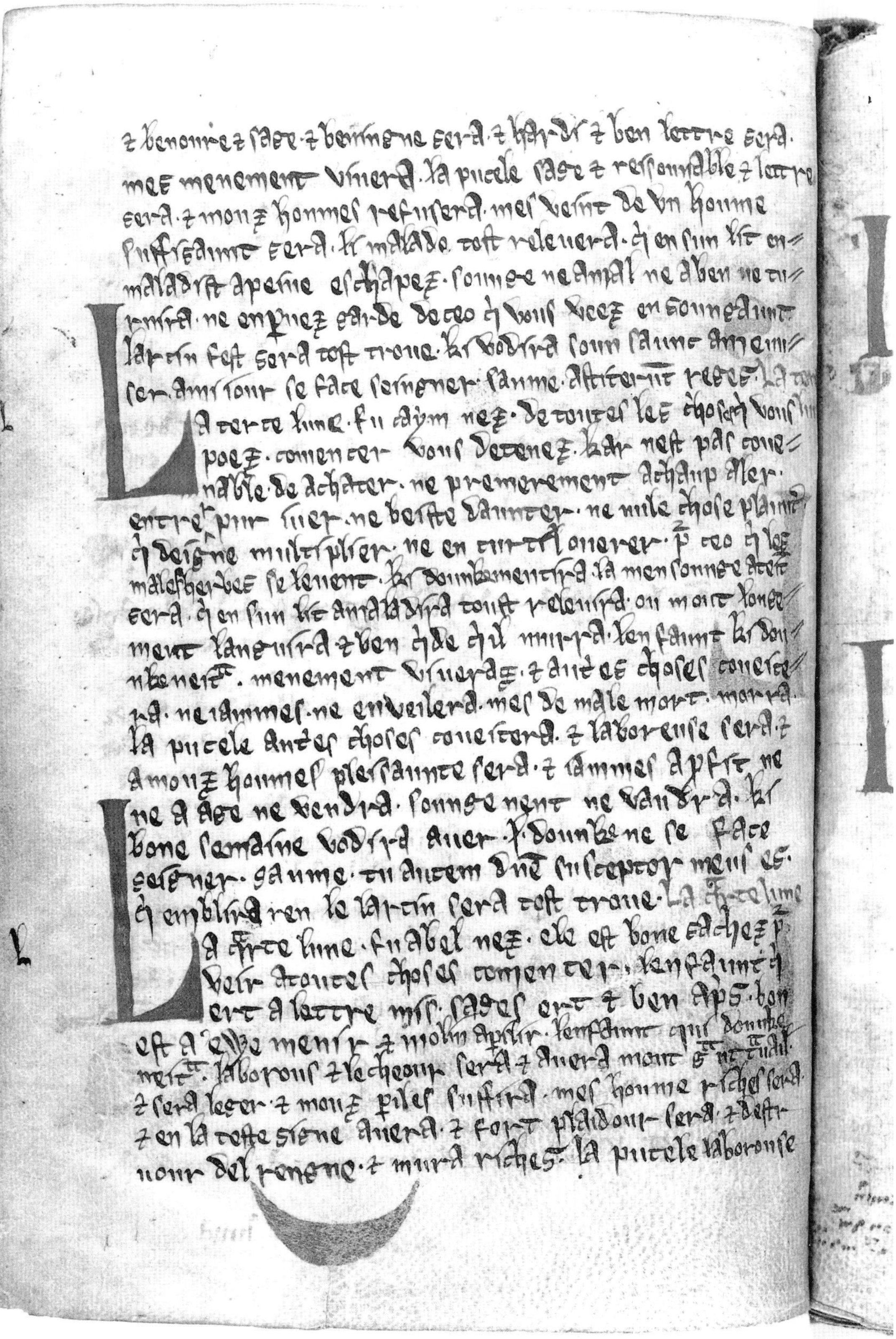

⁊ benoure ⁊ sage · ⁊ benigne ne serra · ⁊ clerc ⁊ ben lettre serra ·
mes menement viuera · la pucele sage ⁊ resonable ⁊ lettre
serra · ⁊ mouz hommes refusera · mes veine de un homme
suffreaunte serra · ki malade tost releuera · ki en sun lit en=
maladera a peine eschapez · sounge ne amal ne a ben ne ti=
rnera · ne enpuez garde de ceo ki vous veez en sounge aunt=
larcin fest serra tost troue · ki vodra soun saunc amenu=
ser a mi iour se face seiner · saume · dixit insipiens · La terce

La terce lune · fu caym nez · de toutes les choses vous lui
poez · comencer vous detenez · kar nest pas cove=
nable de achater · ne premerement dechaup aler ·
entrer pur suer · ne beste daunter · ne nule chose plaunter
ki deigne multiplier · ne en curtil ouerer · pur ceo ki les
malesherbes se leuent · ki dounbement ira la mensonge serra
serra · ki en sun lit amaladira tost releuera · ou mout longe=
ment languira ⁊ ben ci de chi murra · lenfaunt ki doun
nestera · menement viuera · ⁊ autres choses conuerse=
ra · ne iammes ne enveilera · mes de male mort · murra ·
la pucele autres choses conuertera · ⁊ laboreuse serra ⁊
a mouz hommes plesaunte serra · ⁊ iammes apres ne
ne a gre ne vendra · sounge nent ne vaudra · ki
bone semaine vodra auer · le dounke ne se face
seigner · psaume · tu autem domine susceptor meus es ·
ki emblera ren le larcin serra tost troue · La quarte lune

La quarte lune · fu abel nez · ele est bone a cheser pur
veir de toutes choses comencer · lenfaunt ki
ert a lettre mis · sages ert ⁊ ben apris · bon
est a estre meneur ⁊ molin ... lenfaunt qui dounke
nestra laborous ⁊ lecheour serra ⁊ auera mout ...
⁊ serra leger ⁊ mouz piles suffrira · mes homme pecches serra
⁊ en la teste siene auera ⁊ fort pledour serra · ⁊ destre
nour del regne ⁊ murra riches · la pucele laborouse

fol. 41v: art. 14

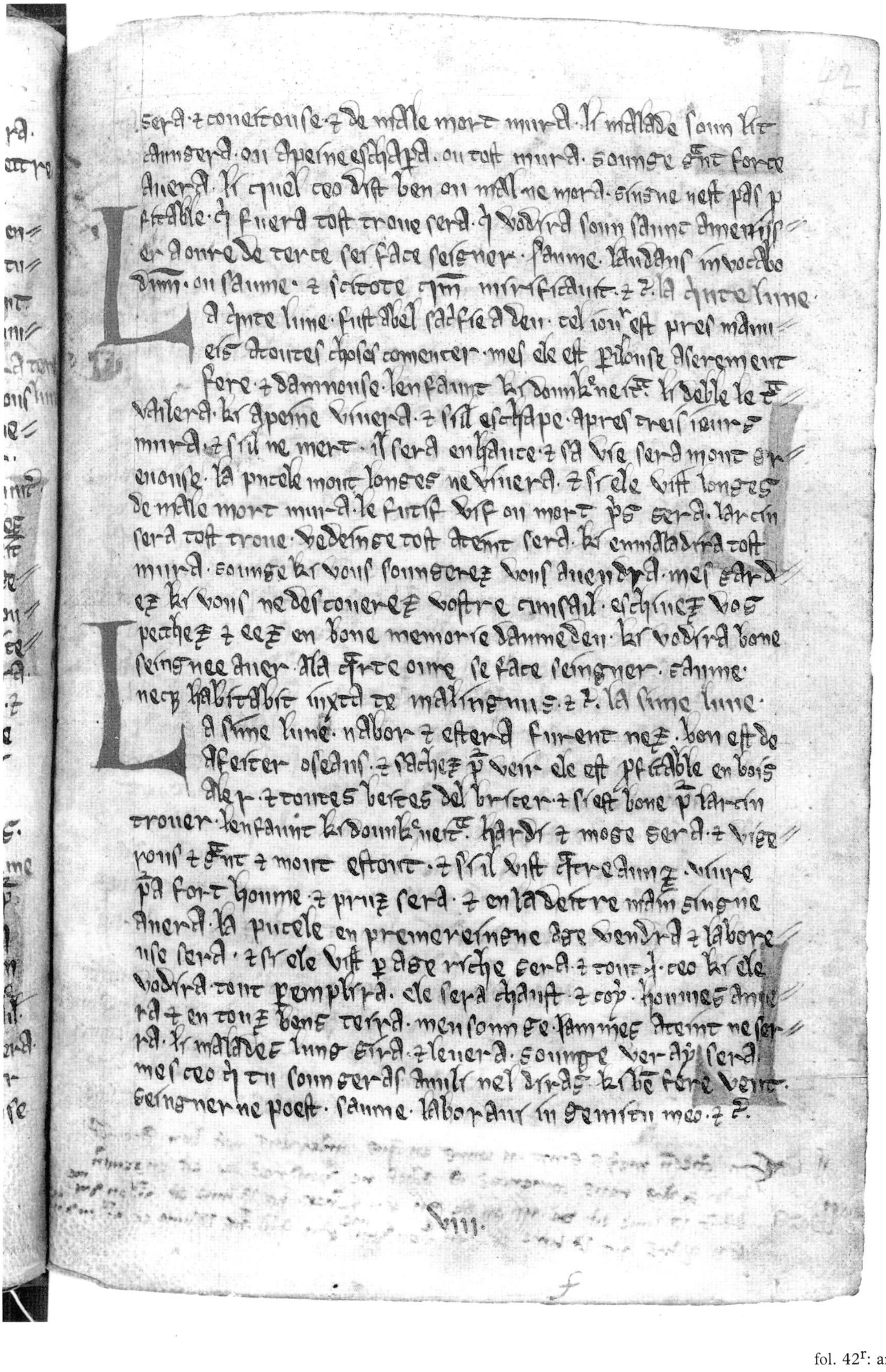
sera. e coueitouse. e de male mort murra. li malade soun lit
chaungera. ou a peine eschapera. ou tost murra. sounge contre force
auera. li quel ceo dist ben ou mal ne morra. singne nest pas profitable. ki fuera tost troue sera. ki voudra soun saunc amenuis-
er a oure de terce se face seigner. saume. Laudans inuocabo
dominum. ou saume. e scitote quoniam mirificauit. e cetera. La quinte lune.
La quinte lune. fust Abel sacrifie a deu. cel iour est pres malueis a toutes choses comencer. mes ele est perilouse a serement
fere. e damnouse. Lenfaunt ki dounke nestera. li deble le tra-
uilera. ki a peine viuera. e sil eschape. apres treis iours
murra. e sil ne mert. il sera enchaunte e sa vie sera mout gr-
euouse. La pucele mout longes ne viuera. e si ele vist longes
de male mort murra. le furtif vif ou mort pris sera. larcin
sera tost troue. vedeinge tost ateint sera. ki enmaladira tost
murra. sounge ke vous soungerez vous auendra. mes gardez ke vous ne descouerez vostre counseil. eschiuez vos
pechez e eez en bone memorie dammedeu. ki voudra bone
seingnee auer. a la quarte oure se face seingner. saume.
Nec habitabit iuxta te malignus. e cetera. La sime lune.
La sime lune. Nabor e Estera furent nez. bon est de
aferter oseaus. e sachez pur veir ele est profitable en bois
aler. e toutes bestes del bruer. e si est bone pur larcin
trouer. Lenfaunt ki dounke nestera. hardi e mose sera. e vez-
rous e tent e mout estout. e sil vist estre aunz. viure
pra fort homme. e priuz sera. e en la destre main signe
auera. La pucele en premereinement age vendra e laboreuse sera. e si ele vist par age riche sera. e tout ceo ke ele
voudra tout parempplira. ele sera chaste e corteise. hommes auera e en touz bone terra. men soun ke sa femme ateint ne serra. li malade lunge gira e leuera. sounge veray sera.
mes ceo ke tu soungeras a nuit nel dirras ke ne fere veirs.
seingner ne poet. saume. Laborauit in gemitu meo. e cetera.

viii

fol. 42r: art. 14

L
La setime lune. fu Abel ocis ceo dist lescrit. bon est de semer
& de lui ad autre remuer. & bon est dachater bouers la
& sengleres. larcin serra troue. lenfaunt ki donk nestra de
bone murs serra. & sages. & curteis. & ben lettrez. & en la
destre main ou al pie un signe auera. & en toute ren par-
lacour serra. mes seins viez serra. la pucele sage & plainte serra. ki fuera tost troue serra. mensonge tost ateint
serra. li malade longement languira. mes il eschapera. la
meschine si ele est malade tost garra. songe apres mout
tens certein serra. bon houre de seigner. de toutes maneres de mal medeciner. saume. exurge domine in precepto. ou
saume. exurge domine deus meus in consilium meum. & c. la utime lune
La utime lune fu matusale nez. bone est sacher pur veir
la toute ren fere. & la toutes semences semer. & la
ees de lui en autre remuer. lenfaunt donk nez. serra
cointe de tenz. & pruz nobles serra. mes il serra temptez
del maligne espirit. & de maligne espirit serra. & morz des
rengnes enuironera. en eaue peril auera. al destre coste signe auera. la pucele laboureuse serra. & pur hommes utile
auera. al destre sur cil signe ne auera. & chaste. & grande &
vergoindouse serra. & nent de un homme suffisaunte serra.
mensoinge tost ateint serra. li malades mout longement
languira. & sil est longes mout ne viuera. qi songe saunt
vent auenir. apres noune serra de seigner. en cel iour
fest bon a seigner. furtis ne larcins ne pourrunt estre trouez.
si vous songez. tenez vous simplement. & priez deu qil vous
deliure. kar songe tost sedemostera. mes ceo qi en cele nuit
songeras. verras simplement de deu engrees. saume. exaudiuit
de templo sancto. ou saume. volucres celi & pisces maris. & c. la nefime
L La nefime lune. fu lamez nez. bone est pur verite dapoitel
choses comencer. lenfaunt qi en cele nuit nez serra. bonz
soutil. hardi. & contrarious. en toutes choses serra. en le setime

En chescun meys sunt .ii. iours en queus nul erreins nest bon acomencer
kar si vus rens comencez. a chef ne vendrez. ceo est enseignement
Beda bedite la lune est de .iii. ou de .iiii. En Feuerer quant la lune est .v.te ou .vi.me
En marz quant la lune est .vii.me ou .viii.me En auril quant la lune est .x.te ou

fol. 42v: arts 14, *84 (i)

an enrichera. al senestre el ou al destre oraille signe auera.
la pucele chaunste et acceptable sera. et signe enuiroun lenfaunt
mesle auera. et lun et lautre vaillaunte sera. le futif tost
trove sera. ki enmaladera tost relevera. ou longement languyra. mes il sera sanez. nest pas oure de seinener. ceo dist
le livre par veir. soungee tost se provera. a den confundre
lestovera. kar dedenz .iiii. iours ou cinze vous avendra.
salme. et factus est deus refugium in die mee. et cetera. La dime lune

La dime lune. fu noez nez. ele est profitable a toutes choses comencer. et covenable pur teres achater. et vinegne
edefier. et en mesoun ou en mer entrer. et bon est pur fere escoler. lenfaunt ki donke nestra. mout longement vivera.
signe ne al senestre auera. amiable et laborous sera. et meintes teres en la premereine age avirounera. puis en mer auera.
ou il sera noun sachaunt. et si ne vivera guers. la pucele benigne et seinte sera. en petit age venir porra. demenz en men-
drira. futif et larcin einz lonc tens serount trovez. ki
enmaladera tost amendera. ou tost mourra. ki porra seser nest
pas bon seinener. ki en soungee ren verra nule force nauera. salme.
quam bonus israel deus. et cetera. La ounzime lune.

La ounzime lune. fu seim nez. nest mie bon de prendre femme. et si est profitable as autres choses comencer. et si est
bone pur veritez en esteinement entrer. arbres planter.
er. bon est tres aseer la ou il demeint ester. lenfaunt ki donke
nestra. amiable sera. signe al oyl. ou al frount auera.
et bel et lecheour sera. et en sa dereine age amendera. et
en toutes choses purchachaunt sera. et baud et hardiz serra.
la femele al surcil. ou a la mamele signe auera. et sage et
chaunste. et en toute chose purveaunte sera. ki enmaladera
ou tost murra. ou tost garra. ou longement languyra. ki
en sounge ren verra verray sera. et dedenz le tierz iour
ou le quart sanz peril trepassera. ki seiner voudra ben porra.

En may quart est .viii.me ou .ix.me En iune quart est .x.te ou .xvi.me En iul quart est .xiii.e ou .xiii.me
En august quart est .viii.me ou .xiii.me En setembre quart est .x.te ou .ix.me En hoctobre quart
est .v.te ou .xv.me En novembre quart est .viii.me ou .ix.me En decembre quart est .iii.e
ou .xiii.me bons sunt ces iours a prendre et a destruire.

fol. 43^r: arts 14, *84 (i)

La dozime lune

Lsaume · Inclinauit & descendit · ou saume · Quam diu ponam consilia · & c.
La dozime lune · ki en cele nez · ele est bone pur veir toutes
choses comencer · & semence semer · femme espous
er · femme amener · chemin errer · lenfaunt nez bon &
amiable sera · signe al senistre auera · en toutes choses
religious sera · la femme signe en la mamele auera bele
ert & mout longement viuera · ki enmaladira · longe
ment languira · ou tost garra · ou del tout morra · furtif
& larcin serount tost trouez · ki seigner se vodra seig
nera tart · fest bon a seingner · sounge verray sera · & a
certein dedenz · viii · iours · ou ix · od gent iose tres passera ·
saume · quioz os in benedictione & dulcitudine · & c. La tresime lune
La tresime lune · plaunta noe vignes · cele lune sachez
de veir nest mie bone ouerdine comencer · ne vigne
plaunter · lenfaunt nez · vicious sera · hardi & cumbataunt
& mult pleisaunt · & achatour & orgoilous sera · & entour les euz
signe auera · de moutes choses contrarious & destourbour
sera · & irrous sera · mes il ne vendra point auaunt age · la fem
me al lateral signe auera · orgoillouse & fole sera · & mout
hommes amera · & tout murzera · ki enmaladira longement
languira & a peine eschapera · ki seigner vodra ben purra ·
sounge dedenz · iii · iours · ou · iiii · ou nes apres sera · mes coument
ment vous contenez · saume · Qui ingreditur sine macula · & c.
La catorzime lune · dona noe sa beneicoun a soun fiz ·
toutes les choses ki tu vodras · ben comenceras · len
faunt ki donc nestera · bon marchaunt sera · & entour

La catorzime lune

les euz signe auera · & vicious sera · & ne mie longement viue
ra · la femele al vis signe auera · & orgoillouse sera · & mout
hommes coueitera · & nent longement viuera · ki enmaladira ·
tost garra · ou del tout morra · ne fest pas bon seingner
cel iour · le sounge ki tu sounderas dedenz · vii · iours · ou · xii ·
auerras · hod lose saume · Benedicam dominum in omni tempore · ou

fol. 43v: art. 14

Psaume. benedicam dominum qui tribuit michi intellectum &c.

La quinzime lune furent chaungé les langages al tour
de babel en babiloine. il ne fest pas bon de marchaunder

la quinzime lune: en cel iour. ne nul overaine acomencer. lenfaunt
neez. serra estout a ses enemis. & debonere a ses amis.
& serra bons destaunders mes il morra par peril de ewe. ou il
morra ieuenes. cil qi chet en maladie & gist entre le tierz
iour ne porra eschaper. furtis & larcin seront toust trovés.
qi vodra seiourner par matin le face. sounge ne avendra
guers ne guers ne purterra. psaume. Probasti domine cor meum &c.

La sesime lune fu ierusalem destruite. & les Gius.
sachez pur veir nest pas bon a overaine comencer. for
te a embler. & a barbe rere & chevaucher. lenfaunt

la sesime lune: neez. estable serra. & en age amendra. viosec & povere serra.
qu il serra contrarious a pere & a mere. & murra de male mort.
La femele sage serra. & ceo qe ele coveitera tost frra. ki en malad
aladra tost garra. ou longement langwira & a peine eschapera.
furtis & larcin iammes trove ne seront. ki porra lesser.
ne fest pas bon a seiourner. sounge verraiz serra. & bon & apres
long tens avendra. psaume & misere. Misericordias tuas. & dissipaunt
eos fulgura. ou psaume. Ad te domine fortitudo mea &c.

La dissetime lune. ceo sachez est bone a toute chose qe fere
voderez. a terre arrer & a semence semer. lenfaunt neez mort

la dissetime lune: par lons serra amiable & sage & letre. verray & benigne. la fem
ele sage serra. & en toutes choses profitable. bone fe[...] deviendra.
ki emmaladira. travillera & lever tost. ou a peine eschapera
a. sounge dedenz. x. iours. ou xii. apert serra. semener a
vespre des chaundeles est bon. psaume. Aperuerit fontes a[...] &c.

La disseutime lune. nator fu ne. & si prdes toutes choses
comencer ki tu vodras. lenfaunt neez cel iour. serra
sage & puissaunz. & plaunt serra. tor[...] lons. & si ne navera
la disseutime lune: avera. & nent longe vivera. la femele laboreuse & chaste &

fol. 44^{r}: art. 14

poure sera. 7 en age enrichera. singne si cum li mâlle auera.
les en meillurera. tost releuera. ou mort longement gisra. mesil
eschapa. furtif 7 larcin serroint tost trouez. les semmener
uoudra. deuchun terre semenera. soinge dedenz xviii iours
ou trente en ben tornera. saume fiducia ꝺñe nocentes me ꝗ.

La diseneisme lune. sodome 7 gomorre peristrent. ele est bone
ceo sachez. toutes choses fere prez. lenfaunt nez benoine
7 hardi 7 sageserra. 7 cum plus uiuera plus amendera. 7 ꝑ
honour auera. Al destre sin est signe auera. 7 bestiis serra
mesfait que il merge serra meseit. ou il serra cunbatour que
chet en maladie tost leuera. ou tunz iours languira. deques
sa mort. la pucele que nez. hardi 7 cde 7 enseigne ne serra.
7 plus les un homme auera. singne si cum li mâlle auera. furtif
7 larcin serroint tost trouee. ne fest pas bon seinouer cel
iour. soinge dedenz vii iours. ou ix uerdiz 7 bon serra. mes
est les le soingera dedenz iii iours amilz nel dirra. saume
pon et eos ut dissimilium montis. ou saume ꝺñe illuminacio mea. 7ꝗ.

La uintesme lune isaac engendra iacob. nule chose que uertu
cel iour comencer ne prez. len faunt nez cutee 7 iour serra
7 hardi 7 lettre serra 7 en terre bien singne auera. 7 un gros
serra. ou il serra pdromme 7 seint homme. la femele de bone moys
sa dourne 7 monz hommes refusera. singne cum le mâlle
auera. le furtif tost ꝑs serra. le ꝼanis tost ateint serra. les ennui
ladra tount morra. ou longement languira 7 leuera. les
semener uoudra. il seir ben ꝑra. le soinge seere serra.
mes est que le soingera amilz nel dirra. saume exaltabo te ꝺñe.

La vintesme pmere lune ysaac dona sa beneceoun al
iacob soun fitz. ceo est la uertez amil oue ane
nest bon acel iour. fors de colour 7 de cunbatour
7 eschater que est achatour. lenfaunt nez laboronis 7
sage. 7 bon larroun serra. singne al front auera. en
feu ou en ewe ꝑra. la femele un larroun auera signe

Si saume bada dist ke iii iours de la lune sit en lan. en quens si homme amenuse
sun saune. ou beuure de medicine prechquez. dedenz le anne iour. ou le dit
corpez 7 cherme bete ke en ceus iours lsaune amenuset morgez. ceo est
dequi. le pmi iour de la lune antime de Auz. Le deraun iour de la lune ꝑsꝗ

(marginal notes, left column:)
La dissꝷ
enesime
lune.

la uintesme
lune.

la uintime
lune.

(right margin, lower:)
De Auer
iii iours

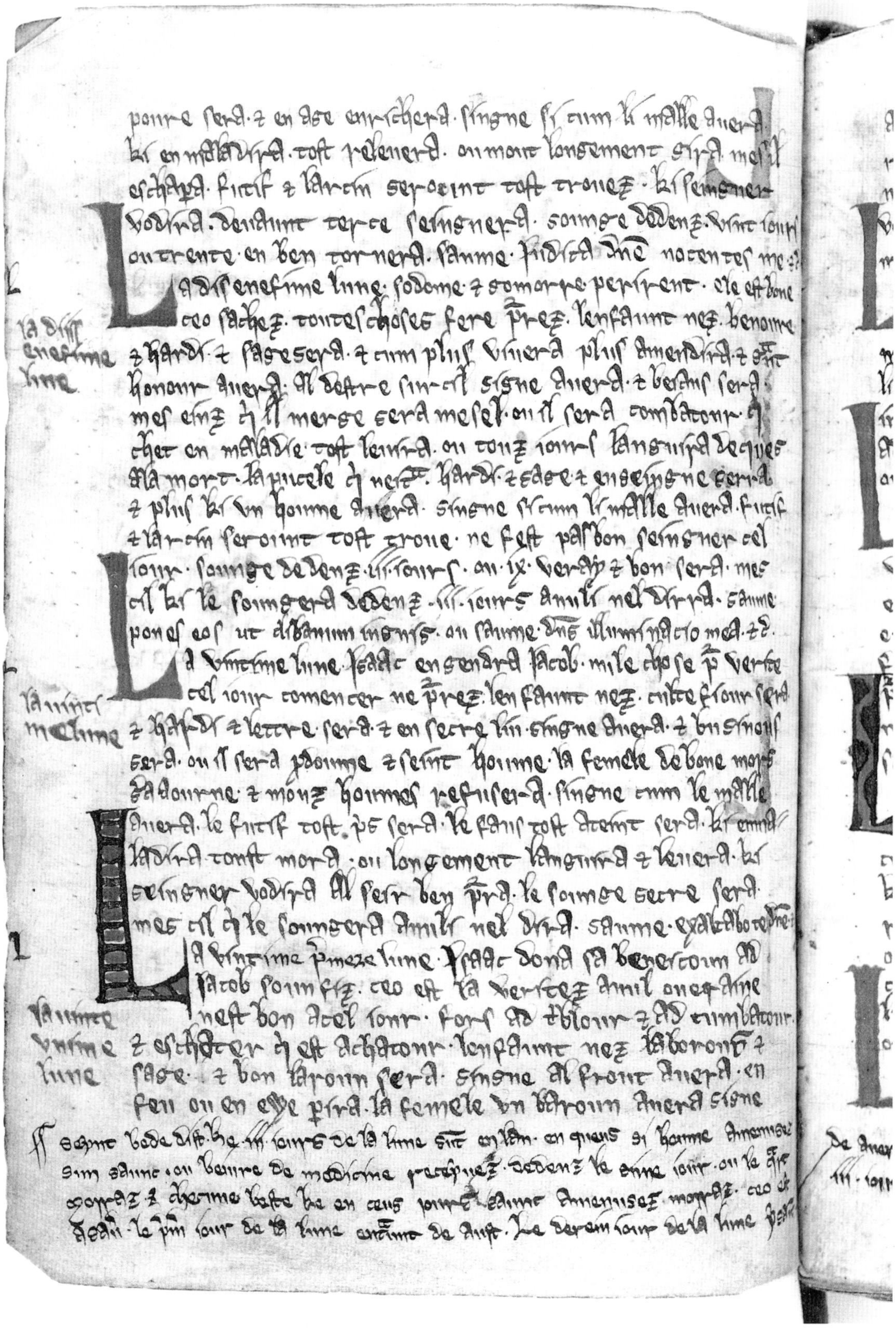

Ali cerneil auera. & laborouse serra. amiable & chaste sera. le fuitif
reuendra. larun troue sera. li malade tost leuera. ou la mort
neschapera. nest pas bon seigner cel iour. ke en sounge ren
vera certein & verais sera. kar dedenz .ix. iours vendra. saume. salua me ex ore leonis. ou saume expectans expectaui dominum &c.
La vinte secounde lune. Josep fu ne. cel iour nest pas pro- La xxii lune
fitable a miler en comencer ne couenable. lenfaunt nez sera
mire & chelerous. ou il sera clerc. ou trechere saun seignour.
li malade languira & releuera. fuitif & larun ne serount point troue. qi seigner vodra bon est. sounge certein serra &
a ioie vendra. saume. confundantur omnes inimici aduentes.
ou saume. dixi custodiam vias meas. &c. la vinte terce lune
La vinte terce lune. zacharie fu nez. ele est bone pur verite
a toutes choses verre saunz fauseté. lenfaunt nez coueitous sera & menuiers. ou bons clers & sages sera. qui
enmaladira. souent eschapera & souent cherra. ou longement languira & releuera. la pucele ke nestra couetouse sera.
fuitif & larun serount tost troue. ke seigner vodra bon
est. & ceo auaunt oure de noune. sounge est a crere. & sing
nefsera tensoun. saume. quis est homo qui memores eius. ou
saume. beatus qui intelligit super egenum & pauperem. & c. la vinte quatre
La vinte quatre lune. moises destruit pharaon. bon est lune
a toutes choses comencer. pur verite. lenfaunt nez sera
caunbatour & fort. & mout lons irra. & pecheour sera.
ke enmaladira tost morra. ou longement languira. & leuera a grant peine. fuitif & larun dedenz court terme serount troue. ke seigner vodra deuaunt oure de tierce seignera. ou a haute prime. sounge aucune chose de salu permettera. saume. iudica me domine secundum iusticiam meam. &c.
ou saume. magnus dominus & laudabilis nimis. &c. la vinte cinke lune
La vinte cinke lune. deu dona pestilence en egipte. mal
est de ouerer cel iour. mes touz iours fest bon berters
de mort. Le derein iour de la lune pur saunt de decembre. & si aucun en ceus
iii. iours de boulche maluice. dedenz le quarantime iour morra.

fol. 45r: arts 14, *84 (ii)

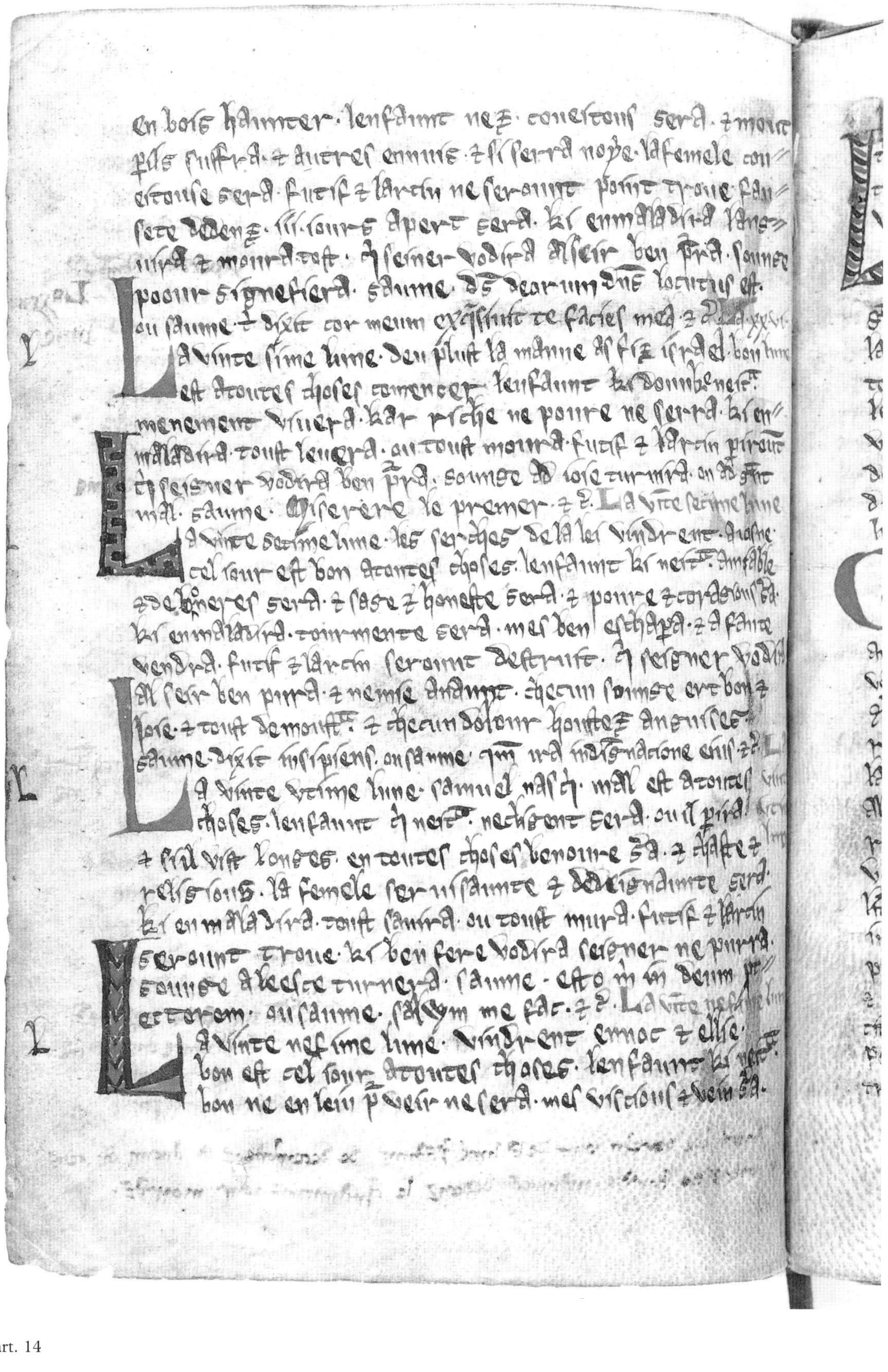
en bois hauntier. lenfaunt ne z. conceuz serra. e moult
bles suffrera e autres ennuis. e il serra noye. la femele con-
ceue serra. Futif e larrun ne serrunt point trove. sau-
nete de lenz. iii. iours apert serra. ki enmaladira languira e mourra tost. Qi sener vodra aseir ben purra. sounge
poeir signefiera. saume. ds deorum dns locutus est.
ou saume. Dixit cor meum exquisivit te facies mea. e c. [illegible]
La vintesime lune. deu pluit la manne as fiz israel. bon lune
est a toutes choses comencer. lenfaunt ke dounke nestra
[illegible] vivera. kar riche ne poure ne serra. ki enmaladira tost levera. ou tost mourra. Futif e larun purrunt
[illegible] Qi seiner vodra ben purra. sounge de ioie turnera. ou [illegible]
mal. saume. Miserere le premer. e c. La vinte seime lune
La vinte seime lune. les [illegible] de la lei vindrent. [illegible]
cel iour est bon a toutes choses. lenfaunt ki nestra. amiable
e debonere serra. e sage e honeste serra. e poure [illegible]
ki enmaladira. tourmente serra. mes ben eschapera. e la femme
vendra. Futif e larun serrunt destruit. Qi seiner vodra
al seir ben purra. e nemie au matin. chescun sounge ert bon e
ioie e tout demoustera. e chescun dolour [illegible]
saume. Dixit insipiens. ou saume. [illegible]
La vinte [illegible] lune. samuel [illegible] est a toutes
choses. lenfaunt ki nestra. [illegible] serra. ou il purra
e sil vit longes. en toutes choses [illegible]
[illegible] la femele [illegible] serra.
ki enmaladira tost sanira. ou tost murra. Futif e larun
serrunt trove. ki ben fere vodra seiner ne purra.
sounge a leesce turnera. saume. [illegible]
[illegible] au saume. Salvum me fac. e c. La vinte nefime lune
La vinte nefime lune. vindrent [illegible]
bon est cel iour a toutes choses. lenfaunt ki nestra
bon ne en lui purveir ne serra. mes viciouns e vein serra.

fol. 45v: art. 14

La pucele sage e devine serra. ki en maladira. erenement
enlangira e vivera. ou il mourra tantost. furtif nert point
trove. ki seinner vodra ben pra. Sounge certeinement
verrai serra. exultate deo adiutori nostro &c. la trentime lune

La trentime lune si vint le deluvie. mult est a toutes
choses. lenfaunt ki nestra. ne bon ne sage ne serra. e
grant chateus avera. ou il sortendra mout des busoignes.
La femele beneure e benigne ne serra. ki en maladira. tauntost mourra saunz confessioun. e si il ne meurt dedenz
les .ii. iours. il le trovera. furtif eschapra. ki ben fere
vodra. de nuit ne de iour seinner ne purra. sounge dedenz .ii. iours. ou .ix. ou .viii. demoustra. saume. diligite
dominum omnes sancti eius. ou saume. exultate deo in virtute &c.

Hic incipiunt experimenta bona e optima

Glutem mirabile. Ad deaurandum quicquid volueris. accipe alu-
men ovi e in ipsum dissolve auripigmentum [illegible] quo maius
as [illegible] [illegible] [illegible] [illegible] [illegible]
[illegible] [illegible] [illegible] post super pone [illegible] [illegible]
vel [illegible] [illegible] [illegible] post cum bombace [illegible]
[illegible]. Ad faciendum scripturam cupream vel eneam vel
[illegible] vel argenteam hoc modo accipe [illegible] e tere in
lapide [illegible] minutissime ad minus apponendo de [illegible]
[illegible] quod sufficit. hac vero confectione scribe quicquid volueris e desiccare permitte post frica ipsam litteram [illegible] metallo
volueris e ipsius litteram recipiet colorem. Ad scribendum
litteram que legi non possit ab aliquo nec etiam videri nisi ad
ignem calefacta. accipe cepas. [illegible] e [illegible] e tere simul
post succum exprime quo scribas quicquid volueris in papiro
e [illegible] [illegible] e postea ad ignem calefactatis e tam
cito legi potest. Ad scribendum litteram que de die legi non
potest set de nocte accipe fel [illegible] [illegible] [illegible]
[illegible] e [illegible] lucentem de nocte [illegible] e

fol. 46r: arts 14, 15 (i-iv)

albumen ovi et misce simul distempera et scribe de isto atramento. Si volueris
ut fiat imago in pariete et videris de nocte tenebrosa et non
de die videri poterit ab aliquo. Ut litera legi non possit nisi mediante speculo scribantur iste litere ordine transverso ut in
carte sint scripte et non legentur nisi contra speculum teneantur
ut contra solis radios et tunc a quocumque legi possit.

Ut a sole candelam possis accendere accipe vitrum bene poli-
tum et ponatur in medio ipsius speculi bene clarum
circumquaque in speculi circuitu et pone pannum lineum
combustum et post ponatur inter solares radios et accendetur pannus.
sol Item modus alius. Accipe berillum aut cristallum et tene
ipsum rotundum prius in aqua contra solis radios et apparebit in eo
solis occultus cum applicandis pannus lineus combustus et statim
accendetur videnter lapidum. Item modus alius ut
testatur Galienus in libro de complexionibus. Accipe ampullam
vitream bene claram et ipsam imple aqua fontis limpida et post
pone contra solis radios et in ipsam apparebit solis occultus cum applicandis est pannus lineus combustus et accendetur in ipso statim
aqua ignis. Ut aqua videatur vinum bibentibus. Imple aliquod
vas vitreum aqua usque ad medium et superpone illi buccellam
panis albi tenuem aut nebulam. Ut pannum lineum cum paulu-
lum imponatur vinum super [illegible] quousque potus
sit repletus. Post pane remoto videbis vinum in uno loco et
aquam in alio. Item modus alius per stillacionem. Accipe potum
magnum et imple ipsum optimo vino ut musto cui superponatur
alembicum et distilla ipsam aquam. Post feces vini remove et permitte
desiccare et pulveriza. De quo pulvere si in aqua posueris vini
saporem recipiet ipsa aqua subito. Item modus alius
accipe panem ex decoctum novum [illegible] ut albu-
m diluendo ipsum vino pondus optimo et desiccatum permitte quem-
cumque in aqua posueris debit illi boni vini saporem quod feci
[illegible]. Ut vinum aque mixtum ab ipsa aqua separ-

fol. 46v: art. 15 (iv-viii)

Pateat universis presentes

47

accipe vinctos marinos desiccatos et aliquantulum excorticatos et
ponantur in commixtione aque cum vino et statim ipsam aquam bi-
bunt et non vinum et hoc invenit de eorum proprietate.

Ut ovum super aquam positum fundum petere non possit
facias aquam densissimam de cineribus clavellatis aut disso-
lutis in ipsa aqua salis multitudinem post suppone ovum
et non petet fundum et hoc provenit propter aque grossitudinem.
unde dicitur a quibusdam quod siccus navis in aqua dulci citius quam in
aqua salsa submergitur. Ut ovum ascendat super hastam per se
in lancea. hoc modo facias evacuabis ipsum ab interioribus
postea implebis rore celi in mense maio et pone contra lance-
am cum sol in fervore fuerit et statim ascendet a sole.
Ut ovum includatur in vase vitreo stricti orificii pones
ipsum in aceto per diem ut mollificetur postea in [illegible] manibus in longum protrahe et sic in vase vitreo includi poterit. aqua per me-
diam similiter post aqua frigida infusa durities faciet ut ad
menem depi[illegible]. Ut ovum baculo percussum vel contra parietem proiectum frangi nequeat. ponatur in aceto per diem.
ut supra dictum est. Deinde ad solem indurandum permitte per mensem integrum et sic vertetur in soliditatem lapidum.
Ut pomum vel pirum vel botrum includatur in vase vitreo.
et sic permitte in suo ramunculo quousque satis creverit et ad
suam maturitatem pervenerit postea depone et serva tamen [illegible]
vis. Ut anulus saliat per domum ad modum locuste includatur in ipso argentum vivum ita ut exire nequeat post
ea calefacta ad ignem qui cum calefactus fuerit statim
saltabit continue quousque infrigidetur anulus iste.

Broche [illegible]

Ut gallus cantet in veru (broche) et volvatur (turrie) per se includatur
argentum vivum in gallinis (ternes) bene ne exeat et ponatur
[illegible] ipsius et postea ponatur ad ignem. Si id
cum cantamus ponatur in ventre piscis qui ad ignem as-
sandus est saltabit ab igne cum calor ad argentum

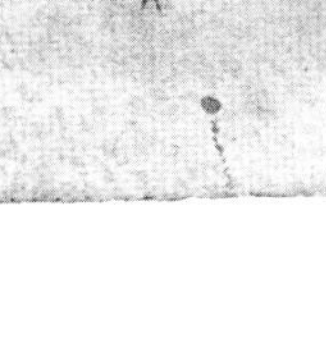

fol. 47^{r}: art. 15 (viii-xv)

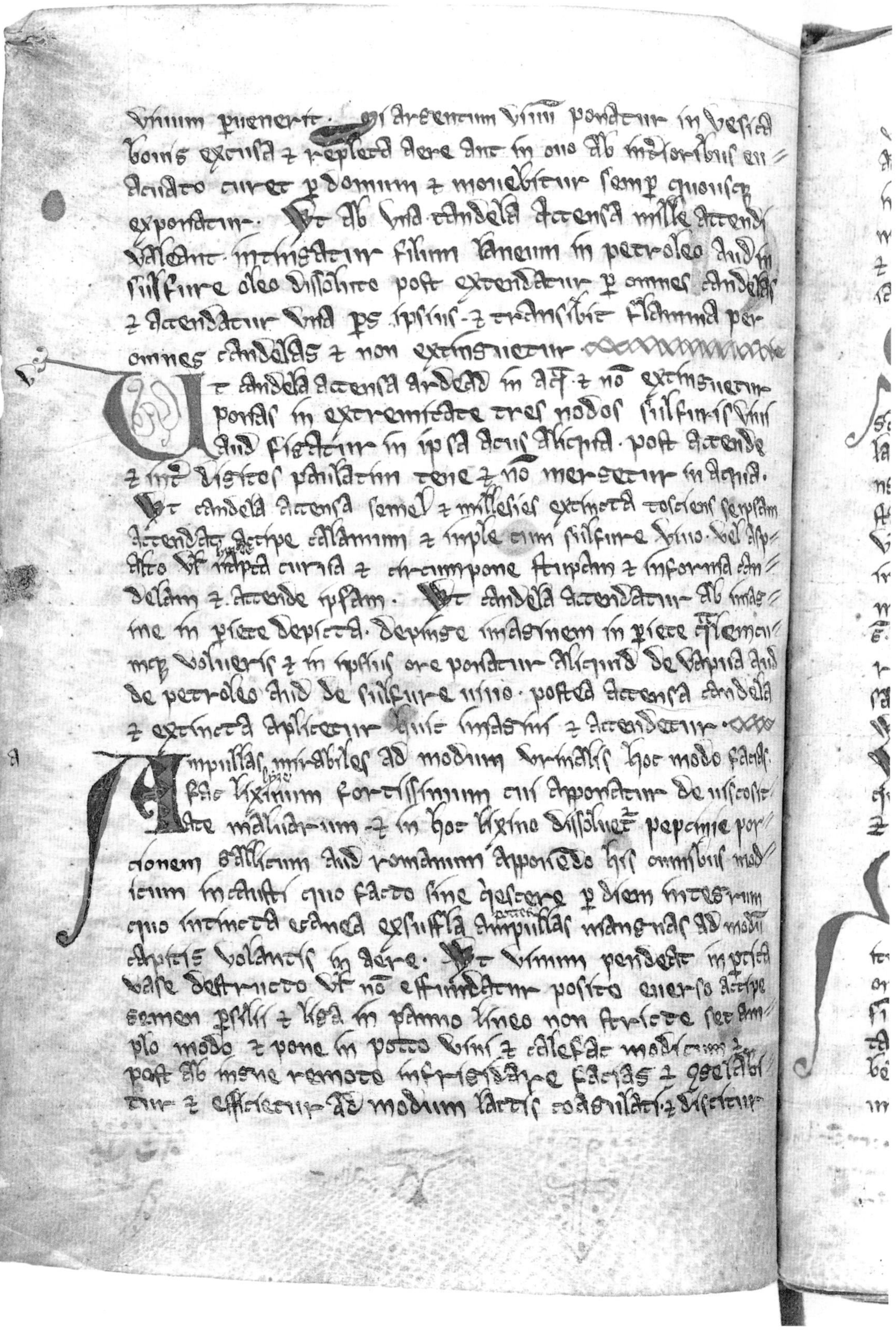

vinum pervenerit. Si arenam vini ponatur in vesica
bovis excussa et repleta aere aut in ovo ab interioribus eu-
acuato curret per domum et movebitur semper quousque
exponatur. Ut ab una candela accensa mille accendi
valeant: intingatur filum laneum in petroleo aut in
sulfure oleo dissoluto post extendatur per omnes candelas
et accendatur una pars ipsius et transibit flamma per
omnes candelas et non extinguetur.
Ut candela accensa ardeat in aqua et non extinguatur
ponas in extremitate tres nodos sulfuris vivi
aut figatur in ipsa acus aliqua. post accende
et inter digitos paulatim tene et non mergetur in aqua.
Ut candela accensa semel et millesies extincta totiens per se ipsam
accendatur accipe calamum et imple cum sulfure vivo vel asp-
alto vel nafta curata et circumpone stupam et informa candelam et accende ipsam. Ut candela accendatur ab imagine in pariete depicta: depinge imaginem in pariete qualemcum-
que volueris et in ipsius ore ponatur aliquid de nafta aut
de petroleo aut de sulfure vivo. postea accensa candela
et extincta applicetur huic imagini et accendetur.
Ampullas mirabiles ad modum [illegible] hoc modo facies.
Accipe lixivium fortissimum cui apponatur de viscosi-
tate malvarum et in hoc lixivio dissolvatur [illegible] por-
cionem galbanum aut romaninum apponendo his omnibus modicum [illegible] quo facto sine quiescere per diem integrum
quo intincta [illegible] exsuffla ampullas [illegible] ad modum
avium volantes in aere. Ut vinum pendeat in perforato
vase destructo ut non effundatur posito [illegible] accipe
semen psilli et liga in panno lineo non stricte sed am-
plo modo et pone in poto vini et [illegible] modicum et
post ab igne remoto infrigidare facias et coagula-
tur et efficietur ad modum lactis coagulati et [illegible]

fol. 47v: art. 15 (xv-xxi)

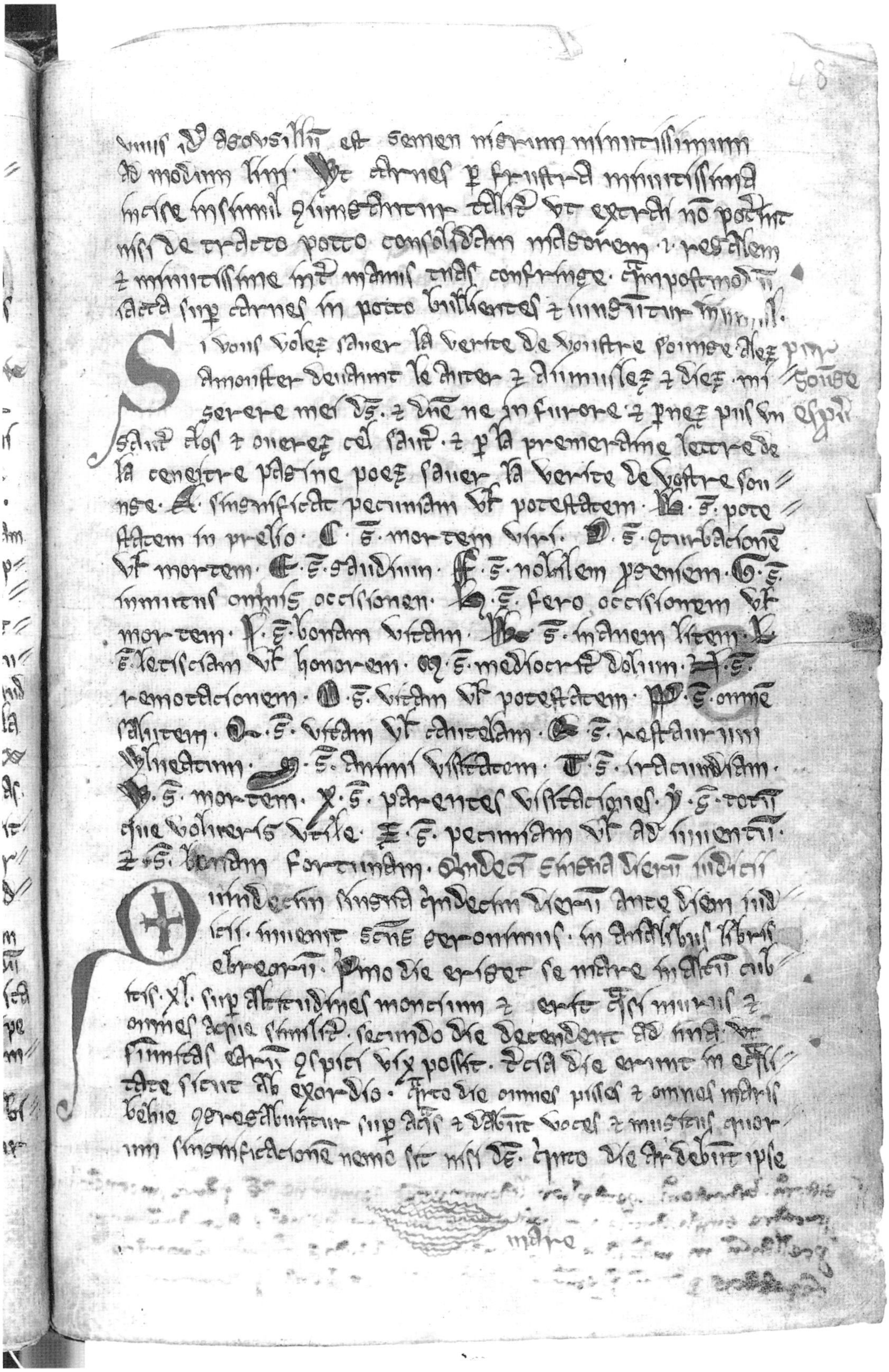

uinis. Vas deorsum est semen mirum minutissimum
ad modum lini. Ut carnes per frustra minutissima
incise insimul [illegible] talia ut exercitu non possint
nisi de [illegible] potto consolidatum inclusorum i. pestellum
et minutissime inter manus tuas confringe. Et postmodum [illegible]
salsa super carnes in potto bullientes et [illegible]
Si vous volez saver la verite de vostre songe alez
a moustier devaunt le auter et [illegible] et dites miserere mei deus et domine ne in furore et priez puis en
saint [illegible] et overez cel sautier et par la premereine lettre de
la senestre pagine poez saver la verite de vostre son-
ge. A. significat pecuniam vel potestatem. B. significat potestatem in prelio. C. significat mortem viri. D. significat conturbacionem
vel mortem. E. significat gaudium. F. significat nobilem personam. G. significat
inimicus omnis occasionem. H. significat fero occasionem vel
mortem. I. significat bonam vitam. K. significat inanem vitam. L.
significat leticiam vel honorem. M. significat mediocre dolium. N. significat
remocionem. O. significat vitam vel potestatem. P. significat omnem
salutem. Q. significat vitam vel [illegible]. R. significat [illegible]
[illegible]. S. significat animi [illegible]. T. significat tribulacionem.
V. significat mortem. X. significat parentes visitaciones. Y. significat totum
quod volueris velle. Z. significat pecuniam vel adinvencionem.
&. significat bonam fortunam. Quindecim signa dierum iudicii
Quindecim signa quindecim dierum ante diem iudicii invenit sanctus Jeronimus in annalibus libris
ebreorum. Primo die eriget se mare in altum cubitis xl. super altitudines moncium et erit quasi murus et
omnes aque similiter. Secundo die descendet ad ima ut
summitas eius conspici vix possit. Tercio die erunt in equali-
tate sicut ab exordio. Quarto die omnes pisces et omnes marine
belue congregabuntur super aquas et dabunt voces et mugitus quorum significacionem nemo scit nisi deus. Quinto die ardebit ipse

fol. 48[r]: arts 15 (xxi-xxii), 16, 17

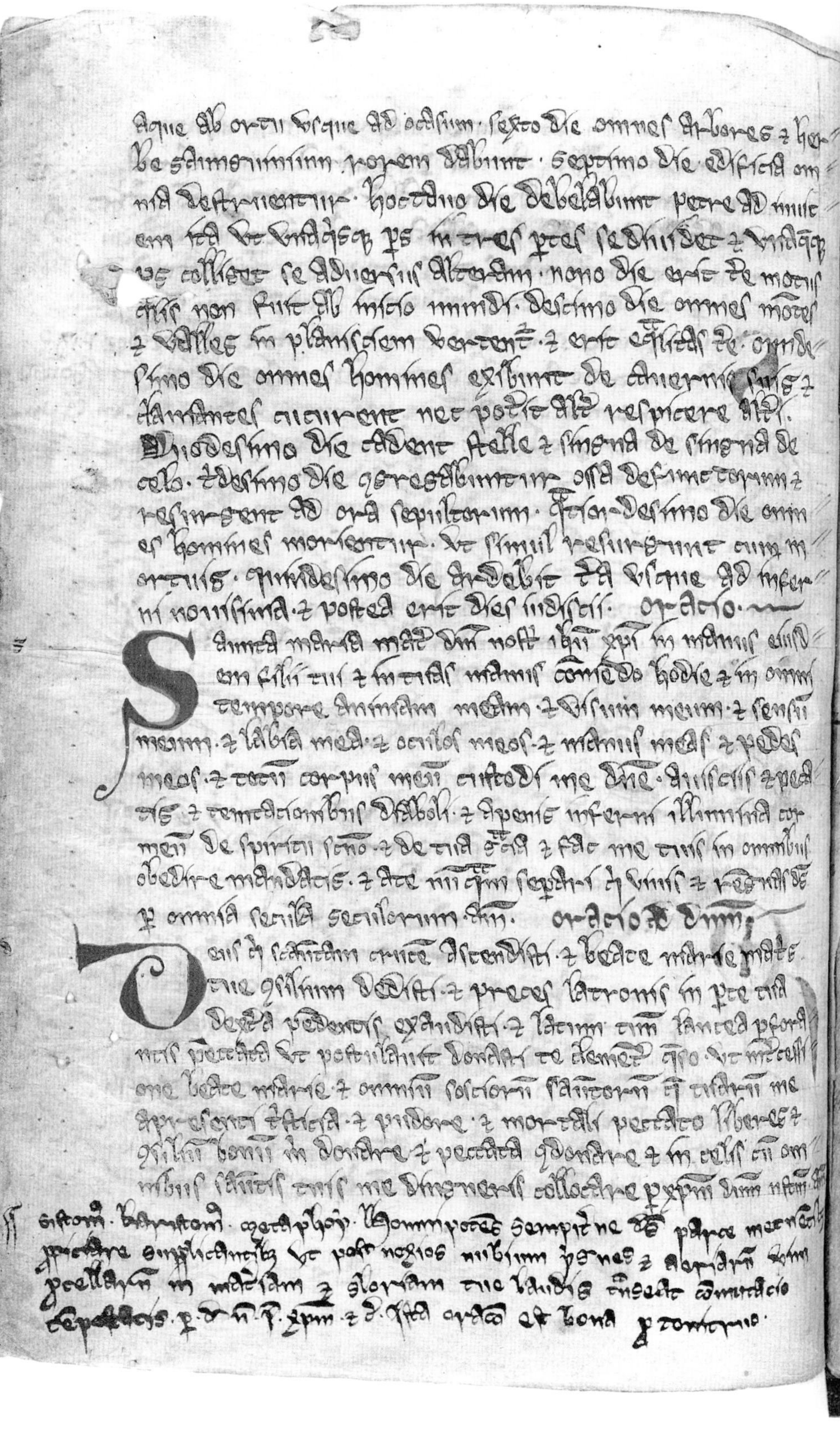
aque ab oriente usque ad occasum. sexto die omnes arbores et herbe sanguineum rorem dabunt. septimo die edificia omnia destruentur. octauo die debellabunt petre ad inuicem [illegible] in tres partes se diuidet et [illegible] collidet se aduersus alteram. nono die erit terremotus qualis non fuit ab inicio mundi. decimo die omnes montes et valles in planiciem vertentur et erit equalis terra. undecimo die omnes homines exibunt de cauernis suis et tamquam amentes [illegible] nec poterit alter respicere alterum. duodecimo die cadent stelle et signa de celo. [illegible] die [illegible] ossa defunctorum et resurgent ad ora sepulcrorum. [illegible] die omnes homines morientur ut simul resurgant cum mortuis. quindecimo die ardebit terra usque ad inferni nouissima et postea erit dies iudicii. Oracio.

Sancta maria mater domini nostri ihesu christi in manus eius et filii tui et in tuas manus commendo hodie et in omni tempore animam meam et visum meum et sensum meum et labia mea et oculos meos et manus meas et pedes meos et totum corpus meum custodi me domine a vitiis et peccatis et temptacionibus diaboli et a penis inferni. illumina cor meum de spiritu sancto et de tua gratia et fac me tuis in omnibus obedire mandatis et a te numquam separari qui viuis et regnas deus per omnia secula seculorum amen. Oracio de cruce.

Deus qui sanctam crucem ascendisti et beate marie matri tue consilium dedisti et preces latronis in parte tua dextra pendentis exaudisti et latus tuum lancea perforari [illegible] [illegible] beate marie et omnium sanctorum tuorum ut custodias me a presenti [illegible] et a mortali peccato liberes et [illegible] et peccata [illegible] et in celis cum omnibus sanctis tuis me dignare collocare [illegible]

[illegible] omnipotens sempiterne deus [illegible]

fol. 48v: arts 17, 18, *85

Ci comence le medicinal des oiseus

Si vous auez en aucun liu ayre de houstour. ou de
esperuer. ou de autre oisel. e vous creez ou sachez de
veir ki nul homme seit entour de vous embler
cel ayre. fetes les ben garder e sauuement desques apres les
.ix. iours ki eus seient esclos. Puis gardez quel iour les
pucouns seient esclos. de cel iour a .ix. iours alez al ayre m
eintin si les prenez o mies mains. e ceo tendrement desqe al
neuime iour. a demi oure. kar deuaunt cel iour ne
ount il nule perfectioun de sen ne de receuoir de membre pur
estre manié. Pur ceo di ieo par matin. kar dunke lem
poet plus seurement manier. pur la gorge. kar dunke est
voide. si ne fet pas chaut. ne li pere ne est ne la mere.
kar si venaunt eus les prendrez. tost vous blescerount
e le ayre guerpirount. A mies mains di ieo kar mains
encombrousement les poet lem prendre sauns blescer.
Quant en cele maniere les auerez pris. si les metez en
un corbilioun. ou en une baste si les portez suef. Mes
si vous les cremez prendre par bosoingne les prendrez
al .vi. iour. e si les metez en un corbilioun plus large del ... e
seit forree de un pel de leure. Pur ben norir.

Des ore apres coment les auerez norir. Querez ch
acun iour vifs oiseus ou sorz e si les escorchez e
detrenchez menu pur mangier. si li donez en une b
oche ment trop deue. iii. feze le iour e poi ensemble.
kar si il ad fem en sa iuuente ... ele ... ly
toit ... e de autre part ceo fet ki les pennes estaunt la
penne surdaunt. ki apert cum il est fermes. si cum ele
fust taillé de un coutel. e si cele penne plus dunke la depas
sez au cire. De ceo vous gardez ki aunke sez ne le
pessez de plusurs viaundes. fors de oiseus par ... ou
de geline ou de motoun. ou de quer de pork. E si
de char de geline. ou del ele le pessez. ben en custez le

.ix.

fol. 49r: art. 19 (i)

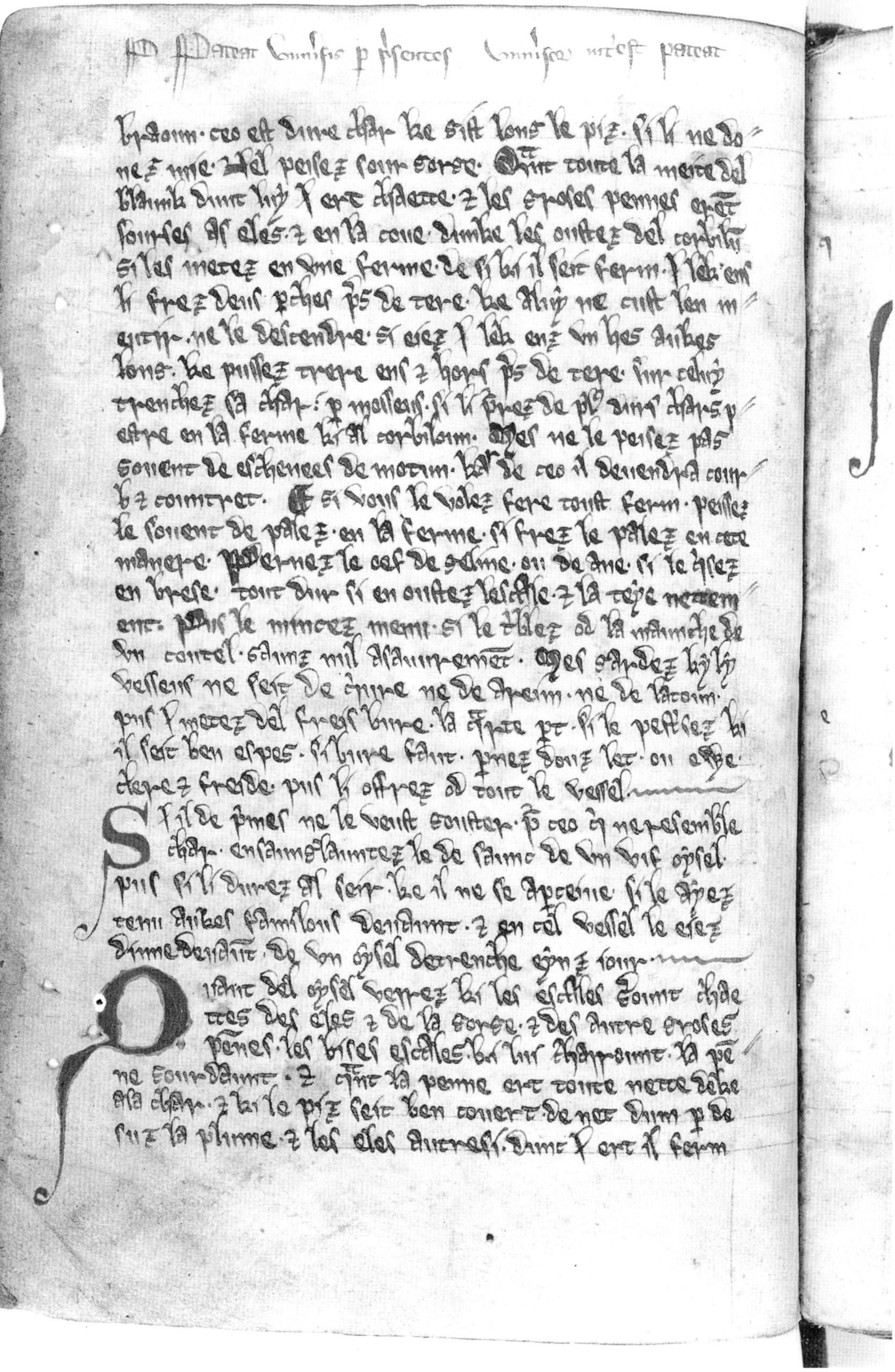

ff ffdeccat hominis p p(re)sentes hominisc nil est peccat

hyracoun. ceo est dune chose ke sist lonc le piz. si li ne donez mie. Del peisez sour torse. Quant toute la merde del
blaunk dunt lui ert chascee. e les groses pennes que
sont-tes as eles. e en la coue dunke les oustez del corbilun
si les metez en une ferme de si ke il seit ferm. Plessez em
li frez deus perches pus de tere. ke aver ne ... ben m-
gier. ne le descendre. si aiez ... [illegible] ... longes
lons. ke pussez trere ens e hors pus de tere. sur cele
trenchez sa char pur moisoun. si li frez de plus ... y
estre en la ferme ke il corbilun. Mes ne le peisez pas
souent de eschinees de motun. kar de ceo il deuendra com-
be e countret. E si vous le volez fere tost ferm. peisez
le souent de pullez. en la ferme. si frez le pullez en cete
manere. Pernez le oef de geline. ou de ane. si le quisez
en brese. tout dur si en oustez la esche. e la teye nettement. Puis le mincez menu. si le tailez od la alumelle de
un coutel. solunc nul asauuraement. Mes gardez ke li
vessels ne seit de quivre ne de araim. ne de latoun.
puis i metez del fres burre. la quarte part. si le pestrez ke
il seit ben espes. si burre faut. prenez douz let. ou ewe
clere e freide. puis li offrez od tout le vessel.

S il de primes ne le veut gouster. pur ceo que ne resemble
char. ensaimes lauez le de saunc de un vif oysel.
puis si li durez al ... ke il ne se apreine si le purez
tenir tiles ... [illegible] ... e en cel vessel le ... [illegible]
... de un oysel ... [illegible]

Q uant del oysel verrez ke les escailes ... [illegible]
tes des eles e de la corse. e des autre groses
penes. les vises escailes ka lur ... la pene ... e quant la penne ert toute nette de ke
sa char. e ke le piz seit ben couert de nette ... desus la plume e les eles autresi. Dunc ert il ferm

fol. 49v: art. 19 (i)

de soun vol. Mes ki il seit ben sotilement de trssil. si le
lessez uncore. viii. iours. en la ferme. pur estre le plus
fort. apres le afeitez seurement.

Quant le averez pris hors de mue ou de ferme. bel
ement en oustur acoustumeement le covent porter.
si ne li donez mie tant char cum en la mue
ou en la ferme. e quant il ert aukes pris sil reclamez od
une corde ke il ne eschapez. si garderez ki vous le afei
tez ben gras. Mes a mile fez ne le reclamez plus
de. iii. fez. A houstour dirrez. ca ben. ci. ci. A fa
ucoun. hoo. hoo. A esperver od vostre bouche le con
fortez. Si il est mus. apres si il est ramagee ou sarrefens.
donke le porterez toute nuit sur vostre poin. ou
od cordes le troillerez sur perche ke il ne eit lui de dor
mir. deske entre primes. e donke li offrez la char. e si la
veut donke li lessez beiver deu fez ou treis. puis sil
reclamez e le portez sovent par matin. e la vespre. e le seir.
e quant il ert pris issi le afeitez.

Espervier sor ceo est nature prenez e moustcher deivez
trainer de alone. ou de per. si il seit afebli de soun vol.
tel oisel li donez al champ delivre. ne en vile
ne en champ buissnouns. ne pres de bois. ki il ne deviense ran
ters. ne respectiliers. ne entre blez. kar es deveine il ne
descendra pas al blez. enz volera al plein. si devendra
ramers. Esperver muer trainerez de cercele. ou de
morcun. ou de chalaunde e autres muscher muer.

Oustour ou tiercel devez trainer de oisel champestre. ceo est
frun. ou cornail. ou colomb ramage. Mes al ajue pren
dre trainez vostre oisel en ceste manere. Alez donc
estre cele riviere. si metez un homme od une ane sau
vage. ou damaysche. de sur la rive de vers vous. puis
si vendrez le pas limo la rive del oustour. e quant

fol. 50r: art. 19 (i)

vendrez endreit celui. si luerez un petit. ⁊ cil decendra
la ou declinent en haut aver le autre la prise ⁊ vous verrez
le custom. Mes ceo gardez ben ke tenerez vostre oysel
ki il un poy seit dinguez par matin. pur estre le plus egre ⁊
quel oysel ki il couvetera. si li donez. Mes gardez ke
petit oysel ne li mustrez. ne trop menel. Del esprevier a oiseler.
Al esprivier enoyseler gardez ki il eit ben mes. a la
matinez. ou a tenere perdriz. A mouschet preier
ou alone. ou la feisaunt crespe. A ostour. ou a escol-
le frai. ou la cornaille. ou la mere perdice. ou la petite geline brune as piez velue. Apres ceo ke vostre oysel serra
ben enoysele des grantz oyseus ke afaiterez ⁊ des menens.
Faucoun ⁊ merilloun ⁊ hobe afaiterez od leure. ou la char-
ette [illegible] ⁊ au clamer direz. hoy. hoy. he. he. chis. ⁊
si tost com li verrez voler. pres de vous ietez la leure
au bas long de vous. Faucoun tenez de frai ou de corna-
ile ⁊ si il est petit de une chauve. ou de un columb. ou de
ane. ou de cercele. Merilloun tenez com esprivier sor
mes li hobens sont estre plumers par nature. pur ceo ki
apez ambes deus les talons recoupez des orteils de rere
en sa iuvente ⁊ veez ki il seit seins. Meimement le faucoun
⁊ ceo luy tendrez la [illegible]. Pur merilun afaiter.
Afere merilloun bon [illegible] une forte aloette
querez ne trop [illegible] cele ele
rez desprier. si la ietez en haut. ⁊ puis le meri-
loun. ⁊ il le ateindra tost. kar ele ne set ou fuer. Al
autre fez le tendrez plus longement. ke ele sert ambes affermee. ⁊ la terce fez plus dumbe monterai as
autres par atant. A touz oiseus champestres ietez vostre oysel countre le vent. for soulement a plunger.
ou countre le ietez. ⁊ pres de terre. ⁊ od le vent. A
touz oiseus de riviere. tut vous ieterez vostre

fol. 50v; art. 19 (i-iii)

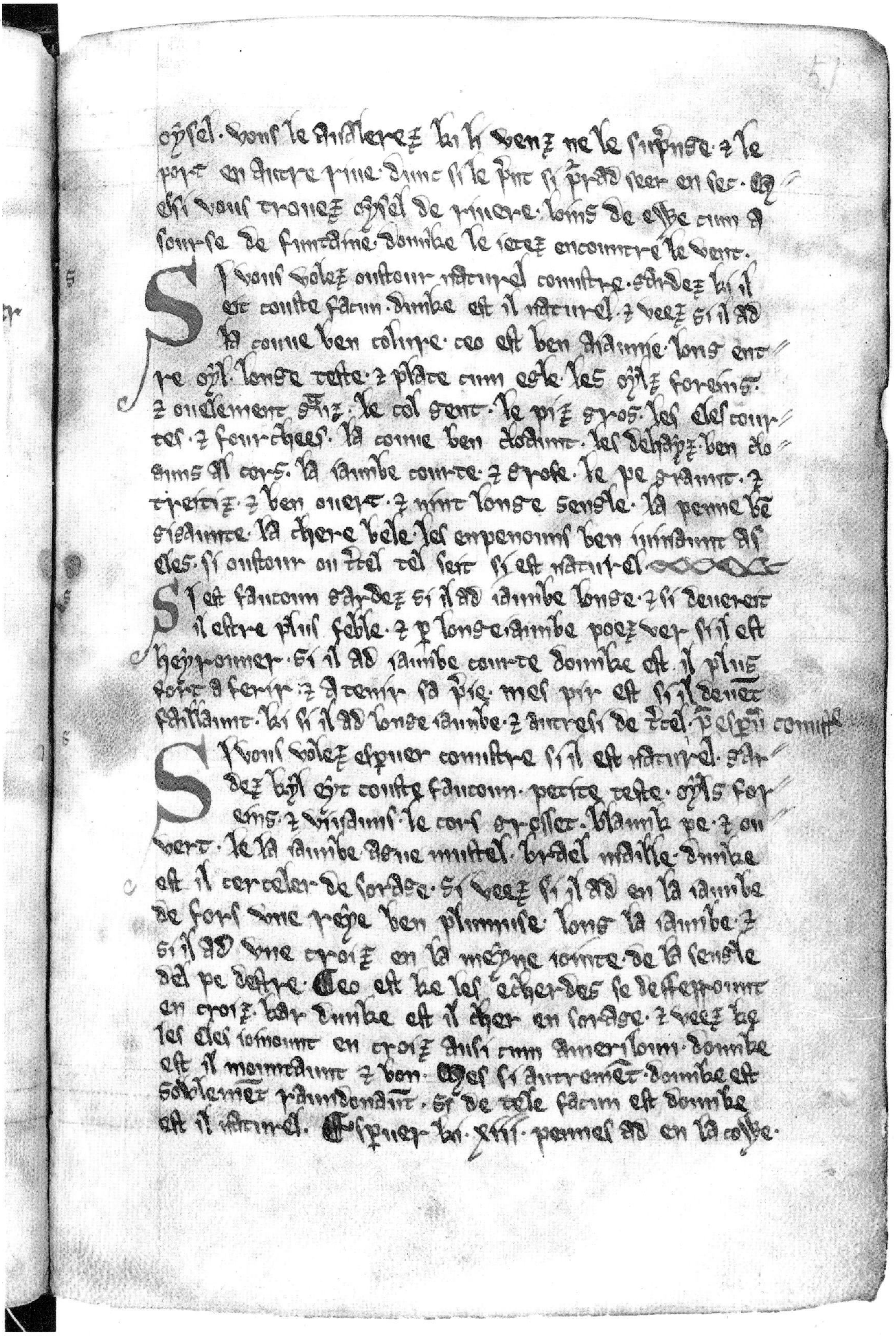

51

oysel. vous le avilerez ki li venz ne le surprenge. e le
port en autre rivere. dunc si le pur si prent seer en sec. Que
esi vous trovez oysel de rivere. loins de ewe cum a
sours de funtaine. dounke le jetez encountre le vent.

Si vous volez ostour naturel conustre. gardez ki il
est couste facoun. dunke est il naturel. e veez si il ad
la coune ben colure. ceo est ben chaunge. lonc entre
re oyl. longe teste. e plate cum egle. les oylz forens.
e ouelement [illegible]. le col grant. le piz gros. les eles courtes. e fourchees. la coune ben acordaunt. les deheorz ben ac-
ordaunz al cors. la jaumbe courte. e grosse. le pe graunt. e
tyretiz. e ben overt. e unt longe sengle. la penne be-
gardaunt. la chere bele. les crupenouns ben juindaunt as
eles. si ostour ou teel tel serr si est naturel.

Si est faucoun gardez si il ad jaumbe longe. e si devereit
il estre plus feble. e par longe jaumbe poez ver si il est
herounier. si il ad jaumbe courte dounke est il plus
fort a ferir. e a tenir sa prie. mes pur est si il deveit
faillaunt. ki si il ad longe jaumbe. e autresi de teel. Pur esprevier conustre

Si vous volez esprever conustre si il est naturel. gardez k'il eyt couste faucoun. petite teste. oyls fer-
ens. e vigdaunt. le cors gresset. blaunk pe. e ou-
vert. ke la jaumbe deive muscel. bredel [illegible]. dunke
est il tercelet de sordge. si veez si il ad en la jaumbe
de fors une penne ben plumuse. lonc la jaumbe. e
si il ad une croiz en la meyne jointe de la sengle
del pe destre. Ceo est ke les echerdes se deffeyoint
en croiz. kar dunke est il cher en sordge. e veez ke
les eles sojournunt en croiz ausi cum emerilloun. dounke
est il meimedaunt e ben. Mes si autrement. dounke est
soulement reaundaunt. e de tele facoun est dounke
est il naturel. Esprever ki xiii. pennes ad en la cove.

fol. 51r: art. 19 (iii-iv)

si passe les autres par isnelesse. Esperver ki longe coue ad
souent deuient couard. Mes plus est isnel ki celui od con
te coue. autres de mouschet. Si vostre oysel ad
ben le dos roset & gros la mascle grose & il seyt mout
petit. donke est il de senenes oyseus. Si il est ben
grant & gros le dos ben gros. ou neyr. donke est il de
bons oyseus. Si il ad les pez blaunchez & les oylz. donke
est il nyes. Autour nyes sont auer les pez & les
oylz plus blaunchez ki esperver. Oysel ramage sont
auer les pez & les oylz meins blaunchez. Et sursaus
les sont auer ben iaune & cel fait vermail

Si vostre oysel ad la mascle russette. donke est il
esclos en pomer. ou en aune. ou en espine. Si la
aunche le gros. donke fu il esclos en bul. ou en trembler
ou en coudre. Si il est chemeudez ceo est nent ben
posez ne ben blaunches. donke fu il esclos en chene.
Sachez ki oysel nyes ne set pas si ben conustre
soun oysel hardiz. cum li sursaus. Mes li nyes
sont autre plus hardiz & ceo avent de la seurte ki
il ad de celui ki le terrez. Pur faucoun conustre

Si vous volez conustre naturel faucoun. esgard
ez si il ad petite teste. ou forsein. pez grosset
longe come pe autres biset. & faucoun lanier
ad grose teste. courte come le pe forment biset.
Si es merilloun volez conustre. de meisme la mane
re ki faucoun. Mes ki les eles ad blaunches. kar tenu
oysel ki ad plus iaune le pe. taunt est il plus raue
nure par nature. Des faucouns & des merilouns.
sount les femeles plus grantz ke les masles. & meuz
volauns. & sunt apelez sur touz les femeles. Les ma
les tercels si sount menour cum touz oyseaus
ki de chacer vivent purement

fol. 51v: art. 19 (iv-v)

Des oremes voyrez quides sount les pres. z ou eles sut
de oyseus. P eù vous entendames acoñstra les. z
les noms autres voyrez des pennes. La appee-
tes est le plume ki est en oysel p̃ de suz de bek. La entroyl-
tes est cele prie. P̃ daume cum il entre le dur bek. z le oil
gñral ces sunt celes penees. ke il ount de suz le
oyl de memes la plume. La colpes ces est une croyst-
m̃ reye ki v̄ ver de long le sm̃-cil. Deke al autre
pt de suz le hatel. La expens ces sunt les .iiii. penes
en oysel haut als des deudunt le plest des eles. La
phlatms. ces est la pmendme penne des dreites pennes
des eles. La arcels. ces sunt les vi. plus longes pennes
des eles c̃js le cassel. La vehms. ces sounte celes courtes
pennes ki coener-ount cote kele c̃nt est ouerte. La
velchtr̃z. ces sut unes pl̃ courtes pennes en kele pl̃ prthe-
mes des cors. ki perent c̃jtir lous le dos c̃nt il close les
eles. La cruierele ces sunt deus mechines pennes de la cothe. Dount le un keur-e le autre ala feze. La penne.
ces est la penne de sour la coue. Dount P comense a
prendre. z hilume di c̃tt z de P loek. tret il une uint-
ure dount il se vint chendre. La bradol. ces est une
assm̃ette de plume blaunche chist la fundement. De
sour la cothe. La censle. ces est kuidens des or-teus ki
pe deuichant. La tahis ces est la rache ki v̄ reye le pe z le v̄t.

S
 Kouftre oysel est coisthard. pnez la tendre char de
 vache. ou de oyserim. ou de puisin. et la motez en
pim̃e kl̃ P este de noirme. Dekes ala releuee doñ-
nbe estpemez le hors la pim̃e. si enpeisez vostre
oysel z lendemain donez li laimee de porz. ben pesm̃-
ee a manger. z al setr̃ le ꝑetez. et ne pasisera mil
oysel ki ꝓ n̄ature deme puithe. si Koutre oysel
est fel a desescharner. c̃nt il ad sa pie. couerez coutre

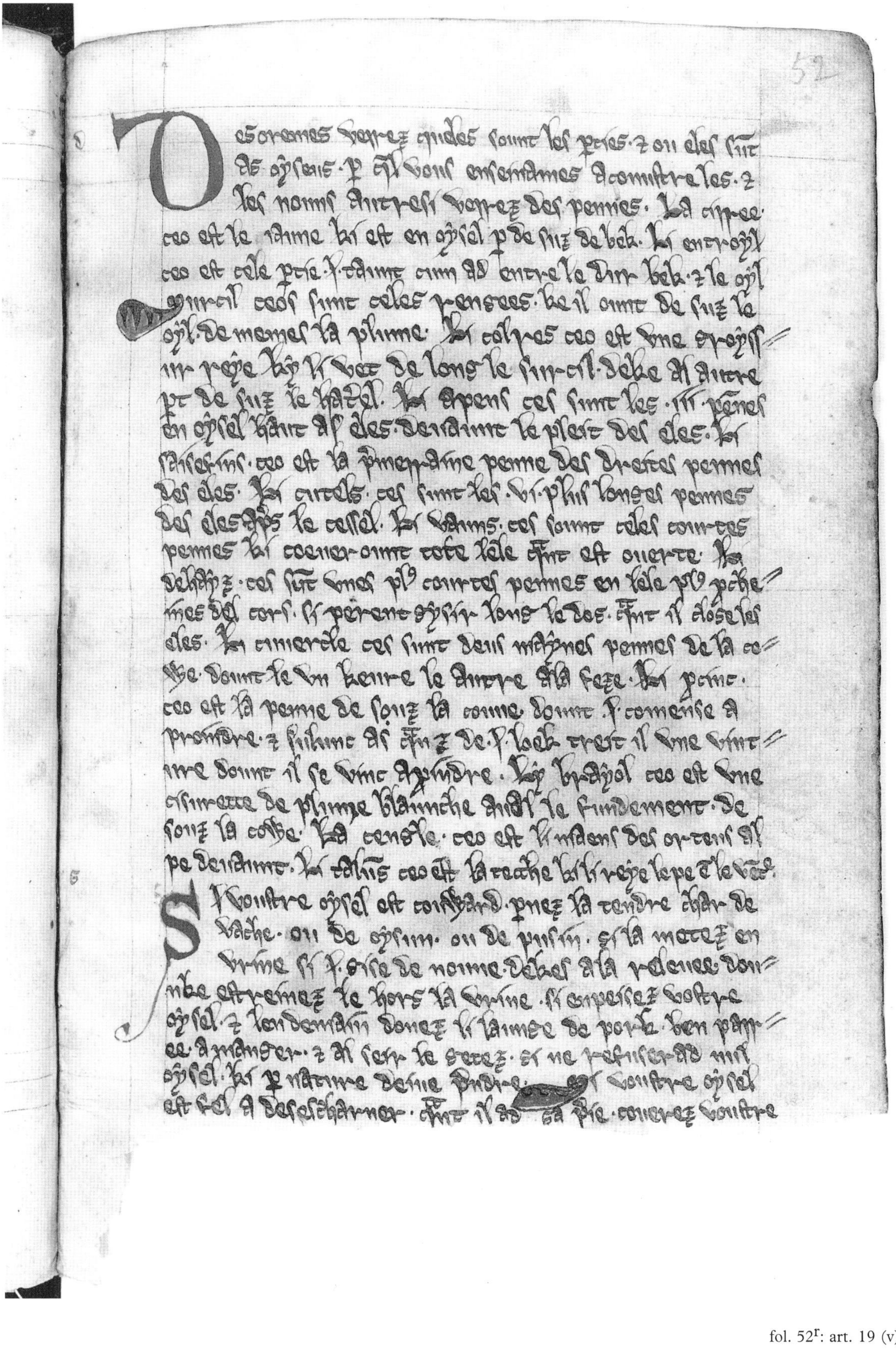

oysel de voustre mainmel & sur le mainmel dehors
un oysel ou un pelatin li mostrez. si par talent ne
le poez desescharner. enbrasez voustre poinz
vers sa gorge si li enpoinnez suef le col. si
suerpriad sun oysel. kar si par force le desescharnez
tost li purrad avenir del orteuil tortre ou eschancer.

Si voustre oysel est pauerus lerez le as autres
oyseus ki il ne les puisse porter loinz & quant il les
avera pris si l'amonestez de manger si li volez
guerir. quant il avera longement desoule & desplume
viande li metez la main entre les iambes sur la preie
ki il ne vous eschapez od tout. puis si li persez la
...ere & quant il ert issi puz prenez le sur voustre poin
si ne le getez mes cel iour. si fetes issi .iii. fez ou .iiii. si
il ne vous veut atendre par talent. quant vous li volez ceo
fere le iour ki vous le voderez geter fetes un cumpaignoun un autre tel oysel porter ovekes vous &
quant il avera sa preie pris & ert decenduz fetes voustre
cumpaignoun poyndre od le soen & tenir le soen entre
luy. si remeindra le voustre sur sa preie pur pour del sen.

Si vous avez oysel ke seyt trop feble de mutis & des
autres oyseus le paisez de soriz & de nule char & de
char de chevre & de colombes ... ...

Si voustre oysel ad la coue plie ou la penne prez .ii. poz ou autres par forme vesseus. le un vessel emplez de ewe chaude & le autre de freide. puis prenez voustre oysel entre vos mains belement de vers le dos & ses pez liez de sa longe. puis
li temprez la penne plie en ewe chaude & puis
en la freide. issi facez .iii. fez ou .iiii. puis luy
metez al chaut soleil pur assecher en pres luy
& fere .i. tele ben garde si vous volez ki oisel venne.

fol. 52v: art. 19 (v-vii)

Si vous volez ki vostre oysel vous aime durable-
ment le manierez & sa char ben poudrez de poudre de canele ou de licorice · ou vous le mos-
lez en goute de mel · cele poudre ou cele goute de mel
metez en une boyste vermaile & toute fez cum
vous li durrez a manger · veiaunt luy la poudre
ou le mel p(uis) metez sur la char · sachez ki quant
il ert apceu ki la douçour de cele boyste luy est
donee · ja de si haute la boyste ne li moustrez · ke
il ne vous vegne maintenaunt al poin.

Si vostre oysel enperist tote sa proie ou il la lessez ou il la reslez a tere · querez un feble
oysel & le jettez a celuy · pur ceo ke il le puissez
prendre & ben atemprer · al febles oyseus li jetez ·
iii fez ou iiii · puis si volera de plus fort · pur espera-
unce des febles · E sil se enfuist quant il fait al
prendre — pur ceo ke il seit trop gras & trop sauvage ·
Si vous volez de ceo enseurir · baynez le en ewe
freyde & li metez al solail en abri · ou il se puissez
espuilcher & prendre & quant il ert sec seurement
le getez · Sachez ki devaunt le seir ne le jettez · kar
nest guers nul oysel feble · ki ne se veillez encor-
contir oure de nuite & sil par aventure se encore
querez le dimbe la endreit ou vous le veyrez aler ·
ou a ewe ou a funtayne & si il est del ewe turnez
ceus ki vous vengez al plus prechein arbre le
querez · si ceo soyt en gardin ou en bois.

Oysel volaunt ne deyt len peistre le jour fors
une fez · ceo est puis ke il auera vole & si il ne
deyt le jour voler · a noune le peysez · ou entre terce & midi · Oysel nun volaunt deus fez cum en este
devaunt prime · le dinnerez & a relevee le peistrez.

Mes meins ly duppez al diner ke al peitre. Oysel volaunt e nen volaunt ouelement le peystrez. Mes si il deit matin voler ne ly dinez pas devaunt le vol. Ne le peysez devaunt le vespre s'il deit la relevee voler.

Plumee a ostour ou a tercel issi frez. Prenez le quir del col de une geline ou de columb pres de la teste issi ke toute la plume i seyt. Si en fetes iii. pelotes cum iii. noiz. Si seient ben longes. E tornez le quir dehors e la plume dedenz. Tout serrez ben de fil. Puis si les metez entre vos deis si ke eus ne se devolupent. Primes moillerez chescune pelote en saūt. si le dupperez. Puis encore apres le peysterez de bone char si le asseyez en un privé liu sur une perche. L'endemain si querez la plumee desouz sa perche. Si vous ne la trovez prenez le soir vostre poyn. Si le tenez deske il jette la plumee. E si il la jette gletonuse, doutance est il de grant mal delivre. E si il la jette seche doute ne —— ad il quere de mal. Donke le peysez de char de vel chaut ou de vifs oysels ou de sorices escorchies. Mes gardez ke la terre seyt chescune nuit ben assiee e ben nette fete par desouz la perche ou vostre oysel seyt assis. Ke le puissez la plumee trover e leinement regarder.

Plumee a moschet ou a esperver ou a merlioun de la teste de un oysel frez ou de une sorice. Si la tornez de meimes la manere avaunt dite. Mes ni chier ad fore une pelote.

Pur penne freite pur torseure.

Si vostre oysel ad la penne freite pres par torseure issi ke en agulimez. Prenez le oysel si le couchez sur es envers. Si li liez les piez. Puis si prenez un fort fil. Si liez la penne torse desuz la pesseure devers le cors. Si prenez une aguille nent trop grosse. Si la boutez en la penne desuz au ere

fol. 53v: art. 19 (vii-viii)

tenaunt del vne pte tant del autre de suz la heure de
vers la fendeure double si cusez le fil. si. s'ert la penne plek ben tenaunte. Pur la cosse depesse
Si vostre oysel ad la cosse depesse ou le autre vol
sim le enterez de pennes ki coupez les pennes fr-
eystes. a meimes del tuel. sur vne tenue fu-
sil. e puis si le boutez encountre vall les pennes. ar-
tichis. ki vous vouderez enter. si ki taunt le tuel entre de ens le tuel del oysel. mes le temprez en eawe
teue. e p ceo lierez le tuel vn poy lascheement. de vn
fil deske de seie double. puis boterez vn autre fil parmi
le tuel del oysel. e parmi la penne entee. e ceo en. ii. lu-
ez del tuel. puis voltrez le fil. iii. fez. ou. iiii. entour
le tuel. entre les deus pertuz e ferement les nuez.
Mes a ostour enterez penne de ostour. ou de
tercel. ou de busart. A. esperuer desperuer. mes p besoigne de mouschet. ou de tercele. ou de columb. A.
mouschet penne de mouschet. ou de merilloun. A.
merilloun de merilloun. ou de hobe. A. faucoun
de faucoun. ou de busard.
Si vostre oysel est venim court. p vs de voler.
trerez les trenchouns del cors. si prenez greins
de orge. ou de segele. e les moyllez e en meme les
metez es fossez. p ceo frez ki la char ne purra
forsclore ne resaner. devaunt la penne soit daun-
te. entretenaunt. le metez en mue de pale le pest-
erez souent. ki. s'ert pestuistrie od le pus de mahr-
erein de chi. en cel mostlerez. la char dount vous le
pestrez e de la char de biberel e de oysel le pessez. si ki
poindra la penne chi meins dedens la quinseme
Si vous auez oysel ki vous hayez a doner e vous
le donez. si le volez auer arere. issi latounez.

fol. 54[r]: art. 19 (viii-ix)

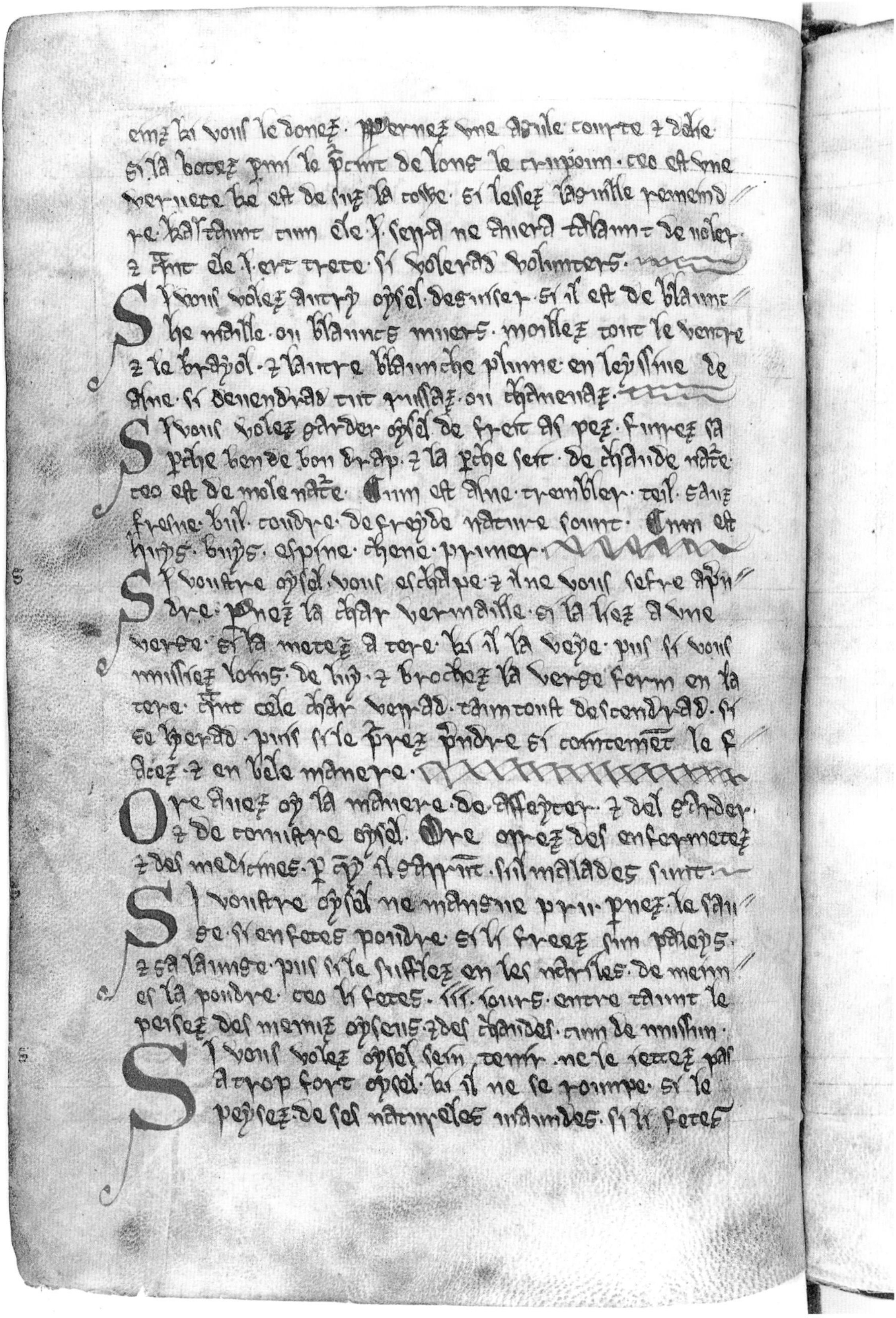
ceinz ki vous le donez. Pernez une agule torte e deliee
si la botez par le point de lonc le crupoun. ceo est une
vernete ke est desuz la cowe. si lessez laguille remeind
re ... tant cum ele i serra ne chierra tant de voler
e tant cum ele i ert trete si volera volunters.
Si vous volez autre oysel deguiser si il est de blaunc
he maille ou blaunces muers. moillez tout le ventre
e le brachol e lautre blaunche plume en le jus de
chine si devendra tut russez ou chaunelez.
Si vous volez garder oysel de freit as pez. furrez sa
perche bien de bon drap. e la perche seit de chaude nature
ceo est de mole nature. Cum est aune. trembler. tail. saus
fresne. bil. coudre. de freide nature sount. Cum est
hous. buis. espine. chene. primer.
Si voustre oysel vous eschape e ne vous refre apren
dre. prenez la char vermaille si la liez a une
verge. si la metez a tere ki il la veye. puis si vous
muscez loinz de lui. e brochez la verge ferm en la
tere. tant cum cele char verra. tantost descendra. si
se perdra. puis si le prenez prendre si cointement le f
deez e en bele manere.
Ore avez oy la manere de affaiter e del garder
e de conustre oysel. Ore oiez des enfermetez
e des medicines par quei il garrunt sil malades sunt.
Si voustre oysel ne manjue pur rien prenez la sau
ge si en fetes poudre. si li freez sun palleys.
e sa launge. puis si le sufflez en les narilles. de menu
e la poudre. ceo li fetes. iii. jours. entretaunt le
peisez des menuz oyseus e des chaundels. cum de mishin.
Si vous volez oysel sein tenir. ne le jettez pas
a trop fort oysel. ki il ne se rumpe. si le
peissez de ses naturels viaundes. si li fetes

fol. 54^{v}: art. 19 (ix-xii)

vne viaunde issi · Pernez le eble · e lauriole · e la prue · e
la malue · e le cerfoil · tout de vne mesure · e del rose
marin · meins ke del autre · e vne partie del oint de
vn mascol ki ne manjast vnkes de glan · cel oint
tablez ben od celes erbes · puis sil quisez en vin · si le
colez puis vn drap · si le lessez refreider · si le metez
en vne boiste · de ceo li donez chescun iour tant cum
vne noiz de coudre od sa char · si ni entrera ia nul
mal dedeinz soun cors · Derechef pur sein tenir ·
e de vncturie chere · Pernez le oef de geline · si le depess
ez · si le batez ben · puis sil quisez · en brees de freche
char de vache ou de motoun · P. cel tant si quite li dun
ez auaunser · si le donez ens ensement tant de vin ius
oysel · e de donez les ... · ceo feres la ... treine · ii · fez
ou · iii · Derechef pur sein tenir · e pur ben espurger
de einz soun cors · Fetes vne medicine ke lem cleyme · estricsalue de cete manere · Pernez la consoude e
la betoine · e malue · e le persil · e serpilum · tout en
vne mesure · si quisez ensemble en bure freis ·
e deuaunt · pur ceo qe ert esta quite · en la racine en la
mile chesez les erbes · si metez oueke la vermoture
de coudre ki ert este medle od mel · tout ceo ens
amble quisez · si le refreidez · vn poy · si le metez
en vne boiste · ou il seit ben garde · de ceo dunez
auoustre oysel · ii · fez ou · iii · le meins · E si vous
li donez pur espurgement de mal · ki il est en sei
donke li donez soulement auser vn iour · e cel
iour · ii · fez · ou · iii · e tout cel iour le tenez · de toutes
chars deske lendemain · ki il seit ben espurgez · De
rechef pernez le de vifs oysaus · si le gardez
tendrement · e ben · e puis li donez chescun terz
iour · auaunser · e mout li vaudra ·

fol. 55r: art. 19 (xii)

S i vous volez garder vostre oisel sein. prez
le sur poin. et monez vostre poin amont et aual.
si k en naiz le poin sour les pez. si plus ne se
afiche sur son pe la sour lautre. il est sein des pez
et des iambes. et vous li metez la char de souz
les pez. et il ben estreint. et ben tira de le char
a iambe estendue. dombes est il sein des iambes. et
des ales. si il me ben soin bela ales. dombes est il sein
tout. si il enmenstist ben et estout. et prine ben et
espiuege. dombes est il sein tout. se vous ne puez
char. ne enmentir ne le veez assaiez si il de oyre ren
voderad griuter de este. si il enbele si est malade. se
vous li tenez le bek debaes ala teste en vostre bo
uche une pose. et il ben le oeure ales. dombes est il
sein de la teste. si noin si est encumbrez. et vous
li estendez les ales p les coutens. ains le tene et pins
lautre. si il est sein net plu nest pendrad lune de lr lautre.

S i vous volez oisel ben muer. et saimz giue kaute
en chchibe mue et saimz noyre et hors de emuere de
sete le metez. et sa pehe soit couerte de pel de bib
erel. les hertes et les faimahes. prez et detrenchez me
mu si meslez od la char. ki li oiseuu mauierad. fel poiss
et souent de menus oiseus. Mes des estumneus. ne de
cornailles ne le pessez mie kar il noriseur poil. et noy
ez est chant. et plus fresches chars li donez. Une fez
la simfime le bainez. si il fest chant en son huset tout non
el p mut f metez este. et p mut letreez. ñut il ere p
muez. et ben form. dombes lessamez iss. viii. iourz
derdint ke vous le trez. le pessez de prsm. et de le
nure. et de vache ki est sen en este vndez. puis fe li
entez. si vert tut eore. et essamez. puis fe le asser
tez belament enm lautre oisel saimz finez. :.

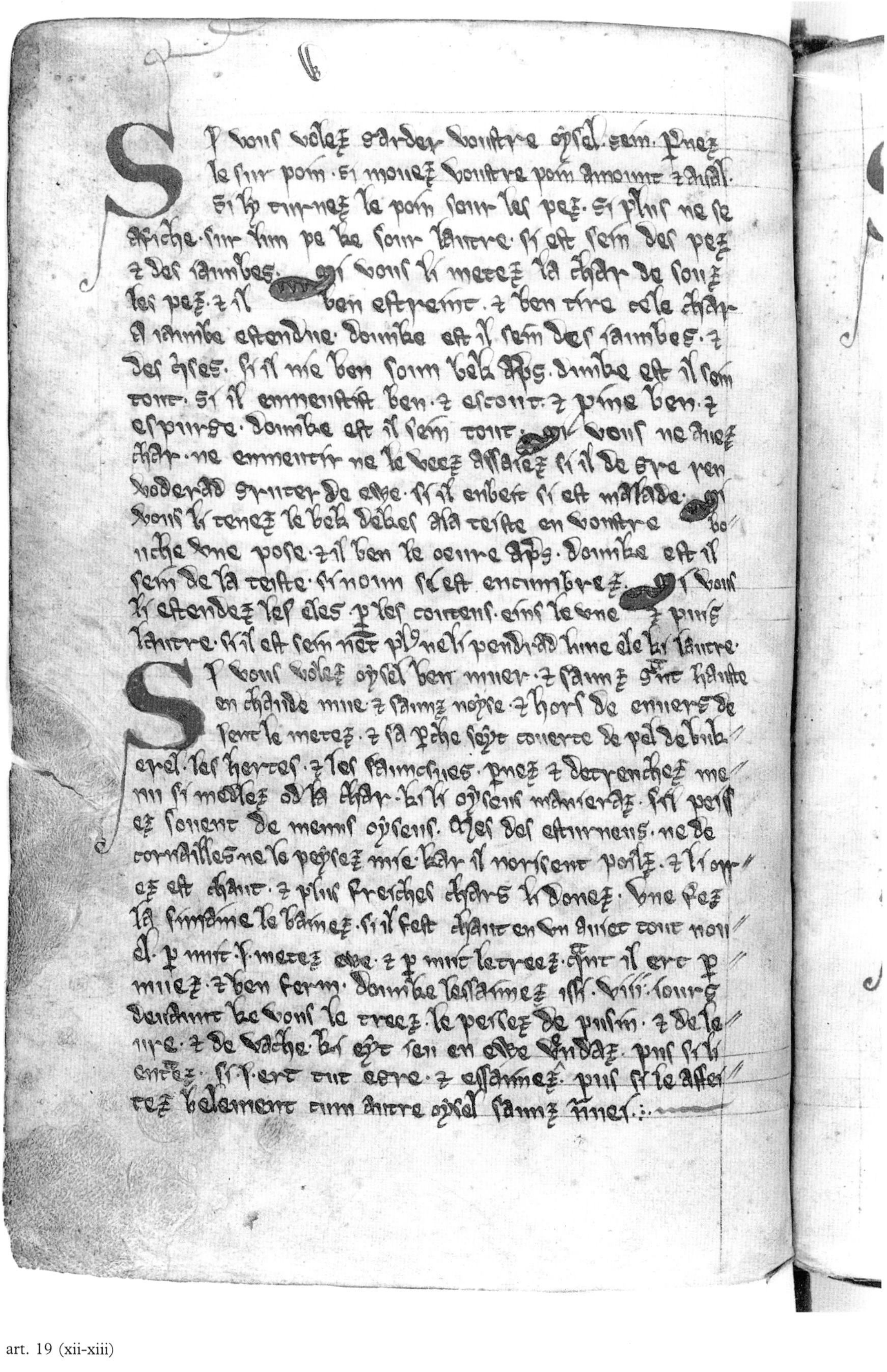

Si vous volez voustre oysel. dedens un meys muer.
Prenez une serpente. ou coleuvre. ou ambe deus. si
les quisez en plein pot de furment. od poy de ewe.
quidaunt il ert ben quit. & le furment ert ben enbu
del venim. Donkes prenez deus gelines si peissez de
cel furment. Mes ki eles autres viaundes ne gousteint.
Puis si les liez en un aungle. tant eles averoint ben
mangé la meite del furment. Donkes tuez lune geline
si enpessez voustre oysel. la autre geline peissez del
remenaunt del furment. a taunt ke lautre geline
seit mangé. Apres ceo tuez la secounde geline si enpessez
le oysel. puis sil peissez de char de bochere. & de menuz
oyseus. & de char madle. si muerad. si tout devendrad
nuz. Si vous devez trover la serpente. ou la cole
uvre. tout le an de la seint michel. deskes ad la issue
de feverer. les troverez en la furmiere. del autre
part de marz. deskes a la seint michel. les purrez trou
er. en ortz erbeuz. & en femiers. Si vous ne poez
serpente ne coleuvre trover. peissez le souent de la
leche. ceo est peissun de ewe fresche. Quant il ert
ben mue & ben ferm. donkes sil affaimez iii. ou iiii.
iours devaunt ke vous le getez. peissez le de levre
& de poucin. & de vache ki est seu en ewe vendaz. & puis
sil le entremettez. sil afaitez cum autre oysel saunz peyne.

Si vous volez tercel. ou faucoun madle. ceo est tercelet. ki
muer vous devez amender. cum le faucoun. ou au
oustour. furmel. en la prisoun. einz ki il seit ben ferms.
si le kepoinez cum un kokerel. mes plus tendrement.
puis si le metez en une kerme. si le peissez de tendres
chars. cum de oisel. & de pale. & puis ki il seit tret de
kerme. & aprise de voler. si se enbrerad a autre si cum oys
el. cum son per. apres la sue mere. ceo est esprue de moiz.

fol. 56r: art. 19 (xiv-xv)

Si vostre oysel ad mal dedenz le buel. kar il ne puisse
pren enmentir. Prenez la rachine ou mil verte rese ne
ad. si trenchez .iii. greins a la mesure de .iii. greins
de orge. si seient ambes deus les chefs agu. sis metez
en burre. ou en char de vache. si li donez a manger. puis
si le metez al solail. sur une perche. si li deliverad le buel
Si la rachine ne poez aver. prenez char de vache megre. si
enfetes trois morsels. si metez en ewe. kar il devendera tote blanche. de ceo fetes paistre vostre oysel. a la fe-
ie si li vaudra. E si ceo ne li vaut quisez le buel de malle en un poy de ewe. de si ke il seit tout par remis ensi.
.i. cel jus prenez si le colez par mi un drap. puis le boillez od
un poy de burre freis. si le lessez refreider. puis prenez
la gresse ke est flotaunt de sus. cele gresse donez a
vostre oysel a manger. soulement ou od sa char. si il
ne la veut prendre fetes en une pelote de cele gresse.
si li enuilez la pelote en sa gorge del petit dey. et ceo
belement pur la launcer.

Si vostre oysel tent sa char. prenez lui de lard de
vostre coutel. si le lessez beber .ii. fez ou .iii. si ceo
ne li vaut. fendez lui la gorge. si en tirez la char. si la
recusez cum il ensement apres. Pur char retenue

Si vostre oysel tent sa char. Pernez une b-
ne sepe de chinel. de la corne. et li treez pur
les nerfs. si getera sa char. E si ceo ne li
vaut. fendez lui la gorge. entre le cors de hors
et la teste. puis si en treez la char. puis si lavez
ben la gorge dedenz od vin cler. od une penne.
si la cosez tendrement. od un delie fil de seye. ambes deus les teies. puis si le pessez de une quisse de
columb. ou de piz de geline. et seit la char ben san-
cenee. et en une simple char demeintenant sert le oysel envolupe.

fol. 56v: art. 19 (xvi-xvii)

Pur char iette de oysel

Si vostre oysel iette sa char. pur ceo ki il semble
se. ou ki il est malmeise char manse. pernez
la senene selune tote vine. puis la oysez si la deb
atez entre oun de une verge. ki il seit ben santine ceo
est tresmedle de saunc. puis si le treez. si entendez
la sleite. si la metez refreidir. puis si humez un
poi de vin. si tenez un poi en vostre bouche si
escoupisez sur la [illegible]. si enpessez vostre oysel.
Mes primes ki ostrez plumee e puis la char. Si
ceo ne li vaut. prenez la foille de lorer si quisez en
vin. de ben les vens pries serent avenues. le pem
endimt lessez refreider. od toutes les foiles
le jus de ceo dippez ad un poucin. a beivre si li
il merge. e s'il ne veut beivre versez li al bek
si comst cum il mort. si enpessez vostre oysel
del une chose. pur taunt si tendra sa char. pur la constimure

Si vostre oysel ad la constimure. pernez lesp
urge. si le tablez. puis si enprenez le jus hors
si le fetes ben frire en freis burre en un no
vel pot. e puis ki il est ben refreis. si versez
de cel jus de sus autretaunt cum .j. ad refreis.
de cel burre. tout ceo lessez refreidir. entretaunt
aherez del ewe tenue. e en cel ewe plungez de la
bone char. a la terce pt cum li cunvendreit ad
un dyner. e apres cele moilliure del ewe si la
moillez en .j. cel ovenement. si la donez al oys
el aviuger. pur ceo si destempra la malueise
char de denz lui. puis ki il avera ben endure si le
peissez del oysel ou de veille geline .j. Cel maus
constreez en le oysel si il tent sa char plus lon
gement ki ne dit. e ki pren ne endure ne en
meinise. E sachez ki cele constimure li vent

volupe

x

fol. 57r: art. 19 (xviii-xix)

par peistre chare trop longement estuies· kar eles en
uisent toutes les humours del oysel· si assiduelement
les remuent·

Pur la pere en oisel.

Si vostre oysel ad la pere· pnez le reisin eneis.
si le ebulez· si espreinez le jus· si le versez al bek de
un poucin· taunt ki il merde· puis si peissez
vostre oysel de la char· puis fetes un lardoun de
lard a la facoun de un grein de orge· e de cel autresi
grant cum le oysel purrad soffrir· ceo li metez enz le
fundement· enz e hors· par taunt si espurgerad· si ceo ne
li valt· pnez le balsamite· e le tenure· ceo est une ma
nere de poysoun· de cel emplez une pie del buel· de
un poucin· ou de columb· a la longure de une noice·
si liez les deus chefs· de un delie fil de seie· si li enco
lez en la derere tendrement pur la lumere· e pur fere
le ben ieure les fils· si li doinez plumee· si refetes
les lardouns cum vous enseingnames· Cel mal co
nustrez en le oysel· si il ne enmeutist par ii· chut
vous li durrez donc sa char de vache a manger· ki este
ben en ewe ki ele seit par tute blaunche· e par taunt
moillez li doinez cele char· si pur ceo ne enmeu
tist ben· donez le ad il la pere· kar ele li tout le enme
uster· cum a homme le pisser·

Pur la beistie·

Si vostre oysel ad la beistie· ceo est par la pere·
si l'apelent gitte· pnez la mauve· e la senecon· si
quisez en ewe en un pot· od la gresse de un
mariol· si le lessez refreidir· puis si colez par un
drap· de ceo si versez al bek de vostre oisel de une
quillere· nent plus le de vostre pouz· cel jus li en
moillerad le ventroil· si li enmuerad le fundement
si enmeutirad ben· Cel mal conustrez en le oys
el· si il enmeutist a peine· e sovent veez· si cel ki il

fol. 57v: art. 19 (xix-xxi)

enmeutist deere · seit vert enmisthin · e tout entour
blaunc · si tel ad · e vous li avez · destaint penz de sech
es chars · donke sachez ke il ad la beistre · si ne est
par suffrete de humours · kar le oysel ke ne beyt
si covient ke il eit fresches viaundes · ke il eit mei
stiours en lui de beivre · **Pur la felere**

Si voustre oysel ad la felere · prenez del tendrun
de geneste pelee · e de foyl de eire terestre · tout
en une mesure · e si tablez ensemble · si espreinez
le jus · si moillez les viaundes al oysel · dekes vous
le veez garir · Cel mal conistrez · si il enmeutist
vert · e li bresol li bate apres · e nekedent si voit
volunters voler · e ser aler e trop fort oysel · donk
sachez ke il ad la felere · **Pur les vermes**

Si vouster oysel ad les vermes · prenez les racin
nes de la neir espine · e de la feugere ke crest
en chemin · e estoupes menu menueles detrenches ·
par ceo tablez ensemble · si i metez e sil · puis si prenez un
fort fil de seie · si mias les deus entour la verrue · be
estreyt · si lessez estre iiii dekes la verrue cherra par sei ·
apres lacun sein · delierez le fil · ii · fez ou · iii · e tut vous
li oindrez de cel oinement · ceo freez dekes la verrue
cherra par sei · od tout le fil · Cel mal est leger a conuist
re kar il pert dehors · **Pur le podagre**

Si voustre oysel ad le podagre · pernez lescorce
del frene · e de pomer · e de la neir espine · e
del chemie senne tout en une mesure · e si le quis
ez en un vessel de areim · ke il seit espes cum enbe ·
puis si le lessez refreider · e si i metez del vel sein · par
ne si asseez le oysel sur une perche · e si li oignez
les piez · ascuneimeement · Cel mal ad oysel · entre
les piez · li seint enflez · e boschuz · e entre li ortil li seint

fol. 58r: art. 19 (xxi-xxiv)

si perdes ki il neles poet pher soun poin ne
soun pche pur la reddour. Pur les feures

Si vostre oysel ad les feures. Pnez les le
ntiles de la funtaine si les assuez al fu ou
al solail. si lui poudre enpuisez fere cel pou
dre espplez sur sa char. dount vous le deuez per
stre. dekes il seit sein. Cel mal ad oysel ki souent
tremble & ki touce iour dort. soun poin & sur pche.
& ki souent ad les oyls clos. & ki ad la teste en
flee. & pesaunte chere. Si vostre oisel est slettouns.

Si vostre oysel est slettouns. Pnez cenmodam
si tblez & moillez sa char en un chut vous le
peistrez. de ceo ki il est la slette pdue. Cel mal
ad oysel qui trop est egres pur sa char manger
& ki ne sefre ad homme sa char manier. ainz
la tourne de ses eles. Pur iaumbe depesse o cuisse

Si vostre oysel ad la iaumbe ou la quisse
depesse p maunes garde. Pnez le dode
pim ki crest al kneps sile tblez od ve
il oint de mayol. cil liez entour le fret mem
bre. si le espelchez od deus esplentes cauees.
ala mesure del fret membre. cel emplastre.
sept iurs de ci ki il safiche tout sur le corpe en
sur lautre. & ki vous le veez garri. Mes en
vne ferme seit mis. ou il nent ne puisse veer
fors chut il maniue. [illegible] ki ceo ne li vaut.
Pnez la amorunde & consoude. si tblez od fr
esche biure. si enfetes .iii. pelotes ki il puisse
tnsglouter. si li enuiellez en la gorge od le pe
tit doi. si escimez ki la iaumbe seit dreise. pus si
espelchez cel membre si le metez en oscure
ferme en pue lui.

fol. 58v: art. 19 (xxiv-xxvii)

59

Pur la pepie

Si vostre oysel ad la pepie. couchez le sour
vostre destre main. si li liez les pez. si li perchez
la lange. covenablement. puis si metez le fel de
quele beste ke ceo seit si la pepie sei demonstre
par itaunt. metez un poy de fres burre. od un poi
de freis saim. puis si li offrez. e del eve. e si il ne
la beit volunters. donez lui un poy de duz let de
chevre. Cel mal conustrez si il se derompent. —— Pur rumpure

Si vostre oysel est rumpu de novel. prenez la
racine de flambe. si enraez le tendre ki est
enmilui. Par cel tablez ensemble. e ceo destempr
ez od un poi de vin. si prenez la geline jeuene. si entr
eez la quise si enterdez la glette si la moillez en
cel vin. si enpeisez vostre oysel si il parfeitement
ent apres enmenuisist saunt et murra. Si nun si
eschapa [illegible] ceo ne li vaut. Prenez la consoude od
foil e od racine si la lavez. e tablez. e moillez
sa char od le jus. chescun il est pu. si le metes en
oscur liu. en une ferme e toute fez le peissez
de char moyllie de ci ke il seit sein. Mes si il est
de longes rumpu rien ne li vaut. Cel mal ad
oysel ki enmenuisist vert e ki soudeinement
enmegrist. e ne poet tost remounter par
bones viaundes. e del autre part li oysel li enforcet
e de voler ne ad cure. Pur le chancre ——

Si vostre oysel ad le chancre. prenez del eisil
ouelement e de sel. e de la poudre de peivre. tut
ceo tablez ensemble. si enfetes un emplastre si liez
ad le mal. iii jours. Pur membre afebli ——

Si vostre oysel ad aucun membre affebli en
timente par boistousement prendre ou par malement
manier. dunke prenez la menue plaunte sinapis

si la trublez. e prenez le vin si colez parmi un drap si moillez en sa char. Dehaez vostre oysel sera sein. Ou prenez
la menue racine de tanesie si la trublez. e prenez hors le
vin. si colez parmi un drap. si moillez en sa char. si li
donez a manger. Dehaez il sera sein. Pur les aguilles

Si vostre oysel ad les aguilles. pernez ac-
er si eschaufez un poy. cele humeine espeilez
sour sa char. Dehaez vous le veez garir. Ou prenez
senevez si espeilles sour sa char. Si ceo ne li vaut. si
emplez le buel de un poucin. de oysil. si liez les deus
chefs ensemble de un fil de seie si li lancez en la gar-
gate. Ou vous trublez la barbe de porez ke il eit demi
quillere de vin. et ceo li versez al bek. Si ceo ne li
vaut. destrenchez menu ii. seies de chival. de la crinez
si espeilez sour sa char. puis si metez un esquau desouz
sa perche encountre la nuit. si trouerez lendemain
les aguilles mortes sur lesquau. Tel mal ne sevent
fuers gent connistre. Si il aleine ane unsousem-
ent. le seignez del col. ou de la bouche. ou del petit
orteil. puis li donez char de poucin envolupez en
bure. Si il enmeustist sanc trublez sanguin
en dragonis e mumian. si li donez od char chaude par iii. iours. Pur la pere li donez ses tr-
uncelaun od la chaude. Pur les poilz. prenez lem-
ail. triblez ad sa perche. si metez leu la ou il ad les poilz.
si le metez al solail. Ou prenez de buche secche si fetes poudre. si empoudrez le oysel. si le volupez
en un blanc drap. al solail. si il iette la merte de
sa char sur sa perche. Dombe ad il le oumbrix. Issi
le sanerez. Metez del oystre en un buel de salme
si li fetes manger. le aitre li donez char moille
en oysil. Si vostre oisel est malade e vous ne

fol. 59v: art. 19 (xxxi-xxxii)

sauez de quer. donez li char chaude moille en mel. od
la limeure. si garrad. Pur malle teste

Si vostre oysel ad malle la teste. frotez li le
palez de sal gemme sengelement. Puis si le
fetes tirer l'alerouin de un autre oysel. si en
garrad tut le mal. Pur les narils. Si ceo
noun. tenez lui le bek en ewe delez as oilz. puis
si le fetes tirer soun alerouin. Cel mal conustrez. si il ad la teste plus grose ke il ne seut aver &
ambes pendaunte chere. & si il iette nul ewe pur les
narilles. donke ad malle la teste. Pur le re.

Si vostre oysel ad le re. prenez le rafe & l'able
& la ribarbe & sauge & nepte. tut de une mesure
si cisez en vin. od une pece de porc madle &
.iii. fez .i. metez del vin. Quant ceo ert ben quit & od treis
bure si colez par un drap. & la grese ke est de sus
flotaunt si pessez en un poy de mel. Quant tut
est ben remis si li donez pelotes amanger treis freit.
Si ceo ne li vaut. prenez del oint del tessun taunt cum
une noiz de coudre. & moillez .iii. greins de peivre &
la poudre medlez od tut. Puis si en fetes .iii. pelotes. si le fetes engloutir. si li avalez en la gorge del
petit dei. si le assez hors de noise. si le lessez apres longement iuner. Si ceo ne li valt. prenez la tuile.
si i fetes une fosette & enz la fosette metez un poy
de arrement. si metez la tuile. si fetes boiler al
fu & taunt cum il boit. metez od tut del peivre
moulu & de la poudre de bayes. si les lessez boillir ensemble od le arrement. Puis ke tut ert ben boilli
ensemble. si le cheles de la maunche de un cotel. si
sufflez del poudre as narilles del oysel. od un tuel
mel. Mes ainz liez le bek. od un fil ke il ne puisse

Pur le re. prenez un poun de [illegible] & frotez le pellice del oysel
ke ceo seit tut noir. [illegible] [illegible] [illegible] & cel [illegible] si garrad.

fol. 60r: arts 19 (xxxii-xxxiv), *86 (i)

mettre la force pur le bek. ke la suis li aut al cervel.
ou le mal li tent. Si ceo ne li vaut. Prenez le
perais & de la iubarbe. ovelement triblez ensemble.
si moillez sa char al ius. Cel mal conustrez. pur
ceo kil pasle en la garsette. autre si ben devaunt
lesbatre cum apres. Pur le tesse

Si vostre oysel ad le tesse. donez li devaunt
del oppement. en .iii. morseus de char. ceo
fetes .iii. iurs. ou .iiii. e si li fetes souent tirer. Si ceo ne li vaut. Pernez del sel de
un ver. & del mel dune mesure. sil metez
al buel de une geline. si le atirnez cum il dist
la devaunt. si li fetes ensembler. puis si li donez
plumee pur les files geter. Si ceo noun prenez
lestrume de un enfaunt lettaunt tout chaut. si i
metez sa char. si la lessez gisir. tant ke ele seit freide
pur la tuer. saunz laver. & saunz assuer. sile peissez
auerre de cele char. Cel mal conustrez en le oysel
al tant apres esbatement ki enfle la teste. & puns
le dos narils. ad bek overt. & aleine par le bek. &
panteise apres ferment. Pur les poilles.

Si vostre oysel ad les poilles. sil est gras
sile tenez gras. & si il est megre. Pernez une quarte pere de grein de fusem.
si quisez en vin. ou en lessive. Puis si enoinez
les eles de enz & de hors. & le piz tout. Puis si le
metez al soleil. ou vous le tenez al fu saunz fumee. & saunz prisun. Si ceo noun prenez un novel drap de blanket si leschaufez al fu si
envolupez le oysel. dedenz si isteront les poilz pur
le chaut. & morront pur la force del tant. Si
ceo noun. prenez la gresse de une owe si enfetes seim.

fol. 60v: art. 19 (xxxiv-xxxvi)

Puis si pernez le liz ki est a sutile as teseranz aubes
gros. si le metez en cel chaude fien. si le lessez gesir tant
ki il seit tout freit. Puis si moillez tout le envolu
perez entour le col al oysel lascheement desus la
plume e entour le cors. si le lessez issi un iour si
meintenant li peil la cresse si muspreunt. Qi
ceo ne li vaut. Pernez cendre de pomer si ci
il ni est nul autre cendre fors soulement cele.
Puis prenez stafisegre. si le tulez en un morter. ou
en un esquiele de la menuise de un coutel tout
a poudre. Puis si metez des cendres. al destem
prez ben od un egre. ki il seit aubes espes. P
uis prenez sour voustre dei de cel oinguement. si
en oingnez voustre oisel sur les eles e sur les qui
sses e nomement sur chescune iointe. issi ke la
char seit ben moille e autresi oingnez le piz de
southz les eles entre les autrez issi croint. Prenez
orpiement. sil tulez ben en une sesche esquiele
ki tout deveigne en poudre. Puis pernez de cel po
udre si desparplez sur sun dos. si devendra ben
coloure. puis la passez sur une perche et le lessez re
poser toute nuit. e ceo ferez .iii. nuitz ou .iiii. le
ceime apres autre si muspreunt li peilz nettement
kar ceo est espruve de meins. Cel mal al oysel
ki toute iour est poille e estount sour perche sauf
ceo ki il ne est alle al solail ou al fu tenuz
sur voustre poin. Pur les teignes.

Si voustre oisel ad les teignes. Pern
ez le entreravis del verre e del arrement
e de la rue e de la seme de ache. de un
taunt ki del autre. si tulez ensemble. si pilez
en la brese en un esquiele de cel. Puis ki est

fol. 61r: art. 19 (xxxvi-xxxvii)

amenez pur la chalour· cele ke remeint lessez quire kil
seit sec· ke poudre en puissez fere· od li destemprez
si ammoillez les pennes teignouses· par ceo si il deit
garir si garra· Si ceo ne li valt· Pernez le fu
sil de fer· si metez en ewe· si i gise longement· ⁊
en cele ewe baingnez le oysel· Si ceo nount
Pernez del arrement ⁊ de sel si boillez ensemble· ⁊
cisil i medlez od tout ⁊ poudre de alome· si enoi
gnez les lius des teignes· Si ceo ne li valt
Pernez mente salvage ⁊ arrement ⁊ suie· si
destemprez od cisil· si enoignez les pennes teignou
ses· si emplez les fossez de icel apparilement· ces sunt
les lues des pennes trez· Puis tendrez le oysel ferm
les pez liez· de si ke le oignement seit enbu· On
vous prenez le fenest· ou le eyre· si ardez si en fetes
poudre ⁊ puis fetes lessive de la cendre· de ceo si
moillez les pennes· Puis si le metez aluer al soleil·
si ne moillez nule penne· si la teignouse nount·
par ceo si mirrount les teignes·

Derechef pur les teignes houster· Pernez
la quarte part de un boissel de chauz ou plus· si
le metez en une tinne ben nette· puis prenez
ewe de funtaine clere· a la mesure de· xii· galeins· si me
tez en cele tinne· Puis si prenez une bone poignee ou
plus de la petite consoude ⁊ de un erbe ke len apele
pibwort· ovelement mesure· si les tablez ben en
un morter· ⁊ quant les averez issi tablez si les prenez
sus od tout le jus si les metez en cele tinne· Puis si
destemprez cel ewe ben ke ceo seit ben medle en
semble ⁊ quant ceo serra issi medle· donke le lessez re
poser longement saunz moever· si deuendra od tout
cremez· si serra le ewe desouz cele creime molt

fol. 61^{v}: art. 19 (xxxvii)

clere. Puis prenez la char dount vous le peistrez
si la moillez en cele eve clere .ii. feiz ou .iii. Si
ceo ne li valt. Prenez demesmes cele ewe. si metez
en un bel vessel tout plein. Puis fetes baigner
vostre oysel en cel ewe. Si ceo ne li valt
Pernez un grein de furment. si le moillez en
mel cler & nouel un poy. Puis prenez cel grein
si le boutez en le tuel. quant la penne ert char-
cete. mes gardez ke ne le metez devaunt ke la
penne seit chargee. si garra. Cel mal ad oysel
si la penne li comense ad lauuer pres del cors & ad
estreindre.

Si vostre oysel soit blesce ou bruse issi ke il amegrist e dure ou autrement. prenez
comfirie od racine & od foile si la fetes ben laver & nettement puis
si la fetes ben quire si ke ele soit toute espesse. puis houstez les racines
pesanz. si la fetes refreidir. & de cel ewe refreidie. moillez ben la
char dount vus le pestrez. Puis prenez le buel dun poucin & le fetes
nettement laver dedenz & de hors. si prenez la petite consoude & la
grande & laumcelme & les batez ben si ke vus eiez le jus. puis prenez
le buel si enfecez mossons aussi cum il purra receivre & metez le jus
de ceus .iii. herbes en ceus mossons del buel & si nouez ben les .ii. chefs
de un delie fil de seie. si li donez a manger & une chose & lautre
par treis jours si garrez.

Si vostre oysel ad les poilles. Pernez eyre ke creist sus chene si enfetes .iii. gobouns del gros & de chescun gobon fetes
un aise puis prenez let de vache neire ou rouse & versez en
cel aise un. puis le metez sur les breses si ke il seit boilli. puis
le metez jus & devaunt il seit auques refreidi. moillez ben
la char dount vus le paistrerez en cel let. si li donez a manger.
Lautre jour prenez lautre aise & fetes cum avaunt dist. le terz jour
la terce aise si garra. Ou prenez gelifroere & peivre & gingivre
si les tublez ben tout en poudre. puis i metez de fel de oysel ou de
autre beste. si les destemprez ben od vin egre ke ceo seit espes cume
moustarde temprue. puis prenez une penne si moillez en cel oigne-
mement. si oignez vostre oysel ben. puis le lessez reposer une
pece. si le lavez ben de ewe tevie. si le fetes sechir au soleil ou

fol. 62r: arts 19 (xxxvii), *86 (ii-iii)

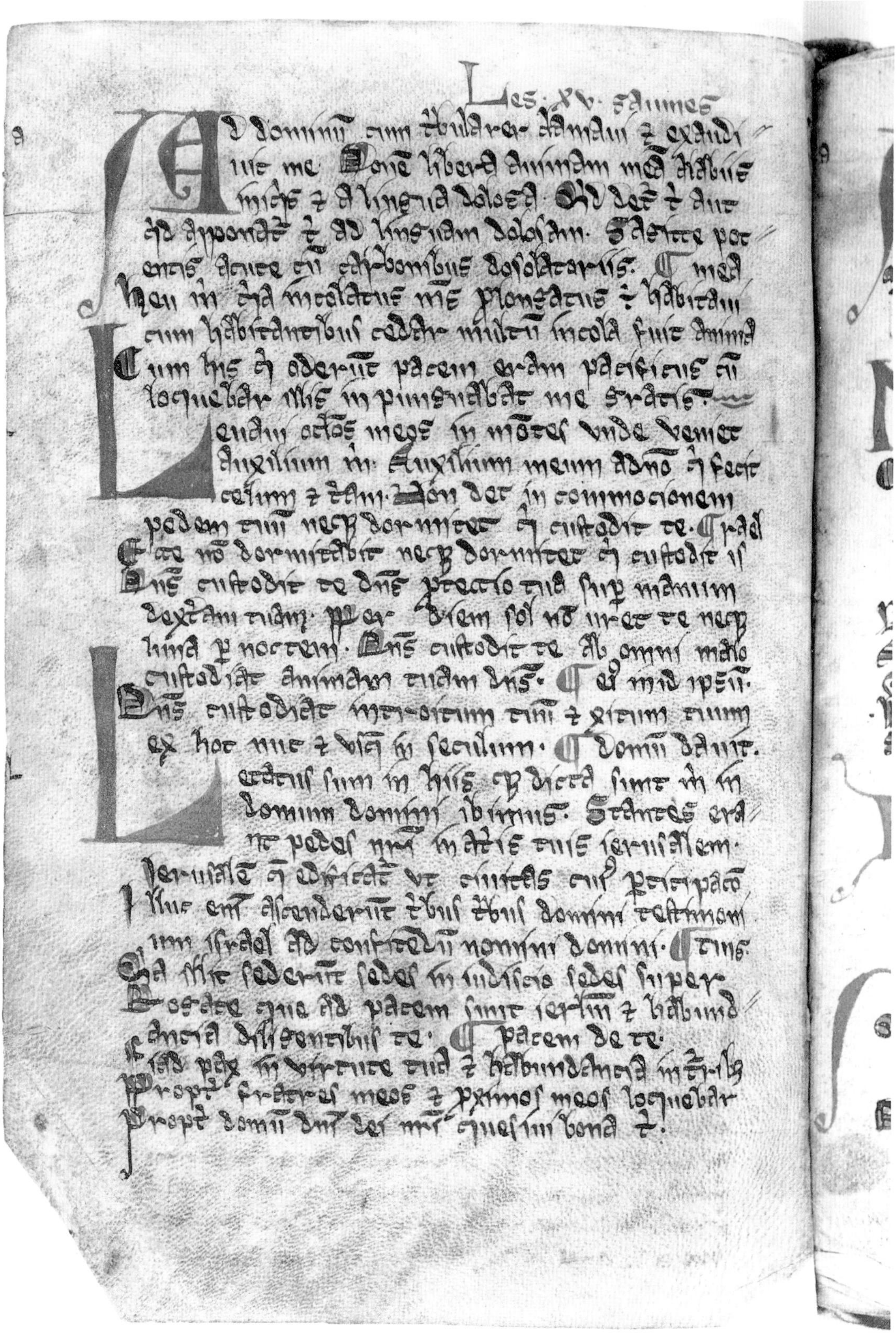
Les XV psaumes
Ad dominum cum tribularer clamaui et exaudiuit me. Domine libera animam meam a labiis
iniquis et a lingua dolosa. Quid detur tibi aut
quid apponatur tibi ad linguam dolosam. Sagitte potentis acute cum carbonibus desolatoriis. Heu mihi quia incolatus meus prolongatus est habitaui
cum habitantibus cedar multum incola fuit anima mea.
Cum his qui oderunt pacem eram pacificus cum
loquebar illis inpugnabant me gratis.
Leuaui oculos meos in montes unde ueniet
auxilium mihi. Auxilium meum a domino qui fecit
celum et terram. Non det in commocionem
pedem tuum neque dormitet qui custodit te. Ecce
non dormitabit neque dormiet qui custodit israel.
Dominus custodit te dominus protectio tua super manum
dexteram tuam. Per diem sol non uret te neque
luna per noctem. Dominus custodit te ab omni malo
custodiat animam tuam dominus. ¶ Cl mia ipsu.
Dominus custodiat introitum tuum et exitum tuum
ex hoc nunc et usque in seculum. ¶ Domum domini.
Letatus sum in hiis que dicta sunt mihi in
domum domini ibimus. Stantes erant
pedes nostri in atriis tuis ierusalem.
Ierusalem que edificatur ut ciuitas cuius participacio
eius in idipsum. Illuc enim ascenderunt tribus tribus domini testimonium
israel ad confitendum nomini domini. ¶ Tunc.
Quia illic sederunt sedes in iudicio sedes super
domum dauid. Rogate que ad pacem sunt ierusalem et habundancia
diligentibus te. ¶ Pacem de te.
Fiat pax in uirtute tua et habundancia in turribus
Propter fratres meos et proximos meos loquebar
Propter domum domini dei nostri quesiui bona tibi.

fol. 62v: art. 20

Ad te levavi oculos meos qui habitas in celis.
Ecce sicut oculi servorum in manibus dominorum suorum.
Sicut oculi ancille in manibus domine sue ita oculi
nostri ad dominum deum nostrum donec misereatur nostri.
Miserere nostri domine miserere nostri quia multum re-
pleti sumus despectione. Quia multum repleta est anima nostra obprobrium habundantibus et despectio superbis.
Nisi quia dominus erat in nobis dicat nunc israel nisi
quia dominus erat in nobis. Cum exurgeret homines
in nos forte vivos deglutissent nos. Cum ...
Cum irasceretur furor eorum in nos forsitan aqua
absorbuisset nos. Torrentem pertransivit anima nostra
forsitan intollerabilem. Benedictus dominus qui non dedit
nos in captionem dentibus eorum. Anima nostra sicut passer
erepta est de laqueo venantium. Laqueus.
Laqueus contritus est et nos liberati sumus. Adiutorium.
Adiutorium nostrum in nomine domini qui fecit celum et terram.
Gloria patri et filio et spiritui sancto. Sicut erat in principio.
Kyrieleison. Christeleison. Kyrieleison. Pater noster. Et ne nos inducas
et libera. Salvum fac populum tuum domine et benedic here-
ditati tue. Et rege eos et extolle illos usque in eternum.
Deus cui proprium est misereri semper et parcere suscipe
deprecationem nostram et quos delictorum catena
constringit miseratio tue pietatis absolvat. Per
Qui confidunt in domino sicut mons syon non
commovebitur in eternum qui habitat in ierusalem.
Montes in circuitu eius et dominus in circuitu
populi sui ex hoc nunc et usque in seculum. Quia non
Quia non relinquet dominus virgam peccatorum super
sortem iustorum ut non extendant iusti ad iniquitatem manus suas. Benefac domine bonis et rectis
Declinantes autem in obligationes adducet dominus

cum operantibus iniquitatem pax super israel. cu eius.
In convertendo dominus captivitatem sion facti sumus
sicut consolati. Tunc repletum est gaudio os meum
et lingua nostra exultatione. C manipulos suos.
Tunc dicent inter gentes magnificavit dominus facere
cum eis. Magnificavit dominus facere nobiscum facti sumus letantes.
Converte domine captivitatem nostram sicut torrens in austro.
Qui seminant in lacrimis in exultatione metent.
Euntes ibunt et flebant mittentes semina sua.
Venientes autem venient cum exultatione portantes
Nisi dominus edificaverit domum in vanum labora-
verunt qui edificant eam. Nisi dominus custodierit
civitatem frustra vigilat qui custodit eam.
Vanum est vobis ante lucem surgere surgite post
quam sederitis qui manducatis panem doloris.
Cum dederit dilectis suis sompnum ecce heredi-
tas domini filii merces fructus ventris. Sicut
sicut sagitte in manu potentis ita filii excussorum.
Beatus vir qui implevit desiderium suum ex ipsis non
confundetur cum loquetur inimicis suis in porta.
Beati omnes qui timent dominum qui ambulant in viis
eius. Labores manuum tuarum quia manducabis
beatus es et bene tibi erit. C diebus vite tue.
Uxor tua sicut vitis habundans in lateribus domus tue.
Filii tui sicut novelle olivarum in circuitu mense tue.
Ecce sic benedicetur homo qui timet dominum.
Benedicat te dominus ex syon et videas bona Jerusalem omnibus
Et videas filios filiorum tuorum pacem super israel.
Sepe expugnaverunt me a iuventute mea dicat
nunc israel. Sepe expugnaverunt me a iuven-
tute mea et enim non potuerunt mihi.
Supra dorsum meum fabricaverunt peccatores

fol. 63[v]: art. 20

64

prolongaverunt iniquitatem suam· Gloria· Sicut·
Dominus iustus concidet cervices peccatorum confundantur et conver-
tantur retrorsum omnes qui oderunt Sion· Fiant sicut fenum tectorum quod priusquam evellatur ex-
aruit· De quo non implebit manum suam qui metet et sinum suum qui manipulos col-
liget· Et non dixerunt qui preteribant benedictio domini super vos benediximus
vobis in nomine domini· Gloria· Kyrieleison· Christeleison· Kyrieleison·
Pater noster· Et ne nos· Fiat pax in virtute tua·
Et habundancia in turribus tuis· Oremus·
Ecclesie tue quesumus domine preces placatus admitte ut dest-
ructis adversitatibus et erroribus universis secura
tibi serviat libertate per Christum dominum nostrum· Gloria·
De profundis clamavi ad te domine domine exaudi vocem
meam· Fiant aures tue intendentes in vocem deprecati-
onis mee· Si iniquitates observaveris domine domine
quis sustinebit· Quia apud te propiciacio est et propter legem
tuam sustinui te domine· Sustinuit anima mea in verbo eius speravit anima mea in domino· Gloria· Sicut erat·
A custodia matutina usque ad noctem speret israel in domino·
Quia apud dominum misericordia et copiosa apud eum redempcio·
Et ipse redimet israel ex omnibus iniquitatibus eius·
Domine non est exaltatum cor meum neque elati sunt oculi mei·
Neque ambulavi in magnis neque in mirabilibus
super me· Si non humiliter sentiebam sed exaltavi
animam meam· Sicut ablactatus super matre sua
ita retribucio in anima mea·
Speret israel in domino ex hoc nunc et usque in seculum·
Memento domine David et omnis mansuetudinis eius·
Sicut iuravit domino votum vovit deo iacob·
Si introiero in tabernaculum domus mee·
Si ascendero in lectum strati mei· Gloria· Sicut erat·
Si dedero sompnum oculis meis et palpebris meis

In honor angeli domini [illegible] hec honor nomina et si in aliquo
spiritus ibi abitat statim recedet· [illegible] et [illegible]
[illegible] et [illegible]

Et requiem temporibus meis donec inveniam
locum domino tabernaculum deo iacob. ¶ pis silue.
Ecce audivimus eam in eufrata invenimus eam in cam
Introibimus in tabernaculum eius: adorabimus in
loco ubi steterunt pedes eius. ¶ cionis tue.
Surge domine in requiem tuam tu et archa sanctificationis
Sacerdotes tui induantur iusticiam et sancti tui exultent.
Propter david servum tuum non avertas faciem christi tui.
Iuravit dominus david veritatem et non frustrabitur eum
de fructu ventris tui ponam super sedem tuam. ¶ testimonia
Si custodierint filii tui testamentum meum et testi
monia mea hec que docebo eos. ¶ turabo panibus.
Et filii eorum usque in seculum sedebunt super sedem tuam.
Quoniam elegit dominus syon elegit eam in habitacionem sibi.
Hec requies mea in seculum seculi hic habitabo quoniam elegi
Viduam eius benedicens benedicam pauperes eius sa
Sacerdotes eius induam salutari et sancti eius exultacione
exultabunt. ¶ meo. ¶ florebit sanctificacio mea.
Illuc producam cornu david paravi lucernam christo
Inimicos eius induam confusione super ipsum autem ef
Ecce quam bonum et quam iocundum habitare fra
tres in unum. Sicut unguentum in capite quod
descendit in barbam barbam aaron. ¶ [illegible]
Quod descendit in oram vestimenti eius sicut ros her
mon quod descendit in montem sion. ¶ usque in seculum.
Quoniam illic mandavit dominus benedictionem et vitam
Ecce nunc benedicite dominum omnes servi domini.
Qui statis in domo domini in atriis domus dei
In noctibus extollite manus vestras in sancta
et benedicite dominum. Benedicat te dominus ex sy
on qui fecit celum et terram. Kyrie.
Christe. Kyrieleison. Pater noster. Et ne nos.

fol. 64v: art. 20

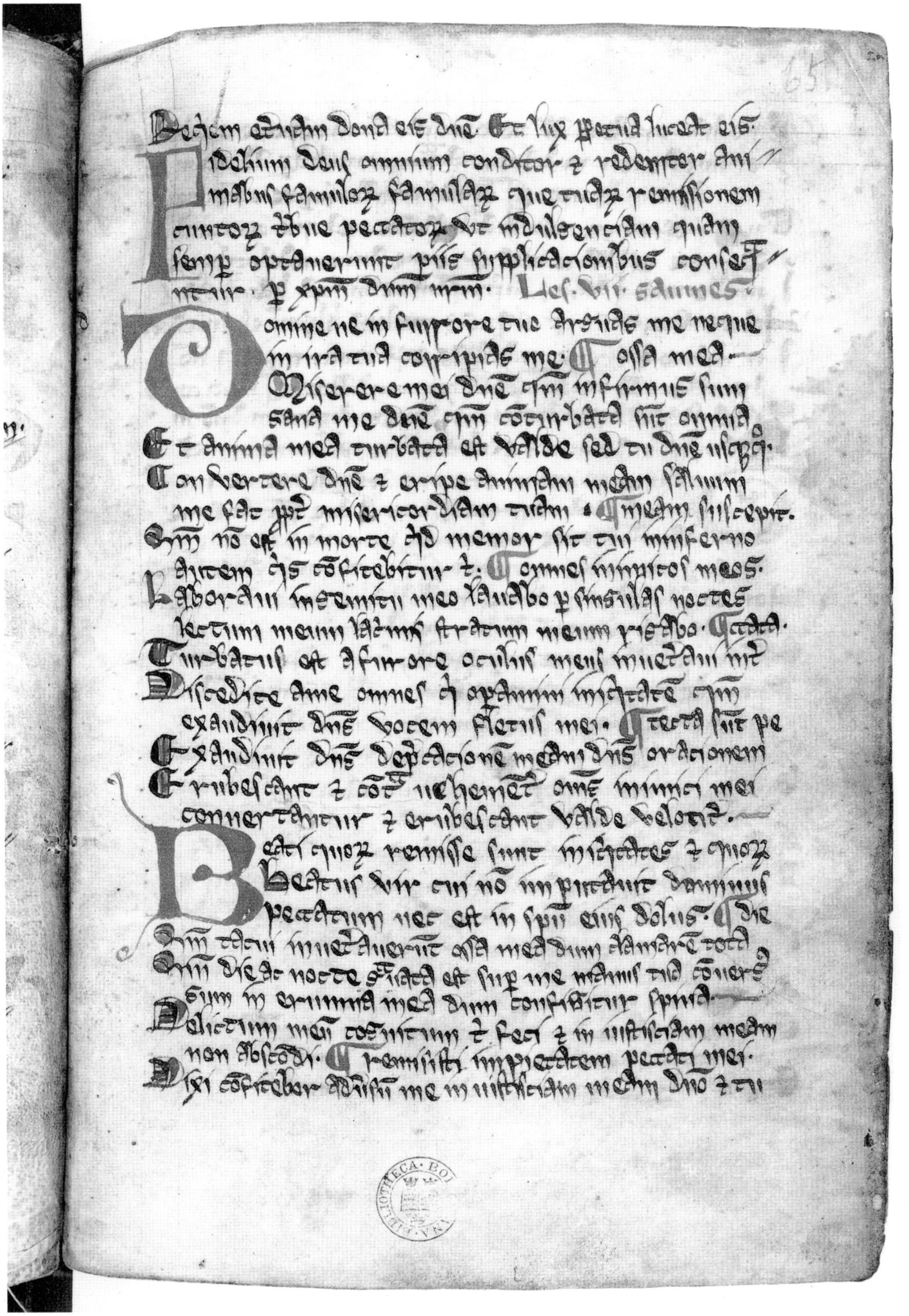

Requiem eternam dona eis domine Et lux perpetua luceat eis.
Fidelium deus omnium conditor et redemptor ani-
mabus famulorum famularumque tuarum remissionem
cunctorum tribue peccatorum ut indulgenciam quam
semper optaverunt piis supplicacionibus consequan-
tur. Per xpistum dominum nostrum. Les vii saumes.
Domine ne in furore tuo arguas me neque
in ira tua corripias me. [illegible] ossa mea.
Miserere mei domine quoniam infirmus sum
sana me domine quoniam conturbata sunt omnia
Et anima mea turbata est valde sed tu domine usquequo
Convertere domine et eripe animam meam salvum
me fac propter misericordiam tuam. [illegible] meam suscepit.
Quoniam non est in morte qui memor sit tui in inferno
autem quis confitebitur tibi. [illegible] omnes inimicos meos.
Laboravi in gemitu meo lavabo per singulas noctes
lectum meum lacrimis stratum meum rigabo. [illegible]
Turbatus est a furore oculus meus inveteravi inter
Discedite a me omnes qui operamini iniquitatem quoniam
exaudivit dominus vocem fletus mei. [illegible] sunt pe
Exaudivit dominus deprecacionem meam dominus oracionem
Erubescant et conturbentur vehementer omnes inimici mei
convertantur et erubescant valde velociter.
Beati quorum remisse sunt iniquitates et quorum
Beatus vir cui non imputavit dominus
peccatum nec est in spiritu eius dolus. [illegible] die
Quoniam tacui inveteraverunt ossa mea dum clamarem tota
Quoniam die ac nocte gravata est super me manus tua conversus
sum in erumpna mea dum configitur spina.
Delictum meum cognitum tibi feci et iniusticiam meam
non abscondi. [illegible] remisisti impietatem peccati mei.
Dixi confitebor adversum me iniusticiam meam domino et tu

fol. 65r: arts 20, 21

Pro hac orabit ad te omnis sanctus in tempore oportuno
Verumtamen in diluuio aquarum multarum ad eum
non approximabunt. ¶ Ceris firmabo super te oculos meos.
Tu es refugium meum a tribulatione que circumdedit
me exultatio mea erue me a circumdantibus me.
Intellectum tibi dabo et instruam te in via hac qua gradieris
Nolite fieri sicut equus et mulus quibus non est intellectus.
In camo et freno maxillas eorum constringe qui non
approximant ad te. ¶ Custodia circumdabit. ¶ Recti corde.
Multa flagella peccatoris sperantem autem in domino m
Letamini in domino et exultate iusti et gloriamini omnes
Domine ne in furore tuo arguas me neque
in ira tua corripias me. ¶ Dare sunt super me.
Quoniam sagitte tue infixe sunt mihi et confirm
asti super me manum tuam. ¶ Sicut onus graue
Non est sanitas in carne mea a facie ire tue non
est pax ossibus meis a facie peccatorum meorum.
Quoniam iniquitates mee supergresse sunt caput meum.
Putruerunt et corrupte sunt cicatrices mee a facie
insipientie mee. ¶ Die conturbatus ingrediebar.
Miser factus sum et curuatus sum usque in finem tota
die. Quoniam lumbi mei impleti sunt illusionibus et non est sani
tas in carne mea. ¶ Gemitu cordis mei. ¶ Et steterunt.
Afflictus sum et humiliatus sum nimis rugiebam a ge
Domine ante te omne desiderium meum et gemitus m
eus a te non est absconditus. ¶ Tota die meditabantur.
Cor meum conturbatum est in me dereliquit me
virtus mea et lumen oculorum meorum et ipsum non est mecum.
Amici mei et proximi mei aduersum me appropinquauerunt
Et qui iuxta me erant de longe steterunt et vim faciebant
qui querebant animam meam. ¶ Et dolos to
Et qui inquirebant mala mihi locuti sunt vanitates

fol. 65v: art. 21

Ego autem tanquam surdus non audiebam et sicut mutus
non aperiens os suum. In ore suo redarguciones.
Et factus sum sicut homo non audiens et non habens
Quoniam in te domine speravi tu exaudies domine deus meus. Quia
Quia dixi ne quando supergaudeant mihi inimici mei et dum
commovebuntur pedes mei super me magna locuti sunt.
Quoniam ego in flagella paratus sum et dolor meus in con-
spectu meo semper. [illegible] bonitatem. Tuam.
Quoniam iniquitatem meam annunciabo et cogitabo pro peccato
Inimici autem mei vivunt et confirmati sunt super me
et multiplicati sunt qui oderunt me inique. Qui re.
Qui retribuunt mala pro bonis detrahebant mihi quoniam sequ-
Ne derelinquas me domine deus meus ne discesseris a me.
Intende in adiutorium meum domine deus salutis mee.
Miserere mei deus secundum magnam misericordiam
Et secundum multitudinem miserationum tuarum dele
iniquitatem meam. Quoniam contra me est semper.
Amplius lava me ab iniquitate mea et a peccato meo mun-
Quoniam iniquitatem meam ego cognosco et peccatum
Tibi soli peccavi et malum coram te feci ut iustificer-
is in sermonibus tuis et vincas cum iudicaris.
Ecce enim in iniquitatibus conceptus sum et in pecca-
tis concepit me mater mea. Nunquam delectabor.
Ecce enim veritatem dilexisti incerta et occulta sa-
piencie tue manifestasti mihi. Ossa humiliata.
Asperges me domine ysopo et mundabor lavabis me et super
Auditui meo dabis gaudium et leticiam et exultabunt
Averte faciem tuam a peccatis meis et omnes iniqui-
tates meas dele. In visceribus meis. Me.
Cor mundum crea in me deus et spiritum rectum innova
Ne proicias me a facie tua et spiritum sanctum ne auferas a me.
Redde mihi leticiam salutaris tui et spiritu principali confirma

fol. 66r: art. 21

Docebo iniquos vias tuas et impii ad te convertentur.
Libera me de sanguinibus deus deus salutis mee et ex-
ultabit lingua mea iusticiam tuam. ¶ tuam.
Domine labia mea aperies et os meum annunciabit laude[m]
Quoniam si voluisses sacrificium dedissem utique holocau-
stis non delectaberis. ¶ Tunc i. ierusalem.
Sacrificium deo spiritus contribulatus cor contritum
et humiliatum deus non despicies. ¶ edificentur
Benigne fac domine in bona voluntate tua syon ut
Tunc acceptabis sacrificium iusticie oblaciones et holo-
causta tunc inponent super altare tuum vitulos.
Domine exaudi oracionem meam et clamor
meus ad te veniat. ¶ aperuerunt.
Non avertas faciem tuam domine in quacumque
die tribulor inclina ad me aurem tuam. ¶ quacumque
In quacumque die invocavero te velociter exaudi me.
Quia defecerunt sicut fumus dies mei et ossa mea sicut
Percussus sum ut fenum et aruit cor meum quia oblitus
sum comedere panem meum. ¶ me invadebant.
A voce gemitus mei adhesit os meum carni mee.
Similis factus sum pellicano solitudinis factus
sum sicut nicticorax in domicilio. ¶ adversum
Vigilavi et factus sum sicut passer solitarius in tecto.
Tota die exprobrabant mihi inimici mei et qui laudabant me
Quia cinerem tanquam panem manducabam et potum meum
cum fletu miscebam. ¶ [illegible]. ¶ Tempus.
A facie ire indignacionis tue quia elevans allisisti me.
Dies mei sicut umbra declinaverunt et ego sicut fe[num]
Tu autem domine in eternum permanes et memoriale tuum
in generacione et generacionem. ¶ et quia venit
Tu exurgens domine misereberis syon quia tempus miserendi
Quoniam placuerunt servis tuis lapides eius et terre eius miserebuntur.

Un apostoile aveit sa mere ke fust pre la alme fust dampne p[ar] un trentel ke fust chauntee
en ceste guyse. primes. iii. messes del annunciacioun nostre dame. iii. de la nativite nostre
seignour. iii. de la passioun nostre seignour. iii. de la purificacioun nostre dame. iii. de la
resurrexioun nostre seignour. iii. del ascensioun. iii. de la pentecouste. iii. de la trinite. iii.
de lassumcioun nostre dame. iii. de la nativite nostre dame. Toutes ces messes sunt

fol. 66v: arts 21, *88

Et timebunt gentes nomen tuum domine et omnes reges terre gloriam tuam.
Quia edificauit dominus syon et videbitur in gloria sua. ¶ [illegible]
Respexit in orationem humilium et non spreuit precem eorum.
Scribantur hec in generatione altera et populus qui creabitur
laudabit dominum. ¶ [illegible] ¶ [illegible]
Quia prospexit de excelso sancto suo dominus de celo in terram aspexit.
Ut audiret gemitus compeditorum ut solueret filios interemptorum.
Ut annuncient in syon nomen domini et laudem eius in ierusalem.
In conueniendo populos in unum et reges ut seruiant domino.
Respondit ei in via virtutis sue paucitatem dierum meorum
Ne reuoces me in dimidio dierum meorum in gener-
atione et generationem anni tui. ¶ [illegible]
Initio tu domine terram fundasti et opera manuum tuarum sunt celi
Ipsi peribunt tu autem permanes et omnes sicut vestimentum veterascent
Et sicut opertorium mutabis eos et mutabuntur tu
autem idem ipse es et anni tui non deficient. ¶ [illegible]
Filii seruorum tuorum habitabunt et semen eorum in seculum dirigetur.
De profundis clamaui ad te domine domine exaudi vocem meam.
Fiant aures tue intendentes in vocem deprecationis mee.
Si iniquitates obseruaueris domine domine quis sustinebit.
Quia apud te propiciacio est et propter legem tuam sustinui
te domine. ¶ [illegible] ¶ [illegible] ¶ [illegible]
Sustinuit anima mea in verbo eius sperauit anima mea
A custodia matutina usque ad noctem speret israel in domino
Quia apud dominum misericordia et copiosa apud eum redemptio.
Et ipse redimet israel ex omnibus iniquitatibus eius. [illegible]
Domine exaudi orationem meam auribus percipe
obsecrationem meam in veritate tua exaudi
me in tua iusticia. ¶ [illegible]
Et non intres in iudicium cum seruo tuo quia non
iustificabitur in conspectu tuo omnis viuens.
Quia persecutus est inimicus animam meam humiliauit [illegible]

dites devant les hores des festes. en meisme la maniere ke vus dites les iours ⁊ cest
orasun ke est chacun iour del an. de celui ke dist les messes. ou de celui ke les fet dire

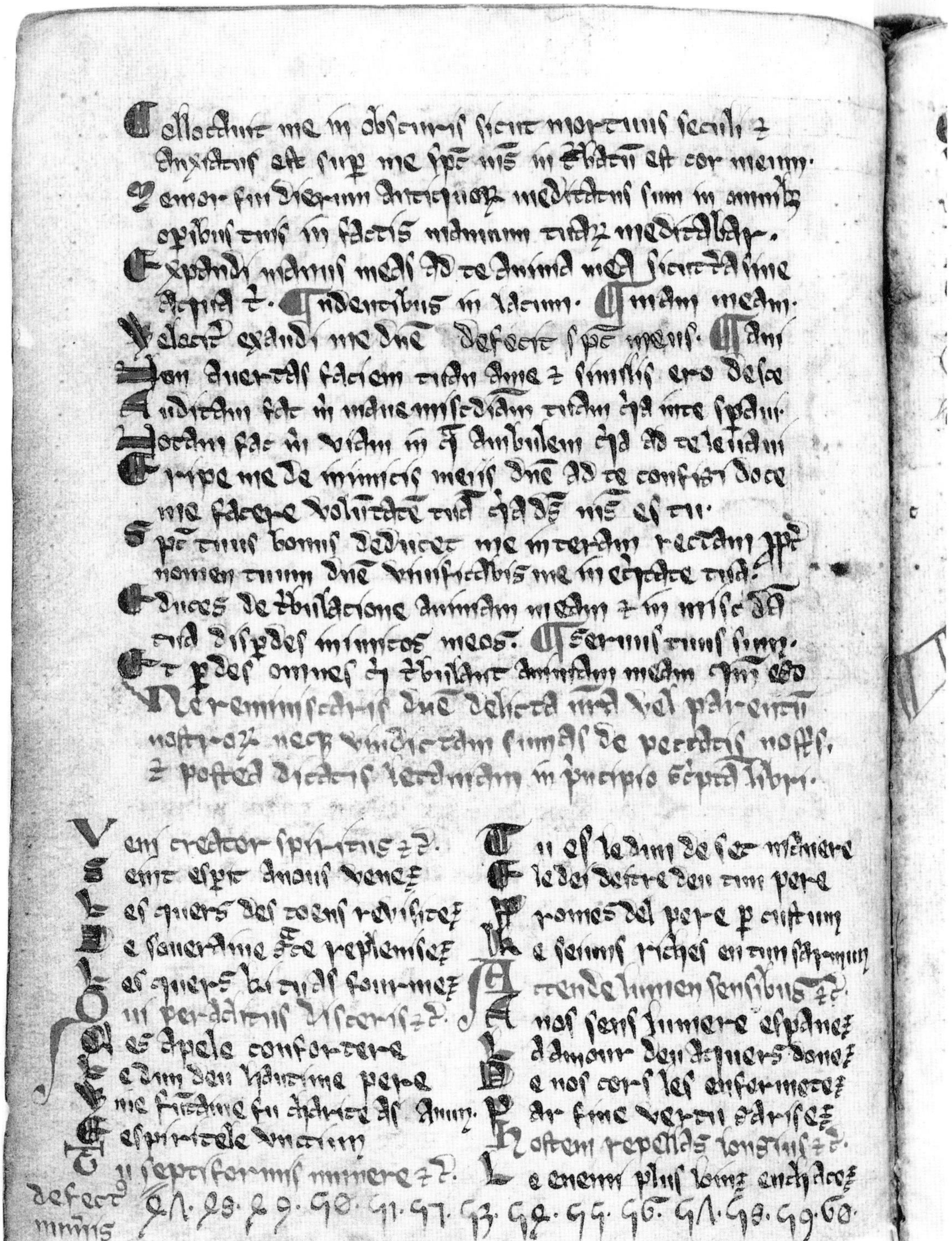

Collocavit me in obscuris sicut mortuos seculi et
anxiatus est super me spiritus meus in me turbatum est cor meum.
Memor fui dierum antiquorum meditatus sum in omnibus
operibus tuis in factis manuum tuarum meditabar.
Expandi manus meas ad te anima mea sicut terra sine
aqua tibi. Descendentibus in lacum. Animam meam.
Velociter exaudi me domine defecit spiritus meus.
Non avertas faciem tuam a me et similis ero desc-
Auditam fac mihi mane misericordiam tuam quia in te speravi.
Notam fac mihi viam in qua ambulem quia ad te levavi animam
Eripe me de inimicis meis domine ad te confugi doce
me facere voluntatem tuam quia deus meus es tu.
Spiritus tuus bonus deducet me in terram rectam propter
nomen tuum domine vivificabis me in equitate tua.
Educes de tribulacione animam meam et in miseri-
cordia tua disperdes inimicos meos. Servus tuus sum.
Et perdes omnes qui tribulant animam meam quoniam ego
Ne reminiscaris domine delicta nostra vel parentum
nostrorum neque vindictam sumas de peccatis nostris.
Et postea dicatis letaniam in principio septem librorum.

Veni creator spiritus etc.
Seint espirit amours venez
Les quers des toens revisitez
E soveraine grace replenissez
Les quers ke tu as fourmez
Qui paraclitus diceris etc.
Ke apele confortere
E dun deu hautime pere
Ne fontayne fu chaleur as amur
Espiritele unctium
In septiformis munere etc.

Tu es le dun de set maniere
E le dei destre deu tun pere
Promes del pere par cist um
E seinus riches en tun sermun
Accende lumen sensibus etc.
A nos sens lumere espanez
D'amour deu as quers donez
E nos cors les enfermetez
Par fine vertu esforcez
Hostem repellas longius etc.
Le enemi plus loinz enchacez

fol. 67^{v}: arts 21, 22, 24

Enmi en icest la pes donez
Par cel dustre seinus menez
Enuit ke nuist seit eschiuez
Per te sciamus da patrem etc.
Donez le pere par cel sachium
E le fiz reconisium
De ambedeus seinus espris
Tout tens creium de quers pris
Deum patri sit gloria etc.
Tu ki iadis les seins piz
Par ta grace as recompliz

Lors relessez nos pechez
E tens peisible nous donez
Sit laus patri cum filio etc.
Au pere e al fiz seit beneit
E al seint espirit ensement
E le fiz nous tramette le don
De espiritel vertun. Amen.
Ici cest hymne souent dites
Ses pechez e en despit
De pense de oevre e de dit
Oblace ert del seint espirit

Ici sunt escrites les dolerous iours del an.

Ceo est asauer ke en Jenuer sunt .vii. iours. le premer e le secund. e terz. e le quart. e le quint. e le disenefime. E en feuer sunt .iii. le cesime e le dissetime. e le disentime. E en marz sunt .iii. iours le quinsime e le cesime e le dissesetime. E en auerill sunt .ii. iours le sime e le vintime. E en may sunt .iiii. iours le sime e le quinsime e le cessime e le vintime. E en iuine sunt .ii. iours le quint e le dissenefime. E en iulie sunt .i. iour le sime. E en aust sunt .ii. iours le dissenefime e le vintime. E en setembre sunt .ii. iours le cessime e le dissetime. E en octobre sunt .i. iour le sime. E en nouembre sunt .ii. iours le quint e le setime. E en decembre sunt .iii. iours le sime e le setime e le quinsime.

Le abice de augrim. 1. 2. 3. 4. 5. 6. 7. 8. 9. 10.
Numerus. 11. 12. 13. 14. 15. 16. 17. 18. 19. 20.
21. 22. 23. 24. 25. 26. 27. 28. 29. 30. 31. 32. 33. 34.
35. 36. 37. 38. 39. 40. 41. 42. 43. 44. 45. 46.

fol. 68r: arts 22, 23, 24

AL

dies mensis ⁊ septima ⁊ vincit ... ẽsi

Januarii · Circumcisio dñi · ⁊c̃

iii	A			O	
	b	iiii		O	octaue sc̃i stephani
xi	c	iii		O	octaue sc̃i iohãnis
	d	ii		O	octaue sc̃oꝛ innocentium
xix	e			ꝭ	ꝺ eðwardi regis ⁊ m̃ꝛ
viii	f	viii	iꝺ	E	epyphania dñi
	g	vii	iꝺ	S	ꝺ luciani ꝑbiʒ
xvi	A	vi		S	
v	b	v		S	ꝺ uicloꝛ m̃ꝛ
	c	iiii		S	ꝺ pauli p̃mi heꝛmite
xiii	d				
ii	e	ii	iꝺ	S	ꝺ selei m̃ꝛ
	f	IDVS		O	octaue epyphanie sc̃i hylarii ⁊ remigii eꝯ
x	g	xix		S	marius sc̃a felicitas p̃sbr̃ ⁊ ꝗ
	A	xviii		S	ꝺ maurⁱ ⁊ Abbatis
xviii	b	xvii		S	ꝺ marcelli p̃e ⁊ m̃ꝛ
vii	c	xvi		S	ꝺ Anthonii Abbatis
	d	xv		S	ꝺ prisce uirginis ⁊ m̃ꝛ Sol in āqꝛio
xv	e	xiiii		S	ꝺ wlstani epi ⁊ ꝯfeſſ·
iiii	f	xiii		S	sc̃oꝛ fabiani ⁊ sebaſtiani m̃ꝛ·
	g	xii		S	ꝺ Agnetis uirginis ⁊ m̃ꝛ
xii	A	xi		S	ꝺ uincencii m̃ꝛ
i	b	x		S	ꝺ emerenciane uirginis
	c	ix		S	ꝺ blasii epi ⁊ ꝯfeſſ
ix	d	viii		O	ꝯuersio sc̃i pauli ⁊ Sc̃i pⁱcti m̃ꝛ zⁱꝗ
	e	vii		S	ꝺ policarpi epi ⁊ m̃ꝛ
xvii	f	vi		S	ꝺ hildani epi ⁊ ꝯfeſſ
vi	g	v		S	ꝺ Agnetis sc̃ðe
	A	iiii		S	ꝺ ualerⁱani epi
xiiii	b	iii		L	ꝺ batilde regine
iii		ii		L	

In mense ianuarii mildiui sanctue minuas porioni · Iacuarⁱ em
bibⁱti ⁊ respoꝛt ⁊ ascedaciõ balneum uetⁱta.

Januari hab dies · xxxi · luna · xxx · ⁊ ꝗ hab oꝛas · xbi · dies · octo.

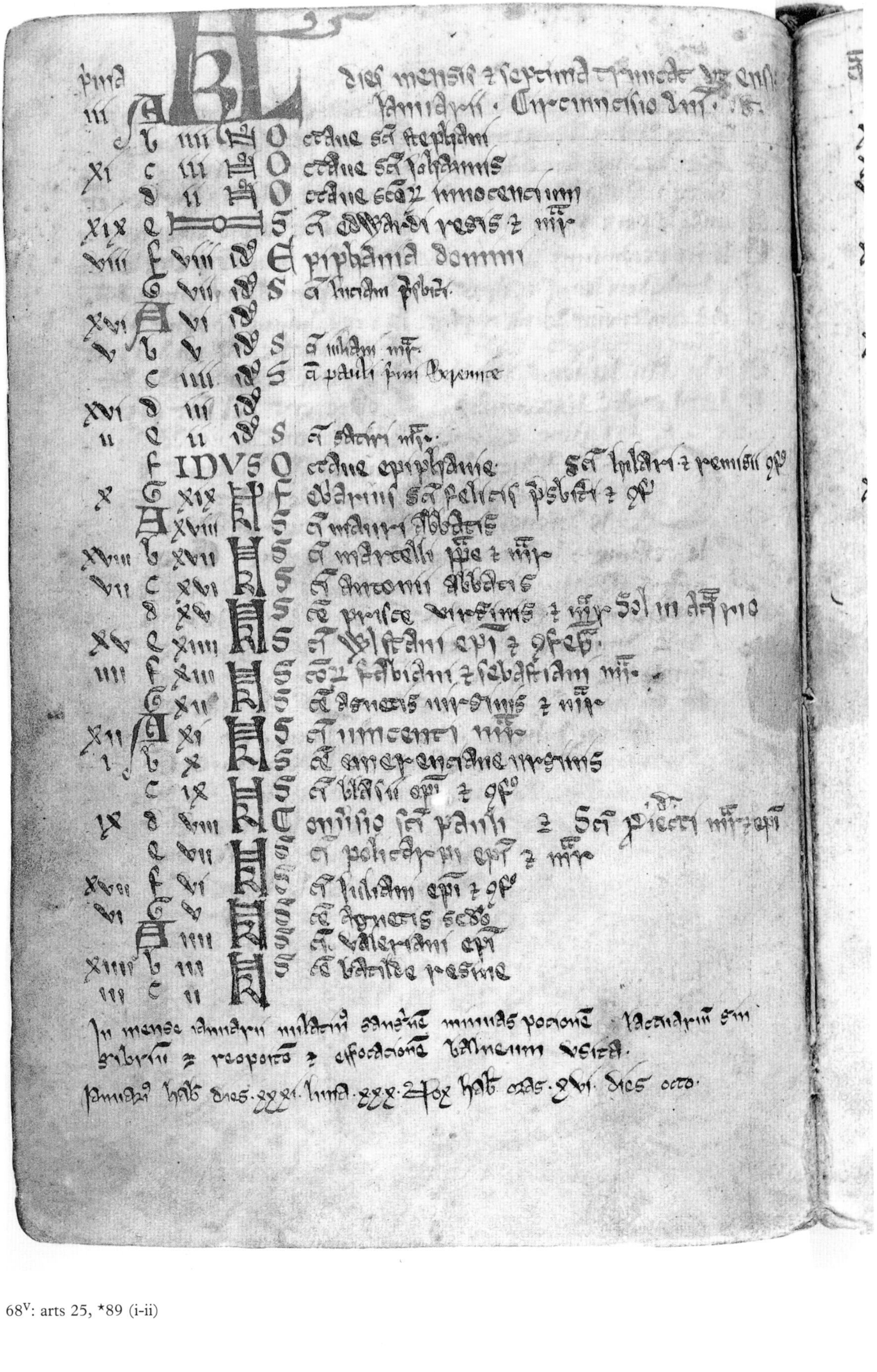

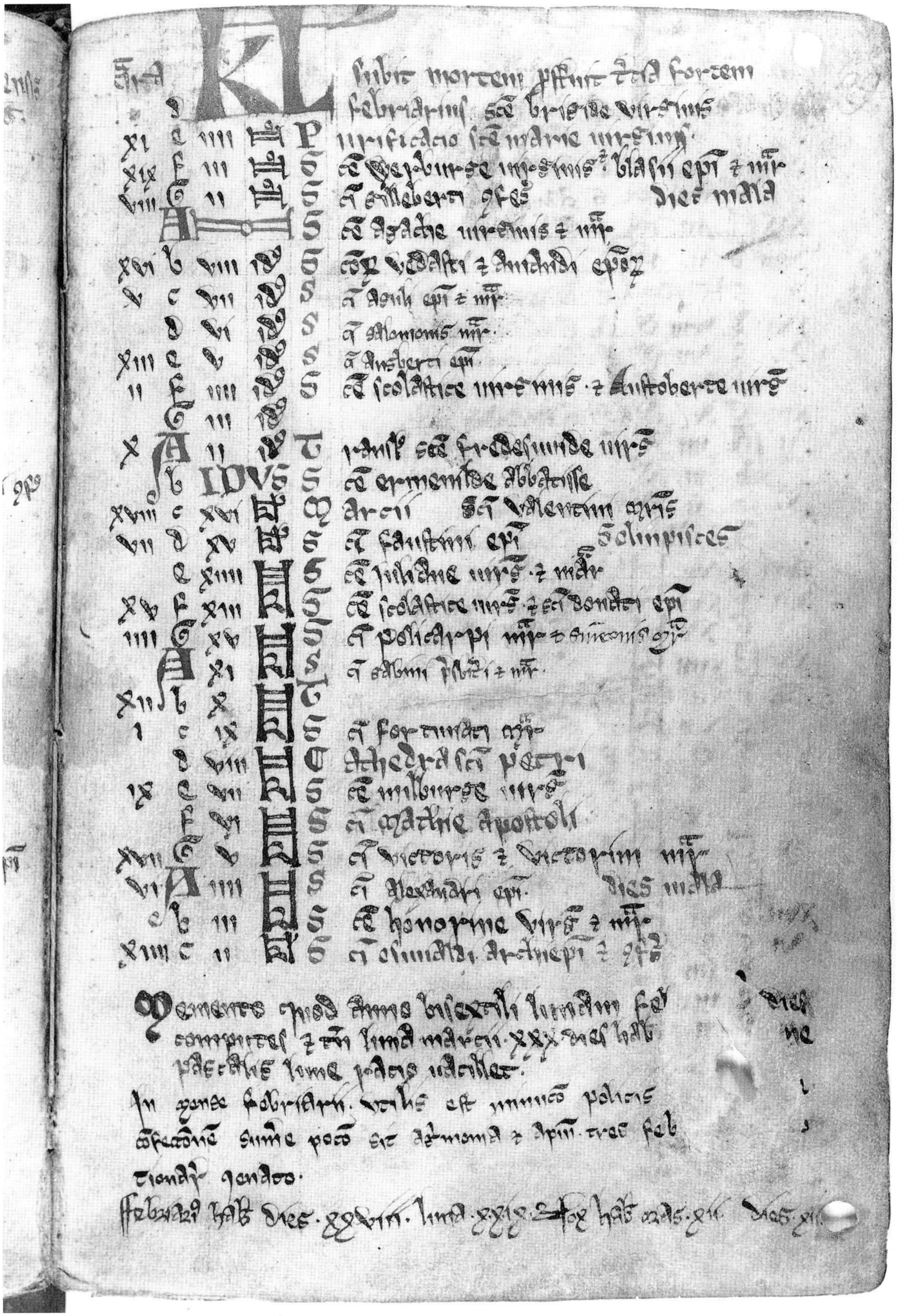

fol. 69r: arts 25, *89 (i-ii)

KL mendentem dirupit .iiii. bibentem

iii · Nazeii · Sci Albini epi · z dauid epi · z mr · ↄ

xi · c ↄ cedde epi z ↄfs

xix A · iiii · S · ↄ adriani epi

xiii b · ii · S · ↄ luou ꝓ z mr

 ↄ fece bꝰfs z mr

 Vltima incensio lune xi.

xvi c · xvi · S · ↄ pcue z felicitatis mr

v d · xv · S · ↄ felicis epi

 ↄp xl. militum.

xiii e · xiii · iiii · S · ↄ cordani mr

ii f · xiii · iiii · S · ↄ Gregorii ꝑp

g · iii · iiii · S · ↄ pol mr

 ↄ longini mr

 IDVS · S · ↄ longini mr

xviii e · xvii · A · S · kilis.

xii f · xvi · S · ↄ pancracii epi

 S · ↄ edward regis z vꝰfs ↄ aleuini epi

xv A · xiiii · li Ioseph ꝓ vel seculi

iiii b · xiii · S · ↄ cuthberti epi

c · xii · S · ↄ benedicti abbatis

xii d · xi · S · ↄ affrosi epi ꝓmm palſca

i xx · ↄ victorini mr hic adam formatus est

 locus concurrencium

ix f · xviii · A · S · nunciaco dmca sce marie

g · vii · ↄ castoli mr

xviii b · vi · A · R · esurexcio domini dies mala

c · v · S · ↄ euzebii mr

d · iiii · S · ↄp victoris z victorini

xiiii e · iii · S · ↄ quirini mr

iii f · ii · S · ↄ labille mr

 Post nonas nichilis ibi ꝓmt ꝓꝰa noscitur

 Vt septem numerato dies dꝰ pascha sequuntur

In carne pecꝰ boum et balneare sanguinem non minuere solum

 ↄnam sumere potes et ruta libestica pulegium.

martius habet dies xxxi luna xxx z sol habet oras xii dies xii

fol. 69ᵛ: arts 25, *89 (i-ii)

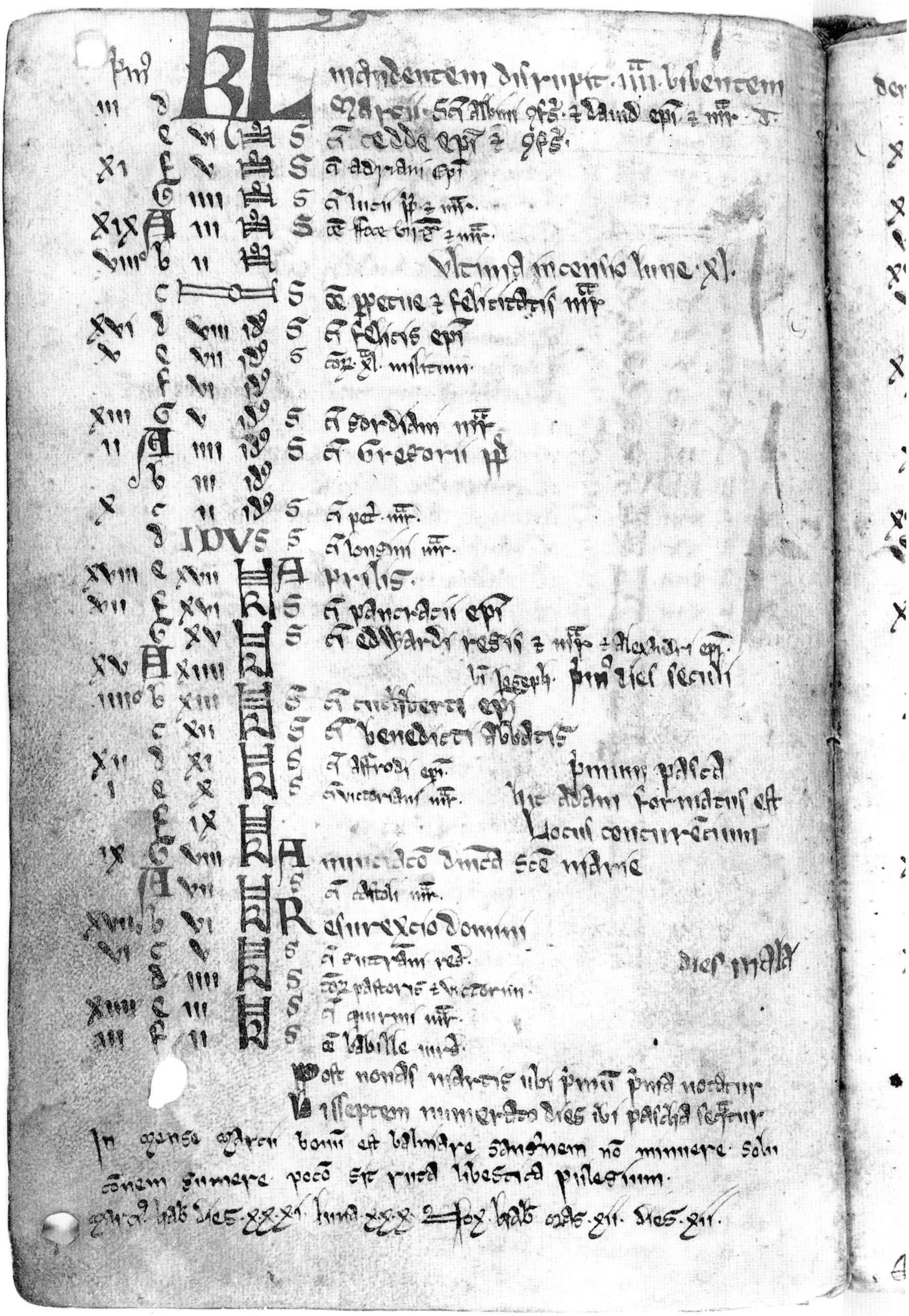

Dens' KL Et undecimus est mortis uulnere plenus

Aprilis

xi A iiii Non. S. Sce marie egipciace
b iii Non. S. S. thome mr & ricardi epi cicestre
xix c ii Non. S. S. ambrosii epi
viii d Nonas S. S. leonis pape
xvi e viii Id. S. S. sixti pp & mr rome
v f vii Id. S. S. elpimochei & epiphanii epi.
g vi Id. S. S. perpetui epi & conf.
xiii A v Id. Transitus sce marie egipciace.
ii b iiii Id. S. S. apollonii mr. Dies mala
c iii Id. S. S. guthlaci conf & leonis pp.
x d ii Id.
e IDUS S. Sce eufemie uirginis rome & carpi epi.
xviii f xviii Kl. Sanctorum tiburcii & ualeriani & maximiani
vii g xvii Kl.
A xvi Kl. S. S. calixti mr. Sol in tauro
xv b xv Kl. S. S. petri mr.
iiii c xiiii Kl. S. S. [illegible] abbatis
d xiii Kl. S. S. alphegi archiepi mr
xii e xii Kl. S. S. uictoris epi Dies mala
i f xi Kl. S. S. simonis epi & mr cum aliis multis.
g x Kl. S. S. anselmi archiepi
ix A ix Kl. S. S. georgii mr
b viii Kl. S. S. wilfridi epi.
xvii c vii Kl. S. S. marci euangeliste.
vi d vi Kl. S. S. marcelli pape & mr
e v Kl. S. S. anastasii pape & mr.
xiiii f iiii Kl. S. S. uitalis mr
iii g iii Kl. Translatio sci edmundi reg & mr
A ii Kl. S. S. eutropii mr

¶ Cum a pruce ou a haut homme alez dites en vostre quer ceste
fez. Stetit ihesus in medio discipulorum suorum et dixit pax uobis.

In aprili uena est minuendo de uena mediana & edunque ne elide inucatum calida cibos & recentes carnes comede sume potiones piscium comede quia in isto mense scabie crescit poco etc betonica pimpinella [illegible].

Aprilis habet dies xxx luna xxix. Nox habet oras x dies xiiii.

fol. 70r: arts 25, *89 (i-iii)

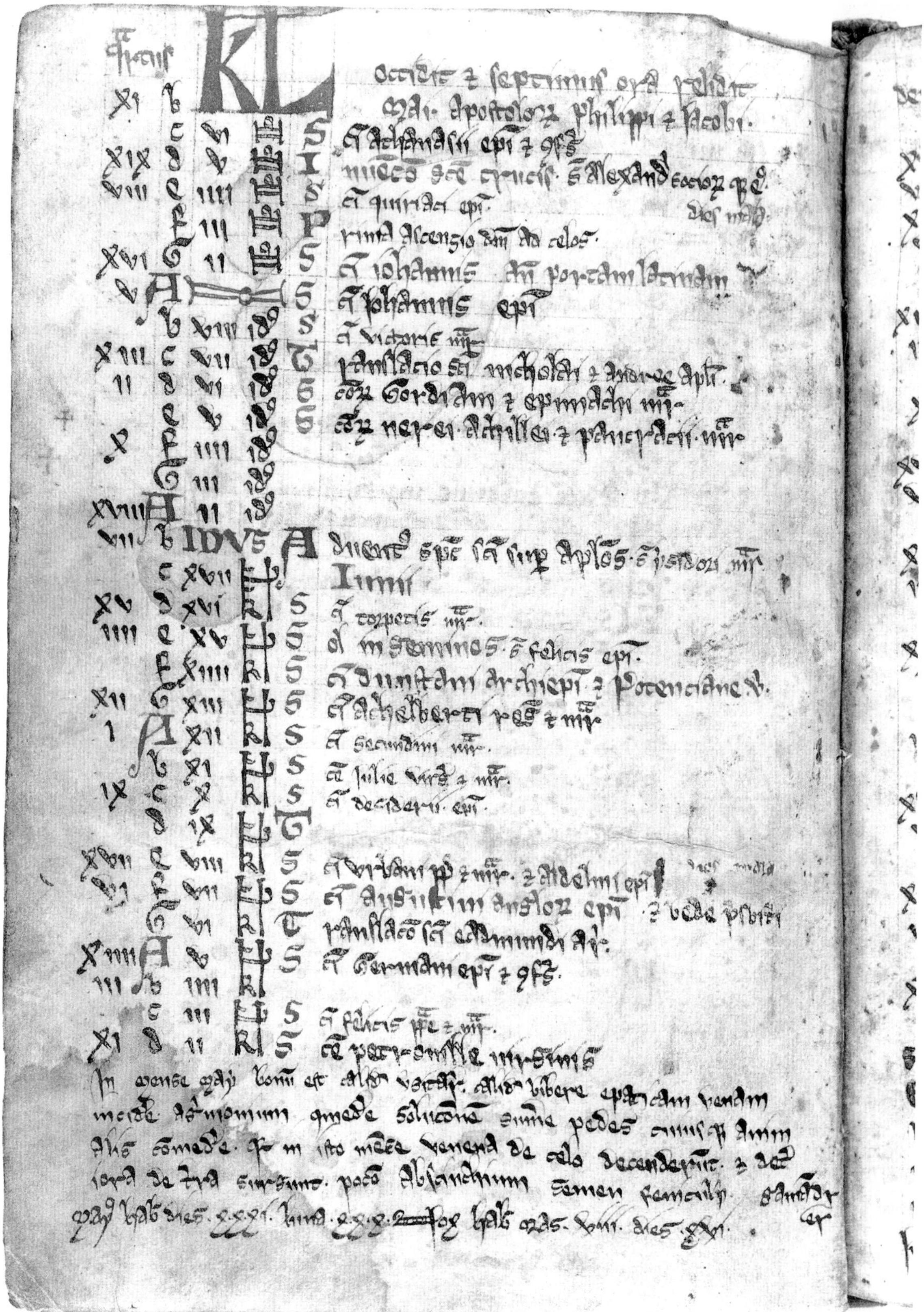
Tercius
KL [Tercius] occidit et septimus ora relidit
Mai. Apostolorum Philippi et Iacobi.
xi b
c S. Athanasii epi et conf.
xix d Inventio sancte crucis. S. Alexandri eventii et theodoli.
viii e S. Quiriaci epi. Dies mala
f Prima ascensio domini ad celos.
xvi g S. Iohannis ante portam latinam.
v A S. Iohannis epi
b S. Victoris mr.
xiii c Translatio sancti Nicholai et Andree apostoli.
ii d Sanctorum Gordiani et Epimachi mr.
e Sanctorum Nerei et Achillei et Pancratii mr.
x f
g
xviii A
vii b IDUS Aniceti pape sancti ... apostolos. S. Isidori mr.
c Iunii
xv d S. Torpetis mr.
iiii e Sol in Geminis. S. Felicis epi.
f S. Dunstani archiepi et Potenciane v.
xii g S. Athelberti regis et mr.
i A S. Secundini mr.
b S. Iulie virg. et mr.
ix c S. Desiderii epi.
d
xvii e S. Urbani pp. et mr. et Aldelmi epi. Dies mala
vi f S. Augustini Anglorum epi et Bede presbiteri
g Translatio sancti Edmundi regis.
xiiii A S. Germani epi et conf.
iii b
c S. Felicis pape et mr.
xi d S. Petronille virginis
In mense Maii bonum est calidum vescere. calidum bibere capitanum venam incidere ad nonum quere solucionem summa pedes sanus fac. Item aliis comede. Quia in isto mense venenata de celo decenderunt et dei ... de terra surgunt. poce absinthium semen feniculi ...
Maius habet dies xxxi. luna xxx. Nox habet horas viii. dies xvi. ... et

fol. 70[v]: arts 25, *89 (i-ii)

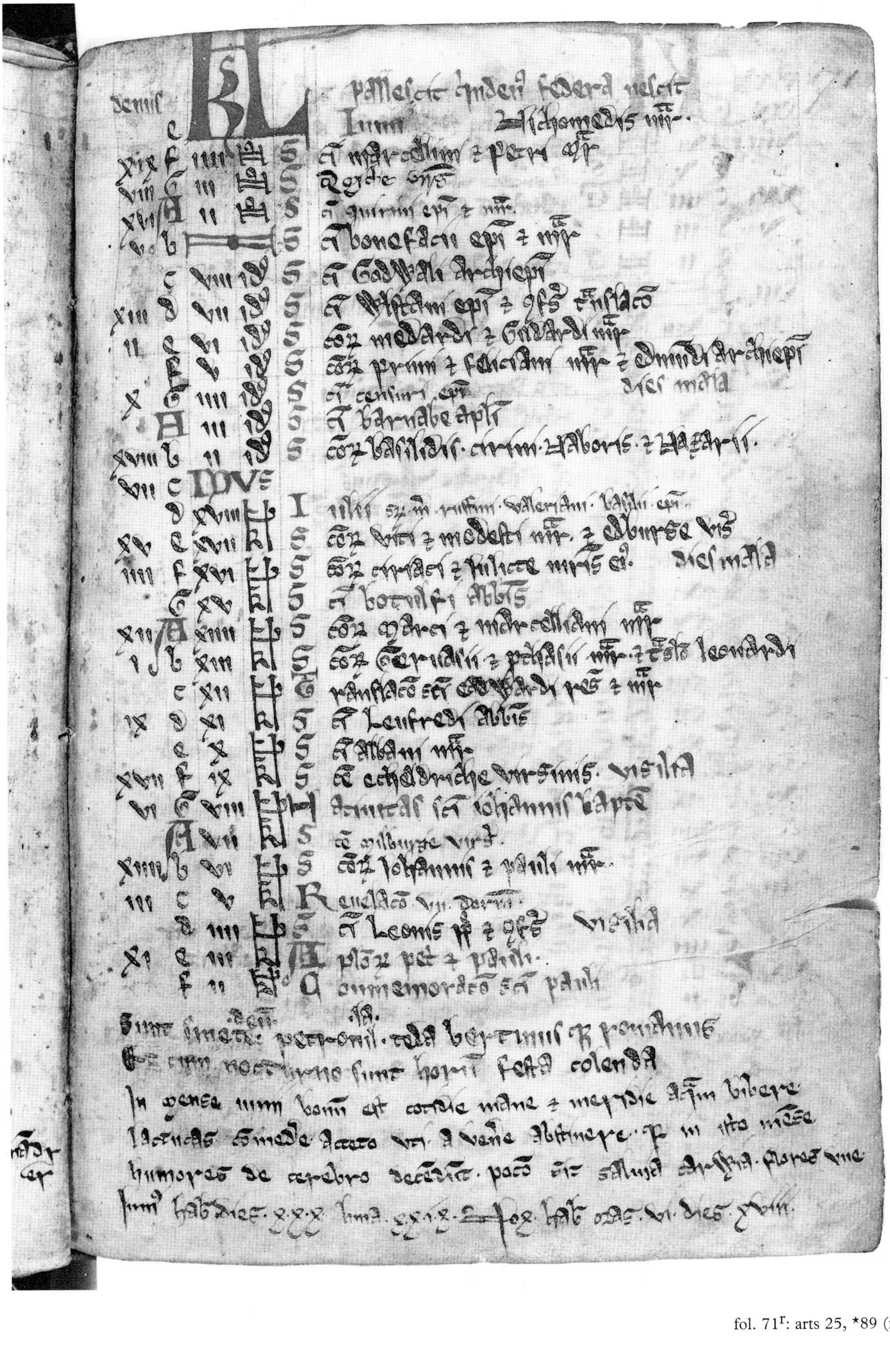
Pallescit ... federa vellere
Junius ... Nichomedis mr.
S. marcellini et petri mr.
...
S. quirini epi et mr.
S. bonefacii epi et mr.
S. Gudwali archiepi
S. Wistani epi et confs. Translacio
Scorum medardi et gildardi mr.
Scorum primi et feliciani mr. et Edmundi archiepi
S. censurii epi — dies mala
S. barnabe apli
Scorum basilidis. cirini. naboris. et nazarii.
IDUS
... valeriani ...
Scorum viti et modesti mr. et edburge virg.
Scorum cirici et iulitte matris eius. — dies mala
S. botulfi abbis
Scorum marci et marcelliani mr.
Scorum gervasii et prothasii mr. et sci leonardi
Translacio sci Edwardi reg. et mr.
S. Leufredi abbis
S. Albani mr.
S. etheldrede virginis. vigilia
Nativitas sci iohannis bapte
S. milburge virg.
Scorum iohannis et pauli mr.
Revelacio vii dormi.
S. Leonis pp et confs. — vigilia
Passio petri et pauli.
Commemoracio sci pauli.
Sunt sancti: petronil. tota bertinus et ...
Et cum nocturnis sunt horis festa colenda
In Junio ieiunium bonum est et cotidie mane et meridie aquam bibere
lactucas comedere aceto uti a vene abstinere. quia in isto mense
humores de cerebro descendit. ...
... habet dies xxx. luna xxix. ... dies ...

fol. 71[r]: arts 25, *89 (i-ii)

KL

Iulii octaue sci Iohannis.

Et pcoll t mater amandi mr. t Wclmi epi
t erexem mr

Translacio sci Martini

octaue apostolor. iiii t erthmie vid.
Translacio sci Thome mr
Sci Grimbaldi epi
Sci anulfi epi t mr.
Scor septem fratrum
Translacio sci Benedicti abbis. obiit hungae.
Sci amdezus epi t mr. Crauo cimaris augustlc
Sci Mildrede virginis Dies mala.
Sci Wenefridi epi t sci ac
Sce Ositthe virginis

Diuisio
Sci Kenelmi regis t mr.
Sci Arnulfi epi. Obitus Alexi de synaghth

Sce Margarete virginis t mr. t Wlmari abbis
Sce Praxedis virginis t sci Wandregisili abbis
Sce Marie Magdalene Dies mala.
Sci Apollinaris epi t mr.
Sce Cristine virginis t mr. mala
Sci Iacobi apostoli. t xpofori t cuculfati
Sce Anne
Scor septem dormiencium
Sci Sampsonis epi t sci pantaleonis mr.
Scor felicis Simplicii faustini t Beatricis
Scor Abdon t Sennes mr.
Sci Germani epi. Aseon abbis

In gente mensis vtile est minuit sanguinis t potones sumie vt aliud
tunc t aquis seruanda est bona prope celerum saluendam poti est
flores apii t rute.

Iulius hab dies xxxi. luna xxx t Pot hab ozns. viii dies xvii.

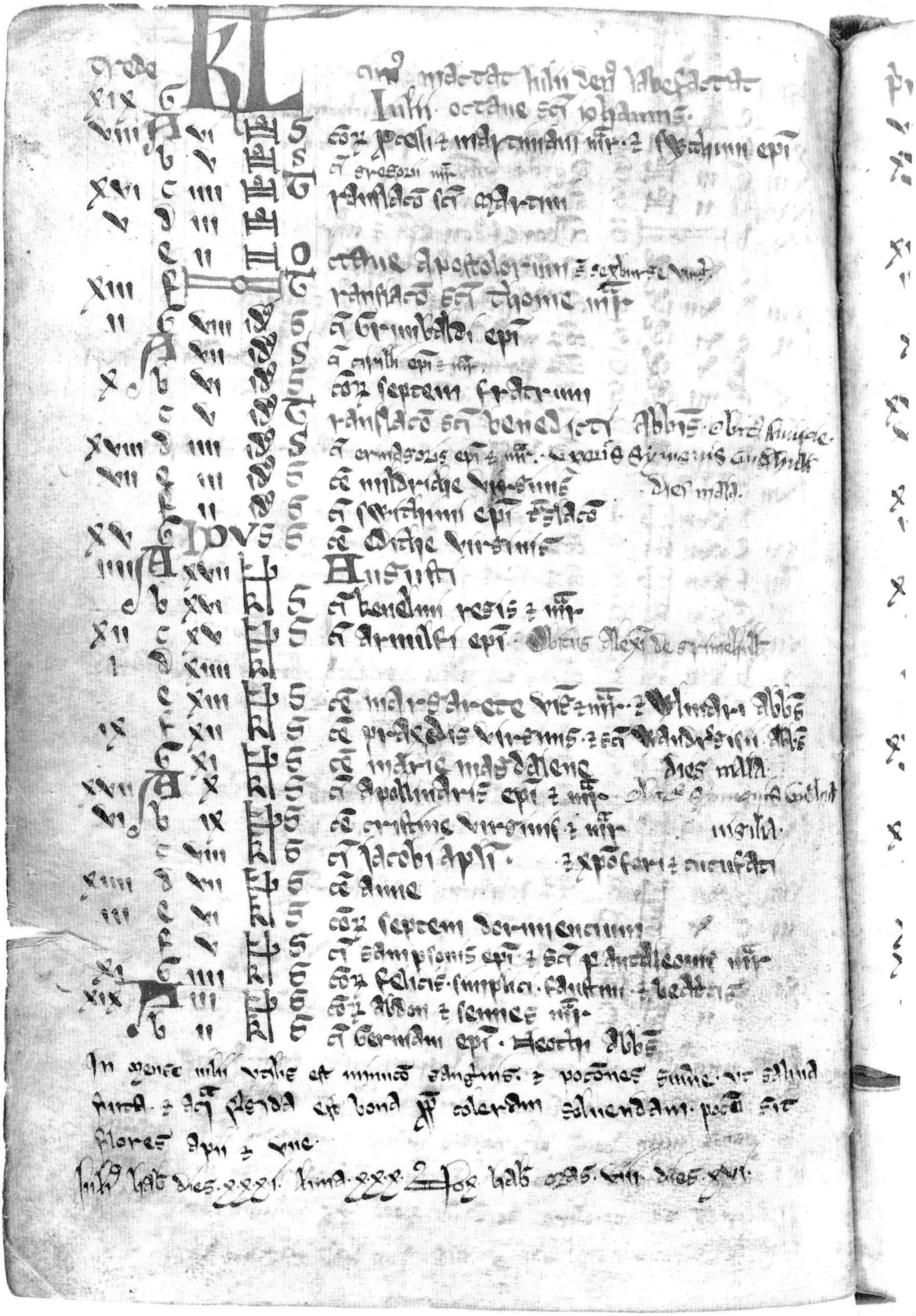

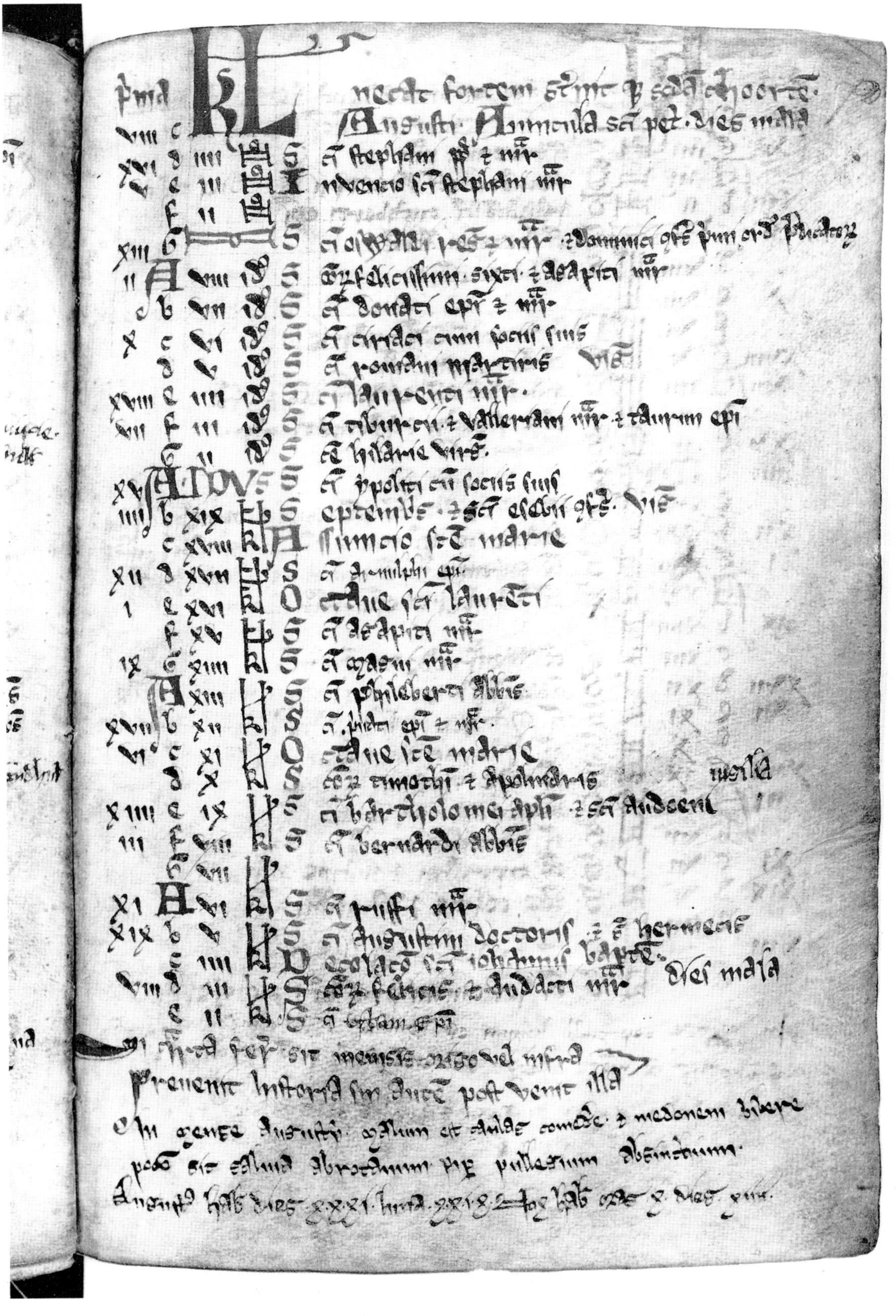

Prima necat fortem sternit [illegible] secunda cohortem.
Kl. Augusti. Ad vincula sancti petri. dies mala
Sancti stephani pape et martyris
Inventio sancti stephani martyris
Sancti oswaldi regis et martyris. et dominica post [illegible] predicatorum
Sanctorum felicissimi sixti et agapiti martyrum
Sancti donati episcopi et martyris
Sancti ciriaci cum sociis suis
Sancti romani martyris. vigilia
Sancti laurentii martyris
Sanctorum tiburcii et valeriani martyrum et taurini episcopi
Sancte hilarie virginis
Sancti ypoliti cum sociis suis
[illegible] et sancti eusebii confessoris. vigilia
Assumptio sancte marie
Sancti arnulphi episcopi
Octave sancti laurentii
Sancti agapiti martyris
Sancti magni martyris
Sancti philiberti abbatis
Sancti privati episcopi et martyris
Octave sancte marie
Sanctorum timothei et apollinaris. vigilia
Sancti bartholomei apostoli et sancti audoeni
Sancti bernardi abbatis
Sancti rufi martyris
Sancti augustini doctoris et sancti hermetis
Decollatio sancti iohannis baptiste. dies mala
Sanctorum felicis et audacti martyrum
Sancti [illegible] episcopi
[illegible] membris [illegible] vel [illegible]
Preveniat [illegible] ante post veniat illa
In mense augusti [illegible] comede et medonem bibere [illegible]
Augustus habet dies xxxi lunam xxx [illegible]

fol. 72r: arts 25, *89 (i-ii)

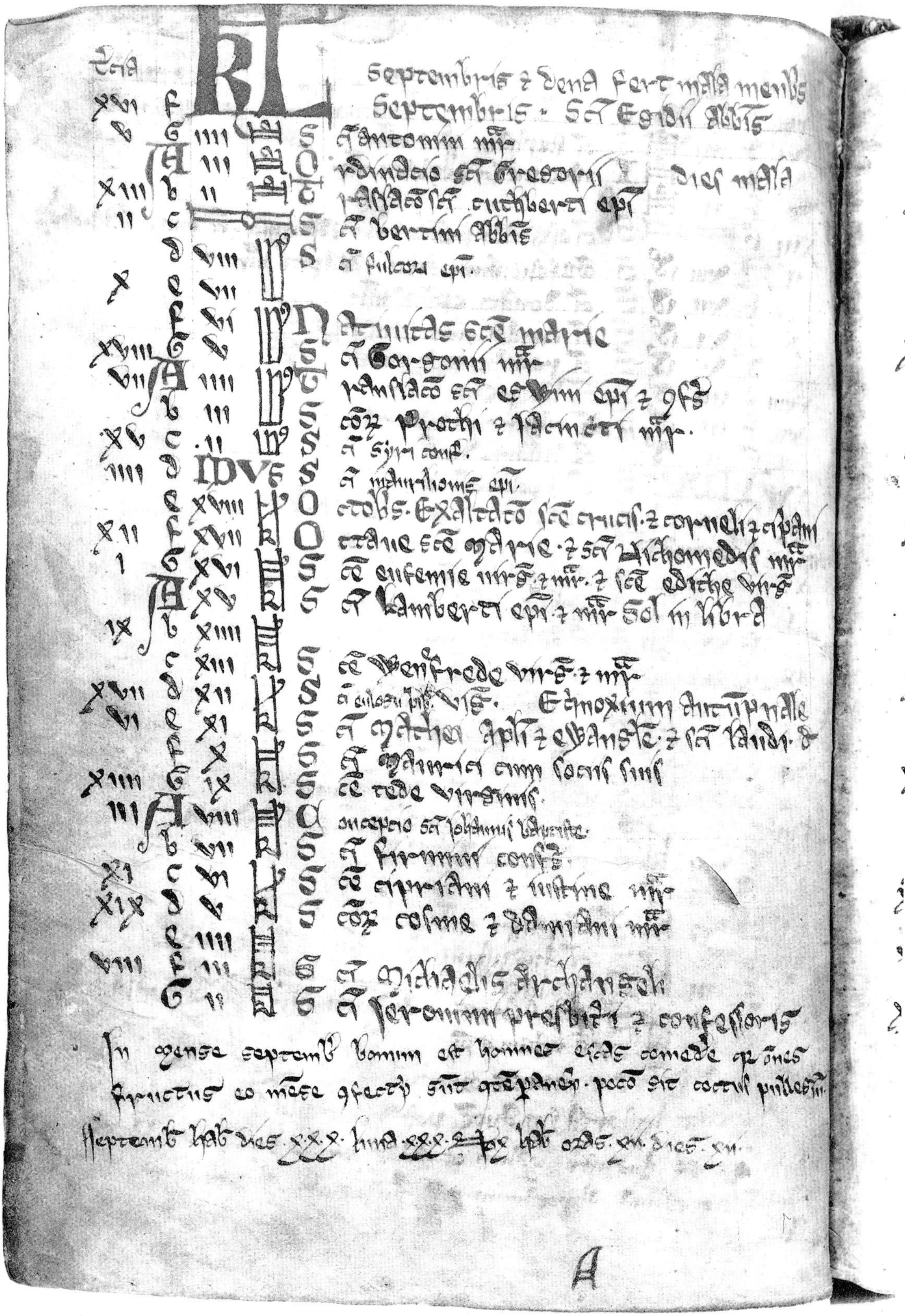

Septembris & decem[bris] fert ... mensis
Kl. Septembris. Sci Egidii abbatis
Sci Antonini mr
Ordinacio sci Gregorii — dies mala
Translacio sci Cuthberti epi
Sci Bertini abbatis
Sci Fulconis epi
Nativitas sce Marie
Sci Gorgonii mr
Translacio sci Edwini epi & conf.
Sctorum Prothi & Iacincti mr
Sci Siri conf.
Sci Maurilionis epi
Octabis. Exaltacio sce crucis & Cornelii & Cipriani
Octave sce Marie & sci Nichomedis mr
Sce Eufemie virg & mr & sce Edithe virg
Sci Lamberti epi & mr. Sol in libra
Sce Wenfrede virg & mr
... vig. Equinoxium autumpnale
Sci Mathei apli & evangeliste & sci Laudi ...
Sci Mauricii cum sociis suis
Sce Tecle virginis
Concepcio sci Johannis baptiste
Sci Firmini conf.
Sce Cipriani & Iustine mr
Sctorum Cosme & Damiani mr
Sci Michaelis archangeli
Sci Ieronimi presbiteri & confessoris
In mense Septembri bonum est homines ... comedere ... omnes fructus eo mense ...
Septembris habet dies xxx. luna xxx. ... oras xii. dies xii.

fol. 72v: arts 25, *89 (i-ii)

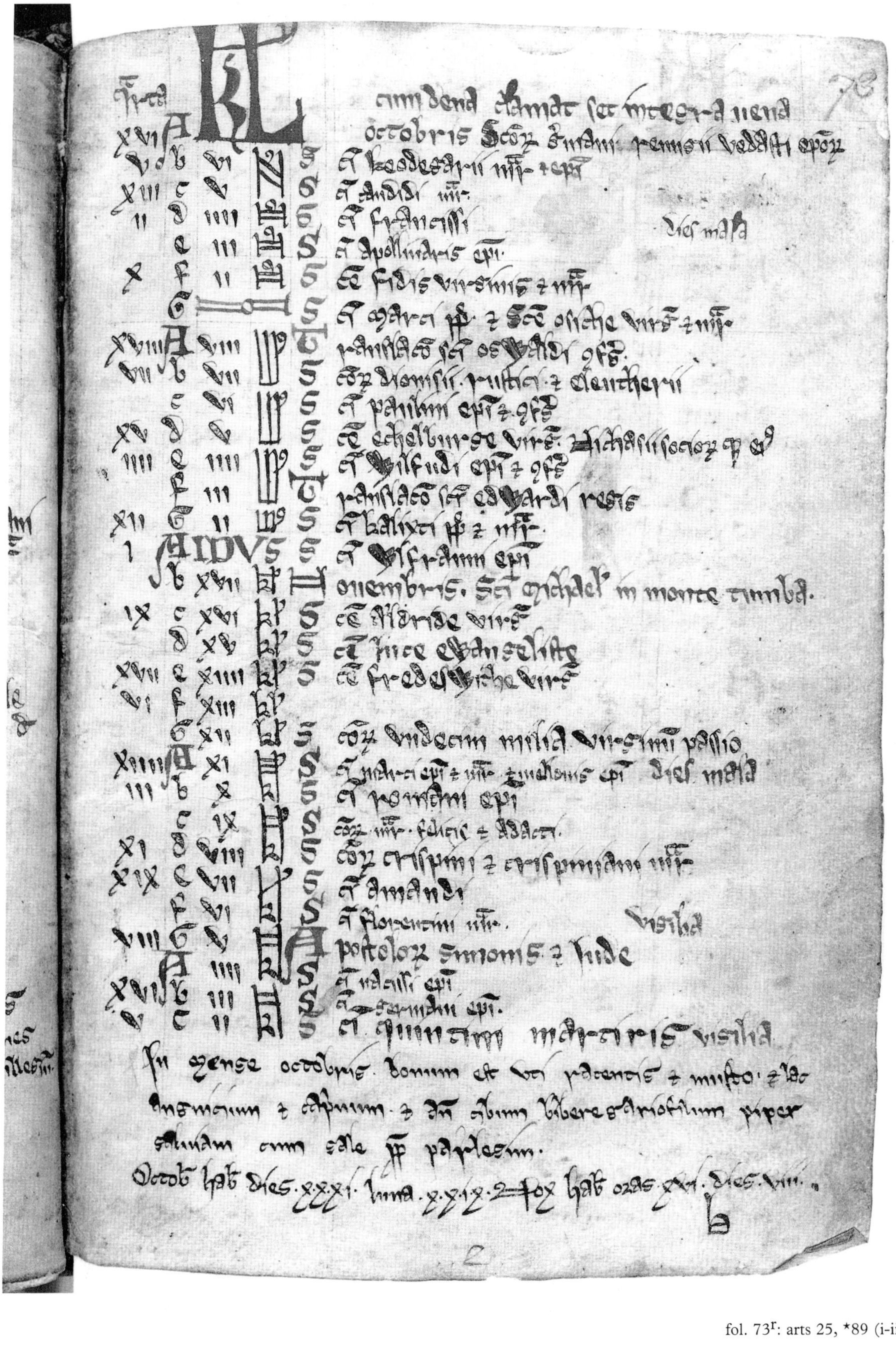

[illegible] octobris. Sanctorum Germani remigii vedasti episcoporum
S. Leodegarii [illegible] martyris et episcopi
S. [illegible] martyris
S. Francisci — dies mala
S. Apollinaris episcopi
Sancte Fidis virginis et martyris
S. Marci pape et Sancte Osithe virginis et martyris
Translatio sancti Oswaldi confessoris
Sanctorum Dionisii, rustici et eleutherii
S. Paulini episcopi et confessoris
Sancte Ethelburge virginis. Nichasii sociorumque eius
S. Wilfridi episcopi et confessoris
Translatio sancti Edwardi regis
S. Kalixti pape et martyris
S. Wlfranni episcopi
Novembris. Sancti Michaelis in monte tumba
Sancte [illegible] virginis
S. Luce evangeliste
Sancte Fredeswithe virginis
Sanctarum undecim milia virginum passio
S. [illegible] episcopi et martyris [illegible] — dies mala
S. Romani episcopi
Sanctorum martyrum [illegible]
Sanctorum Crispini et Crispiniani martyrum
S. Amandi
S. Florentini martyris — vigilia
Apostolorum Simonis et Iude
S. [illegible] episcopi
S. Germani episcopi
S. Quintini martyris — vigilia

In mense octobris bonum est [illegible] et musto [illegible] [illegible] et [illegible] ... piper [illegible] cum [illegible]

Octob' habet dies xxxi. luna xxix. nox habet horas [illegible] dies [illegible]

fol. 73r: arts 25, *89 (i-ii)

Scorpio KL est quintus et iii est nece cinctus

Novembris. Festum de omnium sanctorum

xiii	e	iiii	Non.	S	Sancti Eustachii cum sociis suis. Dies animarum
ii	f	iii	Non.	S	Sancte Wenefrede
	g	ii	Non.	S	Sancti Clari episcopi
x	A	Nonas			Dies mala
	b	viii	Id.	S	Sancti Leonardi episcopi et confessoris
xviii	c	vii	Id.	S	Sancti Wildebrordi episcopi
vii	d	vi	Id.	S	Sanctorum iiii coronatorum
	e	v	Id.	S	Sancti Theodori martyris
xv	f	iiii	Id.	S	Sancti Leonis confessoris
iiii	g	iii	Id.	S	Sancti Martini episcopi et sancti Menne martyris
	A	ii	Id.		
xii	b	Idus		S	Sancti Bricii episcopi
i	c	xviii	Kl.		Decembris. Et Serapionis martyris
	d	xvii	Kl.		
ix	e	xvi	Kl.	S	Sancti Edmundi archiepiscopi Cantuariensis
	f	xv	Kl.	S	Sancti Hugonis episcopi et sancti Aniani
xvii	g	xiiii	Kl.	O	Octave sancti Martini
vi	A	xiii	Kl.		
	b	xii	Kl.	S	Sancti Edmundi regis et martyris
xiiii	c	xi	Kl.	S	Sancti Columbani abbatis
iii	d	x	Kl.	S	Sancte Cecilie virginis et martyris
	e	ix	Kl.	S	Sancti Clementis pape et martyris
xi	f	viii	Kl.	S	Sancti Grisogoni martyris
xix	g	vii	Kl.	S	Sancte Katerine virginis et martyris
	A	vi	Kl.	S	Sancti Lini pape et martyris
viii	b	v	Kl.		
	c	iiii	Kl.	S	Sancti [illegible] Dies mala
xvi	d	iii	Kl.	S	Sancti Saturnini martyris. Vigilia
v	e	ii	Kl.	S	Sancti Andree apostoli

In mense novembris de isto balneo abstine capud animalium non comedas [illegible]

Tres dies sunt in quolibet anno in quibus si quis sanguinem minuerit aut potionem pro infirmitate aut ipso die aut octo post morietur. Et qui aucam acceperit nichil capiet postea. Que sunt octavo kal. Aprilis. iiii. kal. Augusti. ii. kal. Decembris.

Novembris habet dies xxx. luna xxx. Nox habet horas xvi. dies viii.

fol. 73v: arts 25, *89 (i-ii)

Septim' exanguis viros' denus ut anguis

xiii	f	KL		Decembris. Sanctorum crisanti et darie martirum
ii	g	iiii	S	[illegible]
	A	iii	S	Sancti birini episcopi depositio
x	b	ii	S	Sancti benedicti abbatis
	c	Non	S	Sancte crispine virginis
xviii	d	viii	S	Sancti Nicholai episcopi et confessoris
vii	e	vii	O	Octave sancti andree. Translacio sancti neoti. Dies int[illegible]
	f	vi	C	Conceptio sancte marie
xv	g	v		
iiii	A	iiii		
	b	iii	S	Sancti damasi pape et martiris
xii	c	ii	S	Sancti pauli episcopi et alexandri martiris
i	d	IDUS	S	Sancte lucie virginis et martiris
	e	xix	I	[illegible] Iudoci confessoris
ix	f	xviii		
	g	xvii	S	Sancte barbare virginis. O sapiencia
xvii	A	xvi	S	[illegible]
vi	b	xv		
	c	xiiii		
xiiii	d	xiii		
iii	e	xii	S	Sancti thome apostoli
	f	xi		Dies mala
xi	g	x	T	[illegible] anno gratie [illegible] viii
xix	A	ix		Vigilia
	b	viii	N	Nativitas domini nostri ihesu xpi
viii	c	vii	S	Sancti stephani prothomartiris
	d	vi	S	Sancti johannis evangeliste
xvi	e	v	S	Sanctorum innocentium martirum
v	f	iiii	S	Sancti thome archiepiscopi
	g	iii	S	Sancti [illegible] episcopi
xiii	A	ii	S	Sancti silvestri pape

In mense decembris [illegible] [illegible] [illegible] [illegible]
[illegible] et [illegible] in fusionem corpus [illegible]

[illegible] septimanum [illegible] septimanos.

[illegible] ccc [illegible] dies.

Decembris habet dies xxxi. luna xxx. [illegible] dies [illegible]

fol. 74r: arts 25, *89 (i-ii, v)

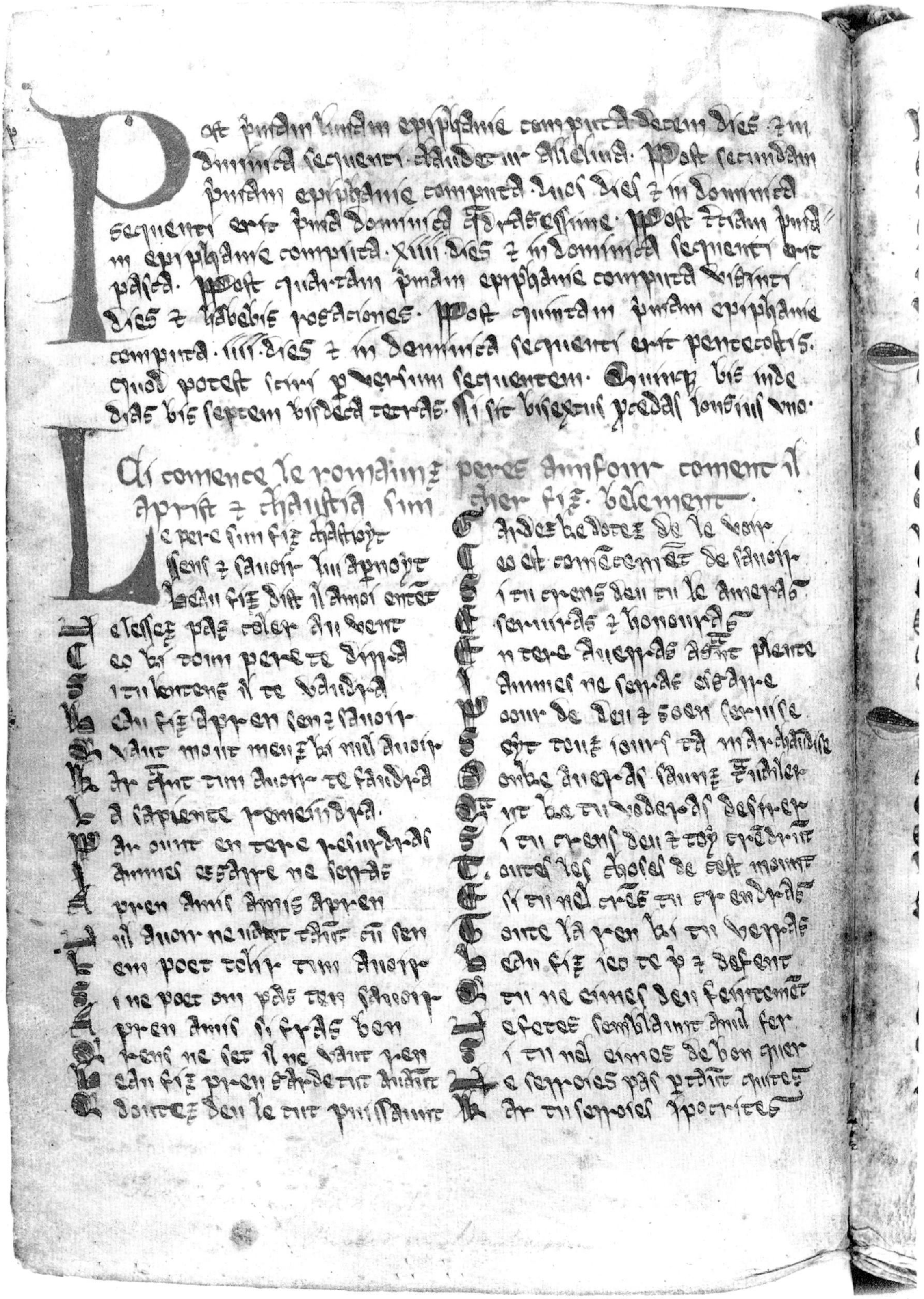

Post primam lunam epiphanie compuca decem dies ⁊ in
dominica sequenti claudes in alleluia. Post secundam
lunam epiphanie compuca duos dies ⁊ in dominica
sequenti erit prima dominica ad assessme. Post terciam lunam
in epiphanie compuca xviii dies ⁊ in dominica sequenti erit
pasca. Post quartam lunam epiphanie compuca decem
dies ⁊ habebis rogaciones. Post quintam lunam epiphanie
compuca iiii dies ⁊ in dominica sequenti erit pentecostis.
quod potest scire per versum sequentem. Summe bis inde
dies bis septem biscita terras si sit bisextus predas longius uno.

Ci comence le romainz peres amsoun coment il
Aprist ⁊ chastia sun cher fiz. bonement.

Le pere sun fiz chastioit
sens ⁊ savoir lui aprenoit
beaus fiz dist il amor entre
e lessez pas aler au vent
 co est dum pere e dum fiz
i tu bien sei ⁊ te sachra
chi fiz aprent sens ⁊ savoir
vaut mont meuz ke nul avoir
ar tant tun aver te faudra
a sapience remeindra.
As ours en tere pelund as
dunues eschappe ne sent as
pren amis amis apren
il avoir ne vient chut en sen
ben poet tolir tun avoir
i ne poet om pas tun savoir
pren amis si eras bon
kens ne set il ne vaut pan
chi fiz pren ahede tut ditest
doitez den le tut puissant

En des beautez de le cors
co est comencement de savoir
i tu eraas deu tu le ameras
servirias ⁊ honurras
n tere aver as ashte plente
dunues ne seit de ceo apre
cour de deu ⁊ soen servise
eit tant iours od marchandise
anke aver as sainte Eglise
ne ba tu videpas destruer
i tu erans deu ⁊ toi eraverir
ures les choses de est maint
si tu nes eres tu eir ardras
uite la par les tu verras
chi fiz ico te di ⁊ defent
tu ne crimes deu faintement
eseies semblanc amil fer
i tu nes eimes de bon quier
e seieres pas predit quiter
ar tu seieres ypocrites

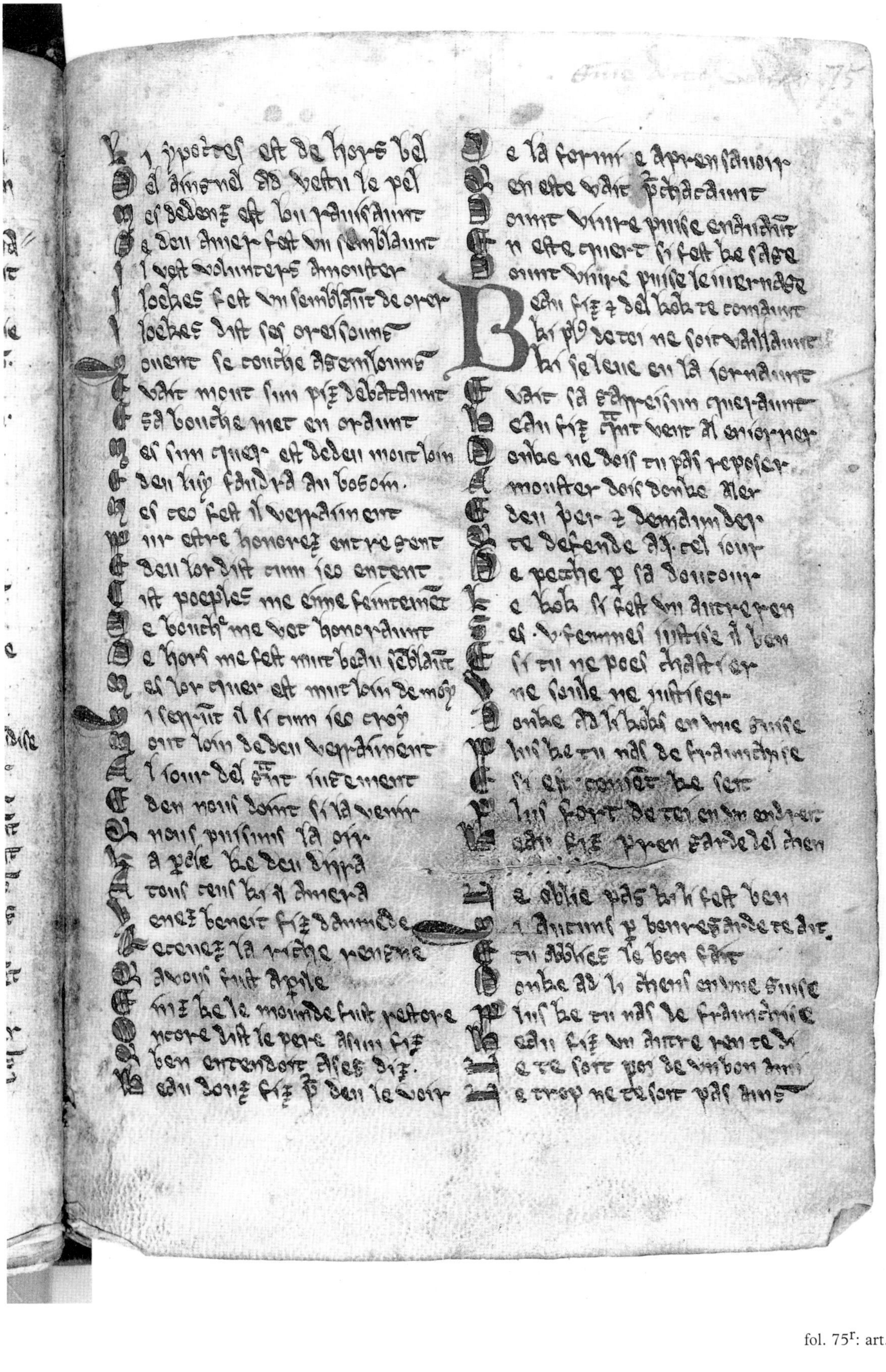

Ypocrites est de hors bel
Al amonel ad vestu le pel
Mes dedenz est lou ravisaunt
A deu amer fet un semblaunt
Il vet volunters a mouster
Iloches fet un semblaunt de orer
Iloches dist ses oreisouns
Souent se couche a genulouns
E vers mont sun piz debataunt
E sa bouche met en oraunt
Mes sun quer est de deu mout loin
E deu luy faudra au bosoin.
Mes ceo fet il verraiment
Pur estre honorez entre gent
E deu lor dist cum jeo entent
Cist poeples me eime feintement
De bouche me vont honoraunt
De hors me fet mut beau semblaunt
Mes lor quer est mut loin de moy
Si serunt il si cum jeo croy
Mout loin de deu verraiment
Al jour del jugement
E deu nous doint si la venir
Que nous puissums la oyr
La parole ke deu dirra
A touz ceus ke il amera
Venez beneit fiz damnedee
Recevez la vie perenne
Qe avoms fait apele
Einz ke le mounde fust estore
Uncore dist le pere a sun fiz
Si ben entendez asez diz.
Beau douz fiz pur deu le voir

De la fermur e apren savoir
Que en ceste vie peccheaunt
Dount vivre puisse endurant
E estre querre si fet ke sage
Dount vivre puisse le meinage
Beau fiz e del bok te comaunt
Ke plus de toi ne soit vaillaunt
Ke se leve en la jornaunt
E vers sa compaisun queraunt
Beau fiz quant vent al enverner
Dunke ne dois tu pas reposer
A mouster dois dunke aler
E deu prier e demaunder
Qe te defende a. cel jour
De peche par sa douceur
Le bok si fet un autre pen
Les .v. sennes justise il ben
Si tu ne peos chastier
Ne seule ne justiser
Dunke ad li bok en une guise
Plus ke tu nas de fraunchise
Si est counte ke sere
Plus fort de toi en un endreit
Beau fiz pren garde del chen
Ne oblie pas ke il fet ben
Il aucuns par benregarde te dit.
En abbeie le ben fere
Dunke ad li chens en une guise
Plus ke tu nas de fraunchise
Beau fiz un autre rum te di
Ne te sort por de un bon ami
E trop ne te sort pas ami

fol. 75r: art. 27

De aver cent ou plus amis
Beau fiz ne le creez pas com amis
Einz ke tu saches ben de fei
Si il te eime parfitement
Tu le saveras al esprovement
Une ensample te dirrai
Si cum conter oy le ai

De un demi ami

Un prodomme estoit en Arabe
Ke avoit a nun Lucanabe
Il estoit du secle mut sage
E si estoit hom de grant age
Quant si ke il enmaladi
Mort quida tretout de fi
Son fiz ad donke demaunde
Quanz amis as tu purchace
Taunt cum as vescu entre gent
Cil respoundi plus de cent
Li pere entendi ben assez
Que les out pas espruez
Dunt ad dist il ben espleite
Si tu as taunt purchace
Mes tu ne te deis pas vaunter
Einz ke venge al esprover

Beau fiz mout ai ben les fune
Uncore n'ai pas si espleite
Uncore n'ai jeo pas purchace
Fors de un sul ami la meite
De tut esprover tes amis
Remenbrez vus ke jeo vus dis
Si tu saches verraiment
Si nul te eime parfitement

Volunters dist li bacheler
Mes ore me dites donke premers
Coment jeo les dei esprover
Jeo le frai saunz demorer
Li pere tost li enseigna
Coment il les esprovera
Va tost dist il ocire un veel
Si le botez en un sachel
Si le ensaunglaunteez de hors
Si le portez cum un cors
A chescun hom ke as ocis
Ben di un de tes amis
Li pri pur deu merci
Ke de cel hom murdri
Li pri en totes maneres
Ke il te face aucun socours
Par taunt saverez aveir certe
Si nul te eime parfitement
Le fiz point ne se oblia
Mes fist si cum il comaunda
Il ala ocire un veel
Si le mist en un sachel
Si le ensaunglaunta de hors
Si le porta cum un cors
A chescun hom ke il out murdris
Vint a un de ses amis
Primes vint si apela
Cil lui demaunda
Quei ceo ke la veut enterer
Quant il entendi au parler
Ceo est sun bon ami
Mout durement s'en esfrei
Mout humblement sans fine

fol. 75v: art. 27 (i)

Et vint corbaillint deke al us
Il meimes le lessa entrer
Quant il l'entendi au pler
Gentement le fist apeler
Si toust cum il i entra
Un sachel de pere lui lessa
Le prodomme le fist beau semblaunt
Si l'ala une losenge dame
De sa femme fust morte le
Gentement le ad apele
Home parlerez ben venu
Si m'ait Deus e sa vertu
Si Deu me beneie
Jeo vous aim tant cum ma vie
Hontez cel ni ad pur cele pen
Que ne feisse pur vostre ben
Si m'ait Deu e sa pite
Si jeo en quidoi estre dampne
Je vous faudroie amis fer
Tant vous aim jeo de bon quer
Li autres lui respoundi
Cely dame la vostre merci
Ore ai mester ke vous me aidez
Ore sera ke vous enfrez
Un mult grant peche m'ad si encumbre
Jeo ai un homme tue
Si jeo en sore prove
Dunkes sui jeo tout a mort livre
Ore vous pri pur Deu amour
Vous mustrez de cest pour
A ceus ou ke soit le cors musez
Ke jammes veu ne serrez
Si me purrez delivrer

Dame douce de cest encumbrer
Ta cus le cors fet il aporte
Derere cel us le cors lesse
Quant li chivaler le entendi
Estraungement fu esbai
Quida ke il deist verite
Pur ceo ke il le vit ensaunglante
Seinte Marie mere de
Dieus moi en donne verte
Si en un homme oscis
Dedeinz ma meisun las mis
Veus tu donke pur l'amour de
Jeo sore deserite
Veus tu ke jeo sore pendu
Pur Deu e pur sa seinte vertu
Ore le pren si l'enporte tout
Einz ke le sache li provost
Car si le savoit la justise
Le me avereit mester mise
Si le cors fust ci einz trove
Que jeo ne fusse deserite
Ou de mes membres affole
Ou de la terre enchace
Portez le ent tost pur Deu le seint
Einz ke le citteine ciens emprent
Par la foi ke doi seint Thomas
Issi ens ne remeindra il pas
Dame sire de autres choses assez
Vous puis jeo mustrer amistez
De mes chens de mes oiseus
De mes dras de mes aveus
Jeo ne me veil pas encumbrer
Car l'em sout dire en reprover

Qi le pendu dependra
Sus sun col le fes charra
Icestui semest donke pretornez
Qe sun ami out espiez
Oncore ne voust il pas lesser
Qil ne seust des autres le penser
Le respondist nul ke le cunseillast
Mes lui distreent ki il sen alast
La mort portast ou ele soi
Ensi cum il fist le desroi
Ensi soffrist il sa penaunse
Ceo afert a tel enfaunse
Cil sentremist ne pout faire el
Si sen revint a sun houstel
Il ad a soun pere counte
Coment il avoit esploite
E dist li peres ieo te di
Si le porte amoun demi ami
Si li dis ke ieo lui maund
Kil te cunseille meintenaunt
Cil sentremist isnelement
Fist soen comaundement
Vint al demi ami
Qe gentement le receilli
Pur soen pere ki mout ama
Cum curteisement lapela
Demaunda de sun ami
Cil dist ke il ert conseillier
Des il meced ci avoit mis
Kar ieo ai un homme ocis
Et ad mout estre endestroit
Si la iustise la parceit
Pur deu vous pri et pri sei noims

Ci eus ouke seit le cors mucimes
Taunt estes tenu aloial
Ja ne enseignerez preste pur nul
E moun pere mout vous ampe
Kar en vous forement safie
Beau sire ceo dist li prodom
Si deu plest tresben le frum
Sa feme e treitouz ses serianz
Envoia hors e ses enfauns
Qant touz furent hors alez
Donke ad touz les us barrez
Puis vait sa chaumbre defermer
Lui entre e le bachiler
Desouz sun lit la tere foent
Une fosse fest cum estoit
A enseuelir aucun cors
Puis comaunda trere fors
Lek bodera le cors muscer
Qe hom nel puisse pas trouer
Quant li autre vit aprester
Quant ke a tel oes estoit mester
Donke ad reconu la verite
Si len ad mout mercie
A dampnedeu lad comaunde
A soun oustel est retourne
Quant sun pere le entendi
Qavoit fest soen demi ami
Soun fiz apele si li dist
Beau fiz ceo dist cum en respit
Tel ami deit len preiser
E de tel vous deuez loer
Qe vous socoure e vous valut
Quant tot le mounde vous faut

fol. 76v: art. 27 (i)

Bau sire ceo dist li iuvencel
Carum me avez e ben e bel
Grant talent ai de plus oyr
Pere si vous vent a plaisir
Poez vous sire remembrer
Si vous avez oy conter
Oi en aucun liu parler
De aucun ke eust un ami enter
Kar me plereit a escuter
Oil pur ver le peres dist
Ore vous dirrai un respit

I De un bon ami enter
Deus esteient .ii. marchant
Ki meint esteient veirs amant
Mes unkes lun le autre ne vit
Fors par message e par escrit
~~Entre eus entr'amerent tant~~ loialment
Tant s'entre amerent loialment
Li un en Egipte maneit
Le autre en Baudas esteit
Quant li uns vers le autre re voleit
Par sun message lui mandeit
Li autres lui enveieit
Quant de sun ami desireit
Issi le firent longement
Tant s'entre amerent loialment
Puis si avint si ne be dent
Cil ki en Baudas esteit
En Egipte aler voleit
Alent le pas tout de sei
Il irreit veeir son bon ami
Apareille soi si sen va
Desque en Egipte ne fina

Quant cil de Egipte entendi
La venue de sun bon ami
Countre lui vait isnelement
Li receit ioiousement
A sun hostel lui ad amene
Puis lui ad asez mustre
Or e argent e beaus chivaus
Ses chiens e ses oyseaus
Mustre lui sa possessioun
Quant tut lui met abandoun
Ses veisins fet apeler
Pur sun ami conforter
Demeinent soi ioiousement
Ensemble .viii. iours enterement
Quant les .viii. iours sunt acumpli
Cil de Baudas enmaladi
Dont fu sun ami dolent
Mande ad hastivement
De Egipte les fisiciens
Il vindrent de tuz sens
La maladie unt regarde
Le pouz li unt sovent taste
En le urine ne en pouz
Ne trevent ke il seit fevrous
Mes ne entendent enfermete
De amour descent ke il ert grevee
Sun ami le ad mout quise
Ke lui die la verite
Dunt lui est venu la dolur
Ou si lui est venu de amour
En le quide enmaladier
Pur quei ke len puisse trover
Mire en tout cel pais

fol. 77r: art. 27 (i-ii)

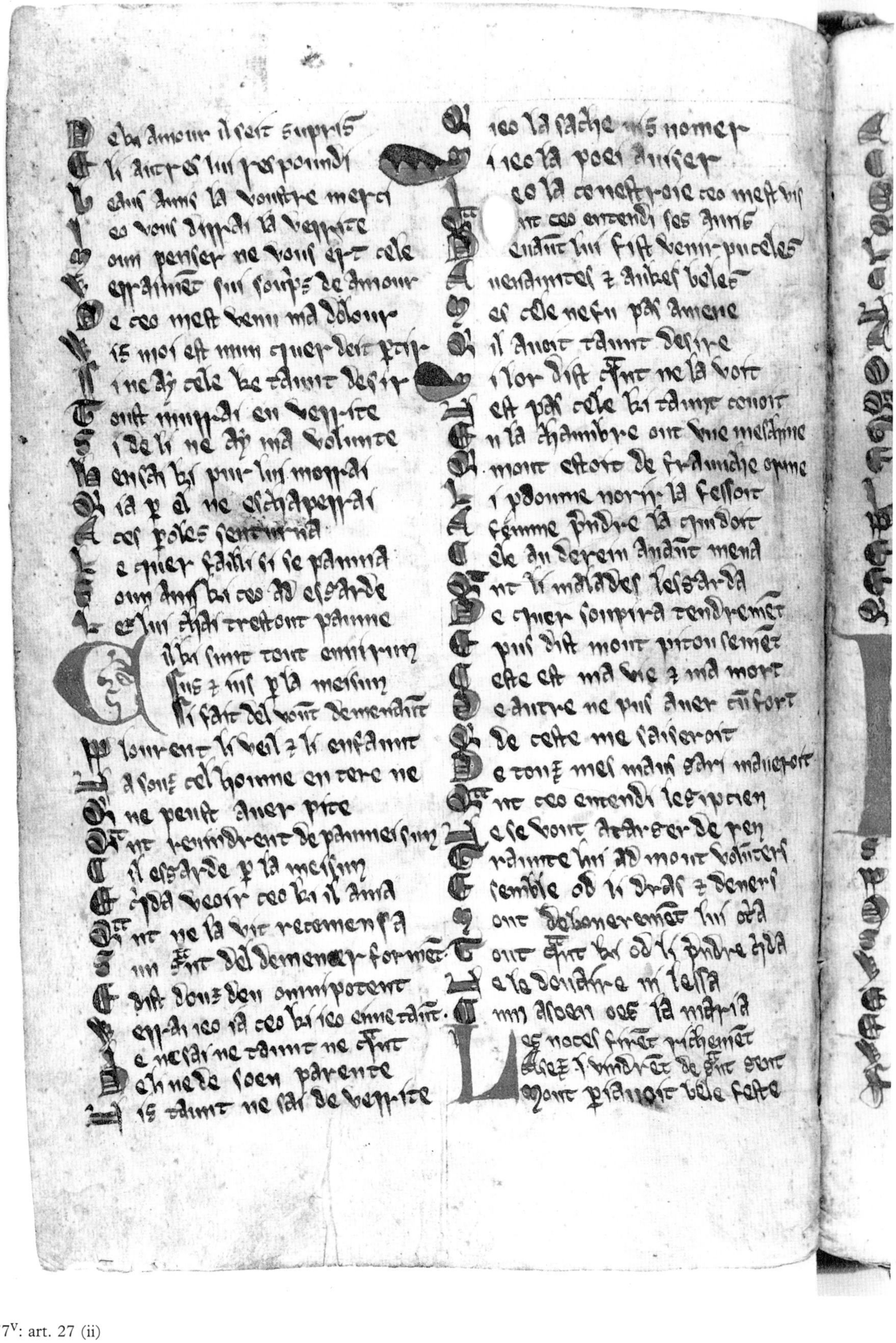

fol. 77v: art. 27 (ii)

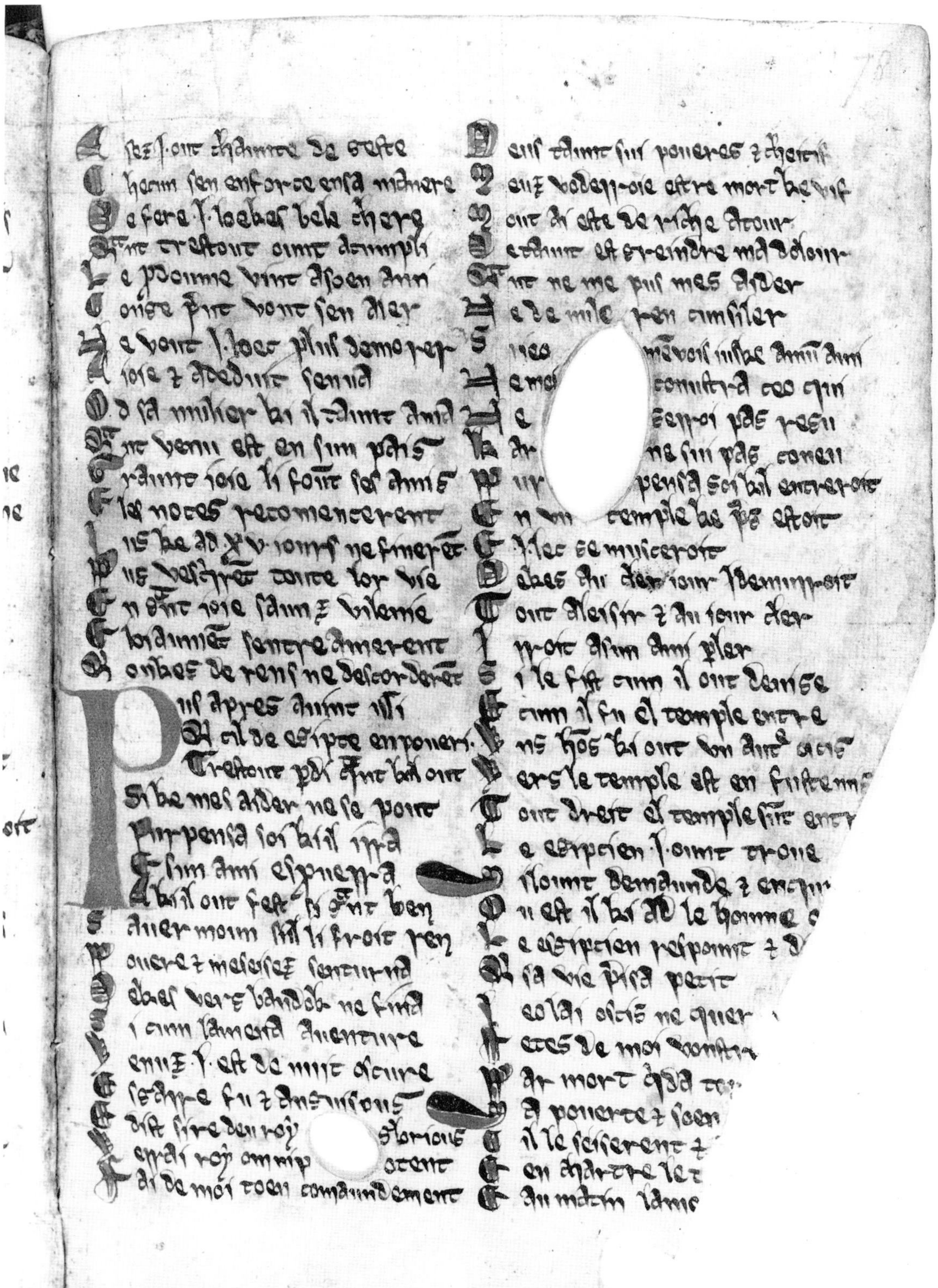

fol. 78r: art. 27 (ii)

E ua mistee le liure erent
ustee fu ne se uout defendre
Car soue thoes fu mene pendre
husoune i sune acoreu
uer eles suer si i eft ueu
uu bon hou besil cheit ami
ur la amour il venercie
il resgarde cuer tenemet
cum ua bon esisit emet
eas pas en oblu se mis
es bil le fist en sun phe
Fue autremet uelui poure feroie
ur lui se uolut fere pendre
haute uerz lors lor eserie
h fere vous nel pendez une
fui cort huez celui pris
es moi er bi lar osere
le seiserent z lierent
autre hors dalneppe et
seides bi i lez estoit
domue fest auert
uesa hipermferser
produme uit ineuer
pur moi encumbre
fest le pethe
lun ez celi acort
pethe seit mort
mut ben veu
men ert pardu
ert cumpe
prodme
fesen i
e mi

R a ucrite conest a
num pethe pecurdi
cue ueilcsfe ur la mistee
pethu me sout du uise
il cheum houme recouerya
dum ces bi il est auepa
un pethe comit il en pris
en le fist eromest ams
el iustees ke flote erent
cue luipemet sei meruuleu
e puppu eue ou achef trere
uel iugemet il louent fere
oue iii iistret z lerent
Au roi les psenterent
cil lui ount recouen
oment lor ert auenu
li roi mout sammerula
la uepite lor demada
Comanda lor bu uel cuet
la uepite ne comcassent
cissent lui la uepite
tout lor serpoit prodme
Fue ount ei comet ala
oue chcez her les lessa
i prodme ba uelet ert ne
sim sui out reconere
ioie z de psseioun
e de amene da meusum
er iiii le fist mut gentemet
pus lui ad ost bouement
i tu vous od moi remhon
co pethe damredeu lerui
la mil ioure ne te faudra

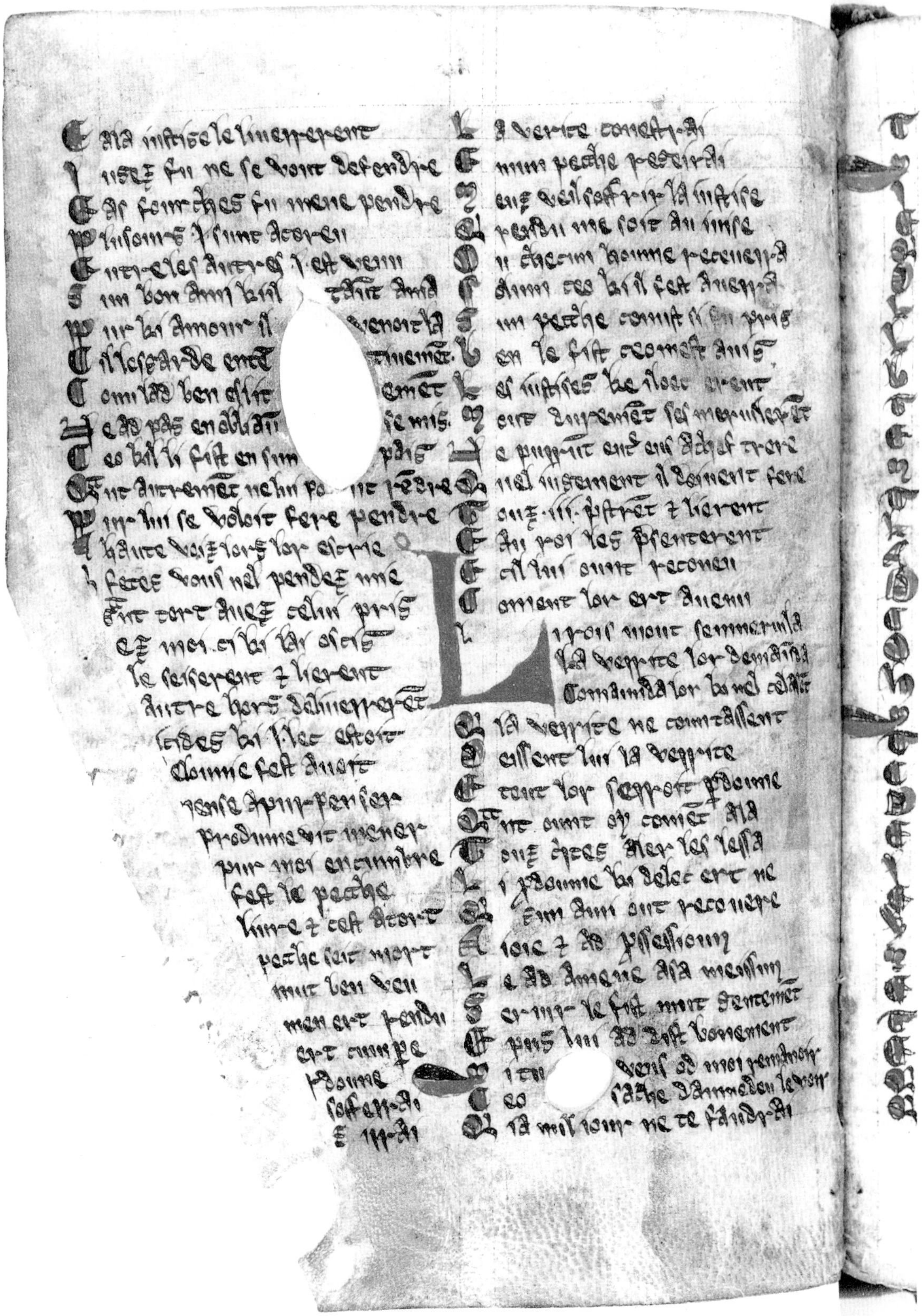

Taunt cum ieo mil ben auerra
Voiez seignour de quant ki ieo ay
A encountre toi ren ne tendra.
Si tu veus meus repeirer
En cest pais demorer
E trestouz les bens ki ieo ai
A mettre ou plus te durrai
Le clerpeien lui respoundi
Vus dauns la vostre merci
Talent me prit de repeirer
En mun pais me veil aler
Mout pfu prodom sen ami
Tout sun aver per prui
Le clerpeien est retornee
Auant kele en sa cuntree
Dounke dist le fiz si cum ieo entent
Cist senter cumencet brament
Ore ne poest lem pas trouer
Homme ki il seust amer
Soun pere tout li respoundi
Tu dis voir si cum ieo qui
Car li secles vest empeirant
De iour en iour en descendant
Chescun iour empeirera
Iammes ceo croi ne amendera.
Pur ceo ki trouer peust
Un bon ami ou ki il seust
Mout le deueroit ben garder
E dampnedeu mout mercier.
Taunt .i. an del temps e del fauns
Taunt .i. an porde forcune
Nul homme ne set pas ben de sei
Qui est ami ki enemi

Pur ceo te lo ieo mi beau douz fis
Si tu as cure de mes dis
Qil fet te porueir com ami
Come fet com enemi
Kar tel est hui vostre ami
Ke demain est com enemi
Dounke te purra il plus greuer
Que il sauera ton penser
Beau fiz encore te veil prier
Si tu veus mil cunsiler
Cunseil lui doune a ton poer.
Qil puisse auer mester
La soit ceo kil ne te veille crere
Pur ceo ne te dois pas retrere
Encore te veil amonester
Le dire nule tom penser
Emz ki tu eies entendu
Si meuz vaut dit ke detenu
Vnsk neim tou chose dirras
Dount tresben te repentiras
Beau fiz ne pren cumpaine
Celui ki te ne aime mie
Kar tes mesfez ben notera
E tes benfez trestornera
Le te acumpaine de checour
Laroun ne amenteour
Le pren garde aler pler
Le de lor maniers losenger
Kar il serra taunt p sa fauele
Tu serras en la rauele

De vn sage homme e de .i. fol.

Jadis vn sages homme estoit
Qi avn bricoun cunsiloit

fol. 79r: art. 27 (ii-iii)

Par loinz ceo oi en cordee
e fol au fol le sage au sage
cil me dist cum noi penser
se vousisse resembler
ceo li dis pur quele affaire
e voi ceo donbe dun retraire
il ne fu eschape de ren
mz me respondi mut tres ben
cume fez p faire son deuer
dit li prudume a la puincesse
c[h]ii fiz ne pris un chieconi
oseng-e ne amour de briconi
re me fra mout bealsemblant
si ne me amera taunt ne ffnt
a soue amour ne poet durer
ur ceo nest pas a priser
o autre pt te veil ghr uur
tu ne apurendras amentir
Ar nous trouerimus en esgrte
a bouche bi mert ladune oseit
Beali fiz p la amour deule von
espor be soit sens z savoir
il te pur-chilea dr-eisoun
tu eies tu dr-eisoun
Ar-toun sen nert guers prise
ur quoi tun eoies eschapire
cuint un Bertifiers dist
En ses vers bi eserit
il bi departes ala gent
vile z chaudus or z ar-gent
ur quoi ne mas tu regarde
ur quoi sui ceo li eschap-e
il mas doue Asez savoir
rosa

iiii quoi nai ceo Asez auoir
ne me estence pur suffraite
offr-ir demaunes homme et rete
Ar mit li poet Au quer poser
dez souffr-ir maimeis daimer
Beau sire dist li fiz Au pere
Or-e me die en quele manere
cume deuerai estre auntendin
h-omme ne me tenge Amon saillant
espount li peres bolunters
ne eschidez donbe treston-tins
tu pensez reposer
esbe il seit tens de pler
silence te couent Auer
silence est signe de saver
de Autre pt saueisterie
cint estre signe de folie
ur noi ta pale enchaaunt
ar tun quier la sa tiu-aaunt
si noim ten chosa dun-Ae
cunt tres ben te repentir-Ae
de Autre pt ne respount mie
mz be ta raisun seit emie
a quiestum be feste seit
uil eaeos homme sondr-e ne deit
ur bi il ser en la cumpanne
bi sage homme de filosofie
e ceo respoundre pas ne doi
Rem ne pale vers moi
a cuintour uul se deit fere
a ce dirit ne set achet trere
Ar A-ut uendrei al esprer
oribe ne se saueroit il pas Alei

mai
homo

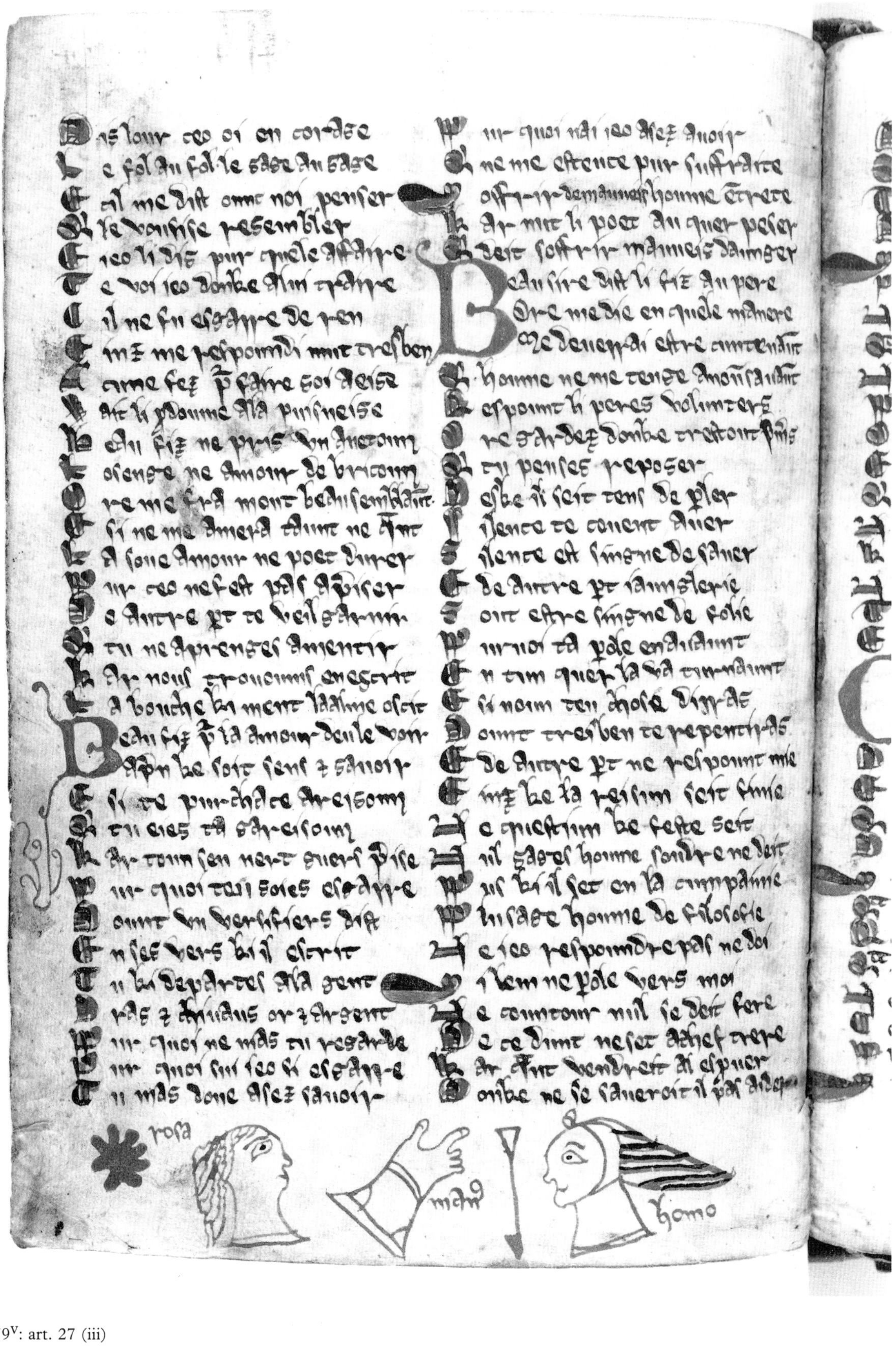

Donke sur tut homme aver porroit
Sur tut prent garder se verroit
Tel doit estre cuntenement
De celui ki sauoir entent
Sien ten manere te contendras
Puis sage hom tenir te ferras
Le prodomme ne deit pas mentir
Sur tut verite deit tenir
Le a ne deit sei glorifier
Par dreit en sun sauer parler
Encore te covent purpenser
E de travailer et purchacer
Qe tu ne seies mesaise
Le ki ne cherres en poverte
Kar lem dist en petit d'avoir
Le ad nie queres de sauoir
Tant as tant vaus tens est li tens.
En tenue maniere ad tenue sens
Oncore ses te veil defendre
Qe tu nes hounte d'aprendre
Kar ki desaprent e hounte aura
De nont sauoir lui pesera
E si tu nes ne prent ne sage
Nor te vaut tun sur tut lignage
Si ad quoi deivent amor
Si mon pere fu counte ou roi
Sur tut endreit de moi ren ne vaudra
Respount li fiz certes ne sai
Sur tut il est mauveis sun lignage
De li tour ne fors damage
Omes est par pente
Plus despit e plus avile
Si revest lem mut beneure

Tel ki est de base gent ne
Un des dit voir ceo dist li peres
Si cum dist un verifieres
Qu'au roi ses vers presenta
E le roi gentement loa
E li rois sur tus bens l'enmera
Kar en ses vers se delita
Li clerkes du roi ke iloc estoient
De lui sur tut enuie avoient
E dient au roi par envie
Kar tenir ne se purroit mie
Si vous cestui conoissez
Ja si bel nel honorisez
Vous avez tort ceo dist li roi
E si vous dirrai ben purquoi
Vous le devez aver blame
E si l'avez mont honoure
Mes ki il soit de bas parente
Ne lem doit pas sauer malgre
Sur tut passe il par sa pruesse
E vous e vostre sur tut noblesse
Qe voderoit areisun user
Lem ne devereit nul hom loer
Qe ne eust pruesse endreit soi
Mes ki le engendrast counte ou roi
Lous avoum veu ed contrere
Mout mauveis fiz de bon pere
E mout povre hom ad engendre
Tel fiz ki mout est alose
Entrepres li clerc ad dist
Cens ki le tenent en despit
La rose del espine nest
E ne ben deit asez vous plest

fol. 80r: art. 27 (iii)

i pais semprist eit oie eirst
de moire riches drds lonora
Respont li fiz eit fu cortois
et dvnt mut ben estre rois
i pere qus conemla
a parole recomenca

De vn roi z le vn clerc

Vns autres clers ladis estoit
Loneres de benne saviot
uers fist hi roi les psenta
Soudint le roi les receia
flerement feiles auoit
ar ment fere neles sauoit
i reis petit les pressa
miles bens ne lur dona
onke dist li clers ben estre roi
i vous ne me honorez q moi
vr ces fere le devez
ceo sui genel homme asez
li rois lonke lur demanda
hist celui ki len sembla
eil pas ne le cela
vn pere z sa mere nomea
a semence deroi forsmena
Respont li clers ceo dist soue
nestle crest de bon formet
li rois cher le lessa
mile rens ne lur dona
ont dist li clers bedni stre roi
of de garda emphis damor
onke dist li fiz emnor fer
orteis fu certes dist roi
neere ceo dist li peres

vint li clers versifieres
entil hos ert de par sa mer
i nert il pas dep sin pere
i ennil soit de roi estprt
aunels en maluuels uers fist
i rois eners nel honora
ar ses uers point ne prisa
fiz il ert lun demanda
eil soun cmele lui nomea
i rois semprist z li pue
un qnoi rast lun ont demande
li rose lor dd coneu
ceo bil ont aparten
n coneoli rois lor dd dist
en lin liure fu escrit
ceo bnl troua aptemene
i rose lippdes en satemer

De vn gopil z de vn mul

n gopil vn mul encuntra
enele chose il fruit li demanda
li mul li respondi dreit
dist ke fetrime ben ester
ist le gopil ceo sai ceo ben
es ceo demaudi un autre ren
ceo vers sauer bi fu tin pere
si me diste fur tel mere
e mul respondi au gopil
is ondes fui ase gentil
e dount pas dire uerite
li asnes li ont engendre
ont encheste maniere
parole est uerssistere
mnis uers le clers sest tome

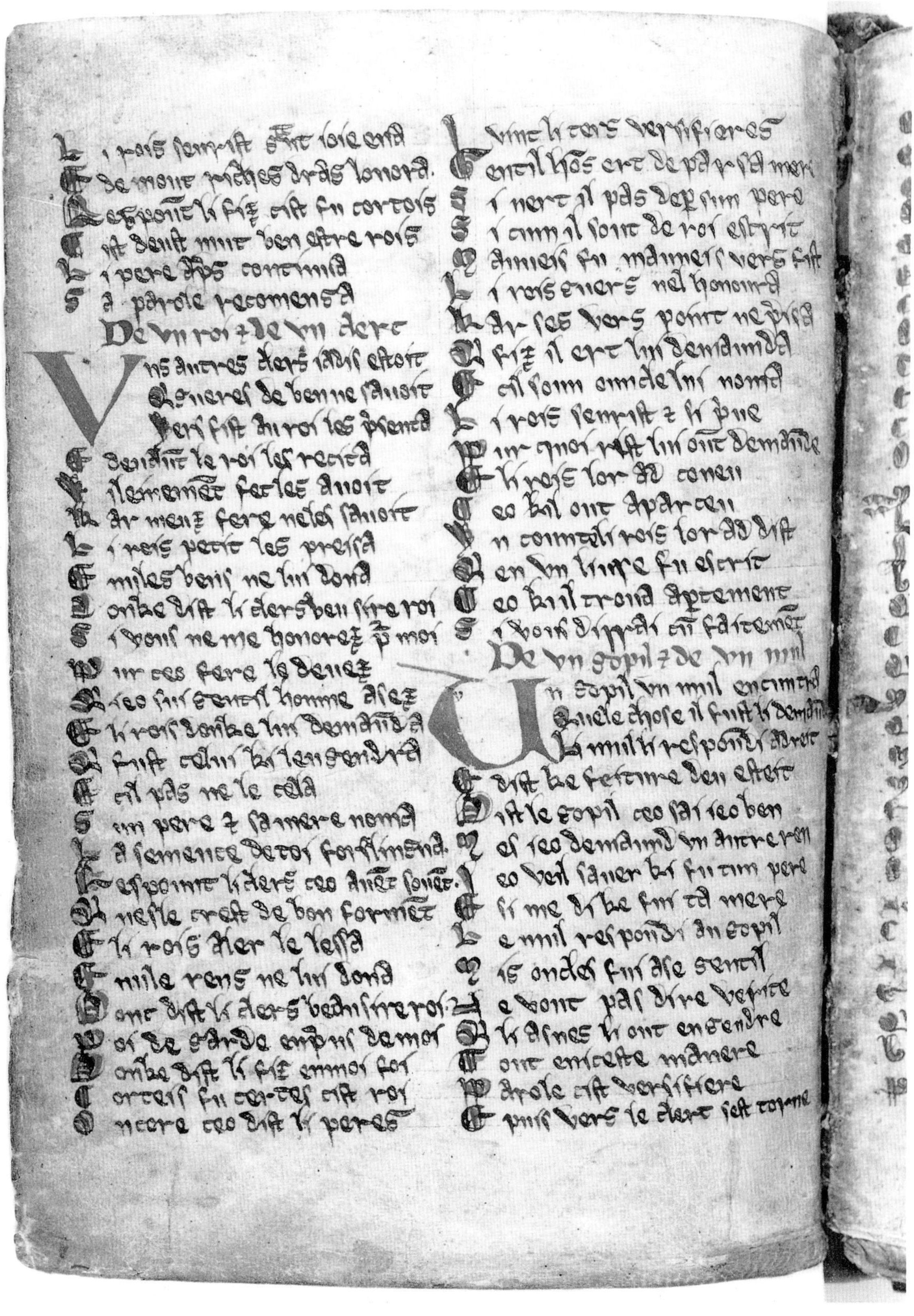

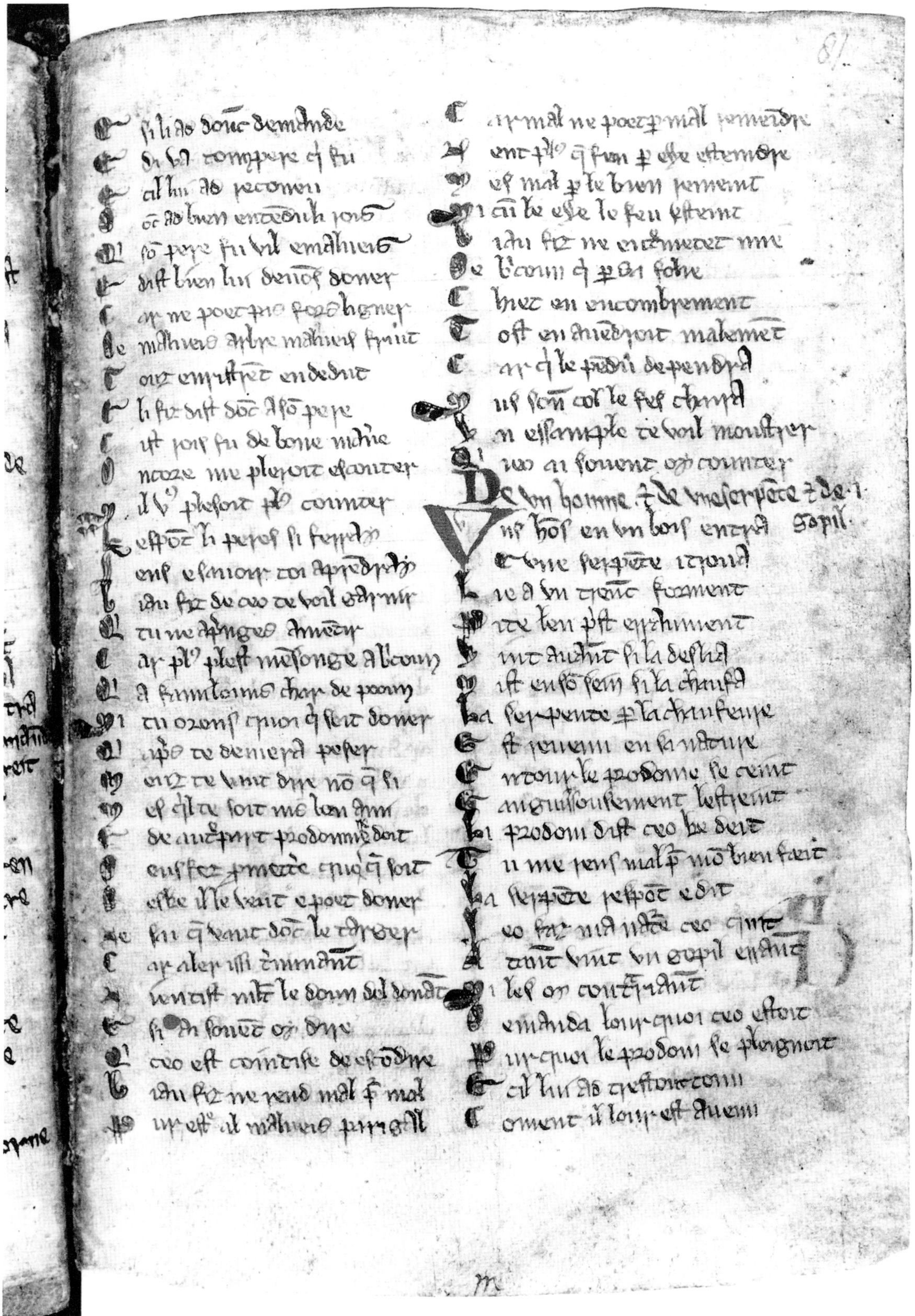

fol. 81r: art. 27 (v-vi)

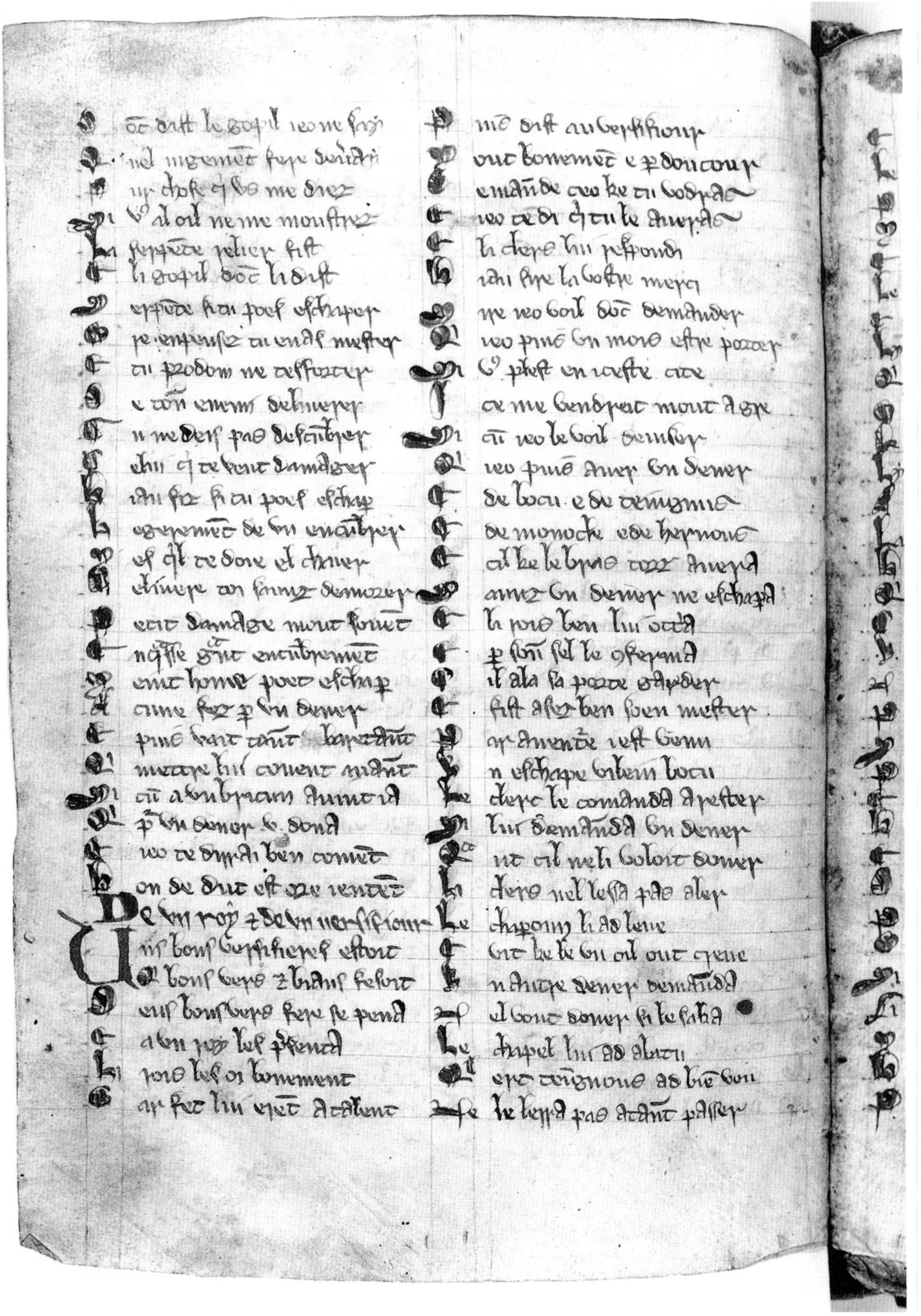
Donc dist le gopil ieo me frai
Del iugement fere deuidrai
Une chose qe vus me direz
Mais al oil ne me moustrez
Le serquere pelier fist
Et li gopil donc li dist
Desperde ki en poez eschaper
De entremise du vendre mester
E cu prodom me desfortez
De ton enemi deliverer
Tu me ders pas destourber
Celui qe te vent damager
Celui fere si en poes eschaper
Legerement de lui encumbrer
Des qil te done el chemer
Chimere en saunz demorer
Peceot damage mout souent
Nequedent tut encumbrement
Comment homme poet eschaper
Acunne fez par un dener
Prus vaut tant [illegible]
Qi meure lui covient aidant
Mi cu a Abraham dunt il
Qi par un dener le donet
Ieo te dirrai ben coment
Con de dut est ore rentez
De un roy e de un vessiliour
Uns bons vesshilers estoit
Qil bons vers e bachins feseit
Ceus bons vers fere se pena
E a ben pris les presenta
Li rois les oi bonement
Apres fet lui crier a talent
Pues dist au vessilour
Vout bonement e par doucour
Demande ceo ke tu voudras
Ieo te di qe tu le averas
Li clerc lui respondi
Sire la vostre merci
Mes ieo voil dount demander
Qe ieo pruis un mois estre porter
Mes vus plest en ceste cite
Ce me vendreit mout a gre
Mes cum ieo le voil deviser
Qe ieo prenge avoir un dener
De bocu e de teignous
De monocle e de hernous
E cil ke le bras tort avera
Saunz un dener ne eschapa
Li rois ben lui otria
Par soun sel le conferma
Il ala sa porte garder
Fist assez ben soen mester
[illegible]
Nen eschape vilein bocu
Le clerc le commanda arester
Puis lui demanda un dener
Qant cil nel li voleit doner
Le clerc nel lessa pas aler
Le chaperoun li ad leve
Vit ke le un oil out creve
Un autre dener demanda
Il voit doner si le sacha
Le chapel lui ad oste
Une teignous ad bien veu
Ne le lessa pas avant passer

fol. 81v: art. 27 (vi-vii)

E nz q'il li doint le terz denier
Le vilein nel vout pas doner
Par suite q'il dust eschaper
Mes li clers encontre lui vint
E tout a force le prent
Le vilein se prist a defendre
E quant il vout les braz estendre
Li clers mout ben a parlout
Al les bras tout tant tenout
Ore est venuz al enprier
Rendre l'estout le quart denier
Li clers la chape lui tolli
Avant le vileins chay
La teste aval les pez amount
Bien oient ben quant q'il ount
Al hernois estoit le vileins
Il n'ert mie de tout seins
Deners l'estut paier
Nel poroit passer l'eschaper
Primes se pout il acater
Il ben vousist pur un dener
Mes per .v. pur sa folie
Restut grant vileinie
Bien fu batuz e depechez
E cum mastins fu pelotez
Donc dist li reis ben su certeyn
Par la folie de cestui
Nostre ne plerreit plus oir
Mes vous venent a plesir
Si fait. li peres respondi
Mes ne le metez en obli
Biau fiz ne passez nient
Par la ou serrez malegret
Mes tu passes en esterres
E si tu estas ou isseres
Mes ires ou demorres
En la folie entreres
Mes a deus clers avint ici
En mesmeismes lu semblant
Donc dist li fiz pere coment
Volez le de dyre ore venez

De .ii. clercs escolers

Deuz clers aleret en dedute
Hors de vile ou contre nuit
A une meson aprocheret
Ou gent lavendus se assembleret
Li uns dist a son compaignoun
Passez pas par la meson
Ou beveors sunt assemble
Qe nous ni serom encombre
Car li philosophes dist
Mes nous trovons en escrit
Qe nous ne passons par la gent
Qi se governent folement
E li autres li respoundi
Ja mal ne averoms pur passer ici
Sens qe deus passoms avaunt
Mais ni demorroms tant ne quant
Quant vindret endreit la meson
Oirent laenz une chaunçoun
Li uns restut si escoutat
L'autre de aler l'amonestat
Le pount passer de la meson
Tant delitat en la chaunçoun
Mes li autres s'en departi
E son compaignoun en guerpi

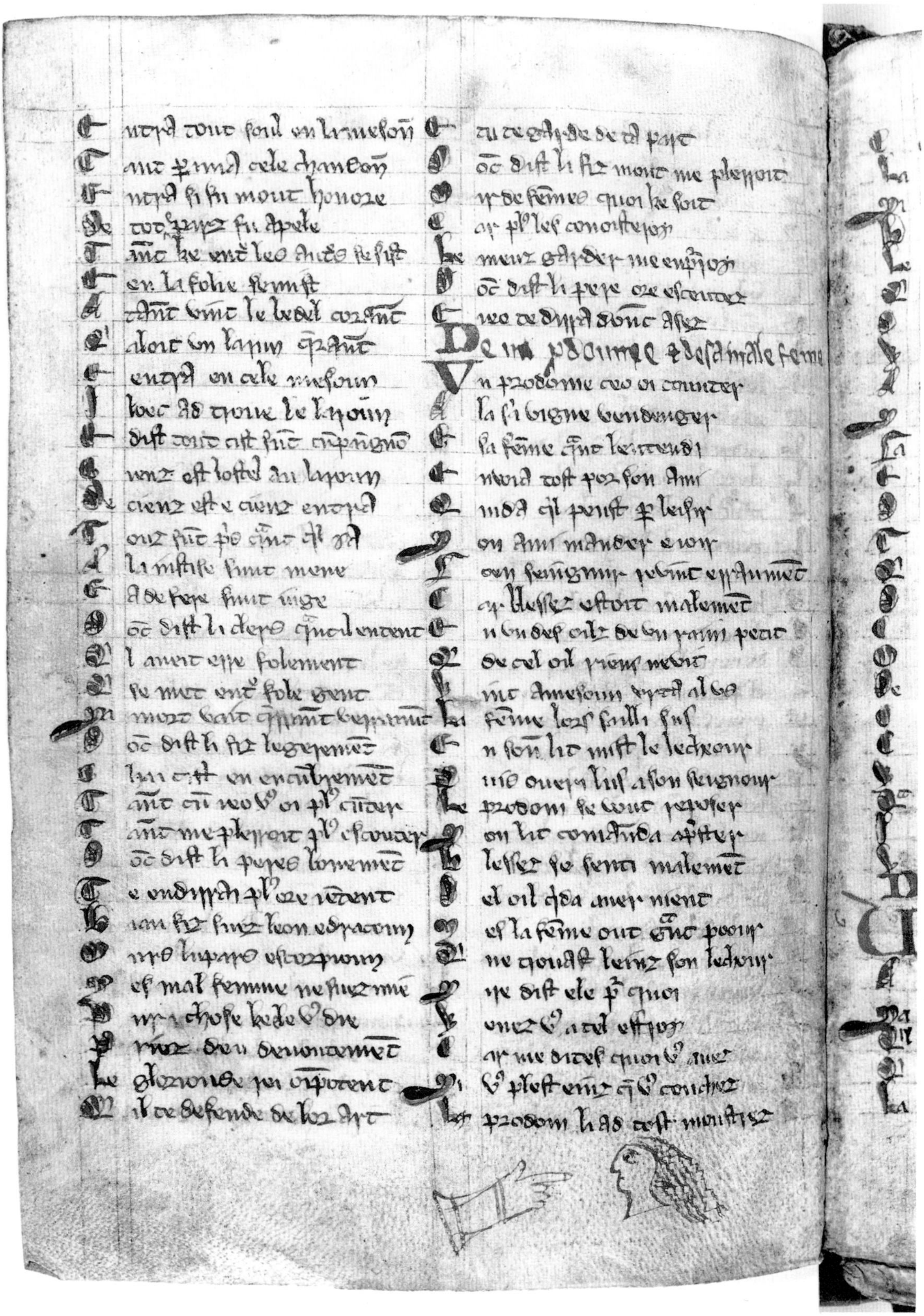

fol. 82v: art. 27 (viii-ix)

omnis il est en le oil blesse
La feme ferment se demente
Ct ele fust au quer dolente
Bien sire dist ele entendez
Sen oil charmer me lessez
al autre mal ne atendre
en vostre lit me tendre
vostre mal en chekon afme
...nus nous comme agripe
Il le baron ... elle of la fist
La bouche ço le sein oil mist
pres qu... close le tenist
este ele memmes lui dist
amo lui quilla cat lon chist
li lechere ken ala
de dist fiz p fol bien pope
este fu de male manere
n... me plesport plus ay...
lor manere p mon ...
omtez moi fiz plestantent
ay de on... en talent mt o...
ohntz li peres ad dist
nc di en... li ont deht
co de couteplz aler
y por reposer me lessez

Del eng in de ferme del uelou...

Uns home dist il ont ...
al al... boit en prehendre
ler ...t pepe seint pere
la feme lula a la mere
a gm dist ... ensemon ast
entre ...t ne soleast
la feme ... len amys ...t

q de oinpe se fortoit
moer le vint fruentet
moer e ... os h... donet
La mere ben le oh...toit
od em memont ... bruoit
n assembleret en un tour
...f al ço le sengnour
... al us ... apela
Reus de vous mont ...
pmes mucyet le lechcour
us one pepot le... en sengnour
fipes estort mont bue
ar mont auont le tour ...
on lit comdues apiler
ar talent ont de pe...
dame fu tot estb...
chiler ne se sont ...
La mere le frensa
n ferdemet le eng me...
a fille apele ... la dist
us fi esluue la ...
us le amoins den le gl...
u est devneni le ...
... fardes apiler
oushtez lui ent... est aut...
La ... cu est le ...
tost ... a me... ...
... cost ... a p...
... cu p luu mo...
en de
le mere a sa fille luila
aut le oint p den...
li lechere ...

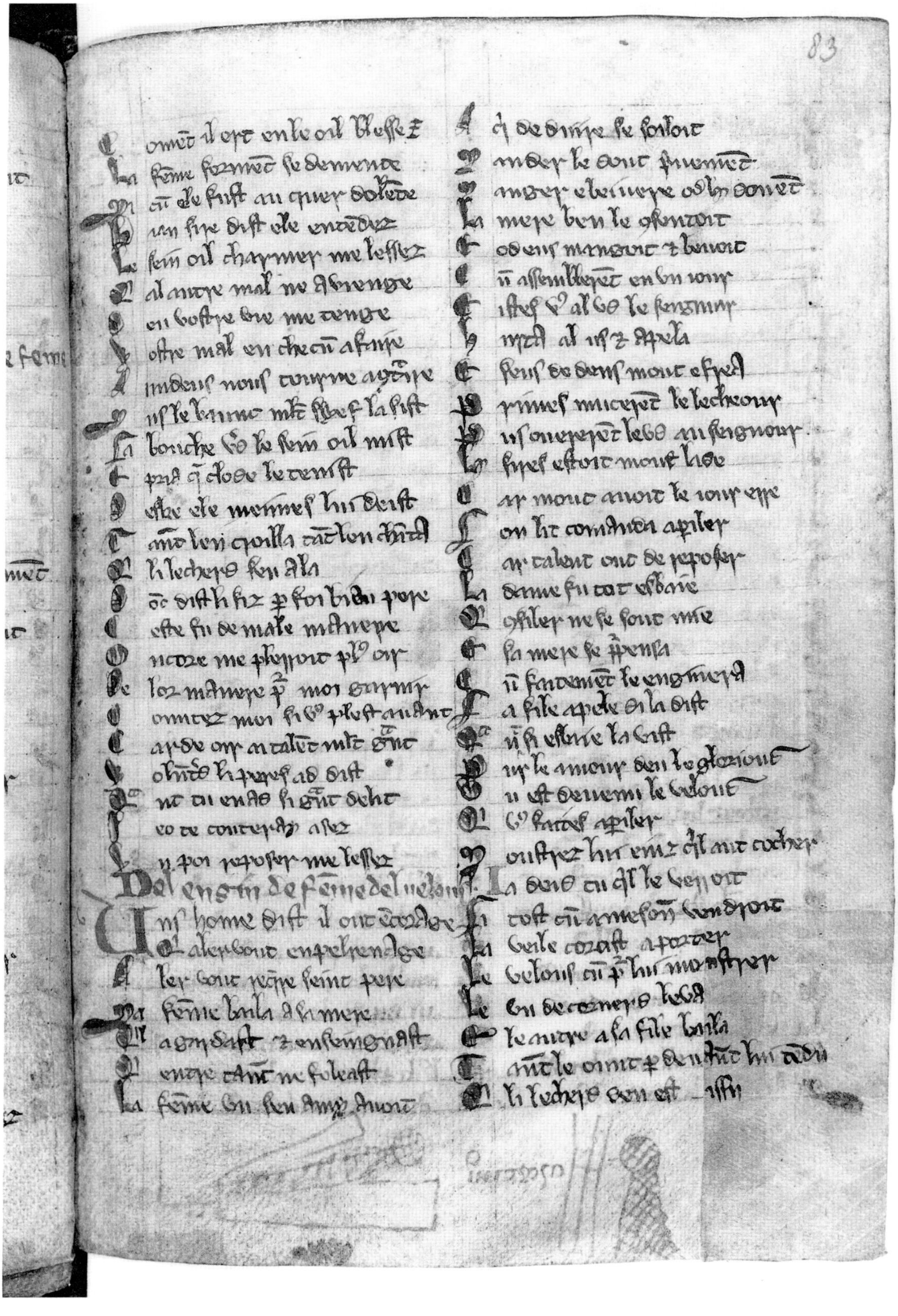

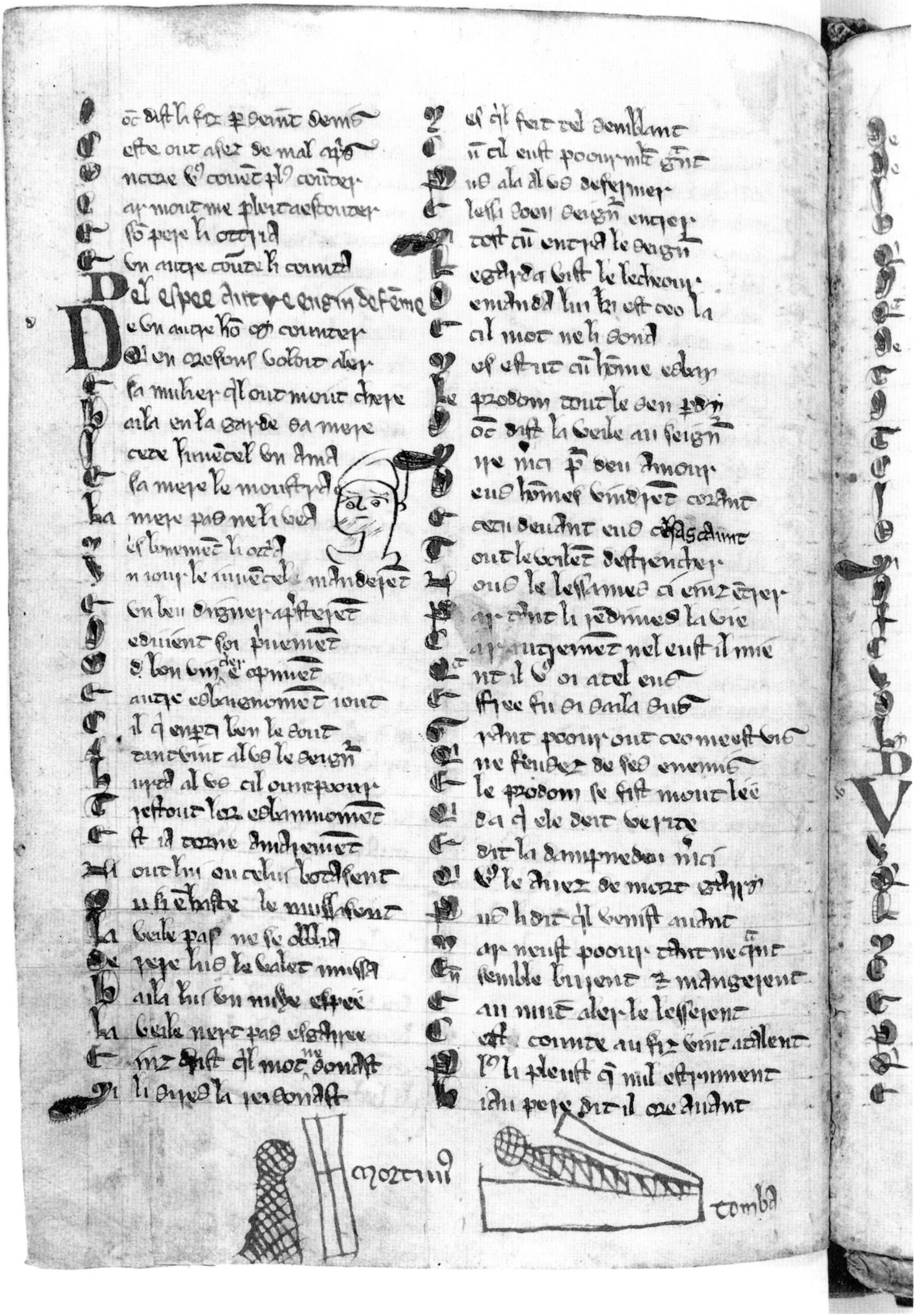

Oc dist li fiz par grant dems
Ceste out asez de mal apres
Nature vus cuvent plus conter
Car mout me plest a escouter
So pere li ottria
Un autre conte li comença
Del espee dirrai ore en signe de feme
De un autre hom oi counter
Qui en pelerinage voloit aler
La muiller qu'il out mout chere
Baila en la garde sa mere
Cete femme tel un amant
La mere le moustra
La mere pas ne li veda
Mes humblement li ottria
Un jour le meneçel mandeiret
En leu digner apresteret
Coument son pruement
E bon vin der e armet
Autre celemenement ioint
Il que entra bien le sout
Tant vint a l'us le seignur
Irez a l'us cil ount pour
Restout les celemmemet
Et il tourne audinemet
A l'out lui ou celui bocchent
U il se bute le mussent
La vielle pas ne se oblia
Le pere l'uis le valet mussa
Baila lui un nuile estree
La vielle nert pas esbahie
Et mult dist cil mot remondist
Qui li crees la reconasti

Nes cil fait tel semblant
Cum cil eust poour mult grant
Puis ala a l'us defermer
Lessi son seignur entrer
Tout cum entre le seignur
Costre la vist le lechour
Commanda lui ke est ceo la
Cil mot ne li sona
Mes estut cum home eskar
Le prodom tout le sen perdi
Oe dist la vielle au seignur
Por mei pur deu amour
Ceus homes vindrent corant
Ceu davant eus chascun
Tout le valet destrencher
Nus le lessames ca entrer
Car tant li prodomes la vie
Car mangerement nel eust il mie
Dunt il vus ou a tel ene
Assez fu et cela duis
Tant poour out ceo me est vis
Ne fuiset de ses enemis
Le prodom se fist mout lee
De ceo qu'ele dist verite
Dist la dame pur medeu mei
Vus le dites de mere
Nus hoit qu'il venist avant
Car n'eust poour tant ne quant
Ensemble buverent e mangerent
En nuit aler le lesserent
Cest conte au fiz vint a talent
Pus li pleust que mult estreitement
Icil pere dit il ore avant

fol. 83v: art. 27 (x-xi)

84

De femmes ne lessez destint
De vinees e ensement
Ia mout grant enseignement
Ore fet le peres damer
Qui menz li donne a taleter
Sire fet il par seint Omer
Qant ne me lessas tu reposer
De femmes te ai assez aparle
Treis contes te ai counte
Sire dist li fiz certes beu pere
Les contes sont de teu maniere
Que plus en oi plus en voderoi
Jammes ennuie ne serroi
Ore me di un qe soit mult grant
Mes de serroi dunc atant
Dist li peres en moie foi
Frere me comendrai ceo quoi
Ceo qe fist un fableour
Une fet a son bon seignur
Dist li fiz comenet le fist
Li peres comensa e dist
De un roy e de un fableour
Un rois un fableour avoit
Ta qe de nuite se soloit
Une nuit li out tant counte
Qil estoit mout anue
Lesser le voet qil puist dormir
Mes li rois ne le vout suffrir
Comanda li qe plus countast
E de un bon counte se haastast
Uncs le lessoit il reposer
Quil plus ne le voderoit traveiller
Tant il ne pout si li comenca

Et si sagement comensa
Un hoem ert qe avoit souz out
C berbiz chater en vout
Deus cent berbiz achata
Chescun .vi. deners cousta
Les berbiz chaca vers meson
Ceo fu en tel seson
Quant les ewes sunt aukes leves
Et cretine de pluiees
Nestre trovad cil dust passer
Nar pont pesse ou par nager
Cil qe les berbiz dust guier
Quant par pont ne pout passer
Mi alom une nacelette
Mout feble e mout petitette
Par dom .ii. berbiz menast
Il meimes au governail dust
Mout sout bel nageant
Li fableour de tut atant
Lors teut il a la mout somonant
Contez tost dist il avant
Mes fet il la nacelette
Est mout feble e petitette
Ceo se est ele a treppasser
Les berbiz ad mout a passer
Ore les lessons touz passer
Puis li primes asez conter
En teu maniere dist li peres
Deliverad cist fableres
Eies tant chastiesti freres
Quant menz fere ne savoi
Sire dist li fiz certes beu pere
Ne vous pas fere en teu maniere

fol. 84r: art. 27 (xi-xii)

ap il ia entre us z moŋ
ne ont entre lui z le roŋ
ap us me tendeſ aſteſ ceo qoŋ
oc me demand pesoun z lcŋ
o lonement me amendee
ap tout ou feye le poyet
me dener feye lanſey
us me lures amendee
ſabbouŋ ama le roŋ
et us dener plus amer moŋ
ap il deſeruoit ſon manger
ap ſon uncleŋ z p amicteŋ
co meet pio neſt chuit me
qil eſt ſert ſeuſ ou folie
eſ ke il ten choſe comiſtaſt
ulli pio de delicraſt
dener amer p reiſouŋ
eys moy en ancre cocroŋ
oincter me dener p ſortne
par amouŋ diſciplme
boŋ me puiſeŋ endenne
ſe bele crede chŋine
oſſhe fit ſu ceo euſeŋ feu
eſ qno me conſiſe pereŋe
ut res imet ſout maſcoŋe
eceſ ſot qno me ſente
oncꝰ peſtodli peye
ohrde oŋatr il peye
apeeŋ qno ben len ploŋe
moŋ endil ne cette choŋe
eſ tot li fit ſur ploŋ
ſer pas tepent ſe moŋ
ne merudele li conucl

Si prudement conueol
De une ueille z de une liſette
Un prodonne ceo oŋ countoŋ
uoloit en creſone aleŋ
ſme ont bone z honoŋe
fu de chiltere pue
prodom la tenoit uile cheŋe
ap il ert de bone mauneŋe
nſa lounte ſa ſia ben
la ſout meſteŋe de peŋ
ouſe le ont cten meſire
de li paſſeeŋ me auoit anŋe
ap ben ſout q ſon coŋſer
li leſſont feye ouriſloŋe
il ſen ala cele permiſt
ſe bonfeye ſe engennnſt
ſer ſe gǎnt chaſtenmet
folep ne ont mil talent
ſi ſouŋ ſint uŋ bacheleŋe
oueſo ert de ooŋ loeŋ
ont leguſ ſu chŋmit ert bele
entout le ooŋ z la meole
euŋeſ iteiul ſen coſlſe
ont eſt entŋe chu paſe
ap meſſaŋe z p mandemet
ſer entceŋe ooŋ talent
ont li reſſt mout la pŋiſt
eſ cele mile ſaŋſe ne pſt
ſoret mile pon eſploreŋe
oŋ choſe qil ſout ſcheeŋe
ut ne ſout lebienheŋe
ſul meŋa bŋoli goueŋe
 amt ſe bient mouŋnes z muſpŋ

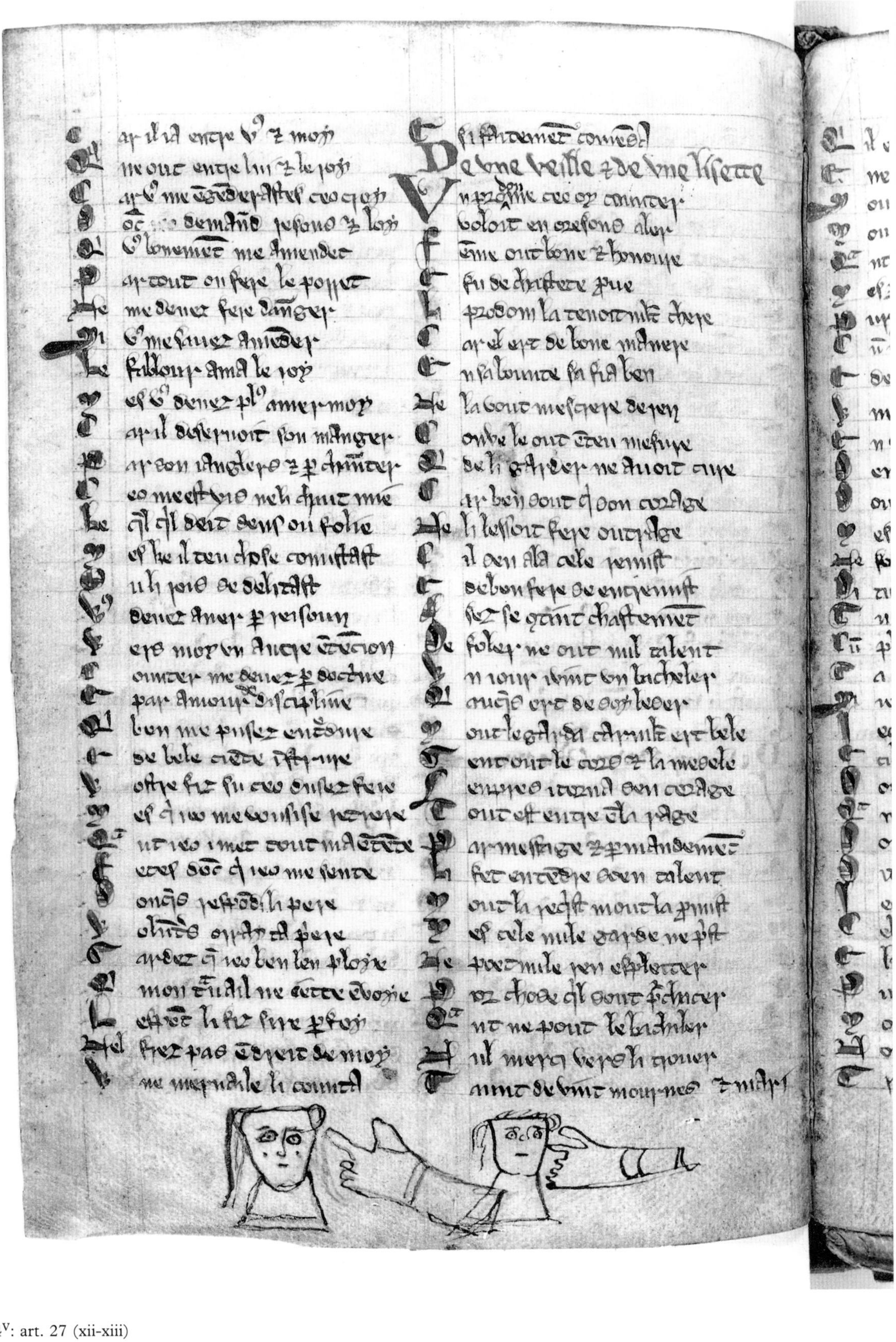

E il est forment enmaladi
Tant mespeint il ad veue
Sovent repeirer en la rue
Mout se delita en les esgarder
Quant il ne pout espleiter
Mes par tout li fault son purpens
Pur poi qil ne perde le sens
E il sen aloit pleinant
E ses oils tendrement plorant
Une veile ad en countree
En vile de nomme belee
Demanda lui priveement
Dount li vint cel marement
Mes ne li osa pas dire
Son corage descouerir
Di tu fet ele biaus amis
Tu nest pas dagres ceo mest vis
Trop plus longes celeras
Ta enfermete plus tard garras
Mes ta enfermete savoir
Ieo quid ben te garreroie
Cil li reconoit entre voir
Dont li est venu tel esfroi
Quant la veile ad entendu
Dount en grant mal li est venu
Dolur ne te esmaiez de rien
Ieo te conseillerai mult bien
Cele a son ostel repeira
Cil li unncel sen torna
Pur qe cist conte conta
Dount est la veile countee
Chen avoit une liette
Treis iours la fist iuner
Que pevre ne li lessa manger
Al quart iour quant el manga
En moustarde pain mollia
La demeine mult fort esteit
Ses oils fet lermer de si leit
E la veile sen tourna
E la lisse od li mena
A la meson dune dame droit
Ou la prodefemme manoit
E cel iuvencel mult ama
Pur qe cist contes ... comencea
Quant ele en la meson entra
La dame mult bel le apela
E dei qe nout chesoun
Pur ceo qe ert de religioun
Quant ele vit les oils de chen lermer
Tot li comence a demander
Dame fet ele pur qele peyn
Lermet ore li oils de chen
La veile comence a plorer
E tendrement a soupirer
Dame dit la veile lessez
Pur le amour Deu nel demandez
Si vus le chesoun savez
Certes grant doel averez
Par armes fu tonee tonde
La prodefemme tant en mi sonde
E la chesoun li dit
Dount cel mariment li venist
La veile nert pas esgaree
Toust ad la gile trovee
Dit la veile mal en avez
Ceste lise est de ma char nee

fol. 85r: art. 27 (xiii)

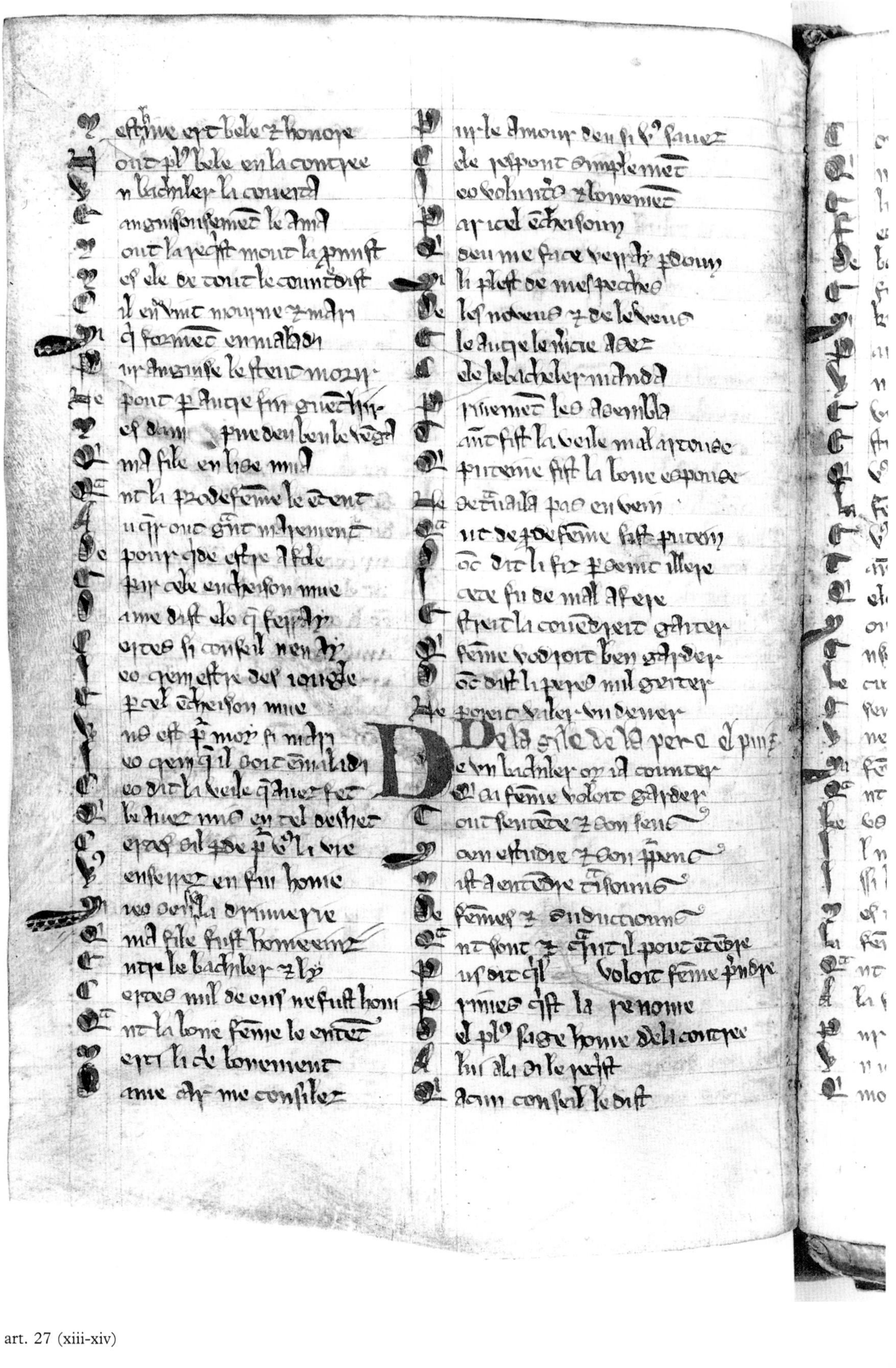

fol. 85[v]: art. 27 (xiii-xiv)

oment foucont feme gapdep
mil huft en ermier
hante oit gapefon
ceo dift il fun meifon
de bon pepe ede moztep
fetes lefmin o haut lenep
ki lem ne pufe entrep
ap de hoze p haut moutep
n ceo rfetes foulemet
bue fembpe enfemet
theite la fetes aife
l ne foiet enoimec
la feme de deuz enfermec
l menmec les clefs poztep
aut li fetes duer compoz
ele ne eit fenn ne loy
onet fez la bifitier
nfemble os li l de eznep
cunfel del aoe ho fift
fen ala e feme fhft
ne foze mefon teud
feme de deuz enfermd
ntil couchd him ceo fermort
ceo a fermer ne oithoit
l menmec les clefs poztep
fi la chdoit ben gapdep
et tout ceo nehout meftep
feme ream ourp odoit
nt don angu ihz eftozt
la fenefipe apouep
ap ber li ornt crekahep
n oure fint en umerel
mont eftut oene ehel

dame tuftan labyp
fon cp chpo rcoud
romch fift ocozibepe
ele ne la pfuied mie
ont p enoue e p emblant
fift entendpe fon dalaut
fuit a lun demurentunt
la odme puft efphetep
ou ton ouepd de ladneley
aut tuft conued donuep
cinet de codepd ouepep
op ele poie d ole mut
nepd fa oie e foep deoie
nt fon fenou amefon bint
dame dukes mezme fetint
ou bpon ne la mefpuft mie
da cp fuft en maladie
pzodom fu mle ooleut
ap le dud mle louemet
ntil eftort foze endeml
le pht le defo leo de ouep
fon bedroup la geucd
a la mefou la meud
nfemble fuit cout li mlc
o lui opprod hup de oue
nt le pzodom eft apeu
nt fnoemiet il eft deu
at feucd fon ceo fermep
cuit buit a la rouep
deoine e fout entrep
et pdep me p phipep
la lefta il pio entrep
me li oit ql mout poit

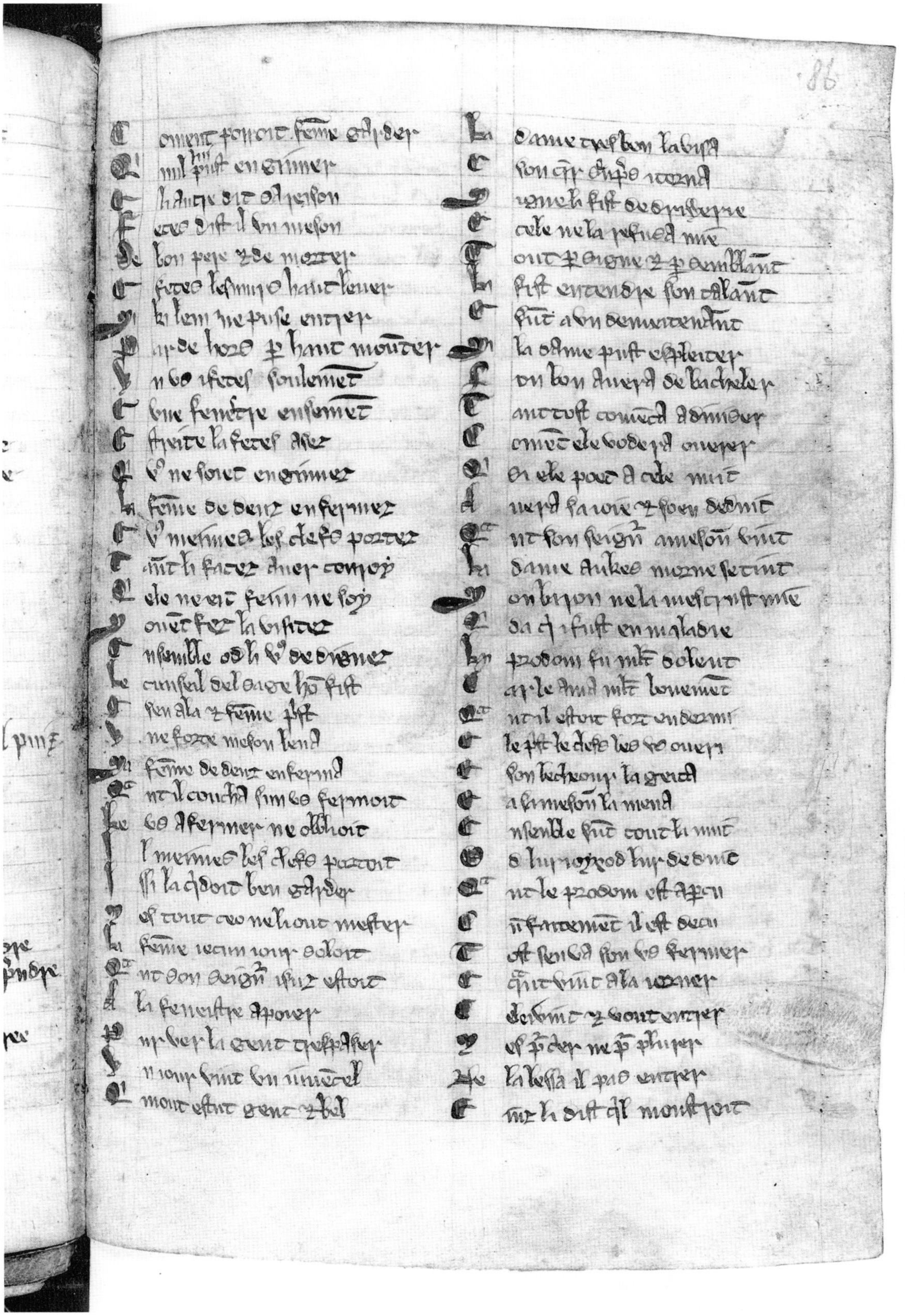

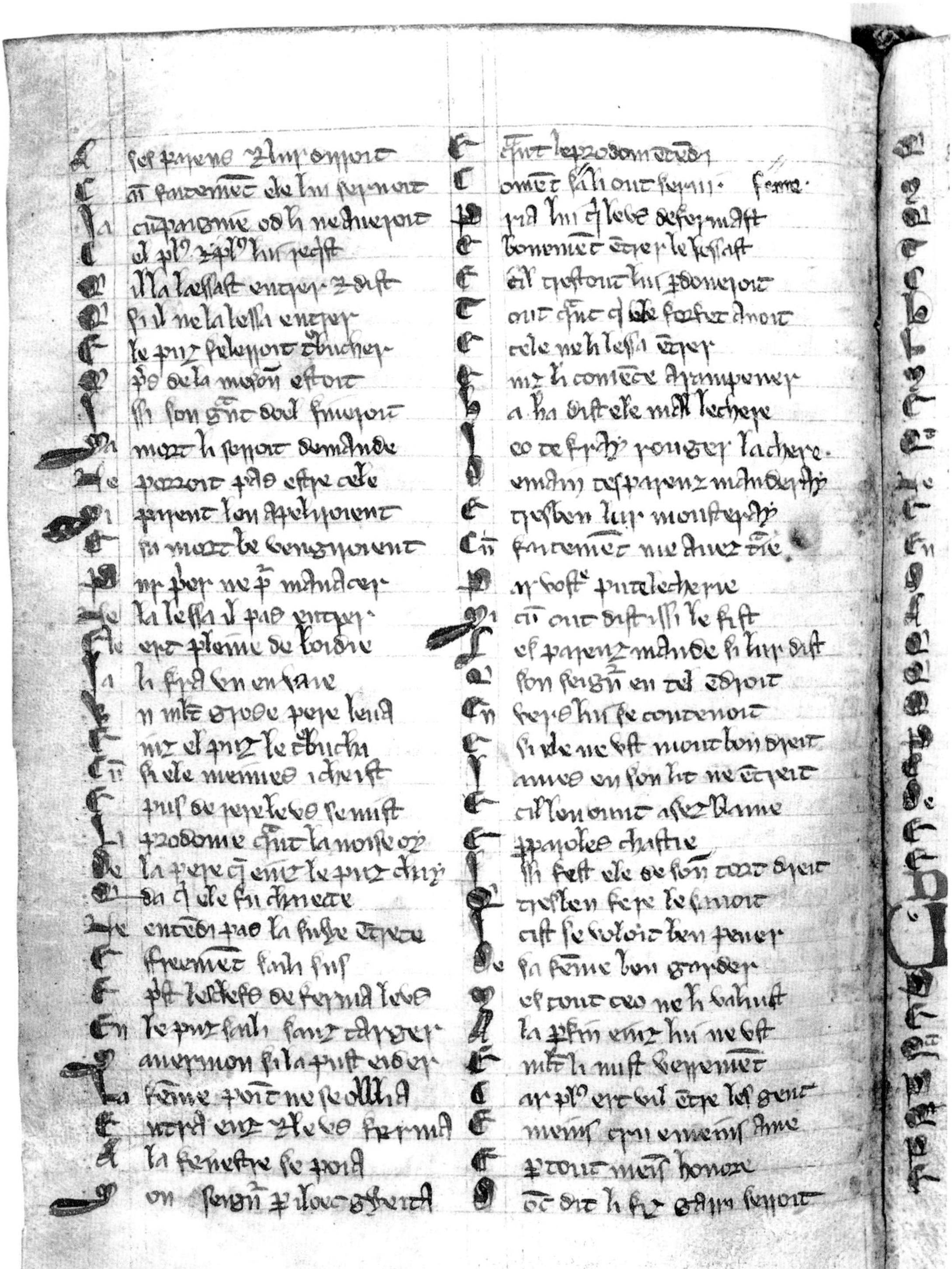

fol. 86^{v}: art. 27 (xiv)

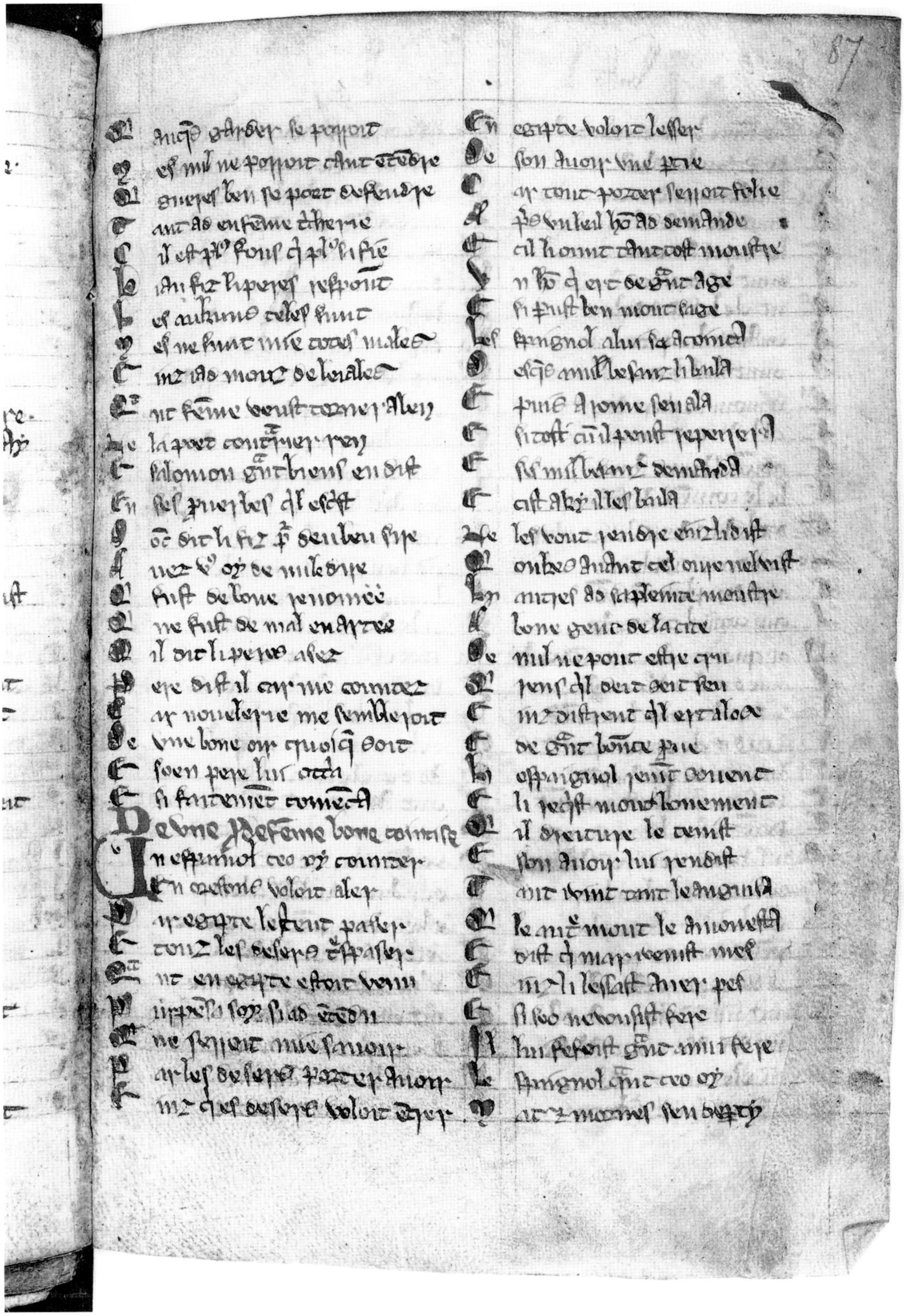

fol. 87r: art. 27 (xiv-xv)

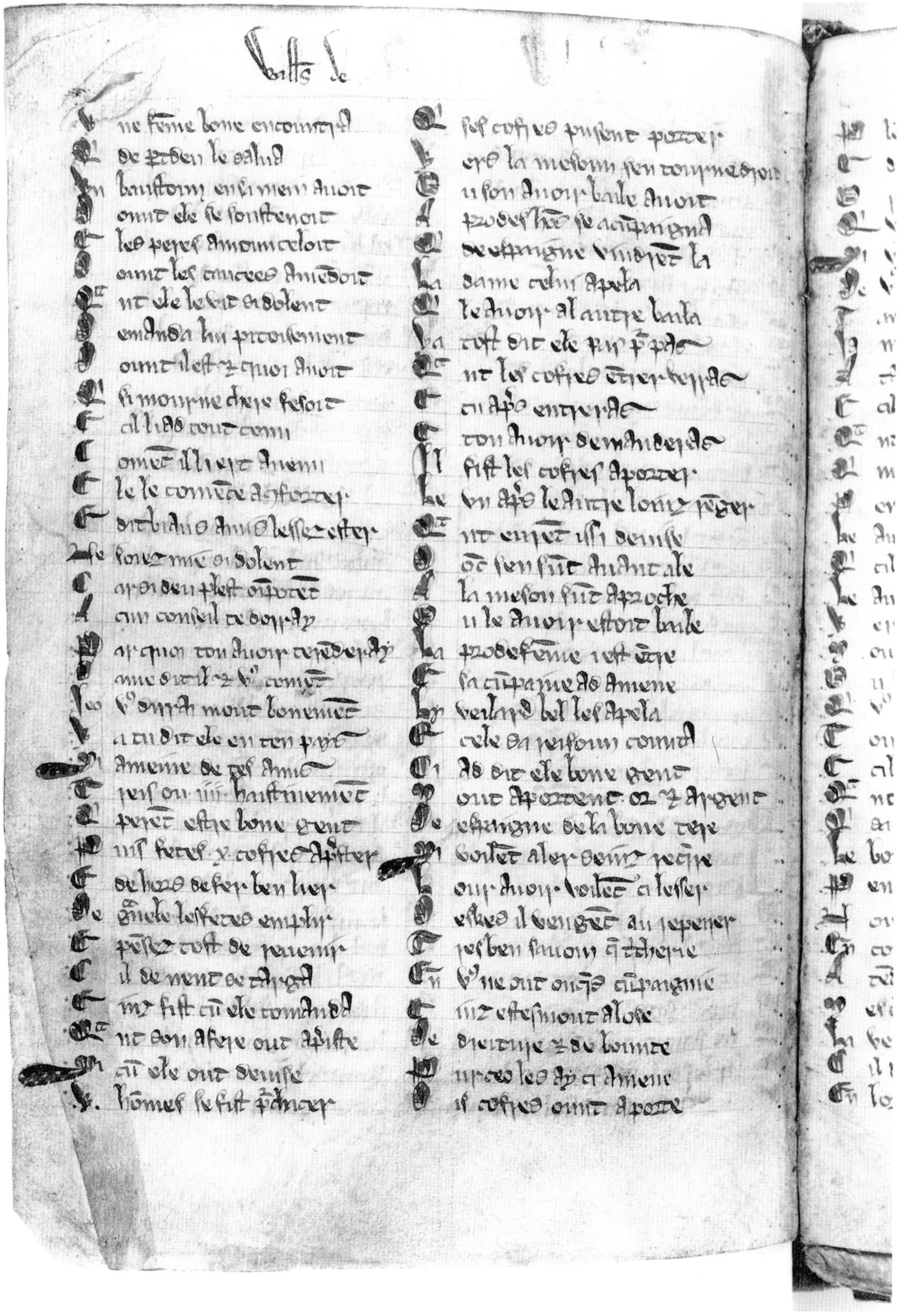

fol. 87^{v}: art. 27 (xv)

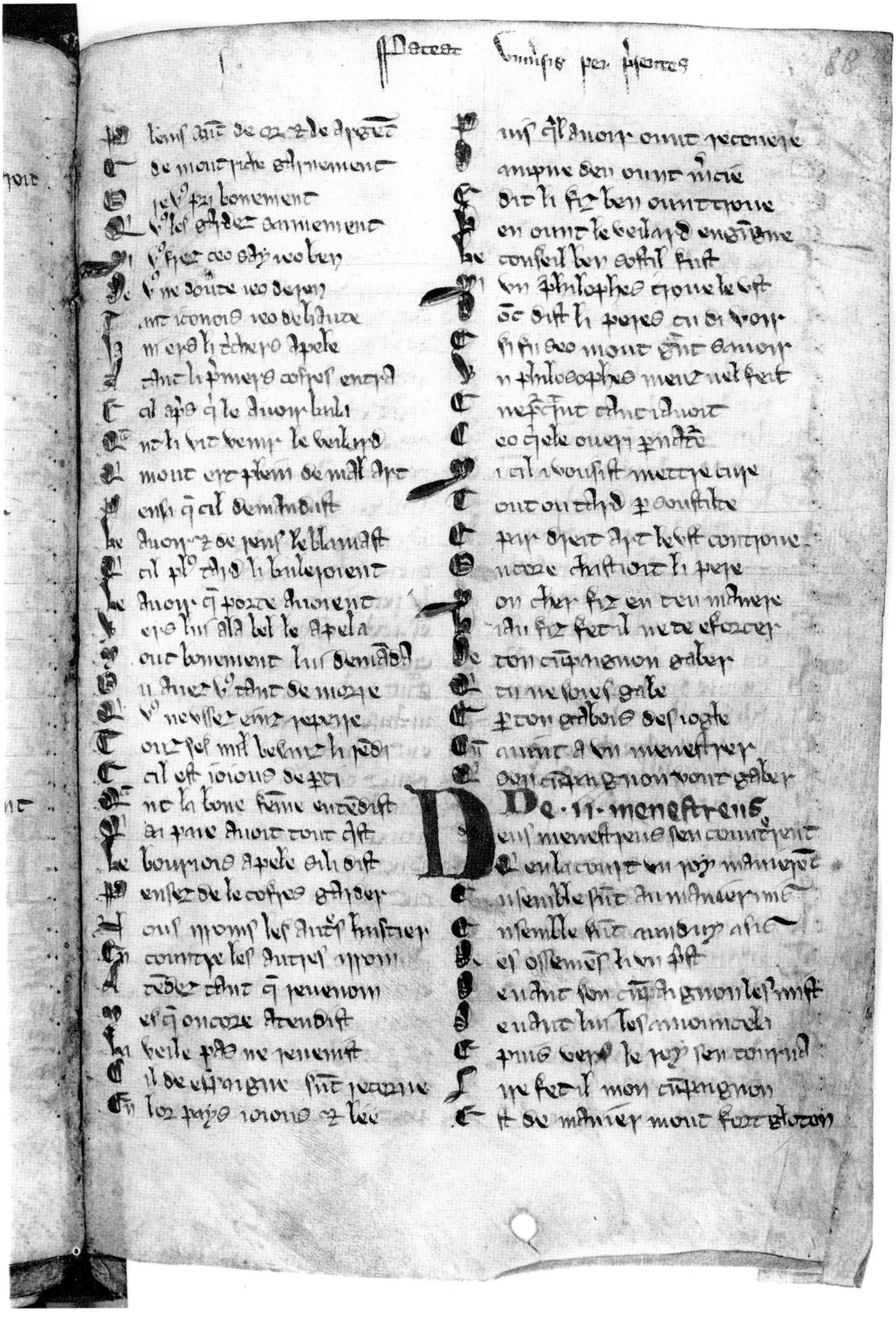

fol. 88r: art. 27 (xv-xvi)

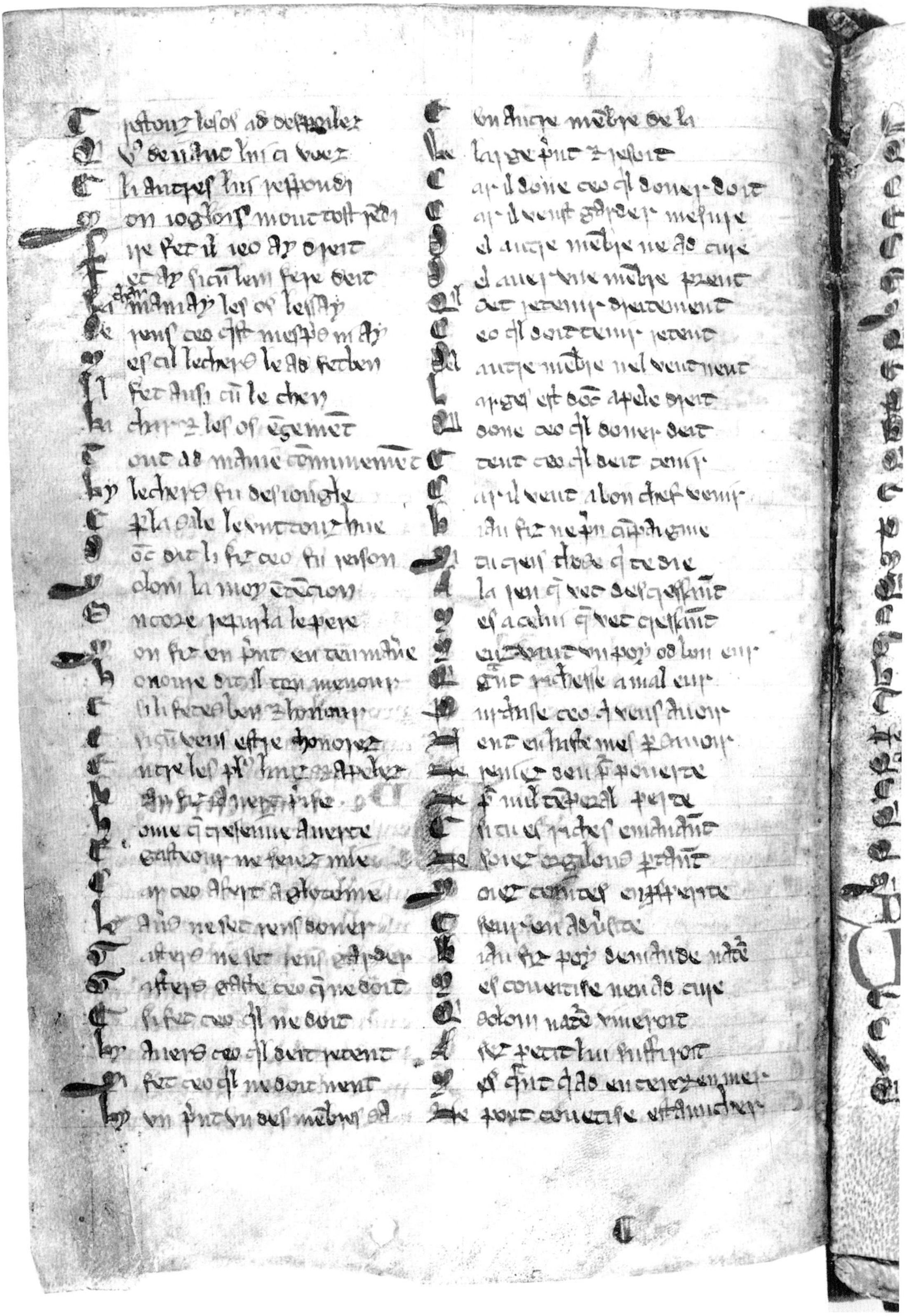

fol. 88^{v}: art. 27 (xvi)

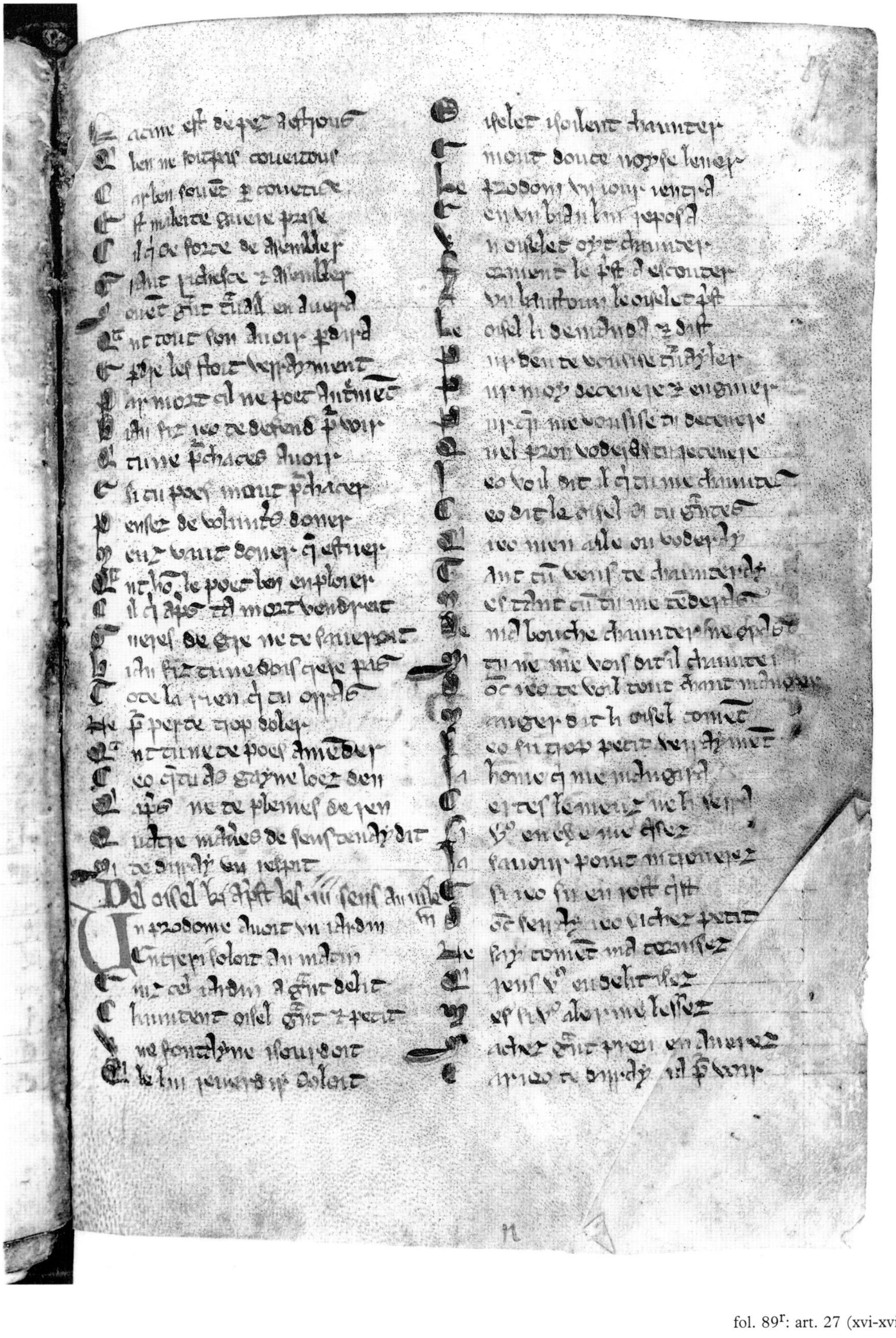

fol. 89[r]: art. 27 (xvi-xvii)

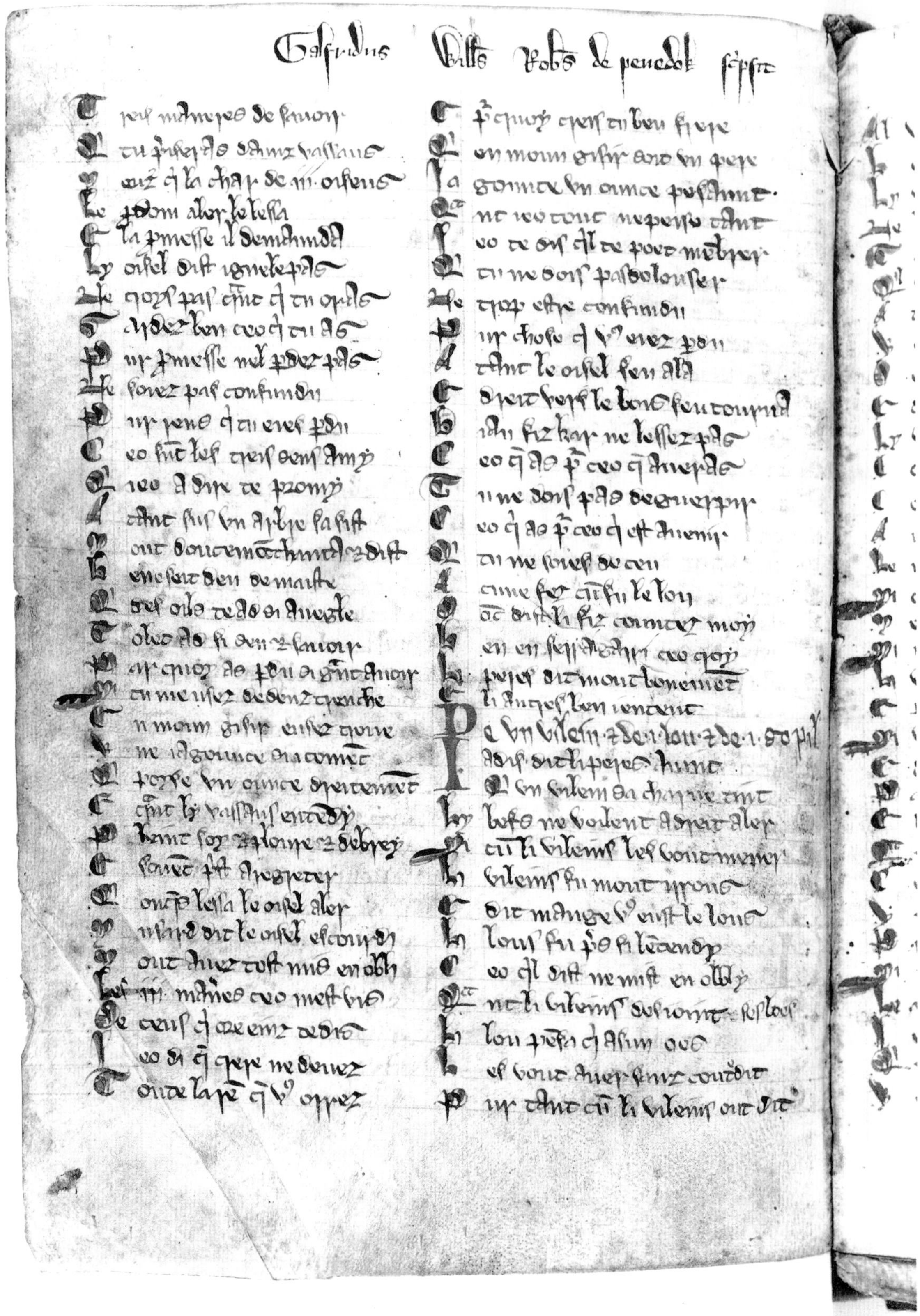

fol. 89[v]: art. 27 (xvii-xviii)

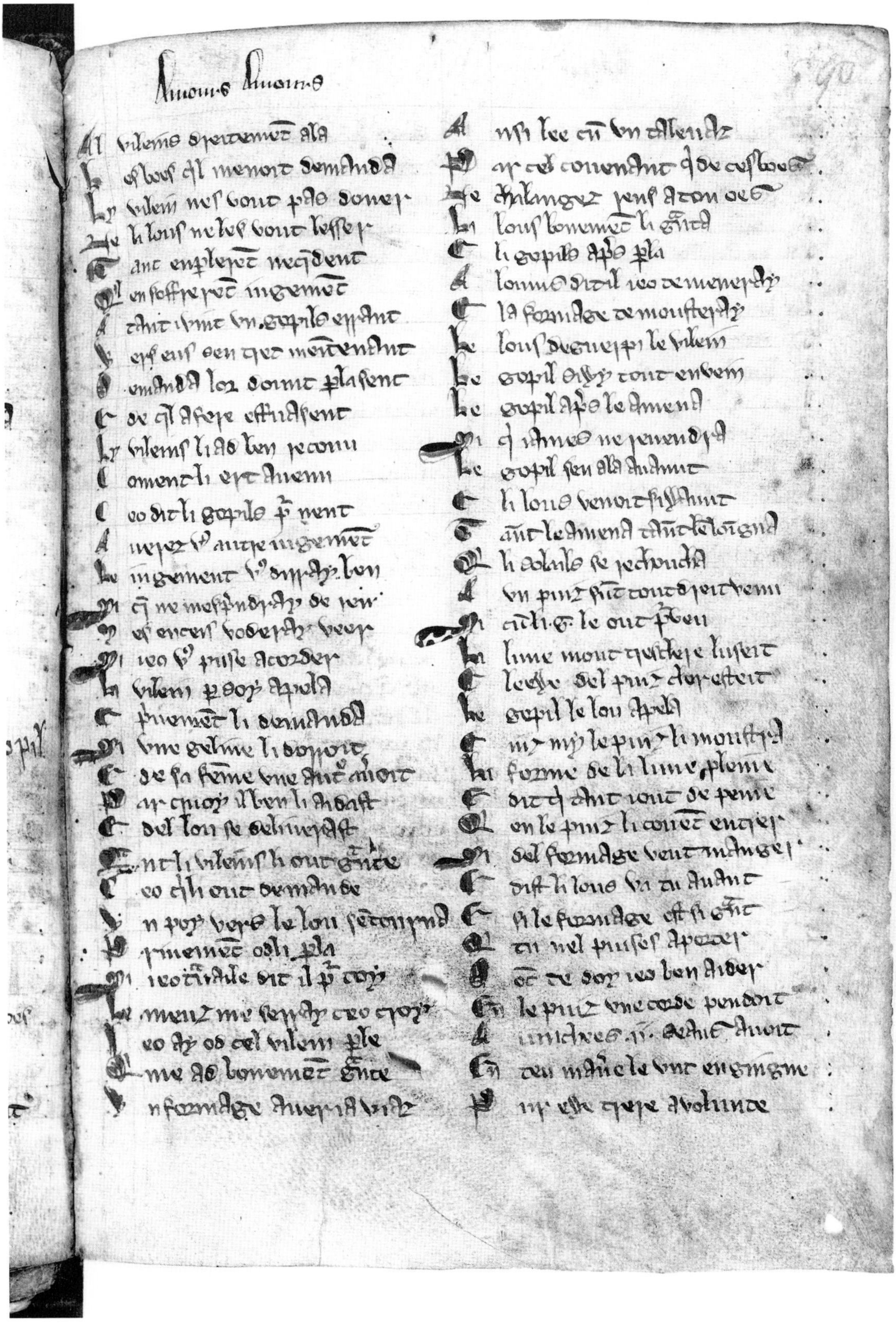

fol. 90r: art. 27 (xviii)

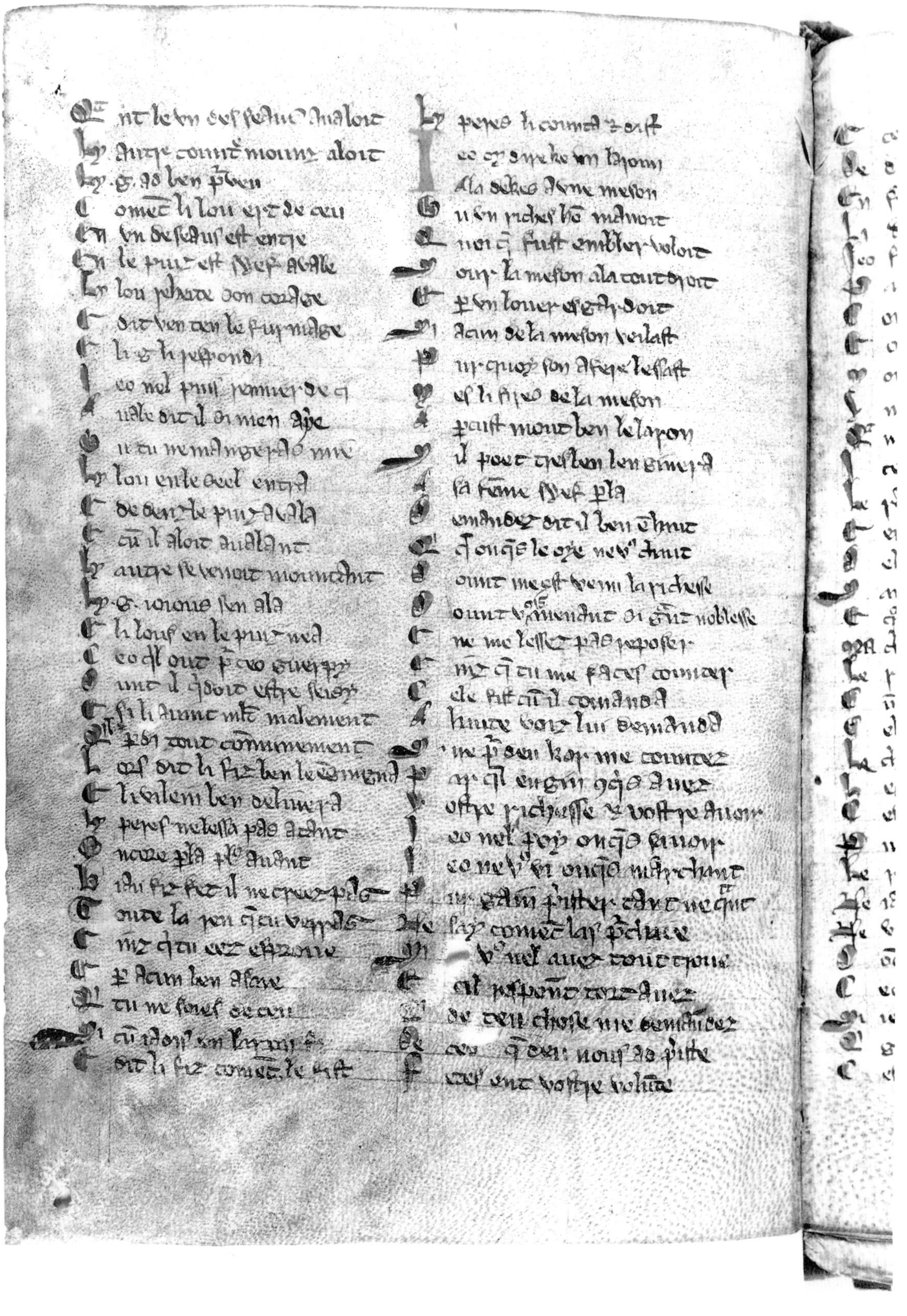

fol. 90v: art. 27 (xviii)

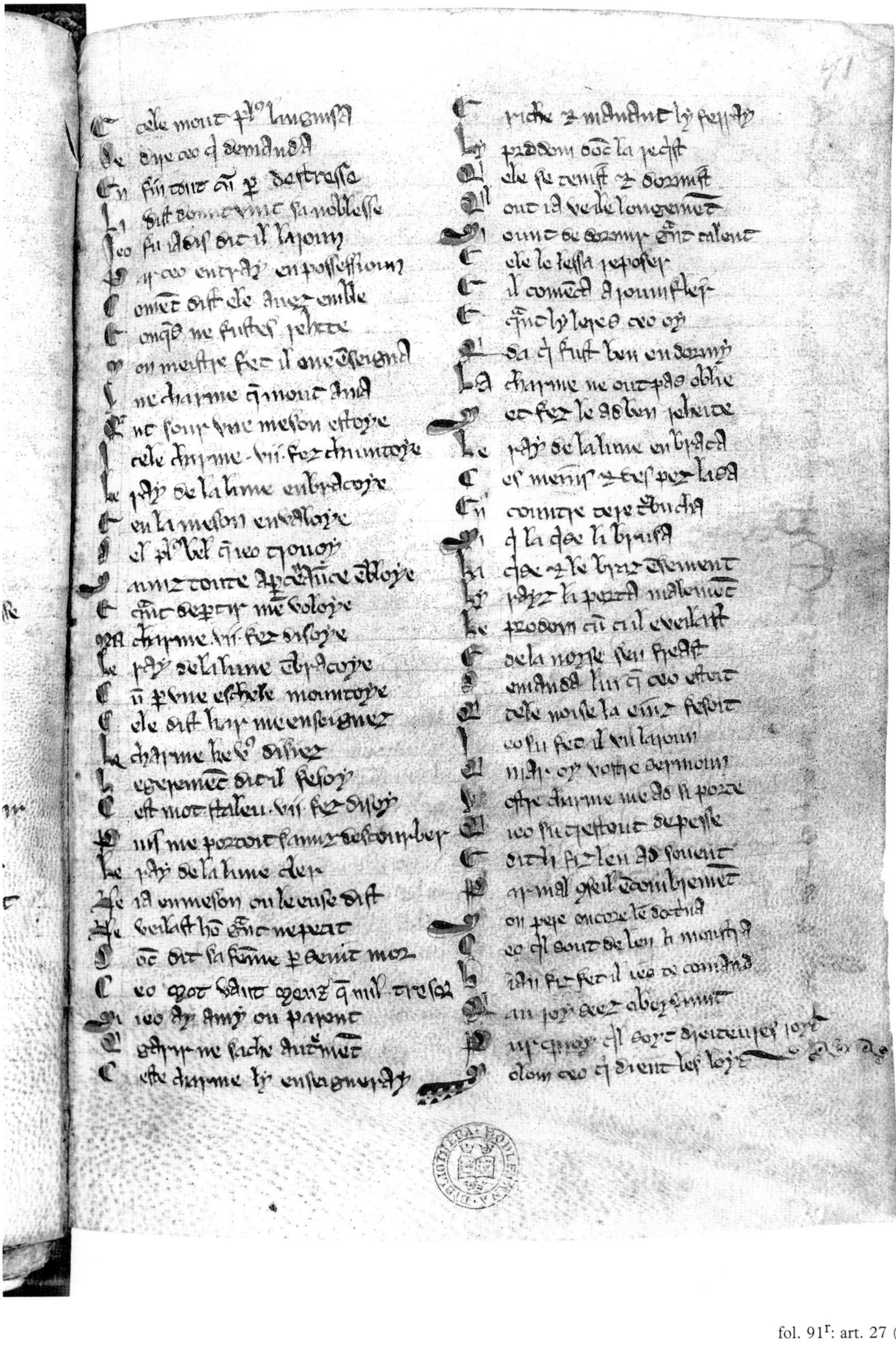

fol. 91r: art. 27 (xviii)

Car il venge Deu e terre
Il fet la pes il tout la guerre
Il fet justice de larouns
E de robeours e de felouns
Il meintent la cristiente
Par quoi nous sumes salvee
Ben fet de [illegible] pecchour
Quant de ceo soet [illegible]
Quant est en rees cum leoun
E ne fet ci simplesse noun
E qe est cum enfaunt volage
E est de trop legier corage
Par le forfet du roi soment
Perist li poeples malement

De un roy e de Platoun

En un livere counte Platoun
De un roy qe ert fous e feloun
De totes pars li seignurs querre
Mout en fu grevé la terre
Li rois ensembla son barnage
De touz les meillours e les plus sage
Si resembla la clergie
De meillours qe ont en sun regne
Leis e lais communement
Il venir devant plenement
Quant il furent touz ensemble
Le rois lor ad dit demaunde
Il oisent pur quoi ceo venoit
Car tout le regne li sourdoit
Il quidoient qil feit peche
Dont Deu fust vers li corucé
Li rois demaunde bonement
A lour conseil communement

Qil ni trovent peche ne mal
Dont en vers Deu criminal
De clercs mout bone manoit
Un prodome qe mout sage estoit
De Mistriens: Mistriens avoit le noun
Mout est de grant [illegible]
Nul hors en tout lui ne abite
Tout soul maneit cum eremite
Li rois en bel message
Philosophes pers e sages
Qil sen vount a la cite droit
Ou Mistriens meindre soloit
E querent partut la cite
E en pes toute la mere
Philosophes de grant sens
Demaundent ou fust Mistriens
Cil du pais sunt en la cite
Dient qil sen est alé
En bois cum homme dite
Ne fete pens ne se delite
Chescun tres ben moustre lour fut
Mistriens trover par grant
Il sen fut la en desert torne
Mistriens i out trove
Quant Mistriens les vist venir
Bout pres lo fen ver ne mentir
En les conoust saunz mesprisioun
Si les ad mis a resoun
Dont venez vus messages errant
Issi fel roy obeisaunt
En ad mis en sa poeste
Tote la gent de cete regne
Si il se contient folement

fol. 91^v: art. 27 (xviii-xix)

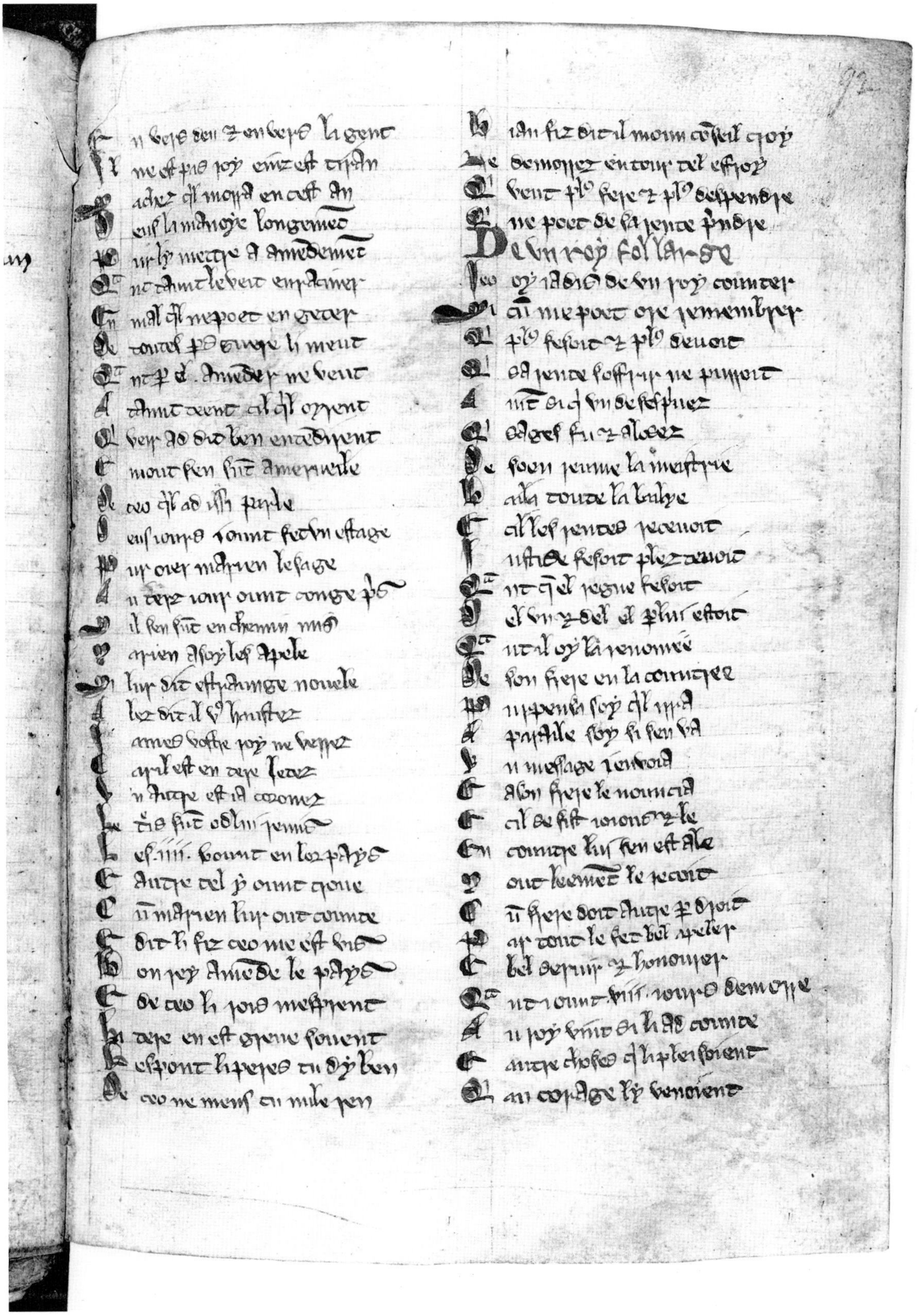

fol. 92r: art. 27 (xix-xx)

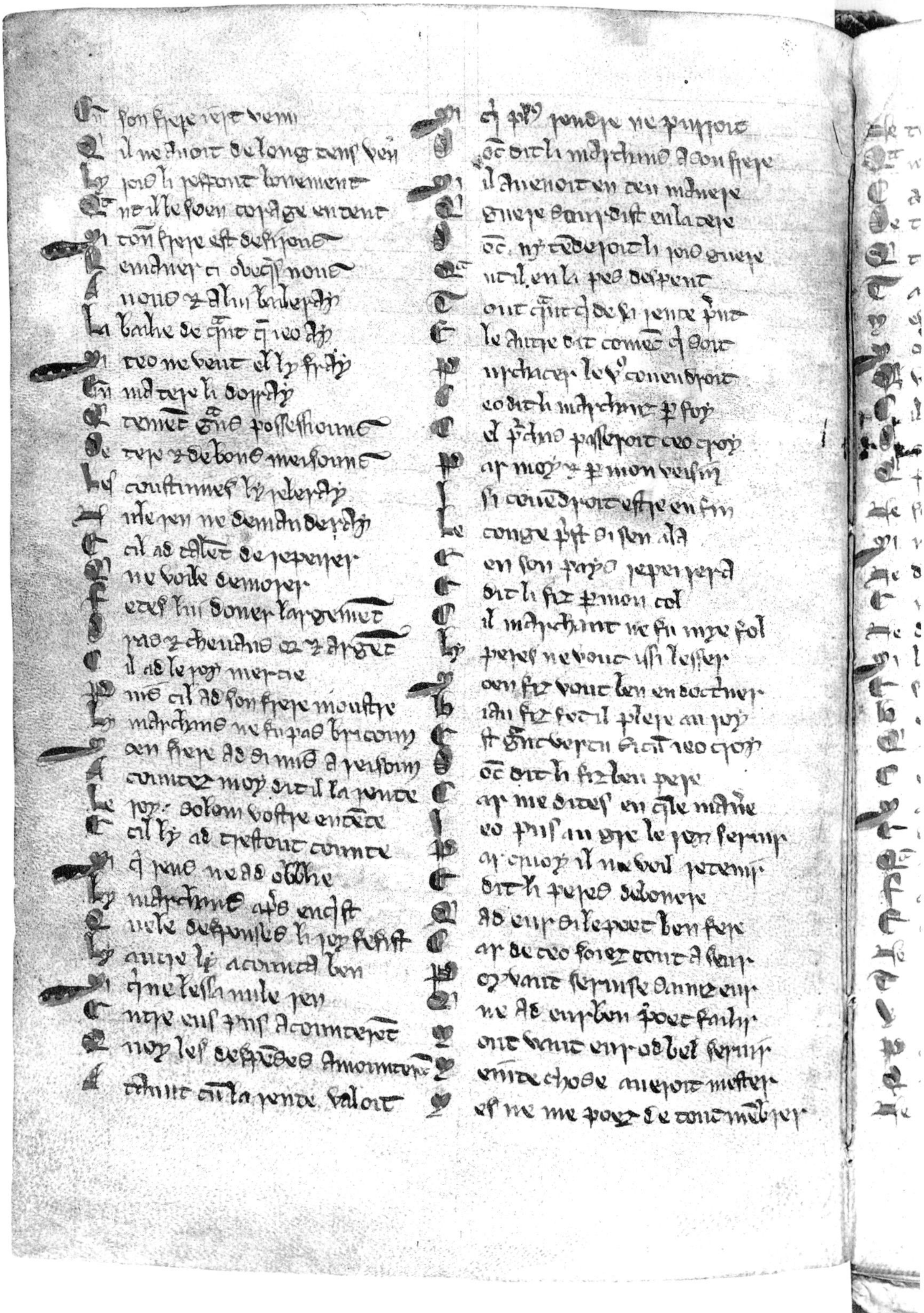

fol. 92^{v}: art. 27 (xx)

Ne tu ne purras pas tout entendre
Quant tu es de poy aprendre
Car tu n'es pas de tel sens
De tel age de tel apens
Que tu puisses ben porter
Tant es de pur poy charger
Mes un petit t'apprendray
Solum ceo qe entendre purras
Quant vent ly rois servir a gre
Cil qe il puise estre preise
Pur ceo si deit il efforcer
Qe il puise longement ester
Ne seer ne deit nent
Si ne seit par comandement
Ne de parler ne est mie sens
Tant qe l'em voie liu e tens
Ne du roy pres ne soit
Si ly rois comande nel oit
E si ly rois od lui conseile
Ben ert overte la oreile
Qe ne covenge reherser
Ceo qe ly rois vodera charger
Sa persoun sache ben cointer
E si le sache ben celer
Quant li roys comandera
Face du meuz qe il purra
E gardez qe ne li mete
Ne son damage qe il sente
Tralisant ne vet ne chescune
Vers son seignour ne felonie
Par tout li soit devisant
Quanqe li autres soit disant
Ne a nully ne purge compaignie

Si il sache qe ly roy nel eime mie
De son damage le entremise
Si il tant poet fere qe il le devise
Sen ceo qe pur cel fere
Puis si il tout a son cheef trere
Bien fet mout parfet solement
Qe en tour le roy est longement
Quant entour lui rens ne prent
Ne deners pendre ny atent
Donc ad li fiz demande
Beau pere avez vous oblye
De dire e enseigner moy
Coment a la table le roy
Manger puisse par corteisie
Qe ne me puisse blamer mye
Ah certes dit ly pere
Car m'as auqe mestre
De manger a la table le roy
Qe n'est de manger en recoy
Quant tu averas tes mains lavez
E a la touaille averes
Serres a la table assis
Le pain devant toy ert mis
Tu ne dois estre trop hastier
Ne dois pas ton pain tout trencher
Tant qe plus eies a manger
Car l'en deport a estroune
Tu serrois servi a mun
Le morsel ne englotez mie
Par hauste ne par gloterie
Tant qe tu eiez bon masche
Qe tu ne porrez estre reproche
E qe tu levres nest pas overt

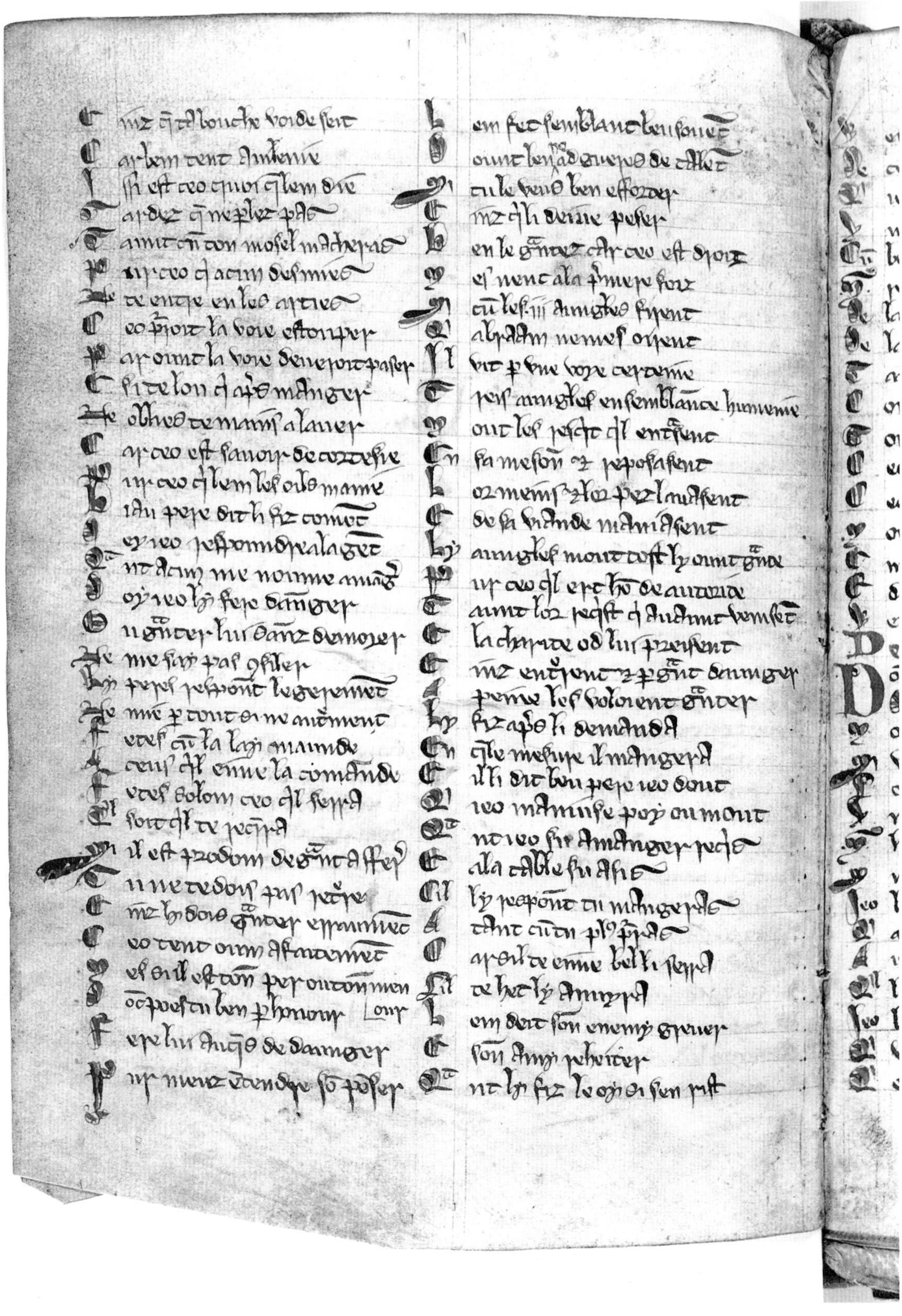

fol. 93^{v}: art. 27 (xx)

Apres son pere trend tout
Recea membre ove bon sire
Q' ieo oy dit de un malimod sire
Vers hoes li dist en ceu manere
Cum ben poes manger la chere
M. respont & li demande
De la meson de tut viande
De la pelle li averez respont
Taunt cum mes puis dit M.
Comencer del aut manger
Tout le bodepot engouler
Ceo est ceo ben dit li pere
Ceo porrut ben estre en manere
Mout est engleteres & glotoum
Menteres & mal bricoum
Ede prouesse ensure estoutz
Vencu il les autre tourz
De malmoand mal esquier
Dont dit li fiz convertanoms sire
De ou aveis pen de lui
Mout est iangleres ceo dit li pere
Mes depuis cele manere
Son seignour li dit cil leuast
Une nuit & les fermast
Ghay mout a lever
Ne fet il nest pas mester
Jeo le fermai entre qe cochasse
Q' a fermer nel oblias
Au matin son seignour li dist
Qil leuast & la porte ouerist
Jeo le laissai dit il asez
Q' e ussi le voliez
Q' oitue fu en la iornee

Fiz ceo la lessai deferrmee
Lors sires entent a respons
Qi M. estoit perilous
Leuez sus dit il glotoum
Agi cel ouerprime ceo est reisoun
Apres tu taunt cum tu serviras
Leuez sus il est grant iour
Jour est dit Malmoc respont
Manger deust quoi qe soit
Orez del glotoun dit li seignour
Leus tu manger ainz qe il seit iour
Mere dit M. est dont apert
Q' ieo leue ainz qe iour soit
Jeo ne voil pas ore estriuer
Au solail par matin leuer
Quant son seignour li demaundoit
Mi pluoit ou apeloit
Le chen qe li hors iesoit
Dont disoit ben qil pluoit
Mi li chen moillez estoit
Reueo noun dit qe ne fesoit
Quant nun demaundoit au bricoun
Mi li out fu en la mesoun
Le chat apeloit
Eus per manoit
Quant chauz eus per aproruoit
Dont dit qe fu i auoit
Lors dit li fiz comme me duiez
Des prouesses oue me contez
Mes qe sont de sa iangelerie
Ceo me deuez oblier mie
Dont dit li peres ceo qe sai
Ce qe en tenc ieo te dirrai

fol. 94r: art. 27 (xx-xxi)

Un seignur vne fez venoit
De son afere ou aler estoit
Vount s'en en voit ioious e le
Car il avoit asez [illegible]
Atant ad .G. encountre
Si li ad dount demaunde
Garcez ne me direz nouele
Qe ne me soit bone e bele
Nount mout de la fauele
He frechi dit il mes bistelle
Ka lyde qe tant amez
Est mort ben le sachez
Coment morust dy moy .G.
Leo vos chyvaler li dust respount
Le mul estraunchez e pounty
En chevaucher e fuy
Vostre l'asertee encountra
De soutz ses pez la defoula
E cil per s'en ala
Ore est tut charge sir noyd
De quoy fu il estrannglez
Vostre fiz char de desyrez
Quant est mort mes ne moverez
Le mul de ceo seffrea
E fist la mere al enfaunt
De son fiz out doel si grant
Quele morust saunz recouerer
Ne la porte nuls hoes conforter
E qe dire de dount la mesoun
Ele est tote en confusioun
Ele est toute tornee e torne
Jammes ne serra recoveree
Coment dount qe le alumast

Et .G. respount ly countast
Quant la dame fu demoree aler
Et en la chambre fu posez
La chambrere ly dust enterer
E le cors la dame garder
En la chambre vne fez entra
E tut deleez s'en tourna
Une chaundele y oblia
E la meson en alumast
La chambrere ou demeint
Tant longement y loec se tint
Pur estendre cele meisoun
Qe ele perist ount en la prisoun
E comet eschapastes vus
Quant vus estes si prisouns
Ieo ny voleie tant demorer
Quant ieo ne me puise aler
Le prodom quant ceo entendy
Mout devint morne e mary
Dolorousement s'en ala
E un sen amy encountra
E il ly ad dount demaunde
Pur quoy il est si dolouse
E il li ad dount recounte
Coment il est avenu
Beaus amis dit il ceo est folye
De mener dolorouse vie
Pur perte de terre ne de ben
Quant hom ne poet recouerer rien
E il ly counforta
Car de sa perte mout li pesa
Hors veomms avenir asez
Plusours e adversitez

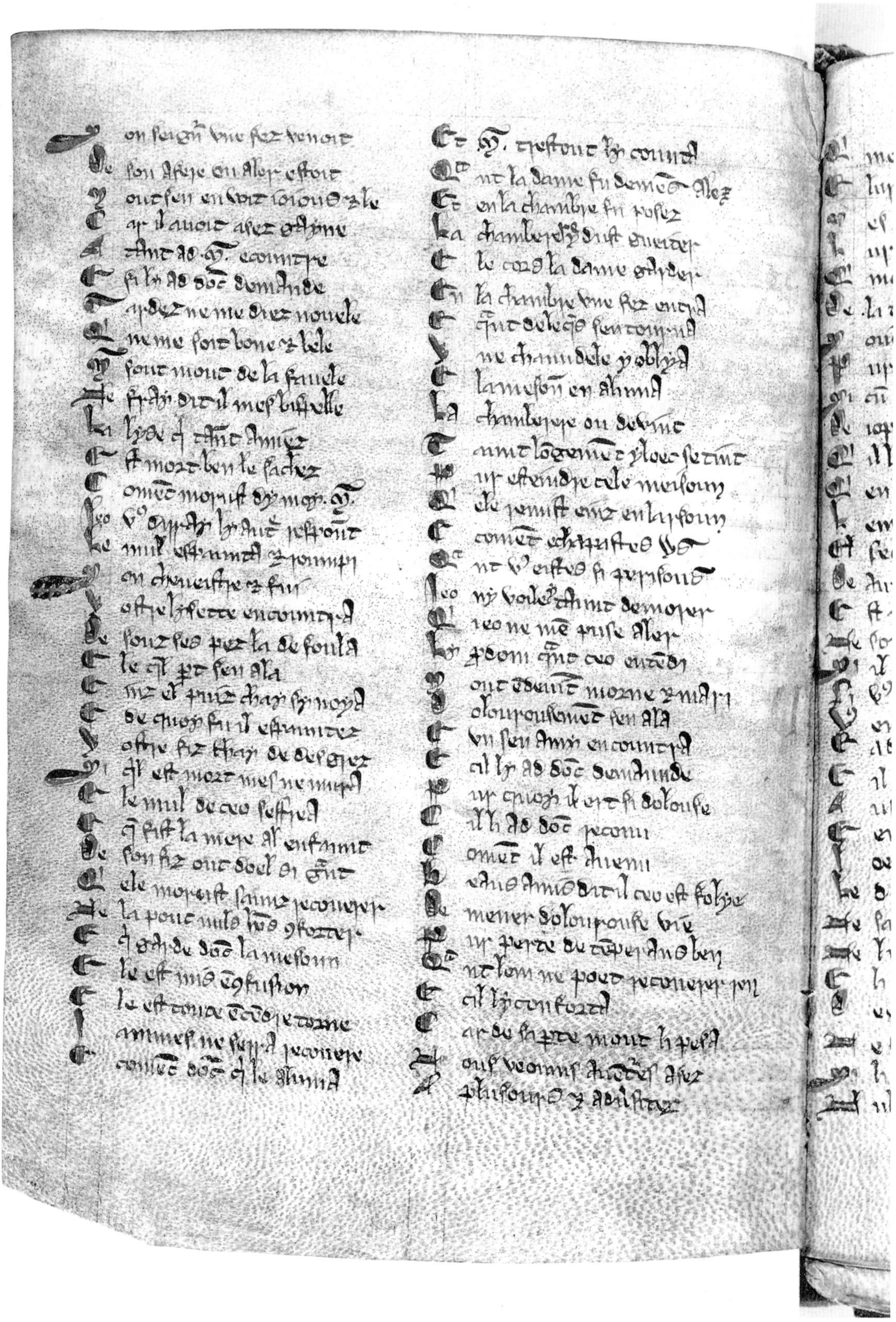

fol. 94v: art. 27 (xxi)

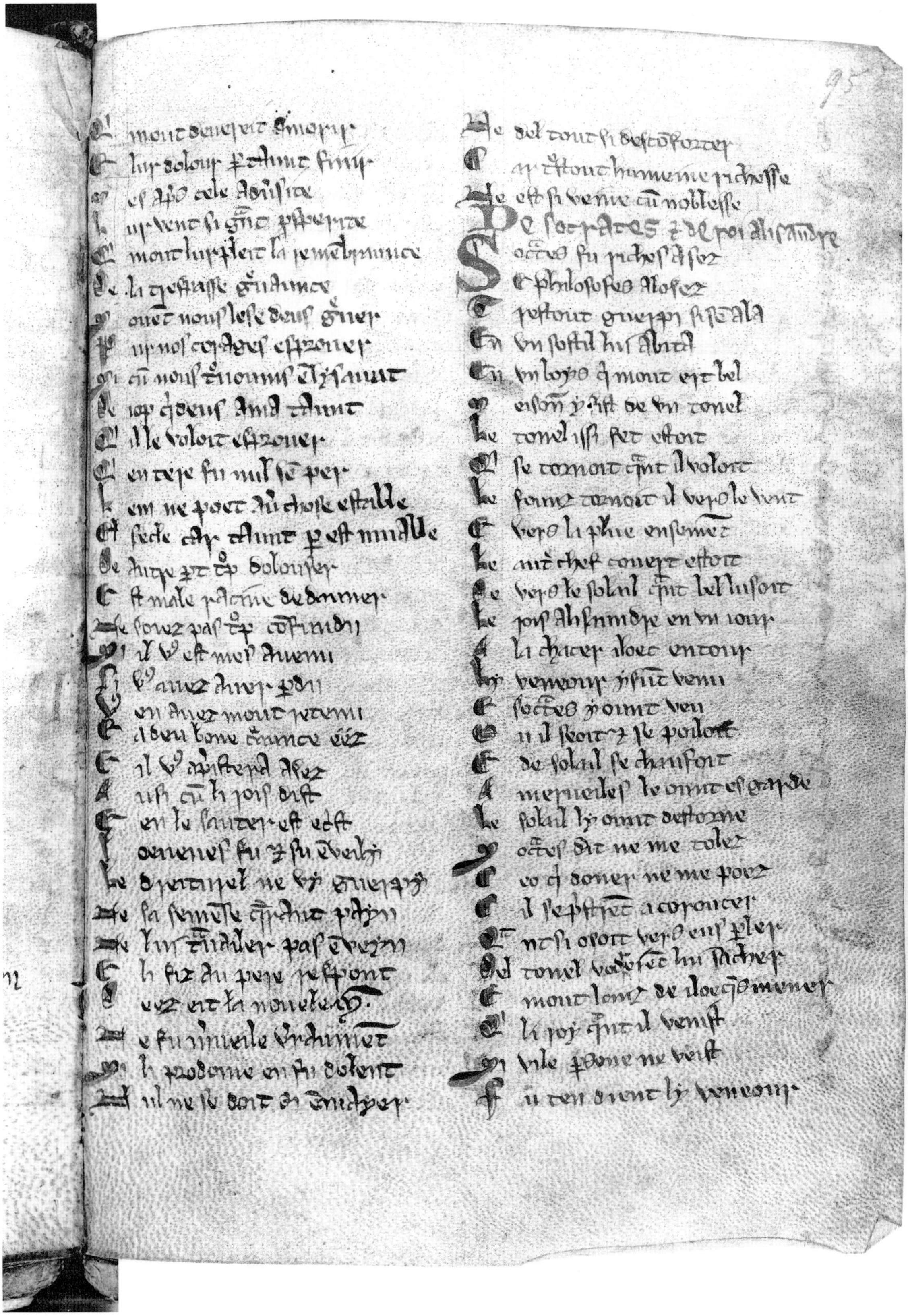

fol. 95^{r}: art. 27 (xxi-xxii)

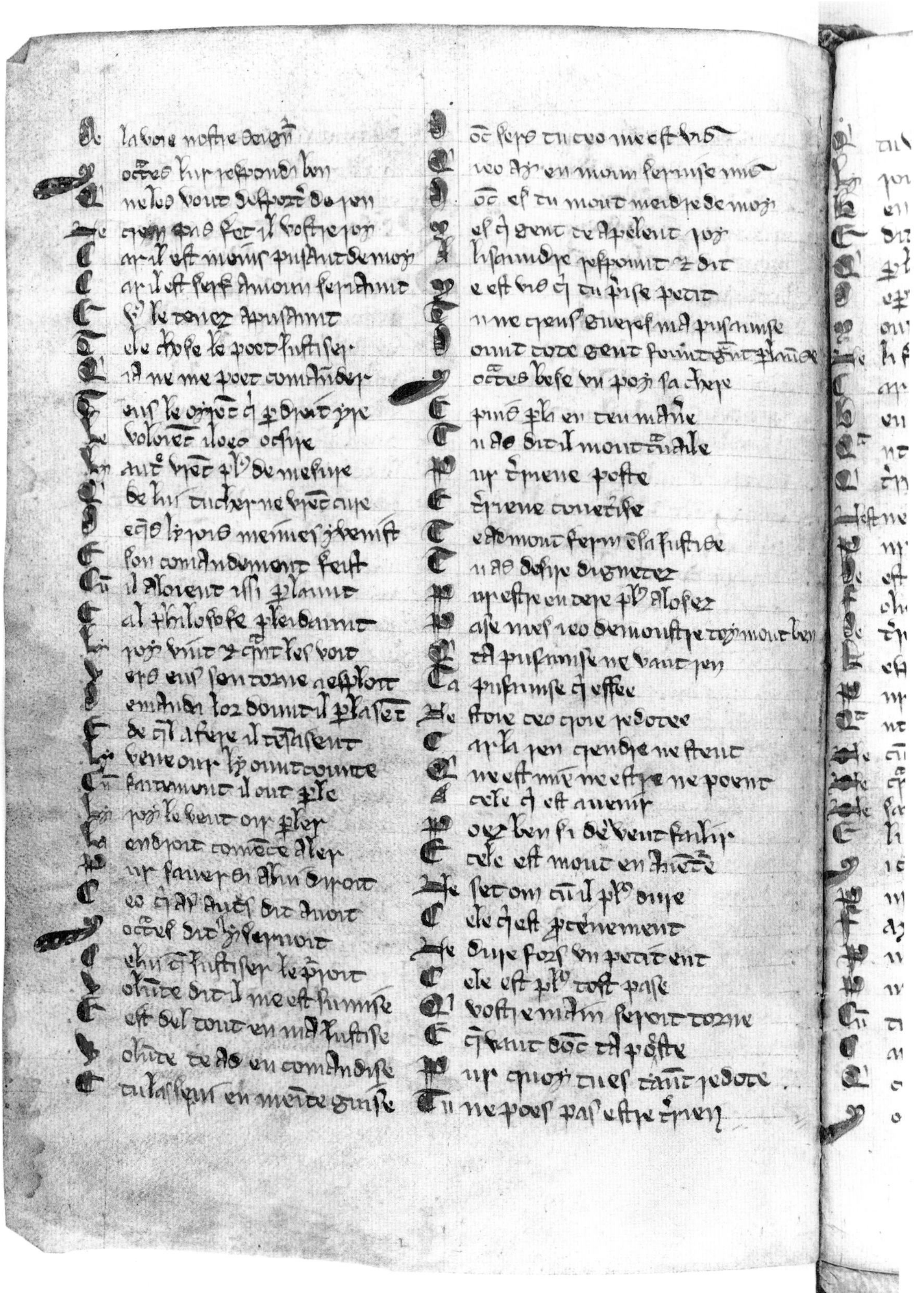

fol. 95v: art. 27 (xxii)

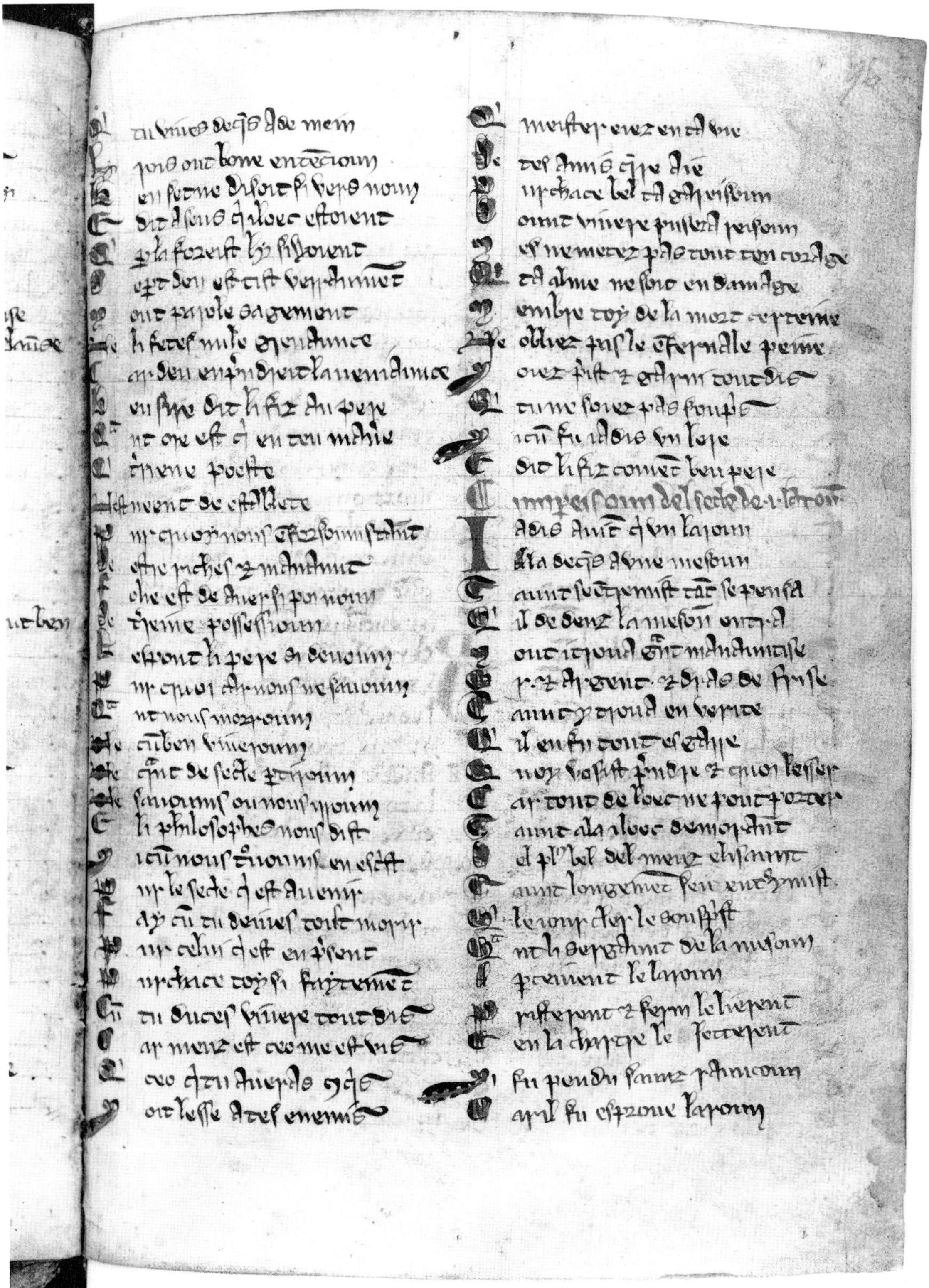

fol. 96r: art. 27 (xxii-xxiii)

Mes s'il fust ben garni
Ainz qe le iour fu venu
Il s'en fust deloec partiz
Entent q'il fu pris e honiz
Chi dount fiz ceo dit li pere
Cist secles est de teu manere
Com fu la mesoun
Ou li iour sousprist le laroun
Cil qe met tote s'entente
En veilesse e en iuvente
En coveitise seculere
Cil est trahi au derere
Le derein iour le souspendra
En ses q'il perde sen chatel
Cil est pris en malvestie
Il ert en fin a mort iugez
Ly [illegible] dount le pis de part
Il fu de enfer le chemin
Par [illegible] de enfer le serpent
Ou sauve fu le tormente
Ly secles vet en vanissaunt
Com sounge en enveilaunt
Com li poeples sunt [illegible]
De un marchaunt qe vout achater
[illegible] pestriner
Des tout fu mort al [illegible]
Dit li fiz sire deu ben pere
Uncore ieo en mile manere
Par mile semblance [illegible]
Mort ne me puisse eschaper
Amis ceo dit le pere en fin
Par li [illegible] fors un chemin
Par la mort de tut passer

Ne le poet nul hom delivrer
Ly secles n'est fors un [illegible]
Taunt cum tu demoras
Fai taunt qe tu puisses venir
A delis qe ne poet finir
La ioie qe cil averunt
Qe son regne deservirunt
Fai ton tresor en la mesoun
Ou ne poet entrer nul laroun
Ne vers ne poet degaster
Ne tempeste ne poet damager
Crere qe ne oblierez pas
La mort ou tu trespasseras
La remembraunce de la fin
Te mettra en bon chemin
Dont tu estoies fors getez
Par encumbrement de pecche

Del roi Alisaundre e de .i. philosofe

De un philosophe oy counter
Ieo nel say par soen nomer
Par une toumbe trespassa
Cum [illegible] le demanda
En la toumbe est escrit
Cil vers trovad escrit
Les vers furent en la pere
Escrivent en teu manere
Tu qe passes od bouche close
Par ount cest cors se repose
Entent ceo qe ieo te dirroi
Com dire le te say
Tel cum tu es e ieo tel fu
Tu seras tel cum ieo su
De la mort ne pensoy mie

fol. 96ᵛ: art. 27 (xxiii-xxiv)

Tant cum ieo auoie la uie
Entere amoy g[ra]nt richesse
Dount fesoie g[ra]nt noblesse
En tere en meisouns en tresor
Dras e cheuaus argent e or
Mes ore sui poures e cheitifs
En mont parfound en tere mis
Ma g[ra]nt beute est toute ale
Ma char est toute degaste
Moun est estreit e nu meisoun
O moy nyad si uermine noun
Si vous ore me veiez
Je quid pas ke vous deissez
Ke hounkes eusse houme este
Si sui ore del tout chaunge
Priez ore le celestre roi
Kil eit merci del alme de moi
Touz cil ke pur moy prierount
Ke vers deu me acorderount
Deu les mette en paradis
Ou nul ne poet estre cheitifs
Autre li philosofes ount dist
Les vers ke il troua escrit
Pur entendre la verite
Quant le secle est remue
Le secle auer pur ceo lessee
Se mist en ermitage
Li roy alisaundre auoit
Tumbe de or tum lem disoit
Plusours philosofes i venoient
Lonc pleisir de lui disoient
Un des philosofes i passa
Si faitement parla

Alisaundre fist tresor de or
Ore fet or de lui tresor
Einz ne li pout auer foisoun
Toute humeine possessioun
Mes ore poet il auer asez
En tere soulement de vii piez
Einz le cremeient tere e mer
Ore nel creient mie un bouier
Einz out amis e enemis
Ore sount tout a un mis
Plusours auers i venoient
Ses bens de lui disoient
Mes ne me puis de touz remembrer
[illegible] ieo [illegible] comencer

De un philosofes e del alme

Uns philosofes amonesta ore
Sa alme e si faitement parle
Va more alme ne [illegible]
Dount tu viens e ou tu iras [illegible]
Ay bele alme cum [illegible]
Alme ne ses tu [illegible]
Au iugement ou tu [illegible]
En voille estre ke fet aue[illegible]
Li almes [illegible]
Tes peches e descouerount
Autre le [illegible]
Lekes serra del poeple
Le ti ami ne ti parent
Aler ne te purrount nient
Tout ensemble te guerpirount
Autre amis [illegible] te [illegible]
Est merueille [illegible]
Si vous enseiez mout dolent

fol. 97r: art. 27 (xxiv-xxv)

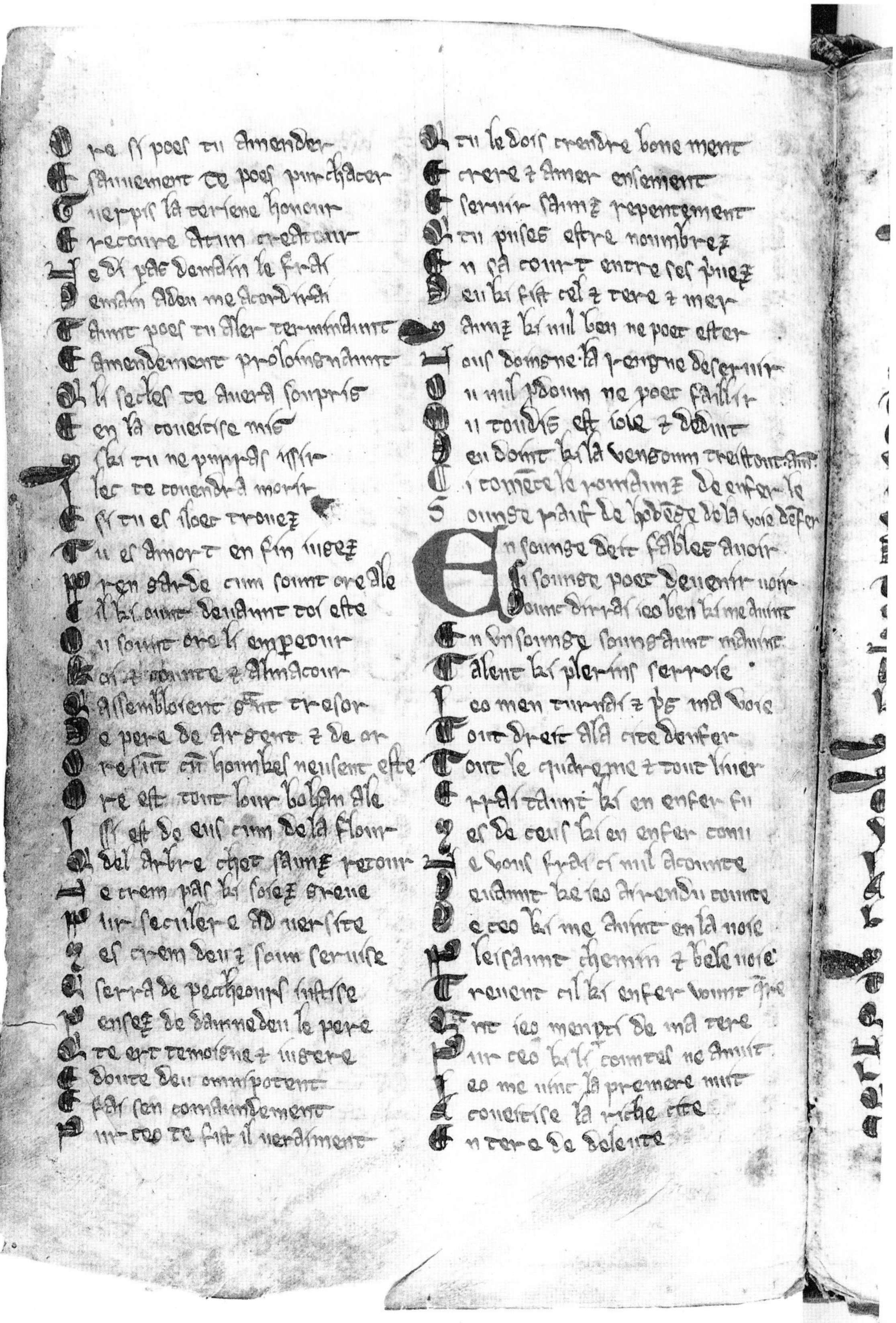

fol. 97ᵛ: arts 27 (xxv), 28

En la cite dount jeo vous di
Jeo fu un meterdi
Si me herbigai chies emme
Plesaunt houstel & bele iue
Menames si vous di saunz gile
Qe ceo est la dame de la vile
Emme & ben me herbigia
A soun houstel od lui menai
Tricherie la fere reinne
E Auarice sa cosine
Vint od lui si cum me semble
Pur moi veer toutes ensemble
Vindrent & grant ioie firent
De ceo ki en lor pais me virent
Tauntost saunz plus countremander
Me veint Auarice demaunder
Queles ki ceo lui deisse
Les avers & lui apresse
Lor fez & lour countenemens
Si cum chescun de ses parentz
Se countenoit ore demaunda
E de ceo mun quer li countai
En countre qe ele tint a ben
Jeo li countai ki li soen
Auoient du pais achate
Largesse & taunt se ert aproche
A gent ki largesse ne auoit
Tom ne recet ne saugret
Qele part ele poet aler
Le poet mes la plus endurer
Largesse, einz est en si mal point
Qe chefs le riches nen ad point
Jeo li countai grant ioie enout
Eschercie dun soul mot
Me demaunda esperaument
Qe jeo li deisse coment
Ly eschecoir se meintenoient
De ceus ki a lui se tenoient
Si li voir savoir espoundre
Jeo lui dis kar au respoundre
De soun voloir ne mis ke un poi
Kar Escherie est en Peytou
Leinz & dame & viscountesse
Jeo li rendi la promesse
En Peytou si cum nous disoum
Fet un chastel de traisoum
Asses le plus divers de mounde
Doune peytou est a la reounde
Hauteis & clos tens est sa force
Tricherie ki les efforce
Les a mis si de fausete
Qe nent ne foi ne lealte
Jeo countai a Escherie
Ki bele tenir alecherie
Jeo di voir jeo ne doute ren
Kar des peytevins dient ben
Cil ki conoissent lur covine
Qe de lour reinne est roine
Tricherie si cum me semble
Qe entre eus & Escherie ensemble
Sount de un cunsail au plemet
Ce dis mout en uist durement
Tricherie & grant ioie fist
En riaunt & taunt me dist
Qant jeo di les peitevins
Si il se acordent aunes dis

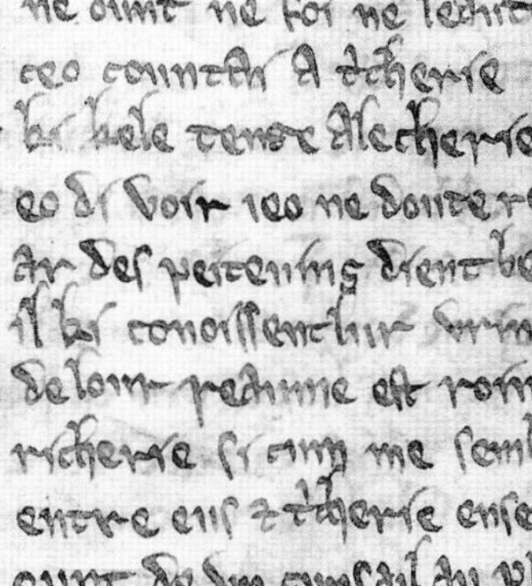

fol. 98r: art. 28

[illegible] quos ego Iohannes filius Roberti de Penedoch

Bachus deuus nest pas merueille
Atant depri noustre belle
Checun a soun houstel ala
Jeo ki tout soul remis la
Onques ma hostesse deqis au iour
Tant pus oneque li soiour
Jeo me leuai e pus aurre
E me mis au chemin cum ie
Estoie mis le iour deuant
Hors de la cite la deuant
Turnai a senestre partie
Tant ki ieo vinc a foi mentie
La court de la mall cum passe
Ren pois de houre est trespasse
Lisai ki vn tret tant sauoie
De ceo ki dire vous deuoie
El premer ne count pas en consiste
Trouai tolirs vn diuers hostiste
Qtout est sire du pais
Car tolirs est li eineis
De foi mentie ceo est li meistres
Foirs est ki tant me pluist ses estres
Jeo dinenai cuntre dinerie op
Apres ne demorai ki vn poy
Mi vint mis hostes pur enquere
Coment tolirs en ceste tere
Vn soen filail se cuntenoit
E coment il se meintenoit
Lestre de doner ceo menquist
Jeo a ceo quil me requist
Respouns a dreit kar ieo li dis
Q doner est las e mendis
Pouere e nuz e en destresse
Qsolent amer la cisnesse
Ore est puignaz si est du meins
Doner ne ose moustrer ses meins
Doner lame nist ceo est la somme
Dames doner chefs nul pardonne
Le frai deus beaus cops ensemble
En haute court si cum me semble
Doner ne [illegible] pas le quer sein
Doner tent ses meins en sun sein
Leo e haiz pensif blamez
Tolirs ki est haunt e amez
Nest pas chetifs ne recreuz
Emz est si bel e si par creuz
De quer de cors de braz des meins
Qil est sains e doner meins
Mis hostes ki cele nouele
Entendi mout li sembla bele
E mout li plout atant men part
Eting mon chemin cele part
Qjeo soi ki aler deuoie
Pur eschiure la male voie
Men issi par une posterne
Dreitement a une tauerne
Me comencai ieo a errer
Mes ainz ses me couent passer
Vn flum ou meint alme se nie
Qom apele glotonie
Acel flum vinc e trespassai
Mes tant est nul de uer le sai
Qonques de plus nul ne issi
Eaunt ieo de cel flum men issi
Trouai de mout plesaunt manere
Roberie la tauernere

fol. 98[v]: art. 28

Pateat universis per presentes quod ego Willelmus

Qe me herbigerent volonters
La nuit fu mis hospiteus enters
Ke il sache mout bon atret
Hasart e mescounte e mestret
Furent la nuit a moun hostel
E ben dirrai ieo lor tel
Cum l'em le poet plus plesaunt fere
Quant me issirent de mun afere
Li cumpaignoun ki la enz erent
Mescounte e mestret demaunderent
Noueles ki chartre feseient
Dounes des lor ki mout lur plesoient
Chaillon maistre de la loge
Qe de papelardie loge
Se fet de ceus ki mestret counte
E a mestret e a mescounte
Respount e dit a un soul mot
Ceus amauent ki les amont
Amesent e Chaillon
Ke cil dui aiment plus ki poi
Mescounte e mestret deceler
Sen deit de veir dire ke sace
Dont di ieo voir e pur ceo dis
Qe en set mound ne vaut pas de seint dis
Qe de euz la verite retret
Taunt avount mescounte e mestret
Hermer Giuon ne Fautrole
Qe meint bricoun ad despoillie
Dunt ieo averoi tout acountee
Le ount tant mestret ne mescountee
Cum ount cil de lors unt hasart
Qe me demaunderent de autre part
Noueles ki chartre feseient

Dounes del lor ki mout lur plesoient
Noueles de Michel de Treilles
Apres me recounterent merveilles
Del saudere e de la lur gent
Cum il saunserent saunz argent
Souent estre gardez de troses
E ieo li di ki toute vores
Estoit gardez en sa merci
Perdez ne se remet de ci
A Chartres est il iloec sojorne
Chescun le vedenge sun oyne
Sire counte taunt soulement
E hasart ki ben set coment
Si deciple le seuent fere
Sen partist e abaundi l'afere
Seint ne est ki ames ne ose
Touz e toutes me firent ioye
Seint ki onques mes ceo ne avint
Taunt ki icele seint ioie nunt
Leueresse la mere guerresshi
Qe me amenerent soun fiz ou sey
Guersshai vus seint vus perduz
Qe mout est amers e cruz
En sun pais e en sa tere
Dit ki il fust nez dengleterre
Cousin se fist graunter le ensaunt
Dames ne est ki entre eus dire
Teus deus ben poent estre ensemble
Kar li un l'autre resemble
De grandour e de touz efforz
Ke si graunter est outre fort
Si ki a lui mils se apareille
Cist est outre passe merveille

fol. 99r: art. 28

Jomt si fort z si deuers
il oere les plus fors enuers
Ar moy le soy z seo coment
L'aunt bi tout ep[er]diment
euerses sine la cuy acourt
enteendint pur per macourt
od lur me plust a lorer
taunt me prist chuler
defendre ne me seuse
es lors dusi cum si seo fuse
en uentre agolchinc ou uster
esteut eskermir z l'amnoyt
lur par le cumsail mun houste
uer esse bi sun mahmel houste
ar o[n]t une lose z p o[n]t solaz
aus aported tant eshenaz
um il touent goal euerre
Aristo[n]ns d'orliens freres dauisere
mt chacun en sa destre main
enteendint nous u[m]dra admain
e armes tant bi cherun counit
eo li uois z il me uuite
e soupeue z il retrete
seo retrey de un autre enterete
aur kur z il me uuie deret
i retraed kin long tret
tret si nel mesterey mise
es dees del eskermie
uer ses ki si les sa pur tretes
plus z kel tret bi retretes
enteendint apres cele chende
ur tent la uataitle chaude
uer ses se loue si m'assaut

seo lur asal z il me asaut
seo treset z il sur mounte
i me fert si bi le chef me mounte
ul estordie me ert mounte
ur chapel le tomp soin mounte
il me moynta en la teste
euer sses bi tout les enteste
en peme z bout z si recoure
i medestompere z descoure
prent abate z euer ses tourne
seo tort z euey ses me tourne
n soun tort si bi encountre tere
abate de un saimbet dengletere
lur tost ki mem poet esoryter
il ki durent le champ erder
e moterent tout ardiment
ars de sus le pauement
iile prent donc meschef
es meresse me tint le chef
ar cumpainome en sun deischt
chef de pere sunt chichint
uer ses z dit aus le pas
imp pomenomn ne uous emsakep pas
ent resount amor tumbatu
auter leysaunt ki abaten
meint plus fort en la tauerne
e est guilleme de salerne
Iem tent or e amout harder
bats seo ben le uons di
ambes lencees a uncoun
e plusours autres es encoun
e auchmed ki abatu auere
ecens s ke si tem le sauert

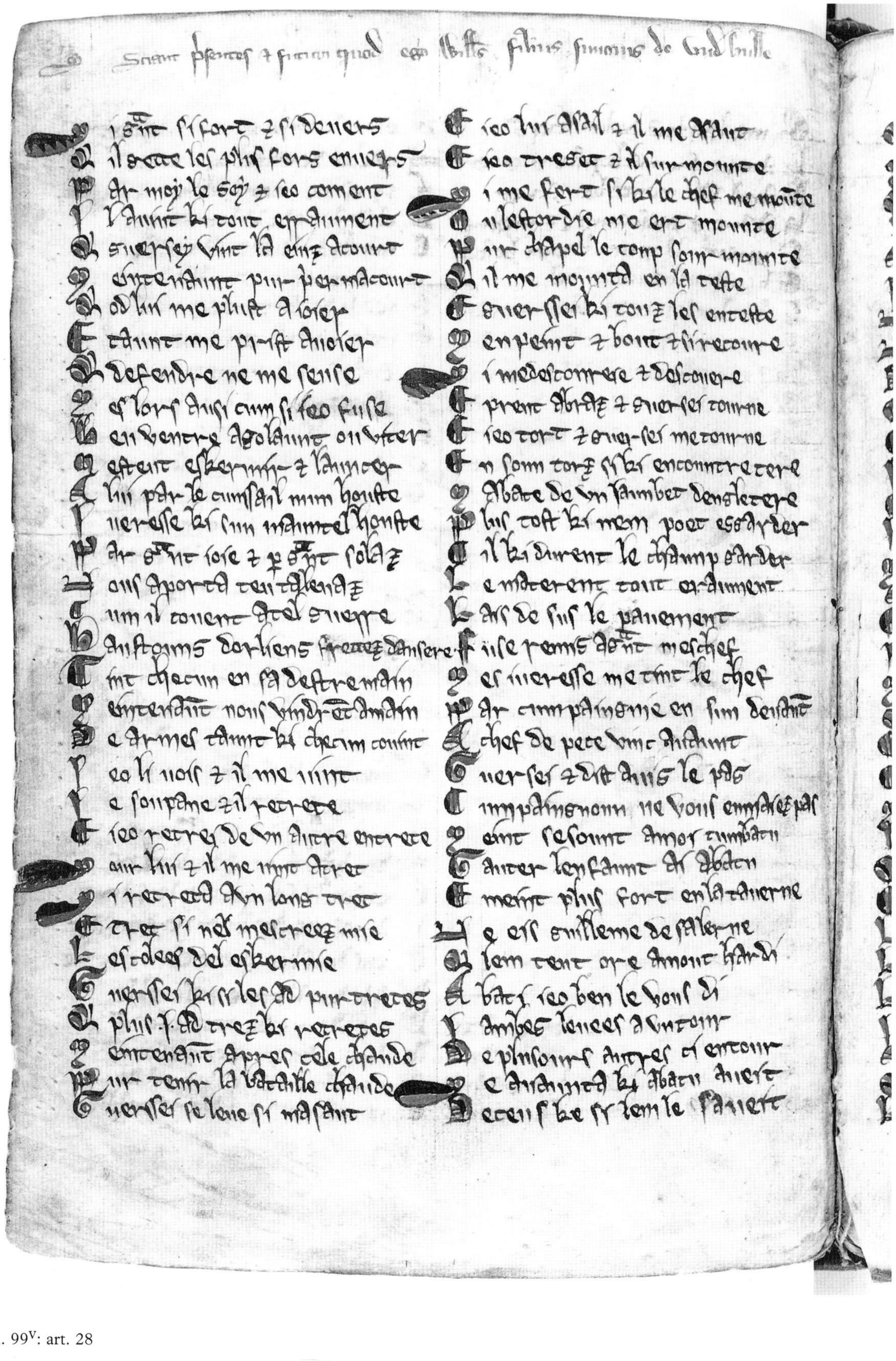

Al mount sen riserent la gent
Mes ne serroit curteis ne gent
Al tout regardes ses dis
Jeo remis kar fui estourdis
A mun hostel ne out fieresce
Pur angwisse ne pur destresce
Ne me vout cele nuit lesser
Ne jeo onques ne poi cesser
De obeir a sa volunte
Tant jeo la nuit lei enzeste
Einz lendemain einz soleil un poy
Jeo me levai si cum jeo poy
Cum cil ke blesce me sentoye
Ner esce en ke cunseil jeo estoye
Me prist e si me convea
A soun poer mout me chacea
E mout hunist sentencioun
Par dedeinz fornicacioun
Me mena dreit a un chastel
Lem apele chastel bordel
Ou meint autre sount herberge
Chef homme la fille peche
Me vint veer de grant deduit
Larcin le fiz men mist
A repeiroit en la meisoun
Cele nuit me mist a resoun
Larcine e me dist coment
Il decople de soun covent
Le feseient en ces paiis
Jeo ke respundi de lais
A larcin dis saunz feintise
Autaunt est coi semble de iustise
Li reis dount la iustise apent

Ali larouns sount en mal point
Ceo li dis ke ben le savoie
Apres lui demanda la veie
En enfer la grant forteresse
Entre larcin e yveresse
Adokes la mout convoie
A lor poer ben avoie
E dient plus ni atendrais
Par dedeinz crualte irrais
Dekes a corpe gorge ta veie
E de corpe gorge ta veie
Aicaunt e sachez saunz abet
A mardi e vile le lebet
Poez venir ben averas erre
Apres le grant chemin ferre
Deus en enfer ne te faudreit
Tout me cunsilerent a dreit
Yveresse e larcine ensemble
Atant le plerent desemble
Jeo men alai ma veie pris
Au chemin ke il me eurent apris
Me tint e apres toute voies
Rechees les ules les voies
Ne vous averai di acunteis
Mes tant trespassai des autreis
Jeo vinc a desperaunce
Ou la greinour joie de fiaunce
Oy james norri tel joie
Desperaunce est la maine voie
De enfer e pur ceo est dreit dite
De lour de ses a mort sobite
Nel ke une lue de travers
Iouste mort sobite est enfers

fol. 100r: art. 28

<!-- Left column -->
1 cele une soufle de ros passer
e cele moinsre apasser
assai tamr les en enfer vunt
e tedmit dben venu me tint
ar cunt seo vint si meterent
es tables mout sentremetoient
a eyne del manger aturner
umbes porter pur petit ner
e un prist e dimt vous di
ar une custume en enfer si
seo ne tint mie apte
il manurent aporte ouerte
ontres vaur en enfer vent
en mil tont ne en mil sens ndnet
a nor porte seit bee
ceste custume est passe
nefredimce cherim clot sa porte
mle m entre ss m aporte
edanz se veit leni endyte
es en enfer ad ys ouerte
annient til bi laeny sount
e la custume quil ounet
es seo en enfer vint toutedoent
aimbes si treschit sose adrest
e fu fere cum il me firent
ar de sl lomz cunn il me ufret
e firent sose cherim court
el iour tint li coyiden fer court
resgnonu bi seo ne vous sai dyre
e un furent dont cunsire
ont til adel pordefer ad rent
i mestre purcipal s. cundrent
il bi sount de plu haut remin

ant il paserent pur ermin
en fust alur chrunuche
de cel bi aubot de la chaure
u la tour del monstr enal
er sut ben a chenal
eo ne fest mie ademainder
i rest bi les ont fest mandey
es fist leyste lui aseer
nr ceo bi tout les vont veer
a me mainudi tout erchment
us el pasleis fest armement
el sour fu seo ben saliez
enebes de clers z de abez
nates dit z belsabu
col ben coez tu venu
ount henstu stre de selsome
e chassanie z de coloine
e roumban dre z de engletere
en ar ser che toute la tere
u es ore ben venuz
ar sa ne fusez adendnz
i mfanger est apilez
umbes si riches ne fu mangez
out meintenhime li paneters
apes de chr aforreies
umt estendu soun le deis
tdunt salst li mestre reis
li autre communement
utrest cun en un couent
ns me furent enhaut seer
tonz me puissent veer
oun sege fu seo m os autre
e pops adehns le un sour lautre

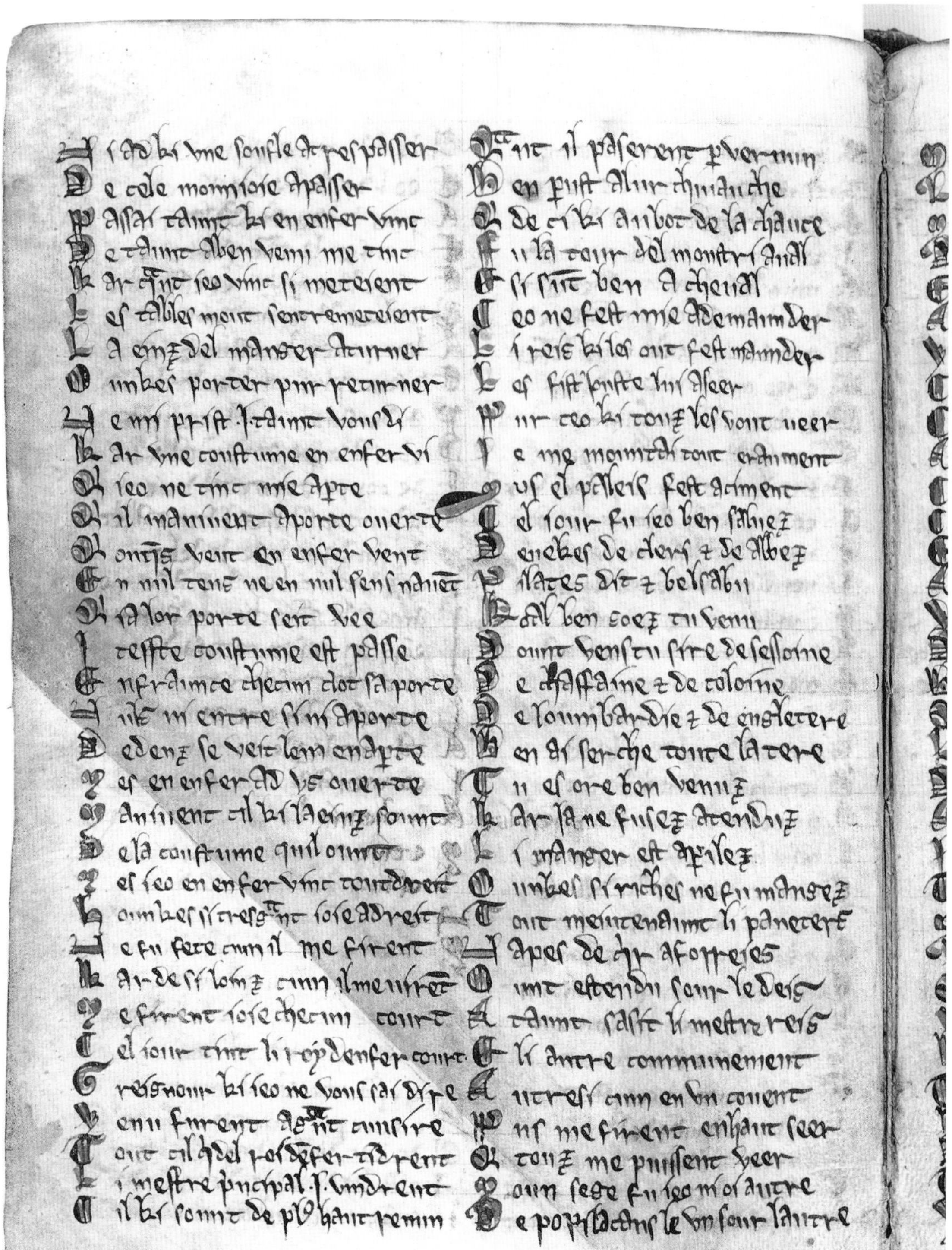

La table fu de tistu dart
Li pheneter tout meintenaunt
Me mist une nape en la main
De cuir de une veille putein
Ceo lestendi devaunt moy
Une teise sis del roy
Un poi preset ne ount pas conuste
Cele nuit oy ieo mout bon oste
Car en mout grant chere me tint
Li premer mes si avint
Champiouns venuz al taille
Chescun grant pece e mautaillie
En eurent ben furent pu
Apres champiouns ount hu
Usurers gras de demesure
Dedenz la chaudiere dusure
Boilli en lor mes e puteus
Il esteient de aver li chastelus
Lardez si grant ki sur la couste
Devaunt e derere e encouste
Aveient trois doie de lard
Pa ni erent si grant ki lem les lard
Tout en enfer communement
Mes en enfer entez el covent
Itaunt vous di ieo sauntz feintie
Qil ne tenent mie a demitie
Del mes si cum ieo vi
Car il sount de usurers servi
Tout tens e este e yver
Car ceo est li generaus denfer
Devaunt li reis apres cel mes
Ont meintenaunt lor iiii aunes
Un mes ki mout fu deplez

Qe lem apele bougres ardez
A la grant sause parisie
Qe de lor fez fu devisie
Qe lem lor out fet ceo me semble
A touz communaument ensemble
Mause de fu finablement
Destempre de deraiement
A cele sause cum ieo dy nomee
Touz chauz od toute la fumee
Furent a la table denfer
Aportez en broche de fer
Devaunt le reis ki mout plout
Car entour lui out grant amplout
De sens si fu lez durement
Si departi mout largement
Des mes e taunt en dona il
E ceuz la ki cist e cil
Men loerent sauntz nule fable
E si diseient par la table
Qoumbles tou mes ni fu veus
Autres bougres ount il veus
Mes si plesauntz veus naveient
Par miz lui ki savieient
Diseient ki ceo erent espices
Mi ensirent mout grant delices
Autres si cum ceo fust peissoun
Mi eurent grant foissoun
Mes il eurent en grant dotaunce
Qil ne eusent mes pitaunce
Devaunt ceo ki cor mout darget
Som fiz e sa feme e sa gent
Vensent ki en les sermount
E apres me dist de sermount

fol. 101r: art. 28

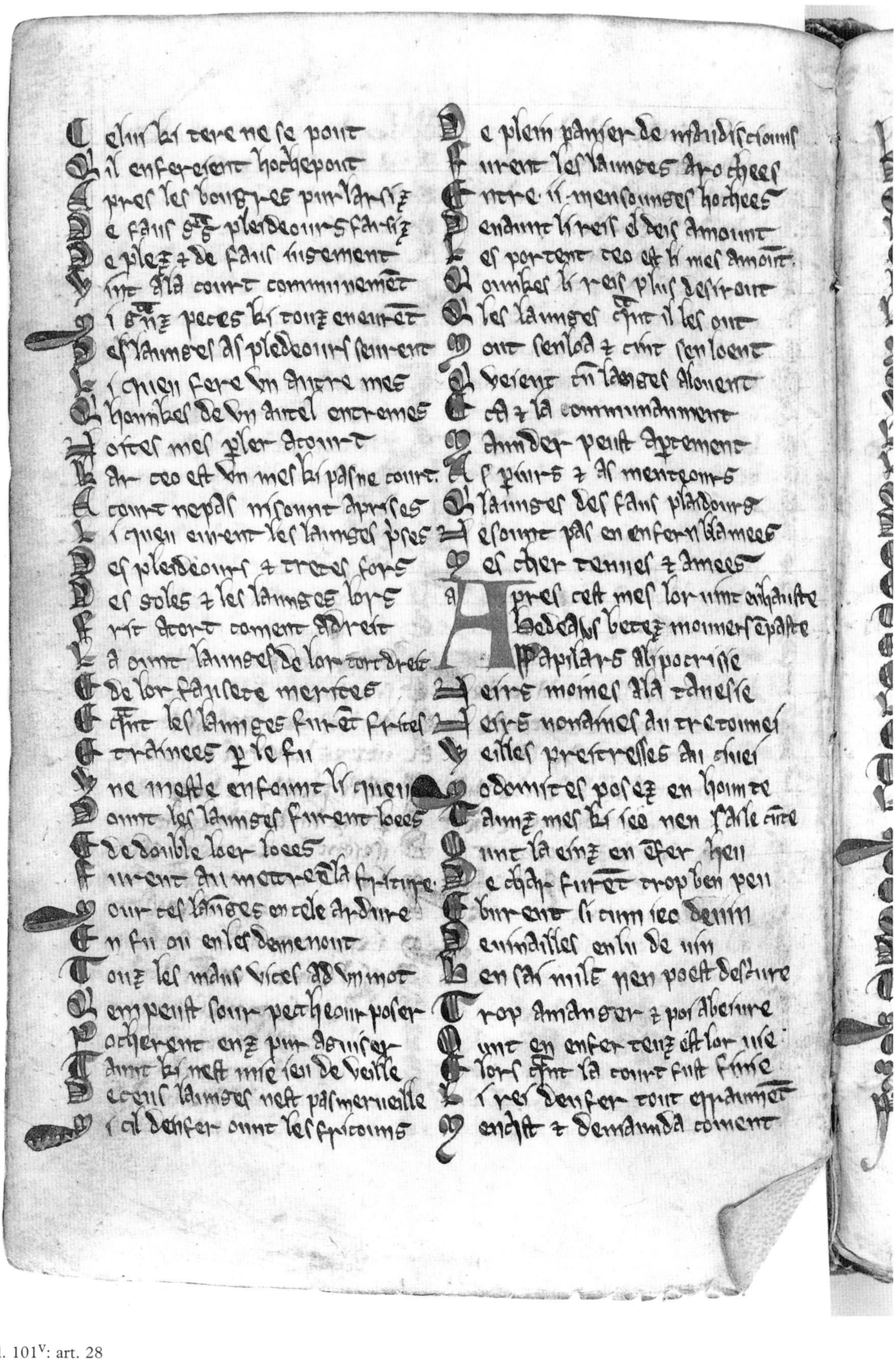
Celui ki terre ne se pount
Qil enfer eient hochepount
Apres les bougres pur larsiz
De faus pledeours farsiz
De plez & de faus iugement
Sunt a la court communement
Li sunt peces ki touz enemet
Des laimees as pledeours seiment
Si quen fere un autre mes
Chambres de un autel entremes
Costes mes pledeourt
Kar ceo est un mes ki pas ne court.
A tount ne pas ni sount apreses
Si quen eurent les lainges preses
Des pledeours & treres fors
Des goles & les lainges lors
Fust a tort coment adreit
La ount lainges de lor tort dreit
E de lor fausete merites
E quant les lainges furent fretes
E trainees par le fu
Une meste enfount li queu
Dount les lainges furent loees
E de double loer loees
Furent au mettre a la furture.
Pur ces lainges en tele ardure
En fu ou en les demenount
Touz les maus vices de un mot
Qe om peust sour pecheour poser
Rocherent enz pur deviser
Tant ki nest mie seu de veille
De ceus lainges nest pas merveille
Si al denfer ount les spicoins

De plein panier de mesdisciouns
Furent les lainges aprochees
Entre .ii. mensounges hochees
Pendaunt li reis el deis amount
Les portent ceo est li mes amount.
Coumbes li reis plus desirount
Qe les lainges quant il les ount
Mout sen loa & quant sen loent
Qe veient en lainges alouent
Cel & la communaument
Mander peust apertement
As perurs & as menteours
Qe lainges des faus pledours
Lesoigne pas en enfer blamees
Les cher tenues & amees
Apres cest mes lor unt enhaustre
Bedeaus betez moinnes apastre
Papelars & ypocrisie
Leire moines a la rauesse
Les nonaines au tretoune
Veilles prestresses au chiuer
Sodomites posez en homme
Tanz mes ki ieo nen sai le cunte
Ount la einz en enfer heu
De chescun furent trop ben peu
Burent si cum ieo devin
Desmaillez en lui de vin
Ben sai nule nen poet descrire
Trop amanger & por aberure
Unt en enfer tenz est lor use
Alors quant la court fust finie
Li reis denfer tout espaumet
Menchst & demaunda coment

fol. 101[v]: art. 28

Ceo estoie venuz a sa court
De novele me tint si court
Qe tout men chosist e jeo sanz doute
Li contei la verite toute
Tum a sa court venuz estoie
Ben sount ke de rens ne mentoie
Li reis pur sei deporter
Me fist un soen livre aporter
Dount la einz en enfer estrit
Un mestre ke met en estrit
Les dreiz le rei e les forfez
Les foles vies les fous fez
Qe l'em fest e tout le mal affere
Dount li reis deit justise fere
En enfer tout est en cel livre
Escrit e jeo tout a delivre
Tint cel livre e tauntoust p. lui
Esrant ke en lisaunt p. tout
En cel livre ke est tels
Lais des menestrels
En un quaer toutes escrites
Tantoust me dist dites me dites
Li rois ke il plout a oir
Si puis il d'enfer issir
Tum ceo ert de plus plesaunt a veir.
Ceo me dist e jeo au plus dreit.
Lie sui comencei a dire
Des menestrels la matire
Toute point a point e tout en rime.
Si bel si ben si leonine
Tum l'em le poet meuz aconter
Mes ne remist a aconter
Peche ne honte ne repreche

Qe l'em puisse dire de bouche
Qe tout ne seit en cel escrit
Coment ke chescun s'en deduit
Et de chescun la persone teche
Del plus vil peche dount il peche
Est escrit sachez de veir
Oblie ne vodereie aveir
Ceo ke jeo p. un noun aver
Le reime l'estorie p. quer
Les nouns les teches les mediz
Dount jeo chant oncore del beau diz
Dire sanz espriser nului
Vous dirroie cel livre lui
Taunt longement en au rei plout
Et tant li rois escoute out
Taunt tum li sist noum mismemens
Doner me fist a coumble meme
Quarante souz de deblois
Dount jeo achatoie ke fles ablois
Apres ne demorez ke un pou
Cil d'enfer pur aler en frou
Le demeine e mounteez adrecture
Ambes mes mile p. tele mirmure.
Cum jeo oi ne cest mes oye
Les aupeir me firent joie
Del ke ce fu grant merveille
Cunge prent tost ke se esveille
Cest romaunz faut ci a point
Qe apres ne vous dirrai jeo point
Par aventure ke avenee
Reschinnt ke de sun sounge remenbre
Rauf de Hodenc sanz mesounge
Qe cest romaunz fist de sun sounge

fol. 102r: art. 28

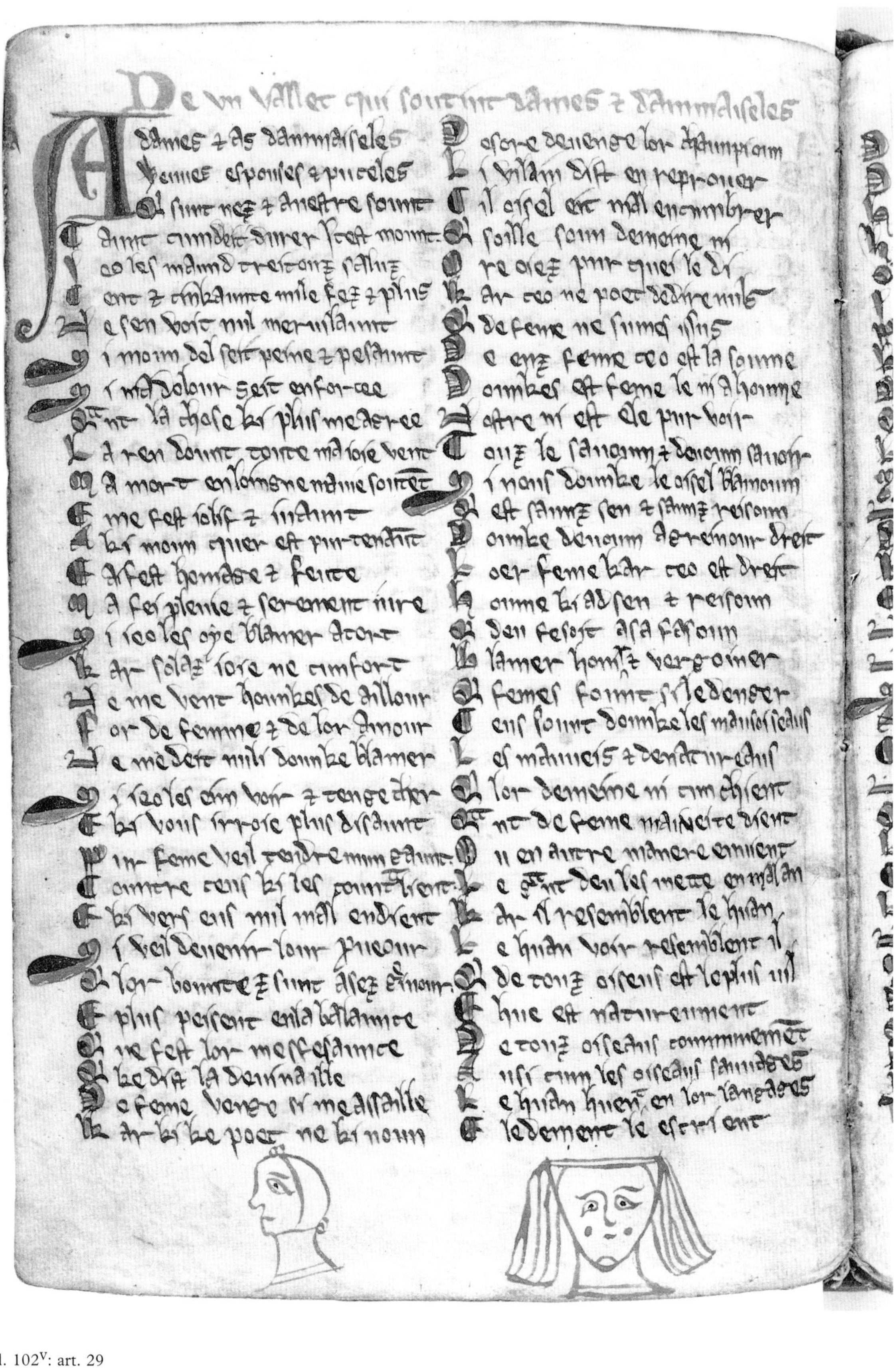
De un valet qui soutint dames e dammaiseles

fol. 102v: art. 29

De touz ceus ki mal en dient
Des femmes ke merci sunt enseint
Amur ꝫ hair ene de quer
Hair devoum plus de un chen
Qe de feme dist el ki ben
Ja di ben ki ceo est la somme
Plus avoum de feme ke de homme
Herbiee summes de cez lur flancs
De eus avoum char ꝫ sancs
Qe ke eust ioie ki ke eust doucour
La feme sente grant dolour
A dolour ꝫ ma tristesse
Ne malladie ne mal destresse
De nule maniere plus anguissous
Ke le mal ke femme sent pur nous
Puis apres le enfaunter
Le aver eum aberir e ne amender
Le sustenaunce ki nous conforme
Si de lor mamele ne venoune
Ausi porterent la feme le homme
Com fest le arbre feil ꝫ pomme
Est ceo dounke en toute nature
Fruit deit le arbre destruire
Le arbre sur cile homme croist
Est feme ꝫ homme est la fruit
Le fruit ne poet sanz arbre creistre
De sanz feme ne poet homme nestre
Des sanz homme com le estorie dist
De feme veir un enfaunt nasquit
Sanz homme ne homme ne en de sa
Dount vil sore dire pur de sa
Ke si deu leust destine
Ceste ne puet estre estore

Saunz homme ꝫ de feme creature
Ceo de ho sanz feme ne poet nul nestre
Bien la devoum dounke honourer
Servir amer ꝫ tenir cher
Cest pas droit ki lem defoile
Ces ki dampnedeu honoure
De feme fesoit deu sa mere
Mes ne fesoit homme de ho sun pere
Dounkes devoum plus abeer
Feme honourer ꝫ servir
Amil homme ki soit vivaunt
Pur lur honour ki est si grant
Pur lur grant sens ꝫ lur bountee
Beneit seit lur amette
Feme deit aver seinenourse
Pur toute ren ki soit en vie
Ciel ꝫ tere ꝫ quant ki apent
Deit estre a soen comaundement
Volez vous saver pur quei
Kar soen fiz est si puissaunt rei
Qe touz rois sount a lui entendaunt
Ceo dounke feme poer grant
Qe tel poet soun fiz clamer
Qe tout le mounde ad en poer
Le terre e le vent ꝫ la creature
Qe fiz obeie a sa mere
Dounke pert il mes ceo nel dirai mie
Qe feme ad eus en sa baillie
Le ad donc ben en quer lendere
Qe fest a femme nul contre
Qe trespasse en fet ou en dit
Humblement pur la amour del fiz
A la mere mil trespas

Q desonour al pere ne fils
G arde soi chescun petit & grant
Q de feme ne soit mesdisaunt
L a vengaunce fest adouter
Q desire feme ki ad tel poer
H onerour feme sour toute ren
K ar ja ni trouerount cil ki ben
B eles & bones & douces sount
C eo est toute la ioie del mount
D e lour bounte ia diables dist
M es mal launge por souffrist
S i toutes genz fusent estuciens bons
E autre si sages cum Salamons
E puissent viure a touz iours saunz fin
L a en romaunz ne en latin
N e seroit recounte ne dite
B ounte de femme ne escrite

De Romme & de Gerusalem

R omme & Ierusalem se pleinent
D e couetise ki vous uenent
E tere & damisette ausi
E dient ki par vous remeint
I hesu crist & touz li seint
L e saint en tere dere seruir
K ar un legat noustre enemi
E crestien amour atenir
E dient ki il est issi
Q il ad le roi en fin hom
E n ki deu & prouesse meint
D eus ki ni eust vns chastlemeir teis
A n secle ki destruist teus
Q maintenement ount ouere
O re nest clerc taunt soit nul bedens

Q ueit lor eins chens & oiseus
L issi sount il ore ordine
B ounte vous auez destempre
T el poisoun sur crestiente
Q plus est dure ki baillons
D e ki nous auoum feme
A damaisette & amaise
O unt li tiure mis en lor veisseus
M emenour les clers ki areiez haute
D e cest mesfet ki vous amounte
F or fest le duc & ben le set houm
K ar fet nel ad ne roy ne counte
C este resoun vous touz afrounte
H e mile gent si vou ders noun
A tere de pruissioun
C um estes chastien el proioun
C um Ierusalem desmounte
K ar oun voit ben ki p sermoun
A uer al socours ne guerisoun
P uis ki Romme defest soun counte
L i bardurdus & li legas
O unt fest suter ambeas
L es crestiens de cel les mounz
E ben sauoum nest mie gas
Q p en est en launge le mals
L i rois ki cheualers hom &
O re vendra la douce saisoune
M i aporterount noueus pardouns
E si vodrount creiser nos dreis
M es il nert mie Salamouns
A de rens oppres les gloutouns
K ar mis nous homme deroi en pas
B ounne oum set ben descient

fol. 103v: arts 29, 30

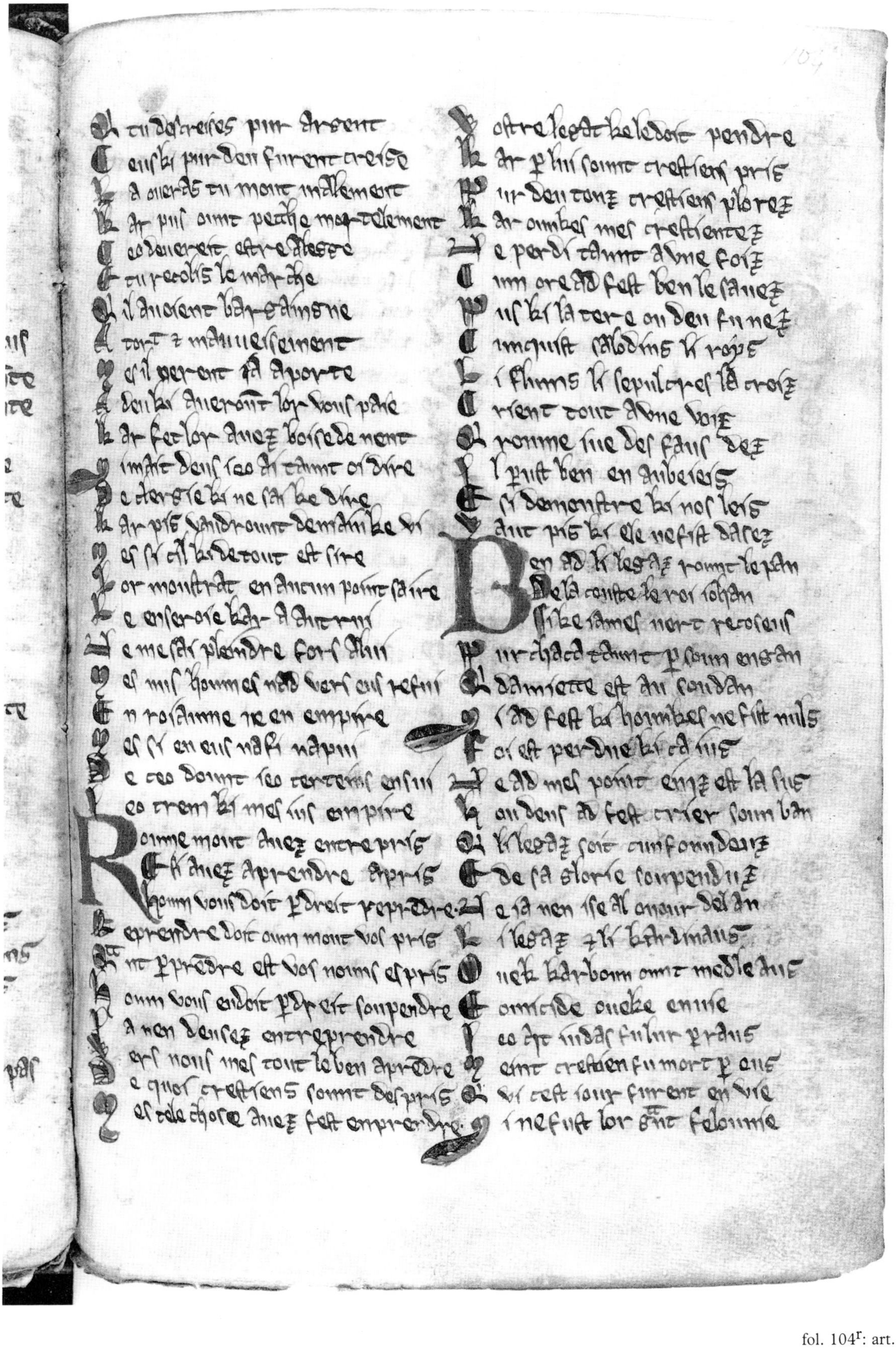

fol. 104r: art. 30

Eli Auowes de Palerme
Qe fu pris par malveis conseils
Ore en est la tere honie
Dou Deu lenda de mort e envie
Par ky le mounde serra saufs
Seinte Marie socourez
Jerusalem kar ceo est la clef
Qe garde le tresour real
Pur tant si turc erent remeez
Vncore serrent creiscentez
Maugre le temple e lospital
Faus e feloun e desloial
Mount cil ki ount purueu le gal
Par quoi li mounde est troublez
Aukes le dei par le legat
En lui ad malveis mareschal
Qant il nous ad tout encloez
Touz est les sectes devenuz
En manere de mal arguz
Qant ne pesse al autre foi
Si un ribauz est res ou toundiz
La mort de tel pechis venuz
Qil ne veille opposer au roy
Il sount si pleins de grant desroy
Si il ne prent autre conroy
Par eus sera tout deceus
Mes ieo lor ore en dreit de moi
Qil lessa chescun un poi
Lemprent tout le surplus
Meinenours prestres tout personer
Estes del auoir usurer
Eisi vous dirai ben coment
Puis ki il ne veillent le metter

Qe Deu defent pur vous lesser
Pur quoi prenez vous lor argent
Vous mangez oueke eus souent
Si vous donent leine ou furment
Le auez talent de riens noter
Il se confessent malement
Vous le savez ben coiement
A paske ke il al communer
Meinenours par nostre ki cler voit
Mout est feloun quant ne aparcoit
En quele manere vous overez
Li usurers vendra a vous droit
Si vous demaunde pardon benoit
E vous meintenaunt lui donez
Ceo dy ki vous entreprenez
Kar il nest mie confessez
En la manere kil deueroit
Mes legerement le soffrez
Pur les douns ke de lui prenez
Eissi deables vous decoit
Romme vous futes la pucele
Verge loreus e pure e bele
Mes ore va la chose autrement
Il meschet mout la damisele
Qe bone est e puis devient ancele
Soun cors liure pur argent
Romme fest auez ensement
Vous auez rompu bechelement
Une corde de sa viele
Mes Dameden ki tout consent
Ost ben ausi fourmit autre gent
Qe sant louer vous despucele
Touz atendoum communement

fol. 104v: art. 30

Primes mort e puis luisement
Quant cel li nad nul cumfort
Mes repentir mondelement
Purger soi parfitement
E quant ki le quer se remort
Ceo ne fet denguant la mort
Trop tart se pleinde e dort
Quant deu rendra sun iugement
Hom enmene la nef del port
Ad dost cum tonnere ster effort
Quant voit par mer seurement

Le lai du corn

De une aventure ki avint
A la court al bon rei ki tint
Bretaine e Engleterre
Si cum lem treue escrite
Li bons reis Artur tenete
Karliun cum lem dite
Une feste ke mout conte
Son iour de pentecoste
Mout esteie riche la feste
Si cum conte nostre geste
Car trente mile cheualer
Sisterent cel iour al manger
Trente mile pucelas
Dames ke demmaiseles
Co fust grant merueille
Nerem oue sa pareille
Cil ki ne auoit espouse
Amie ou maleza touse
A feme ou sa drue
Ceo fu grant enterresse
Li rois auoit maunde
Car treistout soun barnage
Cil par lot en Bretaigne
E cil ki en Alemaigne
E les cite de Baillaunde
Nal desbe en Irlaunde
Li reis par cumparage
A maunde soun barnage
A la semonsoun
Vienent si barroun
Touz vindrent a cel iour
Li emperere e li menour
Mes heure ki il beient meinee
Seount touz en ordre
Ke as vous un damisel
Mout avenaunt e bel
Sur un cheuall corraunt
El paleis vint esraunt
En sa main tent un cor
A quatre bendes de or
Li corn estoit de iueure
Entaillez de trifoure
Peres i out assisez
En le or furent mises
Cristals e sardoines
E riches calcedoines
Il fu fet de olifaunt
Unkes ne uis si graunt
Ne si fort ne si bel
Desus out un anel
Neele de argent
Eschieles i out cent
Esquettes de or fin
En le tens Constentin

p ff

fol. 105r: arts 30, 31

l es ffait une fee
prenz ert ⁊ senee
le corn deftina
s eun vous oyrez ia
soure le corn soyrost
n eoit de saundort
es eskelenes ceint
oiment chme douement
harpe ne uiele
e seduit de putele
eserygne de mer
et tele deftoncer
mcais boudrost cels prm̄
ne lie spenin
tenft leur ose
lore corn sen oublie
i mes al palais uint
uebe le corn quil tint
r bnt le c̄ne bernage
out plein de vaſſelage
n sa mans le corn prent
a soune cel lui pent
il seſuid enhanit
etil fu de son blanc
e soure le corn sert
e palois retendt
es eskelettes souerent
ſi se agarderent
tout li chenaler
E n leſoure le mentent
umbre ni out damaiſele
es reom de eſcurele
eteuir conne eſchanin

Right column:

R iegne de peiſſim
e kr porte mazarm
e c̄ne conpe de orfm
rir ſom ne clare
or gerastre ne erbe
puiſſe aler anhame
il eſ le rout les pamme
etamne fort ſeneſchl
anne prenz ne rame vaſſal
ne chete ou charmtele
ȳ c̄n qnil porte eſcrinele
il br taille le pam
li retaille ſamam
el corn coune eſbar
out amne miſ en oumble
nr le corn eſconter
eſent coue le pler
ſ riches rors arzurs
ii pnir le corn eſmue
li counte ⁊ li ror
nil ſuirent li cor
ſon ſont nr parka
i mes al ror diſt
R ror ennel eſrdune
ȳ ſa mam le holſpanne
l conuſt les .x. rors
l ahir riches ouurors
ncoure le ror arru
ii pnir le corn enun
i mes la reſonnd
bel le ſahid
ſ lur diſt enrranne
r callec auendmr

fol. 105ᵛ: art. 31

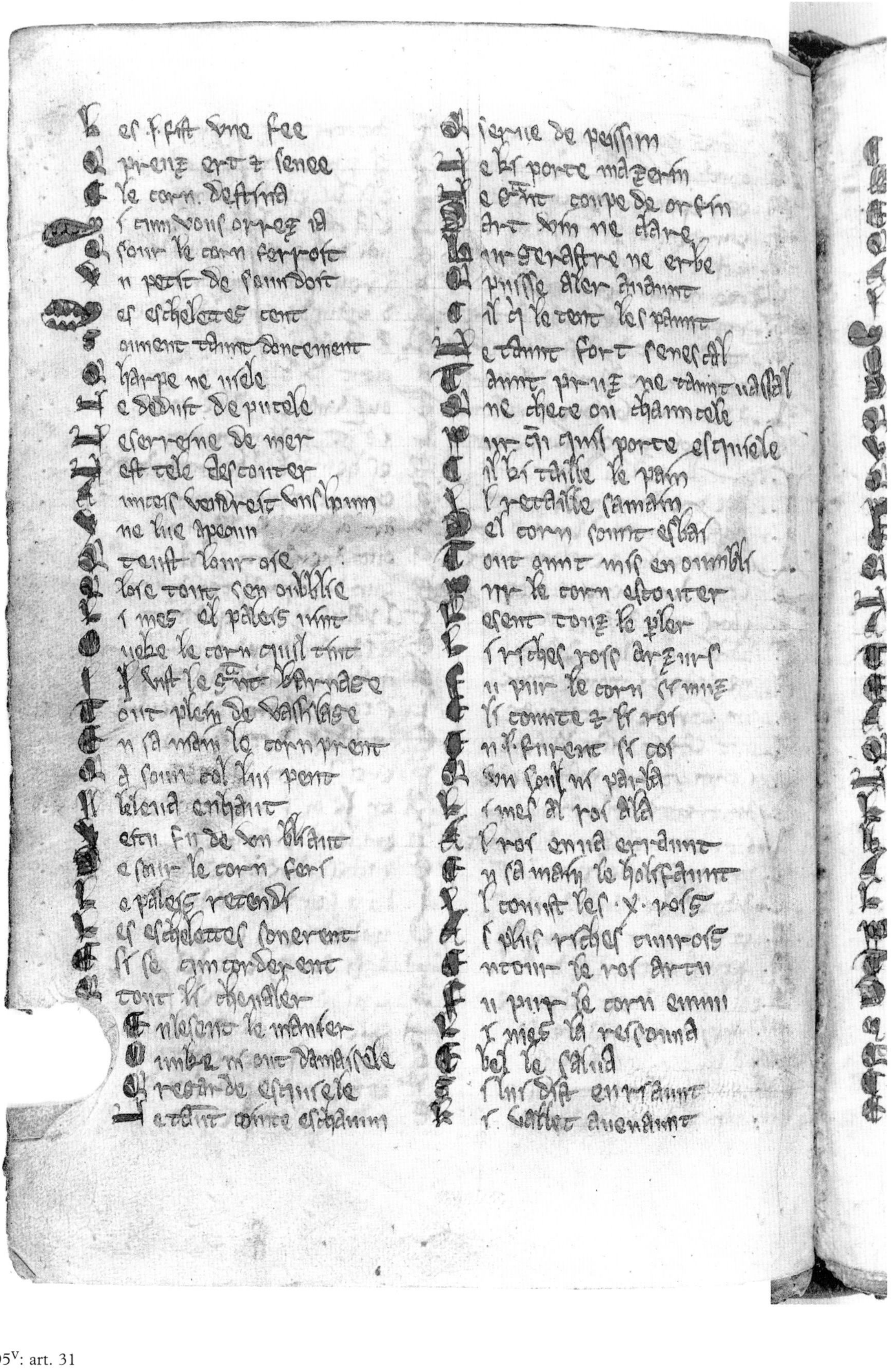

Cil vent ver Mangoun en ysire
Car Arzurs il vout saine
Tout vostre barne
Qe vor assemble
Arzurs lui respoundi
Il vous donne cele anus
Ore li meschin dist
Ore me orez un petit
De mer dine li rois
Aprisz est e curtois
Vous ennere cest cor
Il prist en soun tresor
Par teus covenaunz
Enorez ses chelains
Agre nel ensachez
Le mal nel ennoillez
Amis ceo dist li rois
Tisches est curtois
Jeo prendrai le cor
A quatre bendes de or
Gre nel en saverai
Le mal nel ennodrai
Li rois Arzurs le prent
Par le vassaus lui tent
La coupe de or fin
Lui fest doner le vin
Puis Arzurs si le apele
Tenez ceste escuele
Devaunt mei vous seez
Amsez e si venez
Ore ieo menore averai
Chevaler vous ferrai
Cent livres de or fin

Puis durrai le matin
Il respoune en riaunt
Le estrage pas avenaunt
An tolle an chevaler
Amrasent escuier
A loustel men irrai
Si me reposerai
Qant seroie enmerez
Reten e assenez
A vous repeirerai
La promesse prendrai
Taunt si le lessa
Li mes si senteurna
De la ville est issuz
Cremant ke il ne sere retenz
Li rois fu el paleis
Si pensifs ne fu mes
Entour lui soun barne
Devaunt lui assemble
Le corn tint planes
Ounkes ne vist si bel
Il le moustre Galuein
Gifles e Iwein
Le quere une tune
Dunt le corn esgarde
Entrestout li baroun
Entour e envirounn
Li rois reprent le corn
E vist lettres en lor
Celes de argent
Dist a soun chamberleng
Pren cest corn en ta main
Moustrez le moun chapelein

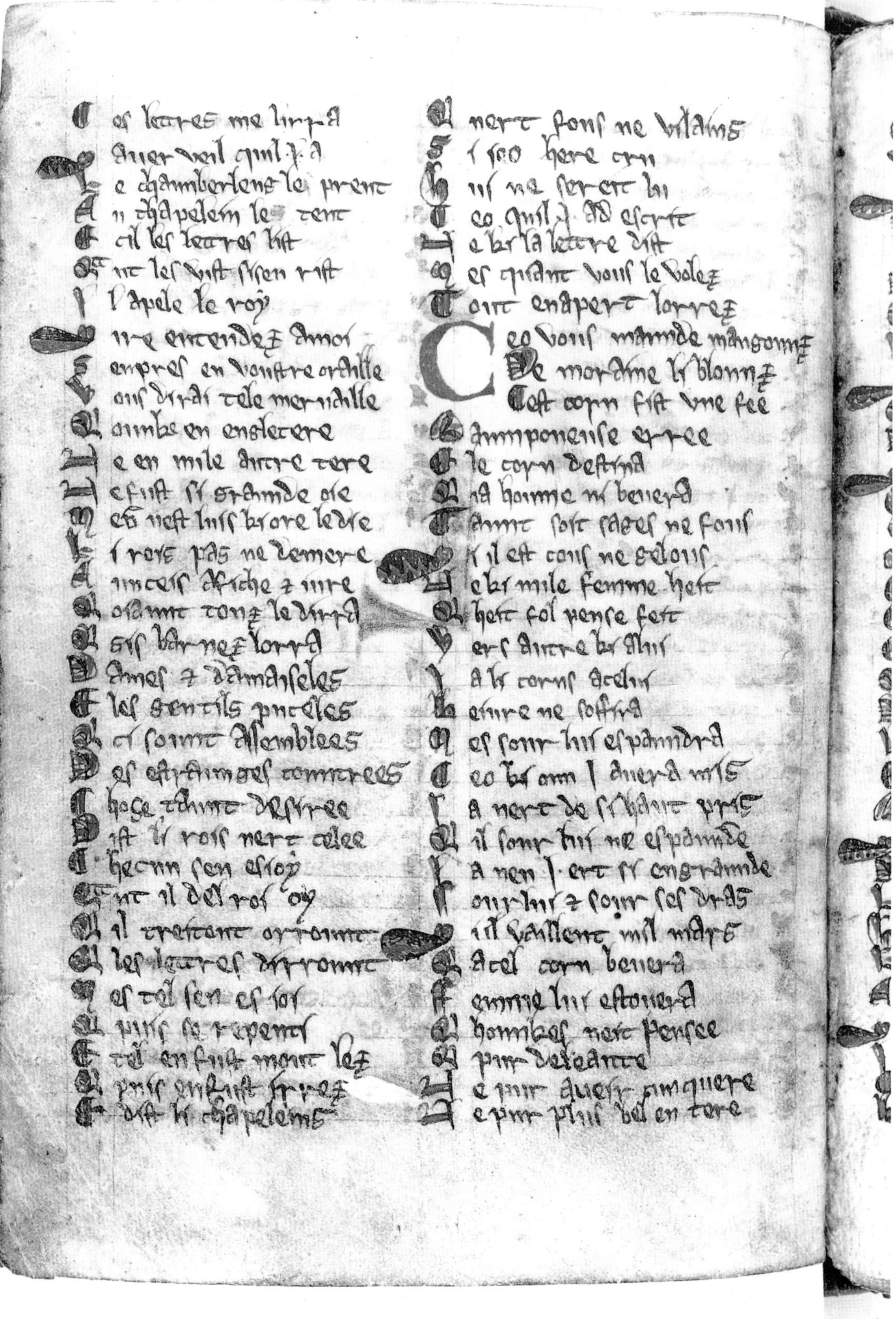
Ces lettres me lirra
Auer veil qu'il i a
Le chamberlens le prent
Al chapelein le tent
Cil les lettres vit
Quant les vist s'en rist
Il apele le roy
Sire entendez a moi
Empres en vostre orchille
Vous dirai tele merveille
Qunkes en Englettere
Ne en nule autre tere
Ne fust si grande oie
Nes n'est luis brore le dire
Sire ore pas ne demore
Mes ceus afiche e jure
Quant touz le dirra
Sis barnez l'orra
Dames e dameiseles
E les gentils pucelles
Qi sount assemblees
Des estranges countrees
Choze tant desiree
N'ist li rois nert celee
Checun s'en esjoy
Quant il del roi oy
Qil creantent orroumt
Les lettres dirroumt
Des tel s'en esjoi
Qui puis se repenti
E tel en fust mout lez
Qui puis en fist iriez
Dist li chapeleins
Qui n'ert fous ne vilains
Si seo here orri
Puis ne seront lui
Ceo qu'il i a escrit
E li la lettre dist
Rois quant vous le volez
Tout en apert l'orrez
Ceo vous maunde Mangounz
De Moraine li blounz
Cest corn fist une fee
Champonense e rree
E le corn destina
Nul homme n'i bevera
Tant soit sages ne fous
S'il est cous ne gelous
Ne ki nule femme het
Qui fol pense fet
Vers autre ke a lui
La li corns deceivra
Berire ne soffrira
Mes sour lui espaundra
Ceo ke i avera mis
Ja n'ert de si haut pris
Qil sour lui ne espaunde
Ja n'en i ert si engraunde
Sour lui e sour ses dras
Il vaillent mil mars
Qui a cel corn bevera
Femme l'ur estonera
Qui homme nes nert pensee
Par delearite
E par aver conquere
E par plus bel en tere

fol. 106[v]: art. 31

...cle de soun seignour
oufft aver meillour
la soue est si chere
oumbe empirat il beivre
es ne quit chevaller
e ci ki au moi mesller
femme heit espousee
a enbeivre deit ee
i seit veir ki cil dist
ces lettres estreit
cus caunte dame lee
en fust le sour jree
unke ne out si leal
ne broinsat aval
cime la reine
trent la teste encline
treient li baroun
ntour e enviroun
les femmes avoient
oume il se reconosent
es puceles sabberent
tere des eschiflerent
cordent lor amis
lor foint cur deis ris
tent ore ki verrez
es oelous esquez
ui verrez les oelous
es sufferdms e les cons
rems fu mort mrex
emblaunt feit ki il sort lez
l en apele beerz
est riche corn mempleez
ar ceo essamay

Aver jr ceo enbeverdai
eerz li seneschans
jr del emplir esmans
l le empli de piment
lempeour le tent
s ross ārēurs le ist
sa bouche le mist
ar beivre le cruda
es sour lui le versa
ountre e uall debez ās rez
n fust li rois irrez
ist ārēurs ore est pis
n cuuet ad pris
l quer soun la peine
out ferir la reine
vt le talr gauvain
sdoing e sigaim
mere enstreit e osflet
nhoustent le cuuet
orf des pomez soutterent
premement le blamerent
me ceo dist sigaim
ile sorez seluliams
ikar ne est feme nee
sore espousee
ne eyt pense falie
r ne esiner ueille mie
l li corn espoundt
out lessucerount isi
a ki les fonel ount
aver si il enbenerount
oumb poez vous blamer
a reine ki ms cler

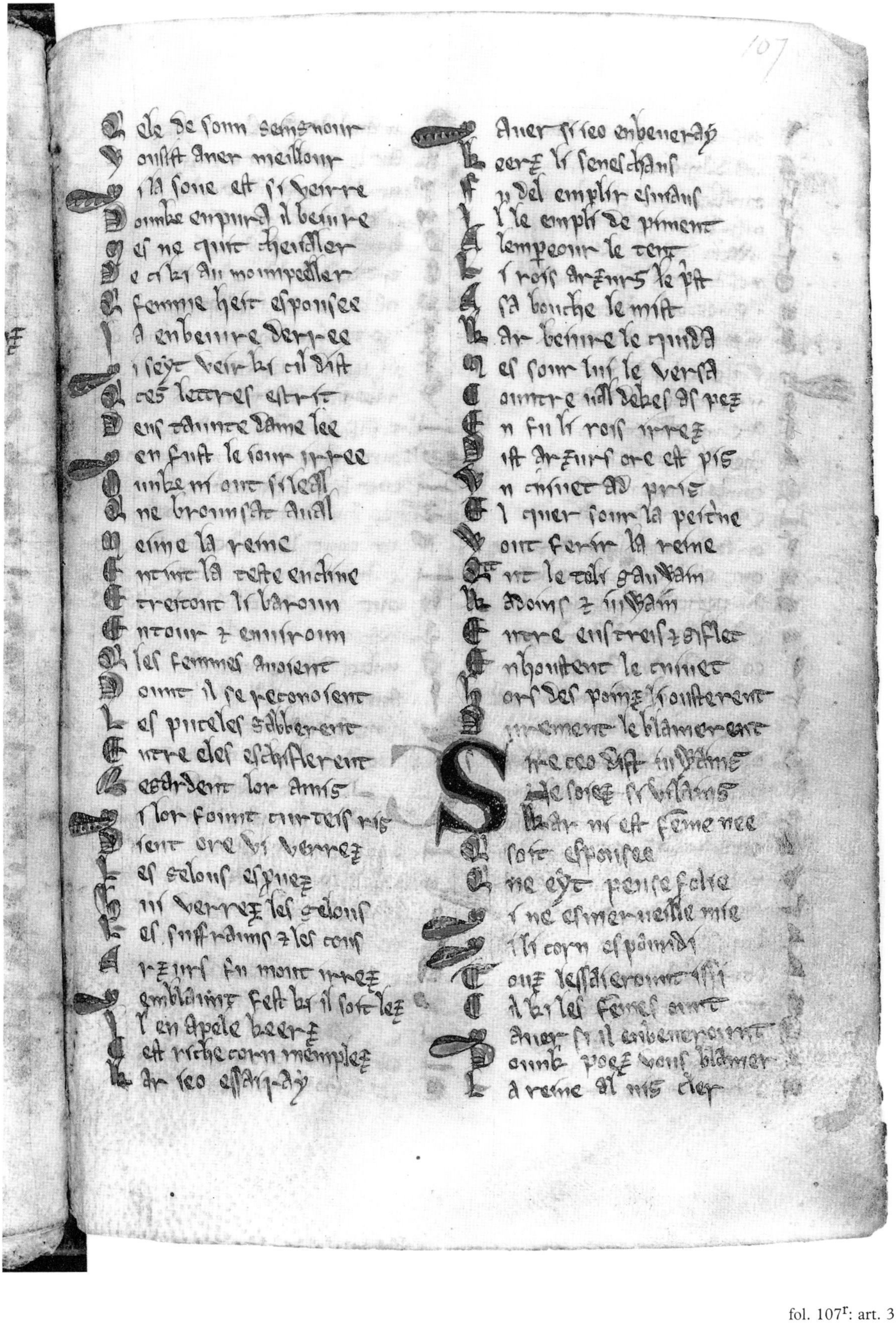

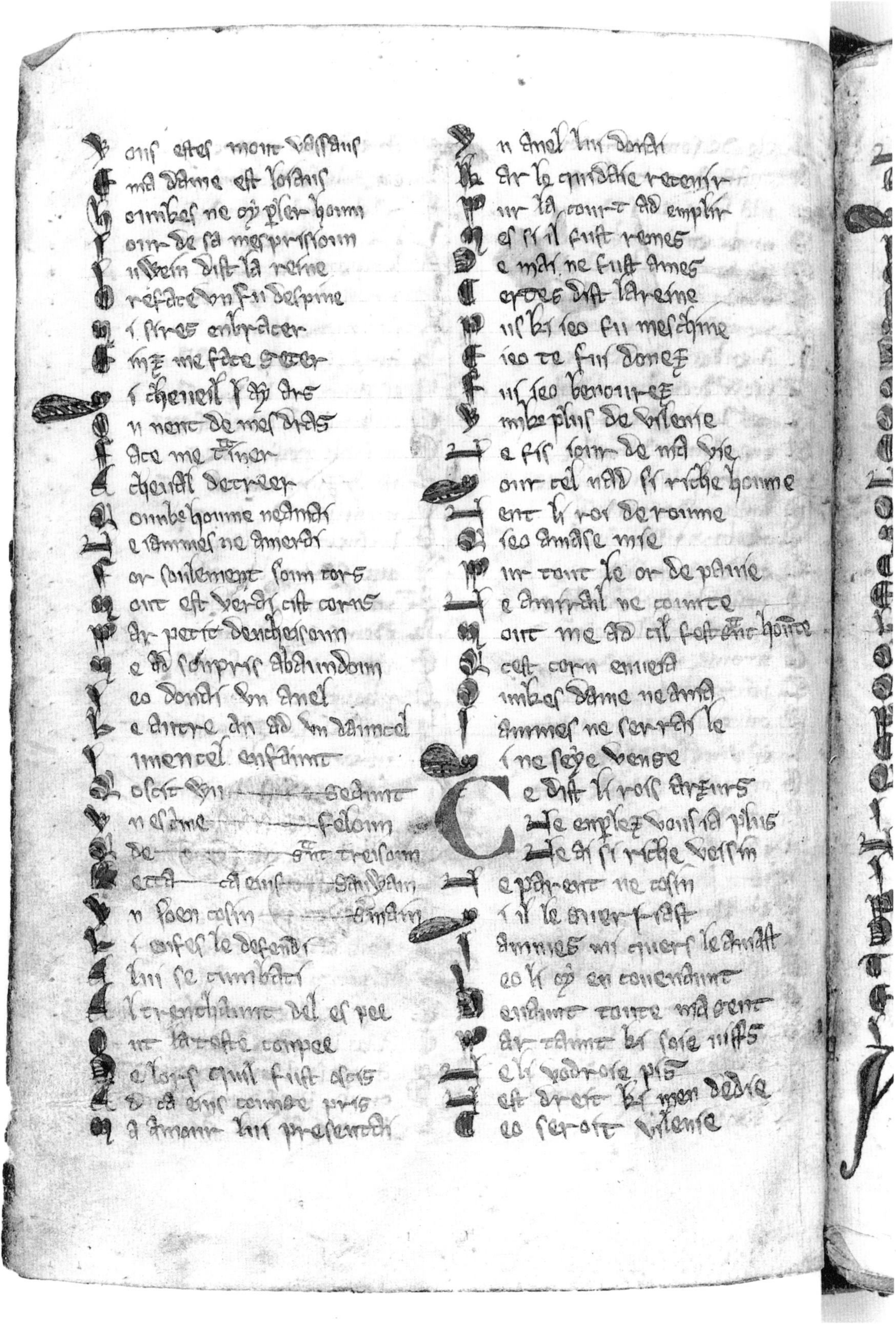

fol. 107^{v}: art. 31

e me deree ment
coil li tout sedement
tre dist la reine
ne li ceo fu meschine
ceo bienſ fu done
ni ceo benoure
our pfet ofre oueſco
dame de haute pˀe
oſtre ele ad bon mˀi
qi feſt de there dur
sil bi quert meillour vin
ilt bi de rouſin
n pain ʒ eſcient
millour bi de furment
dur denereſt homˀ pendre
puiſ veer la cendre
e meillour aˀ des troiſ
hommeſ ſamˀ deu fuſt roiſ
prroiſe doumbe merchine
his bel ne plus uaillaume
eo vous di ceo ben eſtre
atort me portez ire
ʒ ſtrume cheualler
e deuſt oum baiſſer
teſt corn ateint
ur ſa muiller houur
iſt li roiſ ſi ferrount
retout leſ ſauerount
roi ʒ diſt ʒ cuntee
ʒ ſoul ni mˀadti hounee
roiſ de ſruſ dame
ʒ roiſ enʒiuſ ledame
ʒ hunteruſt oum bien ceiſſ

our hir eſt eſpaundi
ur le prent li roiſ riny
our hir eſt eſpaundiʒ
Aſiniſtchiſt deſcoce
n boire beiure ʒ force
our hir tout le berſa
e ce moue ſa heved
i roiſ de cornewaile
mˀoit beiure ſ amˀ faille
our hir eſt tout berſe
e ceo eſt moue irree
ſour li roiſ acherſ
eſt eſpaundiʒ li cornˀ
our le roi glouien
eſpaundiʒ il moue ben
eſbe leurre eſ mˀechnerʒ
eſpaundiʒ badomerʒ
uſ le prent le roi lot
moue ſe dut puiſ ſeˀ
de ſour ſeſ eˀmouiˀ
e reſchiunt chˀdeſuiˀ
ſour deuſ roiſ de n̄ldinde
ʒ celui bi ne ſpaundi
ſour leſ trenteſ cuiteeſ
hunˀeaunt ſtˀe houiteeſ
ambeſ mˀout barouˀ
ptour ne cumˀouˀ
li corn aſſaieſt
hunibeſ enſaiſteſt
our cheaun roi berſot
chˀcuin ſe irrot
il le reidere dutˀe
en fuirent moue doleˀ

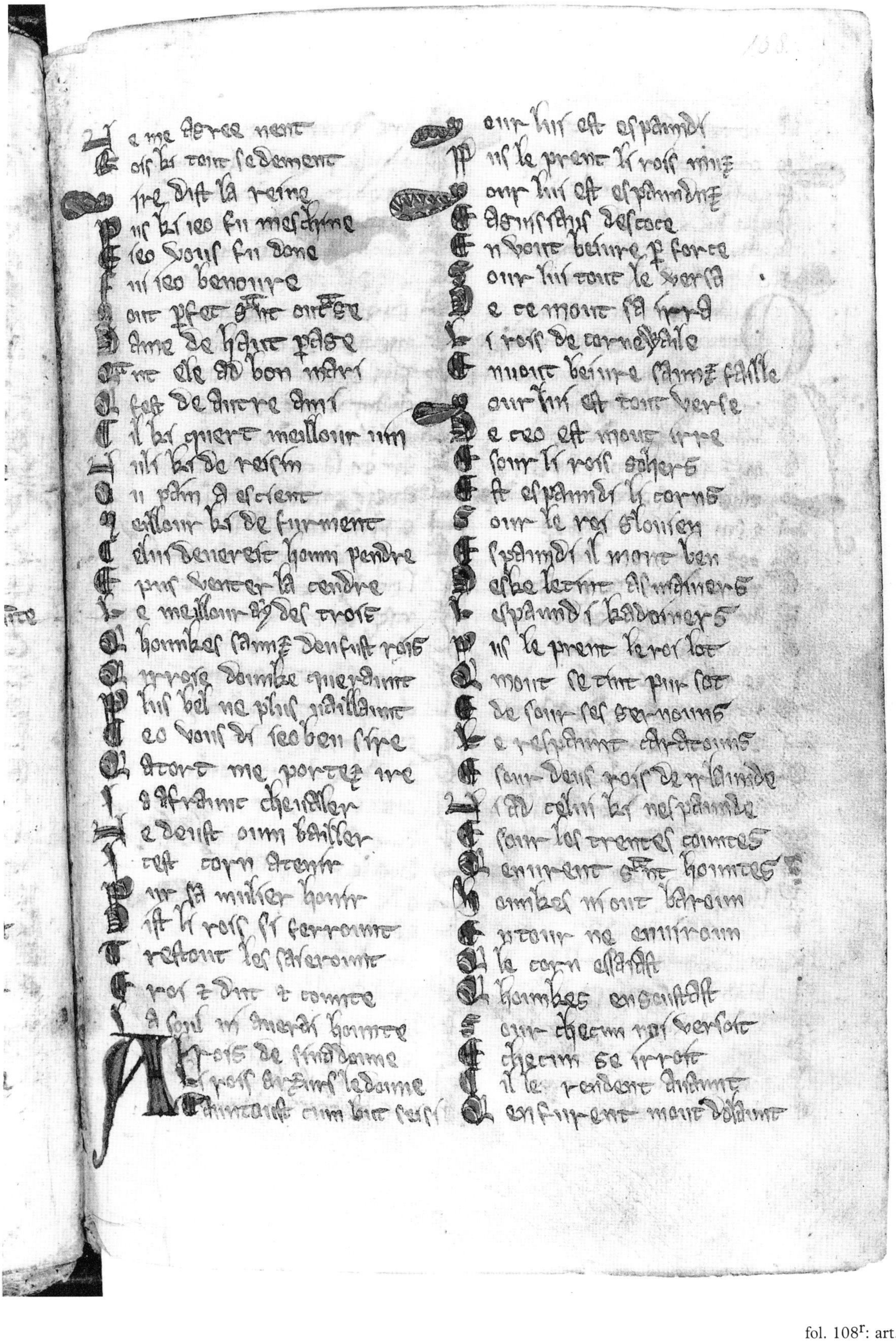

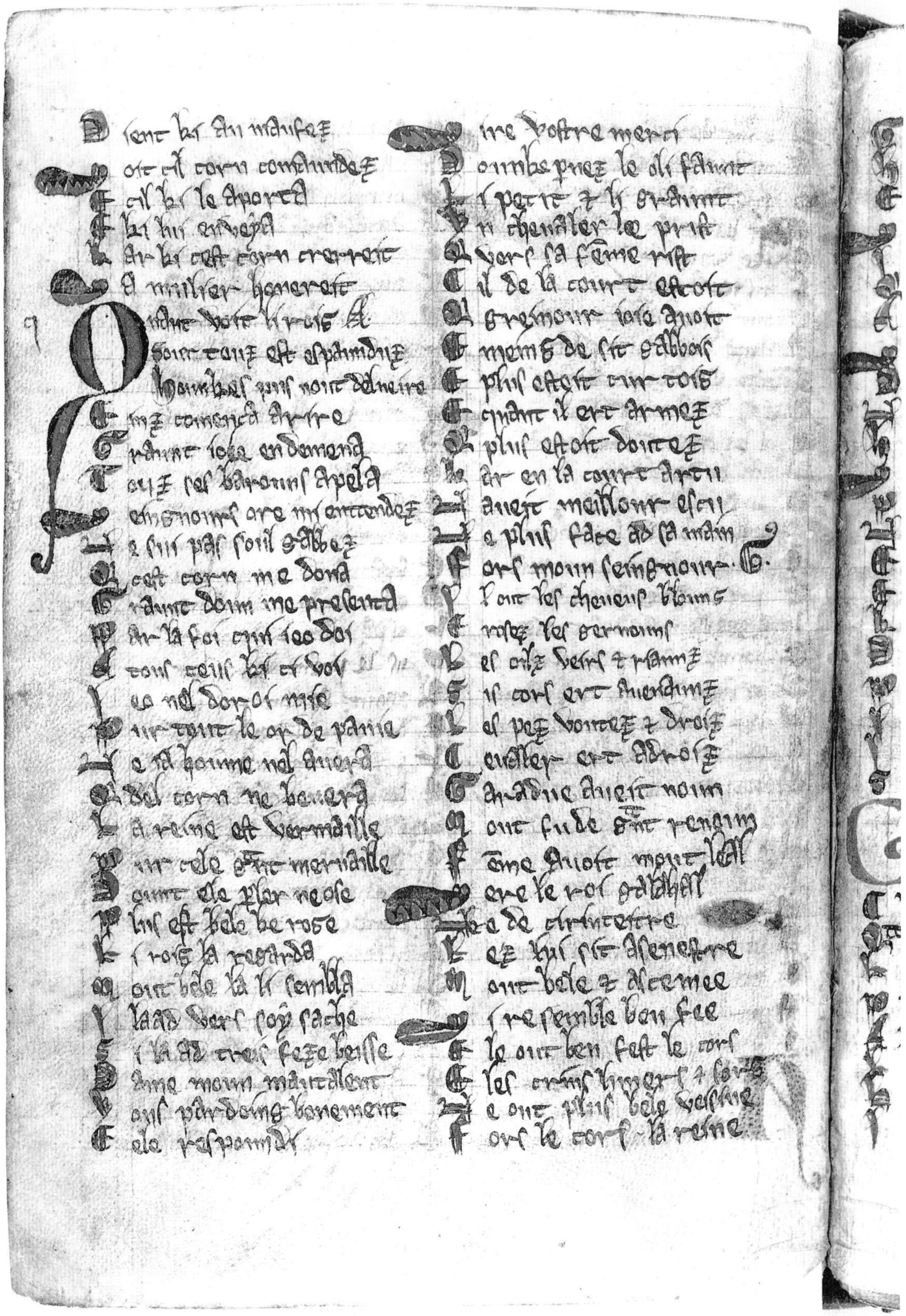

fol. 108v: art. 31

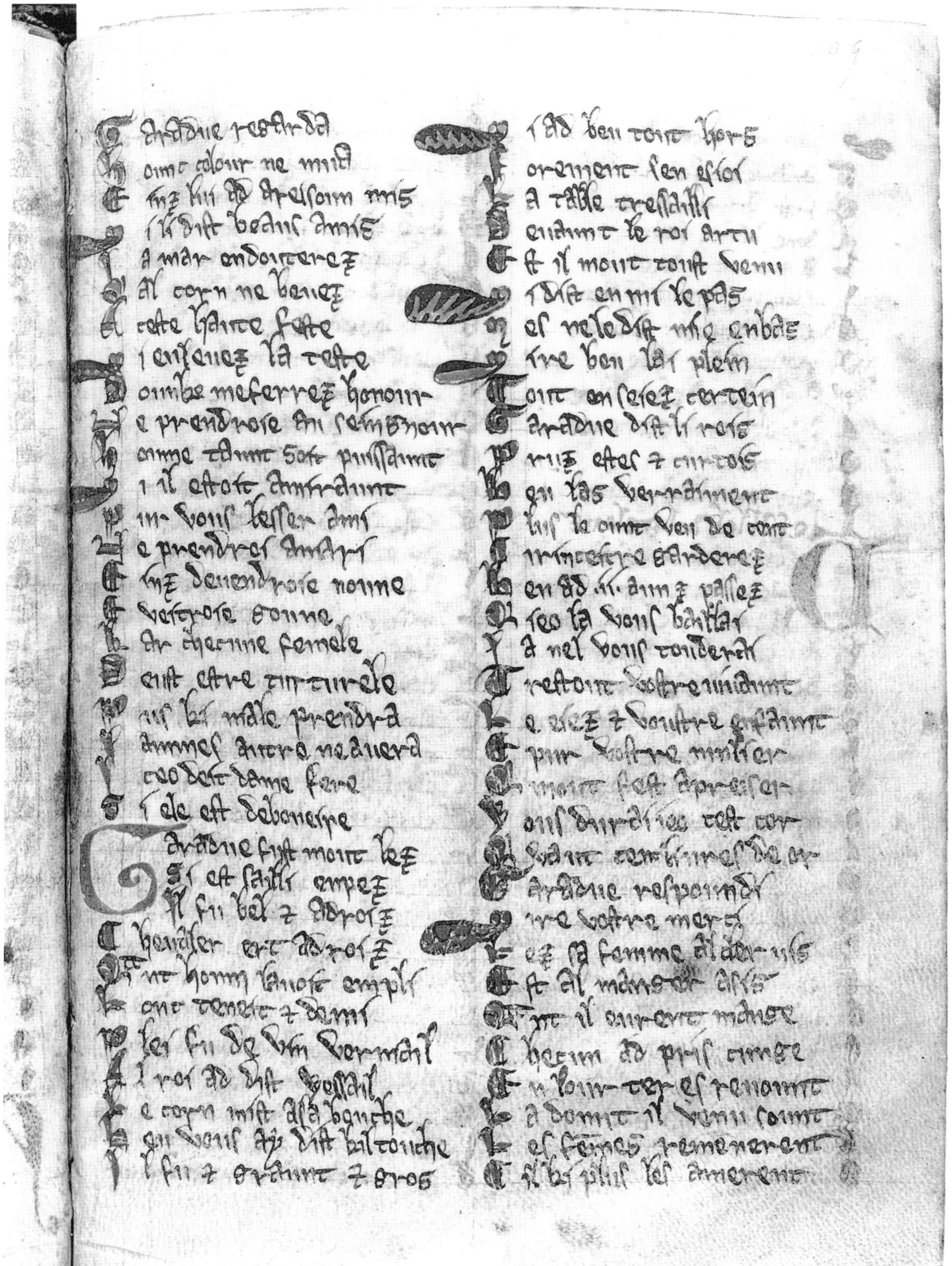

Caradue respondi
Oint colour ne mua
Einz lui ad tresoun mis
Si li dist beaus amis
La mar endouterez
Del corn ne beuez
Ceste lessiez feste
Si enseuez la teste
Doumbe me ferrez honour
Le prendroie tu seingnour
Homme tenaunt sote puissaunt
Si il estoit amiraunt
Nun vous lesser amis
Ne prendroie amy
Einz deuendroie nonne
Vesteroie gonne
En chescune femele
Deust estre turturele
Qui le male prendra
Ja mes autre ne auera
Ceo deit dame fere
Si ele est debonere
Garadue fist mout lez
Si est sailli en piez
Il fu bel e adroiz
Cheualier ert adroiz
Unt homme l'auoit empli
Oue tenere e dams
Pler fu de vin vermeil
Al roi ad dist vessail
Le corn mist a sa bouche
Qui vous ad dist bel touche
Il fu e grant e gros

Si ad ben tout hors
Oremement sen esioi
La table tresaillit
Deuaunt le roi Artu
Et il mout tout venu
Si dist en mi le pais
Mes ne le dist mie enbas
Oure ben lai plein
Tout ou sesez certein
Caradue dist li reis
Pruz estes e curtois
Ben las verraiment
Puis la out ben de cent
Trincestre establerez
Ben ad .iii. anz passez
Ceo la vous baillar
Ja nel vous toudera
Trestout vostre viuaunt
Le citez e vostre enfaunt
Pur vostre amister
Mout fest aproiser
Vous durra ieo cest cor
Vaunt cent livres de or
Caradue respoundi
Sire vostre merci
Les sa femme alet vers
Et il mains assis
Ant il en ert maine
Chescun ad pris conge
En lour tere es renoumt
La donne il venu comt
Les femes remenerent
Si le plus les amerent

fol. 109r: art. 31

que honurs ceft lur troiat
Ardduebes feft la
fust dehmeetere
une haute fefte
il purest il veer
ceft cornpoint p̃ veir
ea dift robert libez
mort plor dabe[...]
ar le dfc de fun abbee
d eft cornice trouee
ift troid fom̃
eft corn abdrlfoun

Le fablel del gelous

Deu ne fift ombes gelous nefte
le doi ne fet ren de fun efte
la neft mie lez fouent
pur eft gelous dolent
de fcal z de la lime
des bdes dartoz ount lime
Auerd de la lime nuneme
bofe dant il mef dueme
Aportee Auenme noriele
fa feme frefche z vermeille
e dert ou de prefte oude moine
n de cheualler bel z lefne
la veille orerer emuerfe
el oure eft du gelous diuerfe
d dift leun be gelous dort
n tel point be fa feme port
gnuz fe trerrott fi lome
il ne la tenftt p̃ le pomt
clous tenet lor mellurs dofol
n il ount lor femef enclofes

n lor meifoun gaft br une entree
Ant la dame f eft entree
f gelous enfardeliffue
encurtlement frenft z liue
De pam̃ bt il ne la per de
gelous dott eftter en la mer de
En la lon̄ orime d̃ verdur
gelous ne fount mielxdnx
one dote feme eftre fenee
An gelous eft affenee
lur couent plus fauer de art
mettre peres abelart
f ele fe veut de gelous defendre
ar gelous dott crouer z fendre
A ft come douz forn-s enfinles
or femmef tenent pl̃ef haunches
gelous fount douz feus z couers
gelous dormene dd euc oueez
gelous fount douz tours fnid poyt
eyn ne fet frue gelous fen dort
gelous dime nen dime lur
gelous neft dime de mlur
em ne penft trop gelous crouer
ele mort le peut dcoiner
onve li morm dott gelous blamer
en treftouz lef luit luer
f Cans endurer ben refforn
ar dd gelous ne poet mif houm
onement auorr dcordence
ar gelous fount douz fuir feience
ef ft fa feme ma volait crorre
ell feirore ben dd trotre
oment ele le ferrote crouer

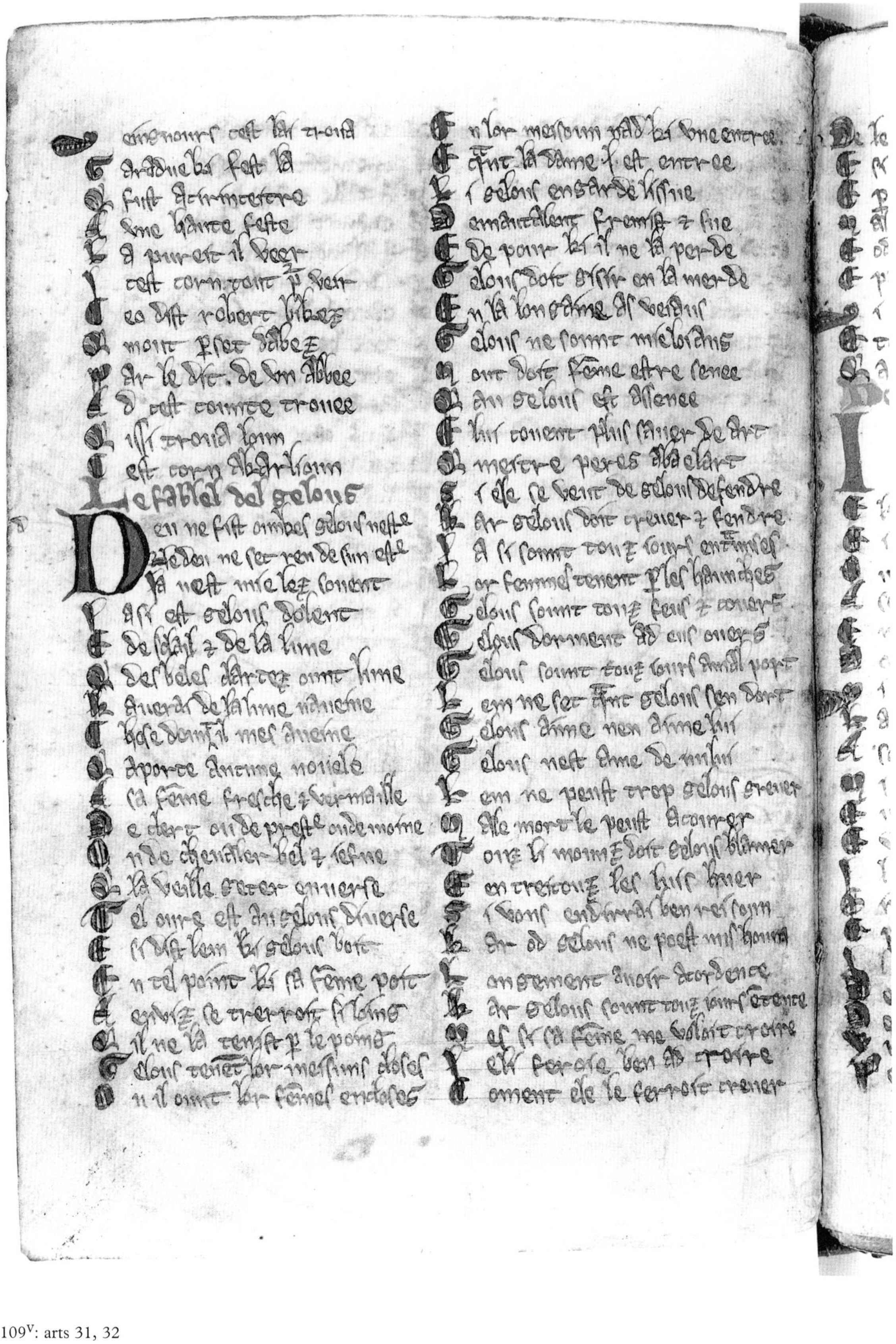

De se feroit semblant damer
Ki ele estoit tous iours en coie
pramessoun z pfer voie
ale mort peust delons trier
od soudre le quier crenier
E passeroun z fade voule
s ensera sa feme quitee
E toit s til soleient venet
Ch au delous feroient ennui

De hui rechpoun li serepen
eo dp son quier mout ter
el souvent nuffet
E poi se enrichie
li veut sen vest
leo nat ren fect
n frut flames die
cee al musee
moun tens disee
onnt lea dient enene plese
i pfer sa bounte
i fleur de pite
com fiz ne me ajudie
i emens est trop fems
iuus z uiseguis
veus z delade
l ne est mie fems
my est faus z fems
plem de guaunt outre
l est hors de sens
e poure pur peus
e maunier vlade
n chetois dolenz
ensous z lonz

anteur z haunsbrese
il est faus chorest
assez derest
peut veut rendre
ouent me derest
e present resevet
oh me fest mesprendre
en set en muset
n ris z en iuer
d em e despendre
er dit ben crer
e dit ben plorer
e set il entendre
l veut por vatler
por chichiller
doute pouerte
l veut por plourer
frut lonuer dient
oune mile deserve
l veut por semer
moue in esoruer
eo est fake sperte
ar mil ne poest trouer
volune ferrit sonne esomer
n tere deserte
te don les feoprat
oment vendrat
sour de tuise
oment conuertrat
n iuge verrat
e rei de iustice
il conseil ne est
ne me purruer

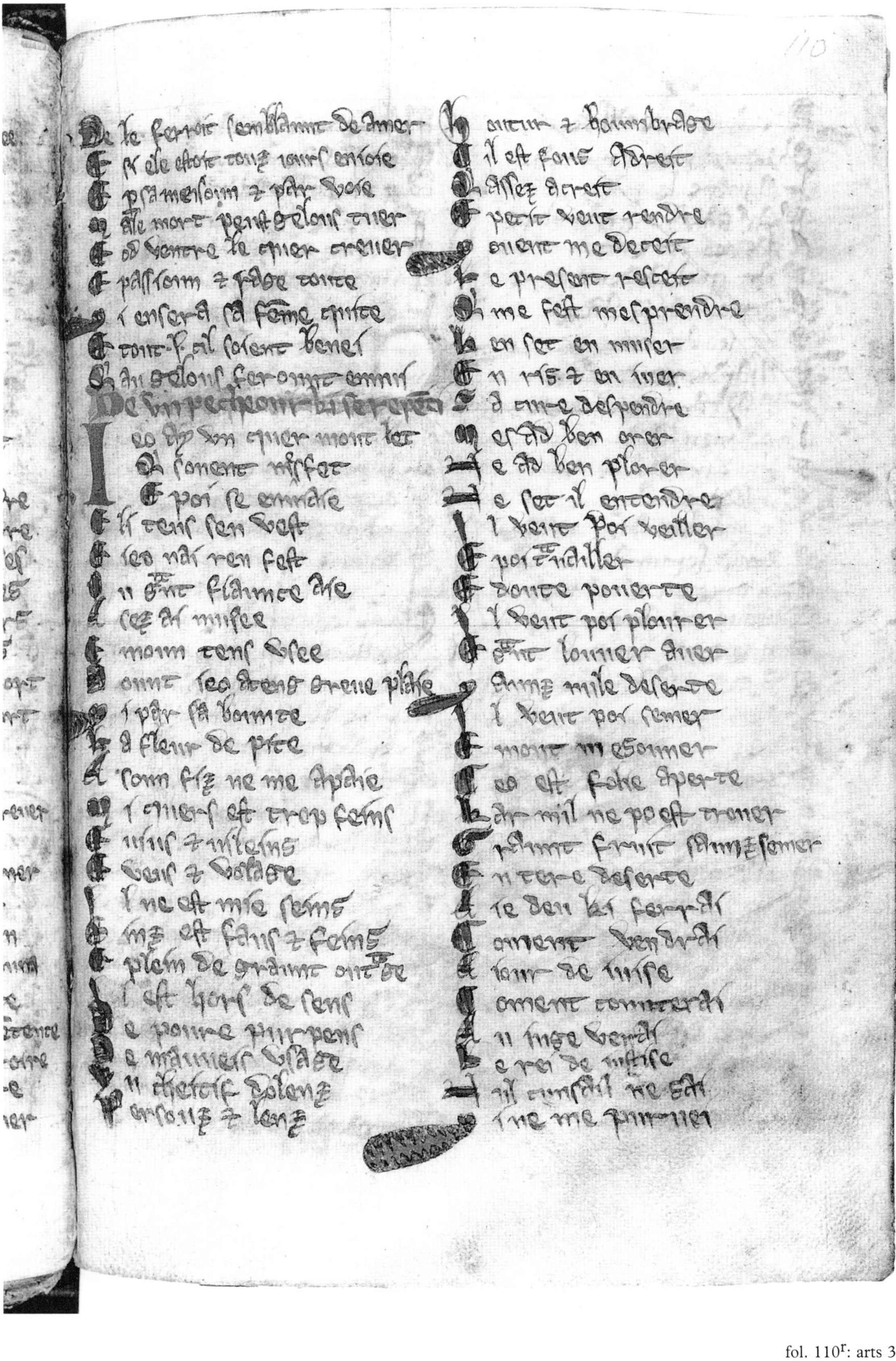

Vendime cela Assise
Dount prie pur mcil
La mere le rei
Car ça ert frahmchise
As les coment
Car quel perdement
Equer tel sa the
ne les descent
hardrement
A ly clime mestrime
co men hardrah
Ril dirrah
rdouce michese
e me dmendrah
vous serumdi
n tref coice mel vie
d use mel amour
d sofe mel honour
d pes mel hunere
de ert socony
ere su pecchaour
stes centimere
oim quer malade dd ire
vostre resoirpire
oble tresmere
eres la heite
eus les de pite
stes bonitare
nirle raele
eme reele
ere debonere
es sous delschir
d mitre crulchir

Verne de semenchire
emples dourree
e tresort chptee
Plme de humnure
A chime crimfortee
Ame bi portee
Le douz locnezre
elle de piement
Ci fet doucement
boquer sobre inine
les de oynement
la morte gent
oez fere renhire
rdimtee vostre todour
vostre doucour
nil ne poet descrure
nm la vostre amour
mble pecchaour
dounecour deliure
vbre de licht frut
en vostre mut
porcasstes sole
oit dd al dedutt
dd leur cundute
dd vous se dplose
Cresseime clartee
les ebdtree
emeinent en vole
e me trespassez
eres sole chuerd dez
sos vous suore
reynable pchner
rodourz oliuer

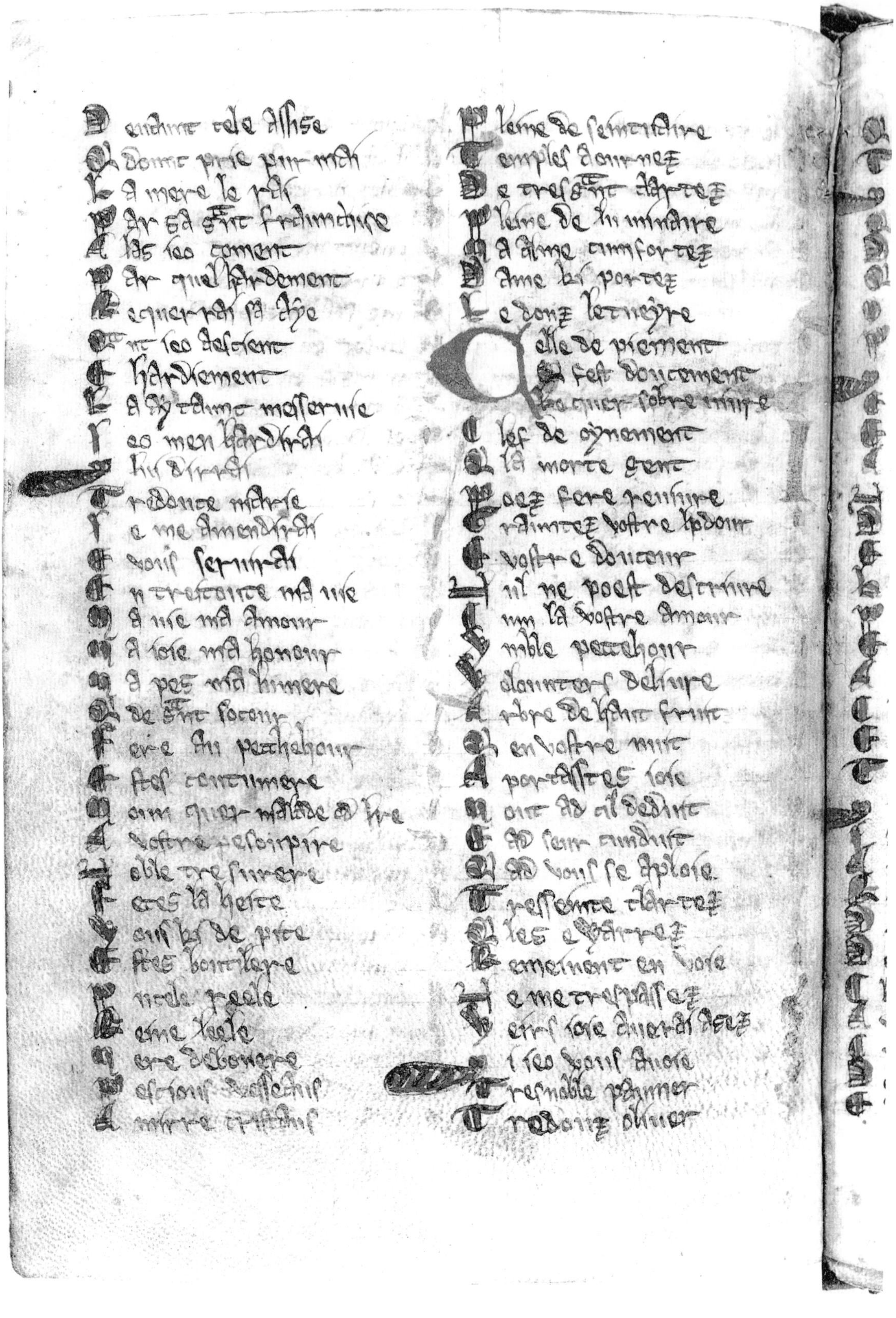

porte medicine
resonil poer
uief eolenter
ne fu mile espine
disclous apres
bons mote a pres
Dour trestine
moce ml Alme fides
ith tonez apres
a uostre Doctrine
stoille de mer
mom quier amer
e solee amere
amonez le mellmer
il vous ben amer
ele douce mere
ur Deu par me diez
fi ne solez
cete poure amere
larte me emotez
me resenez
ressaee tresdoce
a fir esproue
Aspes close
myranda pure
ublie alumez
ramdaur amez
e noble rature
kaustel de rafute
vous men enfuit
mn stuour lenue
e tout en vous fu
a vous men enfui

re enpresnez aire
onez mil le pain
feit le quier plain
e lesse piene
e pain pime le ben
le fiz ament
nuith de peine
eo cri a uostre us
i ome feo puis
odome mi Almemgne
rdume hort mil omnis
i plente m creil
it ome formeline
en dez may le amour
e mom bon temgnour
fiz ceo kl feo mere
il tout error
ar la gimt don cour
elle amer Destruire
ardez mil fila mort
il enami fort
il neme puisse mittre
et asenir port
sore a cunfort
e demonez cundure
Ci comence la bestournée
Et durement
Par est mm fr dolent
Cne me purpens
il seo ll gaste mm tens
Ame rimoier De durm sens
mun honure
el dames me metent bure

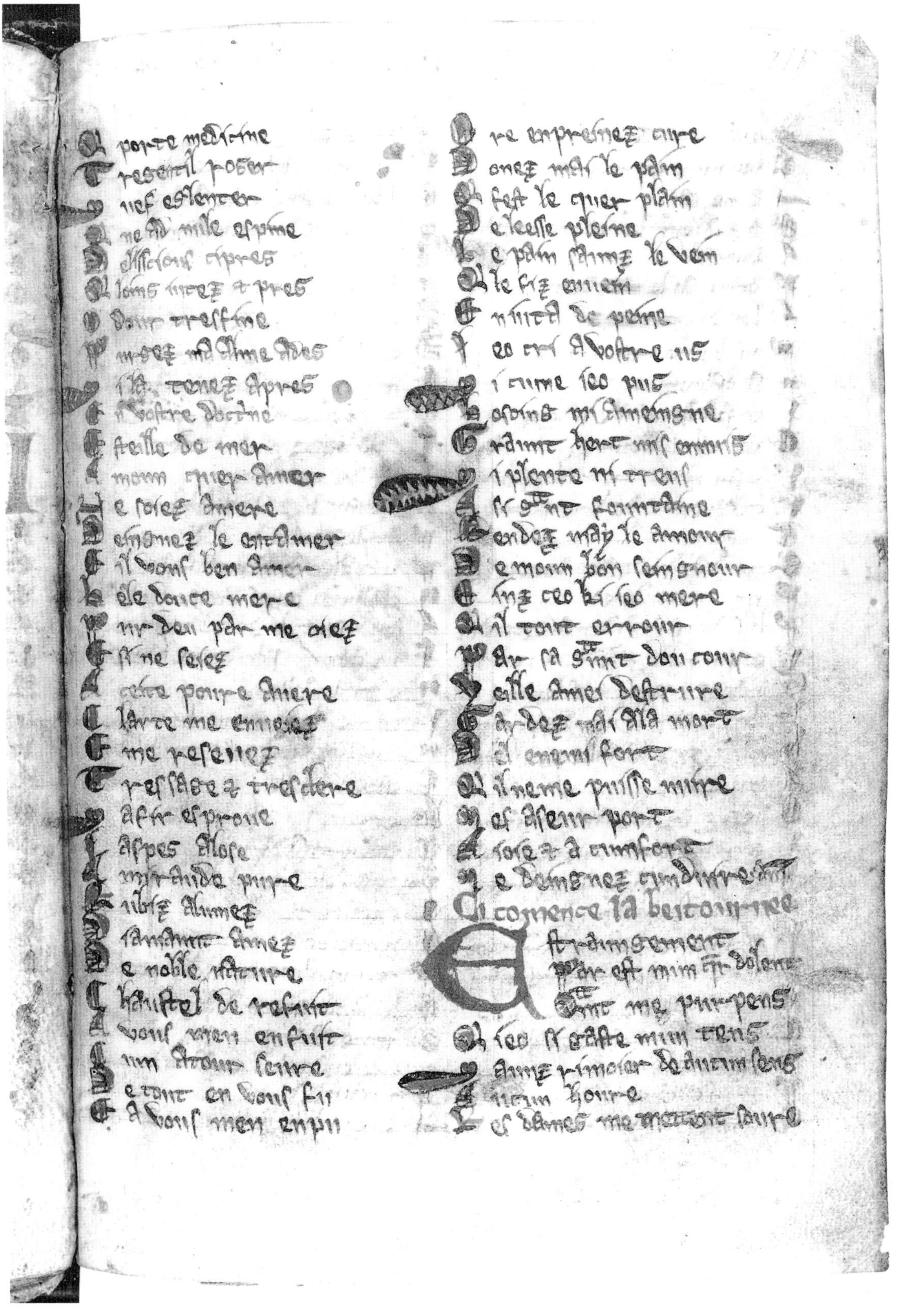

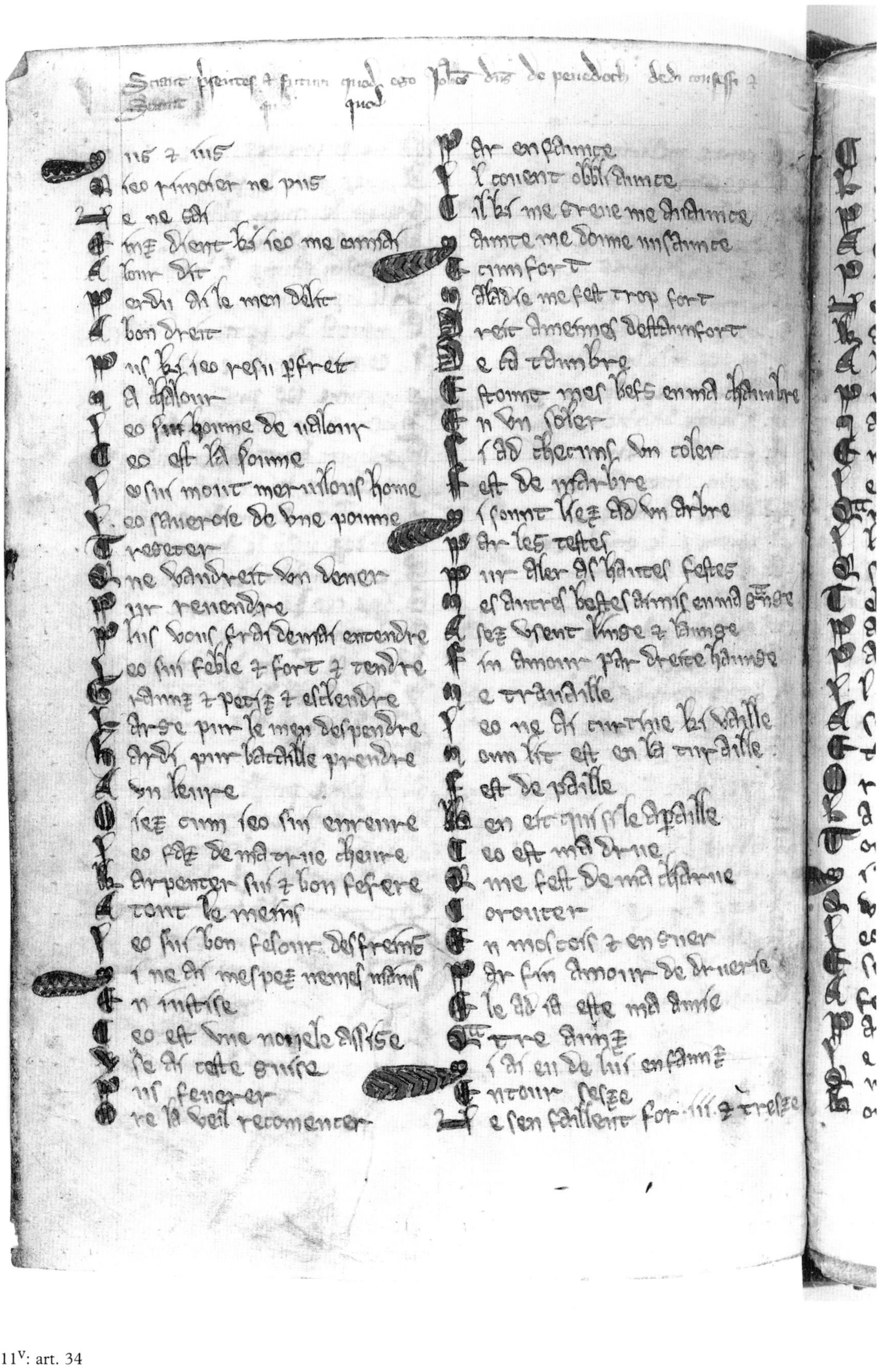

fol. 111v: art. 34

Ce me est avis
Les quatre sount apris
Pur aprendre
A fere moun avenendre
Pur hautes
Ne tenez pas mes dis a gas
Kar jeo eh me touz mes drets
A la merie
Pur coroner la reine
Ma resoun comence e fine
En un soul mot
Jeo sui e sage homme e sot
Quant jeo veil
Il ni ad homme deske a Nichol
Qe saveret lire
Tele chose saverei jeo escrivre
Par resoun
Par raisune de anchesoun
Il est dreite semesoun
A semer pois
E tart a semer linois
Ore atendoum le autre mois
La semesoun as avenoie
Tout alesir
Or dirrai de moun pleisir
Qe voi que sort
Jeo sai fere de dreit tort
E si est fort
A fere de dreit tort
Par folie
Le pris mens ma mallencolie
Sa mesure
Bone beste va en ambliure

Tout le plus
Kimoser sir vest en us
Ceo veil dire
Ma manere veil descrivre
Ma mere ad apele sire
E moun frez ad apele Beatrize
La premere de peeus
De la bruere
Malot ad a noun moun pere
Ma sere crenequier daubeine
Moun frere ad a noun Margerie
La chanoine
Qi fu de reimes moine
Auncestre
Plus vous dirrai de mun estre
En apres
Si jeo ment jeo nen puis mes
Jeo sui deboneire e engres
Qi ben le ore
Par ma cheveleure blore
Qi fu neire
Jeo vois de vouste la voire
Fous est ki se desespoire
Pur soun ben
Ore orez kar est le men
Ke enchaint
Le quiel ke face freit ou chaut
Vous ne enquerez plus ke chaunt
Jeo fis ces vers endormaunt
Le autre jer
Qu jeo alore a mouster
Entour noune
Dame Phelipe de Donne

fol. 112r: art. 34

Tout le pais
A decertes di mes dis
Ben poet estre
Tout ne seie ieo bon mestre
Alosee
Ieo ai meint homme aposee
E contius
Q homeinis ne sont chescun ne puis
Mot de lettre
Ieo ne me sai entremettre
De persoun
Parler des par enchesoun
Veil i ville
Ceo apris ieo en cornewaille
Entre donere e la batchille
Le autre iour
Oi ieo oy mout grant poour
De une pie
Q erla en lindesie
Q la noisse fu oie
En espaine
En loundres ne en bretaine
Ale le di adele
Certes ieo ne dit pas
Q par folie
Q taunt rimaine de la pie
Q la noisse sin en esse
La graunt guere
Des rimeours de engleterre
E de moi
Q me veillent par deroi
Abesser
Chaunt par eime ben laser

Par ma bote
Plus sai de ceste riote
Al le roi
Ne se prenge nuls a moi
Daunz roger le fiz renfrei
Me ad loee
Qe ieo ni soie aroiee
Par trop beiure
Ore les purrai touz deceiure
Com enfaunz
Ore lor fas ieo fere sermaunz
De ma espee
Od la bone chaunsilee
Od les chous
Ore oiez cum ieo sui fous
Ieo faz mes fers e mes dous
Estorcher
Pur mes amis cumforter
De ben viure
Mar fu nez ki est deliure
Homme ki est touz iours sure
Emalade
Si poest ben auer le quer fade
Cheitee
Sai ieo estreit enueitee
Des hauz poins
Hui mes ne sai ieo loins
De reisoun
Kar ieo ai soun ma messoun
En yuer
Pendu chastel ad un perer
De serit riulle
Couert de plom e de tuille

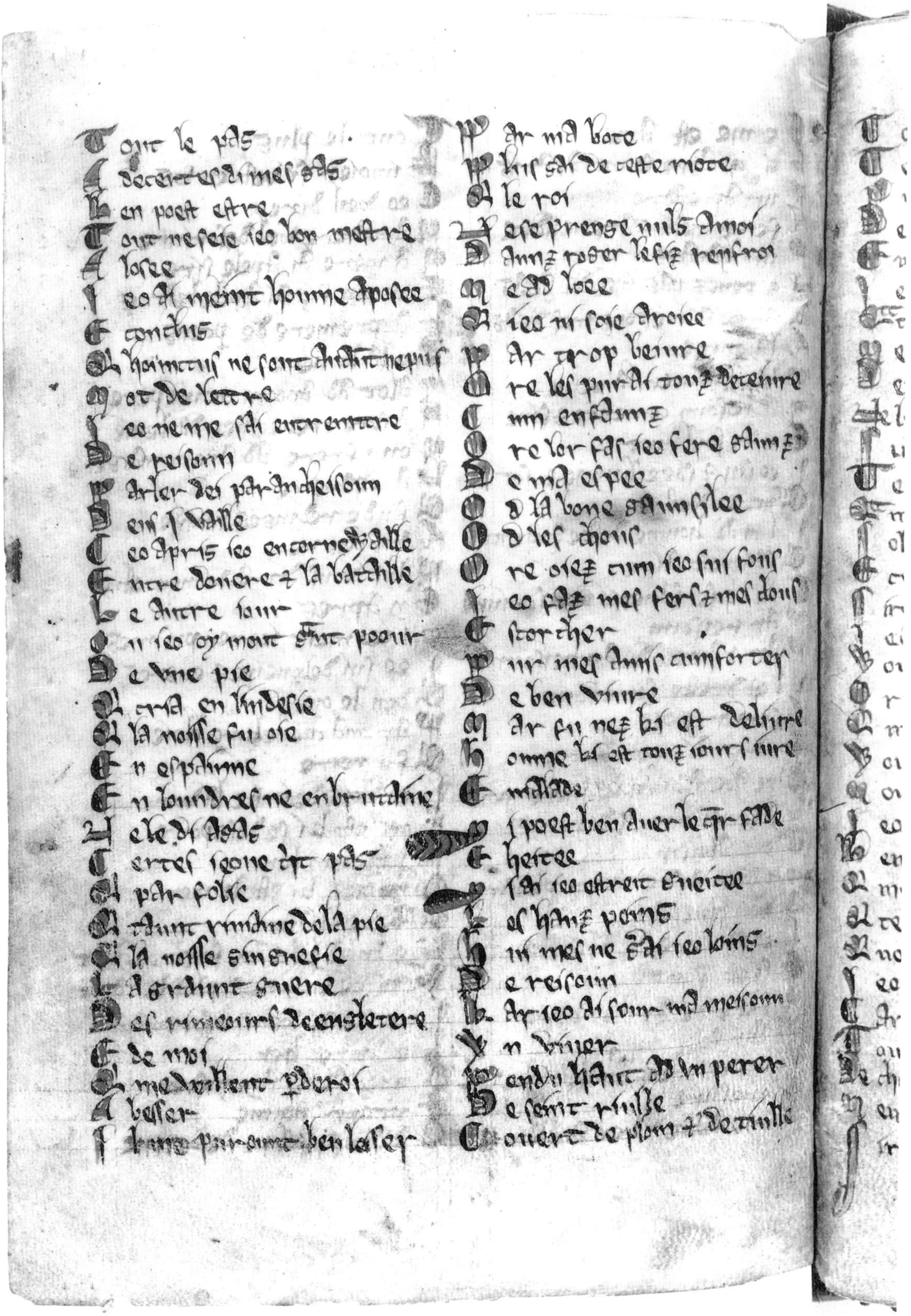

fol. 112v: art. 34

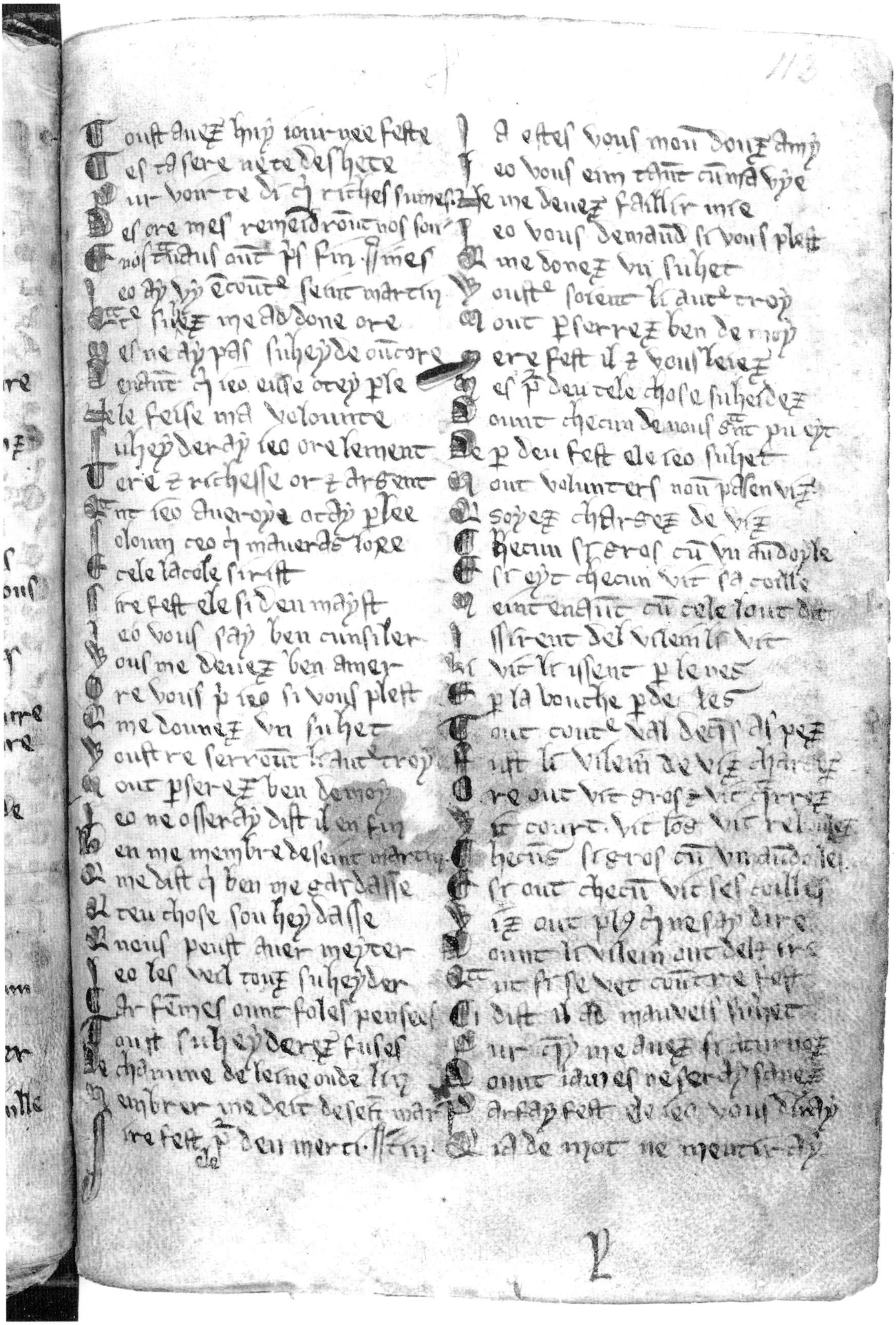
Toust auez hui iournee feste
Tes ta sere ne te deshete
Un bon te di qe riches sumes
Des ore mes remeindront nos son[...]
E nos tristurs ount pris fin. mes
Jeo ai hui encountre seint Martin
Quatre suheiz me ad done ore
Mes ne ai pas suheide oncore
Entrent qe jeo eusse ove vous parle
Nele feise mie volountee
Suheiderai jeo orelement
Terre e richesse or e argent
Ant jeo aver oye a chy parlee
Solom ceo qe m'averez loee
Cele la cole si rist
Sire fest ele si Deu m'ayst
Jeo vous say ben cunsiler
Vous me deuez ben amer
Ore vous pri jeo si vous pleist
Qe me dounez un suhet
Voustre serrount les autres trois
Mout preserez ben de moy
Jeo ne osserai dist il en fin
Ben me membre de seint Martin
Qe me dist qe ben me gardasse
Quel chose souheidasse
Nous peust aver mester
Jeo les vueil touz suheider
Car femmes ount foles pensees
Quant suheiderez fusses
Chemine de lerne ou de lyn
Remembrer me deit de seint Mar-
Sire fest ele pur Deu merci

Ja estes vous mon douz amy
Jeo vous eim tant cum ma vie
Ne me deuez faillir mie
Jeo vous demaund si vous pleist
Qe me donez un suhet
Voustre soient les autres trois
Mout preserrez ben de moy
Pere fest il e vous le auez
Mes pur Deu tele chose suheidez
Dount chescun de nous seit plus eise
Par Deu fest ele jeo suhet
Mout volunters non pas en viz
Qe soiez chargez de viz
Chescun serras ou un audoble
E si eit chescun vit sa coille
Meint enchut en cele tout dit
Issirent del vilein li vit
Vit li issent par le nes
E par la bouche par de les
Tout countreval des piez
Fust le vilein de viz chargez
Ore out vit gros e vit quarrez
Vit court vit lonc vit rebuisez
Chescuns serras ou un audeles
Si out chescun vit ses coilles
Viz out plus qe ne sai dire
Dount li vilein aut del ire
Quant il se veit cuntrefest
Ci dist il ad mauveis suhet
Sur qei me auez si atourne
Dount jamés ne serai sane
Par ma fey fest ele vous dirrai
Qe de mot ne mentirai

fol. 113^{r}: art. 35

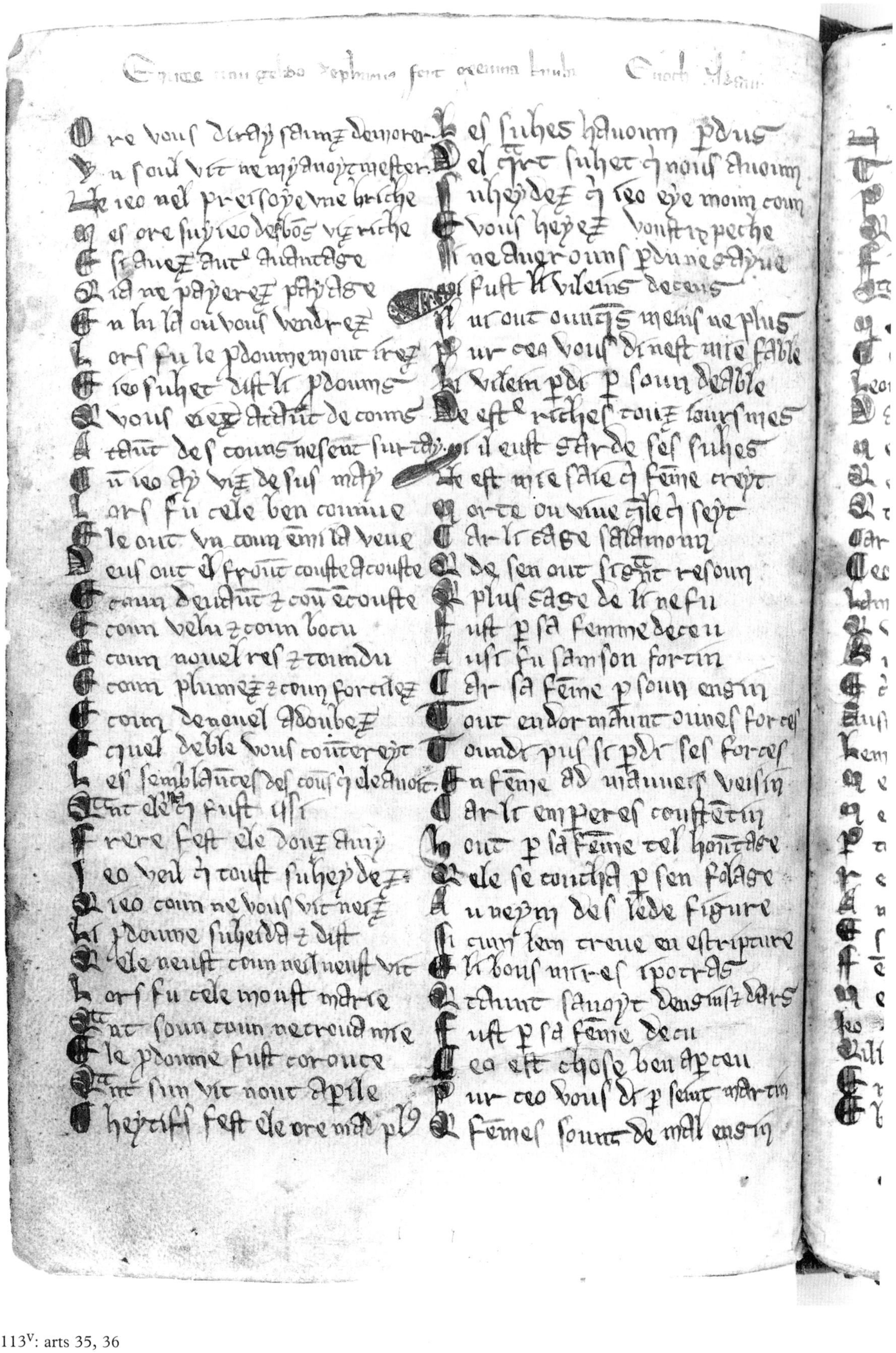
Ore vous dirray seignurs de morer
Un soul vit ne my davoyt mester
Ke ieo nel preisoye une briche
Mes ore suy ieo de vis riche
Si auez autre auantage
Qe ne perderez par tel age
En lu lei ou vous vendrez
Lors fu le prodomme mout irez
Ieo suhet dist li prodomme
Que vous eiez atant de couns
Atant des couns ne sont sur tey
Un ieo cy [illegible] de sus mey
Lors fu cele ben conue
Ele out un coun enmi la veue
Deus out el frount coste a couste
Coun dentut e coun ecouste
Coun velu e coun becu
Coun nouel res e tondu
Coun plumez e coun forcilez
Coun de nouel adoubez
Equel deable vous countereyt
Les semblaunces des couns qe ele auoit
Quant ele cy fust issi
Frere fest ele dounez mercy
Ieo veil qe toust suhez de
Qe ieo coun ne vous vit neez
Li prodomme suhet e dist
Qe ele neust coun ne neust vit
Lors fu cele mout marie
Quant soun coun ne troue mie
E le prodomme fust corouce
Quant sun vit nout a pile
Cheytifs fest ele ore mal plus
Les suhes auoum perdus
Del quart suhet qe nous auoum
Suhez de qe ieo eye moun coun
E vous hez e vostre peche
Ja ne auerouns perdu nes une
Si fust li vileins decens
Plus out oumes meins ne plus
Pur ceo vous di nest mie fable
Li vilein perdi par soun deable
De estre riches touz iours mes
Si il eust [illegible] de ses suhes
Ne est mie sage qe feme creyt
Morte ou vive [illegible] qe seyt
Car li sage Sallamoun
Qe de sen out si grant resoun
Plus sage de li ne fu
Fust par sa femme deceu
Fust fu Samson fortin
Car sa feme par soun engin
Tout endormaunt ounes forces
Tondre puis si perdi ses forces
Un feme ad [illegible] veisin
Car li emperes Constentin
Out par sa feme tel hountage
Qele se touchel par sen folage
Au neym des lede figure
Si cum len treue en estripture
Li bons [illegible] esprouez
[illegible]
Fust par sa feme deceu
Ceo est chose ben aperceu
Pur ceo vous di par seint Martin
Femes sount de mal engin

fol. 113v: arts 35, 36

Nuls hommes ne purreit achef trere
Trop ad en feme mult afere
Plus ad en femmes males teches
Qe il n'i ad en la mer des seches
Feme est de mult acret e de male nature.
Tut celuy qe la eime ne ne prise ne n'ad cure.
Mes cil qe la fet vileinie e leidure
Celuy tent ele cher e vers luy amesure.
Leoun, lepart, gopil, singe, e chat, e chen
Dauntent hom e apret e iustise ben
Mes hom ne poet nulle femme atreo mener per ren
Qe ele ne vus face honte si vus le feez ben.
Qe tele femme eime entre peine le sourse
Car femme bee apres de plus qe a mel ne fait bourse.
Ceo n'est pas bon amour, lealment est rebourse.
L'amour ne vent du quer, eynz de la bourse.
Qe veut resun fere le deust per seint Gile.
Riche femme qe sert de barez de gile
E qe pur aver vent sun cors sou chivile
Aust cum un mesel n'est hors de la vile.
Hem soloit iadis femmes pur meitez e chesuns
Mettre hors de vile car de fu reasouns
Mes ore est beau lieus e ore est la seisoune.
Partout ad plus des bordeus qe des autres mesouns.
Reis ne veil ore plus mes dire
A meint home fount del e ire.
E si vous di ben n'est une fable
Feme ad un art plus qe nul deble
Mes qe en voderoit ben ioir
Jeo ... le for eie saunz mentir
Rille donast poy amanter
E mult aveiter e a chaucer
E bein ust menu e sauvent

Doubefreit feme son talent.

La vie de un vallet amerous

1 Joliftee
Me fest aler a pe
E n'essouns sens
Ke mous ... tens
En moun quer
Que ne voleie nul fer
Nul ben fere
For ad folie moun sentrere
E ad deduyt
Que ne pose iour ne nuyt
Repos aver
Taunt pensay de amour aver
Mes la manere de aumer
Ne savoye
Pur ceo en entre penser estoye
Un iour aloye par la voye
Lez une rue
Moun frere que fu moun drue
Pur luer
De moun estat li fis aver
Tout la fin
Si prisay per seint Martin
Cunseil de luy
Coment purray moun ennuy
Meuz chever
Cil me dist beu frere cher
Jeo vous dirray
E mout bon cunseil vous durray
Avezch frez
Vat entre vos bras tendrez
Cointre amye

fol. 114ʳ: arts 36, 37, 38

Ma luy priez pur deu mercie
Amie chere
Oiez ore ma priere
Vous vos jeo foutre
Hunn vit en ton coun bouter.
Pus la acolez
E mout sovent la beysez
En la place
Car jeo vous jur par ma face
Ceo est la ren
Que plus toust fest feme ben
Soun quer chaunger
E jeo luy preme moiller
Mout grant merci
Mout bon cunsail ad ici
Par deu de cel jeo vous affi
Jeo assayeray
Ma la brunette aver purray
A poy de heure
Mal ne ad que nen savoure
Ceo pus jeo dire
Car jeo amoye la plus pire
Amour qui fust
Ke poeie tour ne myst
Vere ren
Ceo apust moust tresben
Ma teste
Car ounques plus le beste
Ne vaisez
Fust de homme engendrez
Aler entere
Que la beise si poeit flere
Tel amour

E tel aleine e tel odour
Issi de soy
Quar pur verité que ne fest toy
De lounge aleine
Vous est que la meisme
Langement
Esi suy jeo mout dolent
E dolerous
Que la avoye tenunt destourns
Ceo ffust demandee
Car tenunt avoye acquere la ...
En cel tens
Que ne savoye mie tens
Cum saver deuse
Si pensoye si puise
La fereey
En oustur lu la trouchay
Al auntere
A luy dissaye amie chere
Vous sumes ci
En un privé lu ceqmy
Ore endreyt
Ma pere oreez par dreyt
Jeo vous pry
Que voustre amy puse estre ici
Ele me respount
Par celuy que fist cel e mount
Noun ferray
Voustre amie ja ne serray
Pus la acolay
E .iii. fetz e la beisay
Ele beiser la e amay
Ceo me semble

fol. 114v: art. 38

Quant la vey le quer m'estreble
Durement
Quant l'avisa lungement
En tout chescun
Je pensoye coment cel dun
Devendroye
A luy me prier moustroye
Taunt la desirroye
Estaunt souent la beysoy
Que me dist quant
La amour saunz fausete
Si me dist
Qe a luy venge saunz respit
E a la plus procheine nuit
Devaunt le jour
Vi ferroy de sa amour
Qe ben voudray
E ieo vint saunz nul delay
A bon gre
E de luy fis ma volunte
Dounkez pus
Souent aloye sus e jus
Delez lui
Taunt qe jeo aparcu
Par moun sen qe est revenu
La leydure
E la maunierse faiture
Qu'ele avoyt
Par les espaules grose estoit
Si fust le dos
Veir e troinous tout le cors
Tout environ
Que nel puist se cil noun

Pur veir dire
Tele dure ne puis descrire
Ne jeo nel say
Pur ceo toutz tens me marvay
Quant me purpens
Eist si folement mountens
En cly esluste
De si lede aver tenuste
Ore en avaunt
Vifs deables la confunt
Mes trop fu sot — Sot
Quant ounques vers luy plaini
Les amours
Mes si me dount Deus socours
Desoremes
Pur sa amour teus autres les
A bon dreit
Gros e gras coment qe seit
Ja n'amerai
Car de teus jeo fest l'essay
Ne le dis desus
Longes e megres ne eim regardes
Les petis
Mes sount de re ieo vous pleus
Ceo dis ieo ben
Ni lerrai pur nule ren
Deceus le amour
Car mout sount de grant vallour
De beute ne de douceur
Ne trouerez
Taunt de femes enluminez
Cum les petis
De bounte est aunt le pris

fol. 115r: art. 38

Ceo veil dire
Car la bounte ne sai descrire
Je ne puis
En un meis ne en plus
Taunt sunt amiables plus
Entre la gent
Deboneire ensement
E couenable
E de parole mout estable
Vers lour ami
Mes la petite qi rest ichi
Entre mes bras
Si suef latre e tume las
Plus est de sope
Graunt joye en ad qe la plope
En soun lit
Qi poeit aver graunt delit
Pur la taster
Pur acoler e pur beiser
Pur veer le cy
Si autre ren ne feist de li
Mun me semble — feble
Mes la ver le quer mi tremble
Feme qe petite seit
Il est un tort mes est graunt dreit
Si pucele
U garcete ou dameisele
Soit petite
Jameis ne soit eslite
Pur amiable aler en sale
Si ele ne seit trop jaune ou pale
En la face
U de cors soit grose ou grace.

Sera preise
Des amerous loue
Ceo nomement
E meimement soulement
Le vous dis apertement
Saunz fausete
Vous dirray la verite
De ma nature
De ma manere e ma mesure
Jeo suy jolifs
Plus chi taunt cum suy vifs
Pur damer
Une fille au chevaler
E de seriaunt
E de vilein qe me tent
Luy ne die
Qe ne vous eie bele amie
Moun talent
Je puis vivre longement
Ceo luy dirrai
Si rens ne fust sor fere a li
De soun corage
Tele peust estre en boscage
A heure trove
Sa amour ne eust graunt une
E la amerai
Rien de amours ne li ferrai
Tout fuse lichure
Ne merveile e chy mort vse
En ma vie
Feme qe fust ma amie
Tout souent graunt la damur
Bel la acolai

fol. 115[v]: art. 38

116

De fin quer la beisay
Par grant doucour
Quant cunquis aveye sa amour
Par mes dis
Ben la amerchy ieo vous pleuis
E tendrement
De bon quer tenaunt lealment
Par moun grant
Deus sache qe il est enfaunt
Eneut plus
Car quant ieo vois sus e ius
En la place
Del enfaunt vei la face
Ieo tremblerey
Pur quant ieo anguisse ben le say
Car meuz voderey
Luy doner un pallefrey
Par devaunt
A porter de soun enfaunt
Apres
Un fermail fest de fers
Saunz menter
Quant sui homme de poer
Ne sofferey
Enfaunt venir de nul tut may
Car quant les vey
En [illegible] est ley
Ou en bras
Tenir ou sere sus dras
Tant mal me fount
Ne pus pur tout le mount
Aver ioye
Ja en si bon estat ne soye

Devaunt derrerey
La resoun pur quei [illegible] say
Ne ay ame
Ne chere ne preise
Nul enfaunt
Fors ceo qe les [illegible]
Taunt touz dis
Nount les testes e le vis
Semaunt de pel
Espuis les femmes qi vey rebel
Vers lour [illegible]
Quant aver ount enfaunt deli
[illegible]
Il lor semble qe [illegible]
Demeint aver
Vers eus [illegible]
E par parole ledenger
Peir de pere
Lor voler e lor manere
Ne [illegible]
Les tel maner est bele [illegible]
Aver deusent
De bele parole fusent
Amour [illegible]
E ne [illegible]
Deprave
[illegible] qe sont meilleure
Les [illegible] peine
Trouerez mile e certeine
De soun [illegible]
A la veille en une [illegible]
Le [illegible]
Soun quer [illegible] amour [illegible]

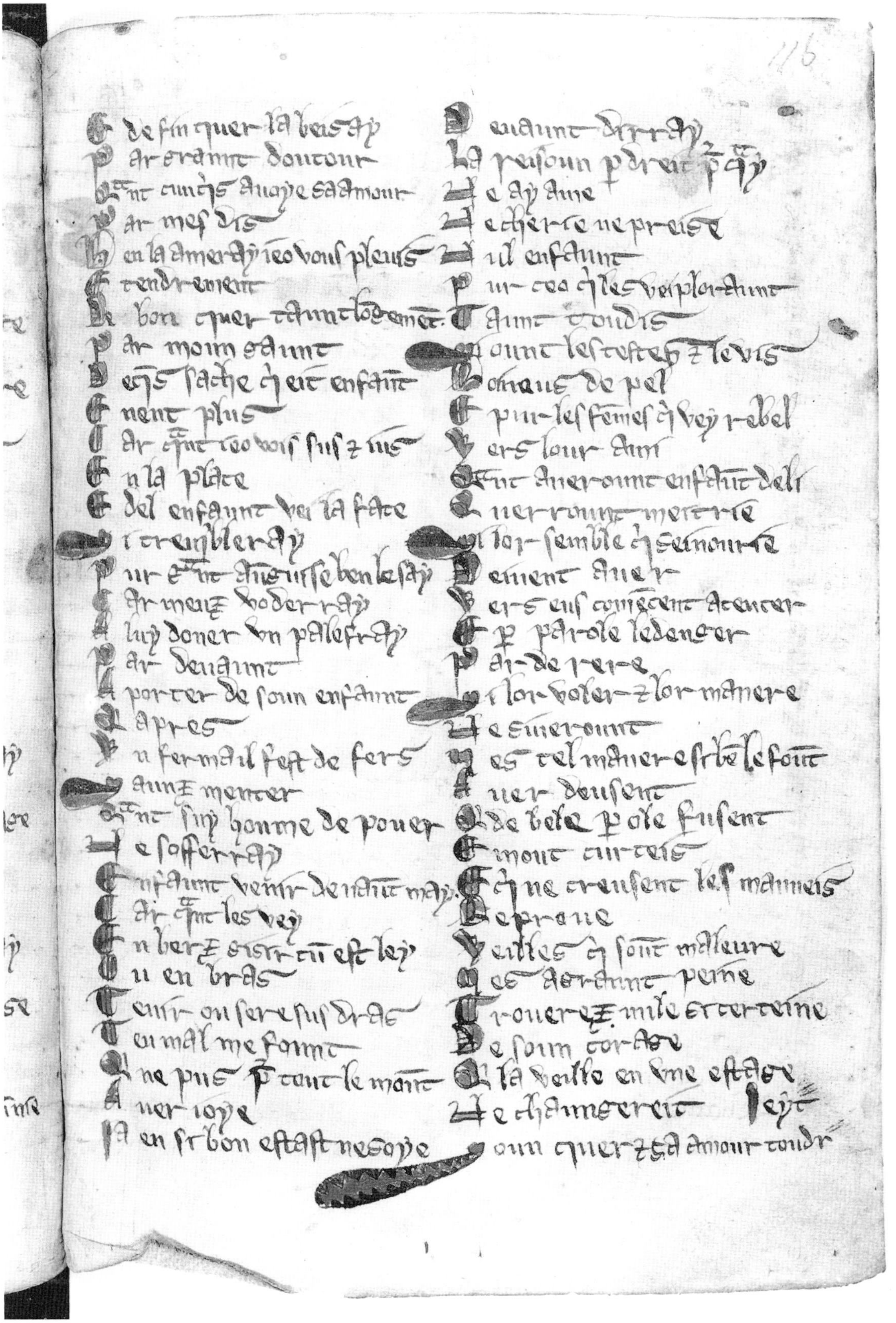

fol. 116r: art. 38

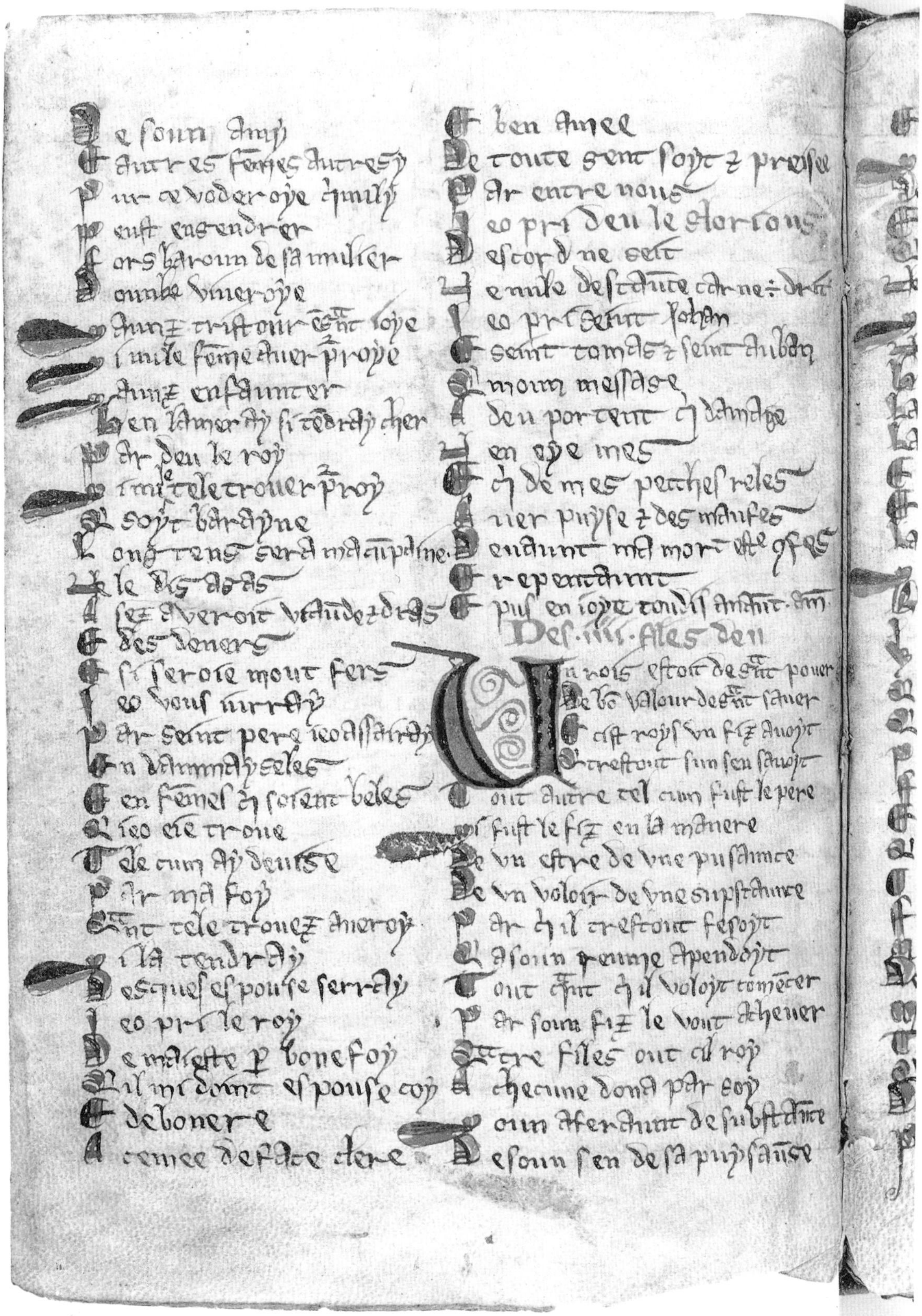

Je sount ausy
Autres femmes autresy
Pur ce voderoye ausy
Peust engendrer
Hors baroun de sa muiller
Dunke viveroye
Aunz e tristour cestes joye
Si mile femme aver purroye
Aunz enfaunter
Ben l'amereye si tendrey cher
Par deu le roy
Si une tele trover purroy
Q'soyt [illegible]
Long tens serra [illegible]
Ke les [illegible]
Si i'averoit vertu de [illegible]
Des deners
Si seroie mout fers
Jeo vous iurrey
Par seint pere [illegible]
En demandey celes
Des femmes que soient beles
Q'ieo ne troue
Tele cum ay devise
Par ma foy
Unt tele trouez averoy
Si la tendrey
Desques espouse serrey
Jeo pri le roy
De maieste par bone foy
Qil me doint espouse coy
E debonere
A [illegible] clere
E ben amee
De toute gent soyt e preisee
Par entre nous
Jeo pri deu le glorious
Descord ne seit
Le mile destroite [illegible]
Jeo pri seint Johan
E seint Tomas e seint Auban
Un moun message
Deu portent q'damage
Ren oye mes
Que de mes pecches reles
Aver puisse e des maufes
Defendaunt [illegible]
Repentaunt
Puis en joye touz dis maunt. Amen.

Des .iiii. files deu

Un rois estoit de grant pouer
De bo valour de grant saver
Cist roys un fiz avoyt
Trestout sun sen savoyt
Tout autre tel cum fust le pere
Si fust le fiz en la manere
De un estre de une puissaunce
De un voloir de une substaunce
Par qi il trestout fesoyt
A soun pleisir [illegible]
Tout quant qe il voloyt comencer
Par soun fiz le vout achever
Quatre files out cil roy
Checune dona par soy
Un [illegible] de substaunce
Resoun sen de sa puissaunce

fol. 116v: arts 38, 39

A checune diversement
colum ceo q alui apent
De ca substchimee achecune
tout est substchimee vne
A lor pere auenoyt
camez ceo il ne pobyt
om rene ne en pes gouerver
od dresture iustiser
on est q lor vouns recorde
La pmere est misericorde
La file du roy la einznee
la autre si est veritee
la terte iustise apres
la qrte eere ad noun pes
camez les .iiii. ne pest mie
oys gouerner ou ut semounse
est rois dount ceo vous di
n serf out q ert maubaillj
p ein present forfest
vers soun seinour out messfet
Ar esoq il de iugement
n mes amour gref tur met
lruere a les enemis
eustef psoun leur et mis
Ar de ren ne eurent enuie
or de auer luy en lor baillie
out le ount mis en psudure
de luy pouer ne ount mesure
isericorde ad ceo veue
duntoust est de pite emue
mes ne se pest tenir
enchint le roy vodera venir
ur demoustrer sa reysun

p deliuerrer le psoim
dist ben pere entendez
A file suy ben le sauez
leine suy de humilete
de doucour z de pite
ceo tom don lay beu douz pere
ief dounbema priere
ur cel dolent cheitif psoun
venz prise ardauncoun
camz de ses enemis
n gref psoun duez mis
p pmesse le qrent
qn ount trespaser le firet
a pmeze le fausserent
ar fausete tount tous qrent
fausete lor soit rendu
le psoun amoi vendu
qn tu es roy de humilite
de doucour z de pite
ceo ta fde suy dayvee
ut toutes les eueres nombe
le dura aj q ta fde feuse
st de luy pite nen euse
ert p dreit deit auer
A merci le deit saluer
ta tres douce pite
deit mestre a samete
ert p luy orierdij
luint q merci trouerdij
erte ad ceo oye
misericorde se plie
vent enfin le serf sauuer
de psoun deliuerer

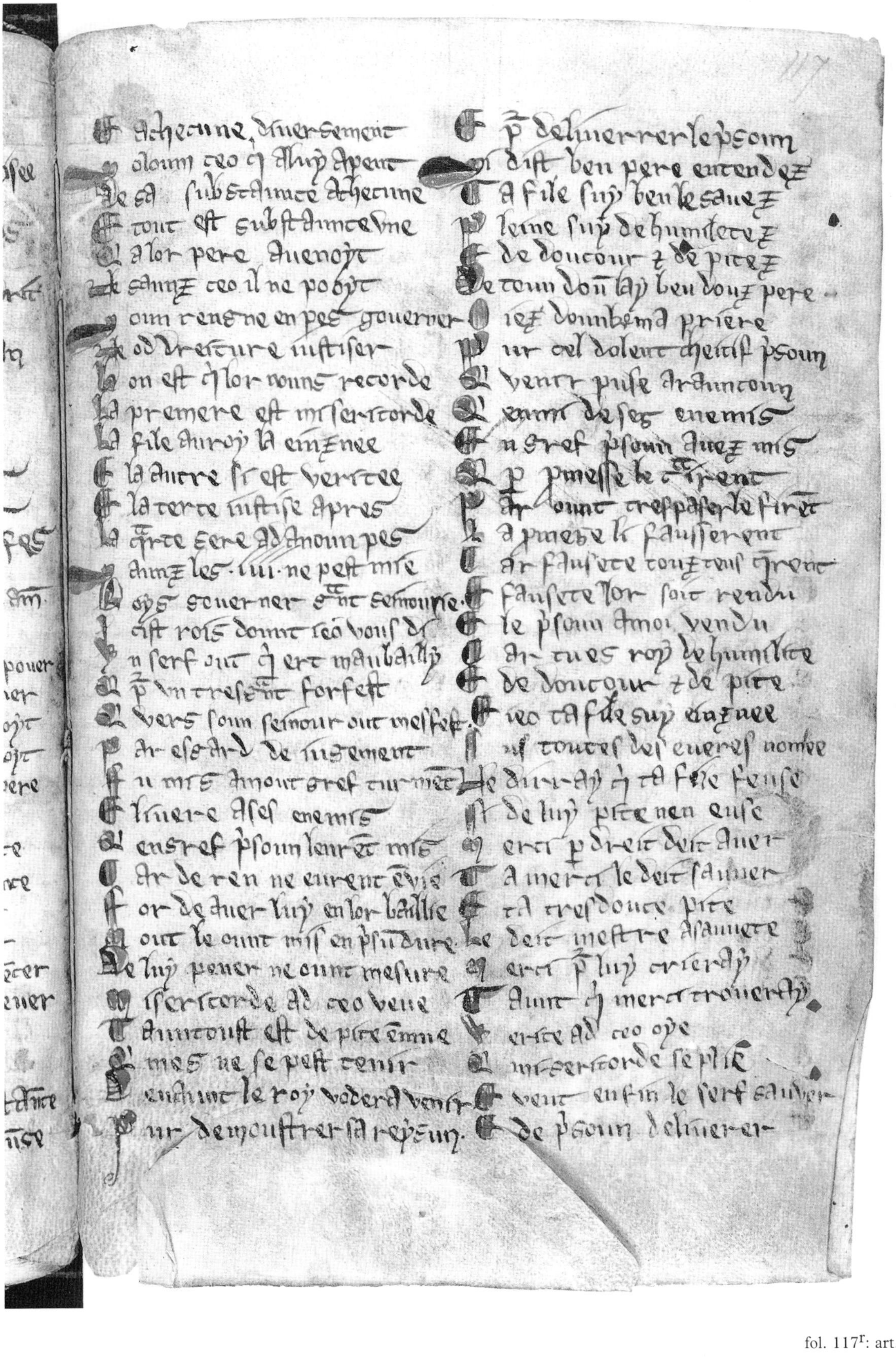

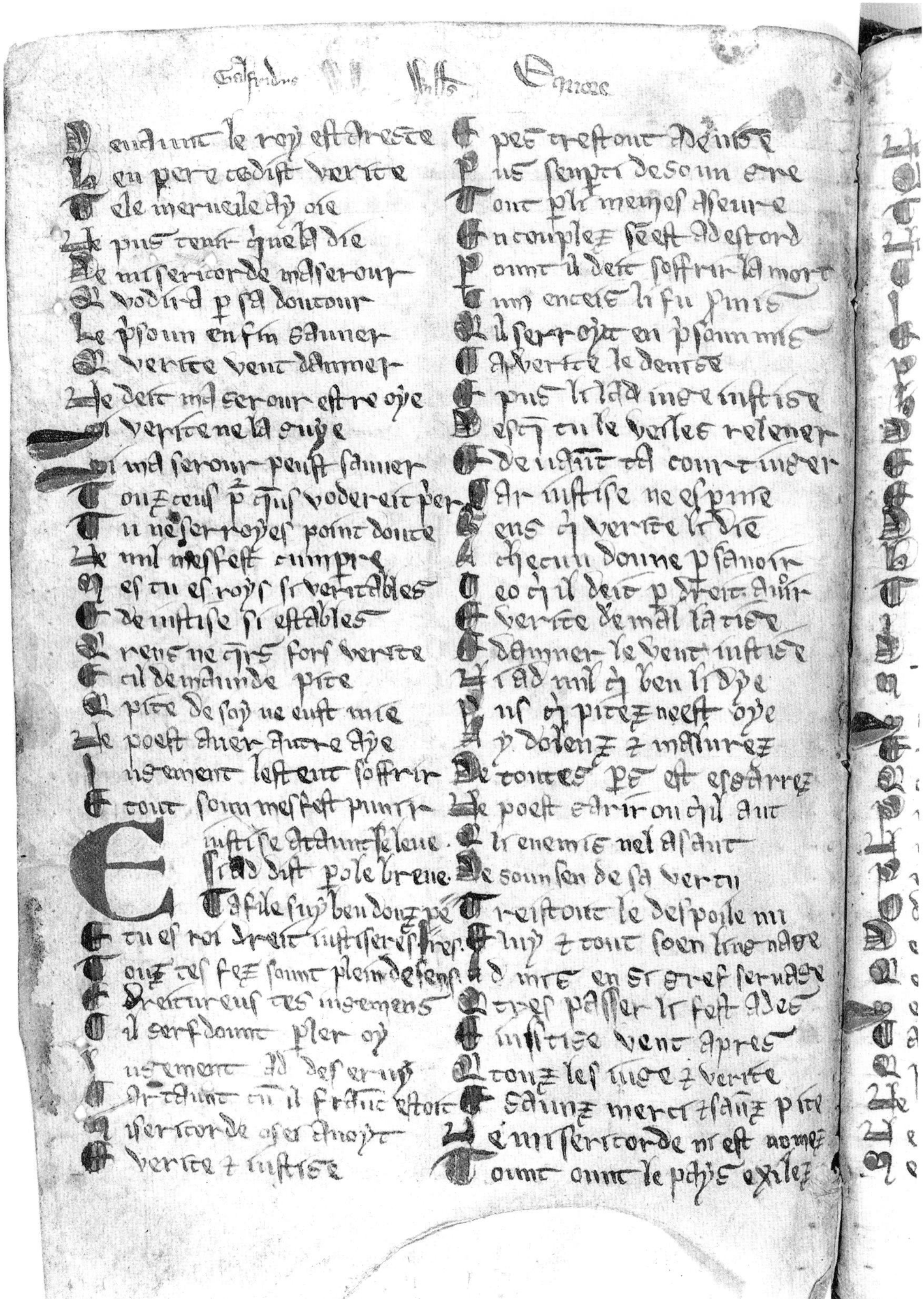

fol. 117v: art. 39

H ad rené qui soit remis
Ad estruction ne ount mis
ou lesount mie en noiez
Car ad q vin almes sauuez
co est noe z ses in fiz
seus enlarche sunt parte
lor femes q ad eus sount
hus ur ad remis du mout
douus est de penser ert
est trestu nel iugement
tout est droit z verite
saunt merci z saunt pite
oumbes ad dist pes au roy
q pere entendez ad moy
a fiz suy saunt doctrine
sue de ta subiectine
euflunt tay dey estre oye
es in seres st me ount ouerpie
aunt moy sourre lor iugemer
misericorde enfement
ounete apelez ur fu
ur ceo ni pest auer refu
il haunie q soit entre
ur ceo suy de lebe fuye
dehy frare demorduuce
eqis icele deseft aunce
entre mes ser es est baftre
eit p pes enfin chenre
Car pes est la fin detous bens
pes ad neit faunt rens
le saunt pes ne vault auoir
ur richesse ne sauoir
es p quoy seront assis

ce verite ne iustise
r p noum la pes sauner
iustise ne ad aut mester
ar q la pes soit sauuee
er ta chi ceo domkehefiisee
qunt tout bens sount pmon fest
p mon auer retret
es sauue ne suy ceo urte
misericorde ne est oye
un dit deyt port off ses
qi en es prince de pes
q pes auer se traytre
n pes auera definaille
ce nous in sous derra
ne reffoun q est verray
pus q in sunt assees
ur fere dreiturens iustises
dement con miordument
ere un tout soul iugement
ugement ne auera acord
etyue il ferent de un acord
n un les couent entente
pus le iugement fourni
st iugemet ert repelez
aunt nous ne ert il pas
aunt nous z trop fidele fere
ur ceo deyt trouer pite
misericorde tout iaurse
ur leserf q ert en iyce
ceo le pays furr veil
eqis il fuent de un orgil
le fiz le roy ad cest ven
le ciureek q est enmu

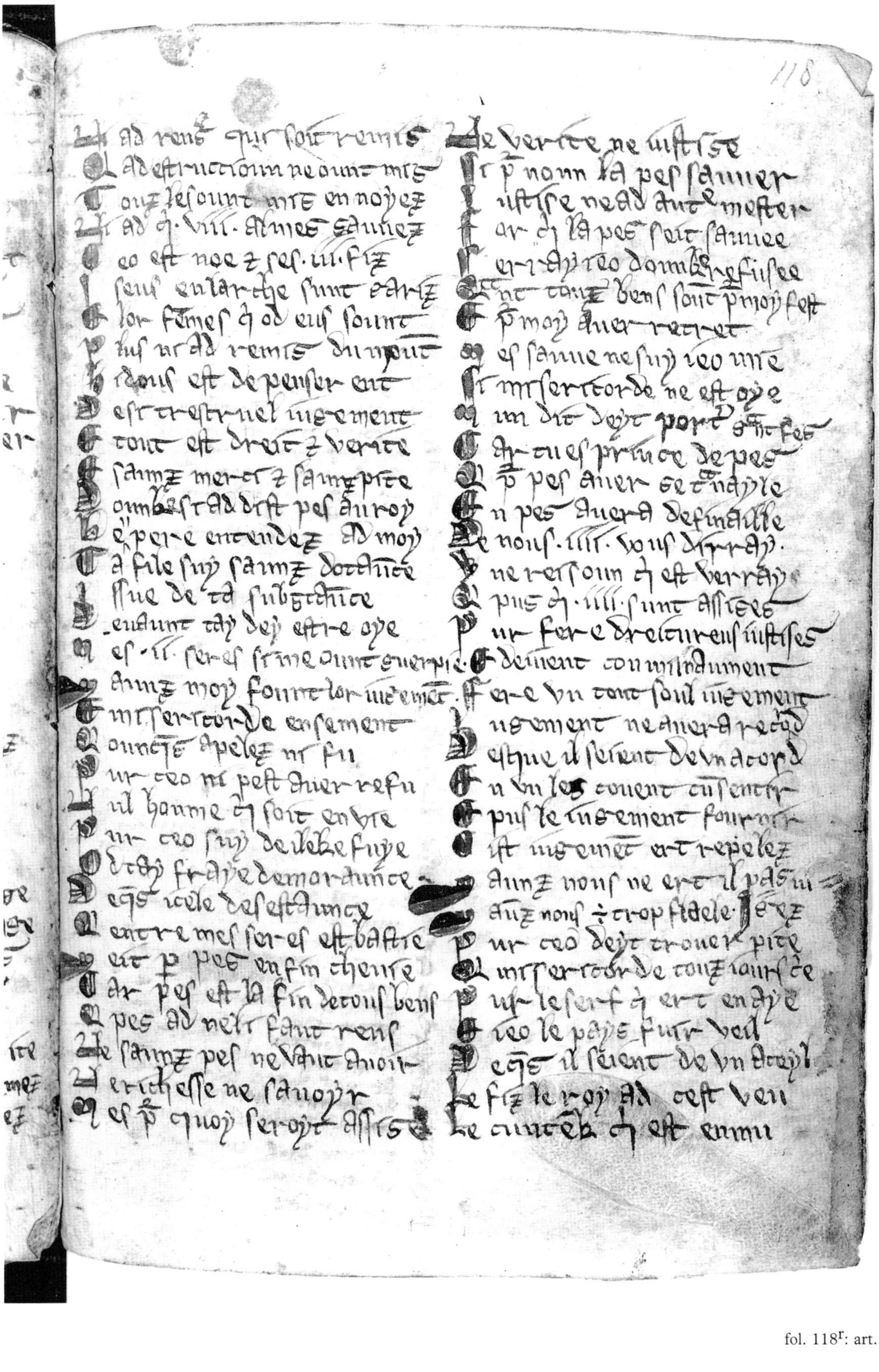

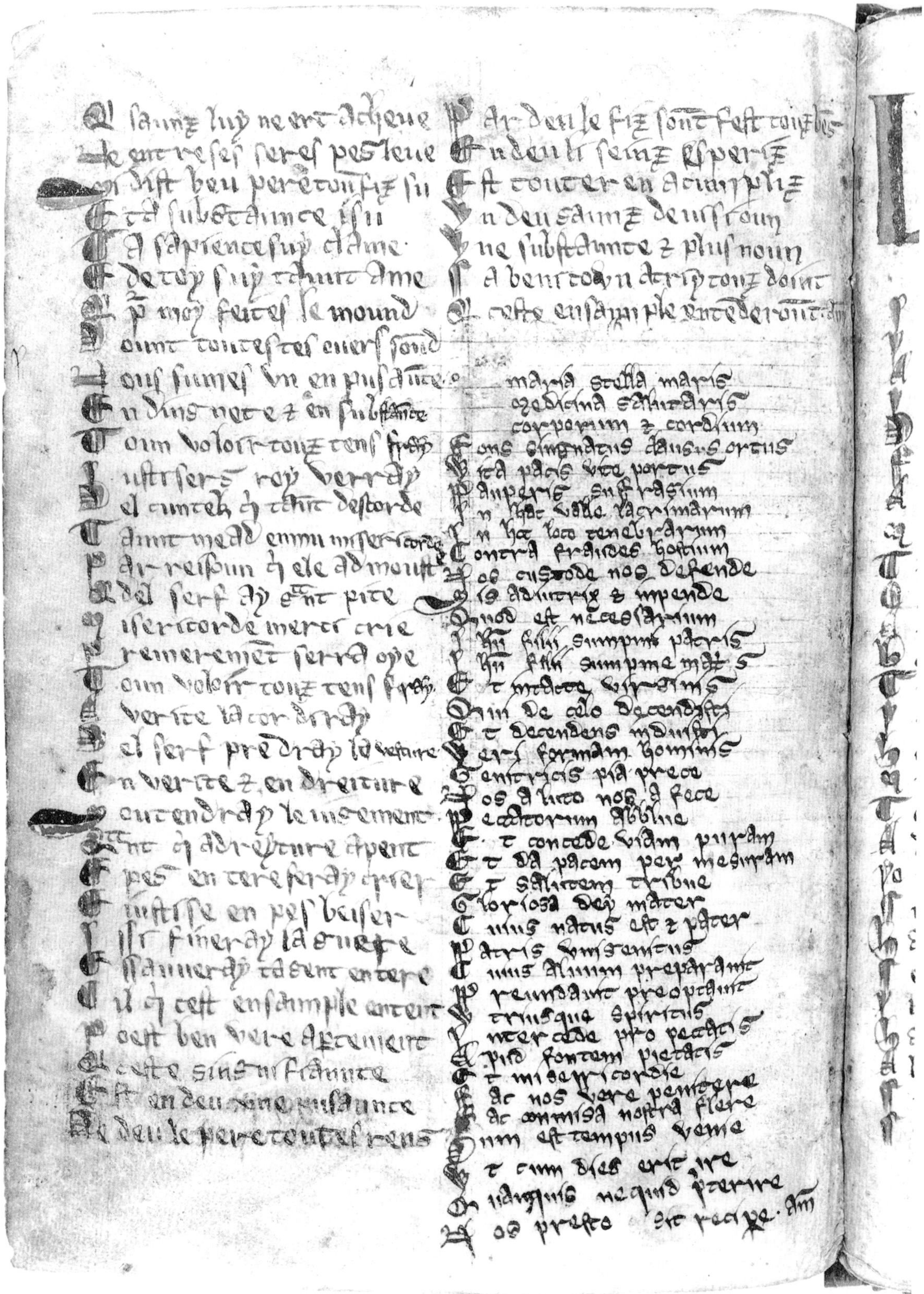

Qe saunz luy ne ert acheue
Ke ert reses seres pes leue
... dist beu pere tou fiz sui
E ta substaunce esui
E sapience suy clame
E de toy suy tenuz ame
E par moy feites le mound
Dount toutes les euers sond
Nous summes un en pussaunce
Un dieus vere e en substaunce
Toun volour touz tens frai
Justise rey verrai
Del cunteh qe tent destorde
Daunt merci ... misericorde
Par reisun qe ele admoust
Del serf qi ... pite
Misericorde merci crie
Premerement serra oye
Toun voleir touz tens frai
Verite la cor drai
Del serf predrai la vesture
En verite e en dreiture
Pees entendrai le iugement
... qe adresture apent
Pes en tere frai ...
Justise en pes beiser
Issi finerai la enqueste
Assaunerai ... entere
Cil qe cest ensaumple entent
Doit ben vere apertement
Que cest sens ...
Est en deu ... pussaunce
... deu le pere tout tens

Par deu le fiz sont fest touz bes
Par deu li seint esperiz
Est touter en acumpliz
Un deu saunz devisioun
Une substaunce e plus noun
A beni douz crist touz doint
Qe ceste ensaumple entenderont. Am[en]

Maria stella maris
medicina salutaris
corporum et cordium
Fons emundans lauans ortus
Esto pacis vite portus
Pauperis suffragium
In hac valle lacrimarum
In hoc loco tenebrarum
Contra fraudes hostium
Nos custode nos defende
Nos adiuua et impende
Quod est necessarium
Tui filii summi patris
Tui filii summe matris
Et mediatrix virginis
Cum de celo descendisti
Et descendens induisti
Veri formam hominis
Genitricis pia prece
Nos a luto nos a fece
Peccatorum ablue
Et concede vitam puram
Et da pacem per mensuram
Et salutem tribue
Gloriosa dei mater
Cuius natus est et pater
Patris omnipotentis
Cuius alvum preparavit
Preiuuant prophetie
Virtusque spiritus
Intercede pro peccatis
Pia fontem pietatis
Et misericordie
Ac nos vere penitere
Ac commissa nostra flere
Dum est tempus venie
Et cum dies erit ire
Nequaquam ne quid perire
Nos presta set recipe. Am[en]

fol. 118v: arts 39, *90

Nou Ihu þat here Wolle
of hardnesses ich Wille telle
Oure freond nou bey stille
Lesteÿ þat ich tellen Wille
Hu Ihu fader him byþoute
And adam þout of helle broute
In helle Was adam and eue
þat Weren Ihu crist Wel leue
And seint Iohan þe baptist
þat Was neueu Ihu crist
Daut þe prophete and Abraham
Or þe sunnes of adam
And moni oþer holy mon
Mo þen ich ou tellen con
Til Ihu fader Wom flesh And blod
Of þe meiden marie god
And suþþen Was don ful muchel schome
Bounde And beten and Waked ful sore
Wille þat gode fridaÿ at non
Whenne he Was on rode idon
His honden from his body Worden
þat here mihte hoe him henden
To helle sone he nom gate
Adam And eue hout to take
So þe he to helle cam
Nuthe þou des he broun
Ard ones haue gon
Ere þey soffred moni hon
rihte Winter and half þitti zer
Han ben Wend Monde her
Al mest so muchel hit is agoÿ
Suþþen þat ichwow furst mon
Suþþen haue poled and Wele

Oure chele hounger and þurst
þeu duden me so muchel same
In Wounde strode maked mela
Nomen me Wiÿ outen sake I me
ounden min honden to mr belke
beten me þat ran ablode
And suþþan me duden on ÿe rode
for Adam sunful I Wis
haue poled þis
Adam þu hauest about hit sore
And þ ne mad soffren hit namore
It Wille ÿe bruusen of helle pine
þe Adam And alle pine
So is þat ich here þere
redich him speken nemore
He mihti nou so muchel do
þat he sal ous comen to
To ben houre fere
And Witen hou Þe pleÿeÿ here
enne spak Ihu þe kinst
tille be þu lordinc
þat ich here greden þere
ich rede þat þu ne speke nemore
þou miht þel Witen be mr plaÿ
þat ich þele hauen miste aWaÿ
oft þu nenere þat ich Aÿ
ore þen XXX Winter hit is agon
þat þu hauest fondet me
for to Witen þat I be þou
Nunne ne fondest þu neuern
In me þe in An oþer mon
Þou miht þel Witen þe bi þou
þat ich more þen Ani mon

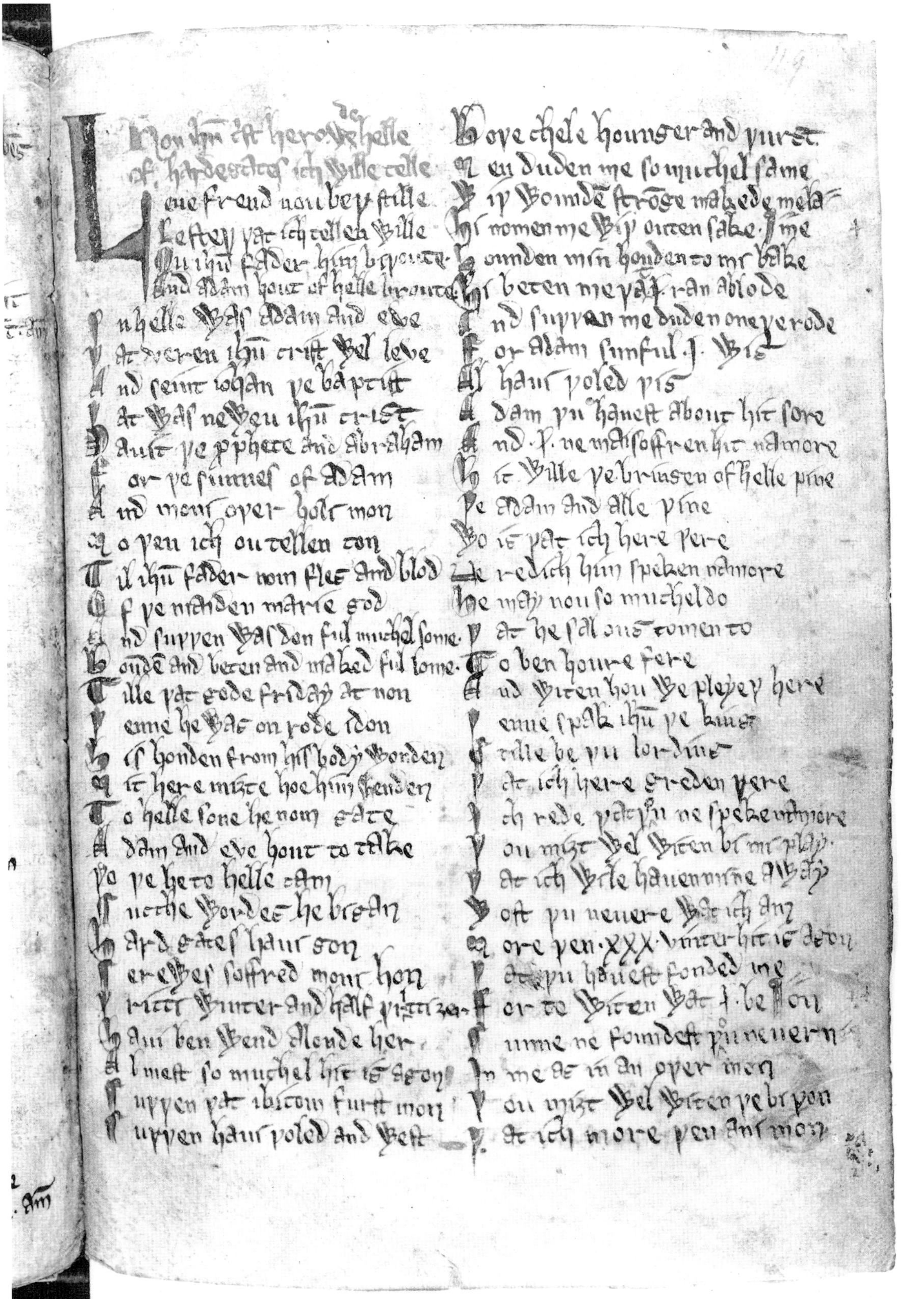

Þou salt wel witen þet to day
Þat ich wile hauen mine away.
Wenne þou letest persone
Wenne þou miȝt er-iite and grone.
Þenne spak him Satanas
Þe maister-feond in helle he was:
By my fey ich holde mine
Alle þo þat her-e ben hine.
Wiþ resoun willi tellen þe
Þer-aȝein ne miȝt þou nout be.
Adam þe hongre com me to
Man-redes he ethu me do;
For on appel þet ich ȝaf him
He is min and al is cun.
Sicurliche hit was min. Chaundise
Þe appel þat þou ȝeue him,
Þe appel and þe appel-tre
Boþen weren maked þoru me.
Hou miȝtest þou eni cunes wise
Of oþer monnes þing maken mar-[chaundise]
Seþþen þou boudest him wiþ min,
Wiþ resoun wil ich hauen him.
Ihu welcomen þou be
Þat ful sore reweþ me.
Þou art louerd ouer al,
Þou hauest þat þou habbe shal:
Heuene and erþe weldest þou. þe
Þe soules in helle let þou be
Þat ich haue let me helde [illegible]
Þat þou hauest wel mote þou be.
Stille, stille, Satanas. Nota.
Þe is fallen ambes as.
Wendest þou ich were ded for

For mine deþ was monkun bouȝt.
Hy þat habbeþ ser-ued me
Wulen wiþ me in blisse be.
Þo þat nolden on me bileuen
Sulen wiþ þe here bileuen.
Þou salt hauen more pine
Þen alle þo þat her-ben ine.
Ah mon me so worse do
Þene I haue a-wed hider-to
Ich haue þoled so muchel wo
Þat I ne recche weder I go.
Ȝif þou bi-reuest me of mine
I sal bi-reuen þe of þine.
I schal gon from mon to [illegible]
And bi-reuen þe moni ane.
God hit wot, I sal speken þe wiþ
Þat wel salt þou halde griþ.
Faste sal I binden þe
Þat fewe salt þou bi-reuen me.
Þou salt her-e ben bounden ay
Til þat comeþ domes day.
Ȝif þou were unbounden amonge men
Almest woldest þou bi-reue me hem.
Þe smalle deuelen þat beþ [illegible]
Ho sulen amonge moncun ȝonge
For to hauen alle hem
Þat hem ne willeþ stonden aȝein.
Helle ȝates ich come nou to,
Nou ich wille þat hy ben vndo.
Wer-e is nou þe ȝate-wech?
Ich holde him for-dronkid.
Ich haue I-herd wordes harde,
Nam ich namore ȝate-warde.

fol. 119v: art. 40

Ich haue iherd wordes stronge
Ne dar ich dwellen her nout longe
Loke hem nou wose wille
Ich lete hem stonden and reme stille
Helle ȝates her i falle
And suþþen go into helle
Sathanas here i þe binde
Ne salt þou nevere heþene winde
Ne salt þou nevere wenden away
Tille þat comeþ domesday
Fare so þou evere fare wiþ þe
Ne salt þou nevere do mon kare
Welcome louerd god in londe
Godes sone and godes sonde
Welcome louerd wel þou be
Ful longe haueþ ous þoutelf
Ful welcomen art þou ous
Þou bringes ous out of þis loþe hous
Welcome louerd ich am adam
Þat þou makedest of erþe mon
Ihu crist bidde i þe
Þat mine sunnen forȝef þou me
Welcome louerd ich am eve
Adam and i þat weren so leve
Þou ȝeue ous leue to loken paradis
And we hit lokeden al amis
We þi comaundement forleten
Þo we of þen appel eten
So longe haven we ben herinne
A feþe nou beþ oure sunne
Leue louerd ȝef ous leue
Adam and i þat weren so leue
To faren of þis loþe lif

In to þe blisse of paradis
Adam adam ich ȝaf þe lif
For þe and for eve þi wif
Wendest þou i were ded forn
For mi deþ was monkun born
Adam nou isege hit þe ouȝt
To day þou salt blesed be
And comen to paradises blisse
Þer of ne salt þou nevere misse
Louerd crist ich hit am
Þat þou clepedest abraham
Þou bihete þat of mire more
Wide god childen i bore
Þat sulde bringen of helle pine
Alle þat þou clepedest for þine
Þou art þat child þou art þat mon
Þat boren was of abraham
Wel ich wot þat þou art abraham
Of mine cunne þat þou cam
More þe bereþ þi riȝt witnesse
Þene þe doþ þi sibnesse
Abraham i wot ful wel
Þat hit is soþ euerich del
Þat mi suete moder was
Ikomen of þi suete fles
Abraham i sude hit þe kinge
To day þou sal blesed be
And comen to paradises blisse
Þer of ne salt þou nevere misse
Bringen ich wille out of pine
Abraham þe and alle þine
Louerd ich am dauid þe kinge
Þat boren was of þin ofspring

fol. 120r: art. 40

Do al so ya me bihete
oru þe wordes of þe prophete
þu þat godes sone
on þou art hider i-come
er aus out of helle pine
lle þat þou holdest for pine
þur þat art boreof in kin
for þi godnesse art þou min
ore for þi godnesse
en for þine sibinesse
þui l sude hit þe
o day þou salt alesed be
nd comen to paradses blisse
er of me salt þou nenere misse
ouerd est ich am iohan
at þe heuede of þe him lordam
welue winter hit is won
at ich þolede martirdom
on here me to helle fare
nd þat i sulde sugen þare
at art þou est godes sone
et soldes sone þider come
or to lesen of helle pine
ouerd þat benedensor þine
on art comen nou þou do
iþt þu seidest me to
oþan iohan ich hit wot alle
at i seide þe þat ssere
at þou salt comen me to
at i seide þe do sere
ouerd ich am moises þe pro
ch dude þe la wen þat þou
ch dude þe lawen þat þou dest

or to ben oþin onhalde
an teit est me þene pine
þone þe momite of sinþi
at me sulde comen to bote
þe sune þat adam þune suete
on dedest wel wiþ houten deþ
e comaundement of þe þi
on mit comaundemet wel held
or þou non satt in blisse be
þ þat habbeþ me serued treuþ
omeþ wiþ me to heueneriche
þ sulen alle to heuene blisse
þe cursede softel sulen misse
þ þat nolde nout on me buleue
þ sulen in helle wiþ sacnias b
ant is and loue is þi iene
ille þat comeþ domes day
on saturnas And alle þine
enden ze sulen to helle pine
eueriche is redy to mon
auke þider soulde þnon
ouerd zef ous þ ilke blisse
at þou honest ine wisse
at we moten comen þe to
nd bleuen wiþ þe þestemodre
AMEN
if tene tokenen ich tellen wille
Of xv daþes er domes
Also him seide þe prophete
After þe furdes ofsep
at ferme day hit remeuwled
at folk sal oredon ar hit bi
at were in dene stede

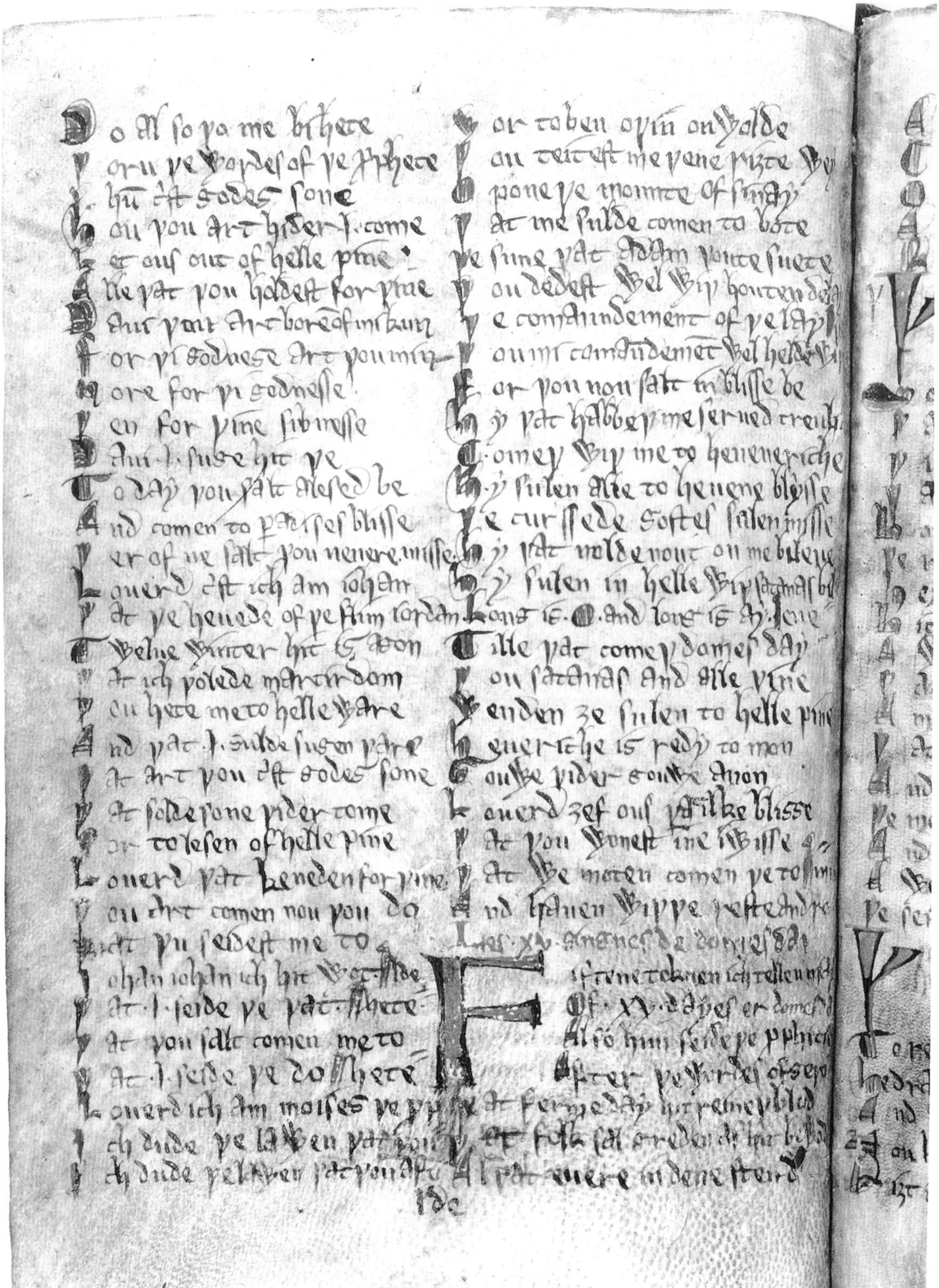

A bliþer and is to deye · vend
Children ynborene þat noȝt ne beþ
Of þare þohne adred hy beþ
And dredeþ help of oure driȝte
Þat al so hiȝ speken miȝte
Þat oþer day is strong wild alle
Þe steren sulen from heuene
Also dredful and also briȝt · þalke
Þe day þat sunt of þo nas liȝt
þat folk sal euere suppe · lorne
þis is tokning of wysedome
þat þridde day is to seche
Oure hier and heuenenrriche
Þe ri ȝte sunne þat is so briȝt
þey and feir and þel · f· liȝt
þe tranen sudertore þen þe pich
þey þe day is rellelich
þat folk þe sonne sal i· se
midde ye day al sud r· be
þat folk þat liueþ to oldeorstiþe
And sueuy þis tokne nont ne libeþ
Þe mone bledeþ and felleþ to dche
And keyout of lyne miȝt lache
Þey þat þe sulen · l· bide
Þe serethe þat his sal breide
Þe feuyedaȝ is þel strong
hop and stichmore þer is chnone
þor þen þe mone nelle ster
To rede blode he is · I· þent
And redþeþ and aky þel nei þe sr
And bitteneþ þer luttel stonde
þou hy se þ· þe riȝte drede
liȝt also serbinte hit sede

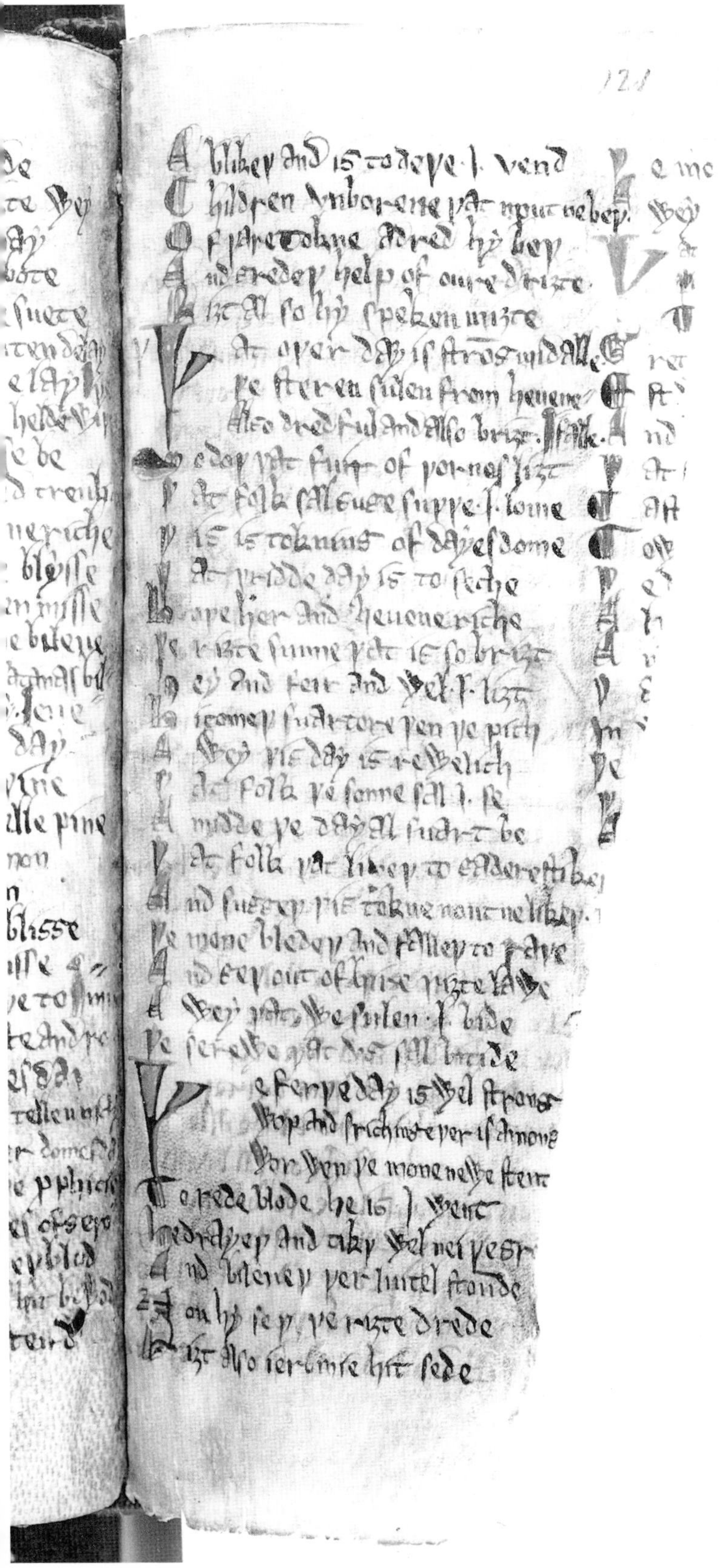

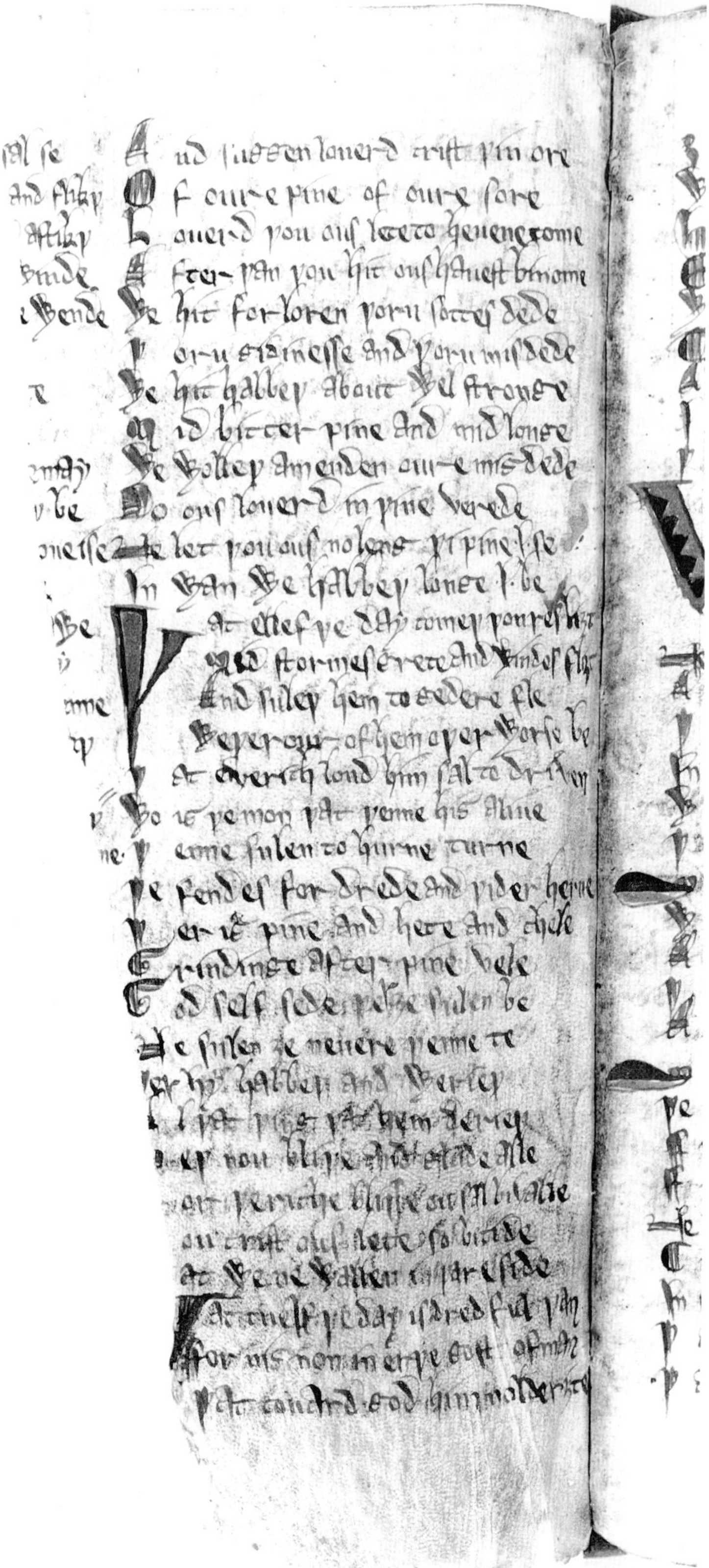

fol. 121^{v}: art. 41

Ȝef he dorste and moste and miȝte
For þe heuene sal togedere gon
Help me þer to te bidden non
Angeles þat serueþ god mid alle
For ous arnesse we hy shilen walle
To cristes fet for oure sinne
And for þe help of monkunne
Iesus so wel to ous .i. se
Þat we in þare pine ne be icom.
Vnder brinseþ þe þritteþe.
Alle þat liueden aliue mer þe.
Alle þat liueþ and of adam
From þe wordes biginne to þe dom.
Ne miȝte telle ne in boke rede
Alle þe sore ne alle þe drede
Þat oure louerd seyde þenne
Þen day in stude of monne
For alle þe stones grete and smale.
Þat beþ in erþe wiþ outen telle
Shilen hem togedere sprynge.
For drede of oure heuene kinge.
And shilen smiten and ferȝe so
Þat briȝt fur shal from hem go.
Also dredful and also briȝt
So doþ þat fur of þonres liȝt
Þe fiȝtinge shal al day lest
From her nemore we to heuene rest.
From þat day after þan
Ne liueþ nouþing ne liues man
Crist þat ous haueþ alle to hede.
In suche line her ous lede
Þat we moten him serui so
Þat in to heuene we moten go

ewe
Þe fourteþe day is hete and ser
Muchel fur sal come a morewe.
Wer al þat euere liueþ þenne
In þilke fuire shal uorberne
Ȝef mon liuede and sege þis
Wel sore he miȝte drede ywis
Þe day is strong and nout .i. some
A morewe her þe day of dome
Þe fifteþe day is dredful suþe
Wonie no mon þenne aliue
From adam þe forme monne
To þe dome þat shal ben þenne
Þat ne shal from þe deþe arise.
Wel sore may hem þer of agrise.
Þat child of þritti winter helde
Of þe dome shal ben biduelde
Þer al monkun hem shal .i. mete
Þe stude hit hot hy shilen suete
Þenne comeþ þe suete gome
Iesus seinte marie sone
Þer comeþ him bisspronge a blode
Al so he was .i. do in þe rode
To him heniueþ al his .i. corne
Wel is hem þat hy beþ .i. borene
And seyþ to hem wel mildeliche
Goþ in to mine fader riche.
Þenne he wole suete and wende
Goþ into helle wiþ outen hende
Ȝe þat nolden seruen me
Woe heuere in wickednesse be
Fader and sone and holi gost
Help ous non wel þou hit wost.
Wenne we þe habbeþ her e nouþe

fol. 122r: art. 41

B ring of hout of þe dou...les
þu it ze þ þe woken i mowe
þe bendes of oure sinnen þo here
Þi comence la vie seint
Eustace oue noun Placidas

Alle þat louiey godes lore
Olde and zonge lasse and more
Lestneþ hone stounde
Of a knizt of heuenesse
At heued, much er þe blisse
f gold and ponesses rounde
e was hoten placidas
In tyme þe emporur was
ut þis mon of rede
In þe ric he was god
nd wiy þe pouere milde mod
nd narful men of dede
f honting he couey þou
here þode and under bou
nd in wilde felde

He rod on hunting on a day
n hert he founde þer he lay
el faire ounder on helde
þe hert wel michel of hou rinde
er he was ounder þode kinde
h est he was of alle
þere hertes and hindes mo
ar e and lasse þer were also
e stod stillest of alle
n michele hert dror in away
þe knizt rod after nizt and day
l him self al one
Out in do ouer kinges londe

er him edn þe hert astonde
ponn a roche of stone
a hert betuen dez hornes hoye
ere he was ounder þode leye
nd seyde placidas
ou art a knizt of hounting fre
ou me driuest and I þe fle
id nou þi softe pas
teuene min hornes þou mizt loke
þe feir est þing þat stout in boke
el sone þou saltise
þu crittes creis i wis
at sal þe bringen alle blis
nd hounteþ after þe
þe lizt of heuene and þe clum
rizttere þen þe sunne bem
upon þat hert alizta
þe hert spak alse a mon hit were
iy þat ferre knizte þere
ch wat hit was oure drize

Placidas ich seye hit þe
þi nome shal a noþer be
Cristidom þou shalt fonse
ich am þin þt of heuene
at speke wiy þe wiy milde ste
þe dwel þou nout to longe hene
ou min þine childre and þi wif
nd wendeþ al wiy oure strif
nd astineþ ou bitime
non ze sulen i fondet be
iy care and houeye ou and houe
t for loue of mine
he nom is child rend nd is wif

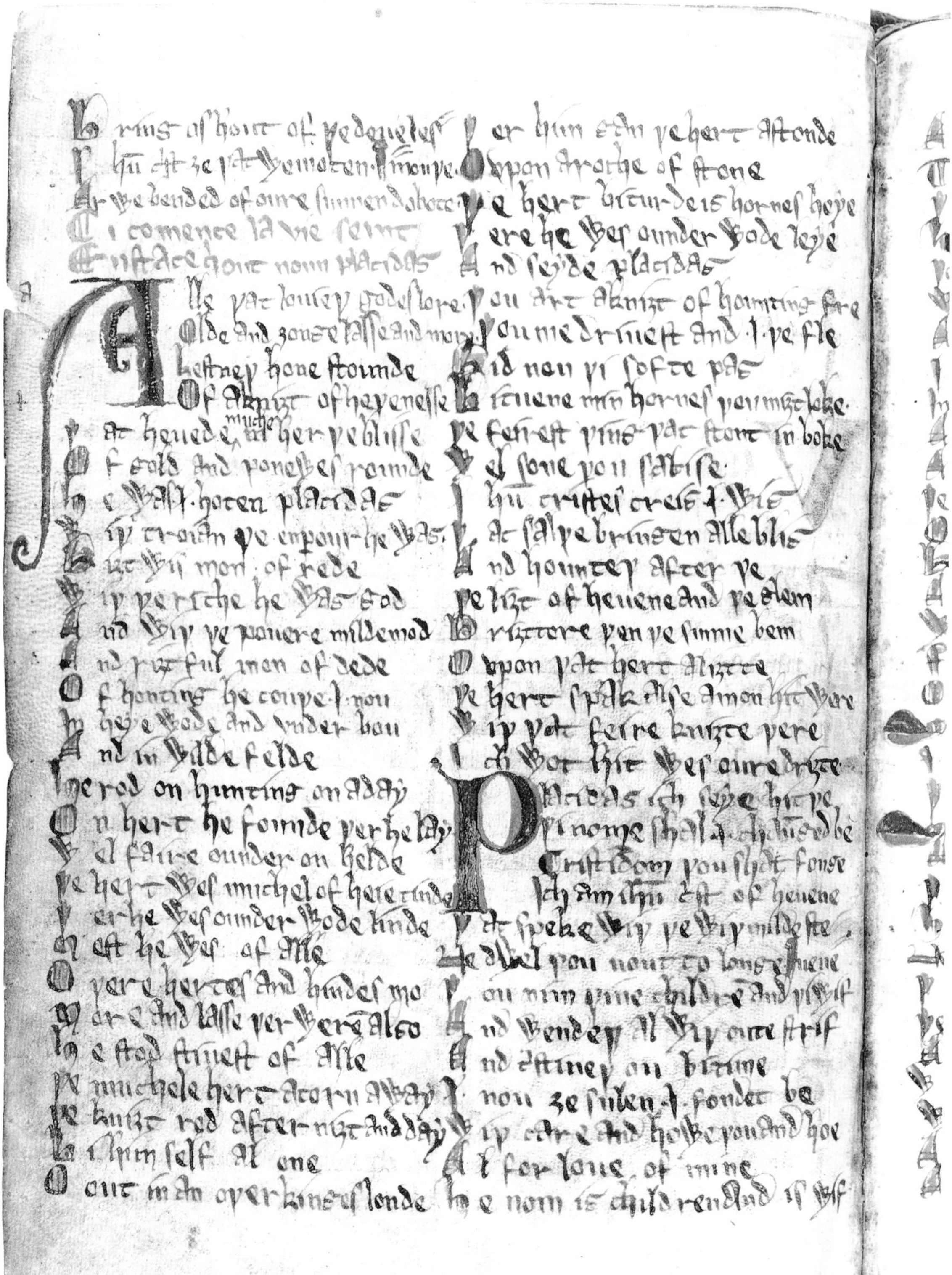

And wenten al wiþ outen strif
To þat fontstone
Þere hy weren ycristned bem
His wif and hise children tweye
Ne nes he nout allone
Whilen he heiȝte Placidas
And nou he is cristned Eustas
Iherd be god almiȝtte
In to þat heþe wode anon
Al abouten hy weren agon
And þonkeden oure driȝtte
Þe kniȝt wiþ hise feren þre
Vnder one linde tre
Reste him hone stounde
Alse he wes vnder wode bowe
Wel gode tiþinges him come ynowe
From heuene to þe grounde
On aungele seyde þat wes briȝt
Sire Eustace godes kniȝt
Iblessed mote þou be
Þine children and þi wif
Whilen hauen þat eche lif
And alle blisse y se
Wiþ þoulete lond and lede
Halle and bour and heȝe stede
Ne be þou nout sory
Þou art ytured to cristindome
Þe fend þe wille sechen ylome
And ofte þe fondy
Wendeþ [illegible] þe aungele godes [illegible]
[illegible] oure soule miȝt and driȝt
And doþ bi mine rede
Alle ȝe sulen wend I wis

For þe loue of swete Ihesus
And [illegible] dom ben dede
To his hous he wente anon
To shype so he miȝtte gon
And wif and children two
Þo weren is seep afelde ybiten
Þe wonye heuede his hors forsmiten
A fote he moste go
Al þat he louede him wente fram
Bote is wif and is children tham
Vt of londe hy moten wende
Er hit dawede liȝt of day
Astilleliche hy wenten away
In one wodes ende
Toward Egipte hy hunnen fare
Sore ybounden al wiþ kare
And wiþ loue mour [illegible]
Of him þat alle þinge shop
And þat on rode and stop
Wiþ spere þat let him stinge
To one water hy comen son
A ship hy founden þer anon
Þer honer hy moste seyle
In to þat ship he dede him þo
His wif and is ȝonge children two
Þat water wes sturne and cille
Þe shipesmen bihelde þat kniȝt
And seyþþen þe leuedi þat wes briȝt
Hoe þouhte him fen and shene
To him he seyde after þan [illegible]
Er hevedest þou þis faire wimman
Hoe shal ben min ich wene
Adoun he sette him on anon

And reste his werie bon
Biweld hise children two
Me þinkeþ min herte wile bleden
How shal ich on moderlese feden
Ne wes me never þus wo
To londe forþ his weiȝ he nom
To one watere þat he com
Þer over he moste fare
Wenden he moste þe water wes cheld
In oþer side wilde feld
Þe more wes his care
He nom his on child on his arm
Ich wot he ne dede him non harm
And bar hit over to londe
Sone he seid in his mod
Godes help his evere god
Ant ich wel ounder stonde
Sitte nou stille sone min
Þe whiles ich fecche broþer þin
And tou shalt haven þi mede
Ich wille to þe comen anon
So sone so ich hit mei don
Ne þarf þe nout adrede
In to þat water he wente aȝein
Fort he com in þat depe strem
And lokede in heþer side
A wilde leoun þer com gon
And kept his ȝonge sone anon
On him he ȝenede wide
Þe leoun ber þe kniȝt child wiþ him
Þer he wende wroþ and grim
Þe kniȝt wes neiȝ i swowe
Wore he wes in þat water depe

Hit nes ne wonder þeiȝ he wepe
Of care he hevede i nowe
Þo he hof swouning aros
He lokede oup and him agros
To londe he moste te
A wonder þing he seiȝ him þar
A wolf his oþer child awei bar
Ilke wen he fel on kne
Þe he of swouning aros
He lokede oup and him agros
His wit wes neiȝ forloren
Unneþe he þouhte on Jhesu crist
On his deþ on his ouprist
And for ous wes iboren

God almiȝtten þou hit wost
Fader and sone and holi gost
To þe ich mene mi mone
Of mi spouse þat wes so trewe
Fair and hende and briȝt of hewe
Welle wo is me al one
For mine sones þat ben forloren
Ne wilde bestes aweiȝ iboren
Ne bide ich never eft none
To wecche lond ne ich toe
How longe shal ich leves boe
Ne con ich me no wone
Of þop ich wile biþenchen me
Ant longe hevede in blisse i be
And seþþen fel into care
Louerd for þe love of þe
To sori nulle ich never be
Faire hou ich fare
Ich habbe iþolen al mine wille

fol. 123v: art. 42

124

Lnelle nammore ich wile be stille
Godes help is fulneȝ
Þo com þer on aungele of heuene
And spek wiþ him wiþ milde steuene.
Of god þat wes on heȝ
Be non stille and glad eustace
In heuene is .i. maked þi place
Þere þou schalt mirþe boen
Þine children and þi wif
Sullen habben þat eche lif
And alle blisse .i. soen
So longe forþ he wente his weȝ.
Hise bedes biddinde niȝt and deȝ.
To toune þat he com
Swinken and sweten he moste þo.
For his spending wes al ago
Wel ȝerne he hit ounder nom
Wiþ bowe and arewen and wiþ horn
For to witen monne corn
Bi deȝ and eke bi niȝt.
Wedder wimmen and orf to pinde
Hereto nes him nout .i. cunde
He wes haywardd and kniȝt
Fiftene ȝer he wonede þere
Er men westen were he were
Sount he wes wel ȝerne
Þe emperour him sende to seche
Wiþ men þat weren wise of speche.
Kniȝttes starke and sterne
Ouer þat corn þer comen þre
Lirinde men of one ble
And he hoem þere .i. mette
Þe kniȝttes weren on horse heȝe

Mid wordes milde fayre and sleȝe
Þene hayward .i. grette
Þe hayward nom and blew his horn
For he wes wardein of þat corn
Here wed he bad hem ȝelde
He axede wat hy souhten þere
And wy hy weren so .i. fare
Ouer þat heued felde
Sire we ben kniȝttes fer .i. fare
For to sechen wide ware
After one monne
Þe emperoures amister
Sount we aȝen fer and ner
We con him ous nomon kenne
Wisest kniȝt of alle he was
His nome wes heten placidas
On hounting hount he ferde
Neuer eft seþþen ne com he hom
Ne no tidinge from him ne com
Þat ani mon hy herde
Here we hauen .i. founde þe
We wenen wel þat þou hit be
Bi þine fayre chere
Vp on þi neb is an wonde
Þere bi we hauen wel .i. founde
Þat þou art oure .i. fere
Wy esp he hou miȝtte hit be
Were suldich houre fere be
Wen am ich a pouere mon
Þou most wiþ ous to þe emperour
For to fongen þat honour
Þat þou were ertoure on
Þo nom sire eustas his leue þere

Mid lyst i feren he is i fare
To kinges court he com
Þere wes ioye and blisse inouh
Þe emperour on him he louh
And kniȝt and sweyn and grom
He tolde his louerd of his care
His stronge lif his lende fare
Word and eyne þan ende
Boþe of lere and of biȝete
And of soure and eke of swete
Þat god him wolde sende
Hit nes þer after noþing long
Þat þere ne com a werre strong
Oup on þe emperour
Widere wente monie a kniȝt
Wel i armet to þat fiȝt
To sawuen his honour
Þidere comen kniȝttes tweyne
Wel gode in fiȝte hy weren beyne
Wiþ hors and armes gode
Þere nes non at þare plawe
Wiþ sheld and spere out i drawe
Þat hoere dint astode
So hy heueden wel i fouhte
Þat hit wes wel al so hem þouhte
Hy wenten to hoere inne
Wel gode i feren hy bicomen
At one house hoere in hy nomen
Wiþ outen vuel enginne
Togadere hy eten of one disse
Boþe of flesse and of fisse
And maden hem wel bliþe
After mete hy tolden tales
Of hoere auentures felles
And of here lyues siþe
Þe ȝongore broþer of hem twam
His broþer axede after þan
Of what cunne he were
He seet stille and sihte sore
Litel he spak and þouhte more
Wiþ drowpinde chere
Sire wiltou mi cunsail hele
Ȝif hit þe telle of mi wele
And also of mi sore
A riche mannes sone ich was
Mi fader heyȝtte placidas
Þat wide heuede i fare
Mi fader wes a wel fair kniȝt
And mi moder a leuedi briȝt
And hadden riche i won
We weren ȝonge children two
Mi litele broþer and ich also
In halle and bour of ston
Mi fader nom ous alle þre
Mi dame mi broþer and me
Þorou grace of oure driȝte
And ladd ous to þat fonston
And lete ous cristni sone anon
In þe name of god almiȝte
Seþþen ich vnderstonde me
We fellen in to pouerte
And wenten ous out of londe
Ouer a water brod and dep
We seileden and mi moder wep
And wrong hire honde
Mi moder wes a fair wummon

fol. 124v: art. 42

In al þat londe nes swich non
Of hunde ne of hewe
Þe shipes wiþin ure ous unnom
Wiþ oure catle wiþ houte dom
So wes oure care newe
We wenten þorou þe wildernesse
Mid wepinge and mid sorinesse
And comen to one watere
Mi fader me nom and over-ber
And mi broþer lette ben þer
To loken oure hatere
A wilde leoun þer com gon
And kipte me wel sone anon
And ber me in his mouþe
And þe shepherdes þat i seʒe
And bleuwen out horn in þe leʒe
Hi norþe and eke bisouþe
Wel softeliche ich wes ared
And brouʒt in a softe bed
Iheried be god almiʒtte
A riche man of þat ilke londe
Al þat me ned wes he me founde
And dobede me to kniʒtte
A broþer let me tellen þe
A wolf þere com and kipte me.
And ber me in his mouþe.
Þe ploumen wel þat i seʒe
And bleuwen hout horn in þe leʒe
Stich-kmen and couþe
Wel softeliche hy me aredde
And seþþen alevedr me fedde
And dobbede me to kniʒtte
Hoe fond me pallefrey and stede.
Helm and brunie and oþer wede
And swerd and spere wel briʒtte
Here moder al þis i herdde
Þere hoe wes in on orcherdde
Wepinde al for blisse
To hire bour hoe wende anon
So swiþe so hoe miʒtte gon
Wiþ mikel gladnesse
Þer com ride sire eustas
Þer his wif at inne was
Þe kniʒttes for to seche
Hoe biheold þat fayre kniʒt
And he þat levedi þat wes briʒt
Mid chere wel loveliche
Dame quoþ he seyþ þou me
Wat men her wonte at inne be
At þisse nekste howse
Sire quoþ hoe kniʒttes tweyne
Wel þou shalt i·knowen beyne
Welcome mi leue spowse
Mi louerd ich i·knowe þe
Wan one wonde þat ich i·se
Upon þi neb i·sene
Wemman ich haue harde i·sa.
I lad mi lif in mikel kare. Ire
Ich wot and nouht ne wene
Mi lef man wille we gon
To þis nekste house anon
Þere hi ben hole and sounde
And make we ioye and mikel blis
Þonked be swete ihesus
Of kare we ben ounbounde
Lope hi wenten þidere anon

Þo swiþe se hi miȝten gon
Welcomed hi weren faire
Men beden hem sitte and drinken win.
Wiþ coupe and eke wiþ maselin.
And madden hem here faire.
Þire eustace tolde hem of his kare
His stronge lif his hard fare
Þe kniȝtes wepen for blisse
Ne miȝte here non wiþ oþer speke
Ne no word out of hem at breke
Bote wepe and clippe and cusse
Þe emperour I herde þis
Þat hi maden ioye and blis
And cristine þat hi were
He sente kniȝtes sone anon
For to fecchen euerich on
Þat hi founden þere
He let hem don in prisoun stronge.
Lions and leupardz hem amonge.
And bestes swiþe fele
Þe bestes þat weren stronge and wilde.
Þei weren of hem glade and milde.
He miȝte hem noȝt quelle
He let hem don in bolen of bras.
Euerich in his wel sop hit was.
And beten fur abouten
Alle hi weren þere ibrende
Þe soules in to heuene wende
Of pine hi weren wiþouten
Bidde we alle seint eustace
Þat he do hous hauen grace
To heuene for to wende
And þat we moten þere wone
Wiþ ihesu seinte marie sone
Euere wiþouten ende. Amen.

Les diz de seint bernard
comencent ici tresbeaus.

Þe blessinge of heuene kinge
And of his moder þat swete þinge
Mote we alle hauen
Heoruȝ ȝene goed biginninge
And de[ne] lif at oure endinge
Þat ilche we alle crauen
Lesteneþ me a litel þrowe
Ȝe þat wilen ou selue cnowe
Ounwis þauh ich be
I shal ȝou tellen alse ich can
Þat holi writ spekeþ of man
Lesteneþ non to me
Seint bernard seiþ in his bok
Þat man is werm and wermes kok
And wermes he shal feden
Wen his lif him is bireued
In his rug and in his heued
Shulen griseliche wermes breden
Þe fles sal melten from þe bon
Þe senewes sundren euerichon
Þe bodi hit sal defien
Ȝe þat wilen þat soþe seen
Vndoþ þe chynes þere þei been
And lokeþ wat þere lien
Mon þou art a feble fom
Ne hauest þou here no siker hom
Ne seye ich þe bote skil
Þe riȝte stude is elles wer
Ihesus lete ous comen þer

fol. 125v: arts 42, 43

126

For on his swete wil
Þi fles stont aȝein þi gost
When þou shalt deȝen þou ne wost
Nouþer day ne niȝt.
Nedestoftes þou most deȝen
Nemeþ no raunsoun þe forbeȝen.
Greiþe þe wiles þou miȝt
A fikel wind mon is þi lif
And deþ draweþ his sarpe knif
Þou do þe sone sriue
If þou cunne loke riȝt
Ne hauest þou here bote siȝt
Þe wiles þou art aliue. Iriȝt
For nou þou art wroþ nou þou art.
Nou þou art heui nou þou art liȝt
Þou skippest alse a ro. Þerest
Nou þou art sek and nou þou cov
Nou þou art riche and nou þou pouerest.
Ne is þis muchel wo.
Vi fles þe seiþ niȝt and day.
I wile hauen esse wil · I may
Þi soule þe seiþ nay
If ich þe bere to muchel meþ.
Þou wilt me bringen helle deþ
And wo þat lasteþ ay
Þus hit goþ bitwenen hem two
Þat on seiþ let þat oþer do
Ne cunneþ hei neuere blinnen
Wel we moȝen alle iseen
Þe soule auhte maister to ben
Þe pris hoe wenne to winnen
Man be þou nout þi self oncouþ.
Loke wat comeþ out at þi mouþ

Ne findest þou non so fowel amhep.
And elles wer wiþ hauten
Wel hinderliche þou nim þe kep
Wiþ þou loke abouten
Þou hauest mann in þat foule hous
A þing þat is wel precious
Wel dere hit wes ibouht
Ich helde þe for wilde and wod
If þou letest so muchel god
Þe deuel hauen for nouht
Man be waker and be wis
If þou doun fallest gone arise
Ne li þou none stounde
Wiþ alle þi miȝt eif þou dost þis
Þi soule sekt and soþ hit is
Þoþe þou hauest ifounde
Mon þou hauest þre wikke fon
Here names con ich euerichon
Nou ich shal tellen alle
Þin owene fles þe warld þe fend
He þat sholde ben þi frend
He doþ þe þeþest falle
Þou cloþest him wiþ faire sroud
Þou makest þi fomon fat and proud
Þat ich hit dourste seþen
Þou dost þi self wel muchel wroe
Þou makest þi fomen fat and strog
To fiȝtten þe aȝein
Þou do þi cun stil and bred
Wiþdrau him hofte of his bred
And litel ȝef him to drinken
Ne let him noþing idel gon
Þou do him pines manion
And ofte do him to swinken

fol. 126^{r}: art. 43

Ta coueytise of manie þinge
Þe werld þe draweþ and mysliking.
Hit greueþ þe more and more.
Ffals he his and feyþ he scomeþ
And alrebest wen he þe gremeþ
He bindeþ þe wel sore
Þou wost þat þe world shal gon to nout.
He haueþ þou noþing hider ibrout.
He nout shalt bere wiþ þe
Þou shalt alone gon þi weȝ
Wiþ oute stede and pallefreȝ
Wiþ oute gold and fe
Þe þridde fo þat foule wiȝt
Þe fondeþ boþe day and niȝt.
Þeron hise gilles alle
Þou wost wel he ne loueþ þe
He fondeþ to chaunge þi þout. nout.
And do þe for to falle
Þou wost he ne wile þe no god
He wolde hauen þin herte blod
Þou be war of his hok
So nou also ich haue þe sed
And alle þre sulen ben aleid
Wiþ here owene crok
If þou seyst þis speke hard
He may i nout swech foreward.
Holden ne wel arne
A litel pine ich axe þe
Þau ses me soþ þar charite
Þer of yef þou ne kte

Vbi sount qui ante nos fuerount.

Uuere beþ þey biforen vs were.
Houndes ladden and haukes bere.
And hadden feld and wode
Þe riche leuedies in hoere bour
Þat wereden gold in hoere tressour
Wiþ hoere briȝtte rode
Eten and dronken and maden hem
Hoere lif was al wiþ gamen i lad
Men keneleden hem biforen
Þey beren hem wel swiþe heye
And in a twincling of on eye
Hoere soules weren forloren
Wer is þat lawing and þat song
Þat trayling and þat pride ȝong
Þo haukes and þo houndes
Al þat ioye is went away
Þat wele is comen te weylaway
To manie harde stoundes
Hoere paradis hy nomen here
And nou þey lien in helle i fere
Þe fuir hit brennes heuere
Long is ay and long is ho
Long is wy and long is wo
Þennes ne comeþ þey neuere
Dreȝy here man þenne if þou wilt
A luitel pine þat me þe bit
Wiþdrau þine eyses ofte
Þey þi pine be ounrede
And þou þenke on þi mede
Hit sal þe þinken softe
If þat fend þat foule þing
Þorou wikke roun þorou fals egging
Nere neþere þe haueþ i cast
Oup and be god chaunpioun
Stond ne fal namore adoun

fol. 126v: arts 43, 44

For almyttel blast
þou tak þerode to þi staf
And þenk on him þat þeronne ȝaf
His lif þat wes so lef
He hit ȝaf for þe þou ȝelde hit him
Aȝein his fo þat staf þou nim
And wrek him of þat þef
Of riȝtte bileue þou nim þat sheld
þe wiles þat þou best in þat feld
þin hond to strekþen fonde
And kep þi fo wiþ stheues ord
And do þat tyre seien þat w
Biset þat mirie londe. Lord
þere inne is day wiþ houten niȝt.
Wiþ outen ende strenkþe and miȝt
And wreche of euerich fo
Mid god him selwen eche lif
And þes and rest wiþ oute strif
Wele wiþ outen wo
Mayden moder heuene quene
þou miȝt and const and owest to bene
Oure sheld aȝein þe fonde
Help ous sunne for to flen
þat we moten þi sone i seen
In ioye wiþ outen hende. Amen.

Chaunceun de nostre dame

Stond wel moder vnder rode.
Bihold þi child wiþ glade mode.
Moder bliþe miȝt þou be
Sone hou miȝt ich bliþe stonde.
Ich se þine fet and þine honde
Nayled to þe harde tre
Moder do wey þi wepinde
Ich wolde dey for monnes kunde
For mine gultes ne wolde i non
Sone ich fele þe deþes stounde
þat swerd is at min herte grunde
þat me bihete simeon
Moder do wey þine teres
þou wip awey þe blodi teres
Hi doþ me worse þene mi deþ
Sone hou miȝtte ich teres werne
Ise þine blodi woundes herne
From þin herte to þi fot
Moder nou i mai þe seye
Betere is þat ich one deye
þen alle monkun to helle go
Sone i se þi bodi i swonge
þe honde þine fet þi bodi i stounge
Hit nis no wonder þei me be wo
Moder if ich þe dorste telle
If ich ne deye þou gost to helle
þolie deþ for mones sake
Sone þou me bi hest so milde
Comen hit is of monnes kunde
þat ich sike and sere we make
Moder merci let me deye
And adam out of helle beye
And monkun þat is forlore
Sone wat sal me þe stounde
þine pinen me bringeþ to þe grounde
Let me dey þe bifore Amen
Swete moder nou þou fondest
Of mi þine þer þou stondest
Wiþ houte mi pinenere no mi
Sone i wot i mai þe telle

fol. 127r: arts 44, 45

Lote hit be þe pine of helle
Of more pine ne wot y non
Moder of moder þus y fare
Hou þou wost wummones kare
Þou art clene maiden on
Sone þou helpest alle nede
Alle þo þat to þe wille grede
Maide and wif and fol wummon
Moder y ne miȝt no lengore dwelle
Þe time is comen y go to helle
Y þole þis for þine sake
Sone y wis y wille fonde
Deye almest y falle to grounde
So serwful deþ nes neuer non

Her beginneþ þe sawe of Seint Bede prest

Holi gost þi miȝte
Ous wisse and rede and diȝte
And helpe ous and teche
To witen ous wiþ þeousse
Þat bi day and bi niȝte sette
Þencheþ ous biþeche
Makeþ ous to don sinne
And abben to mon kunne
Swiþe muchel honde
He þencheþ ous biwinne
And wonien ous wiþinne
And ouer ous habben honde
Ac bidde we crist ȝerne
Hou þat he hem werne
For his mildenesse
Far hi þat to hem silen turne
In helle hi shulen forberne
In helliche þesternesse
Þe houen ame supinde
Werien of alle pine
And louien hine wel swiþe
For he ous wille werien
Þat fendes ous ne derien
Þat falle beþ of pine
We be we nouȝt here
Swiþe fele ȝere
Lote we her we henne wende
Maken ous clene and skere
Þat we in heuene englene fere
Ben his wiþ outen ende
In heuene in þe blisse
Þat muchel is mid wisse
And lesteþ euere more
Þer inne is reste and blisse
He miȝt þer no mon misse
Þat louieþ godes ore
Ac hit saiþ in þe gospelle
He miȝt non tounge al telle
Þe blisse þat þer is euere
We þe pine of helle
Þer-to we beþ wel swelle
Swey hit ne hendeþ neuere
Þer inne is chele and hete
And honger ourmere
And þurst alles to kene
Wikede beþ þe shere
And wormes þer beþ kete
To don þe soule tene
Þer inne is wop and wommer
And muchel bimeninge

fol. 127v: arts 45, 46

128

Þat hoe i boren were
Lat þer mis non hendinge
Ne non wem cherlinge
Þat enes tomerþere
Wel we owen nimen ʒeme
He þat elles þider come
And serven hevene kinge
And bidden him i lome
Þat he ous at þe dome
Of here pine bringe
Quiteðire sunnen leten
And innimen crist and beten
Of alle oure misdede
To donde hoe beþ swete
For þi ous is helle zete
Helle þat is ounlede
Þe sevene heved sunne
Þat we beþ ofte wiþinne
Þe soule wolleþ amerre
Hoe beþ of swikele kunne
Þerounde þe wiþer winne.
Ous alle þencheþ to bicherre þe
Modinesse and over-fastnesse
Ounde wraþþe swikelnesse
Hordom and zever-nesse
Þis we houten alle ounderstonde
Þat mon men in londe
Bringeþ to sor-inesse
For þis beþ þe sevene
Þat bringeþ out of hevene
Swiþe fele monne
Þe weþes beþ in hoere wene
Mid wepinde stevene

In to helle hoe shulen þenne
Hoe weneþ moni of þise riche
Þat he heveden ben i liche
For hoere pride cloþe
And þerfore hoe shulen striken
And in helle siken
And torten hit foul wroþe
To weneþ þis wreche
Þat hoe ne weren riche
For þi þat hoe [illegible] nabbeþ
At [illegible] þe wreche
Þe soule wille drecche
Wen hoe [illegible]
Þe riche mid wisse
Mitte comen to blisse.
If he hit wolde her-in
And þe wreche may wel misse
Wote he his povernesse
In mildenesse þolie
Þis monekes weneþ sounne
Þat godereþ [illegible]
Þat hoe hit shulen brouke
Þat wene þe deþ shal comen
Hit shal hem ben binomen
Wat hoe beþ þeþonke
Þe prest þat singeþ masse
Þorh godes herteness
And wot of techinge
And þer of nul don almesse
Enche sorinesse
His soule he may bringe
Þes knyttes beþ wel bolde
For hi abbeþ [illegible]

Here am cristine were
For þis scandles þe holde
Þe soule wille atholde
And maken hire ounfere
Þes pladours beþ wel kene
Þat weren red and grene
And al þis ounrizt demeþ
Hy shulen wiþ houten wene.
To helle þat is so kene
Þer þe fendes remeþ
Þis chapmen monie bistrete
Hy beþ swikele ounmete
Hy ne recheþ þan hy swerien
For to abben here bizete
For þi satchels þe kete
Here soule wille derien
Of alle men on londe
Mest swinkeþ þe bonde
And mest bizet mit rizte
If he couþe ounderstonde
And tepere rizt ounder his hode.
To crist he comen mizte
Ac for alle his biswinke
If he may comen to scottes drinke
And stelen cristes tenþinge
Strene deþ hit wile him þen-
Depe in helle swinke | ke
His soule he may brinne
Þes prude leuedies
Þat louen driweries
And breken here spousede.
And doþ to eawbre
Þat loveden simonie

Of eni gode þinge
Hy drawweþ here wede
And selkene þrede
I frended and I bounde
Werd and swiþe ounlede
Wemen hy shulen and grede
Depe in helle grounde
Monekes and eremites and nonnen
Þat hem witen ne cunnen
Þis swecthe lecherie
Hy shulen to þere ounwinne
Alle here dopes damme
Þe shulen hem warchinte
Soþliche al betere hem were
Þat hy i boren nere
Þider shule wende
Warn ich an here
For ze þat enes comeþ þere
Þer ze beþ ha bouten hende
At hy weneþ libbe
And longe sinneste
And þen at þen ende
Here sinnen al amendie
And birewsie
And seþþen to heuene wende
Ne ben ze nout so unwiste
Þou to ihesu criste
Þer to ich ou lere
For þer nes non þat wiste
Wiþ houten ihu criste
Wen his handes were
For ous ne beþ nout so eþe
To zeines haure deþe

fol. 128V: art. 46

Alle ous mooten so wel hede
We speken bote oun . . .
For ous bey stronge and breye
obeten oure misdede
Nout wiþ criste scolde
eten ous yerne on londe
To habben honure . . .
wen we him ser-uen holde
. . . foul ben ne holde
. . . we non foryyer ne mizte
. . . oyliche wen we bey dede
. . . nerich sal fongen mede
After his herthinge
ore we ous ye bet whede
Þe soule hit shal .I. frede
. . . faþey to pinne
ye bali me bindey
. . . here me him priuey
. . . nd bruney him hounder erye
. . . or meþ him .I. findey
. . . þat nen hoe him crindey
. . . to hi shulen worþe
. . . liy and rotey to . . .
he ne hauey þat he hi owe
Of þeie neof londe
. . . noþyer mey ne moþe
. . . at yer doren ayrowe
. . . hem sitten ne stonde
. . . þer bey renne his wayte
. . . he here payte
. . . nd in þis lif wonne
oyliche hy bey bi payte
wrecche over-e hoe bey . . .

At him no þonk ne cume
wer bey yenne his . . .
nd his proude pinces
nd his gold-peinte stone
For al his pude pinces
Witley him no pinces
yenne to his biþoue
oyliche naked and bare
wiþ wop and wiþ kare
þou tome to þisse kine
nd so ze sulen eft sones fare
Saye ye sop wiþ oute sware
weyyey on bume . . .
ze sal ye world forleten and le
er of ze shulden penken . . .
nd oure sinne aquenche
id beden and mid almesse
iy outen welnesse
ze mizten ablenche
rom þe soris achnisse
nd from his swikelnesse
nd from his heuele wrenche
f þou fallest in sinne
le tyon nout ya-ume
wreyeþ up to arisen
nd sheud ye wiyer tine
achnid mid his pine
nd do ye also ye wise
or man nolte nout to abbe souk
en his wrecche is come
sunnen be .I. falle
abbeþ heure dome. Swiþ . . .
nd oim wren his sunnen . . .

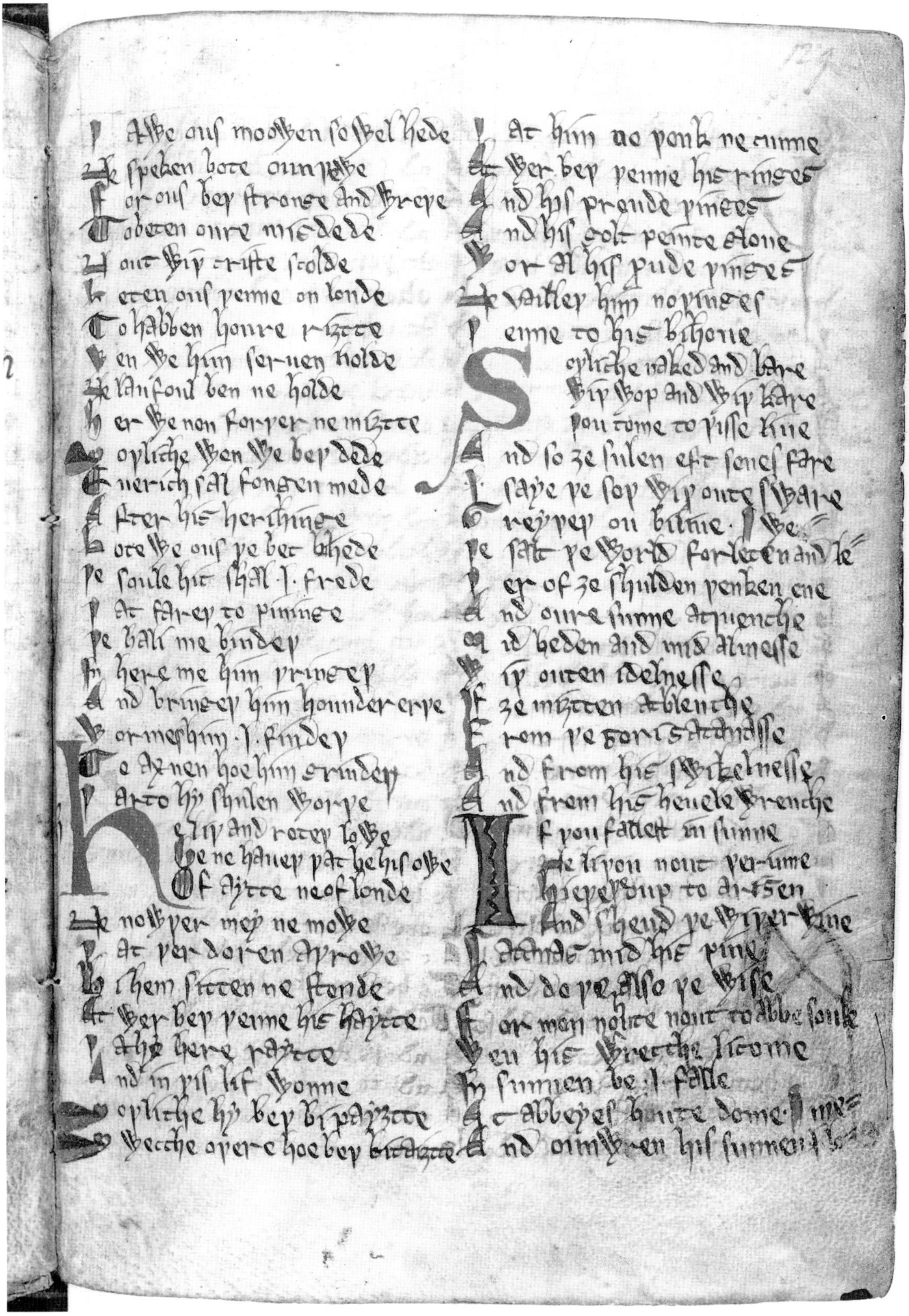

And crist in his pines alle
Þer-on him let wel striven
And þene fend out driven.
Ne þarf him nout shome.
For-ne beþ in þisse live
Weþmenne wimmen fiue
Þat ofte ne sunegeþ
At þes modre come
And leuedies and þe ounrome.
Doteþ hem also þe ounwise
And þes zounkneres sonnie
Ley þat hoe to shrifte come
Hoe beþ sottes and shomefaste
Hy willeþ soþ tellen
Þan me shulde hem quellen
Hy ounweren here misdede
For þi hoe shulen in helle
Euere gronen and swelle
And euere-mo ben þer-inne
Wemme eni gremeþ sore
Þe grome pincheþ more
Þen al hore oþer pine
Do þe bi prestes lore. Imette
Holden herten godes lore
Þenne hoe hit shulen biwine
At þe mounte of olifete
Þer we ous shulen alle i-se
Þe gode and þe ounwreste
Þe day worþ milde and sete.
And bitter unimete
To hem þat for-lete
To don godes heste
Þer cumeþ god on his rode
And his side his ablode
And seweþ ou he ous boute
Afered beþ þenne þe gode
And wo is þenne þe ouermode
Þat þer of ne route
Lokeþ seiþ god nouþe
Wat ich for ou ouþe
Wat ich for ou gon þolie
Litel þonk ȝe me couþe
Ne mid werke ne mid mouþe
Holden ȝe me þonkie
At he seiþ þenne to þe gode
And to his milde moder
Ȝe duden gode dede
Ȝe me fedden and srudden
And wel me bihedden
Þe ich among ou ȝede
And leide me a softe bedde
Þar-fore ich ou wole aredde
For nou ȝe habbeþ nede
Þe gode seseþ þenne
Louerd whare and wenne
Duden we þe gode dede
Ȝuse he seiþ þe pouremonne
Þo hoe help neden nen
Late as hoe for me beden
At ȝe mine gode mid iwisse
To heuenriche blisse
Þe deþ ȝe shulen wende
And þe atour-sede to forȝenesse
And to euche þester-nesse
And þer ben euere bouten ende
He seiþ þenne to þe wrecche

fol. 129v: art. 46

Ʒe nolden nout her me wrecche
For hounger ich aswelt þroute
Ʒe nolde me in fecche
Ou self ʒe weren so wrecche
So modi and so proude
Hoe gredeþ þenne on heþe
Þe wrecches and þe ounweþe
Þat loueden þe ounredes
And sieʒeþ louerd wy oure eþe
Þe þeneuere ne seþe
Þer þou nede heuedest
God seyþ ʒursemme
Pouere ounhole hine
Þat to oure dore come
For chele hoe heueden pine
For hounger hoe gonnen chine
Þer of ne nomme ʒe gome
Þer of ʒe nolden hede
Ʒe ʒeuen hem of oure brede
Ne of drinke ne of clope
To day ʒe sulen frede
And ounderfongen mede
For me ʒe beþ wel lope
Hoe ʒer-reþ þenne and gredeþ
Þe fendes hem forþ ledeþ
Boþe licome and soule
Teþeþ hem and gredeþ
Wiþ pikes and wiþ hokeles
Þe soule seiþ to onsudre
Licom al þou forfare
So wrechede and so ounlede
For þou ous hauest i·wrout þis fare.
And i·brout ous eþche kare
Strikeþ hem and bredeþ

Þat euere we shulen þeke
Þat þe gode and þe clene
Wan hoe i·seien ous þenne
Al þat cun þat we of come
Wille hoe neuer ene
Wreþen ne bimene
Þe þat to nimen gome
Hem self hoe beþ so bliþe
Þat hoe of wone riþe
Moten ane day wonie
And þonkeþ god swiþe
Ofte and monie siþe
Þat hy hit mosten herie
Ac ʒif we ous wolden wel diʒte
And leden ous mid riʒte
Þe wiles þat we her were
Ich ou sigge and pliʒte
Þat þe domes ʒe miʒte
Wen engelene fere
Þat bidde we oure driʒte
Þat dayes sop and niʒte
Þat do houre soule bote
So þat we miʒte
Seiene hen at siʒte
Among þe engeles briʒte
Am̄ · so hit be more · am̄ ·

Coment le sauter nostre dame fu primes contreue.

Leuedi swete and milde
For loue of þine childe
Þat is foul of miʒte
Me þat am to wilde
From shome þou me shilde

fol. 130[r]: arts 46, 47

Bi day and eke bi niȝte
Ich wille biginnen here
And tellen þe manere
Hou at þisse stounde
Of þi sauter here
And wel gode chere
In hit wes i-founde
Send me þine grace
Hou in þisse place
To wel for to done
Ich nou bidde þroute
And þer-to lif and space
Here nou mine bone

A riche man was wile
Þat wolde none gile
He louede holi chirche
Bisides him a mile
In abbey of seint Gile
His helderne gonne werche
Had lif þis man ladde
One sone he hadde
Þat gode dedes dede
Bi day and bi bedde
His sone farþe he fredde
Bi þat ilke stede
Munk he þer-e bicom
Bi abit he þer-nom
Bi his fader wille
Him louede god and mon
Of feiþe he bicom
For euer he wes stille
His fader him bimenede
Þat he þer-inne wende

Ho zone scholde i-wis
He dede after him sende
Þat is nou þat ende
And made him muchel blisse
Maister hadde his sone
Þat wiþ him wes i-come
Cunte i-nou and sley
Þat hit wes his i-wone
To techen alle and some
Þe ordre fer and ney
He hede ofte aboute
Bi innen and bi oute
Bi þe louerd on dey
Þe sone he lek þer oute
He hede for to aloute
Tellen ich ou mey
Þe leuedi ful of miȝte
Þat bar oure driȝte
In a chapele þere
Bi day and eke bi niȝte
Out wen he comen miȝte
Þere wore he were

Ou alle ich telle mey
On houndred e wet he dey
The greting wes seyde
Wel he held his ley
And þe ordre bi in fey
For loue of þat meyde
Wel he hedde hi wrout
For god wes his þout
Þat wes wel i-sene
He ne les hit nauht
For he hit hadde abouht

fol. 130v: art. 47

131

Þer-on his gode bene
Whiles he none stounde
Þat he þe fel to grounde
And on knewes bi-
And þoute of þe wonde
Þat god for al þe mounde
On rode heuede isuffred
An houndret to þe meyde
Aue maries he seyde
Litle he the deyde
Whe hit nout ne alleyde
At so wel he pleyde
Brit sop for-to saye
Þat he san wel bri3tte
Oure leuedi foul of mi3tte
Asterles day .i. wis
Þere hoe sat wel ri3tte
Cloped hal bi si3tte
And seyde to him þis
Mi monk ne dred þe nout
For .i. þe haue .i. bout
And þe ich wille take
Þou schalt so god fulwr
Worst þou nout biclue
Qued ne shell þe take
Ich þonke þe her-non þe
Þat þou wiþ þine mouþe
Me haueft i-pleied wo
Bi norye and eke bi
Hit shal ben w
Þine dedes
At þou m
Wor

Fifti al bi score
Of aue maries
Fifti on dethi price
Wite non were fore
Þat is wri3t in sauter
And þou shalt witen her
Hou hit shal ben do
Fifti seye bi fore
Tene euere biscore
And on anteme þer-to
In tokning of þe blisse
Þat fel me mid iwisse
Þo þe aungle to me com
And seyde me tidinge
Þat of me sholde springe
He þat is god and mon
After soþ wel sone
Fifti mid idone
Al for þat ilke blisse
Þat he wiþ outer
Wolde of me ben
Þat þou þer
Þer-afte
Ef te
Bi
C

fol. 131r: art. 47

To me comen and go
he broute me to blysse
þat nevere ne shall misse
þat ilke stounde
Blessed be þat time
þat alle broute of pine
þat weren þerinne i-bounde

A levedi i þe strete
for þou art fair and swete
and good to serue wel
Brinte me þin ore
for i shall evere more
on þe everich del
If ich dourste and coupe
ich wolde i wiþen nonþe
...ed here of þe
i þe faille þ gore
leue and neuermore
of day þat ich i se
is day þou me zeue
...tresday azein eue
Aue marie
me of mine sweven
to suggen leten
...the dayes
n more

lle þe ere inges
and i shal þe bringe
rom mi sone þe knoe
Anne gode tidinges
Marie þe ere Mari
and þe monk euiche day
seide his preyeres
and belgode wille
...ope londe and stille
...ese aue marie
...at day Aue venizte
...ure tender ford of mizte
To þat moneke com
...loþed als i þe brizte
...þat hede Alrizte
And þonkede þat mon
...air is lo mi þede
...or bedes þat þou bede
and þou hanest þmet me
...sone þe wille rede
...at noþing þe nadrede
...ere ich hit telle þe
...uene þou art home i com
þou shalt Abbot bicome
for þin Abbot shal deye
Aue evere in þi none
To suggen mi paternone
...me þries euiche dþe
and ouer Al aboute
...ad preche time and oute
...þis is mi salter
...þat euiche dþe
...for me sþe

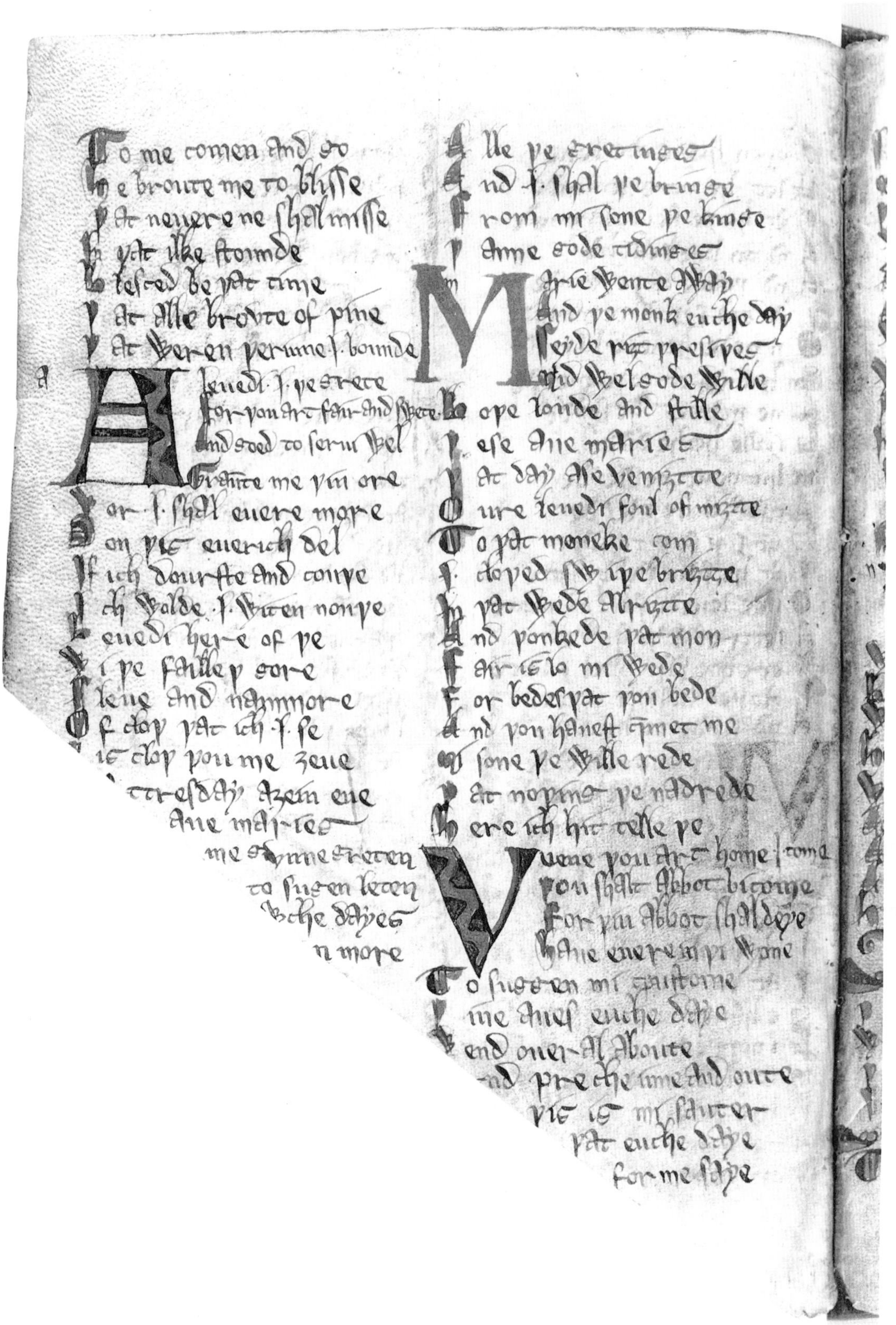

Ich shal hem ben helper
Monek ich telle hit þe
Þat þou most al for me
Wenden wide whore
And telle þis tidinge
And myne sone bringe
Wel fele him bifore
For þorh þyne mercies
Þat mon shal seyen þries
In þe worshipe of me
Ich shal hem helpen alle
Þat come when hy calle
For soþ ich telle hit þe
Nis non þat shal deien
Þat wille þries seien
Þese fiue mercies
Wiþouten housel and shrifte
Ne deye ne bi nyhte
For none folies
He shal in euche place
Wel finden my grace
At his lyues ende
And he shal hauen space
And finden godes grace
Him al to amende
Þan ich wille henne
Sey hit to mani manne
Þis and make hit couþ
For seueȝer after þis
Þou shalt deye .i. wis
Ich telle hit þe wiþ mouþe
So longe is þi time
To holden þe and þine
And hem for to teche
After þat of pine
Þou worst .i. brout wiþinne
For .i. shal ben þi leche
Marie wente awey
Þe monek rod niht and day
Folk to gode bringe
Þorh þis ilke þinge
And þorh his prechinge
Glad wes þe tidinge
Þou ich bidde here
Ou alle wiþ gode chere
Þat ȝe singen þries
Wiþ wel gode wille
Boþe loude and stille
Þese fiue mercies

Les ounsse peines de enfer

Oiez seygnours vne demaunde
Quele deble fist estimaunde
Quant chescun peccheour
Alas mis hors de estour
De mort en vie resuscite
Par la grace de deu
Hounselh gost þat dest þou here
Þou were in helle nou forȝere
Whenner helle dore vnlaken
And an dit þou of pine .i. breken
Ore pes pousaunte le mort alu
Ne cest secle ou il fu
Quant en andre comme .i. dist
Les ounse peines q sen poinst
Des diuerses qil senty
Vn soul mot ne ment y

fol. 132r: arts 47, 48

Vnolton heren nou schal ye
Hou ich am from helle icom.
Wormes haueþ mi fles ifreten
And alle mine frend me haueþ forȝeten
Ich was a mon as þou wel wost
And nou ich am a wrecche gost
In helle ich habbe ȝare iben
Þat me myht on min eien sen
Of me myht mon forbisne take
Þat wole his sunnen al forsake.
Wo wraþer hele he was iboren.
Þe schal for sunnen ben forloren
And þe mo þat wercheþ wo
His soule schal into helle go
Ma pinen hoe schal be
Þen foweles bi þe heuene fle
For þer beþ bernninde tre
No mon ne myht her þe i se
Þer þe soulen beþ an hon
Þat here habbeþ sunne idon
And nolden neuere to chirche go
For þi hy þolieþ þer sech wo
Þikere hy honeþ þer amal
Þen ben beþ in þe winter stal
Seuen þer is on ouen iheto
Seuene deuelen þer stodeþ at
Þat þe soulen vnderfon
And hem into pine don
Þinges þer beþ al aboute
Þat mon auhte muchel to doute
Nen and eis and lunged blod
Neddres and froskes þe witteþ for
Of þe fur hoe doþ hem þer el wo.

And beþ as hoe weren ere
Þe soule þat þer comeþ to
Þe bideþ hoe neuere more ro
Hoe wolde þenne and hoe ne myh
For þer hoe schall ben al ne wey
Wetthe pinen he þolien schal
Þat her wes of his fles ful gal
And wolde louien his fleses wil
And fonden al þat wes am sckal
Þer he woneþ in seche wonderliche
For he loueden ounriȝt leche
And for hy ne leten here sunne awey
And s[illegible] hem eer here endedaȝ.

Wel of stel is for þer mo
Þat berneþ liȝte and turneþ ho
Ayounsent spoken þer beþ on
And pikes ouer al idon
Þer þe soulen beþ to drawen
Þat here trepeden euele lawen
Þider wendeþ þe soulen ilome
Þat her demeden false dome
Mo soulen þolieþ þer sech wo
Þen fisses ben in al þe se
Four þer þer is a water hot
Þat is long and dep and brot
Blacore þen þe swarte pich
And stinkeþ al for roteliche
Of þe pine þat hit beteþ
Ouer hit stinkeþ aþer hit tereþ
Field is þat fowele pol
Forneuere is hot and neuere col
Þer bi stondeþ deueles trome
And wasseþ þe soule wen hoe com

fol. 132v: art. 48

þoe þere vercheþ al grey
s þe wolf dey of þe sheep
en þe deuelen hem forleteþ
tghen and neddren hem to-breten
nd dryueþ hem into one helle
ndrere hoe poliey alle oure selle
en hoe habbeþ þat I don
ft sone hit is al forenhon
Me may hoe þoe sweten wel laþ
þat so schal þinen niȝt and day
ome me may þere I see
þat stondeþ in to heere knee
ome to heere middil þei
nd some to heere euere bres
And some riȝt to heere tit
As heere sunnen beþ I bet
Ho eþ biter is þat veren nime
þat stondeþ in to hoere chinne
He þat þes oþre oþer boþ mer
þat stondeþ in to heere sheer
nd hoe þat euere wel laþ eueþ
þe flod to heere naueleþ deþ
ose his glad of oþres harm
þe flod tokeþ to his arm
þe spekeþ muchroke þat nis nouȝt
To his mouþ þe tokeþ þe flod. ood.
þe þreteþ his falnesse oþer his stele
A bouen his helen þe flod heleþ
þat deþ his wille heines riȝt
O him nemaþ me sche nouȝt
þose is þis and eke þat
lo þe þat his soule necome raþ
of þen þis middellert deo

heere pine I lesteþ eueremo
orþer is a ful dep fen
ful of tokers and of himen
I stude is pesiore venþe niȝt
or þer ne comeþ neuere liȝt
nd stinkeþ foulore þen þe honnt
or brunston walleþ sinþe grout
þo þousent soulen and wel mo
ne freteþ hoere toude a þo
nd drakeþ out hoere bram
or hoe veren of schese fain
weth is hoere pine þer
or hoe veren senders her
weche beþ forþer I don
þat noþit nabbeþ hem honpen
hem me dreþeþ wiþ þe riþ
so þe brede wiþ þe spich
eddren hoere brette soukeþ
nd snaken þere hem to loukeþ
elle houndes aþher hoere se
nd þerene denelen hem stondeþ heo
or hoe heere midden hot leþe
þe hi comen to chirche dore
nd for hi diden hoere strin
þat ne moste eft net ben
oe þerþen hit houndes oþer swin
or þi hi þoliet sori pin
orþer beþ þe pine and stinne so
þat serdes of dreþ ne þat
half me doþ hem in asur
nd half in a þorse mur
þen hoe beþ so to draþen
þer þes freteþ hoere maþen

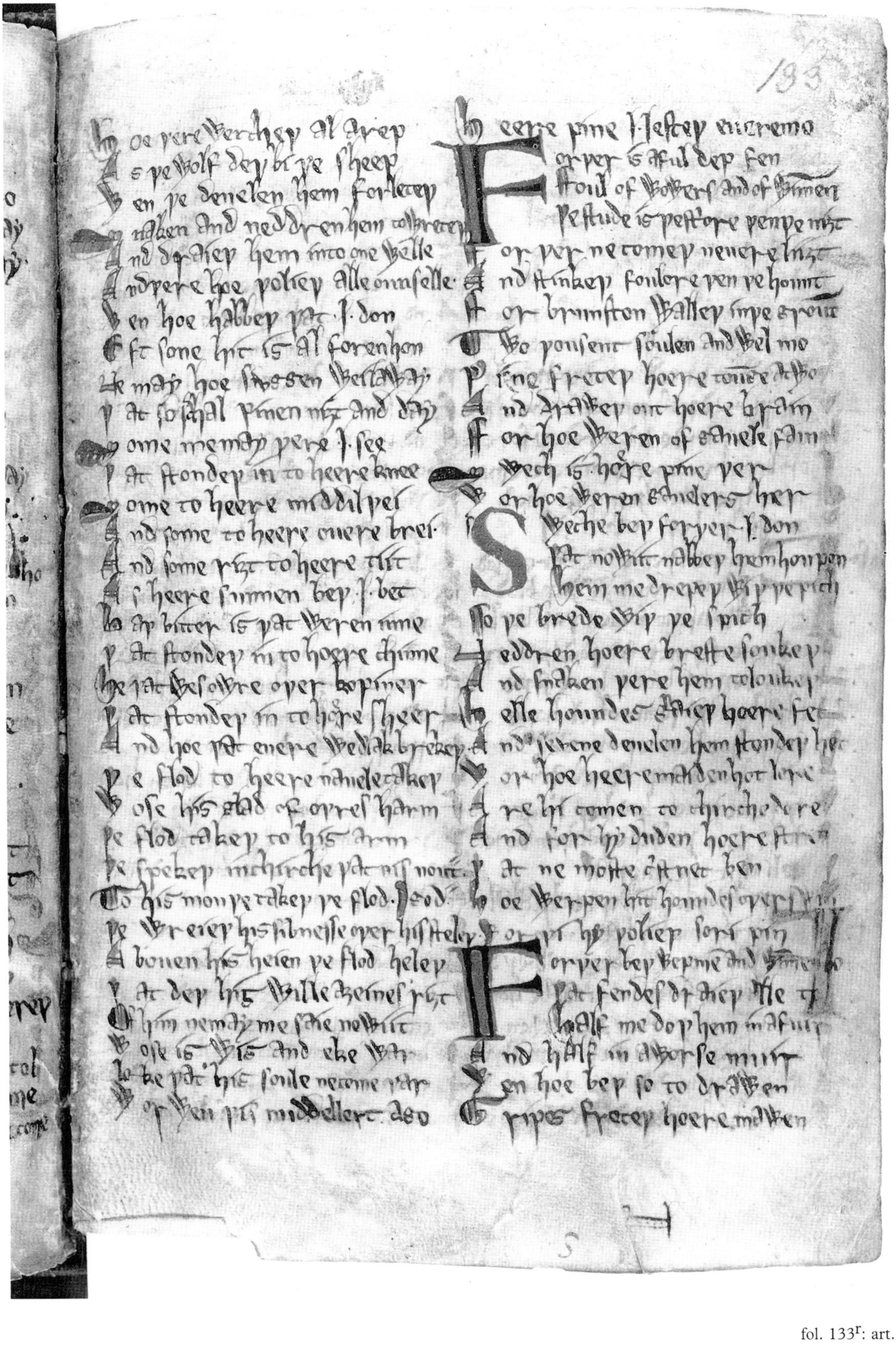

And hoere wrecched euerudel
Hebbe þe þef of no god del
Est hoe werpeþ al in al
And herneþ to þat ilke al
To his pinez and werse anon
Þat here diden þe wide won
Oþer reueden wrecches here lond.
And brouten hem to michel slod.
Hoe nedden frend ne fader hem bi
For þi medeþ of hem of londe ani.
Hoe sikeþ londe and greteþ sore
For bote ne comeþ hem neueremore.
Of men hoe taken hoiuri ȝet mol
For þi hii beþ in sulli sol

Furþer þer is watres flod.
Þat is meind al wiþ blod
Thousent soulen þer beþ bi
Foul sore of þurst and foul hoime þi.
We moten hii biten hone sope
We habben hii so muchel hope
In fur hoe berneþ niȝt and dai
And so hoe pineþ alneway
Wiþ seche pinen hoe beþ i-met
Þat breken þe heste þat hem wes set
In holi chirche ouer al
For þi hii pleieþ wiþ seche bal

Forþer ino beþ halde men
Þat amone nedderen abbeþ den
Hoe tosmeþ þorn euche hon
And freteþ þe fles al to þe bon
For in hoere heren hoe freteþ þe bredin.
And crepeþ in and out aȝein
Somme beþ brende and some beþ froren.
And alle þe bones beþ todroren
Wen hoe habbeþ i-freten eueche on
Est hoe beþ i-hole anon
Lowit for to comen ou from
For to polien þe wrechedom
Hii woneþ and groneþ dai and niȝt
And hit ne helpeþ hem no wiȝt
For hoe nolden ben i-sriven
Þe wile þat hoe mosten liuen
For fendes hem stondeþ bi
And pineþ hem swiþe selli
Hou selli men wi neren þeþ war
Þe wiles þat þei weren þair
Þei nolden don for him no gord
Þat bohaute ous mid his holi blod
He hef ous of helle and ȝaf ous loues lif
And lond and lede and wele and wif
And al þat on þe world wes god
Ac non of ous ne hit ounderstod
Wolde þeþ hii noȝt þenche þer on
Þe poure wrecches ne god don
Hoe wenden hit sholde i-lesten ho
For þi hoe beþ in þis wo
Þe prestes hestes ne godes lawe
Hii diden hoe nount bi houre daye
Ac elmouss i-ueþ weren and les
Sorliche i-sehe wo is hem þes
We wende neuere to ben ded
Þat wes þe fales wicke red
Euere ase sunegeden longe
So here sunnen weren stronge
Weren noȝt hoe þer of adred
For þi hoe sleþeþ in sulli bed

fol. 133v: art. 48

134

Wan al þe worlde be agon
Þerinne ne habbeþ hoe neuere non
For þe pine of helle is hendeles
Wo is him þat þer-wunnie ches
Of þis pine nis þer nouȝt
Aȝein þe puet water is wrout.
Wlene chelles þer beþ oupon
Ne comeþ hoe neuere-more out.
Monie mo soulen þer beþ in idon.
Þen beþ in Fraunce dropen of win.
Of hem þat heueden monnes crone
And ne leueden nout Godes come
Þat Ihesu Crist wes i-boren
Of þe meiden þat wes i-coren
For to feden þat holi streen
Wel is him þat him may seen
Þis is hof helle þe ethol
Þer-ounder is a wel dep pol
Þerou isent deuelen and welme
Þer doþ þe wrecche soule wo
Þi irene houeles hoe hem todraieþ.
Niȝt and euerich dei þat daieþ
Amonge þe fendes in þester niȝt
Beþ þe þat demeden Ihesu Crist
Nis no pine al so strong
So is þe stinch þat hem is among
Þes hoppe bifor-en oure heueking
Ne spekeþ of hem riȝt noþinge
Neder no sont hem bidde fore
For þi hi beþ euere for-lore
Eft þer is on oþer puet
Ne comeþ he neuere i-duet.
Heuene doren þer beþ on
For-to þe soulen ounderfon
Wiche hoe may comen þer-inne
An neuer aȝein for none sunne
Þo sodeþ he is welni
As þe heuene is from þen herþe hei
Þerinne goþ soulen þikkore i-nou
Þen leues fallen from þe bou
Þis puit is hot in helle grunt
Þerinne is monion houne hount
And alle þe der þat euele beþ
And þe foules þat nitteres fleþ
And þe hound þat wes so strong
Þat al þis world he houne fong
Seþþen he wes i-brout adoun
Þurȝ Cristes holi passioun
Þer-ounder is on iren wel
Þat is of soulen i-fuld al
On hem is mony iren bond.
Þat is hattore þen eni brond.
Þerinne beþ þe fendes i-don
Þat weren bihauedede oþer anhon
Þer þat heueden so heuele i-sped
Þat hi leien in wines bed
Þer þat weren acursed bineme
For hi habbeþ Godes grome
Þan me ȝeue al þis warld hem fore
Ne holpe hit hem nout worþ aþere
Wolle ȝe heren nou aseþ
Ose hit helle coet hit him doþ
Hit is writen in holi bok
Þer-of nou witnesse i-tok
An on hundret heuelent seren
Seþþen Adam wes biȝeten

fol. 134r: art. 48

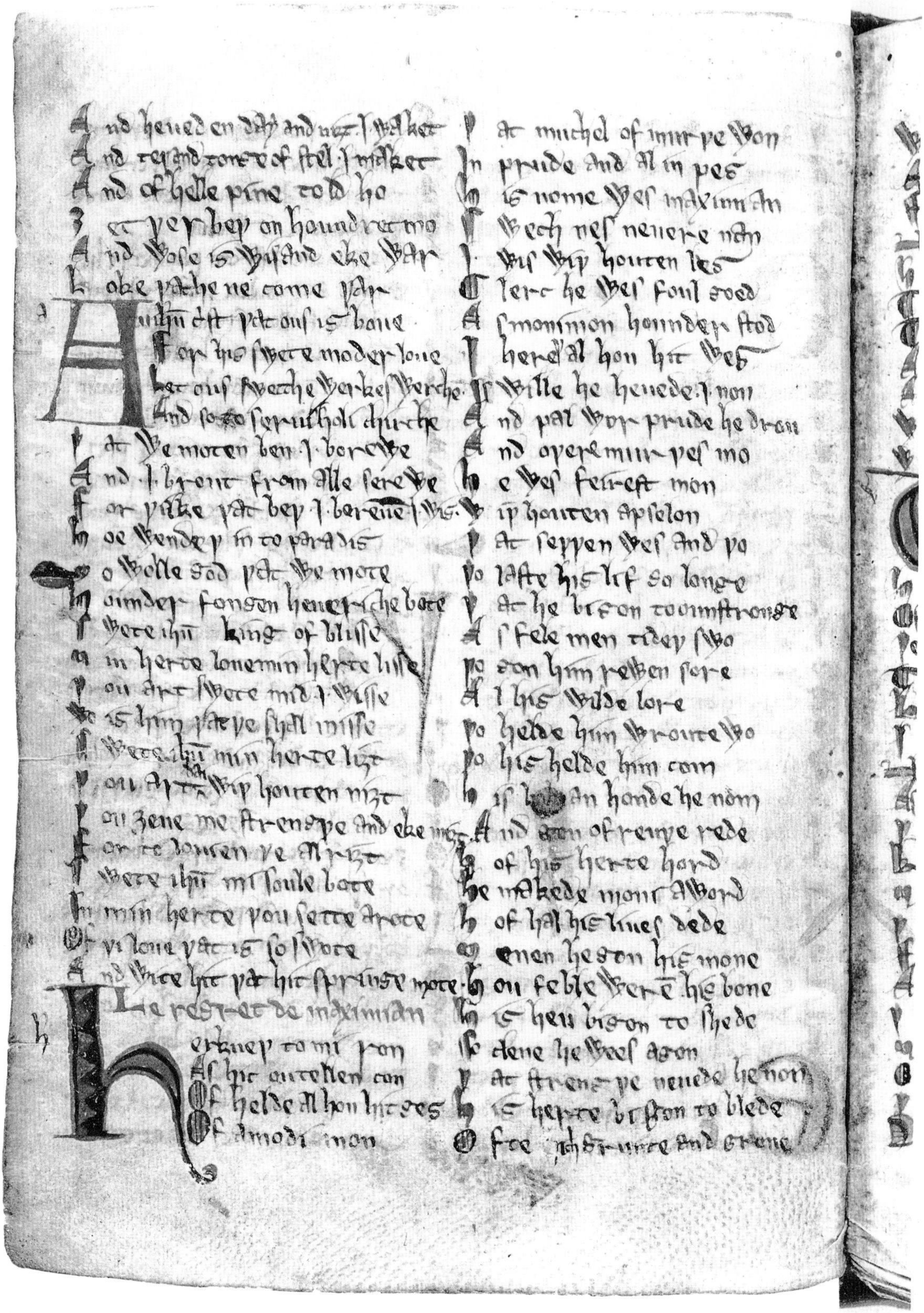

And heued en [illegible] and [illegible] i-maket
And [illegible] of stel i-maket
And of helle pine told ho
Ȝet þer beþ on hundret mo
And wose is wistnde eke war
Loke þat he ne come þar
Ihesu Crist þat ous is boue
For his swete moder loue
Let ous suche werkes werche
And so serui holi churche
Þat we moten ben i-borewe
And i-broȝt from alle serewe
For ilke þat beþ i-berene i-wis
Ho wendeþ in to paradis
Ho wolle god þat we mote
Hunder fongen heuenriche bote
Swete Ihesu king of blisse
Min herte loue min herte lisse
Þou art swete mid i-wisse
Wo is him þat þe shall misse
Swete Ihesu min herte liȝt
Þou art day wiþ houten niȝt
Þou ȝeue me strengþe and eke miȝt
For te louien þe al riȝt
Swete Ihesu mi soule bote
In min herte þou sette a rote
Of þi loue þat is so swote
And wite hit þat hit springe mote

Le rest est de maximian

Herkneþ to mi ron
As ich ou tellen con
Of elde al hou hit ges
Of a modi mon
Þat muchel of mine þe won
In pruide and al in pes
His nome wes maximian
Swech nes neuere non
Þis wiþ houten les
Clerc he wes foul god
As monimon hounder stod
Ihere al hou hit wes
Wille he heuede i-nom
And þat wiþ pruide he dran
And oþer emin þes mo
He wes fei-est mon
Wiþ houten apselon
Þat seþþen wes and þo
Þo laste his lif so longe
Þat he bis on to ounstronge
As fele men tideþ swo
Þo gon him rewen sore
Al his wilde lore
Þo helde him brouȝte wo
Þo his helde him com
His [illegible] an honde he nom
And gon of reuþe rede
Ho of his herte hard
He makede mone a word
Of al his liues dede
Menen he gon his mone
Hou feble were his bone
His heu bigon to shede
Sclene he wes a gon
Þat strengþe þe heuede he non
His herte bigon to blede
Of fre [illegible] and grene

fol. 134v: arts 48, 49

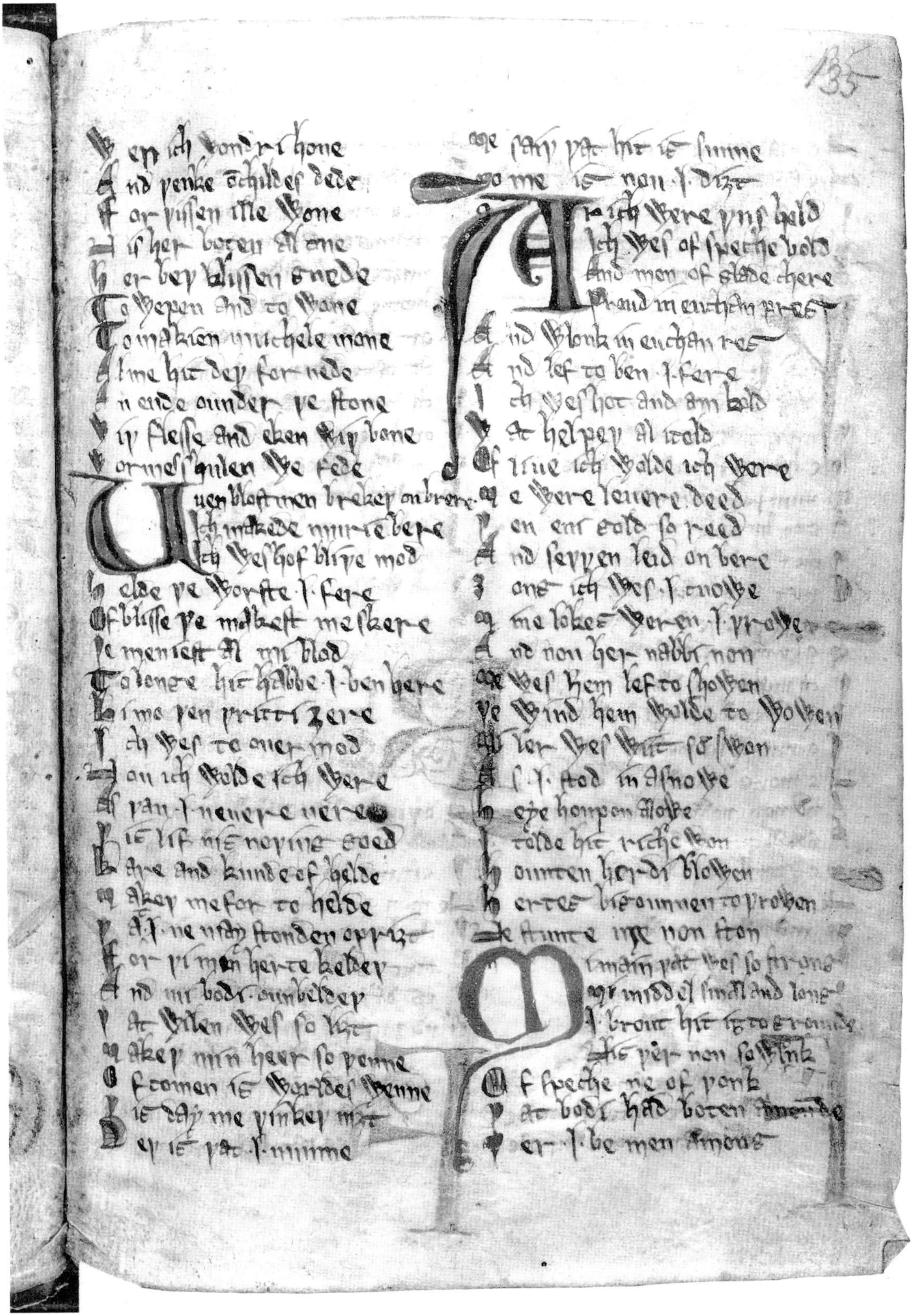

135

Wen ich wonderi hone
And þenke childes dede
For þissen ille wone
Is her boren al one
Her beþ blissen gnede
To wepen and to wane
To maken muchele mene
Al me hit deþ for nede
In erþe ounder þe stone
Wiþ flesse and eken wiþ bone
Wormes sulen we fede
Wen blostmen brekeþ on brere
Ich makede murie bere
Ich wes hof bliþe mod
Welde þe worste i-fere
Of blisse þe makest meskere
Þe menieþ al mi blod
To louere hit habbe i-ben here
Al me þen þritti ȝere
Ich wes to ouer-mod
Þan ich welde ich were
As þan i neuere nere
Þis lif me noþing goed
Aþre and kunde of helde
Makeþ me for to helde
Þat i ne may stonden vpriȝt
For þi min herte keldeþ
And mi bodi ounbeldeþ
Þat whilen wes so liȝt
Makeþ min heer so þenne
Of woman is werldes wenne
Þis deþ me þinkeþ wiȝt
Deþ is þat i minne
Me seiþ þat hit is sunne
To me is non i-diȝt
Al ich were þus bald
Ich wes of speche bold
And men of glade chere
Proud in euchen prees
And blonk in euchen res
And lef to ben i-fere
Ich wes hot and am bold
Þat helpeþ al i-told
Of liue ich wolde ich were
Me were leuere deed
Þen eni gold so reed
And seþþen leid on bere
Ȝong ich wes i-nowe
Me lokeþ weren i-þrowe
And non her nabbi non
Me wes hem lef to chosen
Þe wind hem wolde to wolken
Wher wes whit so swon
As i stod in a snowe
Heþe hornþen blowe
Tolde hit riche won
Hounten her-di blowen
Hertes bigounnen to þrowen
Ac nu me non ston
Mi main þat wes so strong
Mi middel smal and long
Al brout hit is to grounde
Ac þe þer non so wlink
Of speche ne of þonk
Þat bodi had boten amende
Þer i be men amonde

fol. 135r: art. 49

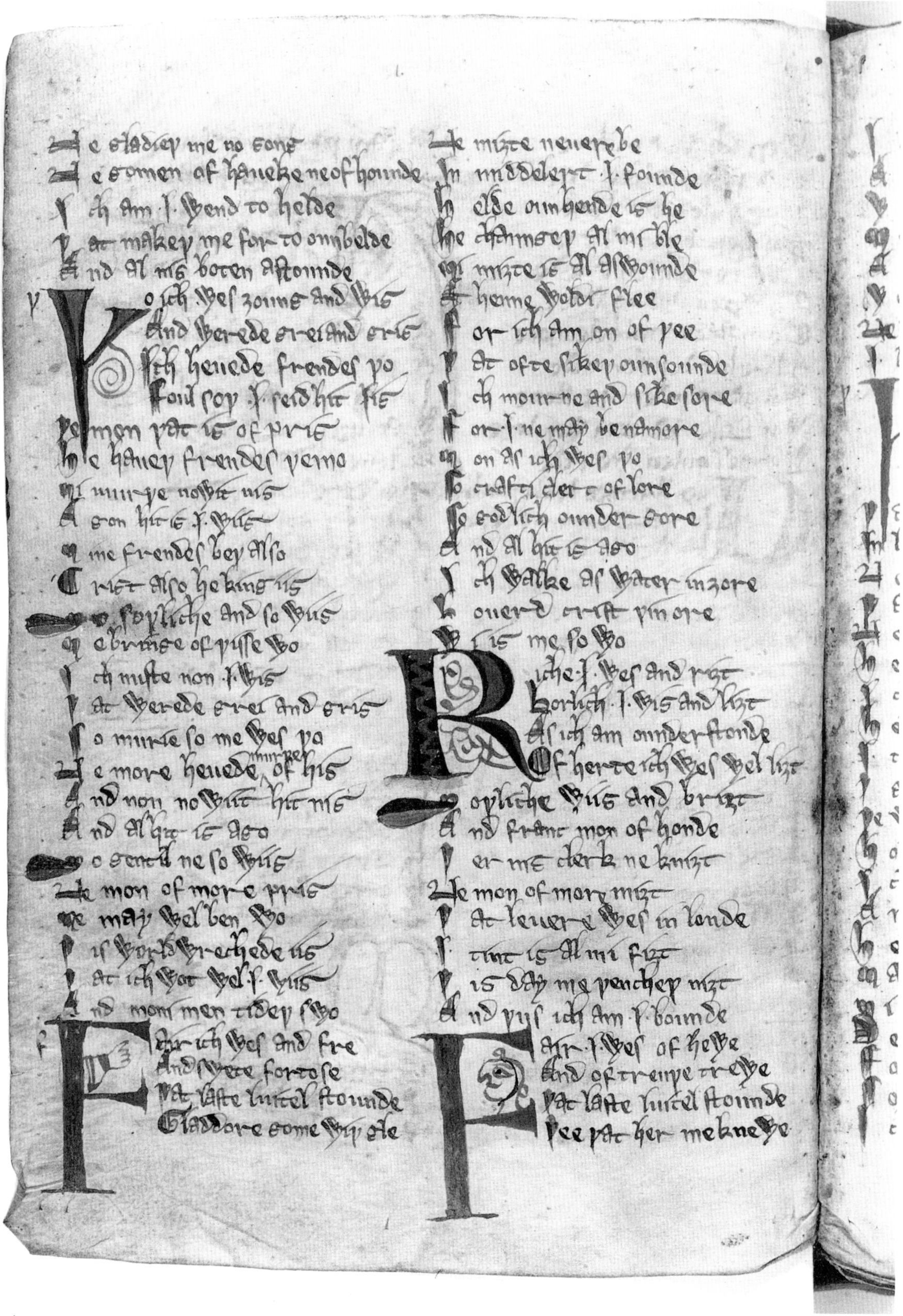

Þe gladieþ me no gome
Þe gomen of haueke ne of hounde
Ich am .i. wend to helde
Þat makeþ me for to unbelde
And al mis boten astounde
Wo ich wes zoung and wis
And werede gret and gris
Wich heuede frendes þo
Ful soþ .i. seid hit is
Þe mon þat is of pris
He haueþ frendes þermo
Mi mirþe nowe is
Agon hit is .i. wis
Mi frendes beþ also
Crist also he king is
So soþliche and so wis
Me bringe of þisse wo
Ich wiste non .i. wis
Þat werede gret and gris
So mirie so me wes þa
Þe more heuede mirþes of his
And non nowt hit nis
And al hit is ago
So gentil ne so wis
Þe mon of more pris
Ne mai wel ben wo
Þis worldes wrecchede is
Þat ich wot wel .i. wis
And moni men tideþ swo
Fair ich wes and fre
And swete for to se
Þat laste lutel stounde
Gladdore gome wiþ ele

Þe mizte neuere be
In middelerþ .i. founde
Helde unhende is he
He chaungeþ al mi ble
Mi mizte is al aswounde
Þhenne wolde flee
For ich am on of þee
Þat ofte sikeþ unsounde
Ich mourne and sike sore
For .i. ne mai ben namore
Mon as ich wes þo
So craftie clerc of lore
So godlich under gore
And al hit is ago
Ich walke as water in zore
Louerd crist þin ore
Wi is me so wo
Riche .i. wes and rizt
Worlich .i. wis and lizt
As ich am understonde
Of herte ich wes wel lizt
Soþliche wis and brizt
And frount mon of honde
Þer nis clerk ne knizt
Þe mon of more mizt
Þat leuere wes in londe
Time is al mi fizt
Þis day me þencheþ nizt
And þus ich am .i. bounde
Fair .i. wes of hewe
And of treuþe trewe
Þat laste lutel stounde
Þee þat her me knewe

fol. 135v: art. 49

-ch hem sore y-elke
And yat ich habbe I-founde
en rose blostme bleÞe
-e Þes mur þe neÞe
And nou ich am IsÞounde
-o is me slye
-erþel neuer eft bliÞe
Ibrout ich am to er-ounde

-e-þmmen yat I se
-at -la-er hem Þiy me
-iy brekeþ min herte al-þo
For ich Þes on of þee
-at -laddoust Þes Þoned to bee
-n londe yat Þere yo
-on am ich lith yan tre
-at loren haþiey his ble
-eereuey hit -ammo
-erne holde fle
-ch ne thot Þeder ich te
-elde me doy so Þo
-tnt is al mi playe
-at I Þes Þoned to haue
-e Þile I Þes so lizt
-old ich am and ommon
-ch ler-ne for to son
And þenche on þildren brizt
-elde Þiy houten haÞe
-aþey yat I ne may Þaþe
-i boy Þiy houten mizt
-ey ich Þolde faÞe
-ar I ne may tellenno saÞe
-o helde me haþiey I dizt
-ch Þolde ich Þere on rest

-el loÞe laud in Arþeſt
-r bliſſe is Al for-lore
-my-þe Þes monne meſt
-t ilke Þile yat hit I-leſt
And nou meis Þo þer-fore
-e -laÞey me no eeſt
-ore of moþe feeſt
-at ſolde ich I-bore
-is Þorld me rinkey Þeſt
-ey ich Þilm meſt
-i me þe me I-core
-i leþ yat Þes ſo brizt
-Al ſo þe ſterre a-mizt
-faleÞ hit is And þon
-ou bodi yat Þes ſo turzt
-ſtiy And ſtod opprizt
-ch Þes A-modr mon
-ſtunt is non Þit flizt
-mayn And eke mi mizt
-f reuþeſ is mi ron
-is non ſo modr kuizt
-at him ne bey ſo I-dizt
-en helde him ſtey on
-lde ich Þes her yo
-chere þen þe yo
-r I br don to hoþe
-elde is mim I fo
-nd yat ich Þilhede yo
-nd nou millt namore
-illt nout don ſo
-lerne for to go
-nd ſtonde And ſike ſore
-i Þele is Þent to Þo

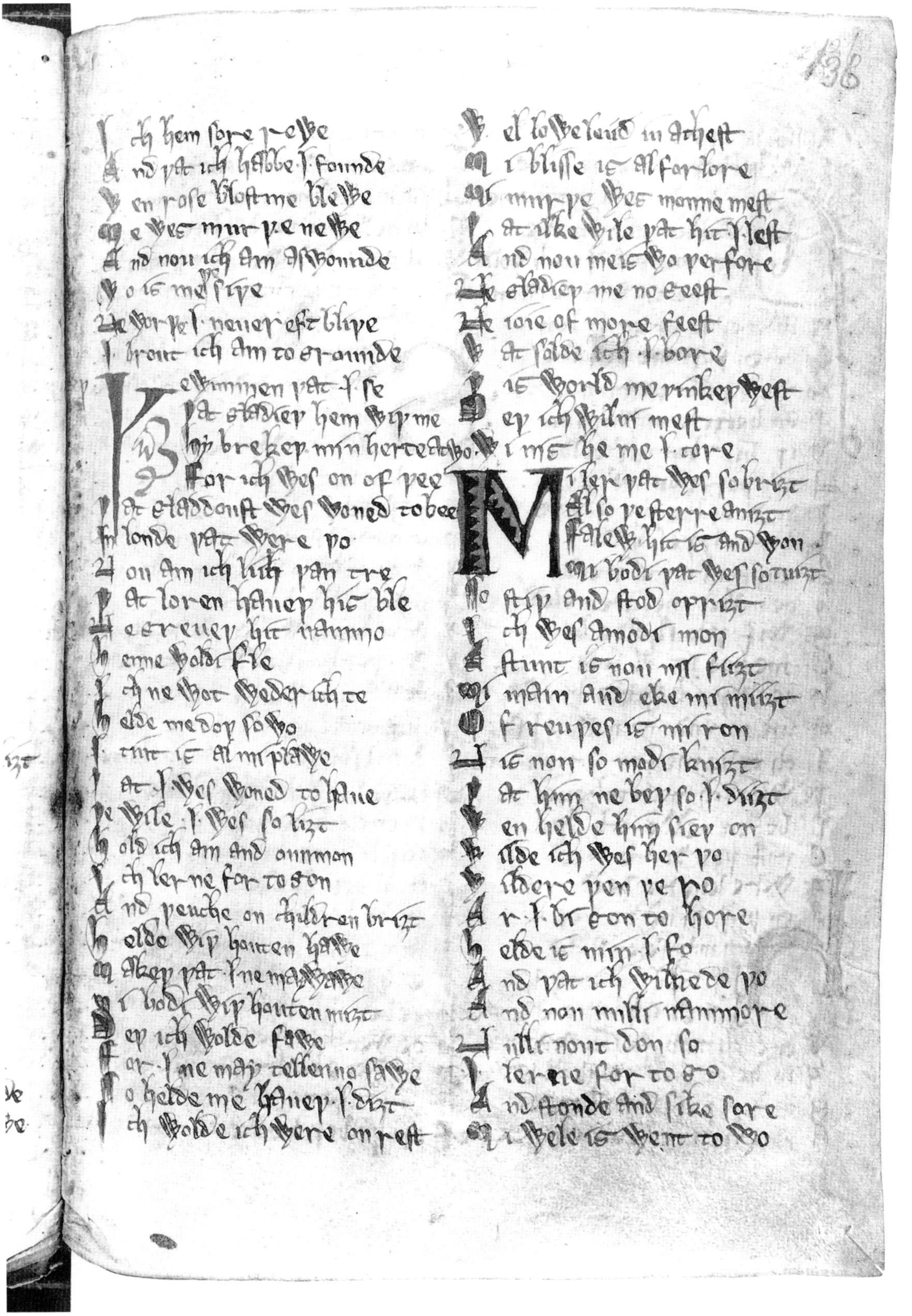

Allo is opres mo
At iŝabbey i lined so ȝare
A As i rod þoru out rome
Rubreŝt al re home
Im murues al son ȝolde
Benedies wit so ŝhon
 q Aidenes so trȝt so bon
C omen for me biholde
ba þes piŝt ȝe man
Or herȝt e maximion
W iŝ his bernes bolde
Es ȝer non of ȝee
At dourſte me ƚ see
In hire claȝes holde
Sein ſoul is mi reeddi
h oe makeþ me ſalden oted
q wiſ þat sholde be
Of me hoe is al ſeed
h oe ſaiþ ich ŝate breedi
q ſne ſrend me milleþ ƚ ſe
ƚ ch telle me for a ſneed
ȝe ŝtte ich miȝ whoweed
I beten redde ich hoe
C r iſ ȝou do me ſreed
or ȝer e lanere deed
en ȝiŝ ſtrue to bee
ich maȝ ſeren allas
þat ich r bor en was
iſtmes ich hane to lonei
W ere ich man so ich was
q in heten ſo or el ſo blas
q in her ſa ſair bihoue
A nd ich hir e heuedebrȝe r ſe ſ

In a derne place
To meken and to moue
ſholde hoe neuer e ac wiren
in helde re me biſtzen
A heþe ƚ ŝilde hir e ſonse
to menta le curent r er e le
cȝhmuſ ȝ la r uſſi role
S omeı iſ comen wiþ loue to ſonne
wiþ bloſtme and wiþ bri de ſ roune
ſe note of haſel ſpringeþ
þe della ſ dar kney m þe dale
or loueng of þe miȝtee dle
iſ ſokeleſ mirie ſingeþ
ic her de a ſtriſ briȝ þole tho
at on of ȝele þat aȝer ofĥo
iſ þere al ſo ƚ ſere
At on her eþ wimen þat hoe beȝ þede
at oȝer hem þole wiþ miȝte ŝhende
At aŝf ȝe moþen ƚ here
þe miȝtee dle is on bi nome
at þal ŝilde en hem ſroȝ ŝhome
Of ſkaþe hoe þole hem ſkere
þe preſtelock hem bepeȝ aȝ
hoe ſaiþ bi miȝte dnd eke bi daȝ
At hȝ beþ ſonteſ ƚ ſere
or hȝ briſwikeþ euriŝn man
at wiſt bileueþ hem onȝon
eȝ hȝ ben mi de of þere
oe beþ ſikele dnd ſelſ to ſonde
oe þer þeȝ þo in euriŝn londe
iſ were better þat hȝ nere
it iſ ŝhome to llame tene þȝ
oȝ hȝ beþ hende of cortaiſȝ

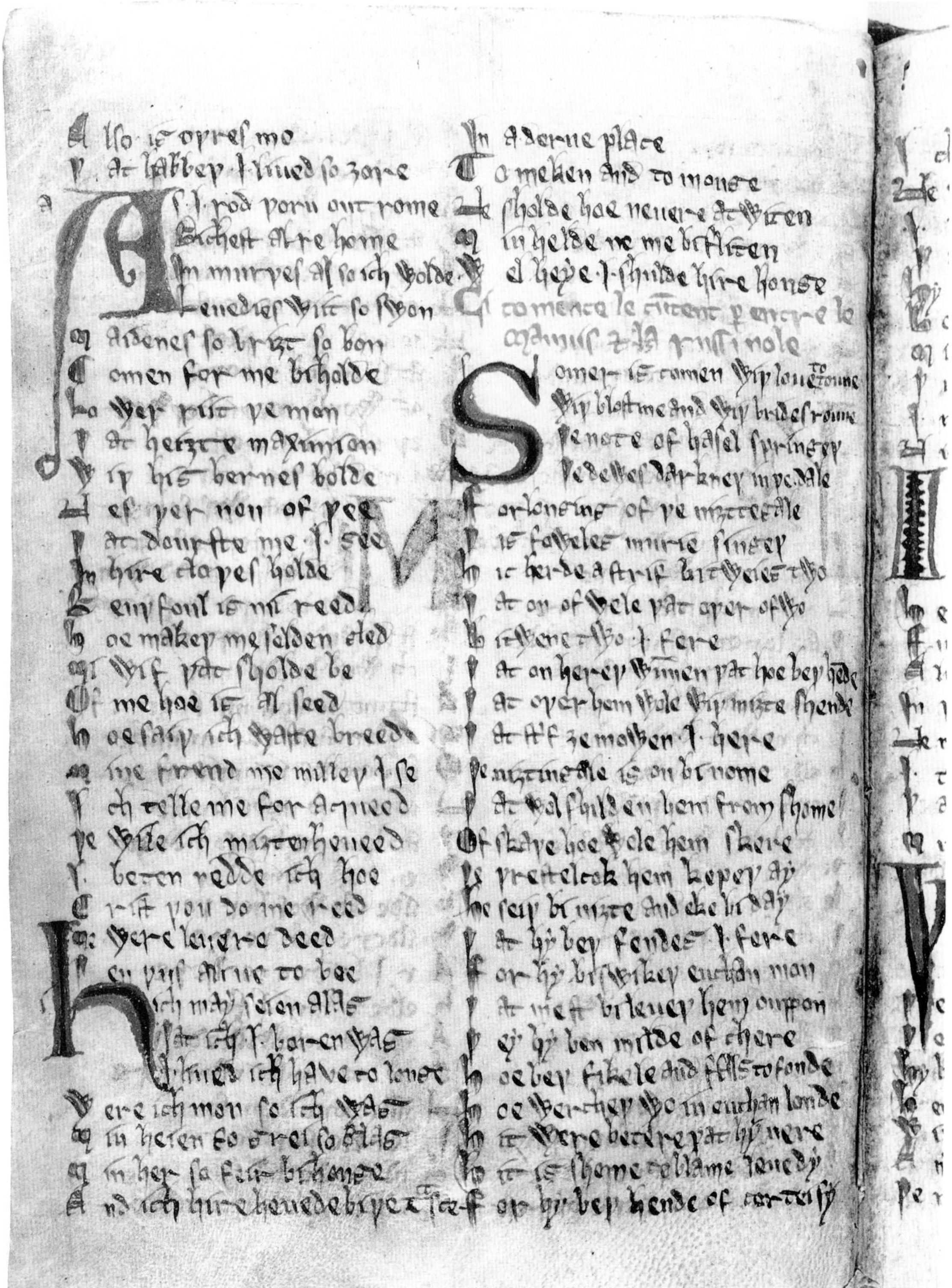

137

Ich rede þat þou lete
Ne wes neuere bruche so strong
I-broke wiþ riȝte ne wiþ wrong
Þat mon ne miȝte bete
Hy gladieþ hem þat beþ wroþe
Boþe þe heȝe and þe loȝe
Mid gome hy cunne hem grete
Þis world nere nout ȝif wimmen nere
I-maked hoe wes to mones fere
Nis no þing al so swete
I ne may wimmen herien noht
For hy beþ swikele and false of þoht
Also ich am understonde
Hy beþ feire and briȝt on hewe
Here þout is fals and untrewe
Ful ȝare ich haue hem fonde
Alisaundre þe king meneþ of hem
In þe world nes non so crafti mon
Ne non so riche of londe
I take witnesse of monie and fele
Þat riche weren of worldes wele
Muche wes hem þe shande
Þe niȝtinegale hoe wes wroþ
Fowel me þinkeþ þou art me loþ
Swiche tales for to showe
Among a þousent leuedies i-told
Þer nis non wikede i-holde
Þer hy sitteþ an rawe
Hy beþ of herte meke and milde
Hem self hy cunne from shome shilde
Wiþinne boures wowe
And swettoust þing in armes to wre
Þe mon þat holdeþ hem in hele

Fowel wi ne art þou hit i-cnowe
Gentil fowel seist þou hit me
Ich habbe wiþ hem in boure ibe
I-heued al mine wille
Hy willeþ for a lutel mede
Don a sunfoul derne dede
Here soule for to spille
Fowel me þinkeþ þou art les
Þey þou be milde and softe of pes
Þou seyst þine wille
I take witnesse of Adam
Þat wes oure furste man
Þat fond hem wikke and ille
Þrestelcok þou art wod
Oþer þou const to lutel god
Þis wimmen for to shende
Hit is þe swetteste driwerie
And mest hoe counnen of curteisie
Nis no þing also hende
Þe mest murþe þat mon haueþ here
Wane hoe is maked to his fere
In armes for to wende
Hit is shome to blame leuedi
For hem þou shalt gon bere
Of londe ich wille þe sende
Niȝtingale þou hauest wrong
Wolt þou me senden of þis lond
For ich holde wiþ þe riȝtte
I take witnesse of Sire Wawain
Þat Ihesu Crist ȝaf miȝte and main
And strengþe for to fiȝtte
So wide so he hauede i-gon
Trewe ne founde he neuere non

fol. 137r: art. 50

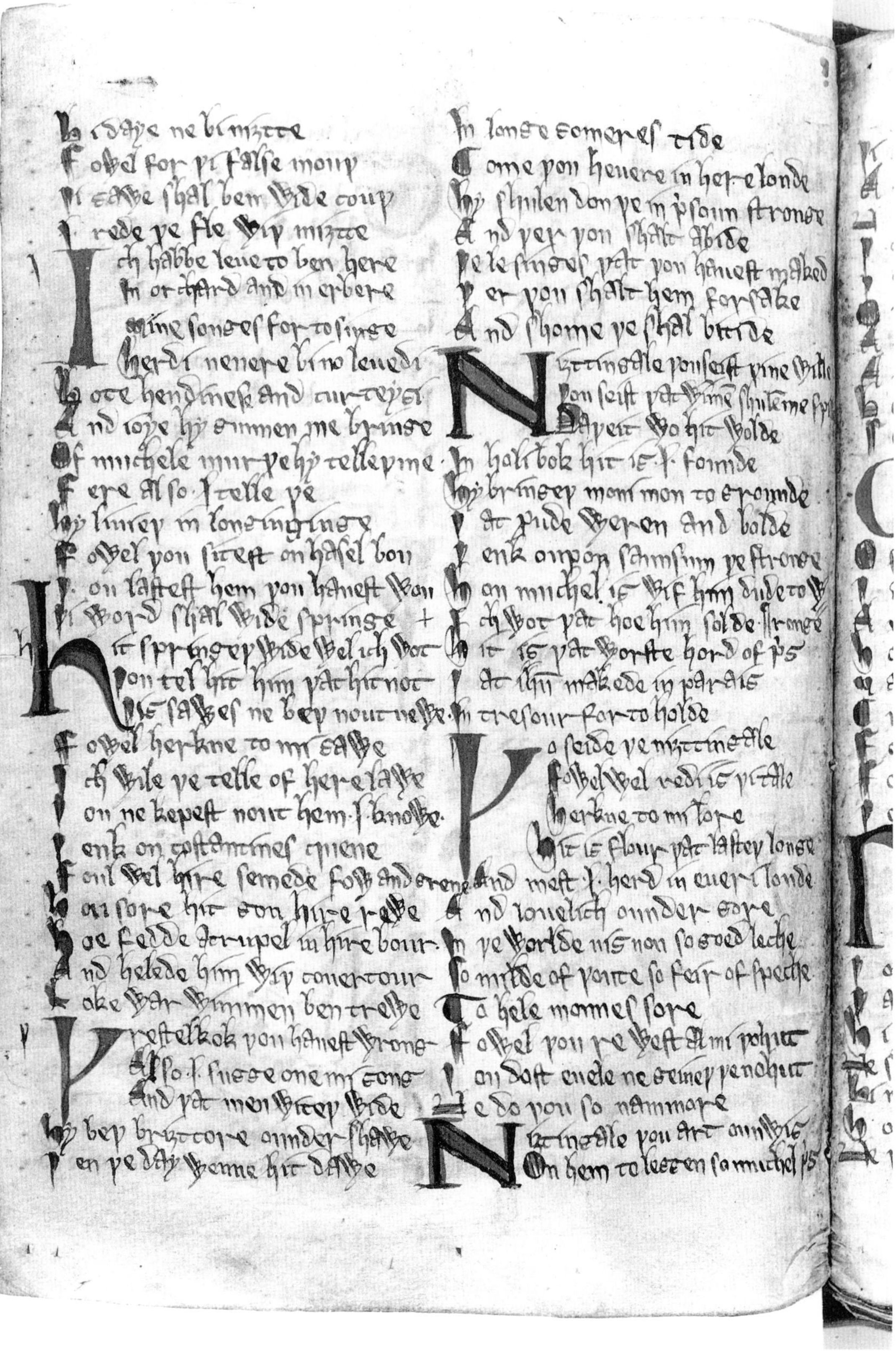

Bi daye ne bi niȝte
Fowel for þi false mouþ
þi sawe shal ben wide couþ
I rede þe fle wiþ miȝte
Ich habbe leue to ben here
In orchard and in erbere
Mine songes for to singe
Herd I neuere bi no leuedi
Bote hendinesse and curteysi
And ioye hy cunnen me bringe
Of muchele murþe þeh hy telleþ me
Fere al so I telle þe
Hy liueþ in longinge
Fowel þou sitest on hasel bou
þou lastest hem þou hauest wou
þi word shal wide springe
Hit springeþ wide wel ich wot
þou tel hit him þat hit not
þis sawes ne beþ nout newe
Fowel herkne to mi sawe
Ich wile þe telle of here lawe
þou ne kepest nout hem I knowe
þenk on costantines quene
Foul wel hire semede fow and grene
Hou sore hit gon hire rewe
Hoe fedde a cripel in hire bour
And helede him wiþ couertour
Loke wat wimmen ben trewe
þrestelkok þou hauest wronge
Also I sugge one mi songe
And þat men wyteþ wide
Hy beþ briȝttore ounder shawe
þen þe day wenne hit dawe
In longe somers tide
Come þou heuere in here londe
Hy shulen don þe in prisoun stronge
And þer þou shalt abide
þe lesinges þat þou hauest maked
þer þou shalt hem forsake
And shome þe shal bitide
Niȝtingale þou seist þine wille
þou seist þat wimmen shulen me spille
Dahet wo hit wolde
In holi bok hit is I founde
Hy bringeþ mani mon to grounde
þat pride weren and bolde
þenk oupon saumsum þe stronge
Hou muchel is wif him dude to w
Ich wot þat hoe him solde · stronge
Hit is þat worste hord of pris
þat ihu makede in paradis
In tresour for to holde
þo seide þe niȝtingale
Fowel wel redi is þi tale
Herkne to mi lore
Hit is flour þat lasteþ longe
And mest I herd in euerich londe
And louelich ounder gore
In þe worlde nis non so goed leche
So milde of þoute so fair of speche
To hele mannes sore
Fowel þou þe west al mi þoht
þou dost euele ne demeþ þe noht
Ne do þou so namare
Niȝtingale þou art ounwis
On hem to leuen so muchel pris

fol. 137v: art. 50

138

Þi mede shal ben lene
A mone on houndret ne beþ fine
Nouþer of maidnes ne of wive
Þat haldeþ hem al clene
Þat hii ne wercheþ wo in londe
Oþer bringeþ men to shonde
And þat is wel isene
And þeih we sitten þerfore to striven
Hove of maidnes and of wive
Soþ ne seist þou ene
Of fewel þi moniþ þe heveneþ i shend.
Þoru wam wel al þis world i wend.
Of amaide meke and milde.
Of hire sprong þat holi bern.
Þat boren wes in bedlehem
And temeþ al þat is wilde
Hoe ne weste of sunne ne of shame
Marie wes hire rihte name
Crist hire i shilde
Fowel for þi false sawe
Forbeddi þe þis wode shawe
Þou fare into þe filde
Nihtingale i wes wod
Oþer i couþe to lutel god.
Wiþ þe for to strive
I suge þat ich am overcome
Þoru hire þat ber þat holi sone
Þat soffrede woundes fine
I swerie bi his holi name
Ne shal i nevere sueten shame
Bi maidnes ne bi wive
Hout of þis londe willi te
Ne recht nevere weder i fle
A þat ich wille drive

Of þe vox and of þe wolf

A vox gon out of þe wode go
Afingret so þat him wes wo
He nes nevere in none wise
Afingret erour half so swiþe
He ne hoeld nouþer wey ne strete
For him wes loþ men to mete
Him were levere meten one hen
Þen half an houndred wimmen
He strok swiþe over al
So þat he ofsei ane wal
Wiþinne þe walle wes on hous
Þe wox wes þider swiþe wous
For he þohute his hounger aquenche
Oþer mid mete oþer mid drinche
Abouten he biheld wel zerne
Þo eroust bigon þe vox to erne
Al fort he come to one walle
And som þer of wes afalle
And wes þe wal over al to broke
And on þat þer wes i loke
Þe furmeste bruche þat he fond
He lep in and over he wond
Þo he wes inne smere he lou
And þer of he hadde gome inou
For he com in wiþouten leve
Boþen of haiward and of reve
On hous þer wes þe dore wes ope
Hennen weren þerinne icrope
Five þat makeþ anne flok
And mid hem sat on kok
Þe kok him wes flowen on hey

fol. 138r: arts 50, 51

And two hennen him seten ney
Wox, quod þe kok, wat dest þou þare
Go hom, Crist þe ȝeue kare
Houre hennen þou dest ofte shome
Be stille, ich hote, a Godes nome
Quod þe wox, sire Chauntecler
Þou fle adoun and com me ner
I nabbe don her nout bote god
I haue leten þine hennen blod
Hy weren seke ounder þe ribe
Þat hy ne miȝte non lengour libe
Bote here heddre were i-take
Þat I do for almes sake
Ich haue hem leten eddre blod
And þe Chauntecler hit wolde don
Þou hauest þat ilke ounder þe splen
Þou nestes neuere daies ten
For þine lif-dawes beþ al ago
Bote þou bi mine rede do
I do þe lete blod ounder þe brest
Oþer sone axe after þe prest
Go wei, quod þe kok, wo þe bi-go
Þou hauest don oure kunne wo
Go mid þan þat þou hauest nouþe
Acoursed be þou of Godes mouþe
For were I adoun bi Godes nome
Ich miȝte ben siker of oþre shome
Ac weste hit houre celerer
Þat þou were i-comen her
He wolde sone after þe ȝonge
Mid pikes and stones and staues stronge
Alle þine bones he wolde to-breke
Þane we weren wel awreke

He wes stille, ne spak namore
Ac he werþ aþurst wel sore
Þe þurst him dede more wo
Þen heuede raþer his hounger do
Ouer al he ede and sohte
On auenture his wit him brohte
To one pitte wes water inne
Þat wes i-maked mid grete ginne
Tuo boketes þer he founde
Þat oþer wende to þe grounde
Þat wen me shulde þat on opwinde
Þat oþer wolde adoun winde
He ne hounderstod nout of þe ginne
He nom þat boket and lep þer-inne
For he hopede i-nou to drinke
Þis boket biginne to sinke
To late þe vox wes biþout
Þo he wes in þe ginne i-brout
I-nou he gon him biþenche
Ac hit ne halp mid none wrenche
Adoun he moste, he wes þer-inne
I-kaut he wes mid swikele ginne
Hit miȝte han ben wel his wille
To lete þat boket hongi stille
Wat mid serewe and mid drede
Al his þurst him ouer-hede
Al þus he com to þe grounde
And water i-nou þer he founde
Þo he fond water, ȝerne he dronk
Him þoute þat water þere stonk
For hit wes toȝeines his wille
Wo worþe þe vox lust and wille
Þat ne con meþ to his mete

fol. 138v: art. 51

Ȝef ich heuede to michel .i. ete
Þis ilke shome neddi nou þe
Lede lust .i. ben of mine mouþe
Him is wo in euche londe
Þat is þef mid his honde
Ich am .i. kaht mid swikelesunne
Oþer soum deuel me brouhte her-in
I was woned to ben wis . ne
At non of me .i. don hit his
Þe vox wep and reuliche bigan
Þer com a wolf gon after þan
Out of þe depe wode bliue
For he wes afingret swiþe
Noþing he ne founde in al þe niȝte
Þer mide his honger aquenche miȝte
He com to þe putte þene vox .i. herde
He him kneu wel bi his rerde
For hit wes his neiȝebore
And his gossip of children bore
Adoun bi þe putte he sat
Quod þe wolf wat may ben þat
Þat ich in þe putte .i. here
Hertou cristine oþer mi fere
Say me soþ ne gabbe þou me nout
Wo haueþ þe in þe putte .i. brout
Þe vox hine .i. kneu wel for his kun
And þo eroust kom wit to him
For he þoute mid soumme ginne
Him self hom bringe þene wolf þer-in
Quod þe vox wo is nou þere . Ime
Ich wene hit is sigrim þat ich here
Þat is soþ þe wolf sede
Ac wat art þou so god þe rede

A quod þe vox ich wille þe telle
On alpi word ich lie nelle
Ich am reneuard þi frend
And ȝif ich þine come heuede .i. wend
Ich hedde so .i. bede for þe
Þat þou sholdest comen to me
Mid þe quod þe wolf warto
Wat shulde ich ine þe putte do
Quod þe vox þou art unwis
Her is þe blisse of paradis
Her ich mai euere wel fare
Wiþouten pine wiþouten kare
Her is mete her is drinke
Her is blisse wiþouten swinke
Her nis hounger neuermo
Ne non oþer kunnes wo
Of alle gode her is .i. nou
Mid þilke wordes þe wolf lou
Art þou ded so god þe rede
Oþer of þe worlde þe wolf sede
Quod þe wolf wenne storue
And wat dest þou þere nou . I þou
Ne beþ nout ȝet þre daies ago
Þat þou and þi wif also
And þine children smale and grete
Alle to eder e mid me here
Þat is soþ quod þe vox
Gode þonk nou hit is þus
Þat ich am to criste wend
Not hit non of mine frend
I nolde for al þe worldes goed
Ben ine þe worlde þer ich hem fond
Wat shuldich ine þe worlde go

Þer misbore hare and wo
And liue in fulþe and in sunne.
Ac her beþ ioies fele cunne,
Her beþ boþe shep and get.
Þe wolf haueþ hunger swiþe gret,
For he nedde ȝare i-ete;
And þo he herde speken of mete,
He wolde bleþeliche ben þare.
A, quod þe wolf, gode i-fere,
Moni goed mel þou hauest me binome.
Let me adoun to þe kome,
And al ich wole þe forȝeue.
Ȝe, quod þe vox, were þou i-scriue,
And sunnen heuedest al forsake,
And to klene lif i-take,
Ich wolde so bidde for þe
Þat þou sholdest comen to me.
To wom shuld ich, þe wolf seide,
Ben i-knowe of mine misdede?
Her nis noþing aliue
Þat me kouþe her nou scriue.
Þou hauest ben ofte min i-fere,
Woltou nou mi shrifte i-here,
And al mi lif i-shal þe telle?
Nay, quod þe vox, i nelle.
Neltou, quod þe wolf, þin ore?
Ich am afingret swiþe sore;
Ich wot to niȝt ich worþe ded,
Bote þou do me somne reed.
For cristes loue be mi prest.
Þe wolf bey adoun his brest,
And gon to siken harde and stronge.
Woltou, quod þe vox, shrift underfonge,
Tel þine sunnen on and on,
Þat þer bileue neuer on.
Sone, quod þe wolf, wel i-fare.
Ich habbe ben qued al mi lifdawe;
Ich habbe widewene kors,
Þerfore ich fare þe wors.
A þousent shep ich habbe abiten,
And mo, ȝef hy weren i-writen;
Ac hit me of þinkeþ sore.
Maister, shal i tellen more?
Ȝe, quod þe vox, al þou most sugge,
Oþer elles-wer þou most abugge.
Gossip, quod þe wolf, forȝef hit me,
Ich habbe ofte sehid qued bi þe.
Men seide þat þou on þine liue
Misferdest mid mine wiue;
Ich þe aperseyuede one stounde,
And in bedde togedere ou founde.
Ich wes ofte ou ful ney,
And in bedde togedere ou sey.
Ich wende, al so oþre doþ,
Þat ich i-seie were soþ,
And þerfore þou were me loþ;
Gode gossip, ne be þou nohit wroþ.
Wolf, quod þe vox him þo,
Al þat þou hauest herbifore i-do,
In þohut, in speche, and in dede,
In euche oþeres kunnes quede,
Ich þe forȝeue at þisse nede.
Crist þe forȝelde, þe wolf seide.
Nou ich am in clene liue,
Ne recche ich of childe ne of wiue.
Ac sei me wat i shal do,

fol. 139^{v}: art. 51

And ou ich mai comen þerto
Lo quod þe vox ich wille þe lere
Isiist þou a boket hongi þere
Þer is þe bruche of heuene blisse
Lep þerinne mid iwisse
And þou schalt comen to me sone
Quod þe wolf þat is lizt to done
He lep in and way sumdel
Þat weste þe vox ful wel
Þe wolf gon sinke þe vox arise
Þo gon þe wolf sore agrise
Þo he com amidde þe putte
Þe wolf þene vox opward mette
Gossip quod þe wolf wat nou
Wat hauest þou imunt weder w.
Weder ich wille þe vox sede. ich wille oup
So god me rede
And nou go doun wiþ þi meel
Þi bizete worþ wel smal. him bind.
Ac ich am þerof glad and bliþe
Þat þou art nomen in clene liue
Þi soule-cnul ich wile do ringe
And masse for þine soule singe
Þe wrecche bineþe noþing ne vind
Bote cold water and hunger hi.
To colde gistninge he wes ibede
Wroggen haueþ his dou iknede

Þe wolf in þe putte stod
Afingret so þat he wes wod
Inou he cursede þat þider him bi-
Þe vox þerof luitel rouzte
Þe put him wes þe house ner
Þer freren woneden swiþe ner

Þo þat hit com to þe time
Þat hoe shulden arisen ine
For to suggen here houssong
O frere þer wes among
Of here slep hem shulde awecche
Wen hoe shulden þiderwarde recche
He seide ariseþ on and on
And kumeþ to houssong hiderward anon
Þis ilke frere heizte Ailmer
He wes hoere maister curtiler
He wes hofþurst swiþe stronge
Rizt amidward here houssonge
Al hone to þe putte he hede
For he wende bete his nede
He com to þe putte and drou
And þe wolf wes heui inou
Þe frere mid al his mayne tey
So longe þat he þene wolf isey
For he sei þene wolf þer sitte
He gredde þe deuel is in þe putte

To þe putte hi gounnen gon
Alle mid pikes and staues and ston
Euch mon mid þat he hedde
Wo wes him þat wepne nedde
Hi comen to þe putte þene wolf opdrowe
Þo hede þe wreche fomen inowe
Þat weren egre him to slete
Mid grete houndes and to bete
Wel and wroþe he wes iswonge
Mid staues and speres he wes istonge
Þe vox bicherde him mid iwisse
For he ne fond nones kunnes blisse
Ne hof duntes forzeuenesse. explicit

fol. 140r: art. 51

Hending þe hende

Ihesu crist al þis worldes red
þat for oure sunnes wolde be ded
On þat holy rode tre
He lete ous alle to ben wyse
And enden in his seruise
Amen par seinte charite
Wit and wisdom lerneþ ȝerne
And loke þat non oþer werne
To ben ful wys and hende
For betere were to ben wys
Þan to weren foul and grys
Were se mon shal ende
Wit and wisdom is god waresun. Quoþ hending.

Ne may no mon þat is in londe
For no þing þat he con fonde
Wonen at hom and spede
Fele þewes for to lere
So he þat haueþ wide were
Souht in fele þede
Also fele þedes also fele þewes. Quoþ hending.

Beo þi child þe neuer so dere
And hit wille vnþewes lere
Bet hit oþer whyle
For mote hit hauen al his wille
Wilt ou nult ou hit shal spille
And bicomen a file
Lef child bihoueþ lore
And euer þe leuere þe more
For betere were child vnboren
Þen vnbeten. Quoþ hending.
Whilke lores as þou lerest
After þat þou sest and herest
Man in þyne ȝouþe
Whilen þe in wolde folewen
Hope on euen and on morewen
And ben þe ful couþe
Ȝoung wone ȝ hold money. Quoþ hending.
If þou art ful wys mon holden
Loust þou neuer þer-on to bolden
Bicomen to wise
He preiseþ þe nouht for aslone
Hote þou lede þe wiþ hosshe
And be meke and milde
Hosshe bind wisdom. Quoþ hending.

Wis man halt his wordes inne
For he nelle no gle bigynne
Er he tempre his pipe
Sot is sot and þat is sene
For he spekeþ wordes grene
Er þen hue ben ripe
Sottes bolt is sone i-shoten. Quoþ hending.
Þe lutle a sunne don
And vnheorte sel þer-on
Sunne is god þou blinne
For when þat here is ouergon
And þe wit is comen hom
He shal þinken wynne
Let lust ouergon and eft hit
Shal þe liken. Quoþ hending.
If þou art of þoutes lite
And þou falle for vnmiȝte
In any dedly sunne
Shrede þat þou hit do selde

fol. 140v: art. 52

141

In þat sunne þat þou ne helde
Þe deie þou nout þer inne
For betere is heȝe for þen al
blind quoþ hendyng.
If þou [illegible] wilt fleses lust ouer come
Flen [illegible] þou most and [illegible] þe trome.
Mid eȝe and eke mid herte
Of fleses lust comeþ muche shame
Þeȝ þe þinke swete þe game
Hit doþ þe soule smerte
Wel fiȝt þat wel fleþ quoþ hendyng.
Wel is him þat sunne leteþ
And þat hit leteþ and forsakeþ
Er hit ranke in rote
For þe mon þat longe abideþ
Muche herte tene him tideþ
Er him come bote
Sone bote wille hauen oþer wo bide.
Quod hendyng.
Tel þou neuere to þat mon
Þi shame þat þe on
Þin harm and þi wo
For he wolle niȝt and day
Fonden heuere þan he may
Ta maken of on two
Tel þou neuere þi fo þat þi fot
slepeþ quod hendyng.
Hold þou no mon for unsele
Þer wile þeþ he fele
Summe pine þat him smerte
For wan monie in kare and tene
Þenne heȝ ereþ god his bene
Þat he bit mid herte

Þere þe bale is mest
Þere is þe bote nest quoþ hendyng.
Þe mon þat is lef to don ille
Þan þe world goþ after his
Ful sore him may drede · wille
For if man seþ þat he falle
After help longe he may calle
And faillen at þe nede.
So þe bet þe be so þe bet þe bise quoþ hendyng.
Wo se wile here in londe liuen
Ani manere he mot ȝiuen
Þeȝ him þinke pine
Sum for loue of leue frendes
Summe for heȝe of loþe fendes
Þat willen him don tine
Mid seluer one stikke me shall ed[illegible]
uen · quod hendyng.
Of al þat ich euere wes in hirde
Neuere ne likede me mi wurde
For non winnes fille
Bote non at min oþene won
Win and water stok and ston
Al goþ me to wille
For betere is on ey wiþ heste
Þen on oxe wiþ cheste
Ete ben oþene brondes quoþ hendyng.
Þeȝ þe wolde wel broomen
For to wolden houses romme
Þou most nede abide
And in litele wones wike
Til þat god þe make ryke
Al wiþouten pride · abide quoþ hendyng.
Under buskes me shal fynde heder

fol. 141r: art. 52

Þe worldes loue hit is wreche
To hit here ne me recche
Þan ich speke on heie
For ich se þe selue broþer
Þat litel þenkeþ of þat oþer
Come he out of his eȝe
Fer from eȝe fer from herte
Quod hending.
Wide and waker is þat eȝe
Þat doþ mannes herte fleȝe
And flitten out of his rest
Þerefore ani mon hit to hude
And nout leten hit so wide
Þat is ware best
For þat eȝe ne seeþ herte ne reweþ.
Quod hending.
Wech man haui land ne cloþ
Þat ofte haueþ i. maked me wroþ
Er hit come aȝein
Ga þan he hauede nede
And he wene wel to spede
His schal ben him un bern
Selden comeþ lone lahinde
Hom ward. Quod hending.
Men seþ ofte amiche file
Þeȝ he serue boten a wile
Wicomen swiþe riche
And anoþer noþing fonge
Þat haueþ serued swiþe longe
Euere he is ilyche
Som haueþ happe and sum honge
Þer bi. Quod hending.
Wech is kitel to breeten

Sereweȝ and kare en mid leten
And eke treȝe and tene
Al to dere is bouht þat ware
Þat man ne may wiþ outen kare
His oȝne herte queme
Al to dere is bouht ... hom
Þat mon shal liken of þornes.
Þat i erne talk hit sone
If þou bidest til eft sone
For þou wast me trewe
Ilk willi þer mihþ rise
Wrache on mani kinnes wise
Aþe wille rewe. Quod hending.
Wen me bedeþ þe gris opene þe shet.
Þe glotoun þer he fint god ale
He doþ so muchel in his male
Let he for non heȝe
So longe he doþ euch mon riȝt
Þat he walkeþ hom bi niȝt
And liþ ded bi þe waȝe
Drink eft lasse and go bi liȝte
hom. Quod hending.
If þou hauest bred and ale
Put hit nout al in þi male
Del þe sum aboute
So þou menske of þine meles
Ouer al þer me mete deles
Best þou nout wiþ oute
Þere is appel i ȝeuen þen
Al i eten. Quod hending
Þe þe wonteþ mete and cloþ
Ne make þe nout for þi to wroþ
Þeȝ þou bidde and borewe

fol. 141v: art. 52

For he þat beueþ his stronge plou
Mete ant cloþ ant god ynou
Ȝot he nout þi serede
Gredi is þe godles. quoþ hendyng.
Ich se mani gadeling
Wen me ȝefþ him a lutel þing
Ful wroþ in his þout
Mi þinkeþ he doþ wel bi me
Þat ȝeueþ me a lutel fe
And noweþ me riȝt nouht
He þat me lutel ȝefþ he me lif on. quoþ h.
Ful baldeliche bisekeþ he me
Þat of mi catel maketh him fre
For to geten him word
And is him self þe meste gued
Þat euere more brekeþ bred
At his owne bord
Of vnbiserewe hude metkeþ
Brod þwonge. quoþ hendyng.
Mani on seiþ were he riche
Ne holde non oþer ben him liche
He ben so large and fre
Wen þe catel is ygeten
Þenne is þe fredom al forȝeten
And leid vnder kne
He is fre of hors þat non ne haueþ
quoþ hendyng.
Mani mon wiþ a lutel haute
Wifþ his douter vnmunte
Þer hire is lutel þe bet
Þe miȝte wis mon ȝif he were
Ȝiuen hire wiþ a lutel more
And haven hire wel biset

Liȝtte chepes luþere forȝeldeþ. quoþ h.
Mon þat marketh after his miȝtte
Hope bi day and eke bi niȝtte
Þeþ him god of þinke of hise dedes
Him shal ofte wel bitiden
Wen þe set shal sore siken
In alle hise nedes
Mene hon hende sene on al. quoþ hend.
Þou me louest and I þe
Þer ȝein ne wille nout be
Hore hele þat so we seþe
He þe worþeþ he weþes nohut
For he wot þe monnes þohut
He wot seþþe þe weþe
For is word and sor is werk
For is bite and sor is berk. quoþ he.
Ofte more eslen gret bis reiþen
Ofter man þe day farþe doþen
And ful briȝt on hende
Ho doþ mani moder sone
Þan he lat his holde wone
He waxeþ wis and hende
Euen me shal preisen þe feire ende. quoþ h.
Ȝif men doþ þe shame an stiþe
Þarþe þou nohut al to riþe
To resen and to wreken
Þolu god and godes redes
Al þe muen þine dedes
Þo þi wille reken
Betere is red þen res. quoþ hendyng.
Ȝif þi louerd is wroþ angel
Ne be þou nout forþi out angel
Mid more i won

Betere is þe holde louerd þen þe newe.
Þat þe wole frete and gnawe
To þe bare bon.
Hommeþ i fles bit sore · quoþ hendyng.
Lyue þou nohut to bare wenere
For þou shalt missen of mani þinge.
Ful lef when þe were
If þou hauest þin oune won
Lemme is þe bare wmon auerson
Al wiþouten were
Wene is owene and oþer mannes
Edwit. quoþ hending.
Mani man and mani wif
Wenen to leden here lif
Here in derne senne
Wille þei nille þei aut hit shal
And ben ful couþ ouer al
Boþe þikke and þenne
Euere comeþ aut vuel sponen welle.
Lote is me hit wiþ tune forbrene.
Quod hending.
Mani man bitwixen frendes
Þer wile wordes sendes
Er þen þei weren seide
Þerme wit and heres wikke
Maken ofte wordes wikke
Þat wel mizten ben leyde
Is herinde men heme bitreien
Quod hendinge.
Men seþ ofte breþren strine
Þe wiles þe fader is on liue
Wo shal hauen þat lond
Þe fader may boþe ouerbide

And þat lond hit mai atglide
In to a fremde hond.
Weþe he sit þat skeres deleþ · quoþ h.
Þat ich telle an vuel tyþe
Mon þat sheteþ him into shipe
When þat wind is wod
For be he comen into þat depe
Þanne mai he sike and wepe
And ben drerimod
Ofte raþe reweþ · quoþ hendyng.
If þou þenkest ouer flod
Þen þe wind is waxe wod
Abid fair weder and stille
Abid and þole if þou mai
And þou shalt hauen anoþer day.
Weder after þi wille
Muchel of his wille abit þat wel
Mai þolien. quoþ hendinge.
Þarf þe neuere gon ne sitten
Fro dore to dore for to witten
In londe ne in more
Þat he ne wille hire selwen kunn
Wose wile þer after lyþe
Þe wimman þat is hore
Þarf þe neuere hoime en belle
On brache talle · quoþ hendinge.
Draw þin hond wel sone aȝein
If men doþþe ani cunfein
Þere þin auhte is lend
Þe child þat draweþ is hond
Fro þe leye an fro þe brond
Þat is enes ibrend
Brend child fuir fordredeþ · quoþ h.

fol. 142v: art. 52

143

Hit ben manie þat ich cnowe
Wiþ þreste and þyuere stat and
Tertful mod and sterne slowe
And so euere don ounwreste +
Þat hy for loue ne for cheste
To good willen lerne
Ȝher asse and ȝer ap asse
Þe bymeest þou neuere asse
To gode rode horse. quoþ hendyng.
Wyde and wantoun is hertes wonye.
Fors þe fowel þer he shone
Weþ him hungreþ sore
For to biten ant bite
Bote hys do him wite
Wa soþ here and tare
Wis is þat war is. quoþ hendyng.
Frendes wordes þer hy ben grete
Summe bittere and summe swete
And wel ful of swike
Wich haueþ þouhtes wel vnclene.
Þat hit wot wel albidene
And con hem faire slike
Hit nis noht al gold þat shineþ.
Quoþ hendyng.
Riche and pouere ȝonge and olde
Þe whiles þey hauen here tonge in wolde
Þey seken here soules bote
For ofte when mon weneþ best
Lif and hele to and rest
Þe dyȝ is at þe rote
Man man weneþ. þat he wene
Þarf longe to liuen. and him.
Lieþ þe wrench. quoþ hendyng

Les prouerbes del vilain

Ici ad del vilain
Meint prouerbe certein
Hem dit mis le respit
Del vilain en despit
Tant lentent autrement
Qe li fols nel entent
Sages homme prent motoun
En lui de veneisoun
Ceo dist le vilain
Ordinaunt fole entent
Qe deus choses emprent
Enmile ne acheuue
Sauez ke len deserue
Lune pur lautre pert
Esemeines greue
Entre deus arceouns chet cul a terre
Ceo dist le vilain
Itel homme ki est eslees
Entre mals veisinages
Longes ne demorra
Si sun veisin le het
Soun dammage ret
A lui ne moustera
Qe mal veisin
Ad mal matin. Ceo dist le vilein
Dun pere & dune mere
Nassent deus freres
Donne gure court & mort
Li ameues ad lonour
Puis par est al menour
Al meins ke il poet tort
Lame nest dunt pest. c.d.i.b.

fol. 143r: arts 52, 53

Lomm deliures ⁊ sauus
pde al plus ne al meins
e semunt de soun uiure
te bon confortement
i guarpist laiument
eus nel oblie mie
spam ed ⁊ same richel z sinel set
eo dist le uilain

Nest seus ne prouesse
en homme sanuz richesse
souent lanoum ueu
sa uenst macrobe
euist poure robe
al sei ert coneu
el tauele del de espeit · c · d · l · u ·

uis tretoue le soen
a fere toiut moun bon
meaez abaudoun
tretiout me abaundoine
oit me touit touit me donne
el cure de oel doun
toiut me donne touit me nse · c · d · l · u · z
uis auber ad plente
ad sa uolunte
de dras ⁊ de argent
uel ere ten des saner
i ad soun graunt auer
sase nen ad nent
e autrui pere les tost brle coin
la dame manere · ceo dist le uilein
Prince br dert ualer
br met anoum chaler
soun homme ⁊ soun honite

uoisin ten haissent
e mauuer ten uaissent
de rere ⁊ den coste
mals porte his direlem · c · d · l · u ·
Quaunt al prince sa prest
Lour cumpaignouns uestron
paske ⁊ anouel
pres eus hount taunt
scruier ⁊ sersaunt
sueillent autre tel
uent quit dalier cor eade maunde
e dist le uilein
Ribauz en ces tauernes
sount uoces ⁊ hernes
s testes ⁊ es doe
es li poure en pais nment
combatent ne estriuent
s al us soint forsclos
ceo fest son br erle ne poelt · c · d · l · u ·
ur haut semenor sert
e sorm uiure en desert
e de lui ne se miuet
a dest prendre ensement
hendus dras or ⁊ argent
quant br lui est net
hancel sert de hancel unie c · d · l · u ·
hecuus amir se fest
e dit ben en treshast
e touit en uous me met
r besoinen auiez
oune oper tenerez
eo br ceo uous promet
lus sonnt qperes bestnus · c · d · l · u ·

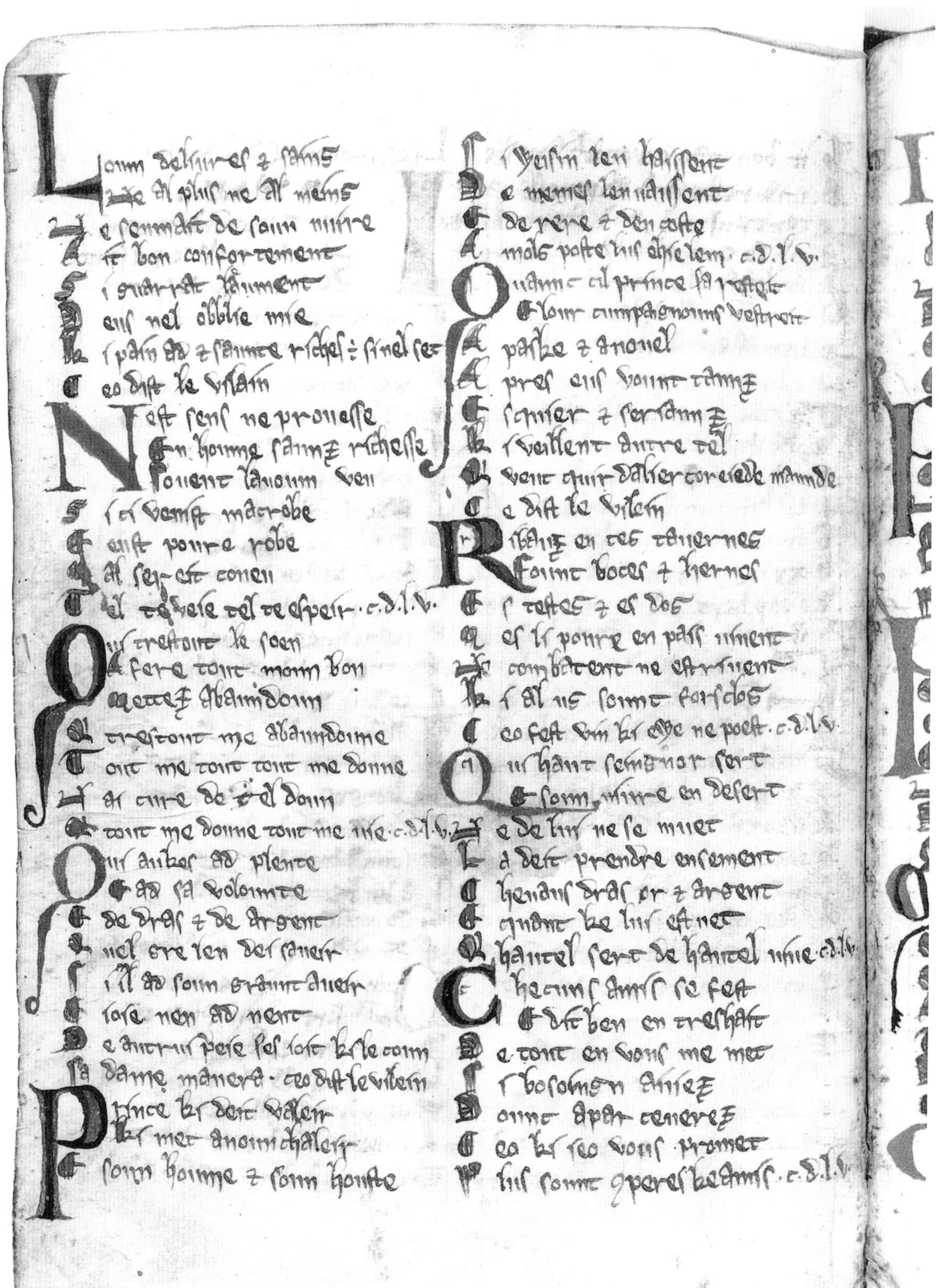

De conquester vienent erres
Del de feins & des teres
Souent departir les gent
Qes cil roi noun cil counte
Le tienent hom kes counte
De lour departement
Qe primes prent ne se repent
Ceo dist le vilain
Povre homme trop endette
Surpris de poverte
Qi emple le poign
Le li chaut de sa vie
Il en plus se affie
A faire dil entunt bosoing
Povres home fet povre pleit. d. l. v.
Pais vaire sens ne proesse
Un homme senz richesse
Quant il est en ses flors
Cum il vald ke prendre
Estuit il vald ke despendre
Lad amis ne son cours
Veue dame est senz seingnour
Ceo dist le vilain
Ment di oue amis
Qi souent me ount promis
Quidoie estre estable
Qe puis ert tout mesounge
A maniere de mensounge
Torne promesse a fable
De bele promesse se fet fols lee
Ceo dist le vilain
Celui tent seo pur sot
Qe al premerein mot

Som marche prent & fet
Celui ki sa amie
La fert ki ele les coundre
Al premerein mot lait
Al premerein coup ne chet pas
Le chenne. ceo dist le vilain
Quant dame ne respount
Ullem prie & somount
Diuerse oyse
Fol est qui siet ses blesse
Sil vous ne la guerisse
Face ceo ki il vert
Assez ote kyse ... dist. c. d. l. v.
Povres touz tens labore
Pensez travaillez & plore
Unques de quer ne rist
Le riches rit & chaunte
De graunt chose se vaunte
De poi ki est perte
De set ki fauss cum estere al
Fin ceo dist le vilain
Poverte vet & vent
Apres cil ki hounte crent
Resforce od bon corage
Est pur sa poverte
Dedens li ad soffert
Le haud trop entre hountose
Lur dire homme ke soffret. c. d. l. v.
Qui veut trop baccer
Il se put desendoter
Ent a coustumme la
Apres premer si sa coste
Lores plumez si soun houste

fol. 144r: art. 53

Termes qui ert tenunt ja la
court e chaunce longe bauiere. c. d. l. v.
Quant fols par noun saver
Ad perdu soun aver
il est ben mate
Meis garder nel saver
Mes si ore le aver
Touz tens querei ase
Quant le cheval est emble dounke
ferme fols lestable. c. d. l. v.
Quant ceo vei des festes
E de dras e de bestes
fere si e[n]dunt barate
Tant sui ceo plus irre
Mars e coroune
Quant nel dount ceo ke ...
Mue de forment ... aveir ...
Volent ki nel ad. ceo dist le vileyn
Vil seles est malmess
Ja nul ne avera pais
plus vit plus laboure
sen ... qui il desert
Mes tout soun meble pert
En une petite houre
En la coue est le encumbres. c. d. l. v.
Tel ver fere despens
Dount forment me perpens
Mes ke parler nen os
Sire del sen le devreit feire
Aunz se leveit il treire
Un chat par mi le dos
Chef nob ke bien tent par le
mentoun. ceo dist le vileyn

De oiseaus e de chens curteis
Il se fount fiz de burgeis
Mes destrouns se affolent
Apres la mort lour pere
Auoir sent lour mere
Tout le sen li tolent
Meis vaut mettre ki esperuer
Ceo dist le vileyn
il ki ... bole
Od ses mains od sa oele
Vis vait quere soun pain
Si il nul querereit
Estrouns emplereit
De mesaise e de faim
Vente e plet ... ci estet. c. d. l. v.
Meint homme par bon eure
Touz ses parens recoure
Touz ... e touz peste
Touz les fet rejoissir
Ne volt ... faillir
Le puet plus riche estre
Piere volante ne cuilt mosse. c. d. l. v.
Nuls ne puet deservir
Ore en feloun servir
Souent ... leu
Seruise por vaut
Si une fese li falt
Si ad lem tout perdu
Il seir volum le soir ... matin
Soun houste ceo dist le vileyn
Nature le homme prent
Itel cum il le trove
De sa pur noreture

fol. 144v: art. 53

Li quers faus e vilains
Ne del plus ne del meins
Len perdra sa aventure
Ja de busard ne frez bon prisme
Esperuier. ceo dist le vilain.
Od ben graunt tenement
Ad ven folement
Meint homme auenir
Est tel ki par auest
Qe tresben en saueit
A graunt honour venir
A petit pur tel joune deus bon
Padinie. ceo dist le vilain
Meint simple homme ad ben
Qe ben ert conou
Est preisez e amez
Sil ad ben meint sage
Qe en tout soun age
Ne out vnkes pain asez
Orde chaumbre fest fole dame
Ceo dist le vilain.
Bien pert as fez morans
As fors muraillez
Les peines les trauaillez
Ke semen li aimeren
A peine sount defeit
Ja ne serount reffait
Pur homme crestien
Bein pert el chef quels les oilz
Furent. ceo dist le vilain.
Ne ver ne fouls ne sage
Nel conuste soun damage
Ainz veit chescun soun ben

Li lasnes ne li menez
Les mis freres mil menez
Al soun oes que del mien
Qe fest soun prou enuist saunz ren. c. d. l. v.
Meint homme tonte sa vie
Se entremet de clergie
En pus se volt mettre
Qe se fest mout deliure
Qe ne set neent escriture
Un soul mot prod en lettre
Ne sount pas touz cheualers ki
Sour cheual mounteint. c. d. l. v.
Fraunc quens vostre maniere
Atenez taunt kieo lere
Len chescouns de quer iur
Amez me priem e repriem
Cest doint e si attem
Qe ceo ne vous ennuit
Qe bien atent ne se repent. c. d. l. v.
Cil qui ad si ent dette
Al meins ke il puet la mette
Len fest pas ke vileins
Ja puis tout ne li toudra
Qe ment en soudra
Ainz donra de taunt meins
Qe se aquite ne se encumbre. c. d. l. v.
Sis poures amis
En soun houstel te ad mis
Est de pouerte leissez
Pur fere tei honour
Le len dreit estre menour
Cil il fesoit asez. Cil fest ceo kil
Puet toutes ses lers acomplist. c. d. l. v.

fol. 145r: art. 53

Ountre li riches promet
Al povre e il li ment
De pan en es par dunce
Cel quide saver
Qil deie aveir
Al terme saunz doutaunce
Plus espeir dautre chose pensaunt. c. d. l. v.

Meint homme par aventure
Est riches saunz mesure
Sour touz ceus de sa rive
Mes pus li tourne soure
Aventure en poi de houre
Qe de ceo le trestourne
De si haute si bas. ceo dist le vilein.

Meint homme veit soun vesin
Non est prius de sa fin
Si conveite de sa tere
Par soun grant aveir
Le quide ben aveir
Sei erite cunquere
Tele coveite tele la mort soun
Vesin desire. ceo dist le vilein

Deus mester ai enpris
DAlecerz fin apris
Icil ne clers ne lais
De t. ceo sui ieo ben fers
Je sui ne lais ne clers
Si sui clers et lais
Qe deus chace et nule ne prent. c. d. l. v.

Meint fol homme soun cors het
Cunseiler ne se set
De eschiuer soun enemi
Nis cherise un cumune =

Vn becoun un matineis
Garde sei et tenir ni
Torte buche fet dreit fu. c. d. l. v.

Meint homme despent et beit
E sur lautrui nad dreit
Qi ben trescunt soun nombre
Puis lestent esmeiller
Quant li covent paier
Ceo pur quei il se encumbre
Tel ad desire le counseil soun compaignoun
Qe beit sa chape od tut le chaperoun
Ceo dist le vilein

Meint dame essaie
E cerche la maniere
De soun seignour souvent
Ben veit quil entreprent
Ceo le di pur verite
Puis fet meint fol covenent
Asez set chat ki barbe il leche. c. d. l. v.

Meint homme est de tel hait
Ke quant aukes li fait
Chose ki li desplaise
Lores hire et reinne
Sa noise et parure
Manace et remanace
Maunces vivent et dedeinz muret. c. d. l. v.

Li bons hommes plains de grant ire
Sei cumforte et empire
Mes puis se resuage
Seum il remeint
Soun talent refreint
Et tempre soun corage
Est si atent kil ne refreit. c. d. l. v.

fol. 145v: art. 53

146

Bons homme de petit avoir
Tost respount saunz estout
Quant riches le maundere
Nes il sage nes cheitif
Ki vie bas ne haut
Mes touz dis soun preu face
Touz dis se laissent dire e touz
Pains manger. ceo dist le vilein.
Deservir daungiere
La parent ki ceo dit
Le quer saunz de ma vie
La celui mar che feme
Dount nel me puisse retrere
Car ceo point de envie
Prent mal achate. ceo dist le vilein.
Fols est ki a tel compaigne
Desere autrui besoigne
Ke il pert la sue
Il fet soun graunt meschef
Ke soen lest si fait chef
De autrui proud de suen coe
Mal oure ki se oblie. c.d.l.v.
Fols fet tost tele folie
Dount len si lie colre
Ke apres se estent toundre
Mes li sages se delit
Tel chose li desplast
Dount il nose respoundre
Meuz valt bon taisir ke trop
Parler. ceo dist le vilein.
Quant ceo ai neue robe
Et chescuns vient me roue
Moult laim entre lai premere
Mes al ter e ioun men amuse
Al vent e a la pluie
La met sa taunte nis est cher
De novel tout bel e de veue
Entre pez. ceo dist le vilein.
Ieo prouende requier
Saint evesque e prier
Et de ceo me chastiot
Meuz est quil la me vende
Qil me donne provende
Ceo vei en soun consel
De bosdemain vaine promesse. c.d.l.v.
Gentise e entreprise
En tere saunz iustise
Prentent ki par valour
Defent ke lun nel garde
Sa vie tense e garde
Nul hommes ke soit
Ou chate nen ad sorices revelent. c.d.l.v.
Nest nereis ne quens
Ne princes taunt seit bons
Qui ad neit entreprendre
Le mils taunt deu ne crent
Cest secle maintent
Cel li estoet mesprendre
Ainz ment li hom qil rimerge. c.d.l.v.
Cil ki autrui emplaide
Et al soun oes conseile
Del dete par tout hucher
Si ceo est tere ne rente
Fols est sil ne presente
Ceo qil ad plus cher — c.d.l.v.
Qe ne donne ke ayme ne prent ke desire

fol. 146r: art. 53

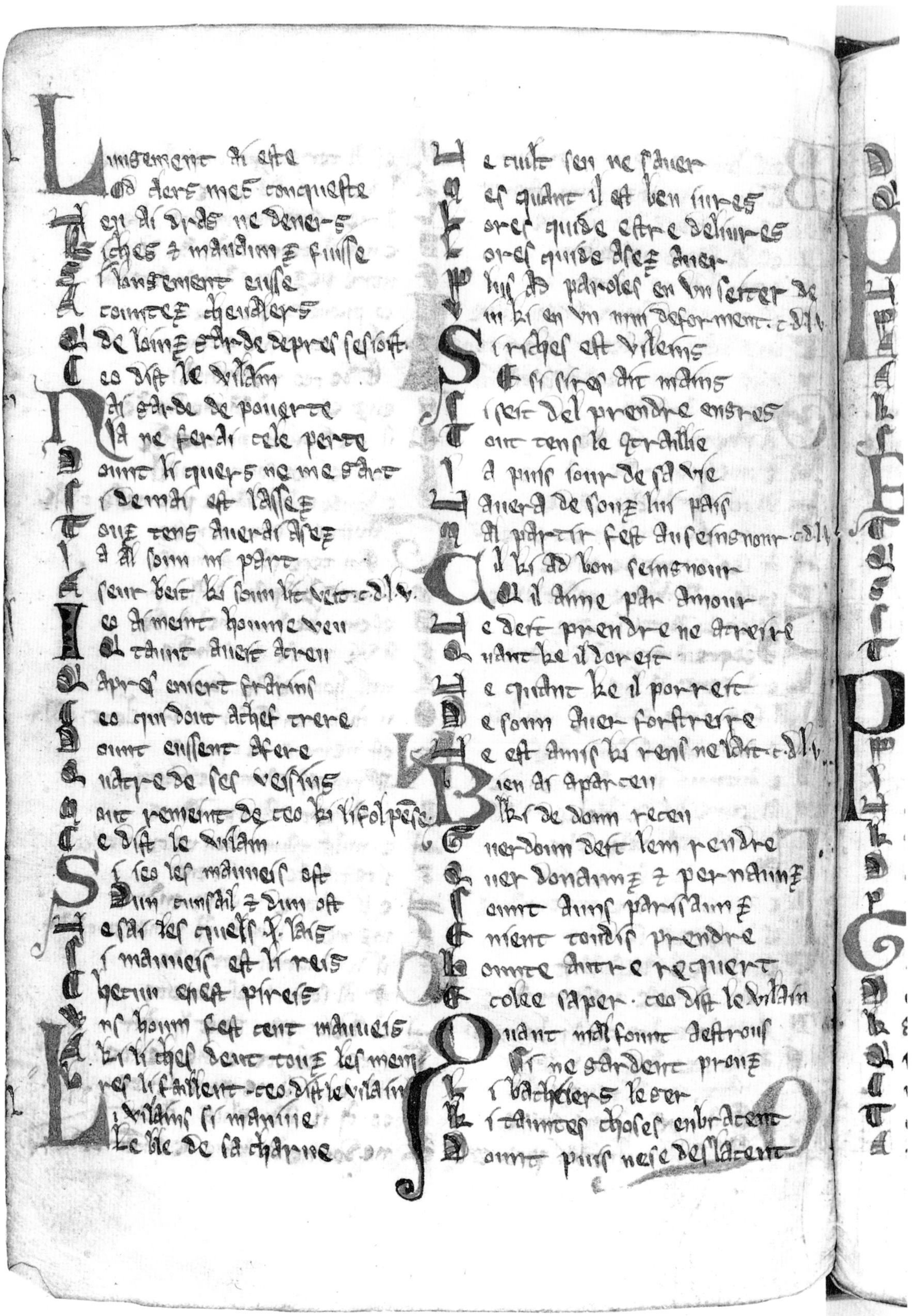

fol. 146V: art. 53

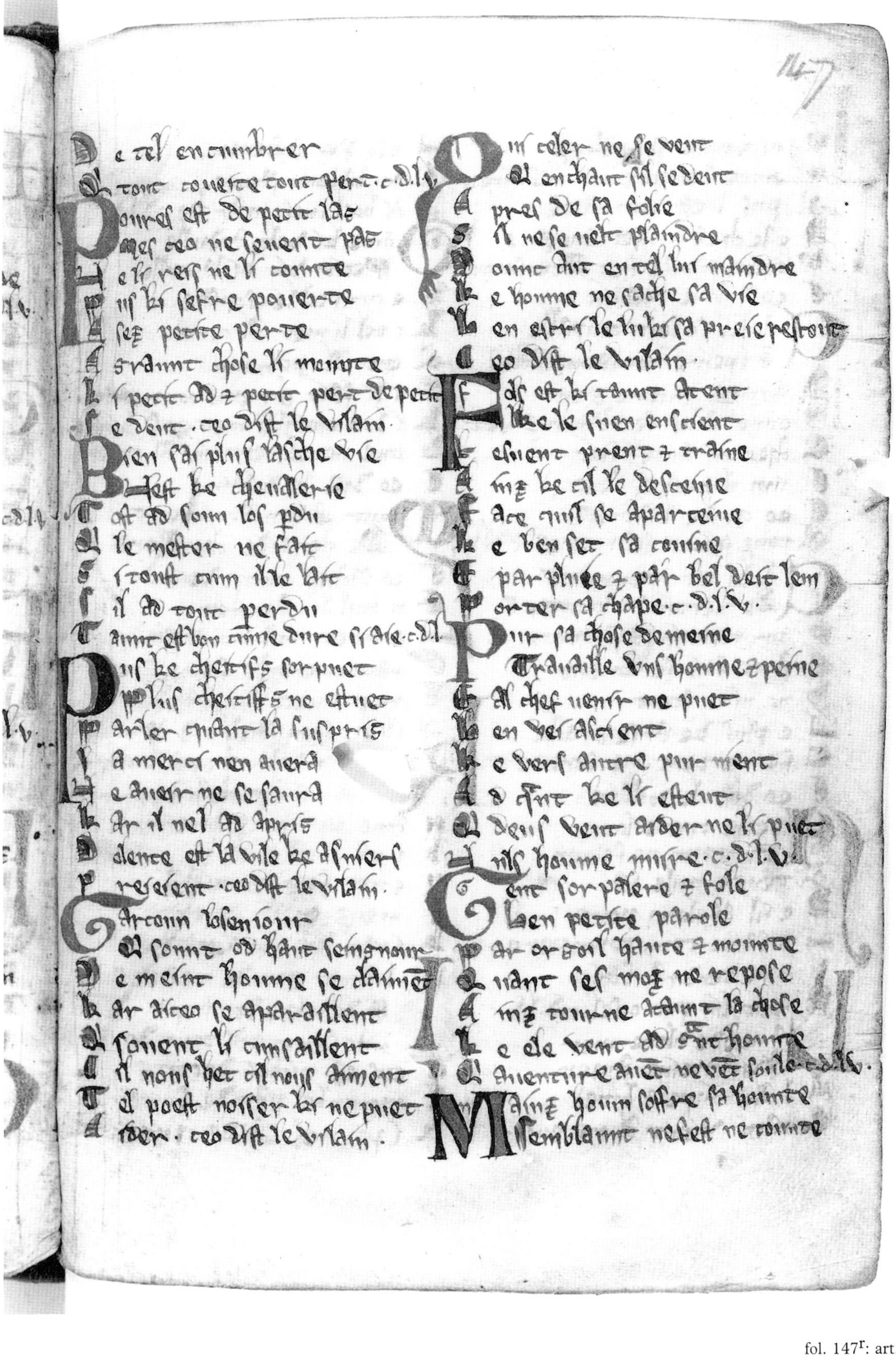

De tel encumbrer
Qe tout coveite tout pert. c. d. l. v.
Povres est de petit lait
Mes ceo ne sevent pas
Ke li vers ne li counte
Mis ki sefre poverte
Sez petite perte
A graunt chose li mounte
Si petit ad e petit pert de petit
Se deut. ceo dist le vilain.
Bien sai plus lasche vie
Ne est ke chevalerie
Cest ad soun los perdu
Qe le mester ne fait
Si tost cum il le lait
Il ad tout perdu
Tant est ben cume dure ce dit c. d. l.
Puis ke chetifs sor puet
Plus chetifs ne estuet
Parler quant la suspris
La merci nen avera
Le aver ne se saura
Car il nel ad appris
Dolence est la vile ke aimer
Resplent ceo dist le vilain.
Garcoun losengeour
Qe sount od haut seingnour
De meint homme se claimet
Kar aiceo se apareillent
Qe sovent li cunseillent
Cil nous het cil nous aiment
Tel poet nosser ki ne puet
Aider. ceo dist le vilain.

Om celer ne se veut
Qe enchaunt s'il se deut
Apres de sa folie
Il ne se veit plaindre
Come dit en tel lui maindre
Ke homme ne sache sa vie
Ben estre le lui ki sa prese restoit
Ceo dist le vilain.
Fols est ki taunt atent
Fike le suen ensclent
Le sient prent e traine
Ainz ke cil le desceine
Face quil se apartiene
Ke ben set sa couine
Par pluie e par bel dest len
Porter sa chape. c. d. l. v.
Pur sa chose demeine
Travaille uns homme e peine
Al chef venir ne puet
Ben ver ascient
Ke vers autre purment
La cuit ke li atent
Qe deus veut aider ne li puet
Nuls homme nuire. c. d. l. v.
Gent sor palere e fole
Ben petite parole
Par orgoil haute e mounte
Quant ses moz ne repose
Ainz tourne la chose
Ke ele vent ad grant honte
Aventure aver ne vet soule. c. d. l. v.
Maint homme soffre sa honte
Semblaunt ne fet ne counte

fol. 147r: art. 53

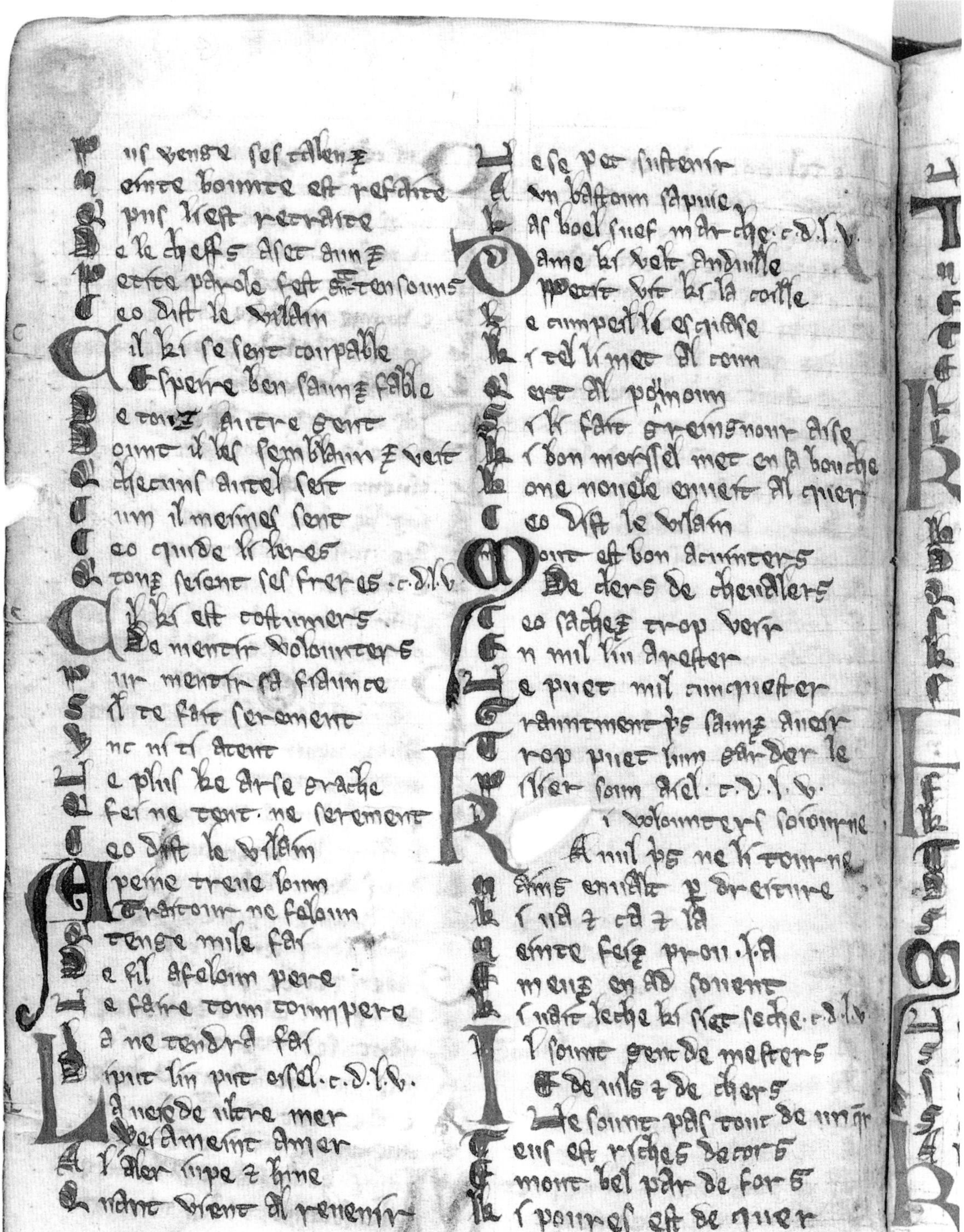

Puis vende ses talenz
Mente bounte est refchee
Qpus k'est retraitee
De le chefs aset dunz
Pettee parole fest entensouns
Ceo dist le vilain
Cil ki se sent coupable
Espeire ben saunz fable
De touz autre gent
Doint il les semblaunz veit
Chescuns autel sent
Cum il meismes sent
Ceo quide li leres
Qe touz serent ses freres. c. d. l. v.
Cil ki est costumers
De mentir volunters
Puis mentir sa fiaunce
Si te fait serement
Ne ni ci atent
Le plus ke arse erache
Fei ne tent, ne serement
Ceo dist le vilein
A peine trove loum
Traitour ne feloun
Tenge nule fei
De fil a feloun pere
Le faire toun coumpere
Ja ne tendra fei
Dunc lui pur ossel. c. d. l. v.
Luneyde ultre mer
Veraiement amer
A l'aler supe e hume
E retne vient al revenir

Lesse per sustenir
A un bastoun sapuie
Kar boel suef marche. c. d. l. v.
Dame ki velt andouille
Porte vit ki la coille
Le aumpeit le esquisse
Ki tel li met al coun
Qat al poinoun
Ki li fait greinnour aise
Ki bon morssel met en sa bouche
Ke one novele en nere al quer
Ceo dist le vilain
Mout est bon deviners
De clers de chevalers
Ceo sachez trop verr
En nul lui arester
Le puet nul aunquester
Grauntement pus saunz aveir
Trop puet hom garder le
Uier soun avel. c. d. l. v.
Ri volunters sojourne
A nul pes ne li tourne
Mame enuiste p deceivre
Ki ust e ca e la
Mente fere prou sa
Meinz en ad souvent
Kar vache leche ki nest seche. c. d. l. v.
Il sount gent de mesters
E de uils e de chers
Ne sount pas tout de un quer
Teus est riches de cors
Mout bel par de fors
Ki poures est de quer

fol. 147v: art. 53

Est mie tote orbeluist · c · d · v ·
als ad hore ordeine rendum
verdene sa meisoun
uit lasthement se uit
ffrou me benere
aunt de mal ne iprdune
nplusours cum lui dun
luns nest mie es ordeine en
uu lese de ces dist le vilain
veliuerer se vult
De serf ai ne dame se deut
la dame li brasse z muet
ee ls il li ad emble
uient ls il li ad assemble
stolt ceo ls il puet
het soun chen la rage li met
enre · ceo de le vilain
als est ls soun serf ai ne
Qui soun pere en fai nt
Ate soun lui damaisel
s trop le damcele
ouit li dist tele nouele
ai ne nest est pas bel
tre dame fait fol vassal · d · l ·
ei ne homme vest soun paine n
foffraitous par la tere
els dur res erdaine dam
il vest soun dne
empres mui ece pur li
cum cors abaundonu fc · d · l ·
i volonte vest lnum ls est dmi
iu soun ami de seure
De alcune vilaine oure

il ad fest ders lui
nle z assens fest homme
il ad une li monue
il li troue ad enemi · c · d · l ·
soun nes cunpe ffacce desonoure
al ls en sauera ds
si ne te fetre pas
eshie ne ses ban
e ls homme queise senore
auert ver dement
Par aventure e fait · c · d · v ·
enis vane saues ls sor perter
ceo al ben meint ser ai ne
il se feseit milt vaillaunt
De manger achater
il venst a paris
nere pain blanne ou bis
el pur rets il trover
fol enuert en mer
auer a poissoun ne d · c · d · l ·
mint homme ar ben
Desque il ount perdeu
ne vole mes louer
uit dinent souent
femme se repent
e ser despuceler
ar e est mart al cul cine le
ce est hors · c · d · l ·
Mente dame vait ceo quist
A soun dru par nuit
dume creme z sam z fresoun
ur soun matir ne irret
resbe achet de soun cest

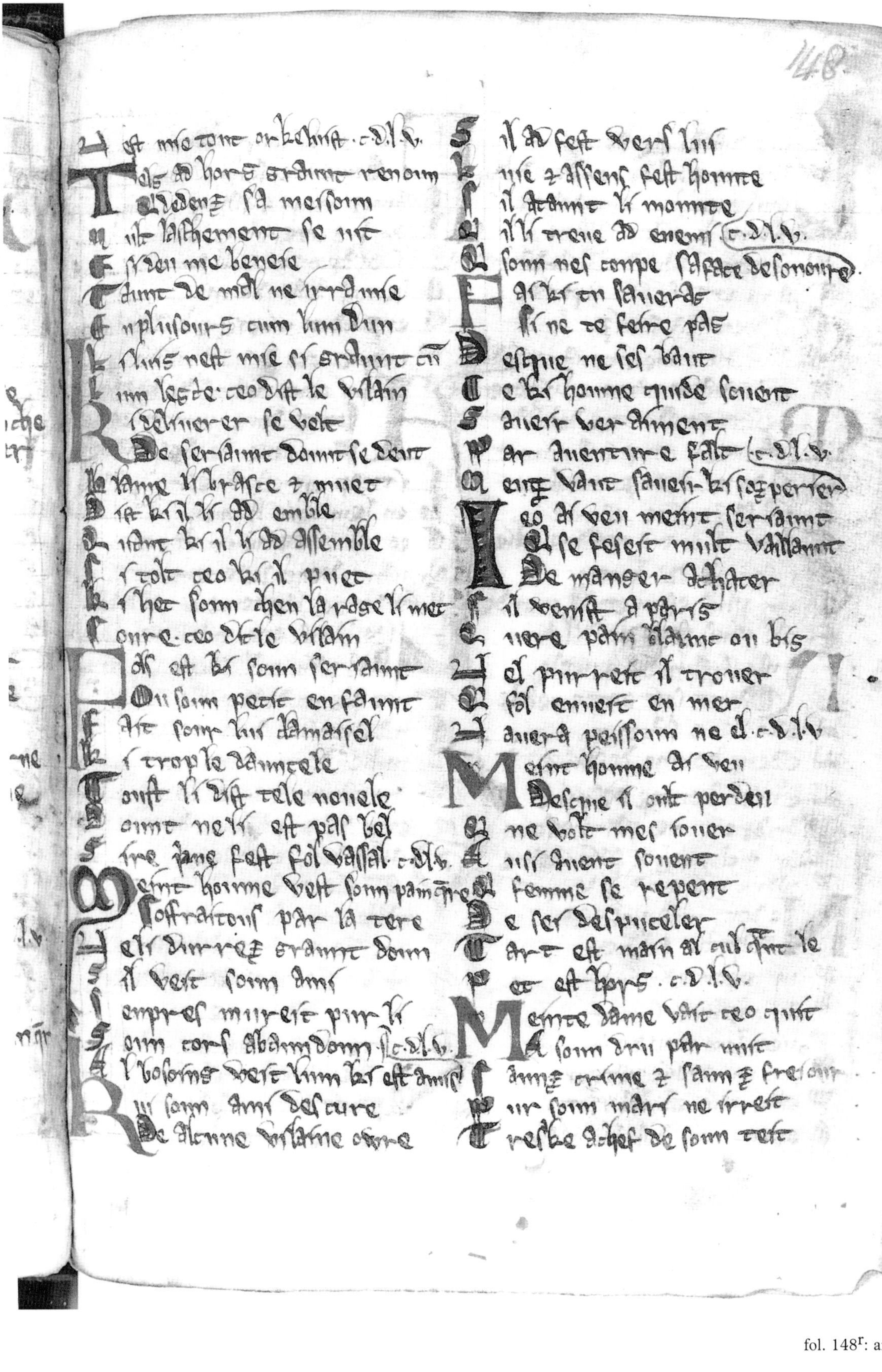

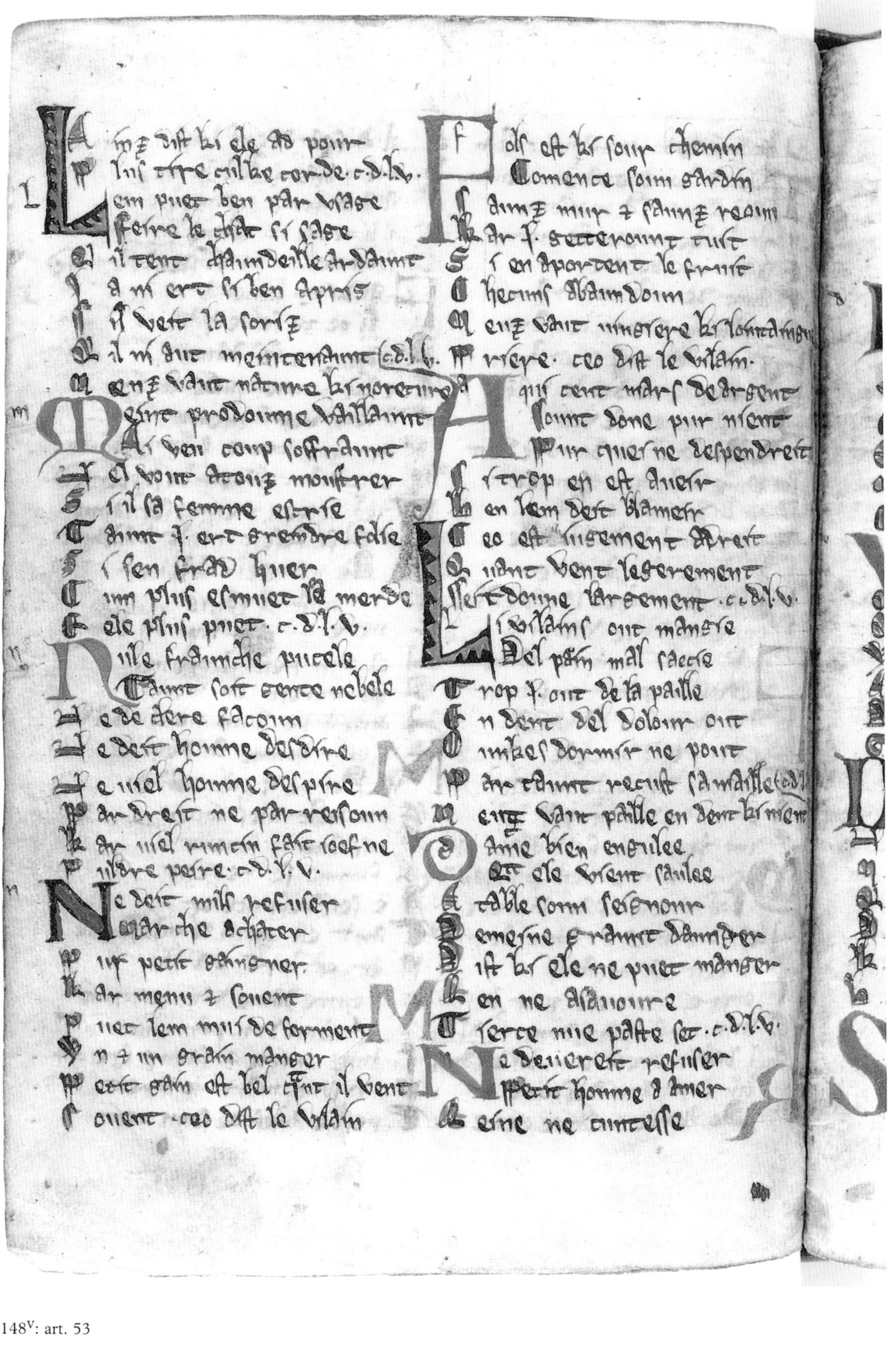

fol. 148ᵛ: art. 53

149

Kar ceo dist Salamon
Dun ben gras trinchon
Se fet le barnesse
De meins se crene homme ke cil
Qe de un chenetoun corucent. c.d.l.v.
De celui mesmeruail
Qe soun prive cunsail
Dit malt ne se het
Qar conter a femme
Ensemeint les vaunt cele
Qe chescun le set
Qele ment se coure a qui le
Cil pert. ceo dist le vilain.
Vne dame conois
A quel me tient pur nuns
Quant la tenc en moun lit
Qe me met abaundoun
Vne espaunde de coun
Dous dere de lit
De petit aguilloun chace len
Graunt asnesse. c.d.l.v.
Dame ki veit andouille
Derere vit la coruille
Le quite ki point li plaise
Mais quant ele sent tel boton
Li hurte al poinnon
Doune est ele a eise
Si bon morsel met en sa bouche
Bone nouele enveit al quer. c.d.l.
Sor toutes bestes muers
Qe quer en lor maners
Auet cornaille plus main
Toute iour se purchace

Le veit ki ben li face
Al vespre mort de fam
Cum plus main leue le maluire
Plus long iour. c.d.l.v.
A la bouche del for
Ad souent grant chalor
E si ni creist point de herbe
De sous blaunc vestement
Ad meint neir trop puilent
Qa ne f. ert saunz merde
Qe destrount luit enchiese en part. c.d.l.v.
Humeinte dame orguillouse
Al veu des demenouse
De seingnour de chastel
Qe vns mauueis garsouns
Entre piu & arcouns
Si enfert soun auel
Enuious fut met le bel. c.d.l.v.
Or dun lechere de curt
Que le repas le sun iourt
Le mars deus iours ou treis
Mes halt si se purchast
Ancois ki lem len chast
Si ferra ki curteis
Del chanter ennuise. c.d.l.v.
Poures se desmente
De noue chalcemente
Qi il ne la puet auer
Qi ad la mele tendre
Ele li donst saunz vendre
Bon gre len deit sauer
Ki lait nen ad mere e mauuist
Ceo dist le vilain

fol. 149r: art. 53

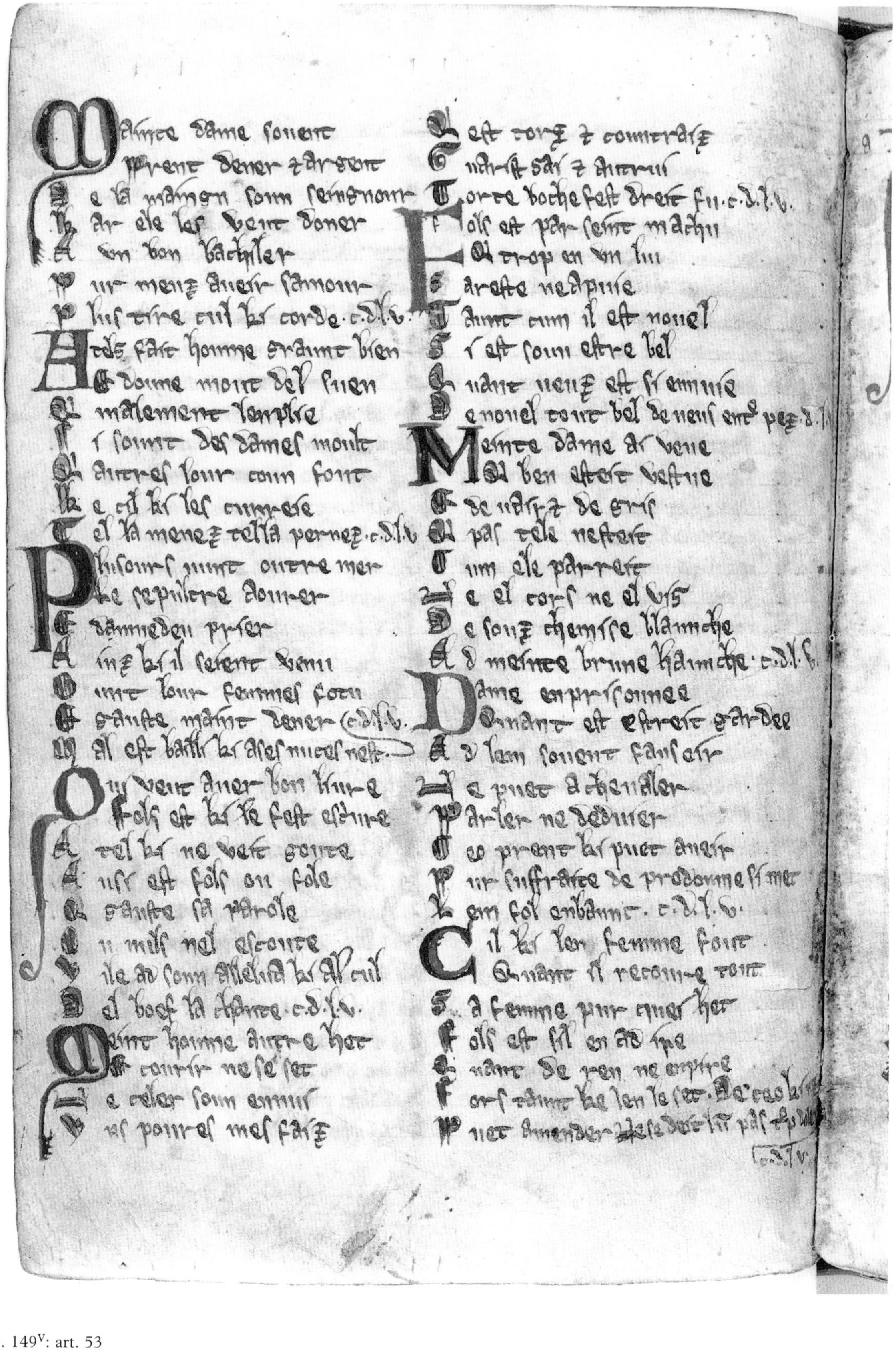

fol. 149ᵛ: art. 53

Les miracles de seint Nicholas

A ceus ki nount letres aprises
Ne lor ententes ni ont mises
Devient li clerc moustrer les leis
Parler des seins dire pur quei
Chescune feste est controvee
Chescune a soun iour gardee
Chescuns ne poet pas tout saver
Ne tout oir ne tout veer
Li un sont lais li un lettre
Li un fol e li un sene
Li un petit li un graunt
Li un povre e li un manaunt
Si doune deus diversement
Divers douns a diverse gent
Chescuns deit moustrer sa bounte
De ceo ke deus li ad done
Qi meins set meins puet enseingner
E ki plus ad plus puet douner
Qi plus est fort plus deit porter
E ki plus ad plus puet aider
Chescuns moustre soun saver
Sa bounte e soun pouer
En deu servir le creatour
E des seins pur sa amour
Qi ben laime e ben le sert
Bon guerdoun de lui desert
Petit prendra ki sert petit
Si cum lescripture dit
Qi petit seme petit prent
Qi plus fet e plus atent
De seint Nicolas di pense
En sent de grant auctorite
En romanz dirrai sa vie
E des miracles une partie
En romaunz vel dire un petit
De ceo ke li latins nous dit
Ke li lai le puissent aprendre
Qi ne sevent latin entendre
De patres fut de une cite
Noble riche e dantiquite
Mais plus est la chose enpeire
A ben pres amenuise
Pere e mere out de grant hautesse
De parente e de richesse
Asez aurent or e argent
E mout viveient richement
Lor enfaunt vodreient aveir
Dount puissent de lor faire eir
Neint soulement de lor manantie
Mes de mors e de lour vie
Tel fut cum il le desirerent
Nicholas par noun lapelerent
Nen eurent enfaunt for soul cestui
Tant lamerent plus cher amdui
En cors petit en berz gisant
De sol la mamele vivant
Si iunot pur deu amour
Ne leveit fors une fez le iour
Al mercredi e al vendredi
Si lout deus de sa grace empli
Puis fut a lettre mis
Par graunt entente fust apris
Tuit plus crut e plus amenda
Plus servi deus e plus ama
A cort bachilers fourmez
De meinte bounte alosez

Sis peres prist definement
E sa mere tout ensement
De seint Nicholas firent lor eir.
E quant ke il porpreint lors aveir.
Seint Nicholas departi
Teres mesouns e feus vendi
Si donast tout a poure gent
Nen fist autre reservement
Vns poures houm iloc manoit
Qui devant tresriches estoit
Mes en povertez s'ert venuz
De tens ad oum plusours veuz
Qe de grant aver kil aveient
En grant poverte descendeient
Et tens ke de poverte
Resount venu ad grant plente
Cist poures oum out .iii. pucelles
Treis sues files asez beles
Generels autre nevrent ke prendre
Kunte garder ne ke despendre
De vivre cunsail ne trevent
Se al pechie ne se lovent
Seint Nicholas pitez enprist
Siez cum gentement le fist
Treis nuiz ala a lour houstel
Treis dons de or lor donat bel
Le premer alin lor ad donez
Pur relever de povertez
Le secound lour fist trouver
Pur les treis files marier
Le terz doun lor ad done
El noim de seinte Trinite
Par la fenestre lor getout
Devant le lit pris s'en alout
A la terce nuit cil le prist
Alont gretez si lenquist
Qil ert doune ert cum aveit noim
Qe fest li out si riche doun
Cil dist ceo sui Nicholas
Ja ren a nul empalerras
Mes loe deu tun creatour
Tes files donne a honour
Seint Nicholas s'en ert alume
Li homme remist lez e ioiaunt
Retornez fu de povertez
Ses files deputez
Al aver furent mariees
E richement conreiees
Quant li seins out tout done
Quant ke il out pur amour de
Damne deu soun chemin tint
En Mira cite pur vint
Tant levesk del regne
Esteient clerks assemble
Kar lor evesk mort esteit
E cel honour longes teneit
Li clerks erent si ausieient
A ki cel honour durreient
Ne la saveient a ki doner
Ne si poeient acorder
Cist en tout cil del disent
Cist ortaut cil ne voleit
Ne seins euesk estoit
Qe mester fere deueit
Cist comaunda e grant oreisouns
A feire a grauntz afflicciouns

fol. 150v: art. 54

Q deus apertement moustrad
Ki cele eueschee dorrad
Demoustrad lur par sa pitez
Adunques fust de cele eueschez
Vn seins aungeles de cel li dist
Qe par matin celui preist
Qe primes al mouster vendreit
Ceo ert celui ki deus esliseit
A la porte dist il serrad
Le premerement entraunt prendrad
Qe ert apele Nicholas
Ceste eueschee li dourrad
Ceo ceueske issi le uit
Cum li aungeles li out dit
Nicholas par matin trouad
Nom e crosce li donad
Aimbes ni out nul countredit
Ne de grant ne de petit
Se estuse au il auert fait
Souille serr herbiee fut
Out ki il ert ordinez
En cele eueschee possez
De sa ioie quant ele lout
Soun enfaunt en baine [illegible]
De sor le fu fet auere
En un vessel de tere estert
De tere atel tens feseit loum
Vissel ki pain auert noum
Si fut la mere tresmuee
De la ioie trespensee
Soun enfaunt sur le fu lessa
Le fu espris teinne eschaufa
Apres comencez a fremir

A esmouer a esboillir
Li enfes ki dedenz fut
Le out les cors tendrez nud
En leine boillaunte seet
Les boilloms ueit sis puceit
Vnkes en cel ewe boillaunt
Ne sentist de mal taunt ne quant
Puis ki la messe fust finee
Si sest la mere remembree
Qele out lesse soun enfaunt
Al bain sour le fu ardaunt
Dount seniaunt al ostel coraunt
Soun fis par soun noum reclamaunt
Quant fust en soun hostel entree
Vne femme sa pres venee
Lenfaunt trouat tout haitee
En leue boillaunte sain e lee
Come prist lenfaunt sienporte
Tout le pople retornet
Le miracle ke li auint
La gent ancielle le tint
Si encrust toust entre renomee
De seint Nicholas par la countree
Gref me serreit a counter
E commiours le acounter
Les entre miracles e les biens
Qil fist a plusours cristiens
E quidez de sa charitez
De sa graunt humilitez
Chastes esteit e aumonerez
A touz les ans enn sellerez
A mire veillant en oresouns
En iunes en afflictiouns

Trois countes mist fors de prisoun
Qe erent pris par tresoun
E outre mer erent repeire
Encels furent enuere
... lempoir... par enuere
... puir par pon sa tere
... erent fet tel affaire
... tres se mistrent al repeire
... al empeour
... recent de seint Honour
... enuious e per felouns
... pris prendre les tres barouns
... en ... maners parconer
... eus est pris louers
... pris lemperere
Dame... les prone... ere
... countes disent noun
... Arpiloun
... sont tout tres stout
... la mere... amort
Al demein les deust hun pendre
En volent lour rancoun prendre
... charti... la mist apelerent
Seint Nicholas e reclamerent
... vendrent beni... tous
... sa preere serroient mis
... la mer forent parle
... de... forent troue
... orez les ... fet tourner
... deurent la mer passer
... forent deliurer
... tout crist... clamer
Treis bachilers amant Dame...

... apeleer... menez
En la charti... la mist lor membres
... p noun le apela
Acel besoing les socorust
... les nul de eus mort seust
Cil lor vine ben al besoine
... il ore oiser mort torne
... la mer en laltre cuntree
... de Fraunce soiurnee
Est mont ... ment alout
... al besoing la peleur
... tout sauoir... e perteinement
E ceo estere e coment
... la grace nostre semenour
... ensemble al empeour
Les countes ... en prisoun
... par... par tresoun
... il dist ... il gardast
Les countes deliuerast
A grant tort esterent pris
... tresoun en prisoun mis
... ment ... seruir
Es ... euerdoum lor ...
... countes dist il ne rent
E en ... chartre... lenz
... perat le hultime rei
... benediste prenge de tei
... cuntre... gent de cumbatere
... la bataille oscis serras
... gent destrueront
... e oiseaus te mangeront
... countes ne sai deliuerer
... al fet en prisouner

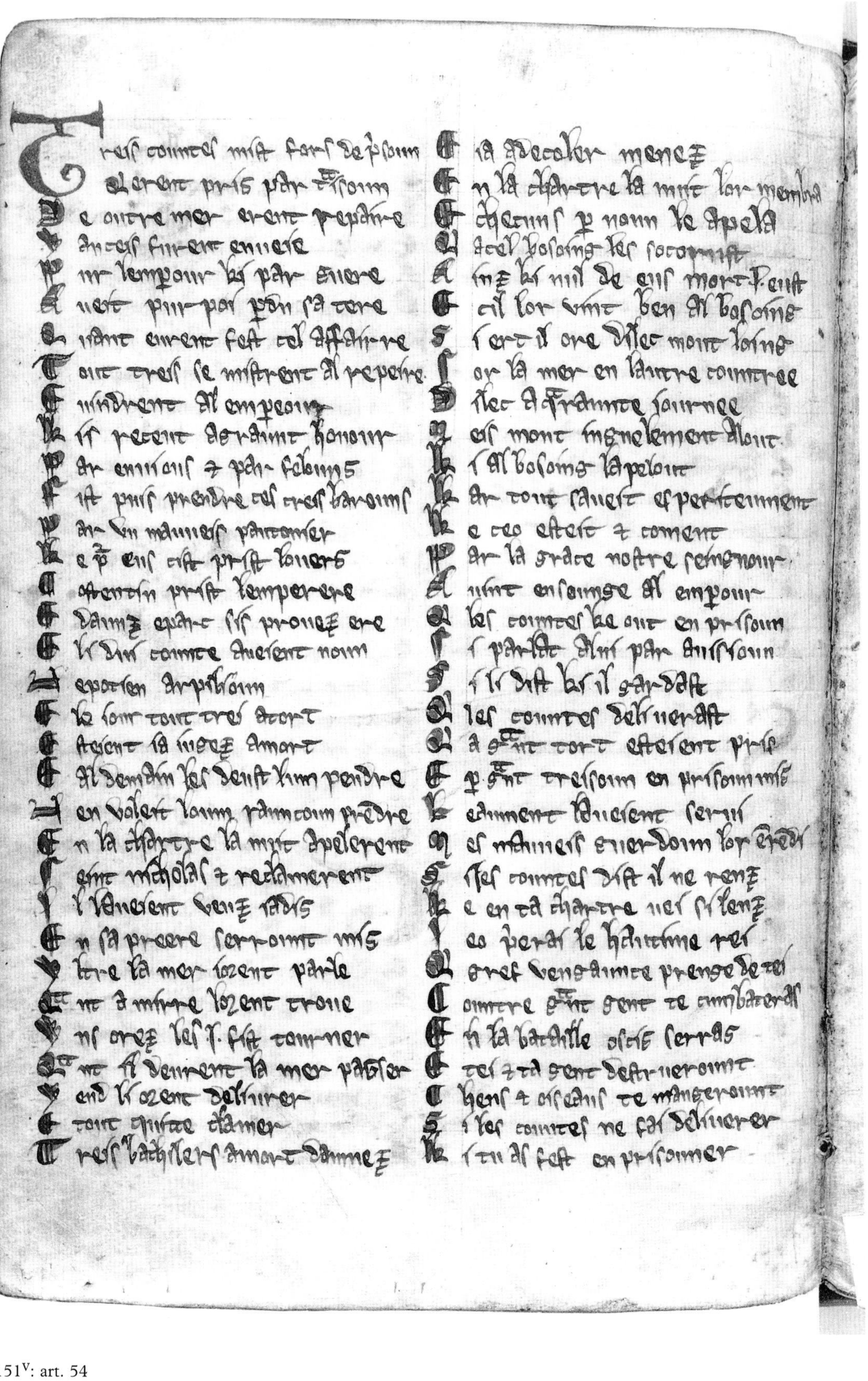

Lemperere sesfreda
Irrement li ad demaunda
Ki ceo esteit ki dieu pardoun
A prime esveiller le soun
Cil li dist ki Nicholas esteit
E le vesche de Mire avest
A tant dist sil sen turnast
Vint al provost sil enveillat
E par e dist il maliurez
Chaitif traitre ȝ mult senez
A les treis countes as liez
E saunz forfeit a mort iugez
Vas si deliure sil delivre
Si tu veus desbe iour tel vie
Si tu nes mes fors de prisoun
Le cors detth en ta mesoun
Sera destruit hastivement
Ia nen averas defendement
Cil demaunde ke ceo esteit
Qe tel maundez li feseit
Qes dist il ki parlas
Cil dist ceo sui Nicholas
E si sui evesqe de Mirre
Tournez sen ne li vout plus dire
Estoutement par matin leva
Les plus sages barouns maunda
E par soun provost venir les fist
Quant tous i furent illor dist
Cum la nuit fust en effrei
Li provost li redist de sei
Dounke fist les countes mander
Li empereres ȝ amener
Si lor ad dist irrement

Avez vous fet enchauntement
Estes vous enchaunteour
Qi mavez mis en tel freour
E ceste noit toute veiller
E ne sai par ki maunder
Cil se teinerent mot ne sonerent
De la parole esbaierent
Cil lor dist pur quei ne parlez
Dites pur quei ne respounez
Nepocien ad respoundu
Kar plus ert sagez ȝ amez fu
Sire empere nous ne savouns
Ke respoundre te devouns
Onkes nul de nous ne apprist
A tel enchauntement fesist
Ne savoum nul enchauntement
Ne de chaunter navoum talent
Mes pur veir dire purroum
A tort nous tens en ta prisoun
Kar leaument servi te avoum
Si nous enrens mal guerdoun
De ben fere avum le col fraite
E nement nous ad tu fare
Pur ben faire ȝ pur ben servir
Nous fais tu cum larouns tenir
Dites dist il nel celez pas
Savez vous ki est Nicholas
Quant li reis ad Nicholas nome
Dounc ad li uns lautre regarde
Lor mains vers le cel leverent
A haute voiz Jhu loerent
Seint Nicholas ount reclame
Dounc ad Nepocien parle

Nicholas dist il confessoun
A un homme de grant religioun
Si recountist quels il esteit
E en quels lui Deu voleit
Puis lour ad dist de ses bountez
E de ses vertuz asez
Empres furent quite clamez
E delivrez e desliez
Pur seint Nicholas le baroun
Ke lor parust en avisioun
Li treis countes demorerent
A seint Nicholas dreit alerent
Li emperereres lor chargeast
Grant present ke a lui enveiat
Deus chaundelers de or merveillous
Un tixte de or precious
Od peres un veissel de or
Plus aunceore de soun tresor
Quant li counte la venu sount
Puis as pez a tere vount
Les pez baiserent si recounterent
Coment plus delivre erent
E de mort les out returnez
Seint Nicholas dist Deu en soiez
Une feme un enfaunt aveit
Del deable pleins esteit
Ses dras rompeit ses mains mordant.
Sa vie od grant dolour menout.
Tout depesout ses vestemenz
Od ses mains e od ses denz
Quant seint Nicholas le seingnat
Del deable le deliverat
Sa alme ne revendrat

Treis clers aloent de escole
Ben fraunt mie de grant parole
Li ostes par nuit les ocist
Les cors muscat lavoir en prist
Seint Nicholas par Deu le sout
Empres fust la si cum li plout
Les clers al oste demaundat
Les pout muscer si li moustrat
Seint Nicholas par sa priere
Mist les almes as cors arere
Pur ceo kar as clers fist cel honour
Fount il grant feste a soun jour
De bien lire e de bien chaunter
E de miracles reciter
Seignours vous ke alez par mer
De cest baroun oiez parler
Soventfeiz est par tout socourable
E ki est en mer tenunt aidable
Mariner par mer aloent
De une tere en autre passoent
La esterent en haute mer
Assez quidouent aler
Si comencet la mer a emfler
E a fremir e a medler
Grant vent vint e espesse pluie
As mariners mout ennuie
Grant fu li venz e li oreez
Abaiez fust tout li plus sages
Si plaissat la tormente touz
E vessel overes li plus pruz
Lor mast e cordes depescer tref
Frusserent chevilles de tout la nef
Dount comencerent tout a crier

fol. 152v: art. 54

Deus e ses seins en reclamer
Mout se cleiment cheitif e las
Souent dient seint Nicholas
Socour nous seint Nicholas sire
Se teus est com nous oioums dire
Atant un homme lor aparut
Queus en la nef od eles estut
Issi od eus taunt parle
Ieo suy ky mandez apele
Ene ne le pas lore cessat
Seint Nicholas sen alat
Al port vinderent li notuner
Tout sain tout lez vount al moust.
Al moust mouncelemet tornret
Seint Nicholas .i. ke conurent
Saunz ceo ke monstrez ne lor fust
Ue nel eurent encors veu
Fors en la nef ou il aparut
Qant il pres les socourust
A la tere a ses pez se mistrent
Plorant e merciaunt ly distrent.
Cum faitement par sa pite
Lor aueit en la mer aide
Seint Nicholas lor respoundi
Nent ceo mes deus vous gari
Graces en rendez a ihu crist
Qeo ky vous dites vous fist
Lens miracles e gremours
D fest seint Nicholas plusours
Oez seignours sen fet a dire
En tens fust de une grant famine
Qe la gent nauoient ke manger
Ne se sauoient nuls cunsiler

Al tens de la gremour cherte
Qant gremour vente fust de ble
Oit seint Nicholas un message
Ke pres de lui dun riuage
Auient plusours nefs charchees
De ble e de forment coumblees
Seint Nicholas al port alat
As mariners des nefs parlat
Seignours fet il ceo vous requir
Ieo sui venuz pur vous prier
Qe del forment ke vous portez
En cest pais le me prestez
Kar de ble sumes suffraitous
Mout en i ad des famillous
Sire distrent il nous ne poum
Kar par mesure le portoum
Par mesure lauoum eu
Enseement deit estre rendu
De Alexaundre portoum le ble
Par mesure pris e liuere
Le forment est nostre seignour
Anoustin le emperour
Seint Nicholas lor respoundi
De cest pais aiez merci
Ke vous veez a mort tornee
Socours nad de vostre ble
De chescune des nefs ke auez
Cent mesures nous donez
Par tel couent ke receuerez
Al noun deu crist ky seruiez
La meins ne ni trouerez
Qant vous al mesurer vendrez
Liuerez li vont par tel couent

fol. 153r: art. 54

Fors ke il voleient de cel forment
Apres s'envoint en lor païs
Le furment liverent as baillis
Tout l'ount rendu e sanz faille
Einz ke il receiverent par taille
Unkes mesure n'en failli
Ben fust creu la Deu merci
A la mesure l'ount rendu
Ausi cum il l'aveient receu
E puis as baillifs ount conte
Cum ben eurent done del ble
Coment il l'unt retrove
Tout en loerent Dammede
A Dammedeu graces rendirent
E del bon seint grant plente firent
Quant seint Nicholas fust remes
Od le furment qu'il out del nes
Sil departist e devisat
E Deus si le multiplicat
Tout l'an en eurent a plentez
E si en iount assez semez
Tout l'an en fust la gent garnie
E del secound en graunt partie

Al tens paens ke ici fut
Eurent diable grant vertut
Qu'il se feseient aourer
E deus e deuesses nomer
Deu esterent come Phebus
Jupiter Mars e Mercurius
Deuesses furent Diana
Juno Venus Minerva
La gent ke en Deu ne creient
Ne ke de Deu ren ne saveient

Imagenes peintes aoroent
Es nouns as deus en poseient
Diane esteit une deuesse
Mout deceivante e tricheresse
Diables esteit ke en tel guise
Aveit la gent en soun servise
En semblaunce de feme parleit
Et quer le peple deceveit
E nequidant mult vainement
Aoroent la fole gent
Quant seint Nicholas fust
Avest la gent en sa tenu
Amer Diane e servir
Seint Nicholas nel vout suffrir
Lu ymagine Diane brusat
Desconfist e depescat
Le peple oustat de la folie
E de cele malhomerie
Mout fust li diables plein d'ire
Quant il ot perdu soun empire
Pur le peple ke il out perdu
Que il longement out detenu
Mout se pensat s'il peust
Ke seint Nicholas deceust
Qu'il savet plus engingner
Plus deceivre plus empeirer
Li diable ke soun pensez
A tout dis al mal faire aturnez
Une oille confeccioun
Mediatum l'apelez l'um
Ad fait Diane apariller
Puis prist forme de une mullier
Semblount de religioun

fol. 153v: art. 54

De nature & de faceoun
En un petit batel se mist
Vne nef nager se fist
Ke se moueit a mer passer
A seint nicholas peller
Les mariners ad apelez
Si lor dist cest oille tenez
Vus deuez ceo mest uis aler
A seint nicholas outre mer
Le moustier de cest oille oindrez
Les maisieres & les perez
Sert remembraunce de mer
On voue p. sun aler p. der
Qis ne fu ore aparilee
Le de aler od vous aisee
Li respouns fut as mariners
Ke il le ferount volunters
Quant Diane out od eus parle
Cel diatoun done
Sempres lement si partie
Ne sount mils ke fut deuenie
Bon vent auerent pur sigler
Ia esteient en haute mer
Vne nacele p. ount trouee
De prodomes ben atornee
Vne saincte persone i out
Ke seint nicholas resembloit
Ceus de la nef apelez
Curteisement les apelat
Quei fut ke dist ke volunrat
La feme ki od vous parlat
Dites seingnours ne me metez
Ke est ceo ki vous portez
Pur un distrent la uerite
Que Diane les out aparlez
Puis lur distrent del auenement
Quil porteient & coment
Il le deueient atoucher
Par les maiseres del moustier
Li saint homme lor ad respoundu
Sauez vous ki cele femme fut
Ceo fut Diane ki la gent
Deceit par soun enchauntement
Et si vous le volez esprouer
Espaundez le oille par cele mer
Al soun comaundement firent
En la mer le oille espaundirent
Des ke loille la mer atouchat
Tens si esprist si alumat
Contre nature de la mer
Ardent fu par tout alumer
Endementers kil esgardouent
Del fu dount se merueillouent
Virent les nefs si deuirees
Si loig a loing deseuerees
Ke il ne poeient a eus parler
Ne ki ceo esteit demaunder
Quei lor auent monstre la uerite
Ke Diane lor aueit fait. Firent
Ven firent el mer taunt sigle
Quil vindrent al port kil desirent
A seint nicholas sount venu
Si li distrent kil eurent veu
Le miracle ki il lor monstrat
Quant par loille la mer alumat
Cil respoundi deu en loez

fol. 154r: art. 54

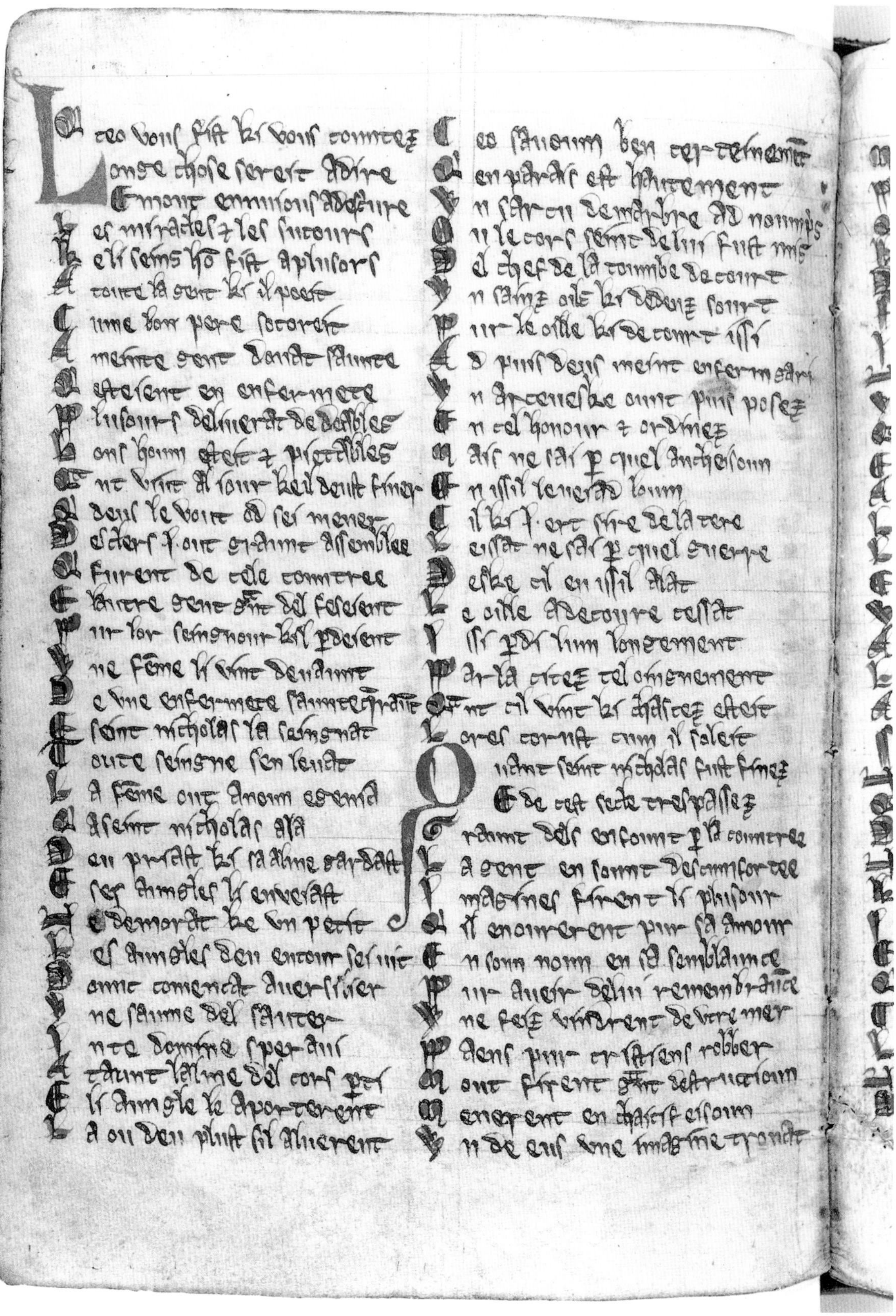

Leo bons fist les bons countez
Longe chose sereit a dire
E mout ennuious a descrire
Les miracles et les sucours
Ke li seins ho fist a plusors
Toute la gent ke il poeit
Cume bon pere socoreit
A meinte gent donoit saunte
Ke gisoient en enfermete
Plusours delivrat de deables
Bons homm estoit et profitables
Unt vint al jour kil deust finer
Deus le voit a sei mener
Desclers i out grant assemblee
Furent de cele contree
Entere gent grant doel feseient
Pur lor seignour kil perdeient
Une feme li vint dolante
De une enfermete saunte et garie
Seint Nicholas la seignat
Toute seingne sen levat
La feme out a noum [illegible]
A seint Nicholas ala
Ou preiat ke sa alme gardat
Ses aumoses li enveiat
E demorat ke un petit
Les aumoses deu entour sei mit
Donc comencat a versiler
Une salme del sauter
In te domine speravi
Tantost lalme del cors parti
Li angle le porterent
La ou deu plust sil alouerent

Ces savoum ben certeinement
Ken paradis est hautement
En sarcu de marbre fu nommez
U le cors seint de lui fust mis
Al chef de la tumbe de contre
Un seint oile ke decourt sourt
Pur le oille ke de tumbe issi
A puis deus meint enfermetez
Un arceveske ount puis posez
En cel honour et ordinez
Mes ne sai par quel enchesoun
En issil le vereit le hom
Il ki i ert sire de la terre
Eissi ne sai par quel guerre
Deske el en issil estoit
Le oille de decoure cessat
Issi par lui longement
Par la citez tel errement
Ke cil vint ki chacez estoit
Lores corust cum il soleit
Quant seint Nicholas fust finez
E de cest secle trespassez
Grant doel fist [illegible] par la contree
La gent en fount desconfortee
Maisnees furent li plusour
Il enourerent pur sa amour
En soun noum en sa semblance
Pur aver de lui remembrance
Une feste urderent de vere mer
Clers pur cristiens robber
Ou firent grant destructioun
Entrerent en chascun maisoun
Un de eus une ymage trouvat

fol. 154v: art. 54

Mont bele si len porteit
Puis demandeit vn des cheitifs
Qil en aueit mene e pris
Ke ceo esteit e ke valeit
Dist li ber preu i aueret
Fourme est dist il seint nicholas
Il adeint cum en lonour des
Le serf des pouvres ne chaitifs
Vn seinz ho est bons e poestifs
Cunt cil lait mout le regardat
E plus lout cher e plus lamat
Al todoun oul chamot
La ou il soun auer assemblot
Lymagene seint nicholas mist
E de soun auer garden le fist
Vn iour ne sai ou cil alat
Al ymagene lauer comandat
Larouns dont parmi ad asez
Aueit en la vile asemblez
Laung garde ount lauer trouez
Le remist rien tout ount emblez
Quant li notiners repeira
De soun auer rien ni troua
Nest merueille si dolenz fuz
Kar mout li est mesaueniz
Irrez fust vne verge prist
Enuent destreit limagene mist
Qsoun auer deueret garder
Cum si ele seit parler
Lauer li comandat a rendre
La saueit aillours soun prendre
De ceo e de la lad farsez
Asez longement lad debatue

Eli sainz ne li vont laissier
La sue ymagene aledenger
Vint as larouns ki departeient
Le auer dount cumpaignoun
Alez dist il e si rendez. Si esteient
Lauer ki vous emble me auez
Si noun ceo vous en tiendrai
As iustises vous moustrerai
Si vous ferai les oilz creuer
Les poinz e les piez couper
Cume felons auez ceo pris
Qesteit en ma garde mis
Debatuz en sui uilement
Rendez lauer hastiuement
Cil furent mout espauntez
Arere ount tout lauer portez
Qant li notiners out le soen
Sauer poez mout li fust ben
Sempres receust crestientez
Pur lamour e pur la bountez
Seint nicholas ki soun auer
Lout fet des larouns rauer
Meint autre se cunuer tree
Pur le miracle ke il uirent
Conuertie en fust la contree
A crestientez tour ne est ten
Dit vous auoum de cest pater
Ore vous redirom de vn tre
Dont cele grace il vout receiuer
Vn giu estoit il deust auer
Nestreit pouvres esteit
De or e de argent mestre aueit
Vn giu vint si lui dist

De soun besoigne cunseil requist
Le aveir volt emprunter
Mes navoit gages a doner
Li Jeus ben le cunsila
Sor sa fei aveir lui presta
Un image en plege prist
Seint Nicholas ke il li mist
Qa lour monster ert levee
De grant manere honouree
A nunt terme del aveir rendre
Cil ki dit ne vout terme prendre
Nen rendist ne terme ne prist
Li gius vint fili dist
Qe soun aveir lui rendist
Cil dit ki ren ne lui deveit
Ne ren nule ne lui rendreit
Tant ount la parole menee
De dunt les deus graauntee
Qe sil jurer voleit
Sour limagine ki plege esteit
Q toute quite le clamereit
Cil le otreie ki il le freit
Ore entendez de trecheren
Cil aveit fete maveise ren
Tout ceo ki il deust rendement
Ad asemblez estreitement
Il ad enclos en un bastoun
Puis lad liez enviroun
Ke nul homme ne se aparceust
Qa dedenz aveir eust
Qant vint al terme de la ley
Soun bastoun portat ovec sey
Qant il al jurer saprosma

Al Jeu al poing le livra
Pus jura ke il lui ad rendu
Qant ke il lui ad du
Apres ceo requist soun bastoun
E sen turna vers sa meisoun
Li Jeus fust dolenz e las
Ses mesdist seint Nicholas
Mout le blamast e escrioit
Qil nert pas tel cum hom disoit
Quant li crestiens sen aloit
Od le bastoun quil portoit
Al chemin tel somail li prist
Qil morust si il ne dormist
Enz al chemin dormir lestoit
Travers la rue se mist
Estevous ilek un char errant
Li bouier ki vindrent devaunt
Ne pourent le homme trestourner
Ne les boefs fere arester
Sor le dormaunt le char passa
Morz fut e li bastoun brusa
Li ors ki dedenz ert chai
Empres i ount levez grant cri
Tout i corerent pur veir
Del homme mort e del aveir
Ki aveit el bastoun enclos
Dount oissez merveillous los
Seint Nicholas le baroun
Qi out fete cele moustreisoun
Car moustrez out apertement
Qil errad malement
Estevous li Jeus la venuz
E mort e laveir i ad

venuz

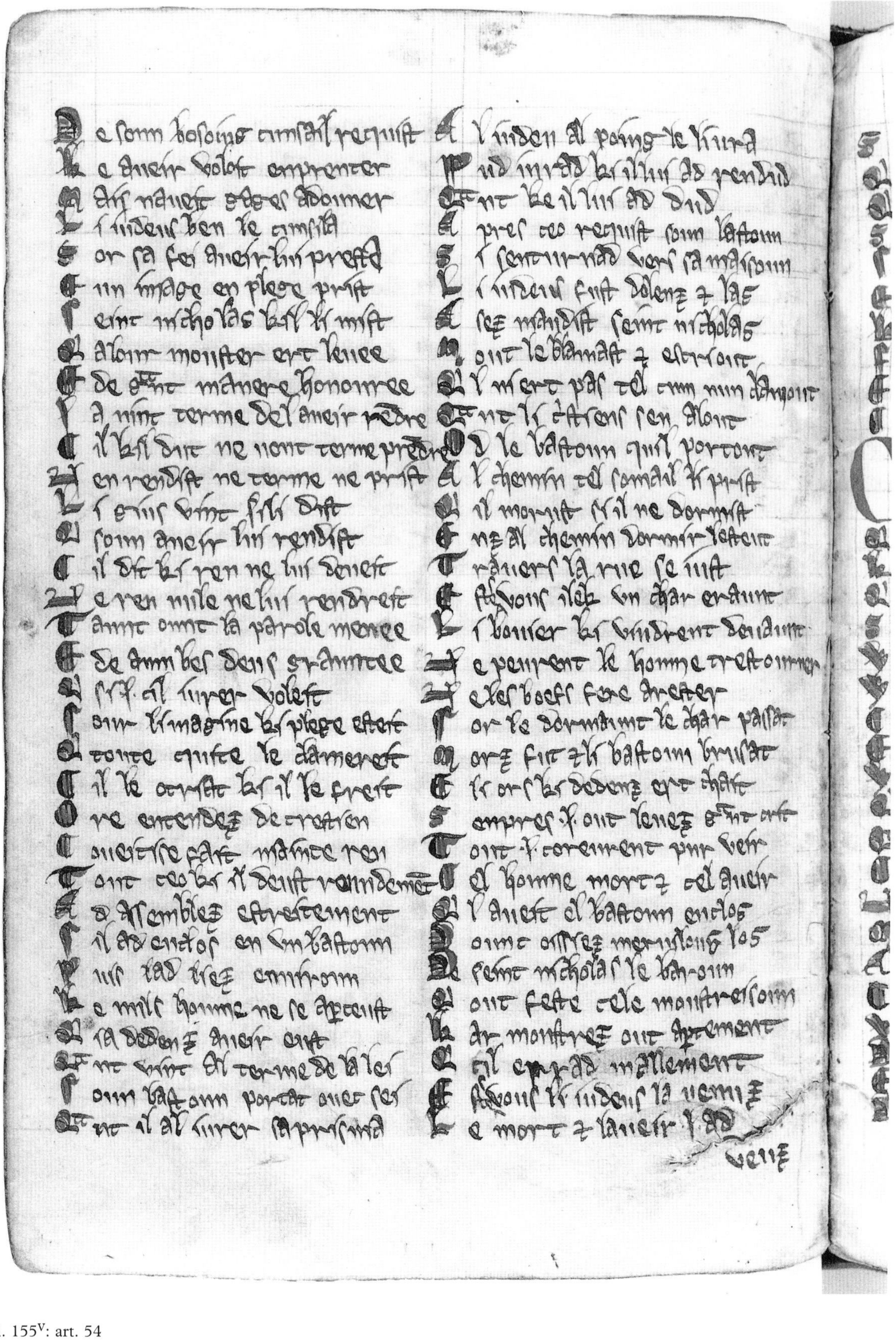

fol. 155v: art. 54

Seint Nicholas forment load
Qsi out fest si lui moustrad
Qil crestiens devendreit
Si revivre le mort feseit
Iempres li homme mort revescut
E li gius se cunvertit
Baptisez fust e sa meisnee
Fit od lui toute baptissee
E li revescuz countet
Coment vers le giu ourat

Oiez seignours si aprenez
Aprendre ceste ke vous devez
Nuls homme ne deit chose voer
Qil ne voille rendre e doner
Kar cil meime se dement
Qeo voet keil ne rent
Sauez ke seint Nicholas fist
Vns homme li voest e promist
Vn veissel de argent a doner
Cist hum meneit vere mer
Fist sa faire vn hanap ben
Vne grant masse i mist del sen
Q vous enferere teo lime pleist
Quant le hanap ert ben fete
Cedist ke oumkes ne vist meillor
Nes ben fait ne de tel tor
Mout li fust beaus mout le preisat
A retenir le coveitat
Cest hanap dist il retendrai
Vn autre faire referai
Come ben me purrai aquiter
E a seint Nicholas doner
Come fist fere un autre vessel
Asez ben fait e assez bel
Mes pire fust e plus leger
E meins valust ke le premer
Dount ad fait soun aire aprester
E soun atourn a mer passer
Aler a seint Nicholas
Porter ad fet les deus hanaps
Menat sa feme e son enfaunt
Qil avest aukes graunt
Od autre gent entrez en mer
Si enmuirent a errer
Quant en cele mer parfonde furent
A vn oure ke manger deiuerent
Le meillour hanap le plus cher
Ad fait fors treire a soun manger
Soun fiz comaundat a la mer
Prendre al hanap as mains laver
Cil de la nef fors sestendid
Od tout le hanap fors chaiez
Tost lement la gent deperit
Si lor fut vis ke neez fut
Es vous par la nef graunt plour
Grant marrement e grant dolour
Grant del demenet li plusour
Mes li pere asez greinour
Crient e plourent e graunt mener
Pleignent sei si se dementent
Tirent cheveus e depessent dras
Sovent reclaiment seint Nicholas
Apres lor fiz en mer saillissent
Si les notiners nes tenissent
Sovent les veissez lever
Sovent cheir souvent pasmer

Quant vindrent de perimessoun
Lour fiz apelent par soun noun
Regardent la ou il gist
Od grant plour & od grant crist
Taunt li venz espessie al tref
Si est plus tost tourne la nef
Deliverement sount al port venu
Ou il esteient esmu
A tere sunt menele pais
Vount al moustier Seint Nicholas
Le hanap porterent de argent
Al alter fest dereinement
Prieres od afflicciouns firent
A l'auter vindrent, si l'offrirent
Mes le hanap se resortist
A tere od lour pez chaist
Il lount humblement prise
Arere lount sour l'auter mis
Le hanaps si hent saillist
Ke de travers aus al tier chaist
Mout furent cil espoentez
Esbaiz & esfreez
Le hanap derechef pristrent
Od pour sour l'auter mistrent
Unc nel seirent si afermer
Ne si retenir ne si garder
De lor mains ne eschapast
E pur sour eus haut volast
En la nef hors del cier chaist
Trestout li moustier en retentist
Tout cil ke cele chose virent
A grant merveille s'esbairent
Dount veissez hommes dolent

Le seignour & sa femme ensement
Plourent plainement & dolent
Batoient coupe, deu reclamoient
Clamoient lor pecheours & las
Souent apelent Seint Nicholas
Ben seirent ke par lor peche
Estait lor fiz amer neee
Lor offrende refusee
De sour l'auter regettee
Les assent mes tres l'autel garder
Les clers apelent ne fount el
De chef en chef lor ount countez
Coment il averent ouvrez
Del vessal ki eurent tollet
Pur ceo ki taunt bien fet oust
Unt se furent fait confes
E de merci criers apres
Si bons al moustier lor enfaunt
Le hanap en sa main portaunt
En la mer la avoit retenu
Tout temps par la main tenu
Seint Nicholas ki mal ni out
Od le hanap ki il portout
Saunz mal dolour & saunz mort
Remenda li bons seint al port
Desouz al moustier lui menda
Ou il pere & mere trouva
Al moustier devaunt l'auter vint
Od le hanap en sa main tint
Sour l'auter mist, si le beisa
Arere s'en trere, si le laissa
Unt le hanap ne se meut
Quant li peres soun fiz conut

fol. 156v: art. 54

157

E la mere versalm alerent
Graunt ioie firent deu loerent
Ertei morut seint nicholas ber
Doinc comencit cil de la mer
Ke seint nicholas lour garder
E de si la mount menee
Getro vns hom de grant bountez
Manist iadis en vne citez
Cel ert corande apelee
Del seint oid la renomee
Qi mout esteit de grant poeir
Ke a pecheours poet valeir
Volenter ont ke deu requere
Et sa femme le consentere
Sil requererent ke deu preast
Qe fiz ou file lur donast
Eufrosine sa muiller
Vel vout par faire lesser
Le nel vout mie retenir
As oreisouns volent pur
La dame lui donad enfez
Cil ad soun enfe apellez
Getro esteit asez manaunt
De quer de rentes de sersaunt.
Richement et od bon corage
Alat en cel pelrinage
Getro se muet si errad taunt
Qa mire vint dreit erraunt
Eint il en la citez entrat
Gretit plaint grant e grant deduit
Kar seint nicholas ert finez
Et en la bere le iour posez
Tout le peple tint la decreet

Trouat pur lui de seconsiler
Dolent esteient et plorouent
Es ses grantz bountez remembrouent
Grant gere sont ke mort esteit
Seint nicholas ke il quereit
Mout fust tristes mout lui pesat
Touz les mestres clers apelat
Si lor moustrat ke il aueit quis
Pur quei se vint de soun pais
Seint nicholas dist il pur deu merci
De autre tere sui venu ci
Parler voleie od cest baroun
De mes pecches quere pardoun
Mes morz est ke ni ai parlez
Las dolent trop ai demorez
Ore vous pri touz ke me aidez
E ke pur dreit me conseilez
Cil respoundent nous ne sauum
Quel counsail doner te puissum
Getro lor dist seignours des dras
Me donez de seint nicholas
Sis porterai en ma tere
Meillours reliques ni vuill quere
Si ma feme auer les poet
Mout richement les garderet
Li chapelain lui grauunterent
Des dras ne sai cil li donerent
Getro de iournee en iournee
Est venuz en sa contree
Par le counsail sa muiller
Fist vne eglise edefier
Vne eglise bele fist feire
Les dras i mist pur seintuaire

Ke del baroun seint aporteit
Apolloines la dedicteit
Apollonies preudom esteit
La croce e le vesche aveit
Tert uncore ki ans passez
Getro out un fiz si fut nez
En decembre al iour dreit
Feste seint nicholas esteit
Le fiz apelerent deudone
Pur ceo ke deus lour out done
Getro viveit mout leaument
Eufrosine ensement
Seint nicholas forment amoient
Servierent e honoroient
Al meinz ke il unkes poeient
A feste seint nicholas feseient
Les clers richement cunreer
De fairre lire e chaunter
Deudame crist e amendeit
Si cum li tens avaunt aleit
Des puis aveirent grant dolour
Grant marrement e grant plour
Kar robbeour lenfaunt emblerent
Outre la mer lui amenerent
Uns emperes le achateit
Paiens ert mes mout lamait
Pur ceo ke beus e gens esteit
Al manger soun seignour serveit
Le iour de la feste al baroun
De ki miracles vous parloum
Deudone soun seignour serveit
Od un hanap ke il teneit
Si comencea a souspirer

Apres le souspir a plourer
Lempere le esgardeit
Et le plurer si le demaundeit
Dedone ke plores devaunt mes
Sire dist il fere le dei
Kant me remembre de ma gent
Qoint pur moi grant marrement
Grant dolour e grant ennui
Kar il ne sevent ou ieo sui
Emble lour fui dolent ensement
En cest iour grant ioie soleient
De seint nicholas un lor seignour
Ieo fu nez a cest iour
Grant ioie fesoit fere mis pere
A cest iour ove ma mere
Mout fust grant assemblee
De clers de toute la contree
Li soleient chaunter haut e bas
Bel e ben pur seint nicholas
Li emperere le ferit
Par maltalent le defendit
Quant deudone lui ne plorast
De sa gent respondit
Deudoune ne se pout retrere
Treste ses en sus ne sout el faire
Od tout le hanap ke il tint
Seint nicholas se empres li vint
Deudoune prist sil emmenat
A excordaide len portat
Encore ert ses pere al mouster
Tout seuls pensis pur deu prier
Portes closes dedenz entroit
Seint nicholas redemoure

fol. 157V: art. 54

La feste esteit del jour
Pur soun fiz ert en grant estour
E pris vous deusthuit Deudonne
Seint Nicholas lout amene
Noumbes portes ne overed
Ke cil ne sout ne ne sentid
Uncore quidout estre outre mer
Al paleis le vin porter
Al seignour ki sei vin deveit
Od le hanap ki il teneit
Gent de oreisouns disat
Assez longement le esgardat
Ainceis ki conustre le pust
Ceo Deudonne fust
Mes puis ki il lout entresez
Corust vers lui sil ad baisez
Chescun des deus grant ioie fist
Dount nostre sire e prist
Chescun an tant cum il viveret
La feste seint Nicholas freit
Dount menest sun fiz en sa mesun
Grant ioie e grant feste i fist hu
Eufrosine fust mout lee
Deusthuit ceo ert coronee
Dount lad Deudone counte
Cum seint Nicholas lout porte
De outre la mer en sa poesture
La mere de sa grant ioie plourre
Chescun an puis ki il vesquet
La feste seint Nicholas fesoit
Deusthuit ceo ne trovoum pas
Si servist seint Nicholas
De ceste fere e de honourer

De clers fere lire e chaunter
De mesme lui e de meisme tere
Vindrent gent le cors seint querre
E seint Nicholas depreer
E fere offrende a sun mouster
Uns marcheanz se hastad
De aler al seint en nere cuntred
Od grant aveir ki il portad
Une nuit se herbergad
Li hostes quil lout herbergez
Del aveir out grant coveitez
Par nuit le ueid sil estranglad
Touz les membres lui detrenchad
En tout p peces lad detrenche
En un tonnel lad musce
Il salat en tel endreit
Cum char ki lom mangier deit
Unt si lout fait sil enterprit
Asoun ke seint si sen dormit
Seint Nicholas ki tel querent
Ki merci aler volent
Pur deu e pur sa grant vertu
Vint al houstel ou li mort fu
Come chevaller richement
Atournez mout curteisement
Al tonnel vint ou fust li cors
Touz les membres ad trez fors
Si pardet touz la ou il furent
Tout ensement cum estre duret
A taunt li hom mort renesquit
Mes ne sout ne ne sentit
Il avist este ocis
De ki il fust al tonel mis

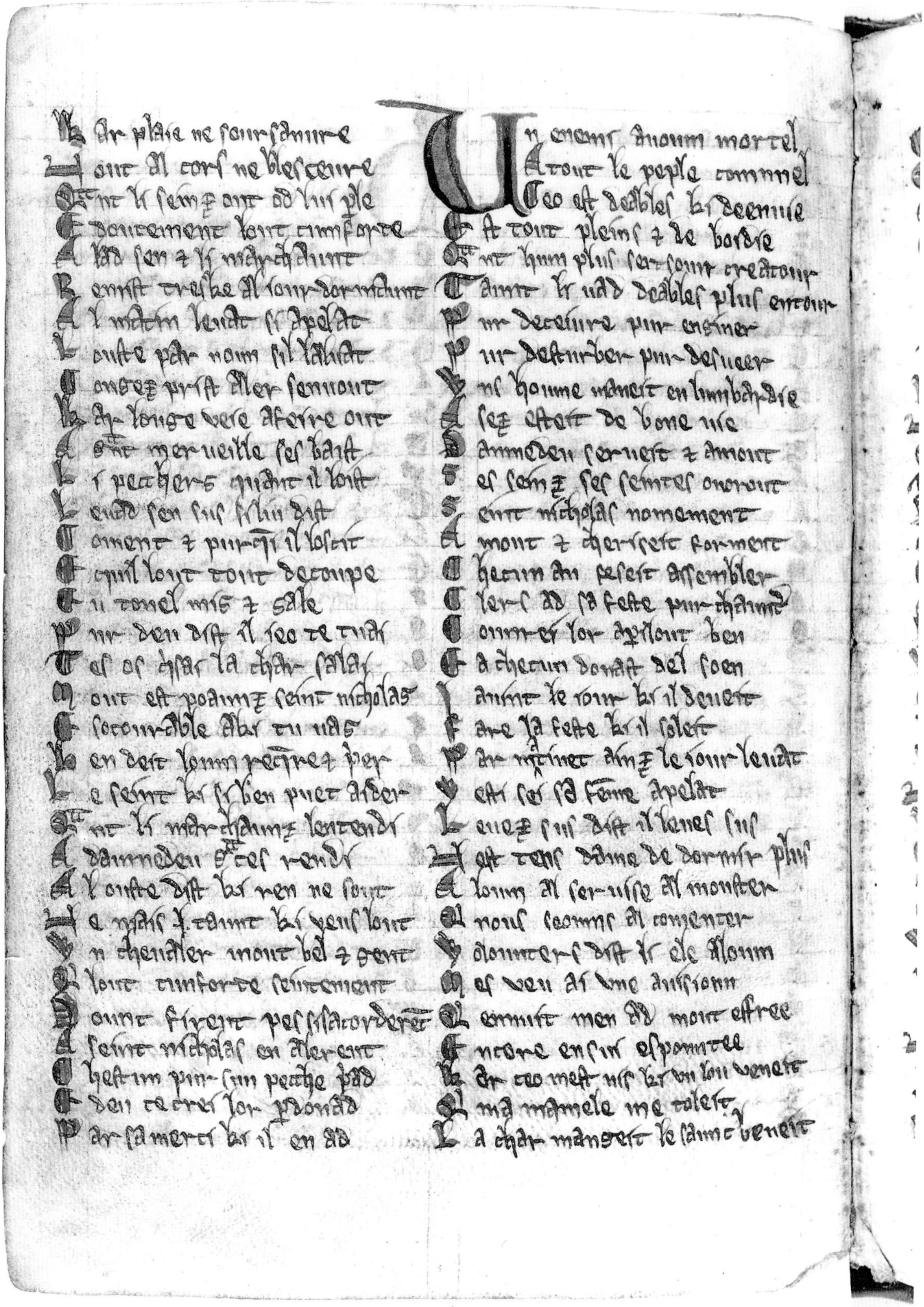
Kar plaie ne sounsanure
Dont al cors ne blesceure
Quant li seinz out od lui ple
Doucement l'out cumforte
Vad sen e li marcheaunt
Reuint treske al iour de marcheant
Al matin l'endit si apela
Louste per nom sil salua
Tonez prist aler seniourt
Ke longe vere aferre out
Grant merueille ses baist
Li pechers quidant il l'oist
Leued sen sus sil lui dist
Tament e pur qi il l'ocist
Quil l'out tout decoupe
En tonel mis e sale
Pur deu dist il ieo te pri
Tes os quar la char salai
Mout est poanz seint Nicholas
Secourable estar en nes
Ben deit l'om preier e per
Le seint ki si ben puet aider
Quant li marcheanz l'entendi
A dampnedeu graces rendi
Al oiste dist ki ren ne soit
Le nefs i. tenant ki yeus l'out
Un chevalier mout bel e gent
Lout cunforte seintement
Dount fireint pes si acorderent
A seint Nicholas en alerent
Chescun pur sun peche par
Deu crierent lor pardonar
Par sa merci ki il en ad

Un enemi a houm mortel
A tout le peple commuel
Ceo est deables ki decernue
Est tout pleins e de bordre
Quant hum plus se tout creatour
Tant ki uad deables plus entour
Pur deceivre pur engineer
Pur destourber pur desneer
Un houme maneit en Lumbardie
Asez estait de bone vie
Dampnedeu serueit e amout
Les seinz ses seintes onerout
Seint Nicholas nomement
Amout e cherseit forment
Chescun an feseit assembler
Clers a sa feste pur chaunter
Douner e lor apiloit ben
A chescun donast del soen
Avint ke iour ki il deueit
Faire sa feste ki il soleit
Par matinet dunz le iour levait
Vers ses sa femme apelait
Levez sus dist il leves sus
Nest tens dame de dormir plus
Alom al seruise al monster
Anous seomes al comencer
Volunters dist ki ele alom
Mes veu al une avisioun
Lemmie men sa mout estree
Encore en suit espountee
Kar ceo me est vis ki un lou veneit
Ma mamele me toleit
La char mangeit le saint beneit

fol. 158v: art. 54

Ore nous doint Deus ke ceo bon se fet
Quant il eurent issi parle
Al moustier s'en sount amdui ale
A Deu comaunderent lor ostel
Lor enfaunt & lor chatel
Quant del matin fust pres alez
E li soleil fust levez
La matinee fust departie
La mesoun ert ent si enterpie
Li ount repris si l'enfaunt nun
Tout soul garde la mesoun
Douz esteient en contre ester
De aparailer as clers manger
Si vint le diable erraument
En semblaunce de un pendaunt
A la mesoun vint dedenz entrez
Del pain del aumoine demaundez
Li enfes li dist dount venez
Qestes vous coment alez
Dount respount li enemis
Ieo sui de si loinstein pais
Nus kio viuaunt in prieitreit
Ja dount ieo sui la tere ne veiet
Od un prest ere en sa mesoun
Oiez mes o un cumpaignoun
Mi cumpainz fermet se pressat
Bers soun semenour mes errat
Mais ceo quit ore en contre encoun
Len orgoillist contre sun semoun
Lostre semenour vout encerper
Des il ne pout pru espleter
Mes ceo kieo mestrie od lui
Deservez sirmes ambedui
Puis ne pumes faire acorde
Deserroum nous tes creiaunce
Puis ke ieo fui deseritez
Ne poer unkes estre acordez
Cil sire est de grant poer
Ne puis vers lui nen tint aver
Par envie & par maltalent
Qant ne poer fere acordement
Comencai touz cous amurzir
Il aveit pris pur lui servir
Taunt en ai ostis & murtris
Les aurai mes espenis
La penitaunce en fat taunt gref
Ki jammes nert trere a chef
Ne me faire plus demourer
Doun mei del pain les mei aler
Mout prest li deables venus
Mout se peine de enginer nous
Mout sovrement de destourber
Ceus ke vout Deu enourer
Quant li enfes out aportez
Le pain ke cil out demaundez
Li deables vers lui s'entourneie
Si prist sil trait sil estraungle
Puis lui dist nest saine de manger
Si dela orret nun faire trebucher
Cest mout delit de tel viaunde
Mes quers mile autre demaunde
Quant li seignour tel mort troverent
Mout lour pesa & mout plorerent
Asez fut kil mincial al pere
Oiez quel duel en fist la mere
Unkes al moustier plait ne torne

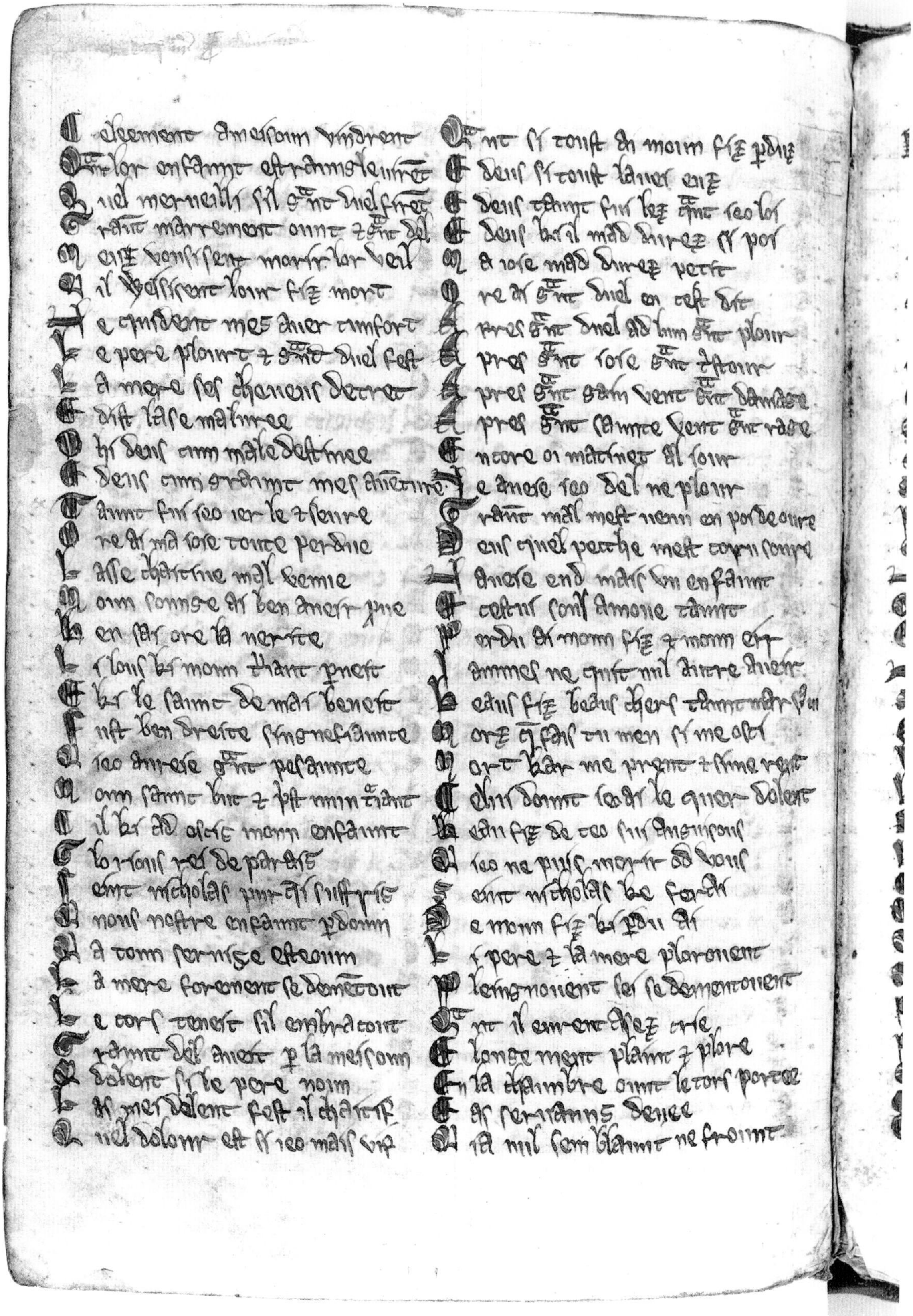

fol. 159v: art. 54

Del duel ke de lor enfaunt ount
Pur les clers ke ses mestres erent
E lor manger grant ner piteset
Issi fut cum il cummaunderent
Li clerc vindrent isse deduerent
As tables erent la assise
E deyvaunt eus le manger mis
E as hanaps beverent vin
E atant es vus un pelerin
Qui le diner demaunde
Al noun de seinte charite
Seignours, ceo fut seint Nicholas
Plein de pite ne volt pas
Qe le prodomme soun fiz perist
He il ne atent ke lui servist
Quant il out le diner grauntee
E li sires l'out ens menee
De puis dist il estreitement
Seer en vostre presse desent
En cel chambre mang[er] me fet
Kar autrement nel mangerai
Li prodoum ne se volt retraire
Del almoigne ke il deveit fere
Le pelerin ount ses menie
En la chambre la plus demeine
En le cors del enfaunt gisoit
Qe li peres mussez aveit
Seint Nicholas la s'aprimet
Par la main le prist sil nomete
Puis par Deu nostre seignour
Qe par sa grace e par sa amour
E pur lui le fist revivre
E sevous l'enfaunt sein e delivre

Levetz sus, soun pere apela
La mere prist sil embraceit
Seint Nicholas s'en vanist
Qe nul nel vist ne nel oist
Li enfes out reconte
Coment li diables l'out tue
E seint Nicholas l'out gariz
E fest rendre la bone mercez
Qant li enfes fust reneseuz
E sein e saus resust venuz
E la chose fust coneue
Qe de lui estoit avenue
Tote la gent quant le oie firent
E grauntz graces li rendirent
E seint Nicholas plus amerent
E plus cherierent e plus honurerent
Hen ert sa feste ameus gardee
Puis fust tres durement celebree
Hen estoient li clerc ancels servie
Puis furent menez e plus cheriz
Ken Deu sount bon seignour amer
E ben servir e honurer
Qe ben e bel sert soun seignour
Hen touz jours ad pris e honour
Hom serres fust plus ne doble
Qant ne vet kar ad mester de aie
Pur ceo kest il l'aveit aime
Seint Nicholas e honoure
Le moustier ke il l'aimeit
E kar de lui le remembreit
Oiez ke nous trovoms lisaunt
Qe li bers fist a soun vivaunt
Un home estoit palaynous

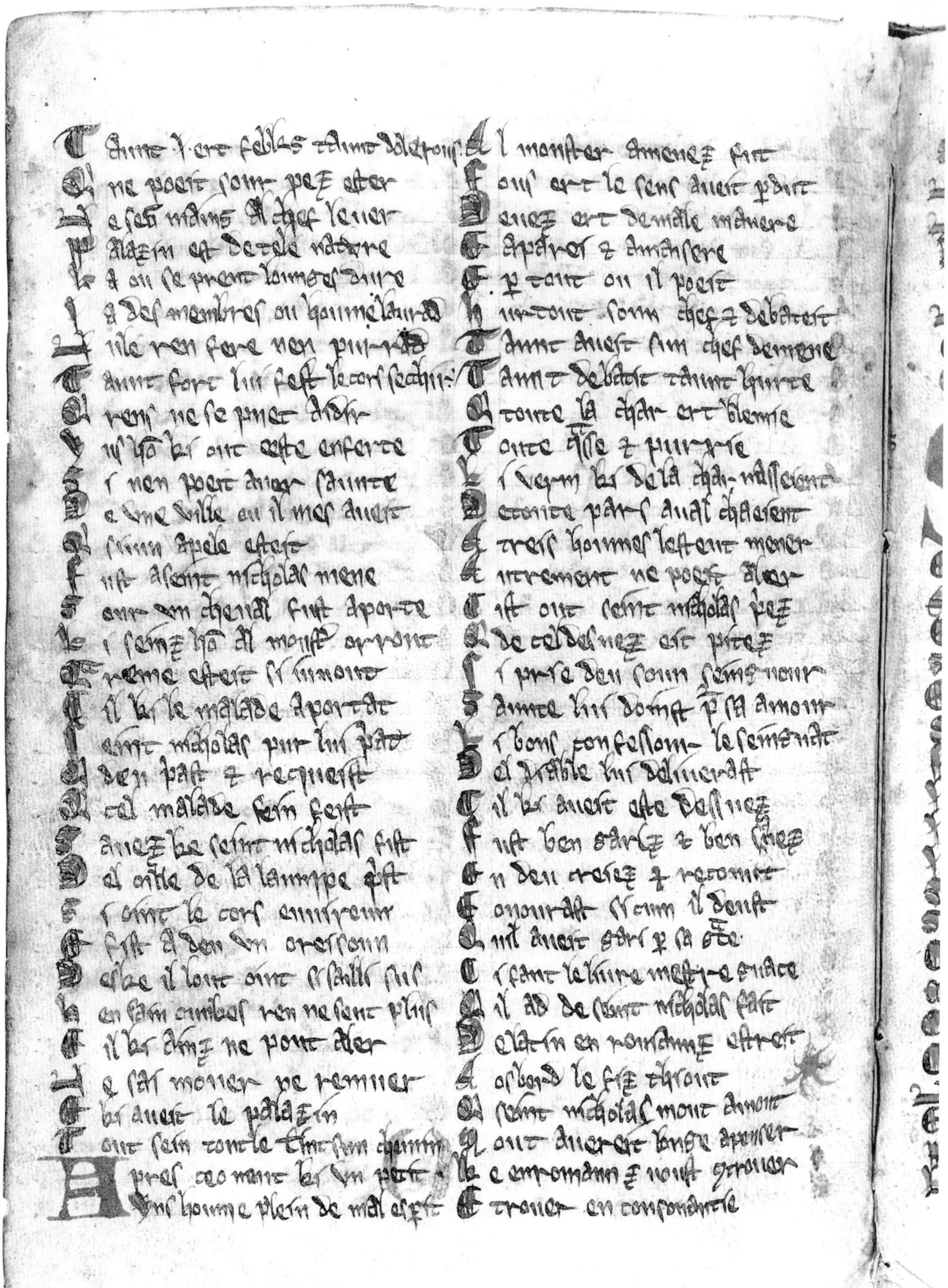

fol. 160ᵛ: art. 54

Ses seintz miracles e sa vie
Plus ne trouoms tout escrit
Le nous nes demonstrums tout ore
Preioum deu nostre seignour
Qe pur cest seint e pur sa amour
Nous doint de nos pecches pardoun
Et nous meint a confessioun
Et nous od lui regner puissum

Oracio de sancta maria [illegible]

Salue virgo virginum
Que genuisti filium
Criminum factorem habilis
Reparatorem seculi
Ego peccator nimium
Ad te peto remedium
Esto patrona misere
Salus et deffensio
Et me in bonitate vivere pie
Sortem querentes anime
Fortis pueri homines
Penis malignum demones
Tam in multa vulnera
Infixa sunt o domina
Que ita cum amore
Sunt in causa funeris
Consensi suis dentibus
Mortalle crimine ardentibus
Ob hoc reus teneor
Culpam meam confiteor
Quam quinque sensus corporis
Fecit portas criminis
Pulchra videndo cupiens
Que tangendo diligens

Audiui volens turpia
Ore prodiui libens friuola
Naris repleui sepius
Illicitis odoribus
Gustu potui que dulcium
Sum delectatus nimium
Peccaui per superbiam
Per invidiam gloriam
Pollutus sum periurio
Contaminatus odio
Per sitim mendacium
Sepe fefelli proximum
Et de rapinis pauperum
Collegi lucrum pessimum
Ire que luxurie
Seruorum quasi domine
In corpore vel in anima
Omnium tunc a crimina
Quam corpus quod non potuit
Mens perpetrare voluit
Hinc tibi confiteor
Cunctis sanctificior
Tu causam meam suscipe
Tu dignum penis eripe
Implora tuum filium
Et det in remedium
Ex tua carne genitus
Audiebit tuis precibus
Nam [illegible] se pepit
Nichil negare poterit
Per eius [illegible]
Per eius gremium
Per [illegible] de iniurias

fol. 161r: arts 54, 55 (i)

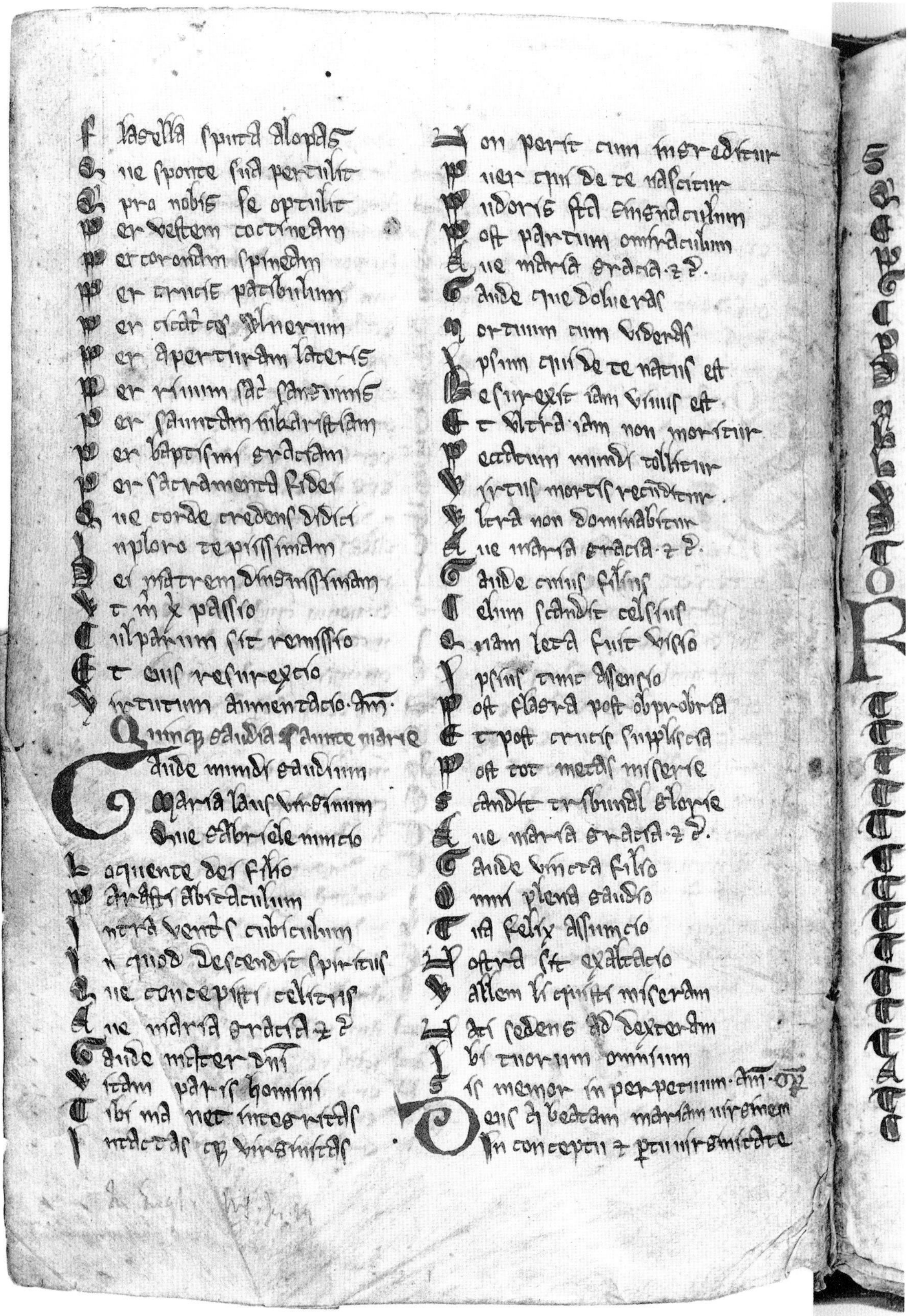
Flagella sputa alapas
Que sponte sua pertulit
Que pro nobis se optulit
Per vestem coccineam
Per coronam spineam
Per crucis patibulum
Per [illegible] vulnerum
Per aperturam lateris
Per riuum sacri sanguinis
Per [illegible]
Per baptismi gratiam
Per sacramentum fidei
Que corde credens didici
Inploro te piissimam
[illegible]
Et in Christo passio
Cui peccatum sit remissio
Et eius resurrectio
[illegible] augmentatio. Amen.
Quinque gaudia sancte marie
Gaude mundi gaudium
O Maria laus virginum
Que gabriele nuncio
Loquente dei filio
[illegible] habitaculum
Intra ventris cubiculum
In quod descendit spiritus
Que concepisti celitus
Aue maria gratia etc.
Gaude mater domini
[illegible] patris homini
[illegible]
[illegible]
Non perit cum moreretur
Puer qui de te nascitur
Pudoris tui signaculum
Post partum [illegible]
Aue maria gratia etc.
Gaude que doluerias
Mortuum cum videras
Ipsum qui de te natus est
Resurrexit iam viuus est
Et vita iam non moritur
Peccatum mundi tollitur
Spiritus mortis [illegible]
Illa non dominabitur
Aue maria gratia etc.
Gaude cuius filius
Celum scandit celsius
Quam lecta fuit visio
Ipsius tunc ascensio
Post flagella post obprobria
Et post crucis supplicia
Post tot metus miserie
Scandit tribunal glorie
Aue maria gratia etc.
Gaude iuncta filio
Omni plena gaudio
Tua felix assumptio
Nostra sit exaltatio
Vallem [illegible] miseram
Dei sedens ad dexteram
Ubi tuorum omnium
Sis memor in perpetuum. Amen. Oratio
Deus qui beatam mariam virginem
In conceptu et partu virginitate

fol. 161^V: art. 55 (i-ii)

Servatis duplici gaudio letificasti.
Quod eius gaudia filio tuo resurgente
Et ad celos ascendente multiplicasti.
Rogamus ergo ut ad illud ineffabile
Gaudium quo assumpta gaudet in
Celis eius meritis et intercessione
Pervenire mereamur per Christum
Dominum nostrum. Amen. Alie sunt

Maria gratia plena dominus tecum
Benedicta tu in mulieribus et
Benedicta sit tua sanctissima
Ubera. Et tam benedictum
Dulcissimum Ihesu fructum ventris
Tui laudaverunt. Amen.

Oracio ad sanctam mariam

Regina clemencie maria vocata
Diversis [illegible] modis nominata
Tu virgo tu mater illa tu virgo signata
Tu lectus tu thalamus tu sponso sis sedata.
Tu templum tu camera tu porta sacrata
Tu navis tu anchora tu stella vocata
Tu sol luna balsamum acies armata
Tu aurora rutilans tu gemma probata
Tu fons ortus puteus cedrus exaltata
Tu palma tu oliva cipressus plantata. platana
Tu mirra lectissima arbor inflammata
Tu fenestra vitrea sole radiata
Tu columba humilis turtur subarmata.
Tu archa domina civitas munita
Tu sic dicta viola quem immolata
Aver rosa lilium uxor mater nata
Tu mons nubes puteus stella [illegible]
Celum tronus ortus paradisus gratiata

Tu fuisti tu unica salus salutata
Tu per quinque gaudia virgo decorata
Primum fuit gaudium tuum virgo audisti
Gabrielem angelum per quem tu novisti
Quod deberes fieri mater Ihesu Christi
De facto non dubitans modo consensisti
Secundum quod puerum primum pepisti
Et exaudi populo lucem edidisti
Virum purum puerum pannis involvisti
Et pastores gaudii testes accepisti
Cum orante puerum ipsos conspexisti
Et tres tamen munera causas perpendisti
Angenti morte gloriam nati comperisti
Et ad Christi gaudium tota confluxisti
Et in risum proprium faciem solvisti
Tu surgente filio tuo consurrexisti
Et surgente filium amplexa fuisti
Quartum in corpore celos ascendisti
Et quem tu lactaveras deum complexisti
Cum ad nati dexteram residere sedisti
Per hec quinque gaudia virgo exaltata
Ea mens afflicta dolens et prostrata
Et dolores mitigas et medes factata
Tuis famulis dulcis sit et grata. Amen.

Rosemon le bon

Deu vous dorra grant honour
E grant iose et grant meour
Ja de ceo ne faillerez
Tant come vous viverez
Vous faisez trop souvent vos dis
Tous jours serrez de mal en pis
Ore vous repentez come sage
Ou vous averez la male rage

fol. 162r: arts 55 (ii-iii), 56

Quy ben vous fet tost se repent
Eschars estes verraiment
Si de corone pernez garde
Femme averez une gaillarde
Grant joie averez de vostre amie
Deu vous tendra longe vie
Touz jours serez mout vaillaunt
E voustre amie avera taunt
Vous serez bon mesager
Kar vites estes e leger
A une mensounge tost trover
Le covent autre demaunder
De vostre amie joie averez
Quant entre vos braz la tendrez
Mes poi la joie vous durra
Kar ele vous engynera
Vous serrez riches une pose
Mes tost vous faudra la chose
Kar hasart e dez e tyre
Vous mettrount tout a poverte
Chens e oyseaus e deduit
Asez averez jour e nuit
Mes de une chose vous gardez
Que trop avers ne serez
Iverelle e glotonnie
Coveitise e lecherie
Ces autre serount assise
Quant ferm en vostre quer tendrez
Quant averez tout goline
E le pays envirounne
Au derein si vous repentirez
En le servise Deu morrez
Bele femme e pute averez

La si ben ne vous garderez
Enfaunz plusours averez
Mes tel un soul ne engendrerez
La lettre dist n'est mie fable
Vous estes mout veritable
Volenters almones donez
As povres e as meseisez
La damoisele ki vous prendra
Mout sovent vous gabera
Kar ele se fra verraiment
Sovent fouere de la gent
Vous servirez le fiz Marie
Touz les jours de vostre vie
Assez averez ben e honour
Tant cum servirez toun seignour
Prodomme ne serrez ja mes
Ne preuz ne hardiz ne curteis
Mes faus e deleaus serrez
Tant cum vous viverez
Vous resemblez ben un homme
Qe volenters le soen donne
Curteisement a la gent
Si puissez fere longement
Deu cum se purra humilier
E de grant joie chaunter
Que vous purreit engyner
Tant estes fiers e losengeour
Leoun de quer frechime de corage
De touz vos veisyns le plus sage
Deu vous doint la mielle honure
Si nule femme vous sermounte
Deu cum purra estre gelous
Que vous prendra a espous

fol. 162v: art. 56

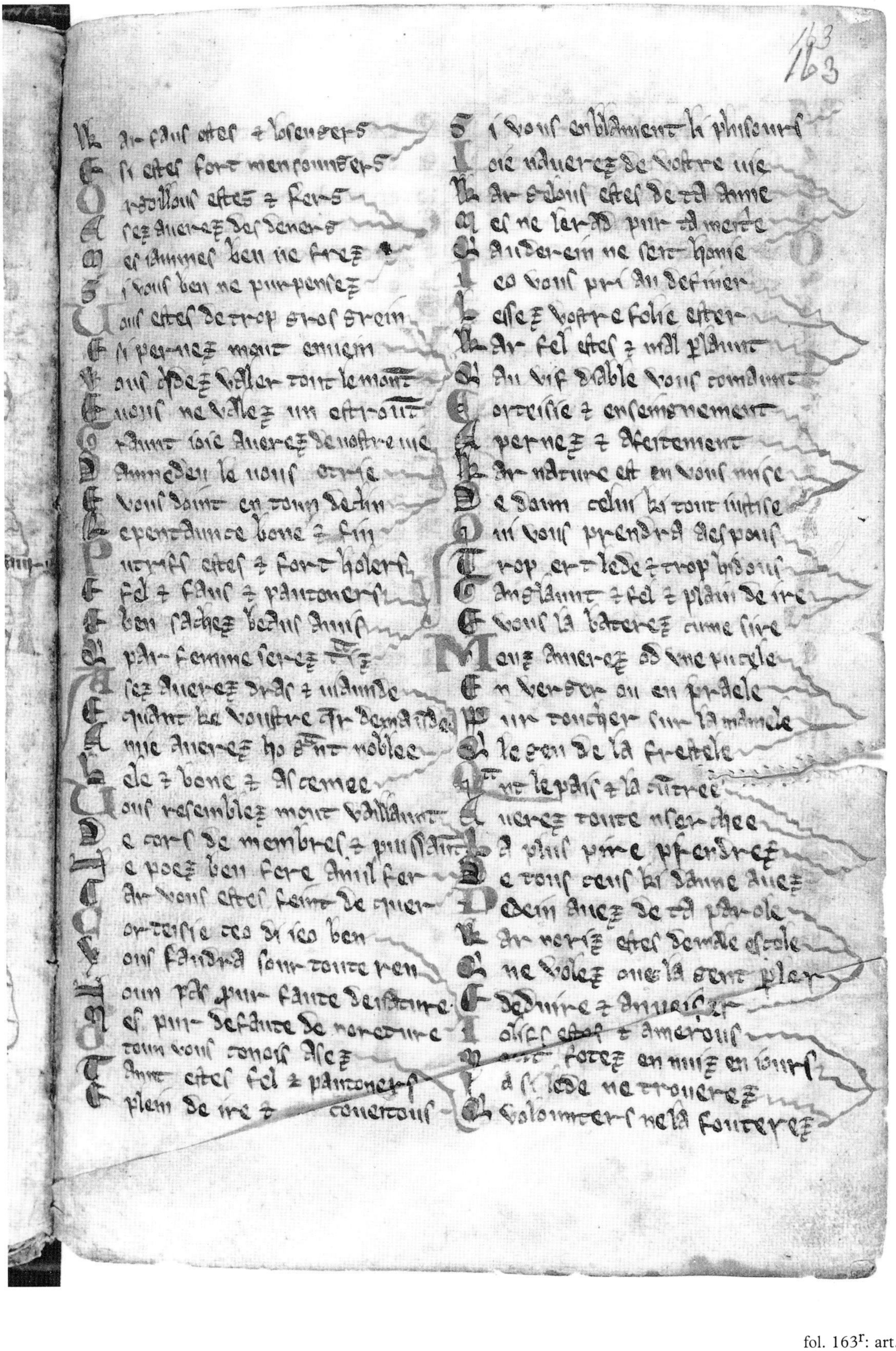

Kar faus estes e losengers
E si estes fort mensongers
Orgoillous estes e fers
Asez averez des deners
Mes iammes ben ne frez
Si vous ben ne purpensez
Vous estes de trop gros grein
E si pernez mout envein
Vous quidez valer tout le mount
E vous ne valez un estrount
Gramunt ioie averez de vostre vie
Damnedeu le vous ottrie
E vous doint en tour de fin
Repentaunce bone e fin
Punaiss estes e fort holers
E fel e faus e pautoners
E ben sachez beaus amis
Par femme serez trahiz
Asez averez dras e viaunde
E quaunt la voustre quer demaunde
Amie averez ho grant noblee
Bele e bone e acemee
Vous resemblez mout vaillaunt
De cors de membres e puissaunt
Le poez ben fere amis fer
Car vous estes ferme de quer
Curteisie ceo di ieo ben
Vous faudra soun toute ren
Noun pas pur faute de estature
Mes pur defaute de nurture
Tount vous tenoms asez
Taunt estes fel e pautoners
E plein de ire e coveitous

Si vous en blament li plusours
Ioie n'averez de vostre vie
Kar gelous estes de tel ame
Mes ne lerra pur ta merite
Quauder ein ne sert homme
Ieo vous pri au defiiner
Lessez vostre folie ester
Kar fel estes e mal pleaunt
Al vif deable vous comaunt
Curteisie e ensemenement
Apernez e afeitement
Kar nature est en vous mise
De dam celui ki tout iustise
Qui vous prendra des pous
Trop ert lede e trop hidous
Tangleaunt e fel e plein de ire
E vous la baterez cume sire
Mouz amerez od une pucele
En verger ou en praele
Pur toucher sur la mamele
Ole geu de la fretele
Entre le pays e la cuntree
Averez toute verchee
La plus pire prendrez
De tous ceus ki dame avez
Dedeins avez de tel parole
Kar neiez estes de male escole
E ne volez oue la gent pler
E deduire e envoiser
Ioles estes e amerous
Mout serez en nuiz en iours
La si lede ne trouverez
Colomiers ne la fouterez

fol. 163r: art. 56

Mount estes de bone entente
Assez averez deners & rente
Aumeins palefreis .j. averez
Des dames alose serrez
Orgoilous estes & fers
Vers larcine mout legers
Fel & felun & medisaunt
Si serrez touz jours chidaunt
Jeo vous pri par charite
Cessez vostre riole
Dount purras a bon chef trere
Si ne volez le mal fere
Cent home ou femme averas
En countre daunger nuerdas
Chose ne serrez ne si fol
De countre dire de une parol
Deu vous aida si lui plest
Ceo ke mestre vous est
Si vous lui servez adere
Tau echaudera del mestire
Mout as despendu par folie
Ta doctrine & par merite
Si ne volez a nul ben trere
Ne apres nus sage fere
Tu irras en autre tere
Lons tens pur tel chevaunce quere
Mes aider en retur perez
Od grant joie & grant noblez
Blaundette douncette estes & bele
Duncette avez la mamele
Ben se purra tenir celui vaunte
Ke une feze vous poet beiser
Assez ke est vostre mester
De medlre & de tencer
E de fere bons amis
Ben conust mortens enemis
Corteise estes & ben apris
Ades en fez & en dis
Le los averez & le pris
De tous celes de tout pays
Un prodomme averez a baroun
Mes vous li frez grant tresun
Vous durrez tant ke il avera
Un autre te fotra
Tout le mounde vous amera
Tant cum vie vous durra
De toute gent serrez presse
Enhaunse & honoure
Damaisele nest par ceus
Ne te nest ne te conuit pas
Vous resemblez ben minote
Si estes forte baudestrote
En touz lius serrez vous amee
Enhaunce & honouree
Pur vostre grant curteisie
Deu vous tenge longe vie
Bele sere ne vous corouncez
Ke vous dis mes volountez
Souent avez este fotue
Cil descouert & tumbe nue
Chaunceu del secle

Worldes blisse ne last non throwe
hit wit and went awei anon
the lengore that ich hit knowe
the lasse ich finde pris ther on
for al hit is imeind wyth kare

fol. 163V: arts 56, 57

ry swollen and thy euel fare
nd at þe laste poure and bare
is for mon þan his onmey won
þe blisse þat is her and þere
dombey an ende þow and mon
I shall son þat her mon obey
þat shall wenden into noȝt
e mon þat her no god ne soþey
en ouer paþey he þory bichit
enk mon þe while þou haueth myȝt
me ontest her to bette
nd do god li dai and li myȝt
þ you be of þis lif þ naht
or þou noȝt wene þat oure drihte
e deseyt þat he þe haueth bicaht
I þe blisse of þisse hue
þou shalt mon henden in þorp
þ hous of hom of child of þine
eþ mon talk þer of bowp
or al þou shalt þleuen here
þite þer of loued þou þere
en þou hat mon oppon bere
nd slepest þine longe drou slep
e shalt þou leuen þiþ þe non fere
ote þine herbes on an hep
on þ set þou loue þad herte
n þorldes blisse þat noiþe ne last
I þolleth þou þin herte smerte
or loue þat is on stude fast
on hihaþt hom of þorn þ blis
þt lest þi lone on þorldes blis
or ful of bitternesse þat is
il sore þou myȝt ben þoaht

or alle þat þou spenest her þmis
ete þou be in to halle þ last
enk mon þer of þat þe þþ oure
nd do þey pride of herte and mod
enk þou dere he þe abohte
n rode þiþ his suete blod
e þat þe his bodi in pris
o bugen þe blis ȝif þou art þis
þenk ȝe mon and oþp þþis
þ flesshe and bon to þorthen sod
e þile time to þorthen is
or elles ich telle þe þrelef and vod
l þat þou myȝt vnder stonden
nd þi inmoure bifor-en þe son
þat is to don þat is to þonden
nd þat to holden and þat to flen
or al þat þou sist þiþ þin eien
on þis þorld þend and on men deien
or þere þe wel þat þou shalt deien
se þe dede and cae vod þen
shalt þer no mon for to biþþien
e þal no mon ben þey þen
if þer non god vn for-ȝolde
enon euel nis þer vmboust
on þen þou list vnder molde
on shalt leuen so þou haueth þrouht
enk mon þerfore þ þei-ede
nd clanse þe of þine misdede
þat he þe helpe at þine nede
at so dere þe haueth abouht
nd to heuene blisse þe lede
þat euer last and ne faileþ nouȝt
m. dm. dm. dm. þa

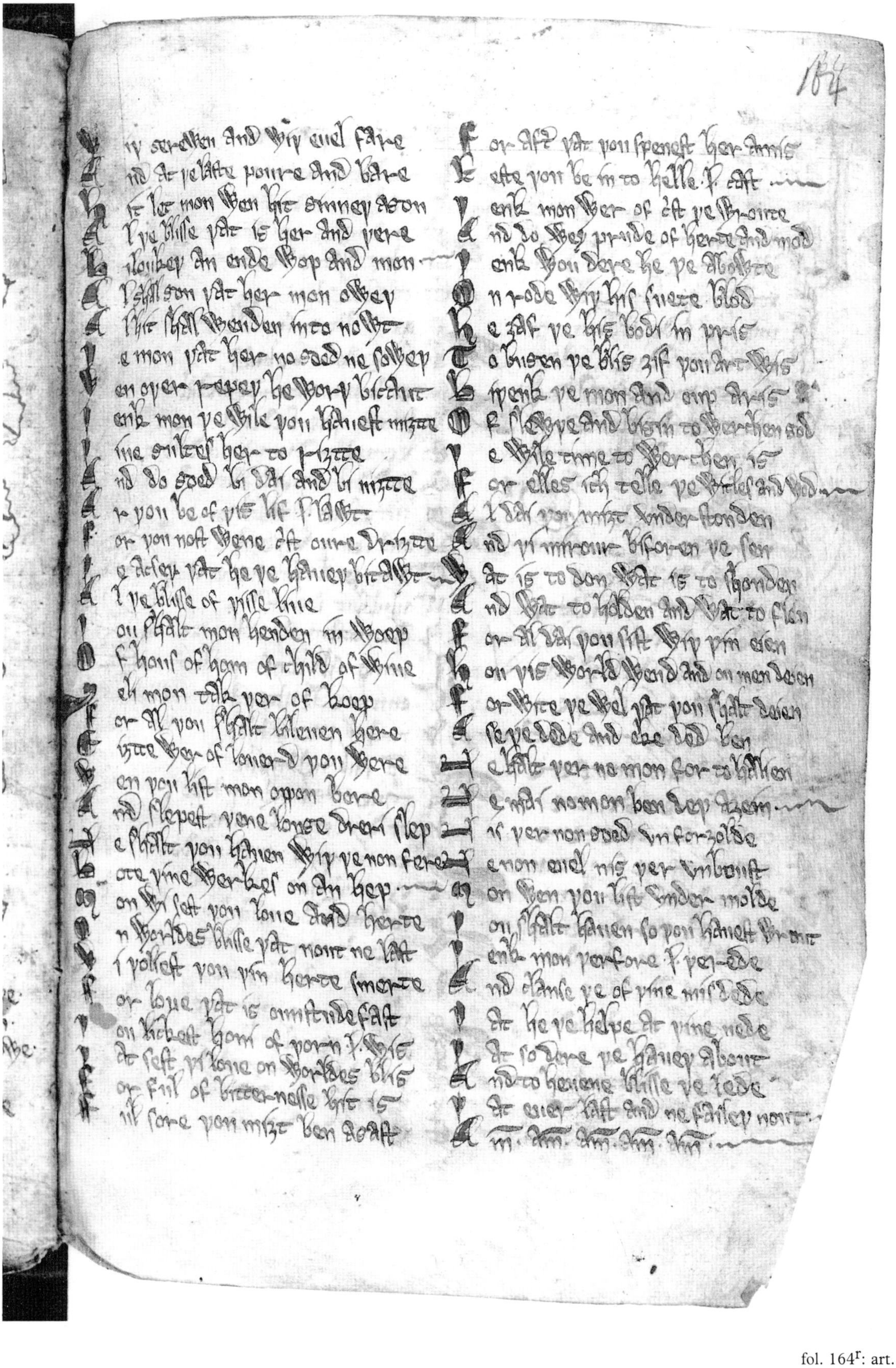

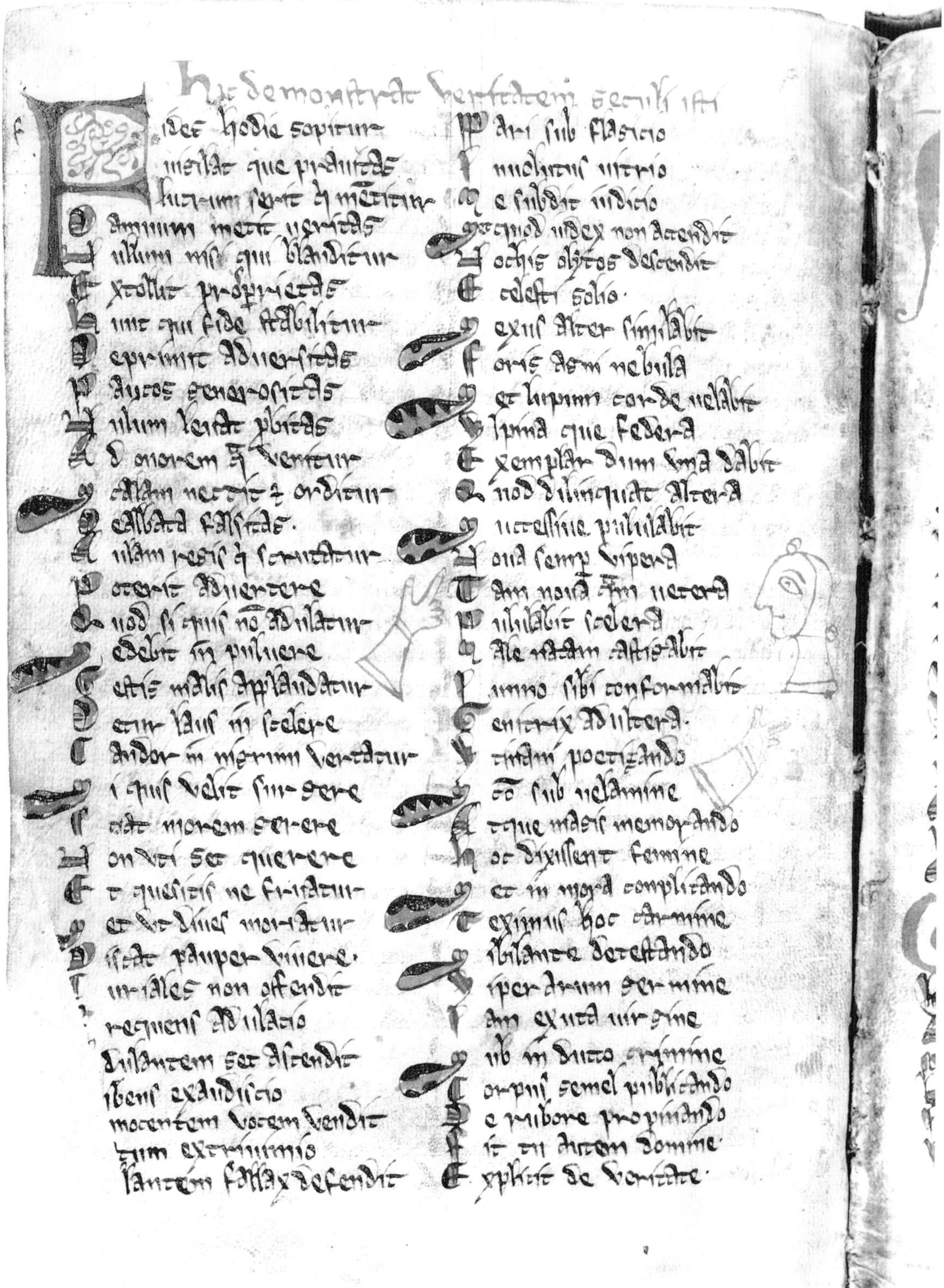

Hic demonstrat veritatem seculi isti

Fides hodie sopitur
ueritas que predicatas
Falsitas sepe que mentitur
Omnium mente veritas
Nullum nisi qui blanditur
Extollit proprietas
Nunc qui fide stabilitur
Deprimit adversitas
Pauros generositas
Nullum leuat probitas
Ad onorem qui uertitur
Fallax necesse ordinatur
Falsata falsitas
Nullum regis que servitur
Poterit advertere
Quod si quis non adulatur
Cedebit in pulvere
Cetis malis applauditur
Cum laus in scelere
Audior in merum vertatur
Si quis velit fingere
Ante morem gerere
Non vult se querere
Et quesitis ne frustratur
Et de dives moriatur
Ista pauper vivere
Curiales non offendit
Frequens adulatio
Pulsantem sed ascendit
Libens exaudisio
Innocentem vocem vendit
Cum extremimio
Falsantem fallax defendit

Pari sub flagicio
Involutus vitio
Me subdit iudicio
Quod iudex non attendit
Ecelis altos descendit
Celesti solio
Sexus alter simulabit
Foris dein nebula
Et lupum corde uelabit
Spina que federa
Exemplar dum lenta dabit
Quod delinquit altera
Necessitate pullulabit
Sond semper vipera
Tam noua quam uetera
Pullulabit scelera
Male factam castigabit
Numo sibi conformabit
Genitrix adultera
Virtutem poetizando
Sed sub velamine
Atque malis memorando
Ut dixissent femine
Et in mora complicando
Eximius hoc carmine
Sibilante detestando
Super drum sermine
Dum extra virgine
Sub in ducto carmine
Corpus semel publicando
Te rubore propinando
Sit tu dicam domine
Explicit de veritate

fol. 164v: art. 58

As I com bi an waie,
Hof on ich herde saie,
Ful modi mon and proud;
Wis he wes of lore,
And gouþlich vnder gore,
And cloþed in fair sroud.
To louien he bigon
On wedded wimmon,
Þer of he heuede wrong;
His herte hire wes alon,
Þat reste neuede he non,
Þe loue wes so strong.
Wel ȝerne he him biþoute
Hou he hire gete moute
In ani cunnes wise.
Þat befel on an day
Þe louerd wend away
Hon his marchaundise.
He wente him to þen inne
Þer hoe wonede inne,
Þat wes riche won;
And com in to þen halle,
Þer hoe wes schrud wiþ palle,
And þus he bigon:
God almiȝten be herinne!
Welcome, so ich euer bide wenne,
Quod þis wif.
His hit þi wille com and site,
And wat is þi wille let me wite,
Mi leuelif.
Bi houre louerd heuene king,
If I mai don ani þing
Þat þe is lef,
Þou miȝtt finden me ful fre.
Fol bleþeli willi don for þe,
Wiþouten gref.
Dame, God þe forȝelde,
Bote on þat þou me nout bimelde,
Ne make þe wroþ,
Min hernde willi to þe bede;
Bote wraþþen þe for ani dede
Were me loþ.
Nai, I wis, Wilekin,
For noþing þat euer is min,
Þau þou hit ȝirne,
Houncurteis ne willi be;
Ne con I nout on vilte,
Ne nout I nelle lerne.
Þou mait saien al þine wille,
And I shal herknen and sitten stille,
Þat þou haue told.
And if þat þou me tellest skil,
I shal don after þi wil,
Þat be þou bold.
And þau þou saie me ani shame,
Ne shal I þe nouȝt blame
For þi sawe.
Nou ich haue wonne leue,
Yif þat I me shulde greue,
Hit were hounlaȝe.
Certes, dame, þou seist as hende,
And I shal setten spel on ende,
And tellen þe al,
Wat ich wolde and wi ich com;
Ne con ich saien non falsdom,
Ne non I ne shal.

fol. 165r: art. 59

Ich habbe y-loued þe moni ȝer
Þat ich habbe nout ben her
Mi loue to schowe
While þi louerd is in toune
Ne mai no mon wiþ þe holden roune
Wiþ no þewe
Ȝurstendai ich herde saie
As ich wende bi þe waie
Of oure sire
Me tolde me þat he was gon
To þe feire of botolfston
In lincolne schire
And for ich weste þat he wes oute
Þar-fore ich am y gon aboute
To speken wiþ þe
Him burþ to liken wel his lif
Þat miȝtte welde secc a wif
In priuite
Dame if hit is þi wille
Boþ dernelike and stille
Ich wille þe loue
Þat wold don for non þing
Bi houre louerd heuene king
Þat ous is boue
Ich habbe mi louerd þat is mi spouse.
Þat maiden broute me to house
Mid menske y-nou
He loueþ me and ich him wel
Oure loue is also trewe as stel
Wiþouten wou
Þah he be from hom on his hernde
Ich were ounseli if ich lernede
To ben on hore
Þat ne shal neuere be
Þat I shal don selk fassete
On bedde ne on flore
Neuer-more his lif wile
Þah he were on hundred mile
Biȝende rome
For no þing ne shuld i take
Mon on erþe to ben mi make
Ar his hom come

Dame dame torn þi mod
Þi curteisi was euer god
And ȝet shal be
For þe louerd þat ous haueþ wrout
Amend þi mod and torn þi þout
And rew on me
We we oldest þou me a fol
So ich euer mote biden ȝol
Þou art ounwis
Mi þout ne shalt þou neuer wende
Mi louerd is curteis mon and hende
And mon of pris
And ich am wif boþe god and trewe
Trewer womon ne mai no mon cnowe
Þen ich am.
Þilke time ne shal neuer bitide
Þat mon for wowing ne þoru pride
Shal do me schame
Swete lemmon merci
Same ne vilani
Ne bede i þe non
Bote derne loue i þe bede
As mon þat wolde of loue spede
And fìnde won

fol. 165^{v}: art. 59

166

So bide ich euer-e mete oþer drinke
Her þou lesest al þi swinke
Þou mizt gon hom leue broþer
For wille ich þe loue ne non oþer
Bote mi wedde housebonde
To tellen hit þe ne wille ich wonde
Certes dame þat me forþinkeþ
Awo is þe mon þat muchel swinkeþ
And at þe laste leseþ his sped
To maken menis his him ned
Bi me i saie ful i wis
Þat loue þe loue þat i shal mis
And dame haue nou godneday
And þilke lord þat al welde mai
Leue þat þi þout so tourne
Þat ihc for þe no lenge ne mourne
Dreri mod he wente awai
And þoute boþe nizt and dai
Hire al for to wende
A frend him radde for to fare
And leuen al his michele kare
To dame siriz þe hende
Þider he wente him anon
So swiþe so he mizte gon
No mon he ni mette
Ful he wes of tene and treie
Mid wordes mild and eke sleie
Faire he hire grette
God þe i-blessi dame siriz
Ich am i-com to speken þe wiz
For ful michele nede
And ich mai haue help of þe
Þou shalt haue þat þou shalt se

Ful riche mede
Welcomen art þou leue sone
And if ich mai oþer cone
In eni wise for þe do
I shal strengþen me þer-to
For þi leue sone tel þou me
Wat þou woldest i dide for þe
Bote leue nelde ful euele i fare
I lede mi lif wiþ tene and kare
Wiþ muchel hounsele ich lede mi lif
And þat is for on suete wif
Þat heizte margeri
Ich haue i-loued hire moni dai
And of hire loue hoe seiz me nai
Hider ich com for þi
Bote if hoe wende hire mod
For serewe mon ich wakese wod
Oþer mi selue quelle
Ich heuede i-þout mi self to slo
For þen radde a frend me go
To þe mi serewe telle
He saide me wiþouten faille
Þat þou me coupest helpe and uaile
And bringen me of wo
Þoru þine craftes and þine dedes
And ich wile zeue þe riche mede
Wiþ þat hit be so
Benedicite be herinne
Her hauest þou sone mikel senne
Louerd for his suete nome
Lete þe þerfore hauen no shome
Þou seruest after godes grame
Wen þou seist on me silk blame

fol. 166r: art. 59

For ich am old and sek and lame
Seknesse haueþ maked me ful tame
Blesse þe blesse þe leue knaue
Leste þou mes auenter haue
For þis lesing þat ȝe founden
Vp on me þat am harde i-bonden
Ich am an holi wimon
On wicche-crafft nout i ne con
Bote wiþ gode men almesdede
Ilke dai mi lif i fede
And bidde mi pater noster and mi crede
Þat god hem helpe at hore nede
Þat helpen me mi lif to lede
And leue þat hem mote wel spede
His lif and his soule worþe i-shend
Þat þe to me þis herende haueþ send
And leue me to ben i-wreken
On him þis shome me haueþ speke
Leue nelde bilef al þis
Me þinkeþ þat þou art onwis
Þe mon þat me to þe taute
He weste þat þou hous couþest saute
Help dame siriþ if þou maut
To make me wiþ þe sweting saut
And ich wille geue þe gift ful stark
Moni a pound and moni a mark
Warme pilche and warme shon
Wiþ þat min herende be wel don
Of muchel godlec miht þou ȝelpe
If hit be so þat þou me helpe
Liȝ me nout wilekin bi þi leute
Is hit þin hernest þou tellest me
Louest þou wel dame margeri
Ȝe nelde witerli
Ich hire loue hit mot me spille
Bote ich gete hire to mi wille
Wat god wilekin me reweþ þi scaþe
Houre louerd sende þe help raþe
Weste hic hit miȝte ben for-holen
Me wolde þinche wel i-solen
Þi wille for to fullen
Make me siker wiþ word on honde
Þat þou wilt helen and i wile fonde
If ich mai hire tellen
For al þe world ne wold i nout
Þat ich were to chapitres i-brout
For none selke werkes
Mi jugement were sone i-ȝiuen
To ben wiþ shome somer-driuen
Wiþ prestes and wiþ clarkes
Iwis nelde ne wold i
Þat þou heuedest vilani
Ne shame for mi goed
Her i þe mi trouþe pliȝte
Ich shal helen bi mi miȝte
Bi þe holi roed
Welcome wilekin hiderward
Her hauest i-maked a foreward
Þat þe mai ful wel like
Þou maiȝt blesse þilke siþ
For þou maiȝt make þe ful bliþ
Dar þou namore sike
To goder hele euer come þou hider
For sone will i gange þider
And maken hire hunder-fonde
I shal kenne hire sulke a lore

fol. 166v: art. 59

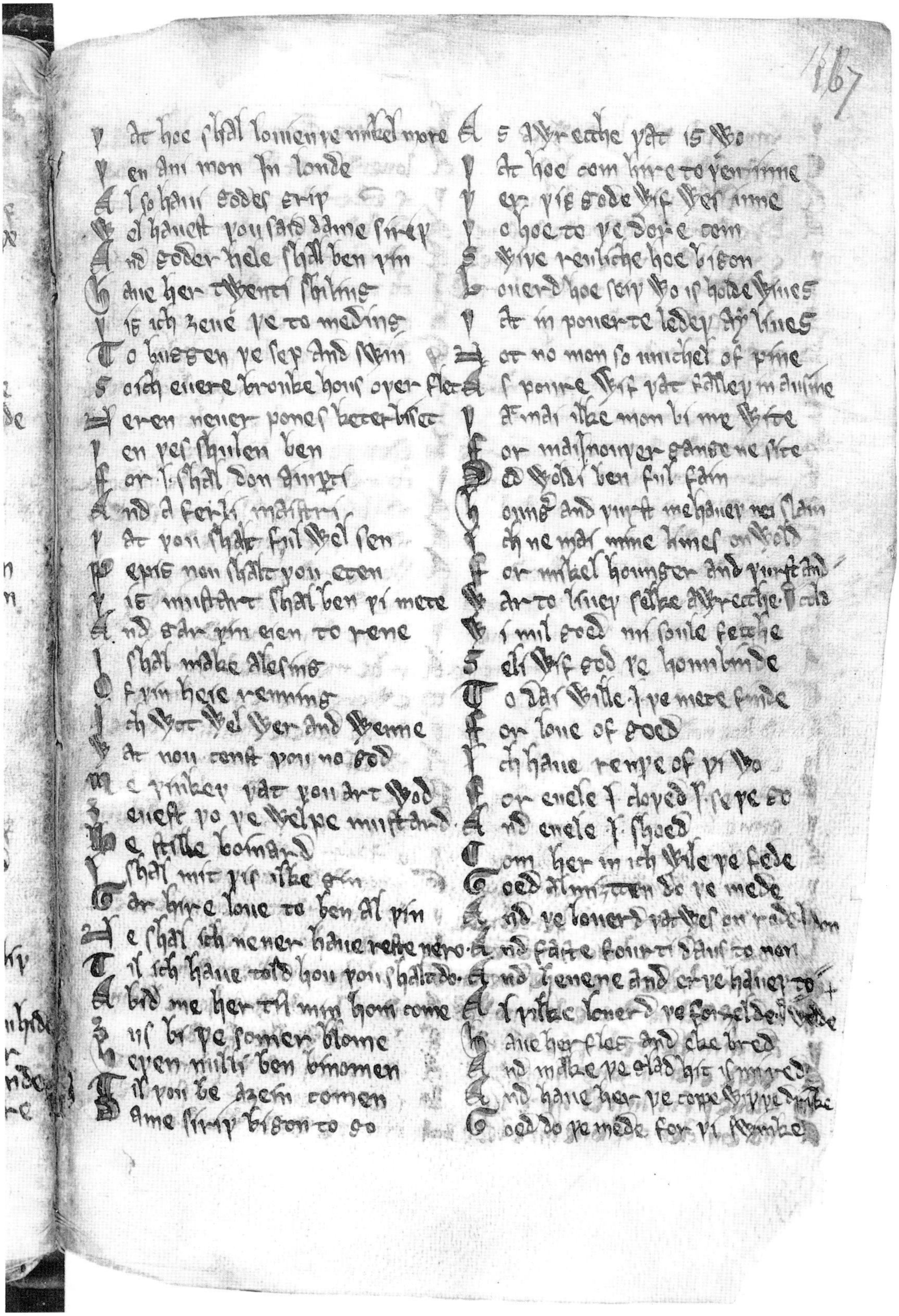

167

Þat hoe shal louien þe mukel more
Þen ani mon in londe
Al so haui Godes grip
Wel hauest þou said, Dame Siriþ,
And goder hele shal ben þin
Haue her twenti shiling
Þis ich zeue þe to meding
To buggen þe sep and swin
So ich euere brouke hous oþer flet
Neren neuer penes beter biset
Þen þes shulen ben
For I shal don a cunning
And a ferly maistri
Þat þou shalt ful wel sen
Pepir nou shalt þou eten
Þis mustart shal ben þi mete
And gar þin eien to rene
I shal make a lesing
Of þin heie renning
Ich wot wel wer and wenne
Wat nou const þou no god
Me þinkeþ þat þou art wod
Zeuest þou þe welpe mustard
Be stille boinard
I shal mit þis ilke gin
Gar hire loue to ben al þin
Ne shal ich neuer haue reste ne ro
Til ich haue told hou þou shalt do
Abid me her til min hom come
Zus bi þe somer blome
Heþen nulli ben binomen
Til þou be azein comen
Dame Siriþ bigon to go

As a wrecche þat is wo
Þat hoe com hire to þen inne
Þer þis gode wif wes inne
Þo hoe to þe dore com
Swiþe reuliche hoe bigon
Louerd hoe seiþ wo is olde wiues
Þat in pouerte ledeþ ay liues
Not no mon so muchel of pine
As poure wif þat falleþ in a line
Þat mai ilke mon bi me wite
For mai ich nouþer gangen ne site
Ded woldi ben ful fain
Hounger and þurst me haueþ nei slain
Ich ne mai mine limes onwold
For mukel hounger and þurst and cold
Warto liueþ selke a wrecche
Wi nil god mi soule fecche
Seli wif god þe hounbinde
To dai wille I þe mete finde
For loue of god
Ich haue reuþe of þi wo
For euele I cloþed I se þe go
And euele I shoed
Com her in ich wile þe fede
God almiztten do þe mede
And þe louerd þat wes on rode idon
And faste fourti dawes to non
And heuene and erþe haueþ to welde
As þilke louerd þe forzelde
Haue her flesh and eke bred
And make þe glad hit is mi red
And haue her þe coppe wiþ þe drinke
God do þe mede for þi swinke

fol. 167r: art. 59

Wenne spak þat holde wif
Crist ?marie hire lif
Alas alas þat euer i liue
Al þe sinne ich wolde forgiue
Þe mon þat smite of min heued
Ich wolde min lif me were bireued
Seli wif what eilleþ þe
Bote þe me mak i sori be
Ich heuede a doutter feir and fre
Feirer ne miȝtte no mon se
Hoe heuede a curteis hossebonde
Freour mon miȝtte no mon fonde
Mi douter louede him al to wel
For þi mak i sori del
Opon a dai he was out wend
And þar-þoru wes mi douter schend
He hede on ernde out of toune
And com a modi clerc wiþ croune
To mi douter his loue beed
And hoe nolde nout folewe his red
He ne miȝtte his wille haue
For no þing he miȝte craue
Enne bigon þe clerc to wiche
And schop mi douter til a biche
Þis is mi douter þat ich of speke
For del of hire min herte breke
Loke hou hire heȝen greten
On hire cheken þe teres meten
For þi dame were hit no wonder
Þau min herte burste assunder
A wose euer is ȝong housewif
Ha loueþ ful litel hire lif
And eni clerc of loue hire bede
Bote hoe grante and lete him spede
A louerd crist what mei i þenne do
Þis enderdai com a clerc me to
And bed me loue on his manere
And ich him nolde nout ihere
Ich trowe he wolle me forschape
Hou trouestu nelde ich moue ascape
God almiȝtten be þin help
Þat þou ne be nouþer bicche ne welp
Leue dame if eni clerc
Bedeþ þe þat loue werc
Ich rede þat þou grante his bone
And bicom his lefmon sone
And if þat þou so ne dost
A worse red þou ounderfost
Louerd crist þat me is wo
Þat þe clerc me hede fro
Er he me heuede biwonne
Me were leuere þen ani fe
Þat he heuede enes leien bi me
And efft sones bigunne
Euermore nelde ich wille be þin
Wiþ þat þou feche me Willekin
Þe clerc of wam i telle
Giftes will i geue þe
Þat þou miȝt euer þe betere be
Bi Godes houne belle
Soþliche mi swete dame
And if i mai wiþ houte blame
Fain ich wille fonde
And if ich mai wiþ him mete
Bi eni wei oþer bi strete
Nout ne wille i wonde

fol. 167^{v}: art. 59

168

Hane goddot dame for þi wille so
Anedetu loke þat þou do so
As ich þe bad
Bote þat þou me Wilekin bringe
Ne mai neuer lawhe ne singe
Ne be glad
Iwis dame if I mai
Ich wille bringen him ȝet to dai
Bi mine miȝtte
Hoe wente hire to hire inne
Her hoe founde Wilekinne
Bi houre dryȝtte
Swete Wilekin be þou nout dred.
For of þin herde ich haue wel sped.
Swiþe com for þider wiþ me
For hoe haueþ send after þe
Iwis nou maiȝt þou ben aboue.
For þou hauest grantise of hire loue
God þe forȝelde leue nelde
Þat heuene and erþe haueþ to welde
Þis modi mon bigon to gon
Wiþ Sirith to his leuemon
In þilke stounde
Dame Sirith bigon to telle
And swor bi goddes ouene belle
Hoe heuede him founde
Dame so haue ich Wilekin sout
For nou haue ich him ibrout
Welcome Wilekin swete þing
Þou art welcomore þen þe king
Wilekin þe swete
Mi loue I þe bihete
To don al þine wille

Turnd ich haue mi þout
For I ne wolde nout
Þat þou þe shuldest spille
Dame so ich euere bide noen
And ich am redi and iboen
To don al þat þou saie
Nelde par ma fay
Þou most gange awey
Wile ich and hoe shulen plaie
Goddot so I wille
And loke þat þou hire tille
And strek out hire þes
God ȝeue þe muchel kare
Ȝef þat þou hire spare
Þe wile þou mid hire bes
And wose is onwis
And for non þes
Ne con geten his leuemon
I shal for mi mede
Garen him to spede
For ful wel I con

Les nouns de un leure en engleis

Þe mon þat þe hare imet
Ne shal him neuere be þe bet
Bote if he lei doun on londe
Þat he bereþ in his honde
Be hit staf be hit bouwe
And blesce him wiþ his helbowe
And mid wel god deuosioun
He shal saien on oreisoun
In þe worshipe of þe hare
Þenne mai he wel fare
Þe hare þe scotart

fol. 168r: arts 59, 60

Þe bigge þe bouchart
Þe scotewine þe skikart
Þe turpin þe tirart
Þe weibetere þe ballart
Þe gobidich þe soillart
Þe wimount þe babbart
Þe stele awai þe momelart
Þe eveleimet þe babbart
Þe scot þe deubert
Þe gras bitere þe goibert
Þe late at hom þe swikebert
Þe frendlese þe wodecat
Þe brodlokere þe bromkat
Þe purblinde þe fursecat
Þe louting þe westlokere
Þe waldenlie þe sidlokere
And eke þe roulekere
Þe stobhert þe long here
Þe strauder þe lekere
Þe wilde der þe lepere
Þe shorte der þe lorkere
Þe wint swifft þe sculkere
Þe hare serd þe heslecoukere
Þe deudinge þe deuhoppere
Þe sittere þe gras hoppere
Þe fitelfot þe foldsittere
Þe liȝt fot þe fernsittere
Þe cawelhert þe wortcroppe
Þe go bi grounde þe sittestille
Þe pintail þe toure hohwile
Þe coue arise
Þe make agrise
Þe wite wombe
Þe go mit lombe
Þe choumbe þe chaulart
Þe chiche þe couart
Þe make fare þe breke forewart
Þe fnattert þe pollart
His hei nome is srewart
Þe hert wiþ þe leþerene hornes
Þe der þat woneþ in þe cornes
Þe der þat alle men scornes
Þe der þat nomon ne dar nemnen
When þou hast al þis i said
Þenne is þe hare miȝte alaid
Þenne miȝt þou wenden forþ
Est and west and souþ and norþ
Wedrewardes so mon wile
Þe mon þat con ani skile
Haue nou godnedai sire hare
God þe lete so wel fare
Þat þou come to me ded
Oþer in ciue oþer in bred Amen.

Les dolerouses iours del an.

Ceo est asaver: ky en Jenever sount .vii. iours: le primer e le secound e le terz e le quart e le quint e le disseneofime; en feverer sount .iii. le cessime e le dissetime e le disuitime; en march sount .iii. le quinsime e le cessime e le dissetime; en averil sount .ii. le sime e le unzime; en may sount .iii. le sime e le quinsime e le cessime e le utime; en iuyn sount .ii. le quart e le dissenefime; en iuyl sount .i. le dime; en aust sount .ii. le dissenefime e le vintisme; en septembre sount .ii. le cessime e le dissetime; en octobre sount .i. le sime; en novembre sount .ii. le quinte e le setime; en decembre sount .iii. le sime e le setime e le quinsime.

fol. 168v: arts 60, *91

Ci comence la vie nostre dame

Seignours oyez escoutez ke deus vous beneie
Sur sa mort dolerouse ke nous dona la vie
Ben savez oyez ben est dreiz ke ceo le vous die
Quant deu fud mis en la croiz de ce tent hachie
Cummaundat deus seinnurs a sun ami sa amie
Al apostle seint iohan sa dame marie
Mout par fu dolerouse pur cele departie
Li bons evangelistes la ad pris en sa baillie
Si la ad mout ben gardee en tretute sa vie
Sachez ke nostre seinnour seint iohan mout amat
En la croiz ou pendist quant a sey le apelat
Sa mere vint od lui pur ceo la li cummaundat
Volunters la resut e tendrement plurat
Prist la dame en sa main plurant se turnat
Al temple sount alez pur ceo la cummaundat
Avec les seintes dames ke il pur ceo trovat
Quant ke mester li fust volunters li trovast
Ele remist al temple ou soun cors travaillat
Ele veillout chescune nuit e chescun jour junat
La reine del mounde mout ert merveillouse
De la mort soun fiz la ert dolerouse
De lui veer la dame ert desirouse
Mout par ert amiable mout par ert gloriouse
De pleisir a touz hommes mout par ert coveitouse
De servir al temple n'ert pas hountouse
Tant cum ele vesquit n'ert pas suffraitouse
Puis ke ele vint al temple ne s'en vout pas partir
Od les dames remist bel les savert servir
Mout en purat iunet plus veiller ke dormir
Unkes mal ne vout parler ne fere ne oir
Mout par haiast mensounge unkes ne sout mentir
De maunteus veirs nout cure ne gris ne vout vestir
En la garda iohans ne la vout guerpir

s

fol. 169r: art. 61

Lonz iours furent ensemble des q̄ vint al mortir
a dame ert al temple ou ele fu morte Amee
si ert del patriarche sour toutes honouree
ele de lui seruir se esteit mout penee
de son fiz nert ele p̄ ene oblieee
q̄ ert des angeles doucement visitee
ert partu a bon homme la dame comandee
par uirtute ert este si q̄ la reposee
ur le pri̇ sout tesnour en la ceste membree
es ore uent nostre seignour ke ele seit mandee
e ele seit ad angeles en soun trone honouree
cum angele honneste ki bel la M̄D̄ saluee
ar le comandement de dou li angeles est descenduz
al temple la M̄D̄ troue la li rend saluz
Dame ne es nudes del cel sur de la suz
Dame es tu ne fuses tout cest monnde fust p̄duz
par tei est li deables descum fiz z uencuz
e poet mes parler tut est mut deuenuz
ren dame ceste paume ke ten auera lesuz
oun fiz ke tanm ande uent ke uengez la suz
mere es dacorz ...tanm si seras z nient plus
ame dirrent amei ki est tu be this amis
e dist sur a...n fiz si ma... ater tramis
ouz li angeles til rendent ki mout sonne des amis
lui terde en hauisee kene sera cherubins
e ma M̄D̄ pas oublie mout len uent mer fiz
quant men trai rochail mil terme mis
il dame al ter soun cum dist uostre fiz
ment ds tu noun di le mer bel amis
Ame nel dios dire kar cunge nen di pris
Ame teo sachez teo nos pas nomer
cel noun ke teo porte fest mout a redoter
n cel z en tere en er z en mer

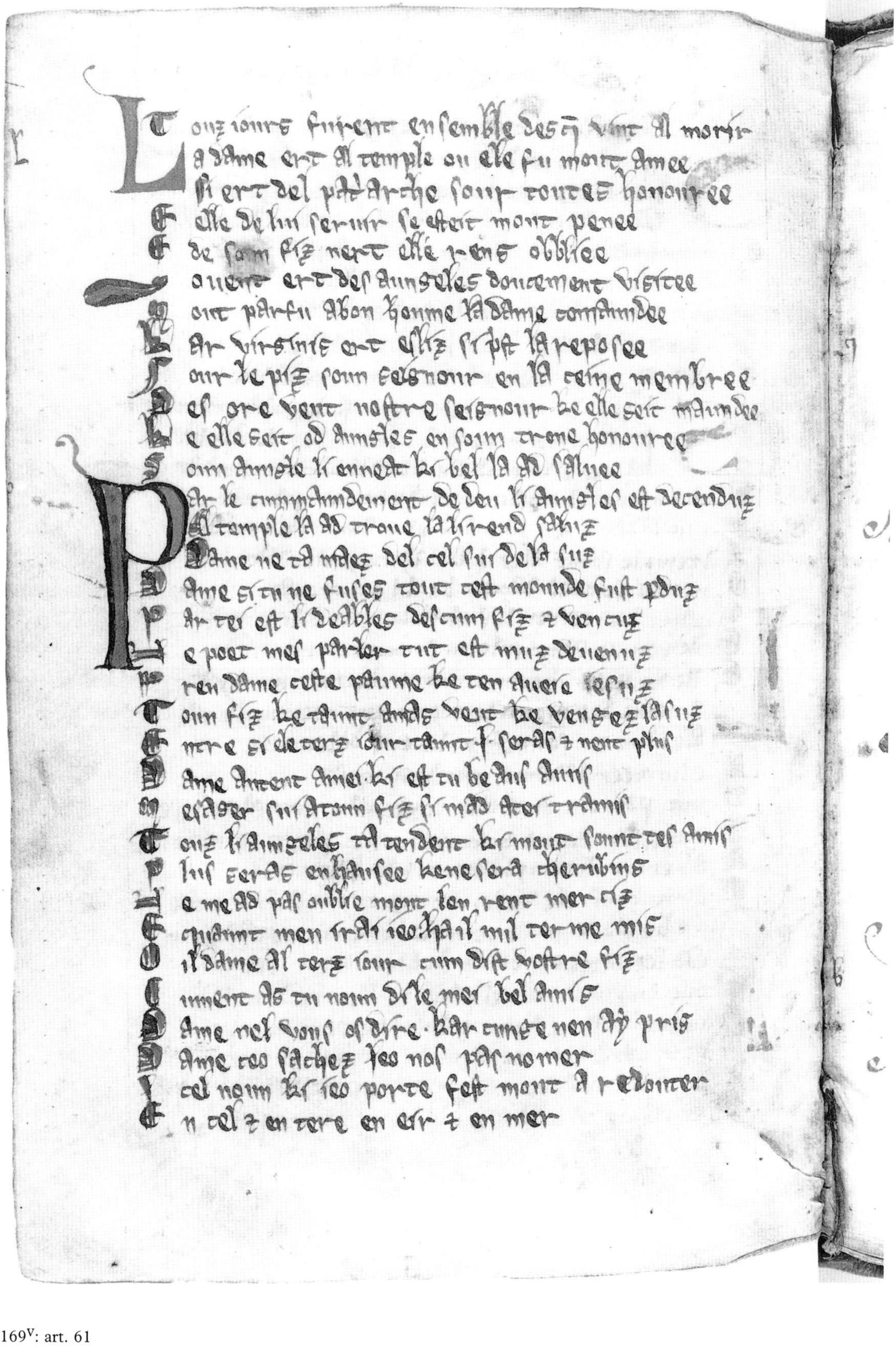

Dame pernez la paume nos plus demourer
Le la besez mile feiz de vous sevrer
Cummaundez a ses apostles frat les ensembler
Touz les averez demein dame ke le diner
Serount entour toi pur toi reconforter
Quatre jours neres del secle pur toun cors enterrer
Le feez aidee ne te estoet douter
Quant ceo hout dist li aungles ens al cel mountat
Nostre dame prist la paume ke li aungle li lessat
Dame issit hors del temple a sa mesoun alat
Ele mist en sauf la paume une dame apela
Amie fest ele portez me ewe· cele li porta
Dount houstat touz ses dras· en la cuve entrat
Soun chef & tout soun cors purement se lavat
Les dras mist entour sei mout ben s'atirnat
Quant ceo out fest la dame vers ciel gardat
Dist cest oreisoun mout bel la finat
Beneit seis tu fiz· ki es deus & homme
Beneit seis tu & beneit seit toun noum
Beu fiz donne a ta mere ta beneisoun
Ore tu mas maunde ke venge a ta mesoun
Beu fiz tu suffris pur mei passioun
Li deable as vencu tresben le saum
Par tei sount tes auncestres venu a raunsoun
Les beu fiz ki gisseient en male prisoun
Ke tenent li deable en soun hord baratrum
Gardez ke il neit de mei nule possessioun
Ne ki il neit de mei nule enchesoun
Beau fiz gardez vers mei de ta digne magestez
De la sus ou tu sez en ta deitez
Gardez ke li diable neit de mai poestez
Kar ounkes reins tant ne hai kar plein est de mavestez
E ceo ki tu as resint prengez tu pitez

Ie nait mile psoun ke fud par terre chacez
Ieo voil ke saint bele acd volountez
Par ceus ki uiuent & par ceus ki sount trespassez
La reine del mounde finist sa oreisoun
Ses gens fist maunder deuaunt li en sa meisoun
Ceus de Ierusalem & ceus de sa nacioun
A lour dist enplorāunt entendez aun resoun
Mis bens fiz mad maunde pas nel celeroum
Entre cels e le terz iour del mounde departirum
Des bens ke me fest auez ore vous enrendoum
Mi deu per vos veil si messet uus auoum
Par le mei pdonnez merci vous en crioum
Si veilles od mei volounters le froum
Ieo sai ke de moun cors deit lalme partir
Al terz iour est li termes ki nous deuoum morir
Iheo entrem mout li diable ki la gent soul trair
Il veil pas veer kar mout se fait hair
Quant vint en cest secle ne vit pas moun venir
Ie veil ke vese ma alme quant vendrai al morir
Ieo men vois amounfez ki ieo taunt desir
Li angles quant descenderount vous les verez venir
Chaunteaunt merount ma alme vous les prez oir
Quant entendirent ke elle sen deueit aler
Trestouz communablement comencent a plorer
Donc prist lun lautre p sei a demaunder
Alas dolens ke frouns deus ore deuum plorer
Ki sumes en grant doute ou nous deuoums aler
Les almes de nos cors quant deiuent deseuerer
Ie sauum si auerount lius ou pourount reposer
Quant ceste se doute ke pas nestent douter
Mout crent le diable ke nel ose adeser
Sachez ke donke plourent trestouz communablement
Donc les cumforte la dame doucement

fol. 170v: art. 61

Seingnoure ꝑ cest ploure ne profitenent
Villes ensemble od mei vous esteez mis pent
Ne cez nul poour ceo sachez descient
Mis cors ne auerad ne peine ne turment
Ceo auerai od mei la celestiene gent
E ma alme porteraunt mout amiablement
Iohane mi cousins e treitouz mi pent
Seroumt ensemble od vous treitouz communablement
Quant ceo out dit la dame sa pole finad
Seint Iohan de soun dei al ve ꝑ bountad
Celi ve fust ouert suef cummaundad
Quant vint en la chambre touz plorant les trouad
La dame vit plourer ensemble od lui plorad
A ses pez s'agenuilad mout bel li demaundad
Dame ke auez oy e cis serfs nel sauerad
E fount ici vos penz pur deu ki les asemblad
Doune respoundit marie en plorant li countad
La reine des aungeles getad grant soupir
Bel nez ieo plour pur ceo ke deuum partir
E tu deuez aler bel nez nous deuoum morir
Par deuaunt moun bel fiz me presis a seruir
Si ceo ne te souent ben men peot souenir
De veilles ki ieo face preste sui de obeir
Pren garde de moun cors amis del enseuelir
Jeo oy dire a iudeus pas ne quer mentir
Cil arderount moun cors sil peent tenir
Par garder moun sepulcre e parfounde enfuir
Iohane mes beaus amis ieo ne quier pas celer
En ceste mortele vie ne puis mes demourer
Vous alames ensemble moun bel fiz visiter
Ardenger le vermes forment e tormenter
Dist mei ke aster sa mere comencad a plorer
La dolour de moun fiz ne poer endurer

Ensemble od teus vint de ces mestiers partir
De icel tornee me deis servir ne te sai blamer
Pus demein te esteit moun cors enterer
Tu sez ke li iudeus nous tenent en viltez
E ne pur quant si sount il de nostre parentez
Il pendirent moun fiz par graunt iniquitez
Ieo tornerai del secle demein pur veritez
Si tu ne gardes moun cors il me frount viltez
Gardez ke moun sercu seit ben selez
Il garderount moun cors si ben ne seit gardez
Ie perdi moun fiz la suz en sa majestez
A moun cors fere hounte keil n'event poestez
Quant ceo oit Iohan tendrement plora
La reine des aungeles bel le conforta
Dount demaunda drap e hom li porta
Dount taillat soun sudarie e ele le commaunda
En consail li ad dit e mout ben li pria
Le vestiment ki le teigne quant del secle tornera
Sis bestus nes le tenit e mout ben le garda
La paume li commaunda ke li aungeles li dona
Bel par soun aungele mis bel fiz le me envea
Alas ceo dist Iohan cum ore sui sauns aye
Alas pur quei fu nez quant si tost perd ma amye
Ne plourez mie amis ceo li respount Marie
Ne te en maiez mie ~~te vendra de~~ te vendra bel aye
Des aungeles e des archaungeles la seinte compaignie
Si moun fiz est mi sire e ieo sa fille e sa amie
Ieo norri moun seignour e il me ad touz jours norie
Seignours ki deu amez entendez bonement
Dames e puceles touz communablement
Ke demurra nent ceo sachez deserent
Trestouz li apostles li furent en present
Trestouz ses veisin e trestouz ses parent

fol. 171v: art. 61

Mout fust lez Iohan de cel assemblement
Trestouz les ad beisez mout amiablement
Donc sen veneit Iohan & dist pleinement
Ben serez vous venu trestouz communablement
Donc ploureit seint Iohan mout dolerousement
Ceo dist seint Pere cumpainz pur quei ploureȝ
Di mei premeres sfaire le schieȝ
Assi cummunablement cum esteȝ ensembleȝ
Par toutes teres cum esteis desevereȝ
De mei dirai premer[s] fest peris si me escouteȝ
Ceo sacheȝ ke veirs est ke ia dire me orreȝ
La ceo estes en un liu & grant gent ci assembleȝ
Pur oir moun sermoun cum furent acoustumeȝ
Si vint mes ne sai cum fu porteȝ
Ceo dist seint Iohan cump[ai]n ore escouteȝ
Ieo vous veil counter pur quei esteȝ assembleȝ
Veneȝ saunȝ od mei madame visiteȝ
Elle sen deit partir pur ceo esteȝ auneȝ
Dains est madame en cele chaumbre entreȝ
Quant vendreȝ deuaunt li mout bel la salueȝ
Pur ceo esteȝ venuȝ ke soun cors enterreȝ
Venuȝ sount nos veisins entour li auneȝ
De ceo vous veil prier deuaunt quil ne ploureȝ
Faites mout beau semblaunt & bel la cumforteȝ
Ceo sacheȝ tresben sil vous veient plourer
Il sount mout de pite part nel quer pas celer
Tost les freres mesererere & si les freis douter
Ja deuaunt lor dire & ben le sai counter
Pur quei nous descoumforteȝ ke nous deveȝ conforter
Ceo respount seint Pere ore nous lesseȝ entrer
Si veroum nostre gent & la chose aprester
Ceo dist seint Pol lesseȝ mei aler
Mout devoum estre leȝ & damnedeu loer

fol. 172r: art. 61

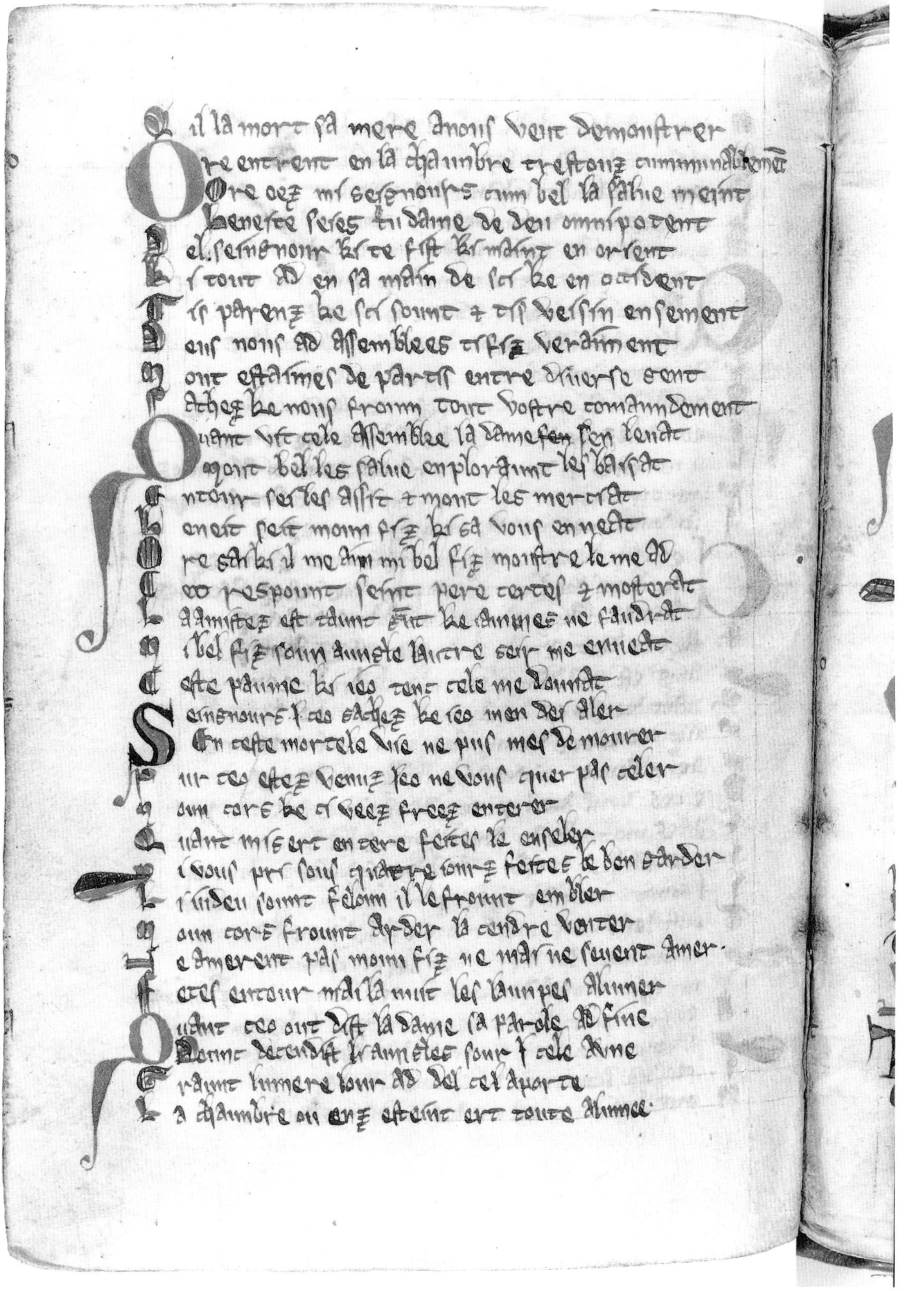
Qil la mort sa mere a nous veut demonstrer
Ore entrent en la chaumbre trestouz communalment
Ore oez mi seignours cum bel la salue meint
Beneste seies tu dame de deu omnipotent
Del seignour ki te fist ki maint en orient
E tout ad en sa main de ci ke en occident
Tes parenz ke ci sount e tes veisin ensement
Deus nous ad assemblees tres verraiment
Mout estaimes de partis entre diverse gent
Dites ke nous from tout vostre comaundement
Quant vit cele assemblee la dame ~~sen~~ sen leveit
Mout bel les salue en plorant les beiseit
Entour li les assist e mout les mercieit
Meint fetz moun fiz ki ça vous enveieit
Ore sai ki il me aim mi bel fiz moustre le me ad
Ceo respount seint pere certes e mostereit
La amistez est tant grant ke aimes ne faudreit
Mi bel fiz soun aungele l'autre jour me enveieit
Ceste paume ki ieo tenc cele me donneit
Seignours ieo sachez ke ieo men dei aler
En ceste mortele vie ne puis mes demourer
Puis ke ieo estez venuz ieo ne vous quer pas celer
Mun cors ke ci veez frerez enterer
Quant mis ert en terre fetes la enseler
Si vous pri sour sous quidere soinz fetes le bon garder
Li judeu sount feloun il le frount embler
Mun cors frount arder la cendre venter
Ne amerent pas moun fiz ne moi ne seivent amer
Cierges entour moi la nuit les lampes alumer
Quant ceo out dist la dame sa parole ad fine
Dount descendist li aungeles sour cele dame
Grant lumere lour ad del ciel aporte
La chaumbre ou ere esteint ert toute alumee

fol. 172^v: art. 61

Enapres lui ad dist parole membree
Ceo sachez seignours ke fut ascoutee
Veraie fert toute icette assemblee
De Deu omnipotent fert elle honouree
Ma dame ore te apareille la fer as amenee
La suis retenue e fiz la i fer as aportee
Mil aunz sount passez aunz ke fusez nee
Bien de nous as estee desiree.
Quant ceo out dist li aungele sa parole finat
E la seinte pucele en soun lit couchat
Seint pere est de loinz si la purat
Del cel vint un odour en la chaumbre entrat
Taunt fu grant la doucour ke deus envoiat
E touz les endormist un veillaunt ni lessat
A houre de midi un tuners tunat
Seignours pur tel heir ke tout le mound tremblat
Treis virgines i dormirent ceo la dame cumaundat
Celes od les apostles bonement enveillat
Ore oez del seignour de sa grant mageste
Ke prince des apostles ad aver apelez
Alom pur nostre dame sire de volountez
Dount descendist nostre sire en la chaumbre est entrez
La dame regarde sil lad ben visez
Ele leva soun chef parfound lat enclinez
Cum la purez oir mout bel lad saluez
Benete seies tu fiz e loue ke fustes nez
Bel fiz tu es mi sire ceo est la veritez
Tu me amas quant ti aungele od tei me ount visitez
Ceo sai par tes apostles ke od mei as assemblez
E sevent en quele guise il sount aunez
Tu feres tout le mound par toun grant asent
E mult fetes od graunt cummaundement
Quant tu les ous fet sis amas veraiment

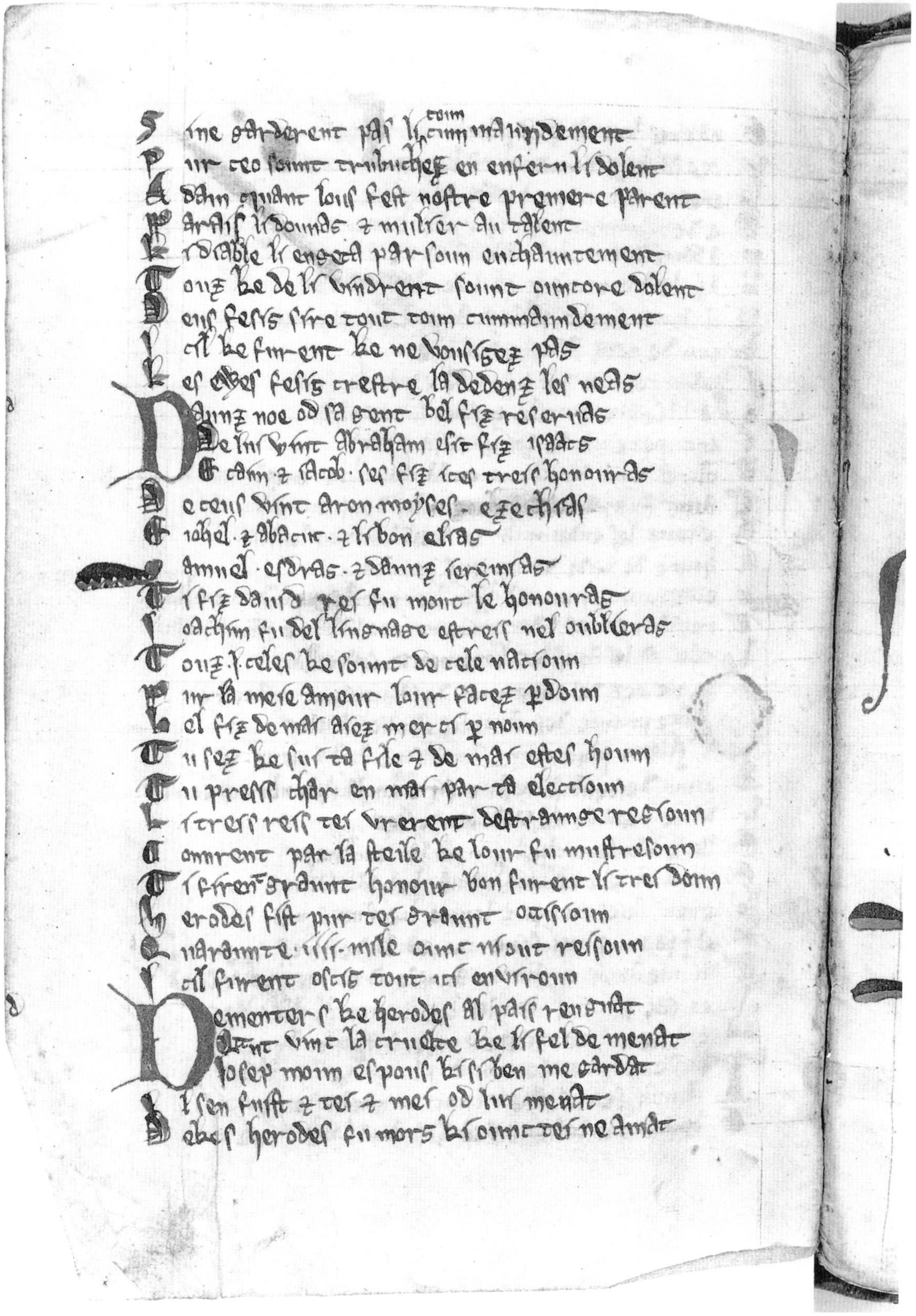

Sine garderent pas li commaundement
Pur ceo sount trebuchez en enfern li dolent
Adam quant lous fest nostre premere parent
Parais li dounas & mulier au talent
Ly diable li engyna par soun enchauntement
Touz ke de li vindrent sount uncore dolent
Deus fesis sire tout toun commaundement
Cil ke furent ke ne voussez pas
Les eves fesis crestre la dedenz les neias
Dunz Noe od sa gent bel sire reservas
De lui vint Abraham e sire Isaac
E cum & Iacob ses fiz ices treis honouras
De ceus vint Aron Moyses. Ezechias
Iohel. & Abacuc. & li bon Elias
Samuel. Esdras. & Daniz Ieremias
Li fiz David reis fu mout le honouras
Ioachim fu del lignage e sires nel oublias
Touz icels ke sount de cele nacioun
Pur la mere amour lour facez pardoun
Bel fiz de mai avez merci pur noun
Tu sez ke sui ta file & de mai estes houm
Tu preis char en mai par ta eleccioun
Li treis reis te vinrent destraunge regioun
Guierent par la steile ke lour fu mustresoun
Tis firent graunt honour bon furent li treis doun
Herodes fist pur tei graunt occisioun
Innocentz .iiij. mile ount mort resoun
Cil furent oscis tout ici environ
Dementers ke Herodes al pais regnat
Grant vint la crueltee ke li fel demenat
Iosep moun espous ki si ben me gardat
Li sen fuist & tei & mei od lui menat
Apres Herodes fu mors ki ount tei ne amat

fol. 173v: art. 61

E quant tu ous trente auns Johan te baptizat
Herodes sauoit ben ke a tort le decolat
Bel fiz quant vous sces mes celer
Mes sermonours ke ci vei demenides apeler
Tu les fesis entour tei bonement converser
Doumbe fesis vertuz de tei fesis parler
Lu surs rendis le oi les clops fesis aler
As notez archetriclin le ewe en vin muer
E lazare de bethanie fesis resusciter
Plus fesis vertuz ke ne vous sai nomer
Tu venis en cest mounde pur pecheours sauuer
Quarante iours iunes tres ben le sauoum
Puis te fesis tempter a cel cuuert feloun
Ke ne sauoit de tei mes ke fuses houm
Ceste cite ki sis ci ierusalem
Tei en receiuerount li veil e li garsoun
Li iudeu te crucifierent ke furent feloun
Cel iour comencerent de tei lour tresoun
A iudas enplerent ki ne deuist si mal noun
Trente deners en prist pur sa dampnacioun
Bel fiz al vendredi tu suffris passioun
Bel fiz ieo vinc a tei pur tei reconsiler
Quant ne poi aider cumensai a plourer
Dreis ke esteis mi fiz nel vousis pas celer
A iohan me baillas ke il me deust garder
Si il fet bel fiz ieo nel sai blamer
Ilot soffris mort pur cest mounde sauuer
Si te lessae bel fiz suz tere enterer
En enferne descendis ne vous pas demourer
Adam e ses amis en deignas fors ioter
Le diable venquis ne purrat mes regner
Al terz iour reperas pur mei reconforter
Cunge dounas a tes apostles si les fesis aler

Jeo sai ke pur mey les as fet assembler
Ore lei me dis bel fiz pur ceo ke frere
Jeo sui venu pur tei od merite mercie
Ke tanz angles apostles ici comaunderai
Edi mais del diable bel fiz si ceo le verrai
Tant bele mere pas nel sofferai
Jes tu ma bele mere ke doun te dorrai
Ceo dete fiz fere amere certes si te frai.
Dame serras dame tout cest mounde te dorrai
Dames e meschines pur ta amour amerai
Si eles mesfount graunt pite en averai
Si elles crient merci trestout lour pardorrai.
Jeo sachez ke touz ceus ke te requerount
Et ki ceo ki as dist de mal creroint
A toun comaundement touz merci averount
Enfern te servira e cil ke dedenz sount
L'aungle e archaungle touz te servirount
A tes comaundemenz trestouz obeerount
L'aungele sount verdiz ke la te en portirount
Li apostle od toun cors ma duse demorount
Tout acea volounte tresben le garderount
Quant out dist nostre sire sa main ad levee
O sa beneiçoun li ad doucement donee
La mere la crey parfond l'ad enclinee
La alme rent del cors cele bonouree
Ne pas si cum autre alme ben est ad nous moustree
Plus cler del solail fust cele figuree
Cis bel fiz la receust a seint michel la ad livree
Mout demende graunt fere la celestiene meinnee
La sus od mout bel chaunt lount al cel aportee
Dount dist deu ad seint pere parole membree
Peres tu seis mestres de ceste cumpaignie
Veez ke ci gist ceo est le cors marie

fol. 174v: art. 61

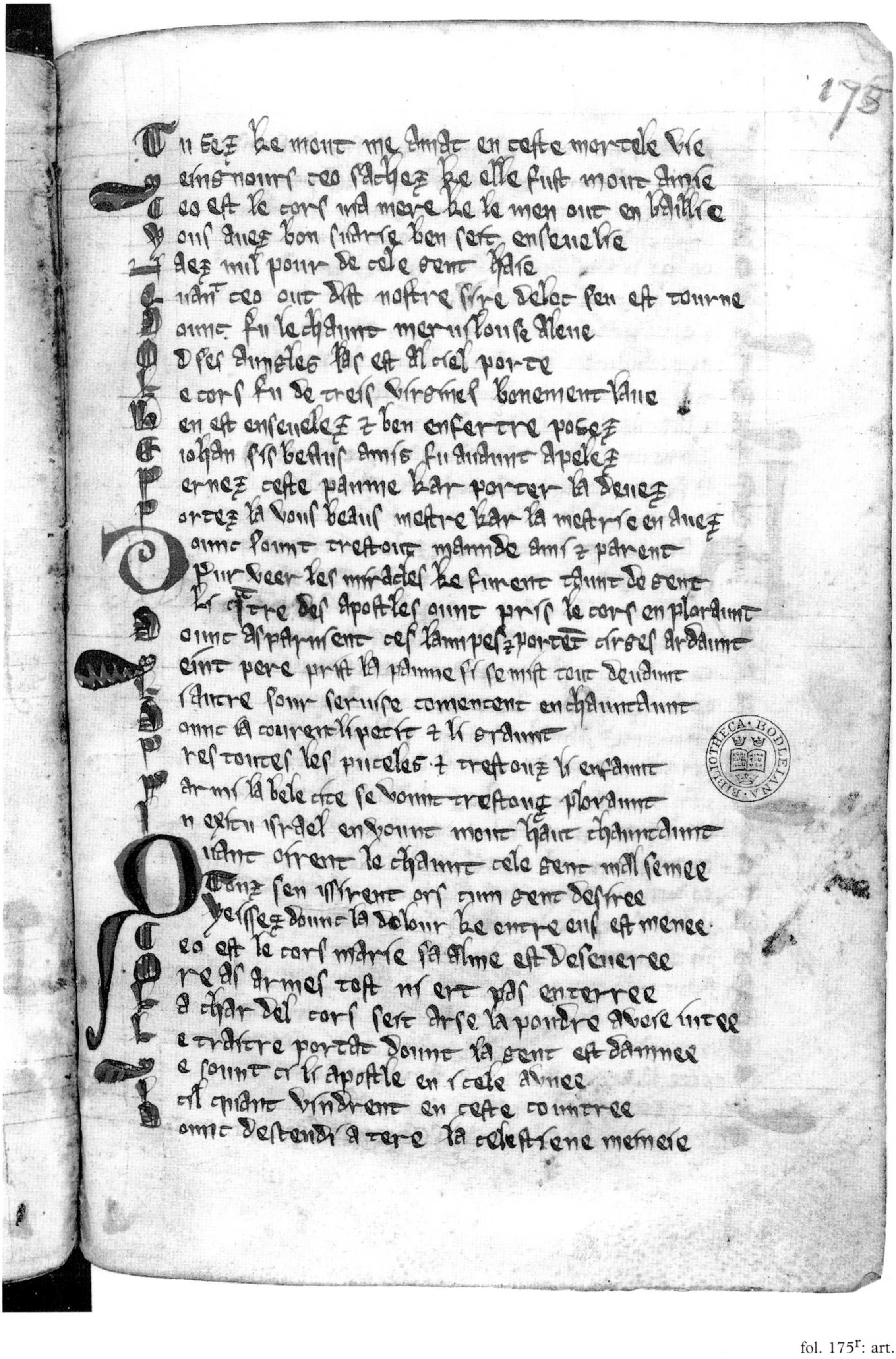

175

Tun sez ke mont me amat en ceste mortele vie
Seins nouns ceo sachez ke elle fust mont amie
Ceo est le cors ma mere ke le men out en baillie
Vous auez bon suaire ben sert ensevelie
Alez mis pour de cele gent haie
Quant ceo out dit nostre sire del ciel sen est tourne
Dount fu le chaunt merveilouse alene
Od ses aungeles las est al ciel porte
Le cors fu de treis virgines bonement lave
Ben est ensevelez et ben en terre posez
Iohan sis beaus amis fu auaunt apelez
Pernez ceste paume kar porter la devez
Portez la vous beaus mestre kar la mettre en avez
Dount sount trestouz mande amis et parent
Pur veer les miracles ke firent taunt de gent
Li estre des apostles ount pris le cors en ploraunt
Dount alumerent ces lampes et porterent cirges ardaunt
Seint pere prist la paume si se mist tout devaunt
Lautre sount servise comencent enchauntaunt
Dount la courent li petit et li graunt
Pres toutes les puceles et trestouz li enfaunt
Parmi la bele cite se vount trestouz ploraunt
In exitu israel en hount mout haut chauntaunt
Quant oierent le chaunt cele gent mal senee
Tanz sen issirent ors cum gent desree
Veissez dount la dolour ke entre eus est menee
Ceo est le cors marie sa alme est desevree
Ore as armes tost ni ert pas enterree
La char del cors sert arse la poudre avere intee
Le traitre portat dount la gent est dampnee
Se sount cil li apostle en icele aunee
Cil quaunt vindrent en ceste countree
Dount descendi a tere la celestiene meniere

fol. 175r: art. 61

a celestiene coum paume de la sue descendiz
od li destourbez les armz z les parz
eo ne oirent ne virent oute li chaitis
oms chaent a tere z oient un cris
eo ke li sms dist li autres nel entendi
n phaut de prendres ke mout hert hardi
sert prince de touz cum est estre
aut andum al mains alre se prist
n li seint cors mainse se gisit
i las de mains sa sr dreit
de noum[e] sonal pas papala sm le ferist
la fertre remist par les mains E perdist
oms esgardat a seint pere sil criat merci
ax meror de mei perez le seintmes homm
Tu sez ke li men pere te fist sus pdoun
Ent ci sire fuit tras par iudas li feloun
lan cele te couust dist ke eters sil homm
er cidenum auer quant merci vous ertoun
eo sachez bel amy ke poeste ney anoum
erer crces alui li sustent passoun
si ci parens pendirent si firent ke feloun
si tu vousises crere ke fuit deus z homm
eo requerrei vers lui quie aueriez pdoun
eo respoynt cil certes ben le creoun
eo veil ke serez sauf sil creez pfetement
il bel sire ceo le crei pfetement
Apozer me fras ne remendi di nent
nant ceo out dist li prestre darms fuit inonelement
oms loist seint pere sil dist bonement
rent la paume en ta main q di ci en present
oteu la ensemble od ter a cele male gent
i creit ceo q tu creis p bon talent
onchez le de la verde sraueret sauuement

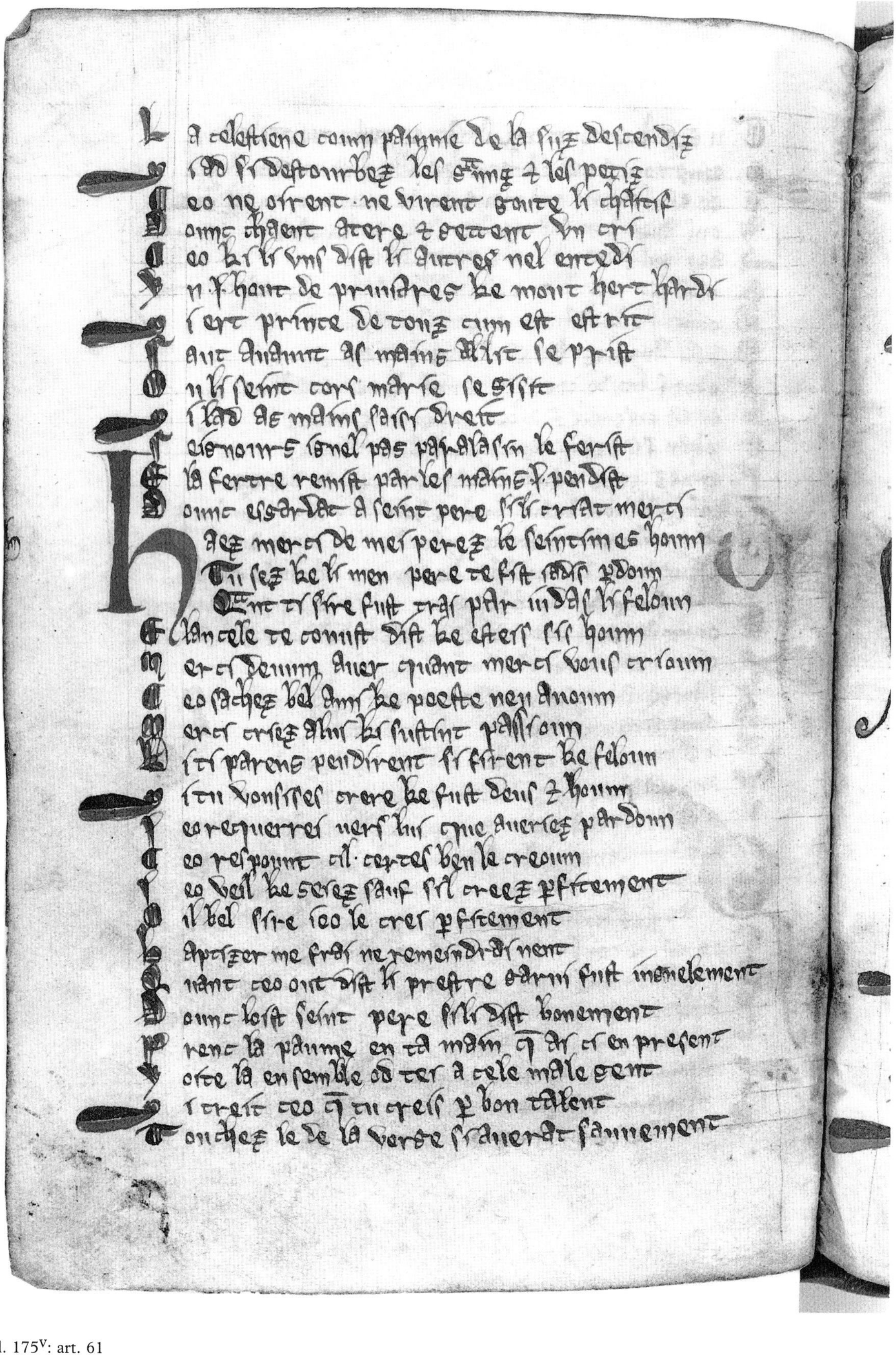

176

Ceil ad fet soun covenaunt mout menelement
Ore oez queles miracles seingnours si est contez
Ore est prechere ki ainz fust devez
Sunt asez cum paingnouns ki les ad apelez
Purpensez vous seingnours en Jhesu vous creez
Ky fust nez de la virgine e en croiz penez
Seingnours de nos parenz mal i fust demenez
Descendi en enfern ore est resuscitez
Des gardez as miracles ke vous ci veez
Si vous a ceo creez saunte recevrez
Ceus ki ceo creount ad trestouz sanez
Puis furent de Jueus mis le baptizez e levez
Al val de Josaphat touz vount communablement
Le cors ount mis en tere mout honorablement
Mieuz le ount en cele de pere e de ciment
Donc i plourerent e amis e parent
E donc encensount le cors mout amiablement
Quant fust fet le servise tourne se sount la gent
Lor lesent le cors e amis e parent
Li apostles remistrent ne lesserent nent
De la sus de soun trone nostre sire decent
Des apostles od lui venir consent
Estut enmi eus mont bel les saluat
Quant il les ad saluez lur sire les baisat
E les ad cunfortez sa pais lour donat
Del ciel vint une nue ke touz les enumbrat
Tout se sount elevez trestouz les desevrat
Si cum einz furent chescun par sei posat
E nostre sire ad pris le cors ceo sachez nel i lessat
Li aungele lour resurent a ki il le comaundat
La sus en soun haut trone bonement le portat
L'alme remet al cors mout bel les resemblat
Seingnours ceo est la dame ke tout le mound sauvat

As kalendes de aust fu la dame enteree
Ceo sachez ke cel iour fu meinte alme sauuee
Al val de Iosafaz fu bonement enmurdee
De dames e de parenz meint lerme plouree
Ceo sachez seignours ne fu pas oubliee
Einz fu ben de soun fiz e bonement visitee
Ne remist pas en terre einz fu al cel portee
Leinz se set od les aungeles reine est apelee
Mout est ben seruie e mout est honouree
Meint alme est puis par li de peine deliuree
Ore deprioum deu trestouz communablement
Quant al iour de iuise seroumt touz en present
Al val de Iosaphat al cel fort iugement
La en aueroumt mester le cosin al parent
La ne poroumt valer plege ne serement
Hou serra aprestee li cheitifs turment
La trembleroumt aungle e archaungle ensement
Hou li pleid ert tout finez ne demorras nent
Keil nous prenge en sa part al sel departement
E preste ea rose le seignour nent dolent
En soun trone la suz kest vers orient
Mette nos almes prioum deuoutement

Dame ore vueil ateer parler de ki ad fet la chaunsoun
Ceo ad a noun hermitne ne oubliez moun noun
Ceo vueil dame si vous plest ke entendez ma resoun
Prestre sui ordine e si serue e si houm
Ore ad fet toun comaundement fini ad ma resoun
Oren ad messe ceo vous en pri pardoun
De mesfez ke ai fet quer absolucioun
A touz mes benfetours donez remissioun
Al iour del graunt iuise eient raentissoun
De la destre toun fiz eient beneiscioun
E moun pere e ma mere e ceus ne oblieroun

fol. 176v: art. 61

Quit avoum ensemble tele mansioun
Cil ki le lisent & de cer fount oreisoun
Cil ki cest escrit & touz ceus ki lestriverount
Ki lire nel sevent & lire le frount
Touz seient herbigez la sus en sa meisoun. Amen.
Ci comence le dectinal de enseingnemenz de curteisie

Sil estoit un prodoume houme ki me voulsit entendre
Chevaliers clers & lais ben i purreit aprendre
Honour sens & mesure & tele costume emprendre
Par quei houm se purreit ben garder de mesprendre
Ore escoutez seingnours ke deu vous beneie
Sorrez un romaunz ki est saunz vileinie
Ceo est li dectinauz ki enseingne & chastie
Cesete ki sen garde de orgoil & de folie
Certes bone chose est bon entendement
Bon entendement doune corteis enseingnement
Corteis enseingnement fest vivre sagement
Sage vie doune honour & sauvement
Ceo est bon entendement de deu creire & amer
Des pecches hair ki sount dur & amer
Endeit ben countre peine suffrir & endurer
Pur aver la grant sole ke touz tens poet durer
Ore apres vous veil dire quei est bon entendement
Ceo est si li houmes est ove les bone gent
Quil sache ben garder sa parole & ses sens
Ki il sache conerser touz ses mautalens
Si vous veez un fol fole vie mener
La pur ceo ne devez vostre bon sen muer
Ne pur soun avoir ne le devez resembler
Ne de lui countrefere ne vous devez pener
Mes en vous devez sagement eschiver
Par fole compaingnie fest meint houme grever
Rent trop longement seient enz sauns retorner

T

aa

fol. 177r: arts 61, 62

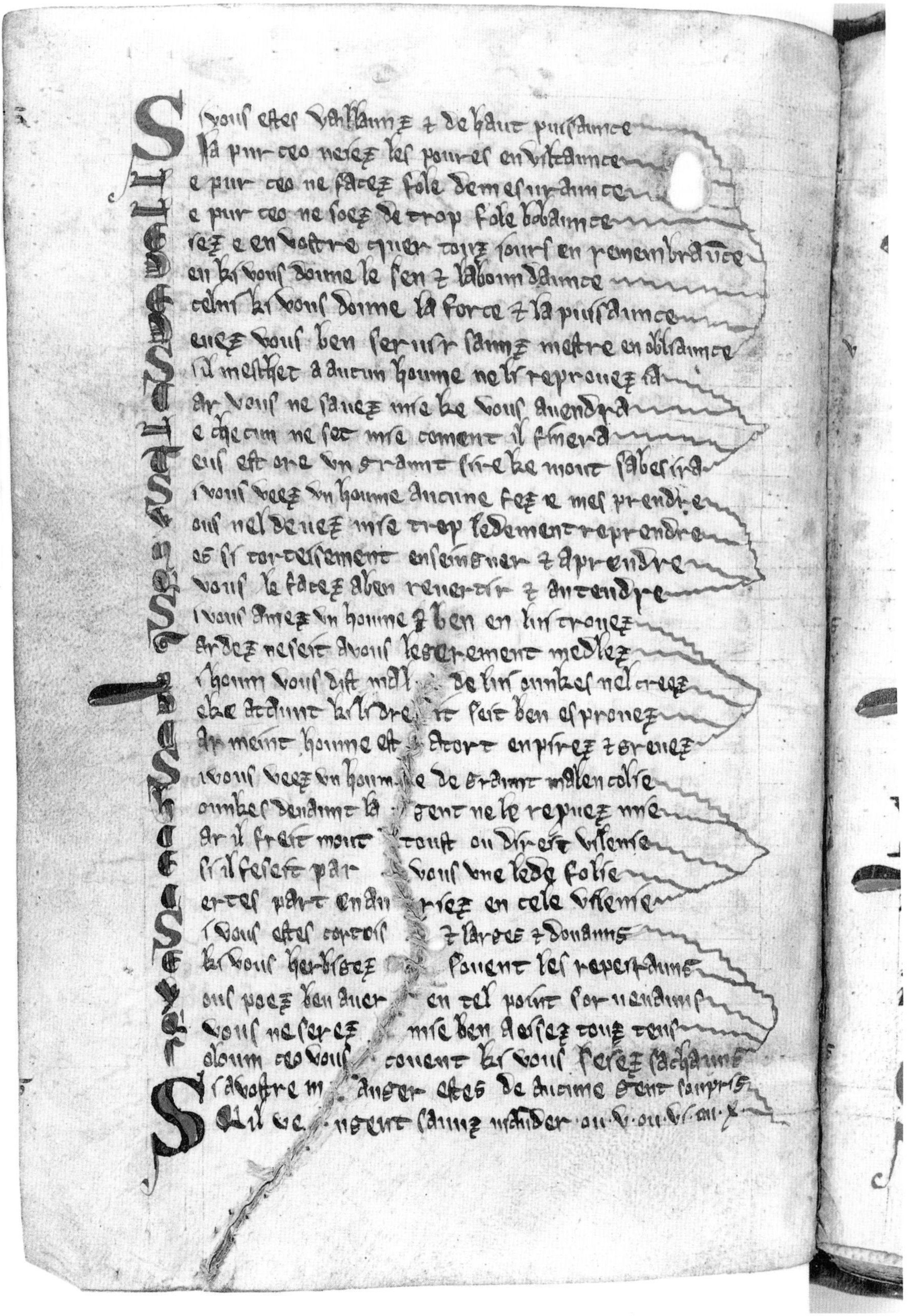
Si vous estes vaillaunz & de haut puissaunce
La pur ceo ne tenez les poures en viltaunce
E pur ceo ne facez fole demesuraunce
E pur ceo ne soiez de trop fole bobaunce
[illegible]rez e en vostre quer touz jours en remembraunce
[illegible] ki vous donne le sen & labowndaunce
Celui ki vous donne la force & la puissaunce
Eiez vous ben servir saunz mettre en oblivaunce
Sil mesthet a aucun houme ne li reprouez ia
Car vous ne savez mie ke vous avendra
E chescun ne set mie coment il finera
Deus est ore un graunt sire e ke mout saber ira
Si vous veez un houme aucune fez e mesprendre
Vous nel devez mie trop ledement reprendre
Mes si cortoisement enseinener & aprendre
Vous le facez a ben revertir & entendre
Si vous amez un houme & ben en lui trouez
Gardez ne seit a vous lesgerement medlez
Si houm vous dist mal [illegible] de lui unkes nel creez
Deske a tant ke li dre[illegible] te seit ben esprouez
Car meint houme est [illegible] a tort enpirez & grevez
Si vous veez un houm[illegible]e de graunt malencolie
Unkes devaunt la [illegible] gent ne le repriez mie
Car il frait mout [illegible] tost ou dire e vileinie
Si il feseit par [illegible] vous une lede folie
Certes vous [illegible] en[illegible]rez en cele vileinie
Si vous estes cortois [illegible] & large & donaunz
Ki vous herbergez [illegible] souent les repentaunz
Vous poez ben aver [illegible] en tel point sorvenaunz
Vous ne serez [illegible] mie ben aisez touz tens
Selonc ceo vous [illegible] covent ki vous serez sachaunz
Si a vostre m[illegible]anger estes de aucune gent suspris
Si il ve[illegible]nent saunz mander ou v. ou vi. ou x.

fol. 177[v]: art. 62

Ne devez semblaunt fere ke soiez esbaiz
Mes fetes bele chere joie solaz e ris
Lur promettez meins quant vous serez demaundez
Si ceo sount bone gent ben vous enpasserez
Lun bons conust lautre ceo est la veritez
E si il sount mauveis ne vous descomfortez
E cum plus averez mis e plus pru averez
Vous ne devez la mesdire pur talent ke vous veine
Mes de deu e de honour tout adés vous soveigne
E si il ad en vous teche ke trop vous mesavieine
Hostez le ens de vous ke hommes ne reteigne
Il ne meintenent folie ke mal nel en veine
Car quant li hommes est pleins de autrun mauvesté dunc
Il de ceo meimes veut trop blamer autrui
Ne est pas ben enpensez trestout certeins en sui
Miez li venist ouster la mauvesté de lui
Si autruns hommes vous fet ben soun bens est enhaucez
E si il ad mauvese teche tout coi vous terserez
Si ceo ne sert du counsail ke vous le chastiez
Puis kar il vous ad ben fet pur quoi le blamerez
Car celui est trop fous vileins outre quidez
Qe veut blamer celui de ki il est aidez
Ne se venge pas ben ki les mauveis blastenge
Car il vous mesfount de rens lor mauvesté vous vere
Si len preise un prodomme la maniere chalenge
Ne devez abesser soun pris ne sa losenge
Vous ne devez mie par mesdire avaunter
Ne pur vous mettre avaunt autrui desavaunter
Ne par mauveise envie nul ben fet des priser
Mes fetes bones overes si vous frount preiser
Si vous mettez le vostre en beaus mangers doner
En beaus hostiels tenir en la gent honurer
Pur deu e pur le secle e pur vous aloser

e Denez mesdpres vos despens pou lglanser
et acens ki soune pris mout bel semblant mostrer
et il dient isi ke mille gent le paiement
la pur ces honours ne bounte vous en rendent
ous ne ullez pas pris mes cil uers vous mesprent
darder le uostre disez meuns vous dyment

e Denez plus en eus despendre ne pemettre
uous a ces dangusse et de muse ne mettre
ore les denez teiser si plus ni ulez mettre
il denez en eaus despendre et mettre
de uous ducumeer se ullent entremettre
eutes mout mesmerueil de une chescue gent
il blament les poumes du consail disement
Eil mesmes sount manueis dpement
aches ben il sount lor grante duesemen
chuimes dutres gent mesmerueil meinte fort
sount fel et meslise et plein de gent uassois
et ne ullent reus asueres ne acoumnois
ertes ceo peise moi ki il ne sount plus cortois
si lor poet peser ki si ben les conois

S i uous estes as armes cordgous et hardie
ardez p males teches ne sorez esbaiz
llorez cortois et sages loraus et ben apris
ke uous ne soiez trop ledement rapris
udez uous estre sire puis un por de puisle
us ki il mes en uous chycune bone teche
roiz est ki uostre pris faille tout et remesse
ain soit hardement ou il me ad gentillesse
etes est ki bones teches soinet beles et pleisante
il est un cheualers il ne soit il ardum e
tornois ne dueres ne resoit combd thing
ur thing ki il soit gentils deboners et frans

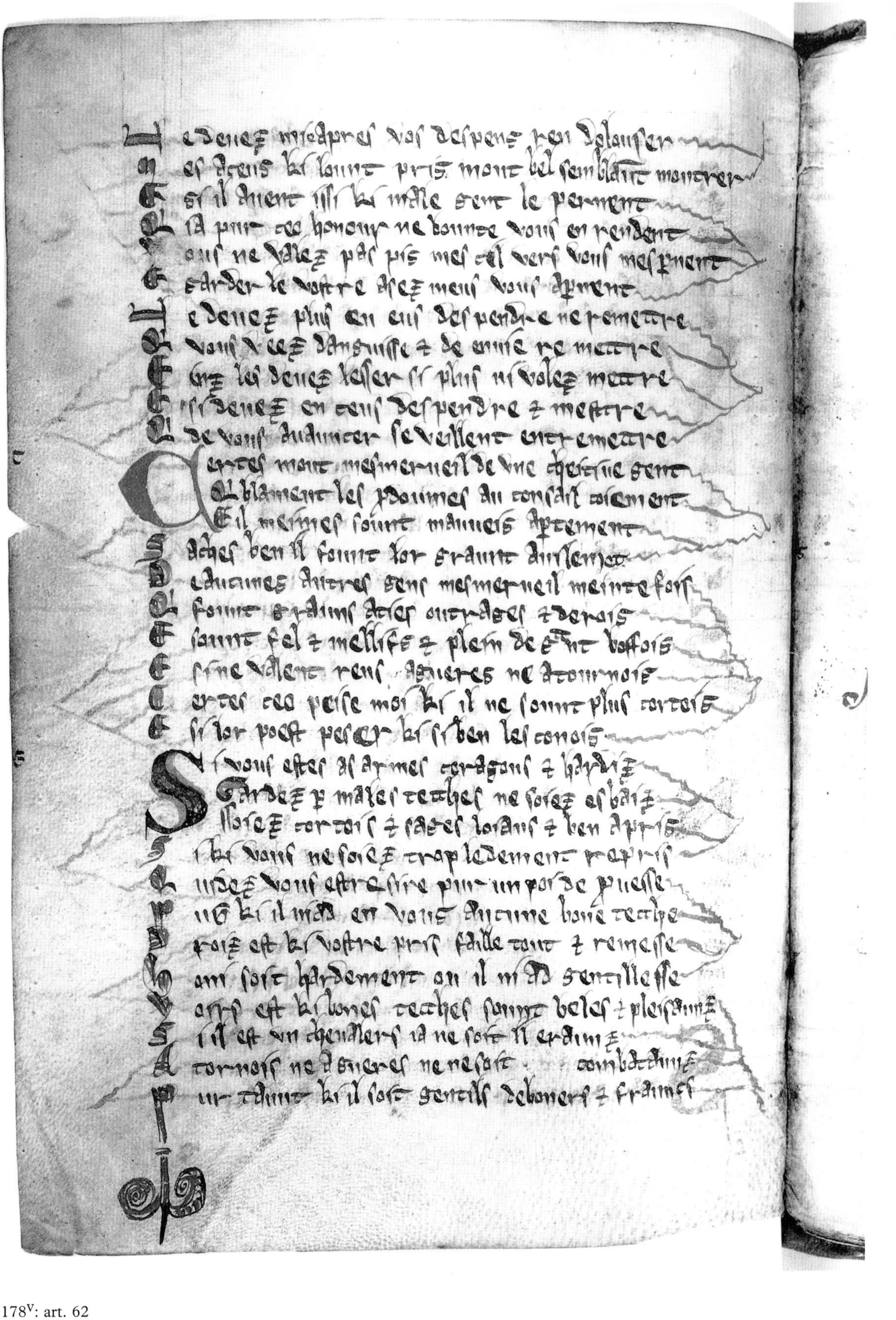

E cortois herbigers al houtel de dinchimz
Bons haumoners as poures & en deu ben creaunz
Pur p[ro]domme est tenu de touz les conisaunz
Puis ke li riches hommes se set ben herbiger
E il set a la court ben ses amis aider
E pleder sagement & baudement juger
E defendre soun dreit quant il en ad mester
Pur p[ro]domme est tenu sauntz aler turneer
E si il est aucuns ke volunters tornie
E sort fel & medlifs plein de pautenerie
Daunserous & noisouns plein de torcenerie
Il sera plus blamez de sa graunt felounie
Qe ne serra loez de sa chevalerie
Ore poez perdre bon los p[ar] vilenie
Si vous avez medle a feble homme ou a fort
Gardez ki par vos sens le metez a soun tort
Kar li hommes ki ad dreit p[ar] vert[ue] le vous record
Pursouns gens len crient & sount a soen acord
Gardez vous ben de nuisre ke souent fet nuisaunce
Li mauveis se desue quant li p[ro]domme savaunce
E a volunters norra parler de sa vaillaunce
Mez le vodra blamer de aucune mesestaunce
Pur taunt ki la sache recorder de sa enfaunce
Celui ki vaillaunz est & ben se set avoir
Si il est de bas parage ne vous estoit chaloir
Vous nel devez mie p[ar] mal rementevoir
Mes solom ceo ke il vaut lui aidez a valoir
Si encountre vous ne moustre p[ar] bobaunt soun poer
Si il hert un riche prince & oncke ceo savoit
De tornois & de geres si mester en avoit
E fust bons viaunders & souent le fesoit
Com seignour & ses hommes & ses veisins amoit
E fet ben as poures & bel les apelloit

fol. 179r: art. 62

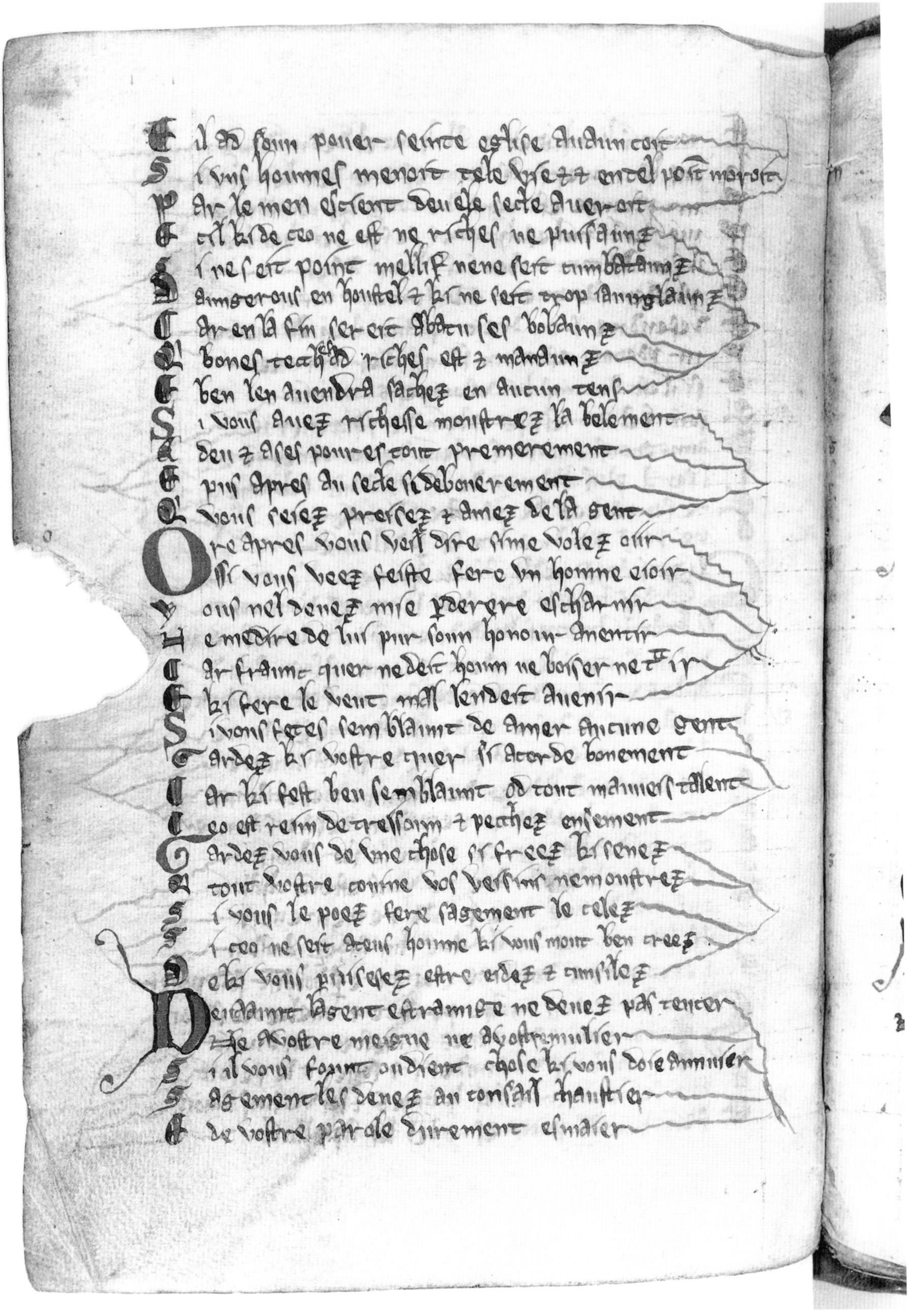
Cil ad soun poer seinte eglise aucun cost
Si uns hommes menoit tele vie e en tel post moroit
Par le men escient deu e le secle auer ert
Cil ki de ceo ne est ne riches ne puissaunz
Si ne sert point mellif ne ne sert tumbeaunz
Amez vous en hostel e ki ne sert trop saunglaunz
Car en la fin serreit abatu ses bobaunz
Qi bones teches ad riches est e manaunz
E ben len auendra sachez en aucun tens
Si vous auez richesse monstrez la belement
Deu e ses poueres tout premerement
E puis apres au secle si debonerement
Qe vous serez preisez e amez de la gent
Ore apres vous veil dire si me volez oir
Si vous veez feste fere un homme e oir
Vous nel devez mie par envie eschernir
Ne medire de lui pur soun honour amenuir
Car fraunc quer ne deit homme ne beiser ne . . .
Ki fere le veut mal len deit avenir
Si vous fetes semblaunt de amer chescune gent
Gardez ki vostre quer si acorde bonement
Car ki fet ben semblaunt od tout malueis tallent
Ceo est reim de tressoun e pechez ensement
Gardez vous de une chose si freez ki sene
A tout vostre comune vos bessoinz ne monstrez
Si vous le poez fere sagement le celez
Si ceo ne sert a tens homme ki vous mout ben creez
De ki vous puissez estre aidez e conseillez
Deuaunt la gent estraunge ne devez pas tencer
Ne vostre meigne ne a vostre moiller
Si il vous fount au dierc chose ki vous doie ennuier
Sagement les devez au consail chastier
E de vostre parole durement esmaier

fol. 179ᵛ: art. 62

il vous dment ou plent ceo les frad adrecer
N apelez de bataille nului legerement
E si ne respouneez droint trop folement
C ar tens donne coun ouse les apres se repent
il est vileine pas blamez est de la gent
E est plus homme sil est ventuz sulement
re sort pose les li uns here lautre uentu
les il here soun nes ou soun destre oil pan
u sun des braz brusez ou le chef purfendu
S il ad pris achate lem li ad cher vendu
i vous estes en guerre ou en tournoi armez
E vous estez priesce les poindre uaillez
O u vous requerez tort ou vous droit defendez
vous veez les fers des launces abessez
A iez bien auisez schidez les ne fuez
en tel va fuiaunt ben ueil les le cachez
i pris est ensurtaunt si en est plus blamez
tel va enbataille et lessre les meschef
len part seinouement et plus en est proisez
soun ben apres les si en est enchaunces
A ce chascuns les doit purles fere lestenu
uf si auenge ceo ke uentu en poeit
O nt est li quiers uaillaunt les dedrece nese moeit
athinee et coueitise les plusours trop enmoeit
i vous estes atointe de roi ou de pncer
S aunt les vous sorez ben soun prine tumister
O u soun mestre baillie ou soun haut iustiser
oiez pdoumnes et sages loiaus et dreituner
G ardez les vous ne sorez ne fans ne la sensoer
e de fause coustume fleurer coust umer
maunerse la leue ne chet pas volunters
il les le peine droint autrui deseriter
E de maunuers usage fausement lener

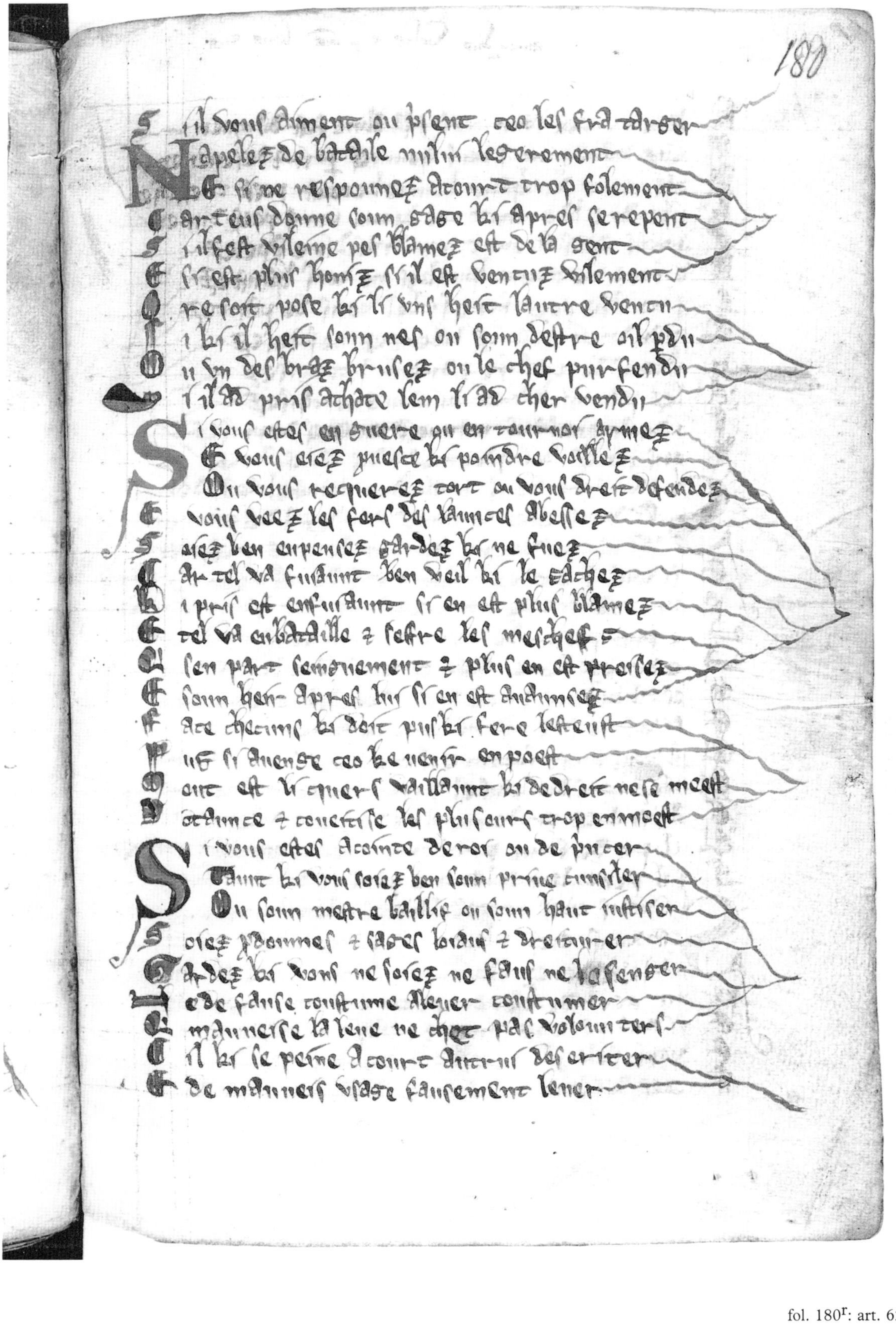

Amen dico vobis sup(er) om(n)ia bona sua

Blamer en fest soun cors & sa alme fest dampner
Meuz vaudreit a touz hommes perir & desenerer
Cela court vn haute homme ke tout poet trespasser
Si perdre la grant ioie ke touz iours poet durer
Si vous estes a court pur dreit dire apelez
De fere iugement homblez ne vous hastez
Si vous le poez fere si bel vous departez
Qe par dreit ne soiez ledengez ne fausez
Si vous deuez dire & dreit i conoissez
Alez par mi le dreit ke ia ni guenchisez
Si de aucun faus mauues en estes deprisez
Vous serez del prodommes & del sages amez
Si vn sire vous baille soun chastel a garder
Sir vous estes dedeinz gardez i del entrer
Si saunz vostre honour le poez refuser
E si vous i entrez nest rens de estrer
Pur manace de prince taunt seit haut riche ber
Ne pur poour de mort ne pur vous esfamer
Ne deuez fere chose ke vous face blamer
Mes cil ke vous i mest vous i deit deliuerer
E si vostre sire nad ne force ne poer
Qil vous puise socoure fere vous deit sauuer
Qissez hors du chastel pur sa reisoun auer
Car si il est prodomme il ne deit pas voler
Qil perde soun prodomme oueke soun fort manier
Sil pert lun & lautre e plus se deuera doler
Si vous estes cortois larges & ben apris
Et vous eiez plente de parens & de amis
Ne les deuez elloingnir si cum il me est auis
Pur gent de estraunge tere & destraunge pais
E si vos parenz sount & faillis & remez
E vous felouns vessins & enuious auez
Fetes des bons estraungers amis si vous poez

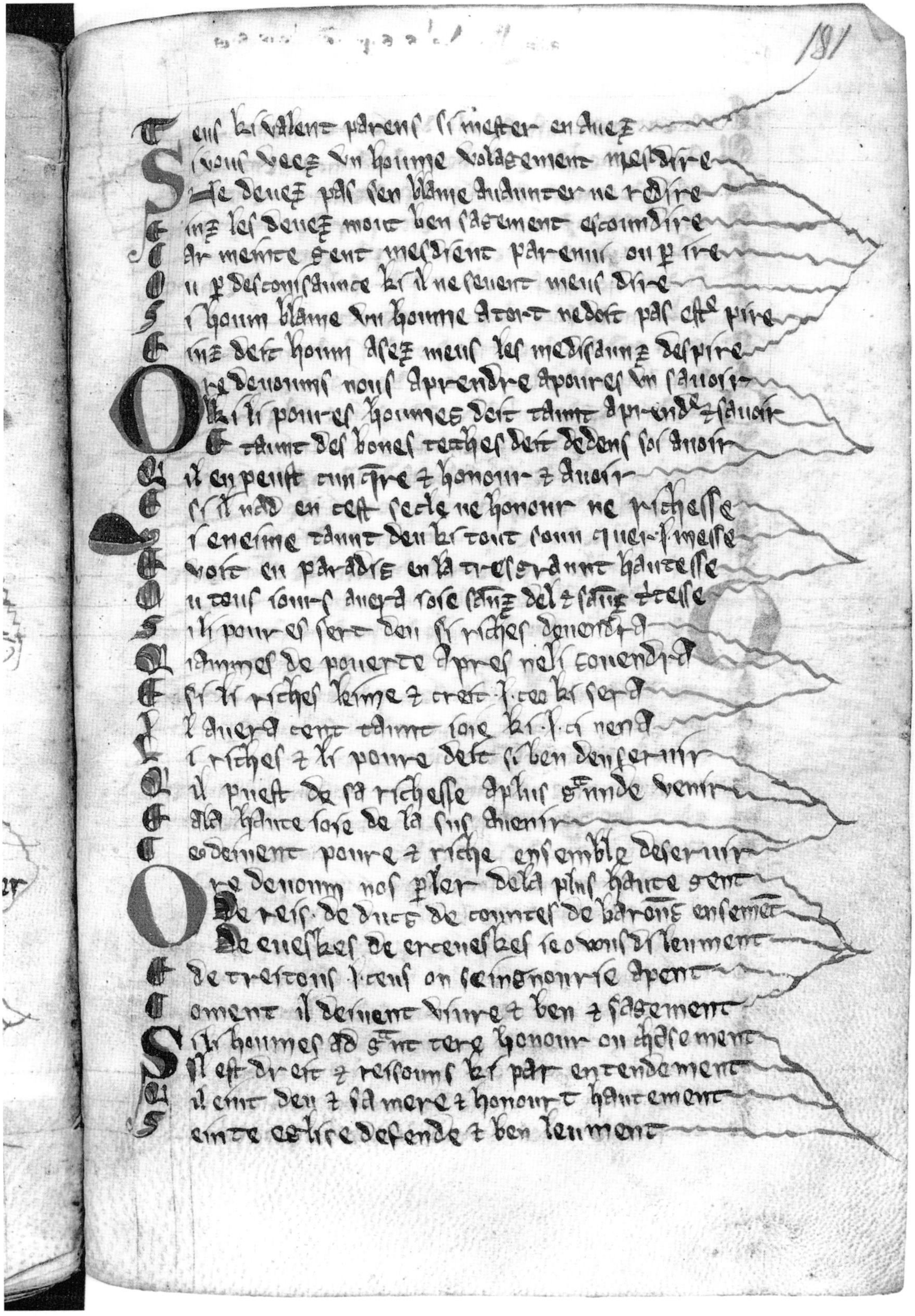

181

Teus ki valent parens si mettez en avez
Si vous veez un houme volagement mesdire
Ne devez pas son blame avaunter ne redire
Einz les devez mout ben sagement escondire
Car meinte gent mesdient par envie ou par ire
Ou par desconissaunce ki il ne sevent meus dire
Si houm blame un houme a tort ne deit pas estre pire
Einz deit houm asez meus les medisaunz despire
Ore devoums nous aprendre a poures un savoir
Ki li poveres houmes deit taunt aprendre e savoir
E taunt des bones teches deit dedens soi avoir
Qil en peust cunquere honour e avoir
Esi il neid en cest secle ne honour ne richesse
Si crieme taunt deu ki tout soun quer i messe
Avoit en paradis en la tresgraunt hautesse
Ou touz jours avera joie saunz del e saunz tristesse
Si li poures sert deu si riches devendra
Ja mes de pouerte apres neli convendra
Esi li riches leime e creit a ceo ki serra
Il avera cent taunt joie ki ja ne vendra
Li riches e li poure deit si ben deu servir
Qil puissent de sa richesse a plus graunde venir
A la haute joie de la sus avenir
Ledement poure e riche ensemble deservir
Ore devoum nos parler de la plus haute gent
De reis de ducs de countes de barons ensement
De evesques de erceuesques ke ço vus di leument
E de trestouz ceus ou seignourie apent
Coment il devient vivre e ben e sagement
Si li houmes ad graunt tere honour ou chasement
Il est dreit e resouns ki par entendement
Il eint deu e sa mere e honour e hautement
Seinte eglise defende e ben leument

fol. 181r: art. 62

Esi entende iustise issi dreiturelment
Qamour ne haine ni heit deceiuaunment
Li fause coveitise ni puisse veintre nent
Mes face touz iours dreit pur deu omnipotent
Si ki ni esgart ne ami ne parent
Esi nul hommes messet par fol entendement
Cil ki ne le face deuiuaunment
Mercy en deit aver seo vous di lealment
E deu le verra de lur amour de iugement
Vous ki poez doner les bens de seinte eglise
Vous les devez doner en maniere e en iuise
Qdeus en set ferm seo vous di saunz feintise
Esi vous les vendez par male coveitise
Ousi vous le donez par coverte devise
Vous cher le cumperet au iour de grant iuise
Oez le doctrinal clers e lais bonement
Quant il covent li riche despendre soun argent
Il le deit si ben fere e si averaument
Qnen deie tenir nul vilein parlement
Apres soun grant despens deit si ben espuier
Esi bel arreier e si ben purchacer
Ki neis homme nel puisse par reisoun blastenger
Le deit ses poures hommes rober ne taillier
Apres soun grant despens se deit ben purveir
En quel point pura soun afere seir
Qil ne entreprenge ki il ne puisse chevir
Qnuls hommes nel puisse par reisoun escharnir
Esi il avient chose ki il se veille eslargir
Pur un poi mettre avaunt se deit ben purveir
Car poi de chose fet souent un despens enbelir
Dount li empirer fet grant blame venir
Esi ne poeit oum mie dureement enrichir
Ben poet li riches hommes bele robe porter

fol. 181^{v}: art. 62

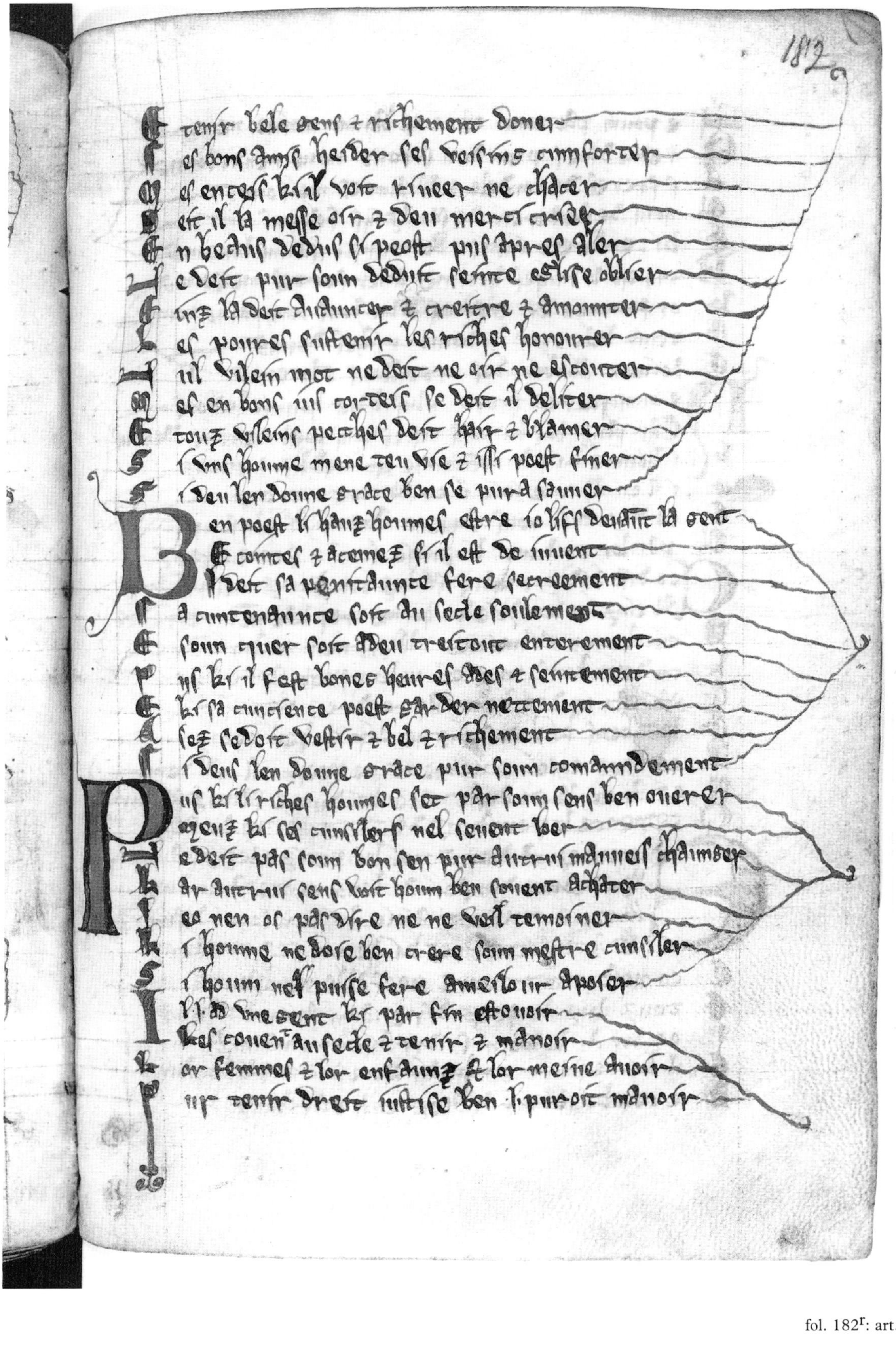

182

E tenir bele gent & richement doner
Les bons amis herder ses veisins cunforter
Mes entent ke il voit riveer ne chacer
[illegible]eit il la messe oir & deu mercier
En bedins dedus si poet puis apres aler
Le deit pur soun dedut service eglise oblier
Einz la deit ahaunter & creire & amainter
Les poures sustenir les riches honurer
Nul vilein mot ne deit ne oir ne escoter
Mes en bons ius corteis se deit il deliter
Touz vileins pecches deit hair & blamer
Si cum homme mene sa vie & issi poet finer
Si deu ly doune grace ben se purra sauver
Ben poet li hauz hommes estre iolifs devaunt la gent
E contes & barunez si il est de iuvent
Il deit sa penitaunce fere secreement
La cuntenaunce soit du secle soulement
Soun quer soit a deu tretout enterement
Puis ke il fest bones heures ades & souentement
Ke sa cunscience poet garder nettement
Sez se doit vestir & bel & richement
Si deus len doune grace pur soun comaundement
Puis ke li riches hommes set par soun sens ben overer
Meuz ke ses cunseilers nel seuent ver
Ne deit pas soun ben sen pur autrui maniers chaunger
Par autrui sens veit homm ben souent achater
Les nen os pas dire ne ne voil temoigner
Si homme ne dore ben crere soun mestre cunsiler
Si homm nel puisse fere a meillour apeser
Ki si ad une gent ke par fin est a veir
Kes couent au secle & tenir & menoir
Or femmes & lor enfaunz & lor meine avoir
Nul tenir drett iustise ben li purroit manoir

fol. 182r: art. 62

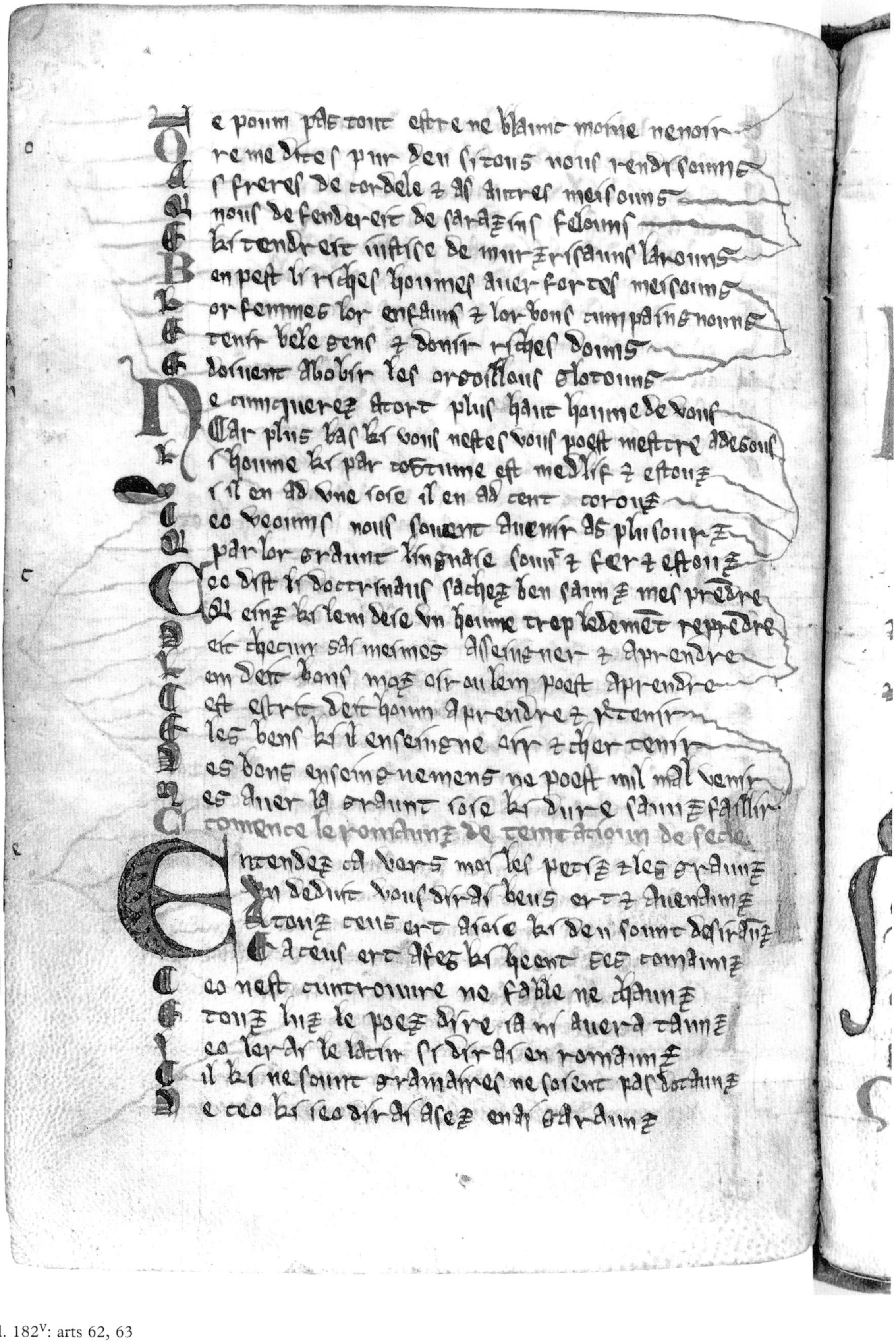

Ne poum pas tout estre ne blamer moine ne noir-
Ore me dites pur deu si vous vous rendrez moine
As freres de cordele e as autres maisouns
Qui nous defenderount de sarazins felouns
E qui tendrount iustice de murdrisours larouns
Ben poet li riches hommes aver fortes maisouns
Lor femmes lor enfaunz e lor bons compaingnouns
E tenir bele gent e donir riches douns
E doner a bobir les orgoillous glotouns
Ne aquiquerez a tort plus haut homme de vous
Car plus bas qi vous nestes vous poet mettre adesouz
Li homme qi par costume est medlif e estouz
Si il en ad une sore il en ad cent corouz
Ceo veioms nous souvent avenir as plusours
Par lor graunt language sount e fer e estouz
Ceo dist li doctrinaus sachez ben saunz mesprendre
Mult eynz qi l'em dei un homme trop ledement reprendre
Deit checun soi meimes asseignier e aprendre
Hom deit bons mots oir ou l'em poet aprendre
Cest escrit deit homme aprendre e retenir
Les bens qi il enseigne avoir e cher tenir
Des bons enseignemens ne poet nul mal venir
Nes aver la graunt sore qi dure saunz faillir
Ci comence le romaunz de temtacioun de secle
Entendez cest vers mes les peres e les ordinz
En dedut vous dirrai beus ert e avenaunz
E touz ceus ert grace qi deu sount desirauntz
E a ceus ert asez qi heent cest romaunz
Ceo nest controuure ne fable ne chaunz
E touz luz le poez dire la ni avera tauntz
Ceo lerai le latin si dirrai en romaunz
Cil qi ne sount gramariens ne sevent pas latinz
De ceo qi ieo dirrai asez entendraunz

fol. 182v: arts 62, 63

Les meus de seinte eglise & les plus vaillaunz
Li secles est mout veus & si est tres passaunz
Prelles & mauniers tout sen vest declinaunz
Ore ne set lem ke crere taunt est fel & nusaunz
Cum homme le tent plus touz tens est gadiuaunz
Li amour de cest mounde voi plusours decevaunz
Mes ci amer la covient ki deu en est perdaunz
Marir en ad ven malement ne sai quidaunz
Qui deu pert pur cest secle mout est mounscaunz
Li deables ad en cest mounde en plusours lius serjaunz
Qe estruent vers deu & vers touz ses comaunz
De servir le deable sount touz jours desiraunz
Quel prou en ad li veus sil poet vivre cent aunz
Quil vivoit mil ne li vaudroit vus gaunz
Pur nent aiment cest secle la ne lor ert garaunz
La mort enmeine touz & peres & enfaunz
Ja nen ad nuls taunt fors enveisez ne vaillaunz
Ne taunt seit de saun cors orgoilous ne hodaunz
Ne seit taunt bel vestuz de palles trainaunz
Qe la vodereit morz ne li muet ses talaunz
De tout le plus ke il ad fest est dolenz & pensaunz
Quel ben li semble par le mal li semble graunz
Oui serie en cest secle pur fol tenk jeo celui
S par mei memes le sai ne mie par autrui
Folement le menei & taunt cum jeo i fui
Car oumkes ne fi ren de quaunt ke fere dui
Trop i ai demorer a tart men apercui
A celui me sui pris ke est verai refui
Amers est li gains par quei homme part de lui
Dirai jeo plus ke del tout ses hommes servi
Deable renoiai quant baptesme recui
Mout est cest secle mauveis ki ses amis sodit
Qe tant il le quident tenir & il touz tens sen fuit

fol. 183r: art. 63

Toutz tens veit decheaunt cum glace ke molit
Remest al solail ne poet fere autre fuit
Si veit remeindaunt soun orgoil & soun bruit
Ke sa amour i met si est mort & destruit
Puis sen vait en enfern ou sa maner a deduit
Ore oiez de cest secle cumment il ses amis
Toutz ceus qe en li se fient confound & mors & vifs
En enfern met les almes & les cors fet chetifs
La char quant ele moert fet manger as lumbris
Herberge en enfern lur tens jeo mal asis
Mout avera dur houstel certes ki leins est mis
Puis vivera en tour saunz cumfort des amis
Ceo est mout mal amour quant si est homme baillis
Li diable est taunt fel taunt culvert taunt maudis
Plus fet soun plesir a lui fet il pis
Qi dedeins enfern meint mout poet estre pensifs
Car il est eschaufez & dolens & chetifs
Mout ad mal travaille ki diables ad servis
Car de sa coupe beivre nest il pas poestifs
Deu ne reclamera ia nen yert taunt hardis
Cil fust pur nent nez amor est il amis
Cil ad vesquit tant dunz mal les ad acumplis
Maniere est de cest secles si toust que furst & vet
Mout avera perde pur cest ben fol chaunge il fet
Mal damnedeu ouer prist & as deables tret
Certeinement se repent la ou il plus esterst
Tout li perse en cel quant ki il si fet
Nad nul taunt dur nefer quant il vent au dur fet
La ou doit morir ki il poour ni en eit
Quant gisount en la tere mout vilement homm les tret
Dount voderent volunters si il eusent ben fet
Cil nen ad ben vesch quant il ad ki il ses met
Cil ki deu pert en fin & ad deables vet

fol. 183v: art. 63

Car me dites coment il poet aver bon here
Par ces poez saver ke cest secle confount
Car li homme noint fei ne terre mes respount
Malement se cuntenent li prinses ke i sount
Ne fount dreite justise einȝ bessent tout afrount
Nus nen fest clame de mal ke soun quer nen heit hount
Qil redeime par Deu li cel li tort ȝ eroumt
Cuis irrount en enfern ne charount du pount
E passerount les ewes saunȝ chalaunt ou nul nount
El puiȝ denfern nad porte mes une fosse rount
Tout est noire ke la einȝ est cum peiȝ ke loum fount
Cil ke dedenȝ cherra mar conoist i cest mount
Nul homme ne vous set dire cum bas les founs sount
Nus ne set la verite for ceus ki preue lount
Qest metal chaier mout le treve parfount
Quant il vodra issir ne savera par ount
Issi esplestent ceus ke as deables vount
Mont hommes ad trais cest secles mescreaunȝ
De mal homme nasquit akar il est plesaunȝ
E ke del tout entent i parfest ses talaunȝ
De mountes tens est leȝ de quer il est puis dolaunȝ
Deables le li fest fere ke li ert mal gardaunȝ
Lalme de veste quant mert devant fest ses ?uns
E quant la tent as mains ȝ ele fors des dens
Desk il la ad en enfern leȝ est ȝ resaunȝ
Qoumbes meuȝ le sert cil ad peines plus granȝ
En enfern est dampnez teo est li iugemenȝ
Cil ke Deus guerpist saunȝ fin est en turmenȝ
Cil ad fest fol chaunge il ad mal chasemenȝ
Chescun homme quant moert dount apert ses senȝ
Soun ke le fet ent loer ou blamer toute genȝ
Mar vivent i cest secle pecheour ke i sount
Dammedeu en oublient amour grant tort le fount

Il vint pur nous en tere e pur sauuer icest mount
Vne graunt couine apreste ou il touz nous semount
Touz nous apele a soi mes mout poi len respount
Graunt onour lour pramet a ceus ki la irrount
Ases plus lour dorra ki penser ne sauerount
La peris ne lor faudra de quant ki il voderount
Toutes lor volountez pleinerement auerount
Car deu si cum il est touz tens saunz fin verrount
Karent aseur ki iammes ne morrount
Peines trauailis dolours ia plus ne sofferount
Mout ad la douz pais les sount ki la irrount
Cil erent dolent ki en enfern charrount
Has purrount il estre mal hostel trouerount
Deu ount il tout perdu dounke se aparceuerount
Mout est graunt lour perte ne la recouerount
Ien serra en graunz pur quant ke ad en cest mount
Taunt sount desesperez · ceo les par confount
Car il seruent le tresben ia merci nen auerount
Almoines ne benfet ne lor profiterount
Messes ne oreisouns ia certes nes garrount
Ne fest amerueiller si il corouce sount
Dure e est lour encheisoun mout graunt marthire auerount
Ore purrount il plourer si vous dirai ben dount
Damnedeu ne auerount ne al cel nel verrount
Quant damnedeu vodra au iugement serrount
Quant les cors e les almes ensemble reuendrount
Dount creistera lor dolour lor peines doublerount
La maleiçoun deu illeke la trouerount
Puis irrount en enfern ou il touz tens maindrount
En al fu permanable ou il saunz fin arderount
Malement lor irra quant morir ne purrount
La erent en dolour dount il ia nen iserount
Maudirent coueitise e lamour de cest mount

fol. 184v: art. 63

Quant deu pur lur guerpisent tel louer averount
Mal est pur cest louer ke nen amendrount
Mout le dement chier car sa lez nen ferount
Quant touz tens en enfern saunz fin mes penerount
Ne il de nul parent socours attenderount
E pur poure conqueste dammedeu si perderount
Dount ne vous est il avis qu'il ensi ne sount
De cest secte est la amour felounesse e cuverte
Il nount poour de deu nent plus ke une beste
Deables lour est pres touz tens lour amoneste
Il est fel e cuverz si est toute sa geste
Pur lui deu guerpist mout chet en grant tempeste
Pur quant ke il pur ad el mounde ne restoreit la perte
Le sent quant ele est graunt des que il est soffrete
Il irra en tel liu ki mout ert deshoneste
En enfern ki la tent dount lentre est overte
Ou il avera saunz fin e dolour e soffrete
Ne la vert un houre saunz peine ne saunz moleste
Qest entre diables il avera tempeste
Touz tens ert saunz repos saunz solez saunz feste
De celui nous garde deus ki glorious celeste
Il nous otreit sa amour de charite nous veste
Quant lalme ist del cors ke ele aillurs reverte
Il nous doint si overir ke ele ne seit aperte
En bone fin soit prise merci deu celeste
Ore oiez ieo ben ki cest sectes est manieres
Del premer douz e suef e a la fin puisneres
Qne ren sai ieo ben si ne le celerai mes
En enfern ad lem guere e en paradis pes
Ceste secte est mout feloun e cuverz e punees
Sez pur ad de teus ki ount taunt pesaunt fes
Si il sount pris ad tout sa deu ne verount mes
Si deus par sa merci ki prous est e verais

Par la sone bounte ne lour fest reles

Ore est un cheitifs secles malmeis & dolerous

Et donc ceus ker deu eiment est taunt q[ue]rrous

Ou lem ne set ker crere taunt i ad borseours

Car la vous dist il ou il parole avons

el parole mout bel fel est & enormous

es reaus richesses touz les bes coveitous

hecuns est de mal fere hardi & desirous

uls ne poet taunt querer beson tors soit sanoz

e Dammedeu servir sount lent & perecous

enormous a mal fere & fel & vigerous

ker set plus mal fere . cil est ore prous

ker savera mentir & estre losengours

il sera honourez & servis par ses tours

l avera les profiz & les riches atours

euis est mis en obli par moundeines honours

en ne fount ne ne dient les quers ount venimous

l enseignent ceus ker sount fel & orgoillous

ur ceo ker hounte cites chasteus paleis & tours

e hount pour de morir pensent vivre touz jours

eo quident purvenir tout si rount a dillours

cest secle perderount & puis deus a estrous

uant il averount plus ne lor est guers prous

ne ren sai seo ben si le puis dire atous

ount apreche li jours tout errent soffreitous

e ereitous les bens deu & mis & famillous

ammedeu perderount & lui & ses socours

le counsail deu pert aver poet graunt pours

a ne irra cele part ker il toune aucre si dous

estoyt pas demaunder si il est angussous

diables enmeinent quant ne lour est rescous

ar veez de cest secle cum il est perillous

re se entrecheent ceus qu devist aver amours

fol. 185v: art. 63

Houme ne creit sa muiller ne muiller soun espous
A dolour est tornez & tout vet a rebous
Il en .i. a des bons ne mie des tous
Deus set ben ki il sount il conust les meillours
De une ren me smerueil de touz nos auncessours
Qe touz sen sount alez nul ne repeire a nous
Ore pensoum de ben fere car ceus atendent nous
Ja ne reuendra nuls ne soiez corceous
Qe tout vous direit ki ne fust oblious
Le ser est acourte en un iour ne en deus
Pessouns .i. ceo estre si pensoums de nous
Damnedeu nous consent ki taunt est merueillous
Car il nous achata de sa char precious
Remembre vous de enfern ki mout est tenebrous
Mauveis houstel i a orible & hidous
Cil ki dedenz charra asez ert vergoundous
Qe Deu ne veut conustre il sera corecous
Il ne mourra iammes ne pur moi ne pur vous
Cil ki merir ne quide nest verais cresteens
Ke creit vie apres mort nert plus ki uns paens
Asez li venist meus ki il fust beste ou chiens
Ou il fust beste ou crapout si jeust en un chemins
Le a pour de enfern ki mout li est prochains
Le aler li semble douls car li chemins est pleins
De touz maus est emplie & de bens est veins
Le diable le tret ki la pris a ses mains
Homme ki ne croit en Deu a mauveis meins
Le poeit garir mie si Deu ne le fet seins
Deus engart touz cresteens ki fourma a ses mains
Ki en out tel pite ki pur nous deuint pains
De tel vivent les aumes ses amis certeins
Estraunges ert ceus ki trechilent vileins
Qe tenent en despit & moines & nonains

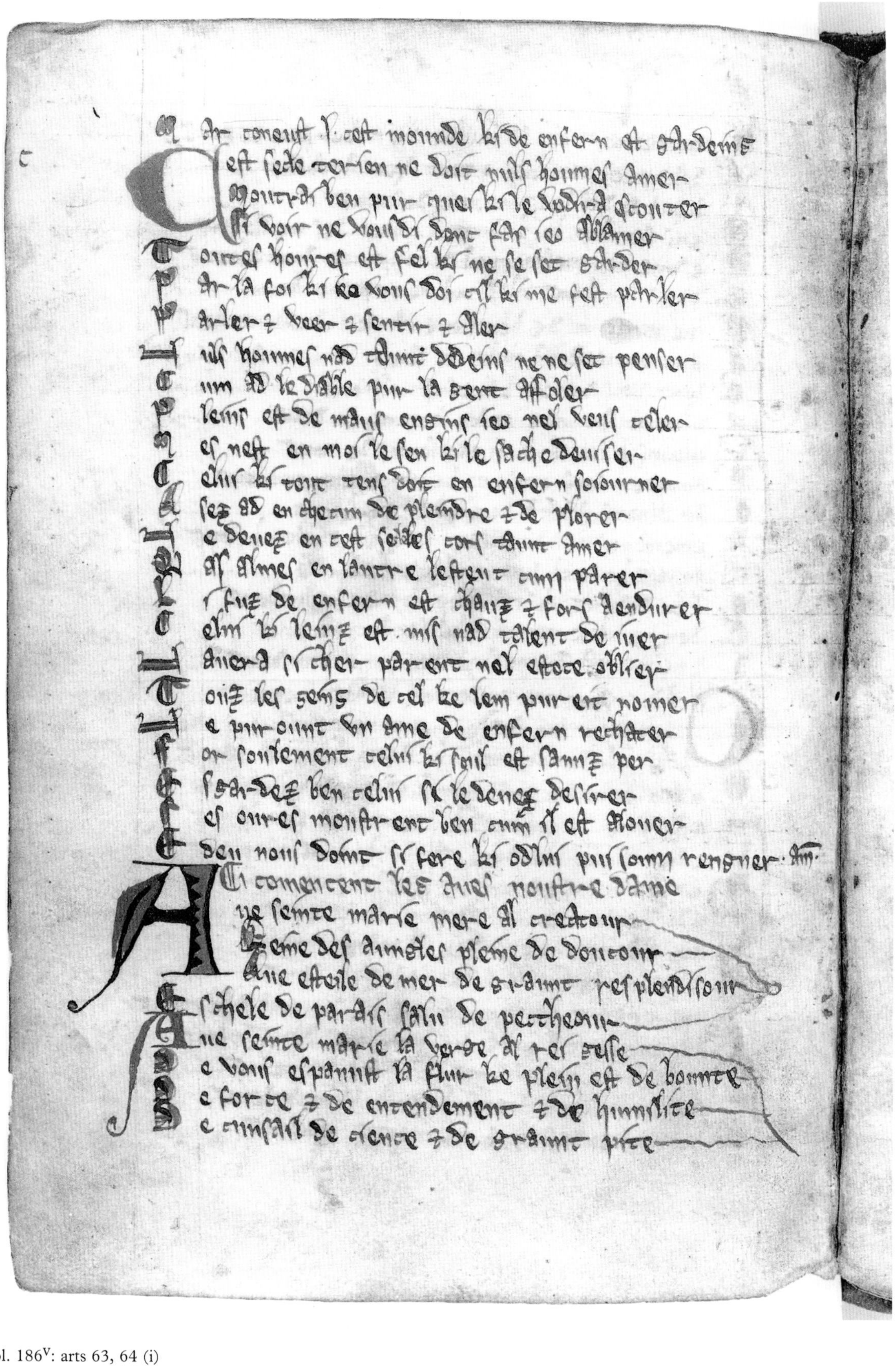

Mar conust icest mounde ki de enfern est garderne
Cest secle terrien ne doit nuls hommes amer-
Mount a ben pur quei ki le vodra escouter
Cest voir ne vous di dont fet les a blamer
Toutes hommes est fel ki ne se set garder
Par la foi ki ieo vous doi cil ki me fet parler
Parler & veer & sentir & aler
Nuls hommes nad talent dedeins ne ne set penser
Cum ad le diable pur la gent affoler
Pleins est de maus engins ieo nel vous celer
Mes nest en moi le sen ki le sache deuiser
Celui ki tout tens doit en enfern soiourner
Asez ad en chemin de pleindre & de plorer
Le deneez en cest secles tost a amer
Les almes en lautre lestent cum parer
Li fuz de enfern est chauz & fors a endurer
Celui ki leinz est nul nad talent de iuer
Lauera si cher par ent nel estoet oblier
Touz les gens de cel ke lem pur ert nomer
Le pur ount un ame de enfern rechater
For soulement celui ki soul est saunz per
Esgardez ben celui si le deneez desirer
Les oures monstrent ben cum il est dener
Deu nous doint si fere ki od lui puissoum regner. Amen.
Ci comencent les aues nostre dame
Aue seinte marie mere al creatour
Reine des aungeles pleine de doucour
Aue esteile de mer de graunt resplendissour
Eschele de paradis salu de pecheour
Aue seinte marie la verge al rei Iesse
De vous espanist la flur ke plein est de bounte
De force & de entendement & de humilite
De counsail de cience & de graunt pite

fol. 186^{v}: arts 63, 64 (i)

Ede la pour deu par quei le diable est mate
Glorieuse reine heez de moi pite
Aue la tour al rei dauid aue seinte marie
De vous vint cel pere par ki morust golie
La parente adam de mort remint enuie
Heez merci de moi ki estes la sue amie
Aue seinte maria al temple salamon
A vous tramist li aungle ke gabriel ad noun
En vous descendi doucement par grant dilectioun
Pur sauuer soun peple del enemi feloun
Aue seinte marie la mere al rei ihesu
Comencement de ioie e veie de salu
Defendez moi ma dame ki ieo ne seie perdu
Aquitez moi de enfern ke dampne est confoundu
Aue seinte marie porte de parais
Sauuastes adam quant de ioie fu hors mis
Par la seinte humilite ki deu out en vous pris
La dolour del siecle tournastes en ris
Aue seinte marie ke adam feites si le
E toute la gent ke le diable out mate
Or cum il furent par vous de la dolour lete
Heez merci de moi par vostre grant pite
Aue seinte marie glorieuse mere
Reine presciouse ke portastes toun pere
Heez merci de moi cheitif peschere
Defendez moun cors e ma alme de moun aduersere
Aue seinte marie dame glorieuse
Aue reine de cel dame presciouse
Aue la mere ihesu crist e ke de deu espouse
Amendez ma douce dame ma vie dolerouse
Aue seinte marie pleine de valour
Heez merci de moi de toutes dames la flour
Ke ieo par ma folie ne venge en dolour

fol. 187r: art. 64 (i)

Ann ma peine sauntz fin & plour & tristour
Aue seinte Marie reine secourable
De tout le mounde la flur des aungles admirable
Si cum la doucour de vous est madame avenable
Requerez toun cher fiz ke amor sait mercyable
Aue seinte Marie ke portastes la clarte
Ke nul ne poet garder ke est de mere ne
Ennz ke le cors & le alme seient senere
Epar purgatorie espurge de peche
Aue seinte Marie ke portastes la flur
De la quele resut clarte li bel iour
Le solail & la lune lour resplendisour
Eiez merci de moi par vostre graunt doucour
Aue seinte Marie resplendisaunte rose
De tout le mounde la flur de virginite enclose
Aue la seinte humilite ki en vous se repose
En cel ne en terre nad si douce chose
Aue. seinte Marie chief de humilite
Donez moi madame force & bounte
Abstinence per amour & charite
E par vostre grace la seinte clarte
Par quei ieo puisse en sede[de]uer pur moun peche
Aue la reine Iesu Crist aue seinte Marie
Aiez merci de moi cheitif ke merci crie
Tant cum ieo suy el secle en cheitive vie
Mercez vostre force ki sens ne me oblie
Ki ieo puisse deseruir la sue seinte aie
La ioie del ciel ensement deu la nous otrie
Aue seinte Marie solail resplendisaunt
Mere nostre saveour Iesu le tout puissaunt
Ceus ki sunt en dolour mettez en ioie graunt
En enfer en flaumbe li orgoillous criaunt
Aue seinte Marie gloriouse reine

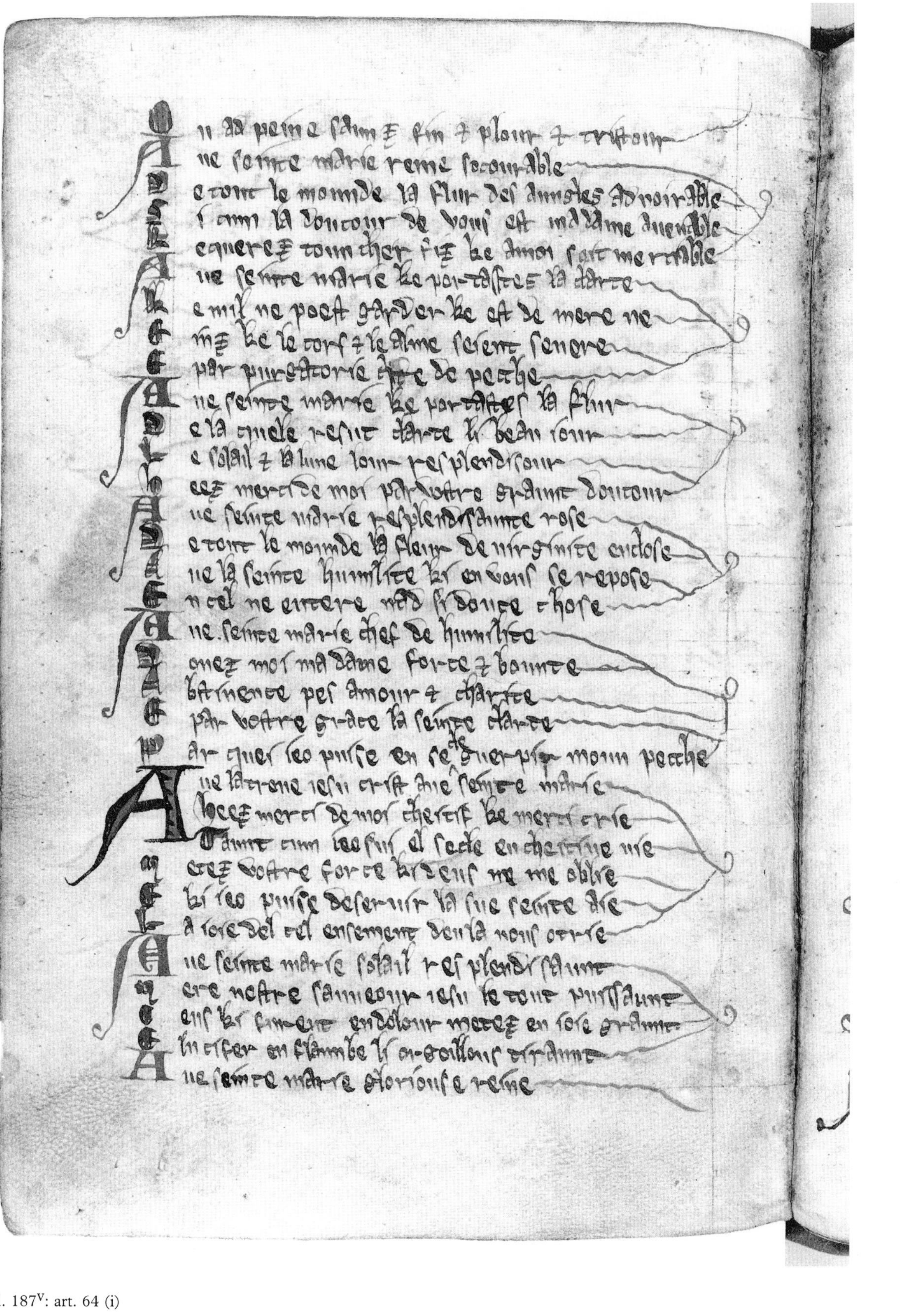

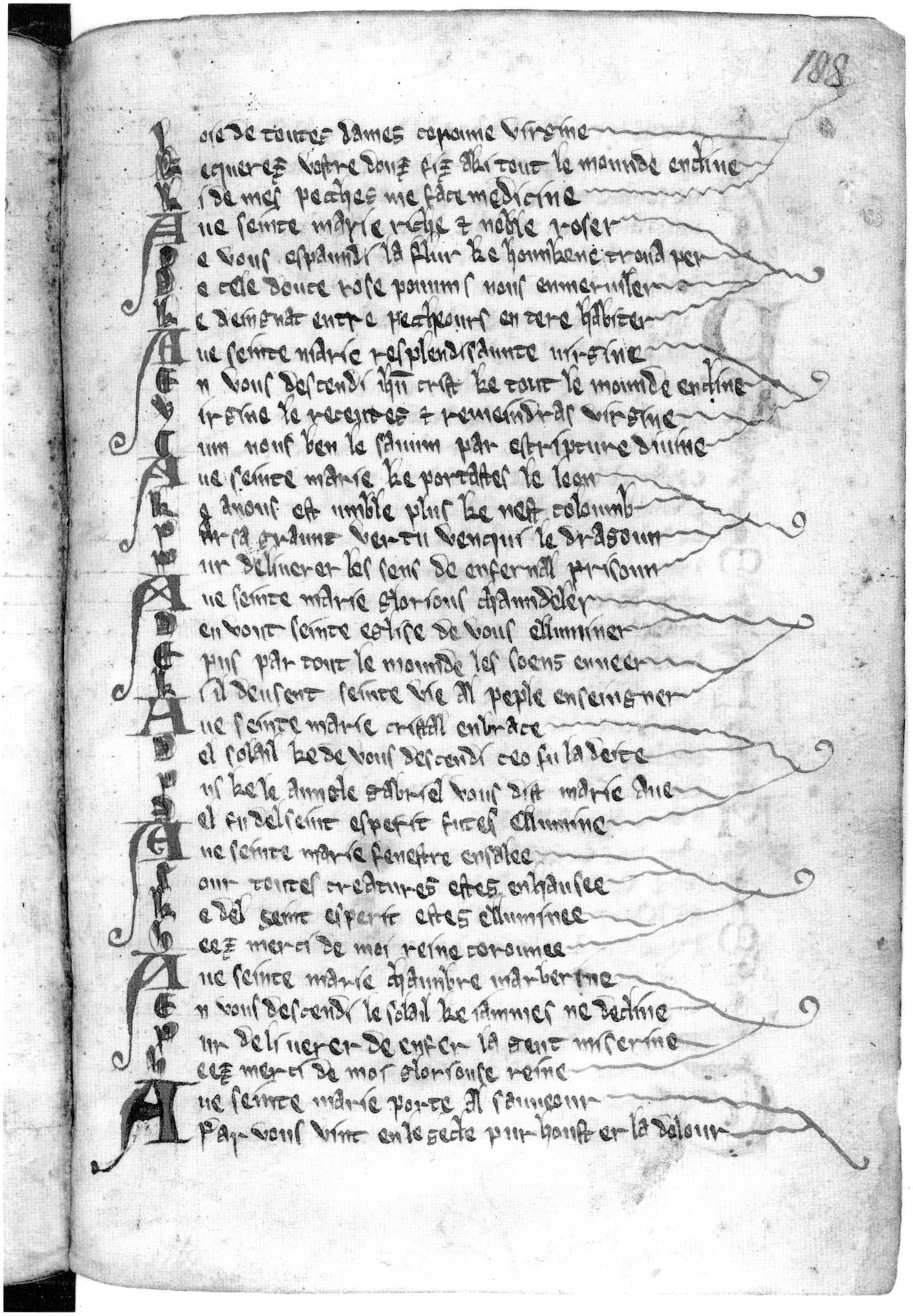

fol. 188r: art. 64 (i)

En vous troua ma dame de virgine la flour
Eez merci de moi par vostre graunt doucour
Aue seinte marie pleine de pite
Cum parust en teophile ke out deu renee
Oumage de soun saunc lui auoit confermee
La chartre lui rendistes ke en enfern fu portee
Pus ke fiz de vn an nesirei de pecher
Sire ki ma veille char ne vout houmbles sesser
Gloriouse reine vostre aide requer
Si poes tout le mounde de iore ellumyner
Dame pur icele iore merci vous requer
Le gabriel li aungele vous vint noumcier
Le vous deuerez ihesu crist de vostre char porter
Ke voliez soun peple del diable deliverer
Ma dame pur icele iore ke taunt fustes le
Quant de vous ihesu crist prist humanitee
Vnkes pur ceo ne perdistes virginitee
Gloriouse reine herez de moi pite
Le iour de la tiphaine auez vous iore graunt
Quant veites les treis rois tout ensemblaunt
Fere lour offrende a vostre douz enfaunt
Eez merci de moi chetif mendiaunt
Ma dame apres la passioun mout parfutes lee
Quant vous veites vostre fiz de mort relevee
Entre vos deus bras le auez enbracee
Pur le douz amour de lui herez de moi pite
Ma dame pur icele iore ke tout ad confermé
Quant vous futes des aungeles al ceil aporte
Vostre douz fiz vous tent iouste lui pose
Eez merci de moi pur vostre humilite
Gloriouse reine herez de moi merci
Pur la amour toen cher fiz doucement te pri
E pur amour seint iohan le vostre cher ami

fol. 188V: art. 64 (i-iii)

189

Le douz ewangeliste ke taunt vous servi
Pur la soue douce amour eiez de moi merci
La dame pur icele passioun ke Jhesu Crist soffri
Pur amour seint Johan baptiste vous pri
En le ventre sa mere a vous aor
Glorieuse reine eiez de moi merci
Jeo vous requer seint Pere priez pur moi
La glorieuse reine mere al haut roi
Pur icele pite ke deu out de toi
Quant vous plourastes tendrement pur vostre desroi
Merci vous cri seint Pol gentil chevaler
Requerez la reine ke ele me deigne aider
Vers soun fiz Jhesu Crist ke tout ad le poer
En ciel e en terre de fere soun voler
Seint Andreu le douz oez ma preere
Requerez la reine ke virgine est e mere
Ke ele doint force a moi cheitif pecchere
Pur defendre moi de tour del mal aversere
Seint Jake le bon ke taunt estes vaillaunt
Pur amour touz icels ke te vount querant
Requerez nostre dame ke ele moi seit aidaunt
De servir a volunte Jhesu le tout puissaunt
Jeo vous requer seint Thomas noble baroun
Ke avoms pur charite la riche beneisoun
Requerez ma dame pur moi un oreisoun
Ke ele defende moun alme de enfernal prisoun
Seint Jake e seint Phelippe ke taunt estes vaillaunt
De servir vostre seignour Jhesu le tout puissaunt
Requerez vostre dame ke a moi seit aidaunt
Countre touz mes enemis escu e gardaunt
Seint Bartholomeu jeo vous requer cum seignour
Requerez ma dame ke ele me seit socour
Pur sa graunt fraunchise e pur sa graunt valour

fol. 189r: art. 64 (iii)

Exquire tuu gehda zephirus fert exemus linig

e mil ne pout deservire de nuit ne de iour
ire seint mathew pur ta graunt valour
e vous dond ihu crist nostre saveour
celestiene iore hors de cel labour
equerez nostre dame ke ele eit de moi tendrour
lorieuse reine mere al creatour
hoez ma preiere pur vostre graunt doucour
Tous ceus del secle ke me doint fet honour
onez lour la iore ou ia navera labour
euls ki sount del secle partiz a dolour
sount en purgatorie pur pechez en labour
onez lour madame vostre secour
e vivre od vostre cher fiz en la grant doucour
ounkes ne oi madame de mil pechour
e vout saun peche laser de nuit ne de iour
ur celestiene iore amener hors de cest labour
i requere vostre fiz ke vous ne eiez tendrour
ncore vous pri madame pur vostre humilite
oez ma preiere par seinte charite
onez lour al secle force e bounte
e il puissent vivre a vostre volunte
eint simon e thaddee oez ma oreisoun
i venquistes le deable par si fort passioun
equerez la reine de salvacioun
e ele me doint deservir la sue beneisoun
ire seint mathew doucement vous pri
ers ma douce dame seiez moun ami
um ele la pecheresse egipciene oi
e ele defende ma alme de moun enemi
eint barnabe la postle ne metez en oubli
es pur lamour ihu crist mout doucement vous pri
ers ma douce dame ke vous me seiez ami
ne ele defende ma alme del malveis enemi

fol. 189v: art. 64 (iii)

Seint Estevene ki pur Deu futes lapide
Pur sa seinte douce amour futes martirize
Requerez nostre seignour ke me meint en tuite
Ke ieo puisse servir sa sue mere a gre
Sire seint Lorens ke tant estes vaillaunt
De suffrir vostre passioun ne futes recreaunt
Ken servistes Jhu crist en le fu ardaunt
Requerez nostre dame ke amer seit aidaunt
Jeo vous requer seint George noble chevaler
Ke futes encountre le diable si fort guereer
En le host Jhu crist futes veirs le premer
Requerez nostre dame a mei chetif aider
Sire seint Nicholas ki riche cunseiler
Le honour ke Deu vous ad fest ne poet nul counter
En seinte eglise e de hors e en tere e en mer
Requerez nostre dame mei chetif aider
Seint Thomas le martir ke pur seinte eglise
Avez de vostre douz cors feites sacrifise
Requerez cele dame ke tout le mounde prise
Ke ieo puisse finir en son seint servise
Jeo requer les martirs e les confessours
Ke servient nostre seingnour de nuitz e de jours
Si requer les virgines celes douces flours
Ke requerent nostre dame ke ele me doint socours
Glorieuse reine heez de moi merci
Pur lamour Jhu crist doucement vous pri
Requerez toun cher fiz ki est toun douz ami
Kil me doint la ioie ki perdi lenemi

De .ii. chevalers torz ke pledere[n]t ensemme.
Il avint la ke en Flaundres out un chevaler tort
Qe ama une dame de ceo nout il pas tort
Si la vit bele e gente si nout pas le col tort
Quant ne la pout aver adreit si la voul a tort

fol. 190r: arts 64 (iii), 65

Mes puis ke lei a fere destourbe par un tort
Autort tolt la dame ki il ount pris a tort
Puis respont a femme dount lem dist ki il ont tort
Dount hommes puis li tortz ne poent aver le tort
Ore sount en questioun li tortz contre le tort
Il sount venu a Rome pur saver ki ad tort
Les avocatz parlerent ki a dreit ou a tort
Veillent aver deners trestouz est lur tort
Ore est venu le jour ki il doit respoundre au tort
Li uns dist ieo ai dreit li autre dist tu as tort
Ore se met tout dis ore tort ore destort
Ore li destort li tortz taunt ke li tortz recort
Ore est venu le jour ki il deit respoundre au tort
Par foi ceo dist li tortz cest tortz me requert tort
Jeo tene a dreit la dame il me requert a tort
Jeo en sui en seisine cest a dreit ou a tort
Je dois estre en estee pur la resqueste au tort
Si hem ne poet prover ke ceo la tenge a tort
Li apostoile Innocent ki unkes ne fist tort
Dun tort out la respounse & la querele au tort
Certes dist l'apostoille semenours vous avez tort
Ceste dame ne poet sentence aver saunz tort
De un des tortz la depart & doune a l'autre tort
E la dame se pleint & dit ke hom li fest tort
E veut ke houm li amende le forfaite & le tort
E trestoutz les despenses ke ele ad fet pur le tort
Allas ceo dit la dame tant su iugee a tort
Tort avoie deuaunt ore me ount pardone tort
Ore tendraunt toute gent le iugement a tort
Lem dist en moun pais ke la court ne fait tort
Certes dist le apostoille dame vous avez tort
Tant come la querele avez vous eu le tort
Coment vous di ore ceo dreit taunt vous retreez tort

fol. 190v: art. 65

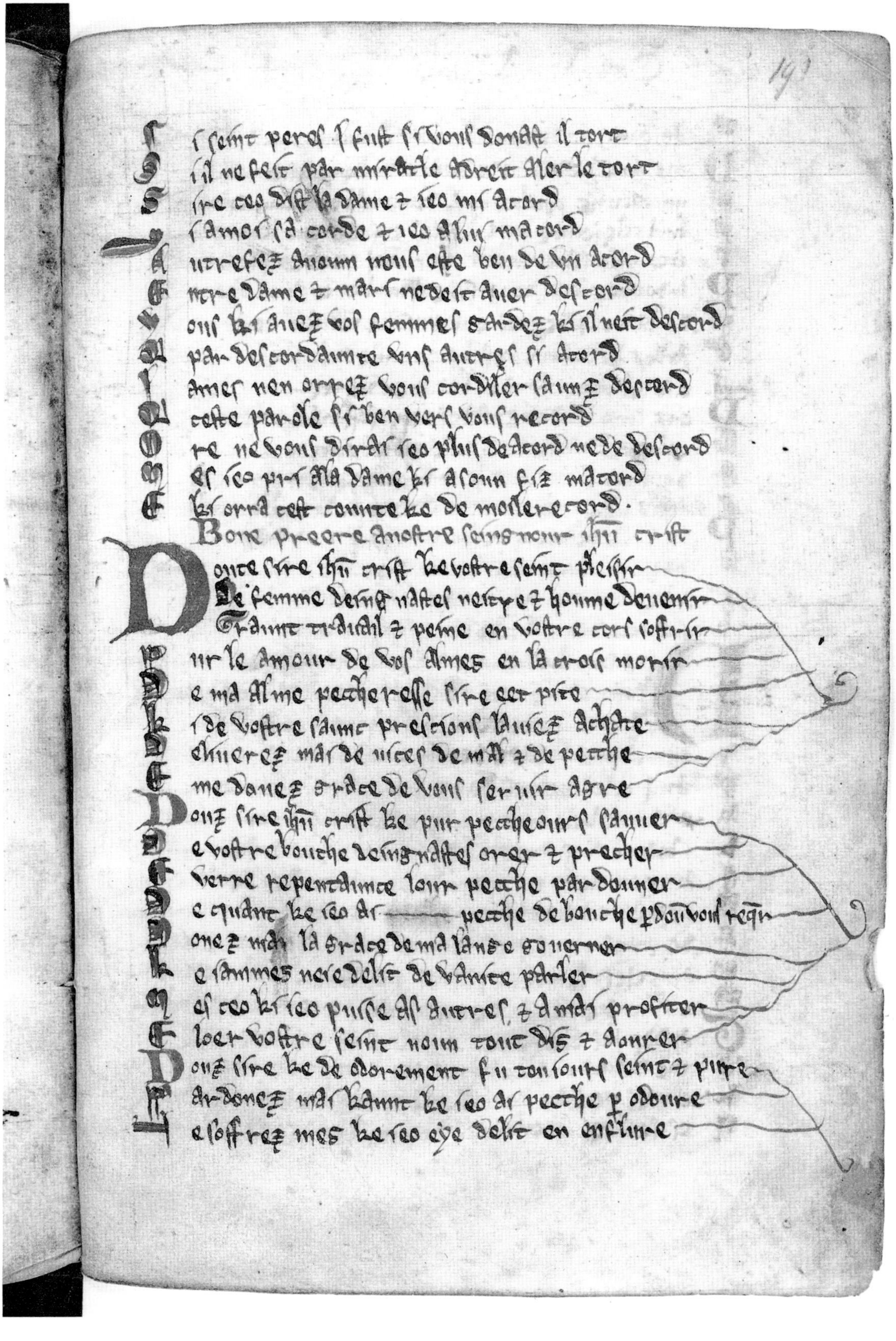

Si seint peres li fust si vous donast il tort
Sil ne feit par miracle adrescer le tort
Sire ceo dist la dame e ieo mi acord
Samor sa corde e ieo a lui macord
Autrefez chescun vous este ben de un acord
Entre dame e mari ne deit aver descord
Vous ke avez vos femmes gardez ke il neit descord
Apar descordaunce vus averez si acord
Dames nen orrez vous consiler saunz descord
Aceste parole si ben vers vous record
Ore ne vous dirai ieo plus de acord ne de descord
Mes ieo pri a la dame ke a soun fiz macord
Ke orra cest counte ke de moi se record.

Bone preere a nostre seignour Ihesu Crist

Douce sire Ihesu Crist ke vostre seint pleisir
De femme deingnastes nestre e houme devenir
Travaunt travail e peine en vostre cors soffrir
Pur le amour de vos almes en la crois morir
De ma alme pecheresse sire eiet pite
Si de vostre saunc precious lavez achete
Deliverez ma de vices de mal e de pecche
E me donez grace de vous servir a gre
Douz sire Ihesu Crist ke pur pecheours sauver
De vostre bouche deingnastes orer e precher
Verre repentaunce lour pecche pardoner
De quant ke ieo ai —— pecche de bouche pardoun vous requer
Donez mei la grace de ma lange governer
Ke sanz mes nere delit de vanite parler
Mes ceo ke ieo puisse as autres e a mei profiter
E loer vostre seint noun toutdis e honurer
Douz sire ke de odorement fu toutjours seint e pure
Pardonez mei kaunt ke ieo ai pecche par odoure
Le soffrez mes ke ieo eye delit en enflure

fol. 191r: arts 65, 66

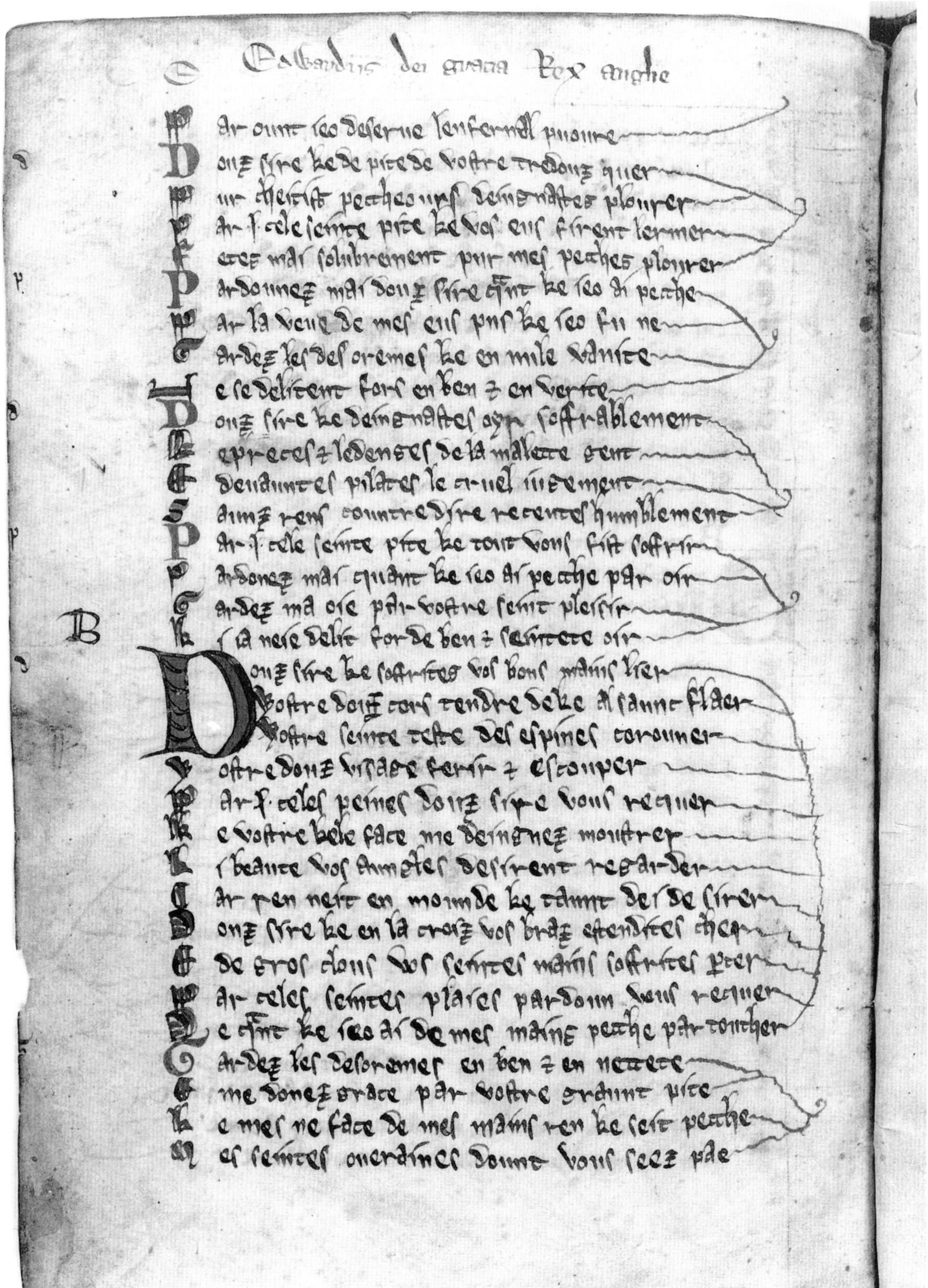

fol. 191V: art. 66

Douz sire Jhesu Crist ke pur nos grefs pecches
Angusses e peines soffrites en vos douz pes
Quant furent od gros clous al dur fust atachees
Par cel saunc precious dount furent rubbeches
Pardonez moi quant ke jeo ai pecche de mes pes
E en vostre seint servise touz jours s'esleytees
Douz sire ki suffrites pur vostre graunt amiste
De une launce percer vostre seint couste
En la plaie de voustre quer ben nous est monstre
Ke homme ke creature nout taunt de charite
Par cel saunc precious fountaine de pite
Ke issit de la plaie de voustre seint couste
Ke me doignez grace de houster moun pecche
E aver en remembraunce repentaunce verre
Sanez beu douz sire les plaies de moun quer
Pardonez moi quant ke jeo ai pecche par penser
E me donez grace de vous ferement amer
E le douz amour de vous me face oblier
La joie de cest secle pur vous ben deservier
Del aguillon dart de vostre tre percez moun quer
Ke rien ke vous desplaise ne puisse mes amer
Cor de vostre amour languir e penser
E sermez en ma alme de vostre seint precious
Les plaies e les peines ke soffrites pur nous
Ke ceo saunz oubliaunce esleise vos dolours
E la amour merveillous ke monstrates a nous
Douz sire Jhesu Crist ke pur nous rechater
En la crois soffrites vostre cors pener
Estendre vos ben membres e des clous atacher
Ferement cum lem pout touz vos os nombrer
Par tele pacience par ount preites agre
La mort ke vos suffrites saunz tort es mise
Donez moi pacience e chescun adversite

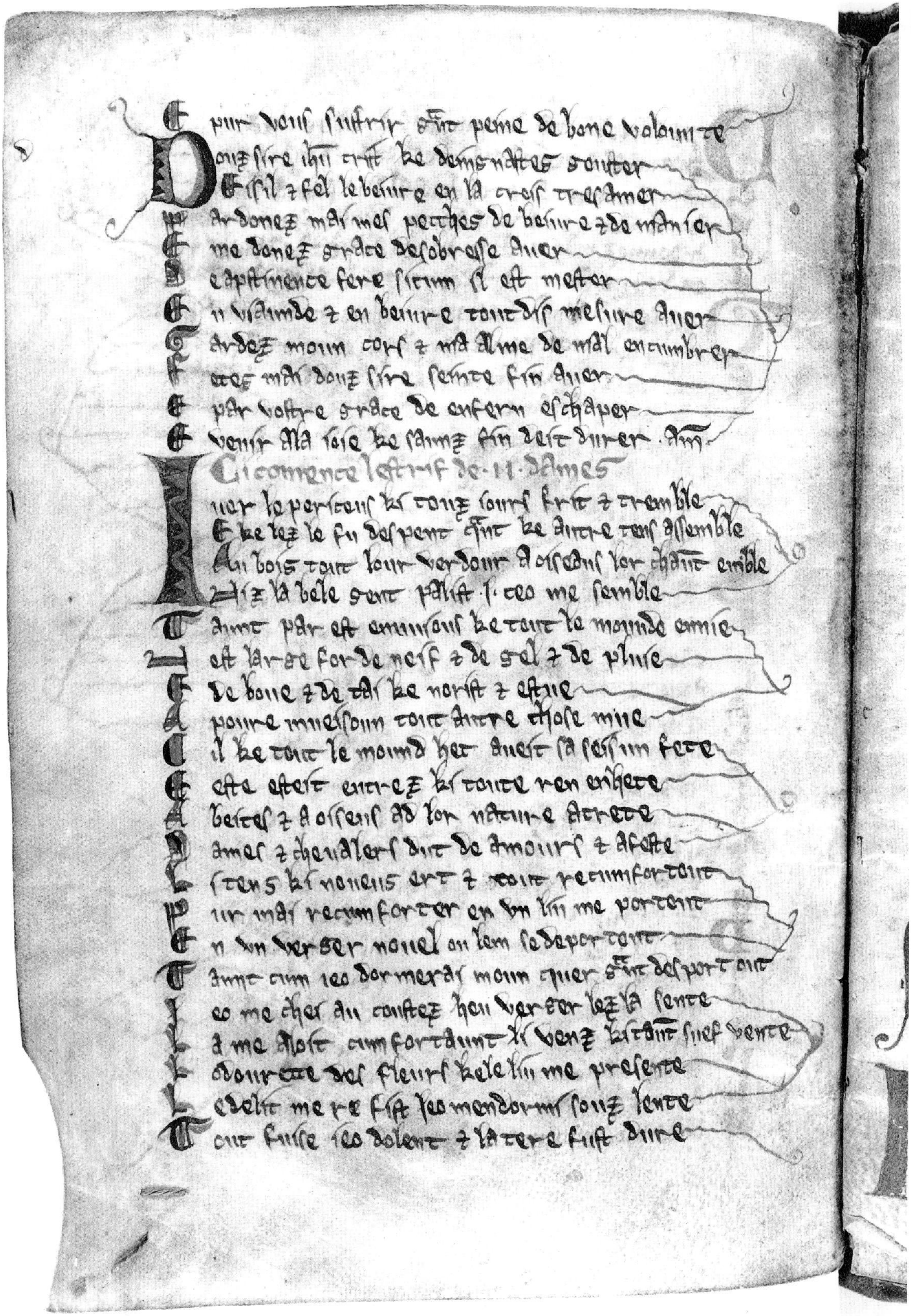

E pur vous suffrir grant peine de bone volunte
Douz sire ihu crist ke demenastes gouter
E fiel e fel le beivre en la croiz tresamer
Pardonez mai mes pecches de beivre e de manger
E me donez grace de sobresse aver
E abstinence fere si cum il est mester
En viaunde e en beivre tout dis mesure aver
Gardez moun cors e ma alme de mal encumbrer
Ottreez mai douz sire seinte fin aver
E par vostre grace de enferm eschaper
E venir a la ioie ke saunz fin deit durer. Amen.

Ci comence lestrif de ii dames

Iuer le persouns ki touz iours fret e tremble
E ke tez le fu desperent tant ke autre tens assemble
Au bois tout lour verdour e oiseaus lour chaunt emble
Estez la bele gent passit il ceo me semble
Taunt par est amerous ke tout le mounde emmie
Est lavee for de neif e de gel e de pluie
De boue e de tai ke norist e estuie
A poure mesoun tout autre chose mue
Cil ke tout le mound het avert sa seisun fere
Este est entrez ki toute ren enhete
Bestes e oiseus ad lour nature atrete
Dames e chevalers dunt de amours e afete
Siens ki novens art e toute recunfortount
Pur mai recunforter en un iur me portount
En un verger novel ou lem se deportount
Taunt cum ieo dormeray moun quer grant desportount
Jeo me cher au coustez en un verger lez la sente
La me alost cunfortaunt li venz ki taunt suef vente
Douceour des fleurs ke le iur me presente
Delit me refist ieo me endormi souz lente
Tout fuisse ieo dolent e la tere fust dure

fol. 192v: arts 66, 67

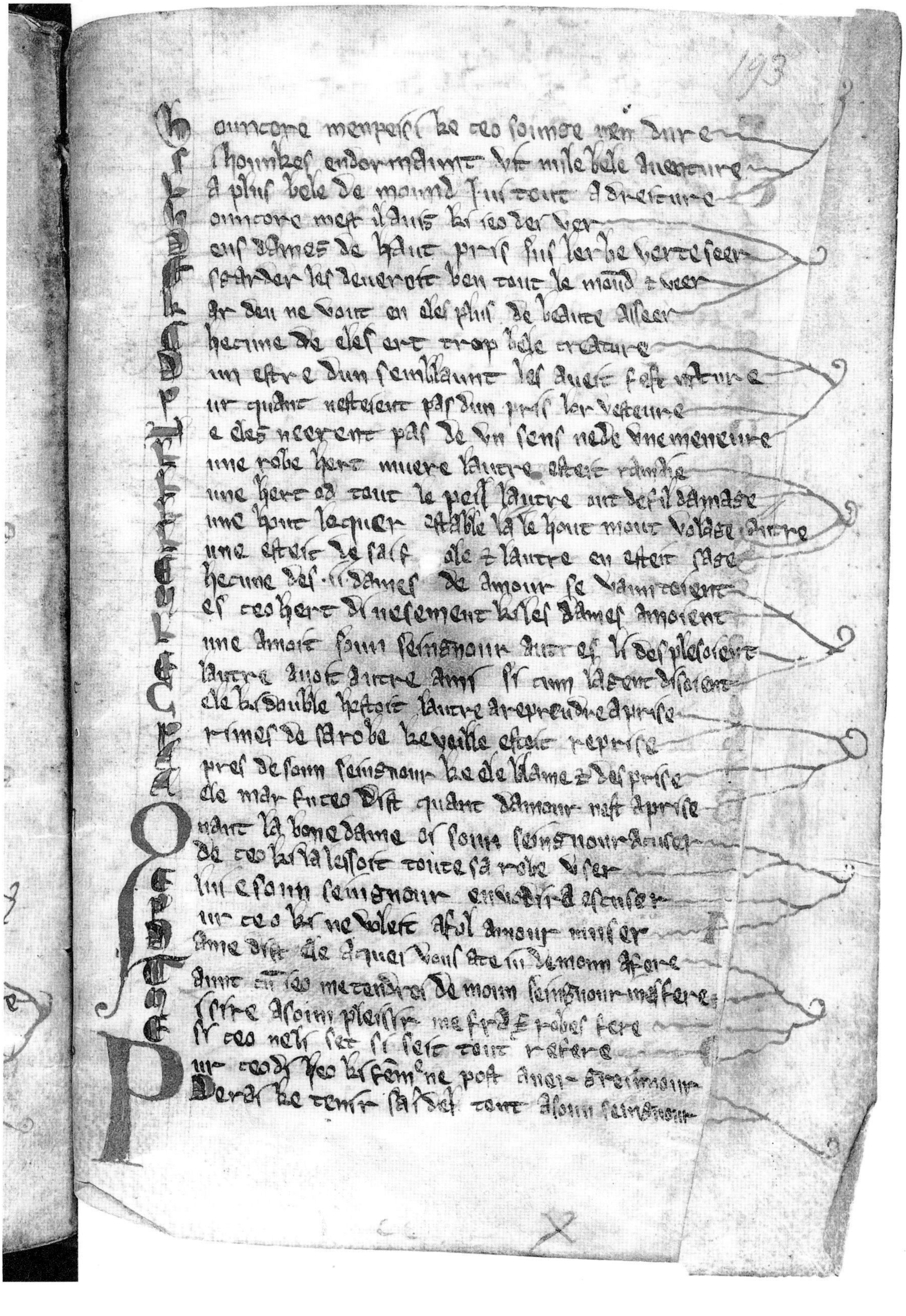
H ouncore m'en pest ke jeo soi mes ven dire
L hommes endormi [illegible] vi une bele aventure
La plus bele de mound fu tout a dreiture
H ouncore m'est il avis ke jeo der ver
D eus dames de haut pris sus ler ke verte seer
[illegible] les deveroit ben tout le mound e veer
K ar deu ne poit en eles plus de beute asseer
C hescune de eles ert trop bele creature
D un estre e dun semblaunt les avoit fete nature
P ur quant n'esteient pas dun pris lur vesteure
N e eles n'eerent pas de un sens ne de une meneure
L une robe [illegible] l'autre esteit [illegible]
L une ert od tout le peil l'autre [illegible]
L une [illegible] establie [illegible]
L une esteit de [illegible] ele e l'autre en esteit [illegible]
C hescune des .ii. dames de amour se vauntoient
M es ceo ert diversement ke les dames amoient
L une amait soun seignour [illegible]
L autre amoit autre ami [illegible]
C ele ke double [illegible] l'autre a reprendre a prise
P rimes de sa robe ke vaille esteit reprise
A pres de soun seignour ke ele blame e desprise
A ele mar fu ceo dist quant d'amour n'ast aprise
Q uant la bone dame ot soun seignour acuser
E de ceo [illegible] toute sa robe user
E lui e soun seignour [illegible]
P ur ceo ke ne volet a fol amour muser
D ame dist ele a quei vous [illegible]
D ame [illegible] jeo me tendrei de moun seignour [illegible]
N [illegible] a soun pleisir me [illegible] robes fere
E si ceo ne li [illegible]
P ur ceo dis jeo ke femme ne poet amer [illegible]
Derez ke tenir [illegible] tout a soun seignour

fol. 193r: art. 67

Et quant ele ad lez lui soun cunseiller amcumenie
en poet cunsentir feble meintenour
autre sote uostre sen Dame leo uendi aue
homr moun seignour ne mettre as cels sa cure
uous aueres asez mesestamce eledure
ar ben la deit auer lui de soun ore lendue
erdure deit auer ch la uent meintentur
et leo meinteindras ce doint honour deit uenir
in ces ueus leo meus amoun seignour tenir
partir mas de deu pur fole uenenir
e deu ne sen partmue le ame emz sen ... eche
... en rose se tent ... en delte se conche
auent bechure loc adreit par une bouche
lei te loerete fort un sont lei te touche
i bone ... me ueient ma ... beaute ert loue
es il plusours ma toucherent leo ser ole eboue
n dame et malement sa beaute floue
de sert lei ele est de soun loz ... loune
mouindelleu tu mes emz crest le loz ... mounte
s dames donne par olent li baroun ... li counte
ele la fet en soun counte
e tonz la fet amer ... cole lei ... encountre
en otret lei ces sete corteisie ... beaute
et courteisie ... nul lui beaute
s un delehus te loue par sa delehante
nes cele lei uem tant asage par ...
e tens s tu uoumbes si de folie dor euere
ur ces si leo ne les le pre pur la ...
ce sut checun soun de deus robes mucre
... mise ... sont en cele ... suere
emz robe de tel ele neue mese
et sa uoue est entre del lei la ... uore
onz une robe ... euil mens lei nette ...

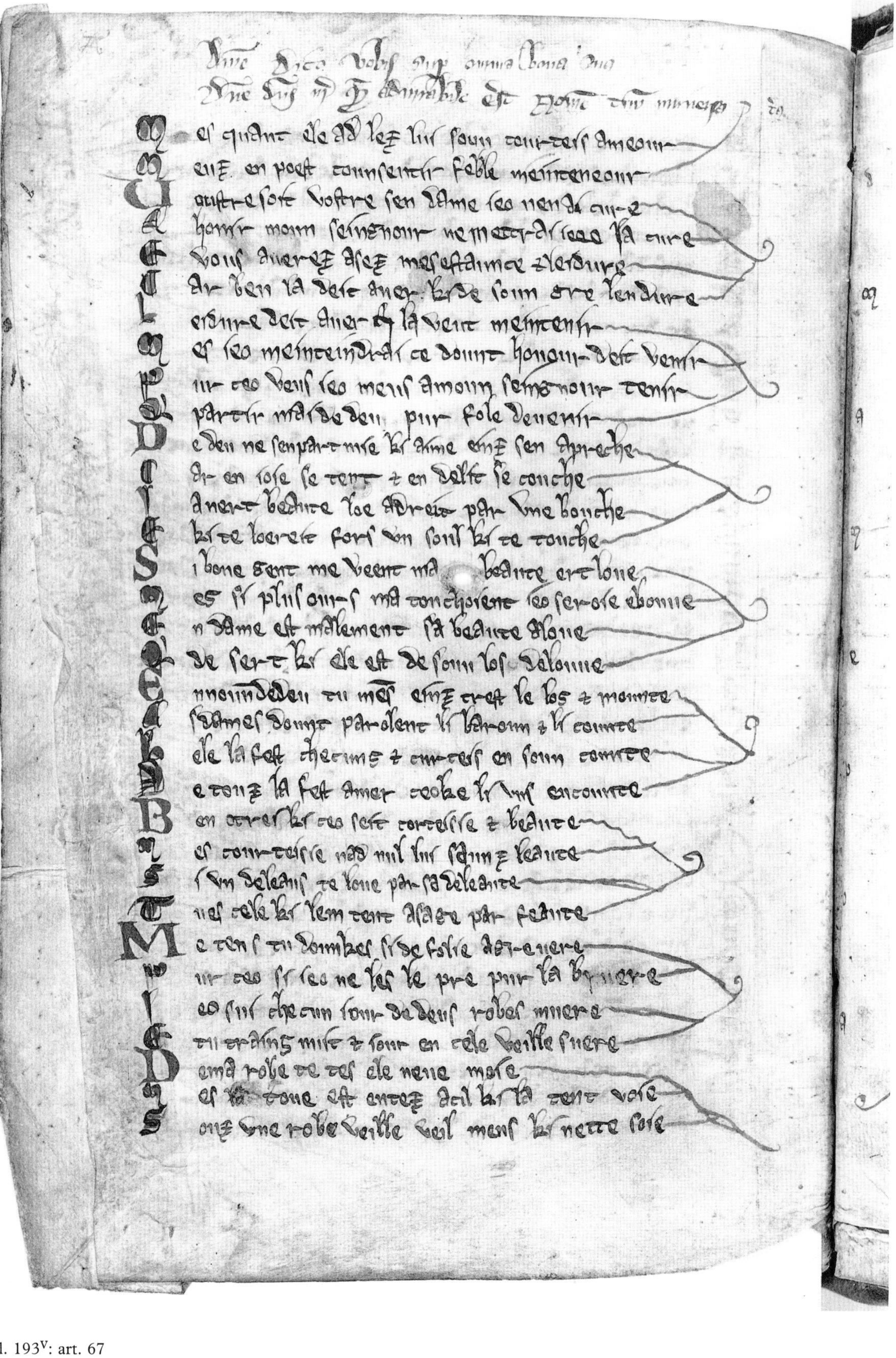

tes fiuz la coille de soun en drap desoue
ame ker est coillee e kar n si ele se leue
es ta colour resemble pomme cuite saunz seue
vaut ta blaunche char plus ker si estent fust bleue
nient tu ne les sentir si ele est aspre ou sueue
ont vaut meuz ker homm le quide eins ker est esprouee
ele fust primes suene puis fust aspre trouee
ele dame e tele hounte ad lesart esprouee
si vaut se repouynt ker ele est puis meinz rouee
ver nert si une donnt checunz dist ne sai
l est meuz ker vendre il est bon ben lesar
nir tes eis tu en hiern en ta robe de sai
tu ne les ker buy soul toucher dcum aspar
ont est riche la robe ker de honour est venue
el tele pourre e tifle ker de hounte est issue
te richeest tu de ta deshunuenne
checune pard cum ele si est aunt venue
mounz deueu tu dis voir il pert ben ore endreit
es sur en riche point e tu en poure endreit
es as rubers e si ceuus donnt lom cent mars aueroit
e auintez ke si soun ker pendre ta deuen eit
ar for ore ke tu ben esplerte ta bosoigne
pur auer cum quiere ne quiert ker hounte assoigne
e ne prus pas toun gain le est de une esome
einz vaut plein poin de gruour ker plein hat de ber oume
re esgardez le honour ker tout touns as one
a quiele de nous est meuz ame e meuz crue
quiele de nous est meuz prue e meinz deceue
s tes la non paroun si te ... moustre la veie
ert ta amer est homm quant de amour al pre
Deke tu as ... ta amour en dame depars depise
ar lamour ker seroit en seng pars depar tre
ouendreit perte estre la plus tele pantre

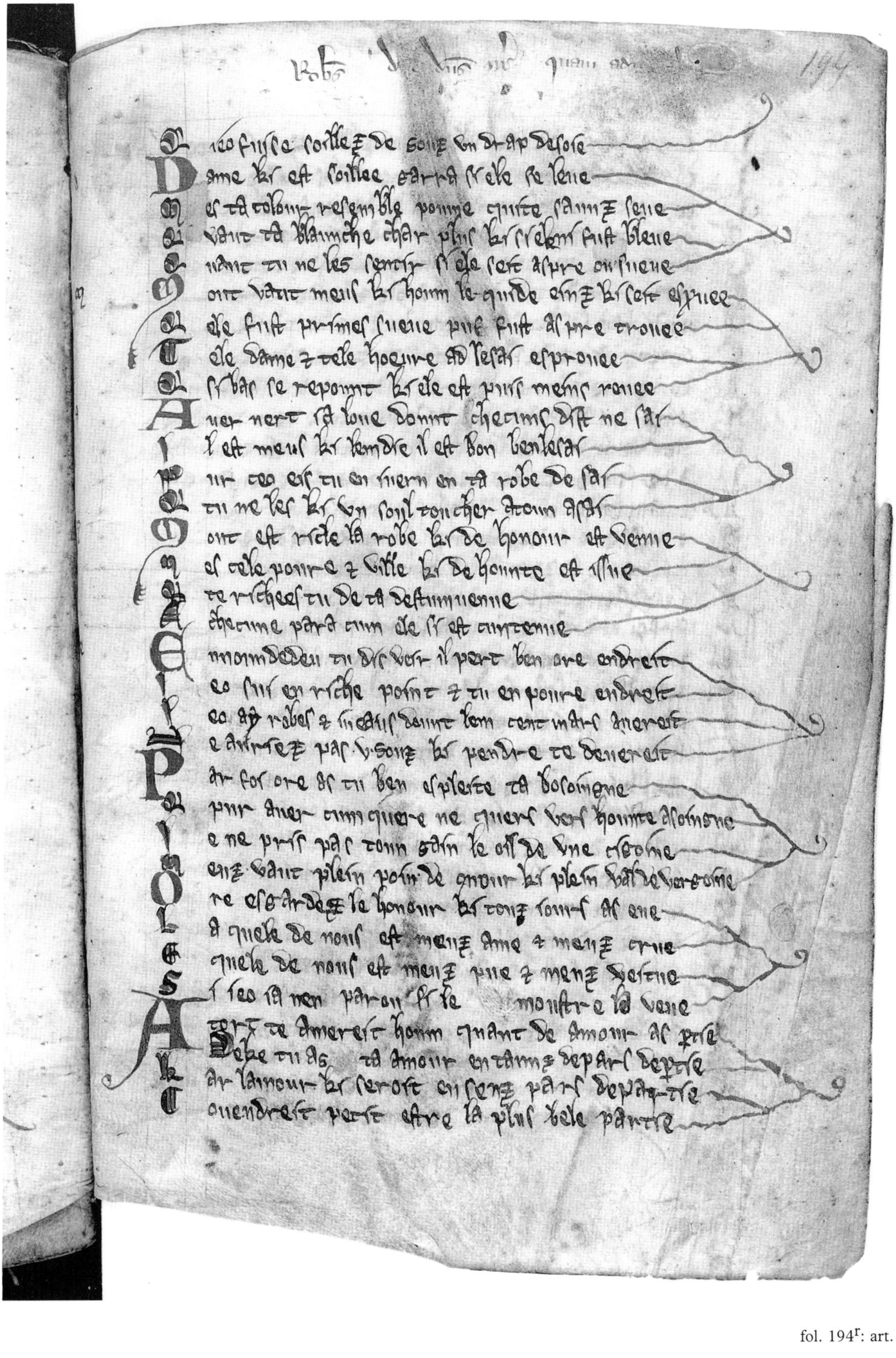

Ieo ne part mie mes amours einz l'ad mes amis toute
Ieo n'aim pas moun mari de quer plus ke de coute
Ieo me counteins vers lui si ke de rens ne l'doute
Tout ensement me countene kar il touz ne veit goute
Coment te countens de mike quant te tens en eise
Il ad talent de tei ke il t'acole e besse
Ben ad fest ses bens coment ke il te desplesse
Coment si te deplest feins tu ke te plesse
Ieo ne me entremettrai tel de teu plesaunce feindre
Einz sui com li visage ke le peintour veut peindre
Ne veut si poet sacher quant veit si poet empeindre
De de suon ke seo here ne verras fu esteindre
Dame mes lei es ne sai plus ke te dire
De mestere soilles autresi cum de mesdire
La feme ne se deit a deus hommes de duire
Shordiere n'est ou l'eime ou le desire
Par tes oremenents tu a ... prechier
Quitart moun seignour me veus si blastenger
Purras tu soffrir la vine a vendenger
Quant il a ke ele est ne la veut chalanger
Chaunger e remuer deit houm tenir e parole
Le plus ser e plus vest meinz dist e meinz parole
Ia n'ert ben apris clerc de une soule escole
Vallet de une court ne de une chambre sole
Mester est ou l'em poet aprendre e meinz saver
Dat cum mestre chaunger ... pur veir
Femme ne deit pas acumplir chescun soun voler
Le plus ad fest de mal plus se deivera dolor
Ieo ne me enmai pas de chose ke ieo ai en coustume
Quar la mer vet e vent e touz jours getie escume
Bestes settent lor peil e les oiseaus lour plume
E muer moun corage lour ensample m'alume
Ieo ne te tenc mie de toute chose a sage

fol. 194v: art. 67

ceinz m'est vis k'enviz en le quer la resce
nur ceo si lour peit sentent veirtes oscetir saunz deci
certes du toun quer nauil saunz toun damase
os donne prii ne me vent ne quier ceo ja auer
em ne deit pas tenir touz jours un auer
ou remuer le fet kar donke poet houm sauer
va hist quant houm loue ceo le te di pur verr
co est sens amer chaunt ki touz jours renouele
oum auer mes n'est pas de gentil damaisele
st quer z entierin hest z dame z pucele
e deit pas resemblir espruier ki oisele
e vesziu ke fist tresfaute le tens cum houmde
touz jours vest auxi z femmes ne sont roinde
s beaute me refust damne deu me cunfounde
s ceo nen plat moun tens heinz ki ma colour founde
ettre soun tens auxi ceo n'est pas en plaer
ncess est honour en houme desploer
n arbre tort z fent par trop souent plier
e trop souent chair se deit dame es meter
co ne me en mai pas de fer ki seo puis sustenir
re les ieunesse aler z veillesse venir
s vas acquell fin en puret pervenir
e es kertu ne vens ki une sente tenir
ijant la ieunesse auera z mes z tar lessee
chescune sera de veillesse plessee
eille dame auera noun de tenir ere blessee
houm chivaler a veille prit en relessee
re mas en mesure mes pres est de resounn
en sar charite vendra s. cele sesounn
lem nous pryuera ceo ki ore fesoum
es ceo vous vei per ki nous entersoum
n noun deden fest ele ceo ne me veus pas tere
Car en lonte fes taunt ke auer es en ount contrere

fol. 195[r]: art. 67

[S]i le te deit homme ben mettre devaunt en toun lieure
[D]e ceo ki tu ne deuereis de ta folie retrere
[D]ame a vostre volounte me vuderai mes tenir
[D]amerai mes fors la ounour deit venir
[S]ol amour guerperai si men puis detenir
[C]ar ben sai ki graunz bens me purreit avenir
[S]issi le feissez vous freiez ke sage
[M]es mout dout ke folie vous meint en usage
[M]ais ne vous crerai trop ai le quer volage
[S]i vous nel me iurez sur la flur en lestage
[L]a dame ki si aimeit le serement a fere
Sur la flur li iura ki taunt suef li flere
Sur lerbe de verte herbe pre sur le tens debonere
[D]e soun enc porter plus riche seintuere
[A] cen serement fere sount li oisel venu
[D]e toutes parz aulent li graunz e li menu
[T]ant il auerent ensemble lour conseile tenu
[D]e cel acordement sount loiaunz devenu
[R]enpreist as oiseaus ki graunt ioie i fere
[U]n chaunt ount comence ki lour ioie afert
[D]ouctement chaunter soun doucement e serr
[D]e la ioie ki ieo oi en chauntaunt me pert
[C]ete aucioun me voult deus fere aprendre
[L]es foles dames fere de folie reprendre
[E]les ki foles sount ne deivent ... me atendre
[M]es ceo aueraunt oi de eles mei mes reprendre
Anbreie de baskmeboun ... de ke de beauchaump ...

Hic incipit carmen inter corpus et animam

[I]n an þester stude y stod an luytel strif to here
Of an bodi þat was amsgod þer hit lay on þe bere
Þo spek þe gost wiþ dreri mod wiþ reuful chere
Worþe þis fleis þis foule blod þat liggest þou nou here
Whille þou were ful kene þe while þou were on liue

fol. 195v: arts 67, 68

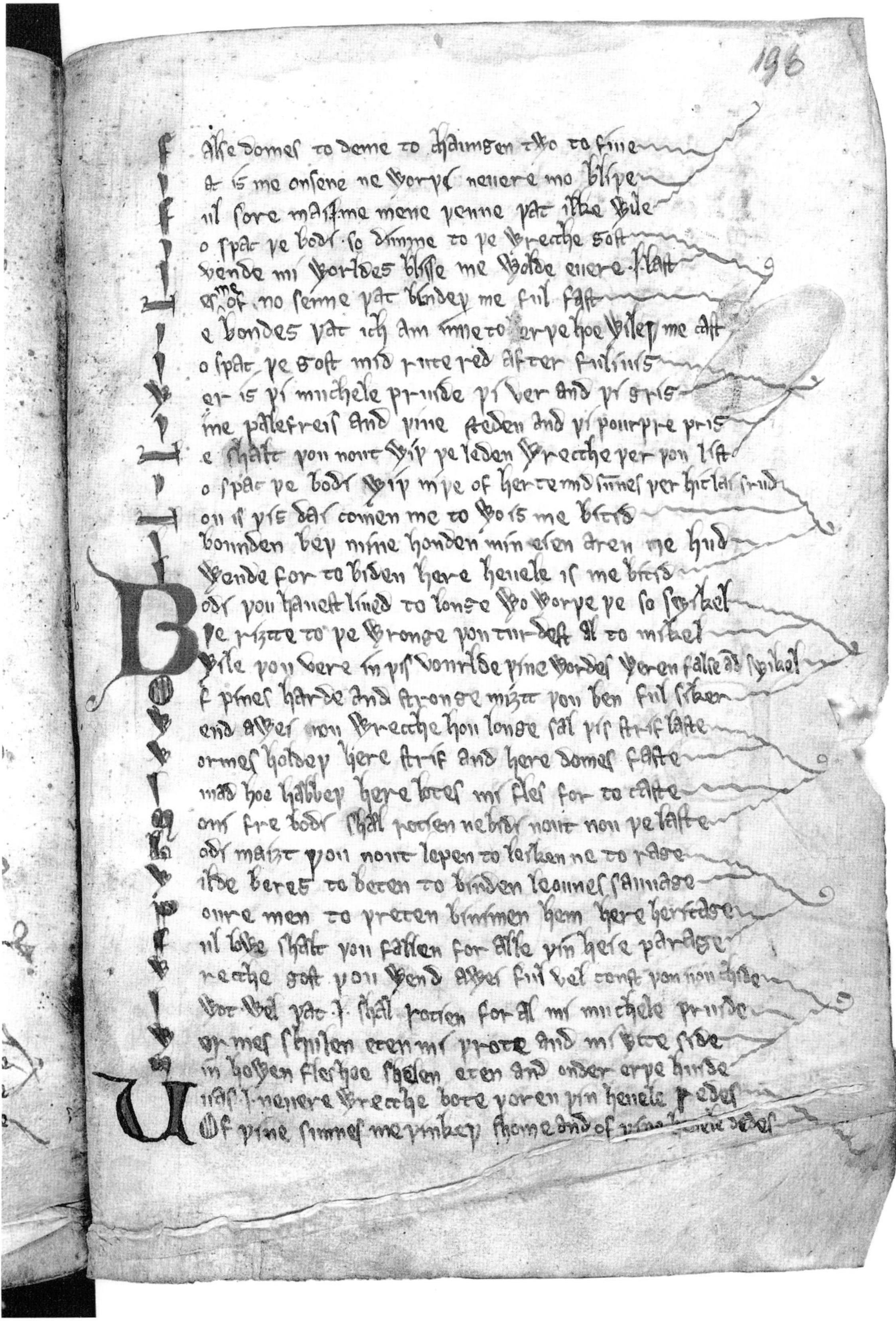
196

False domes to deme to chaumgen two to fiue
Þat is me onsene ne worþ neuere mo bliþe
Ful sore may me mene þenne þat ilke while
Þo spak þe body so dimme to þe wrecche gost
Wende mi worldes blisse me wolde euere ilast
Ner me of no senne þat bindeþ me ful fast
Þe bondes þat ich am inne to erþe hoe wileþ me cast
Þo spak þe gost mid rute red after sikinge
Wer is þi muchele pruide þi ver and þi gris
Þine palefreis and þine steden and þi pourpre pris
Ne shalt þou nout wiþ þe leden wrecche þer þou list
Þo spak þe body wiþ inþe of herte and sinnes þer hit lai striud
Nou is þis dai comen me to wo is me bitid
Ibounden beþ mine honden min eȝen aren me hid
Iwende for to biden here heuele is me bitid
Bodi þou hauest liued to longe wo worþe þe so fikel
Þe riȝte to þe wronge þou turndest al to mikel
While þou were in þis worlde þine wordes weren false as fikel
Of þines harde and stronge miȝt þou ben ful siker
Wend awer nou wrecche hou longe sal þis strif laste
Wormes holdeþ here strif and here domes faste
Imad hoe habbeþ here lotes in mi fles for to caste
Moms fre bodi shal roten ne bid nout nou þe laste
Bodi maiȝt þou nout lepen to kirken ne to rage
Wilde beres to beten to binden leounes saluage
Poure men to preten binimen hem here heritage
Ful loþe shalt þou fallen for alle þin here parage
Wrecche gost þou wend awei ful wel const þou nou chide
I wot wel þat .I. shal roten for al mi muchele pruide
Wormes shulen eten mi þrote and mi white side
Min hoþen fles hoe shelen eten and onder erþe hide
Nas .I. neuere wrecche bote þoren þin heuele redes
Of þine sinnes me þinkeþ shome and of þine heuie dedes

fol. 196r: art. 68

He preyze you childe nou lithed me þe dreper
O crist þat I stepren he bere nou mi nede
and þinneȝ nou lytet soft mid þine boc þle
e f vofnou þar þou ne houphrerze mi bale
þor þeo soȝe þarmeȝ me eten þle
I dede me þrou of mi rycȝ þide into on depe þle
ar þer þey þyne soleif and þle vine tour
ȝ me f þere doyeȝ and þyne couȝtourneȝ
il lonne fhaȝ you fallen for þle yrne þonneȝ
o þm þille icȝ tellen he þe miʒorourȝ
verþe ʒoȝ you þere dier fare ver vou fhaȝ fare
e f þo f nou mine fdaȝ þey colde and bare
in houf fe makeȝ of dere ye þoueȝ þey colde and bare
er you þide wiȝ and dar ne fare icȝ ve namore
ar þi neuedeȝt you ye bypout ve þle you mȝet þodde
of þm þat makeȝ ouȝ þle of moint þat hanef von þmȝotte
or horeʒimmen and none ffor hiȝ hiȝ þlaȝ he colde
loȝ he þaȝ on rode f don fope profere houȝ telde
oþer þat you non liʒt nen f þille tellen ye
Of two miracleȝ and fyue biforȝ domeȝdai ʒhilen be
ye mon þat iȝ on þinȝemne hemþ ffe
ȝemne iȝ þat iþe þaȝ þat vere mar flo
e forþze dar fhaȝ comen treȝ den
ȝe fhaȝ breuuen ouȝ þle voye ʒomen and oþen
enne iȝ þat iþe þaȝ þat ere hauer ben treu
eʒrene treȝ fhaȝ bleden yþ onȝe loueȝd len
þt oþer dar furȝ fhaȝ breuuen al þat hiȝ foren þondey
wiȝ no water hiȝ quenchen ne nouȝt þat hiȝ ouer þondey
l þiȝ þorlȝ fhaȝ ouer gon and al þiȝ brode londe
enne fhaȝ honȝe louerȝ fen þofe herede hiȝ þomde
e þiʒde dar flod fhaȝ flouuen þat aliȝ þorȝ fhaȝ þen
oue in loue and i here yeʒuþe auer fhaȝ fpillen
erte þen he mȝ þuȝ into ver erȝe miʒten

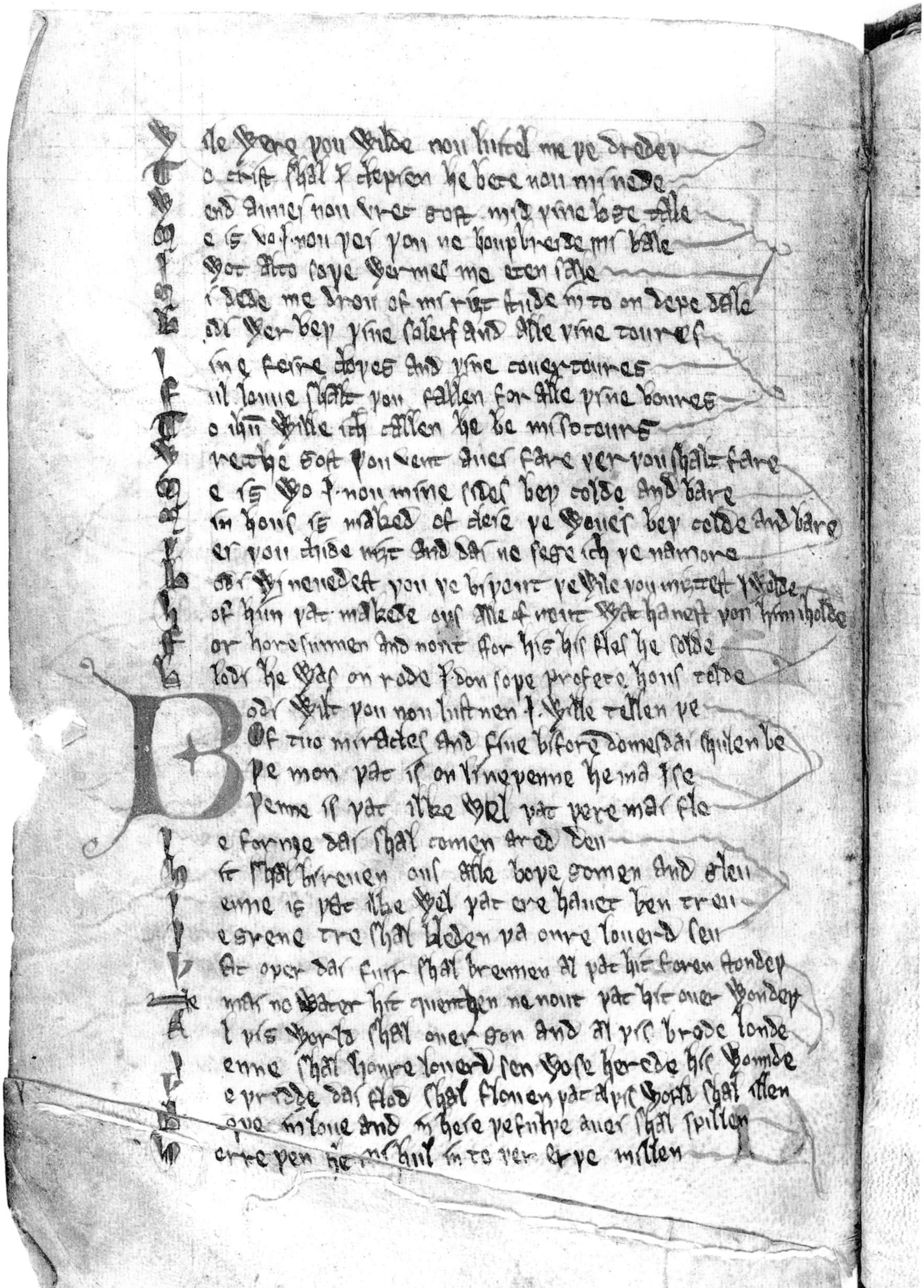

d is him þat euere haueþ ben al þat ilke wide
e ferþe þar ... bloweþ so longe so he dures
þat les shulen doun fallen and þe heye toures
e ȝode þer in toȝe more þey þe hardeste houres
er shal euch man cnawen his and þe shilen boþe
e ... þar hit shal ben liue aȝein þe þing þat
... ... noȝin god to halden longe ...
... in to þer erþe þe hul in to þe ...
... holde him ... and þere seuene ...
e ... þar bein þe non for dumstel ...
... þat al þis þorþ shal in honde
... ... is on liue in þat ... oþer in londe
er hi shulen arise and to þe dome ...

Þe ... þat shulen arisen so þe boc
Þos here pure hauer ilke and holde
And comen in to þe halle stronge domes to ...
e man þat haueþ ... god don wel hit is him ...
e shal þe ... to ... ne holde domes ...
domstel shulen ... þat crist made ... hi his honde
... þe tuelue apostles þat ... in þis londe
... houre lene ... þat neuere ne
enne seinte ...
de bringeþ þe rode þat stod ouen þe ...
... sey þer hit felt ... his ... is al blod
... houre foule ... þer he
enne ... here houren ...
... blesse ... þat in þis
... ȝe shulen alle so þe
... comen in to þis halle mid blisse hi shulen ...
enne ... houre ... to ... þe houn ...
þer fle þou foule ... mid þine ...
þer fle þou ... ne ... þou ...
... ... ho ... hende doun in helle grounde

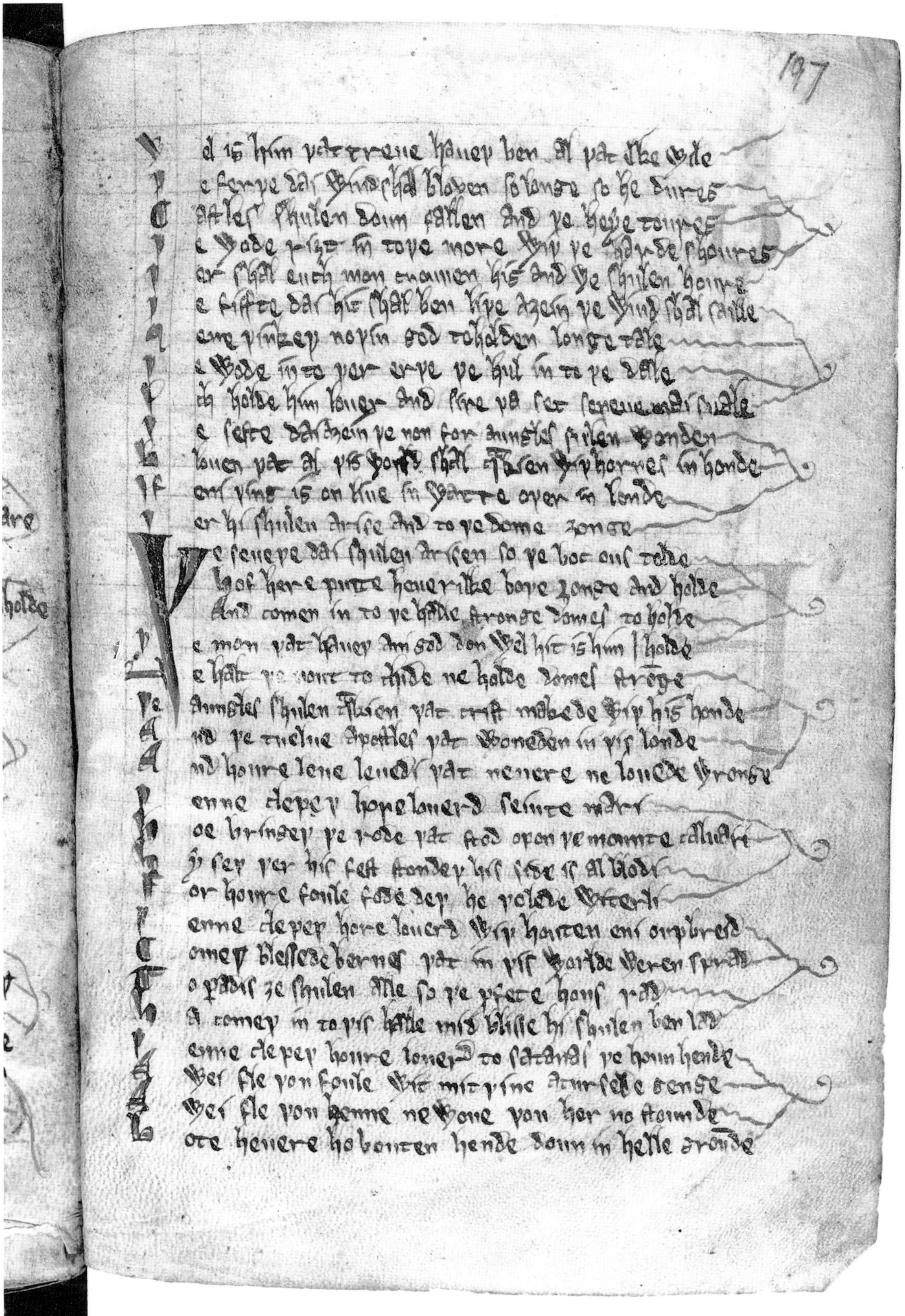

Þerne sese þe gost weilawei and þer after was
Wo þe þat ilke stounde bod þat þou boren was
Uuen y þenke on domesdai wel sore mai me drede
Þer shal after his werc eueric fongen mede
Ich abbe crist agilt mid worde and ek mid dede
Louerd heriynde godes sone what is me to rede
Þat fuir shal comen in þis world mone sone miȝtte
For bernen al þis middelert so god hit wille diȝtte
Bope þe water and þe lond þe sterres þat beþ so briȝtte
Iherd be þou louerd for michel is þi miȝtte
Þe chinistes in þe deþ rod blowneþ here beme
Þenne comeþ ihu crist his domes to deme
Helpeþ hit nout þenne to ȝeȝen ne to reme
Þat haueþ liutel y don crist þat is y queme
From þat Adam was y boren þat come domesdai
Monie of þise riche þat wereden fou and grei
Riden oupe steden and oupe palefrai
Shulen at þe dome singen weilawai
Þe shulen hy nout fiȝtten mid helme ne mid spere
Mid shelde ne mid brinie ne mid none gere
Þe shal no mon oþer mid wise wordes were
Bote here almes dedes shulen here herde bere
Hoe shulen y se þene kinge þat al þis world wrouȝtte
Huppen on þe rode mid stronge þinen þat bouȝte
Adam and al his ofspringe in helle he y souȝte
To bidden þenne milse to late hit is bi þouȝte
Hoe shulen y se þat maiden þat ihu crist bende
Bi tuenen hire armes suetteliche wende
Þe wile þat hee miȝtten to liutel hoe hire sende
Þat made þe worse so foule he hous ablende
Þer beþ þe riȝtt wise goder riȝtt honde
And þe sinfulle so dreliche stondeþ
Wy hoere sunnen y writen þat is muchel shonde

fol. 197v: art. 68

Al hoe shulen þere ise þat euere was on londe
Þy þe rihtwise he spekeþ wordes swete
Comeþ hider mine frend and sinnen forleteþ
In mine fader house hou is maked sete
Þer ou shulen eueles suetelyche and ferre grete
Þy þe sinfulle he spekeþ al so ȝe mowen y here
Goþ awariede men fendes heuele y fere
In to þer vnde fuir of blisse ȝe beþ skere
For þi ȝe oure sinnen of þis world bere
Vie þat beþ y sprongen of adames side
Moten beren in þis world oure misdede
Aneles of heuene þer [illegible] for drede
Hose þenkeþ þer of is herte mai wel blede
Wel hoe mowen y here þes tale þat sinnen habbeþ y wroht
And selden forȝeuenesse crist habbeþ bisohut
Hen þe latemeste dai þey haueþ y broht
To bidden þenne milse to late hit his bi þoht
Bidde we þe leuedi swetest alre þinge
Þat hoe houre herinde bere to houre heuene kinge
For his holi nome and for hire swete herendinge
Þat hoe houre soule in to heuene bringe. am[en].
Þench of þe latemeste dai hou we shulen fare
Out of þisse worlde mid sereȝe and mid kare
Also ȝe hider comen boþe naked and bare
And of of oure sinnen ȝeuen onsware
Nabbe no mon so muchel al his wile doon
Þis lond and his heȝere his hous and his hom
Þe sarie soule makeþ hire mon
Þis ne mai atblenchen houre neuer hon
Wer þe latemeste dai þey haueþ y broht
Sinneþ oure speche oure siþe oure þoht
And in eueriche time þey haueþ y souht
Þanne beþ þese blissen turned al to noht

Ne mi3tte no mon telle þat euere was y boren
þe stronge pine of helle þah he heuede y suoren
Ar þe soule and þe body were ben to droren
Bote crist þat lesede his folk in helle þat was forloren
Wonder þencheþ þe soule when hoe is faren hout
Siþþ hire wom y wrened in an clout
Þat was so modi and so strong and so wiþe prout
Ha was y woned to werien so moni feir srout
Nemne liþ þe clei clot cold al so þe ston
And his frend striueþ to dripen his y won
Þe sori soule makeþ hire mon
Of al þat hoe her heuede non frend naueþ hoe non
Þenne seiþ þe soule and sorie chere
Wellawei wrecchede bodi nou þou shalt to bere
And y shal hobben for þi loue fendes to fere
Awei þat þou euere mon y shapen were
Wendest þou to sitten hon bolster ope benche
Ne shalt þou neuere more se þeþ me win shenche
For þine foule sunneþ for þin houn wrenche
I shal to forst and to chele and to dreliche stenche
Wuer beþ nou þine frend þat seire þe bihete
And feire þe gretten bi weie and bi strete
Hou ha wileþ wrecche alle þe forleten
Non nolde hoere neuer on his þonkes þe ymete
Wer beþ þine napes þat gisten þe to honde
Wer beþ þine disses wiþ þine swete sonde
Wer is þi bred and þin ale þine tonnen and þine stonde
Nou þou shalt in þen herþe wonien wiþ þe wonde
Awer wi noldest þou wrecche þis þenþe hounderstonde
Of me þou heuedest mi3tte to don al þine wille
Þo þou were abouten me for te spelle
Nou þou shalt wrecche liggen ful stille
And y shal þine gultes abuggen ful ille

fol. 198v: art. 68

Wi neldest þou mid Criste maken hous & saute
Massen leten singen of þat he þe bitaute
Þo þou were abouten to hechen þin haute
For þi we beþ nouþe boþe bi þaute
Welden wile me nouþe massen leten singe
Þer in holi chirche don ani offringe
We wille for þin haute maken trimnge
And putten þe wiþ houten of alle þine þinge
I warede wel and neuer þou ne rist
Wen ich þenke þe ouþþon fel sore me mai grisse
For i shal bernen in fuir and heneren in isse
And ben in pine for þe wel sori i wis
Mon shal þin halle mid spade ben i wroute
And þou shalt wrecchede wel þer inne ben i broute
Alle þine coffren shulen ben i sohte
We wille souþen wim nou auzt mid þat þou bohte
In hous is wrve sone i buste þat þou shalt wonen inne
Þe roue þe frunte and þe rof shule liggen at þine chinne
Þou shulen þer wonen þe wir mine · wormes
We shalte þou neuere halen wiþ nauþe to þe þinne
Þou is afered of þe þi mer and þi mowe
Iche wel dey and werey þat here inne wel þin owe

Nou shulen forroten þine tey and þine tonge
And þi þrote bolde mide þat þou songe
And þou shalt in þe þutte faste ben i þronge
Loue shal forroten liure and þine longe
Wer bey þine þonewes þat selene þe were
Of þine riche weden al þou art shere
We þou in þe þutte wormen i fere
Ut bey song of þe as þan þou neuere nere
Al þat þou haddest hit þouer þe foul sed
Þat makede þe deuel þat þe bi stod
Wile þou were on liue þou were rizt wod

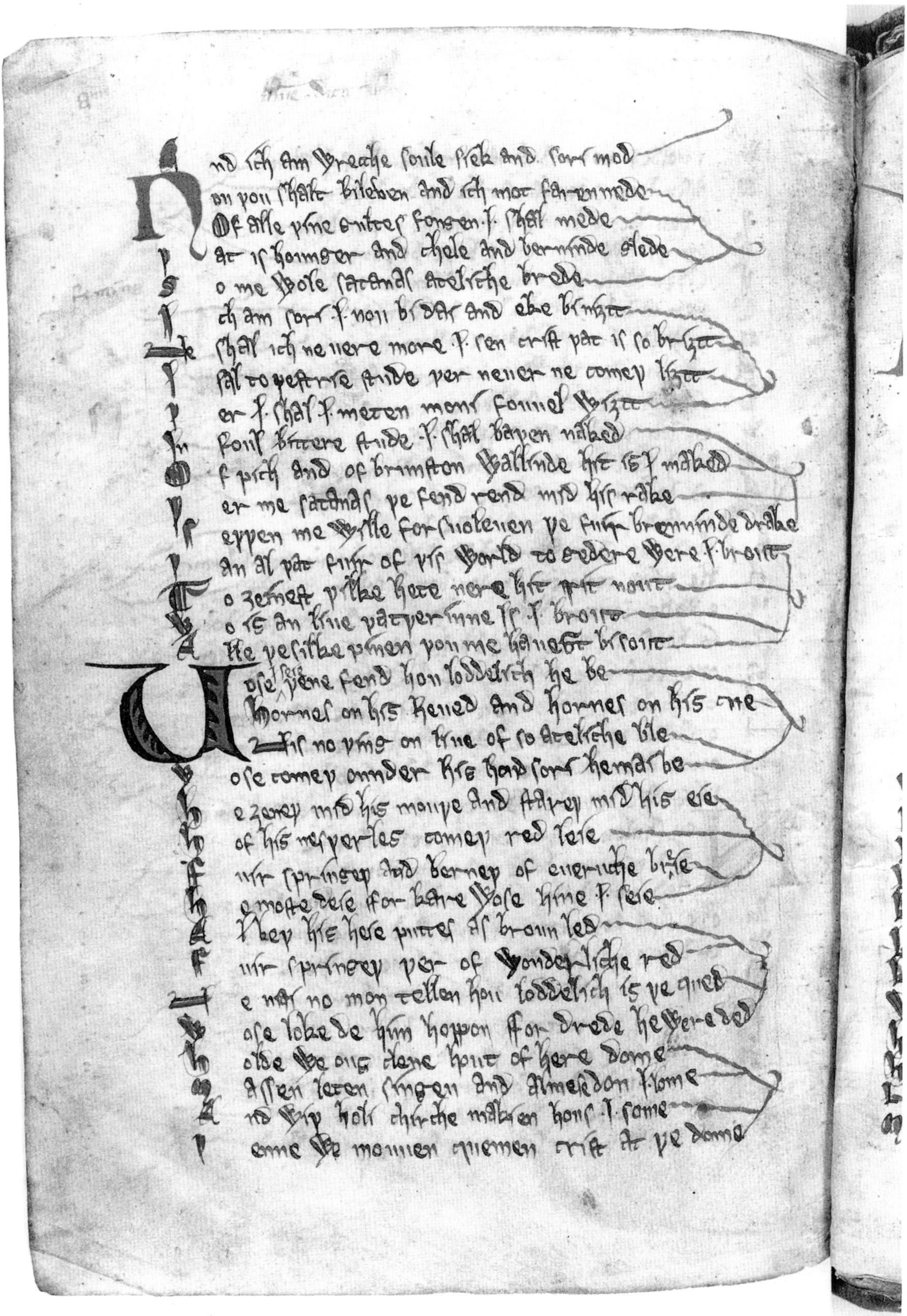
nd ich am wreche soule sek and sori mod
on þou shalt bileuen and ich mot fer wende
Of alle þine outtes fongen i shal mede
at is wormes and chele and berninde glede
o me wole sathanas sweliche brede
ch am sori i nou bi daȝ and eke bi niȝte
shal ich neuere more i sen crist þat is so briȝte
al to þesterne stude þer neuer ne comeþ liȝte
er i shal i meten mony fouel wiȝte
oul bittere stude i shal bawen naked
f pich and of brimston wallinde hit is i maked
er me sathanas þe fend rend mid his rake
eppen me wille forswolewen þe fuir berninde drake
an al þat fuir of þis world to gedere were i brouȝt
o ȝemest þilke here nere hit riȝt nouȝt
o is an luue þat þer inne is i brouȝt
le þe silke pinen þou me hauest bi wouȝt
ose þene fend hou loþelich he be
hornes on his heued and hornes on his cne
his no þing on liue of so loþliche ble
ose comeþ onder his hand sori he mai be
e ȝoneþ mid his mouþe and stareþ mid his eie
of his nesþerles comeþ red leie
uir springeþ and berneþ of eueriche bite
e moste dere for kare wose hine i sere
lkeþ his here pittes as broun leð
uir springeþ þer of wonderliche red
e miȝt no mon tellen hou loþelich is þe qued
ase lokede him hopon for drede he were ded
olde we oue clene hout of here dome
assen leten singen and almesdon i lome
nd wiþ holi chirche maken hous i some
enne we mowen quemen crist at þe dome

fol. 199v: art. 68

Þe kinge þat al þis world shop þoru his holi mi3tte
Wyte hom-e soule from þen heuele wi3tte
And lere hous hatie þe wou and louien þe ri3tte
And bringe hous at þen hende ar into heuene li3tte. Amen.

Ci comence la manere qle amour est pur assaier

Love is soft, love is swet, love is goed sware
Love is muche tene, love is muchel kare
Love is blissene mest, love is bot 3are
Love is wondred and wo wiþ for to fare
Love is hap wo hit haueþ, love is god hele
Love is lecher and les and lef for to tele
Love is douti in þe world wiþ for to dele
Love makeþ in þe lond moni unlele
Love is stalewarde and strong to striden on stede
Love is loueliche a þing to wommone nede
Love is hardi and hot as glowinde glede
Love makeþ moni mai wiþ teres to wede
Love haþ his stiuart bi sti and bi strete
Love makeþ moni mai hire wonges to wete
Love is hap wo hit haueþ hon for to hete
Love is wis, love is war and wilful an sete
Love is þe softeste þing in herte mai slepe
Love is craft, love is goed wiþ kares to kepe
Love is les, love is lef, love is longinge
Love is fol, love is fast, love is frowringe
Love is sellich an þing wose shal soþ singe
Love is wele, love is wo, love is geddede
Love is lif, love is deþ, love mai hous fede
Were love also londdrei as he is furst kene
Hit were þe wordlokste þing in worlde were ich wene
Hit is y-said in an song, soþ is y-sene
Love comseþ wiþ kare and hendeþ wiþ tene
Mid lauedi, mid wyue, mid maide, mid quene

Chaunçoun de noustre seignour

Couard est ki amer ne ose vilein ki ne veut amer
Saunz amour ne se repose le quer del houm ne le penser
Mes folie est de amer chose ki ne poet durer aver
Hen dechet achef de pose puis ni ad ke solacer
Charnel amour est folie ki veut amer sagement
Eschue kar breve vie ne set durer longement
La taunt la char nert flurie ki aparteine ne detent
Ceref delit est lecherie mes saunz fin dure li tinmet
Qui veut amer saunz pesaunce un ami ki sai trover
Qest de si pussaunce puissaunce ki a lui ne poet nul rester
Cil est gentil de nessaunce en bounte nad nul per
Le en saver saunz destaunce sover est il e douz e cher
Ceo est Jhu li debonere ki nest pas petit amerous
Il de la mein al mestre nous reint de soun saunc precious
Il pest ausser soun vere ki taunt est beaus e delitous
Le mound ne preisaz une pere de lui dunc est coueitous
Jhu nostre redemcioun vostre amour desir
Par cil ki nest parcioun meime mes a vous puisse venir
Tele conversacioun me donez des ke al morir
Bon ne ad si lose noun e cunt ke veut aplesir. Amen.

Oracio [illegible]

Beaus sire Jhu Crist eiez merci de mei
Ki de cel en terre venistes pur mei
E de la virgine Marie nasquites pur mei
E mort en la verrai croiz suffristes pur mei
Merci vous crie Jhu Crist cum moun sauveour
Moun solaz moun cunfort ma vie ma doucour
Moustez de moun quer orgoil ire e rancour
Ke jeo vous puisse servir e amer cum seignour
Mout vous dei ben amer vous me amastes taunt
Ke vostre destre humilier volez taunt
E si cum vous fustes e estes tout puissaunt
Home devenistes humeine char portaunt
Defendez nous de peche desore en avaunt. Amen.

fol. 200v: arts 70, 71

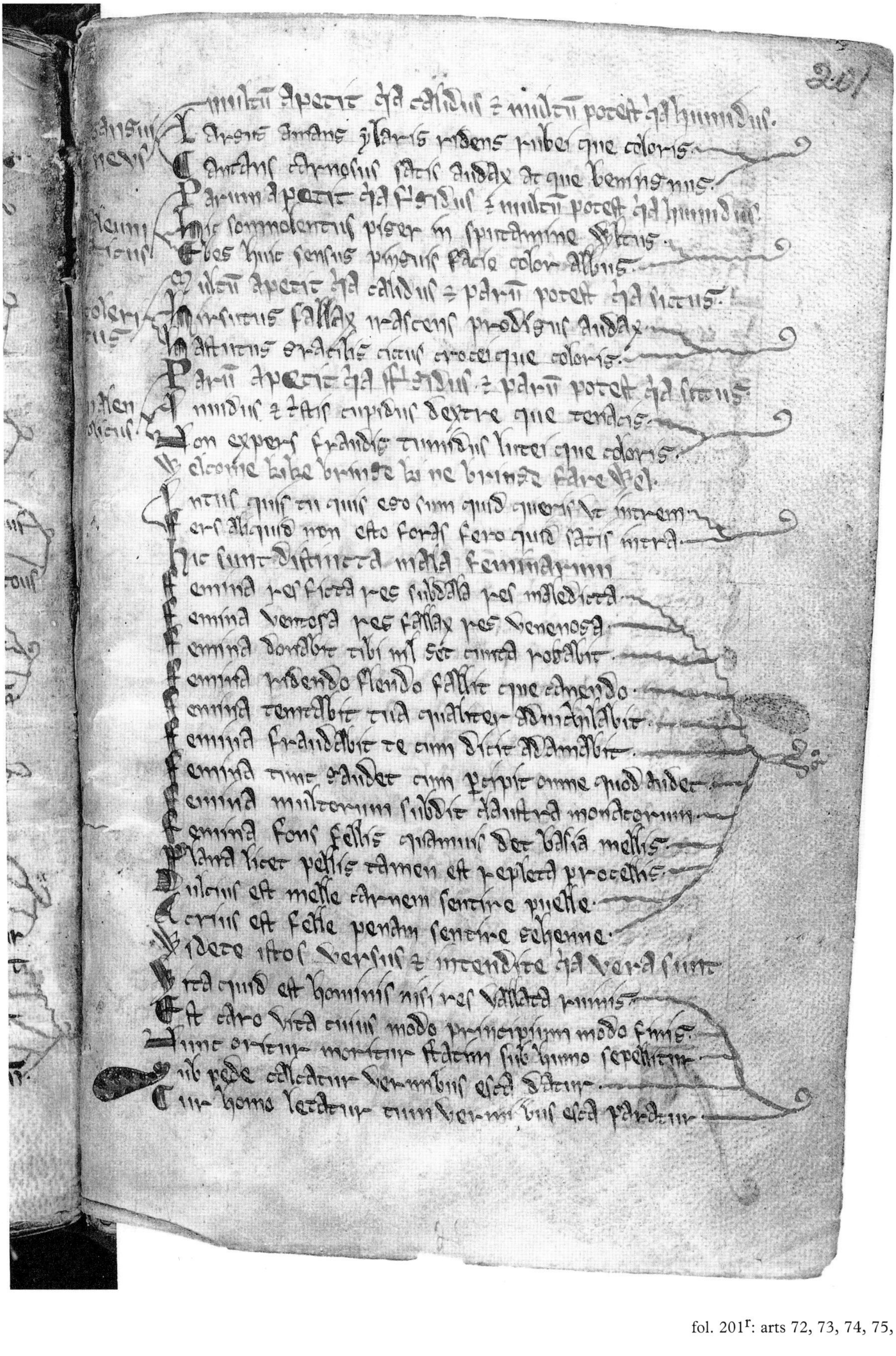

201

Multum appetit quia calidus et multum potest quia humidus.
Sanguineus — Largus amans hilaris ridens rubei que coloris
Cantans carnosus satis audax atque benignus.
Parum appetit quia frigidus et multum potest quia humidus.
Flegmaticus — Hic sompnolentus piger in sputamine plenus
Ebes huic sensus pinguis facie color albus.
Multum appetit quia calidus et parum potest quia siccus.
Colericus — Hirsutus fallax irascens prodigus audax
Astutus gracilis siccus croceique coloris.
Parum appetit quia frigidus et parum potest quia siccus.
Melancolicus — Invidus et tristis cupidus dextre que tenacis
Non expers fraudis timidus luteique coloris.
Welcome libe bringe li ne bringe fare wel.
Intus quis et quis ego sum quid queris ut intrem
Fers aliquid non esto foras fero quid satis intra.
Hic sunt distincta mala feminarum
Femina res fracta res subdola res maledicta.
Femina ventosa res fallax res venenosa.
Femina dotabit tibi nil set cuncta robabit.
Femina ridendo flendo fallit que canendo.
Femina temptabit tua qualiter annichilabit.
Femina fraudabit te cum dicit adamabit.
Femina tunc gaudet cum perficit omne quod audet.
Femina multorum subdit claustra monachorum.
Femina fons fellis quamvis det basia mellis.
Plana licet pellis tamen est repleta procellis.
Dulcius est melle carnem sentire puelle.
Acrius est felle penam sentire gehenne.
Videte istos versus et intendite quia vera sunt
Terra quid est hominis nisi res vallata ruinis.
Est terra vita cuius modo principium modo finis.
Nunc oritur moritur statim sub humo sepelitur.
Sub pede calcatur vermibus esca datur.
Cur homo letatur cum vermibus esca paratur.

fol. 201r: arts 72, 73, 74, 75, 76

Nil nisi terra sumus & terra nichil nisi fumus
Et nichil est fumus nos nichil ergo sumus
Dum potes & bene stas & colla tumencia vestas
Tolle minas mentis brevis est vindicta potestas
Hic sunt versus quos diabolus fecit pro puero
Rexus ovem vitam per spinam duxit equinam
Virus singit eius pendet utrumque pedis
Sepe molendinum transfertur pondus ovinum
Dispendo focum se crevisse atque locum
Si custos aberet propria dampna feret
Est desolata mea mens quia termine solor
Et sum sicut olor que cantat morte parata
Cum fueris rome romano vivite more
Cum fueris alibi vivite more loci
Hic sunt virtutes scabiose distincte
Fert scabiosa pilos verbena non habet illos
Urbanus pro se nescit precium scabiose
Expurgat pectus quod comprimit egra senectus
Lenit pulmonem servat laterum regionem
Emplastrata foris necat antrax tere tribus horis
Rumpit apostemata eadem virtute probata.

Probatum est quod scabiosa habet omnes virtutes prenominatos in istos sex versus. set aliqui volunt ipsam mittere cerelum & efficietur hoc modo. accipe scabiosam & pone eam in potto. postea impleatur pottus aque plenum & sit bene coctus usque duas partes aque sint diminutos. post remove eam ab igne & refrigidare permittas & da eis ad bibendum qui habent infirmitatem circa pectus. ut qui habent pulmonem. ut apostemata. ut qui habet infirmitatem que vocatur menesoun. sequitur istud

Audite me magnates & omnes populi & rectores ecclesie auribus percipite. Filio & mulieri fratri & amico non des potestatem super te in vita tua ne

fol. 201v: arts 76, 77, 78, 79, 80

Deus inestimabilis misericordie. Deus immense pietatis.
Deus conditor et reparator humani generis. qui confiten-
tium corda purificas et accusantes se ante consp-
ectum divine clementie tue ab omni vinculo iniquita-
tis absolvis. veritatem tibi totis exoro gemitibus.
ut secundum multitudinem miserationum tuarum de omnibus
meis de quibus [illegible] me accusat conscientia. puram in corde
te concedas [illegible] agere confessionem. verumtamen ex his
omnibus et consimilibus in quibus penitentiam. quecumque pre
peccavi in cogitationibus pessimis. in meditationibus pravis. in consensu malo. in consilio iniquo. in concupiscentia
atque delectatione immunda. in verbis otiosis. in factis
maliciosis. in visu. auditu. gustu. odoratu. et tactu. Tu
enim misericors Deus. ad operandam in anime mee salutem
membra singula humanis usibus apta dedisti. Set ego
miserrimus omnium hominum. te eterne salutis auc-
torem contempsi. et cuncta in inimico meo data preparatione
suadente cui consensi. lapsus sum in peccatis. corrui in delect-
is. cecidi in tot et tantis criminibus. sceleribus facinoribus
in membris singulis nature modum excessi. et in pristine
pravis et perversis laboribus obnoxium me feci. pedes mei ad
currendum in malum sequendo libidinem supra modum
veloces fuerunt et in obedientia mandatorum tuorum
imbecilles et tardi. crura mea ad me sustinendum in malum fortia. genua mea ad formicationem potius quam ad
orationem libentius flexi. femoribus et genitalibus meis
supra modum in omnibus immunditiis me contaminavi et
non metui. et [illegible] me omni hora peccati. venter meus et in
saturitate mea omni crapula et ebrietate sunt [illegible]
distenta. In renibus et lumbis meis illusione diabolica et
flamma libidinis. turpissimo ardeo desiderio. manus mea
iniurie maliciam non formidant perpetrare. Dorsum meum ad iniqua opera roboravi. et collum meum

in eternali erexi superbia. humeros meos ad portanda ne
quaquam honera subduxi. et brachia mea illecebrosis meretricum
amplexibus prebui. Manus enim mee plene sunt sang
uine. omnibus que sordibus sunt pollute. prompte ad om
ne opus prauum. pigre ad aliquod operandum bonum.
Os meum nefario pollutum est osculo. et lingua est totius
pestilencia maculatum verbis que [illegible] luxuriosis ac fa
bulis ociosis. et mendaciis super[illegible] habundant me
nequam. Gule semper et ebrietati [illegible] dedita ac car
nalibus nimium desideriis saciata. et lingua mea om
ni fallacia est prophanata. Guttur meum insaciabili
semper ardet ingluuie. Aures mee dolosis sunt obtuse
loquelis prompte ad omne malum. pigre ad omne bonum
Naribus quoque sepius iniquis delectata sum odoribus.
in quibus etiam putredinem delectorum minime horrui.
Quid ceterum dicam de oculis qui omnibus me hominibus
obnoxium fecerunt. omnemque sensum cordis mei auer
terunt quibus in omni consensi libidine. qui et me orationis
tempore in sanctuario tuo te domine adorantem intentum pu
erterunt iniquo omneque motum corporis mei ani
ma pertraxerunt desideria. Caput vero meum omnibus
supereminens membris tempore [?] nimium ad te domine erectum
erectum incuruauit. Sed etiam ceteris membris in omni
malicia consentaneum feci. Cor meum plenum dolo et
malicia. nimium pura purgatum penitencia semperque
diabolica pollutum illusione. nimium vera absolui confessione.
Non autem hec narrans tuam domine in me blasphemo
creaturam. Sed me tecum [?] pessime deus expostulo medicamen [?]
quod etiam in omnibus membris meis me reum in
tellego. super mensuram. quasi ad [?] celi [?] arenam
maris. ita mea numerose [?] agnosco delicta. Insuper
etiam. Ira. superbia [?]. accidia. [?] auaricia. desidia. om
nibus que octo principalibus uiciis obnoxium me esse

fol. 202v: art. 81 (i)

confiteor . sed tu domine occultorum cognitor qui dixisti
penitentem te nolle peccatorum suum mortem set omnia cordis mei reuelabo archana . respice in me
et miserere mei . fontemque lacrimarum . et remissionem omnium peccatorum meorum tribuendo que
cordis confessionem in tibi poscenti . renoua in me
piissime pater quicquid actione ex verbis . ex ipsa
denique cogitatione et diabolica fraude uiolatum
est et unitati corporis ecclesie membrum tue red-
emptionis annecte . et non habentem fiduciam nisi
in tua misericordia ad sacramentum tue reconcili-
ationis admitte . per Ihesum Christum unigenitum filium tuum dominum et saluatorem nostrum qui tecum vna cum
unico spiritu unus est deus per immortalia regnans
seculorum secula . Amen. Oratio

Domine sancte et septiformis spiritus deus . spiritus sapien-
tie et intellectus spiritus consilii et fortitudinis
sciencie et pietatis . spiritus timoris domini . spiri-
tualis paraclitus . digitus dei . donum dei . timor
sancti caritatis sancte . columba ignis . deus vnctio qui coe
et coeternus . et consubstancialis patri filioque existis .
super eundem deum et dominum nostrum Ihesum Christum et
be spe . et super sanctos apostolos in linguis igne
descendisti . depelle a me queso tenebras tocius ini-
et perfidie et accende in me lumen tue misericordi-
em sanctissimi ac suauissimi amoris tui . infirma
pectoris uirtute firmans perpetim . hostem repellas . pacem que dones protinus . ut te ductore pre-
uenimus omne noxium . per te sciamus da patrem
noscamus atque filium . te utriusque spiritum credamus
omni tempore . Amen. De beata maria matre d

Benedicta et celorum regina et mundi tocius
et egris medicina . Tu preclara maris

fol. 203^{r}: art. 81 (i-iii)

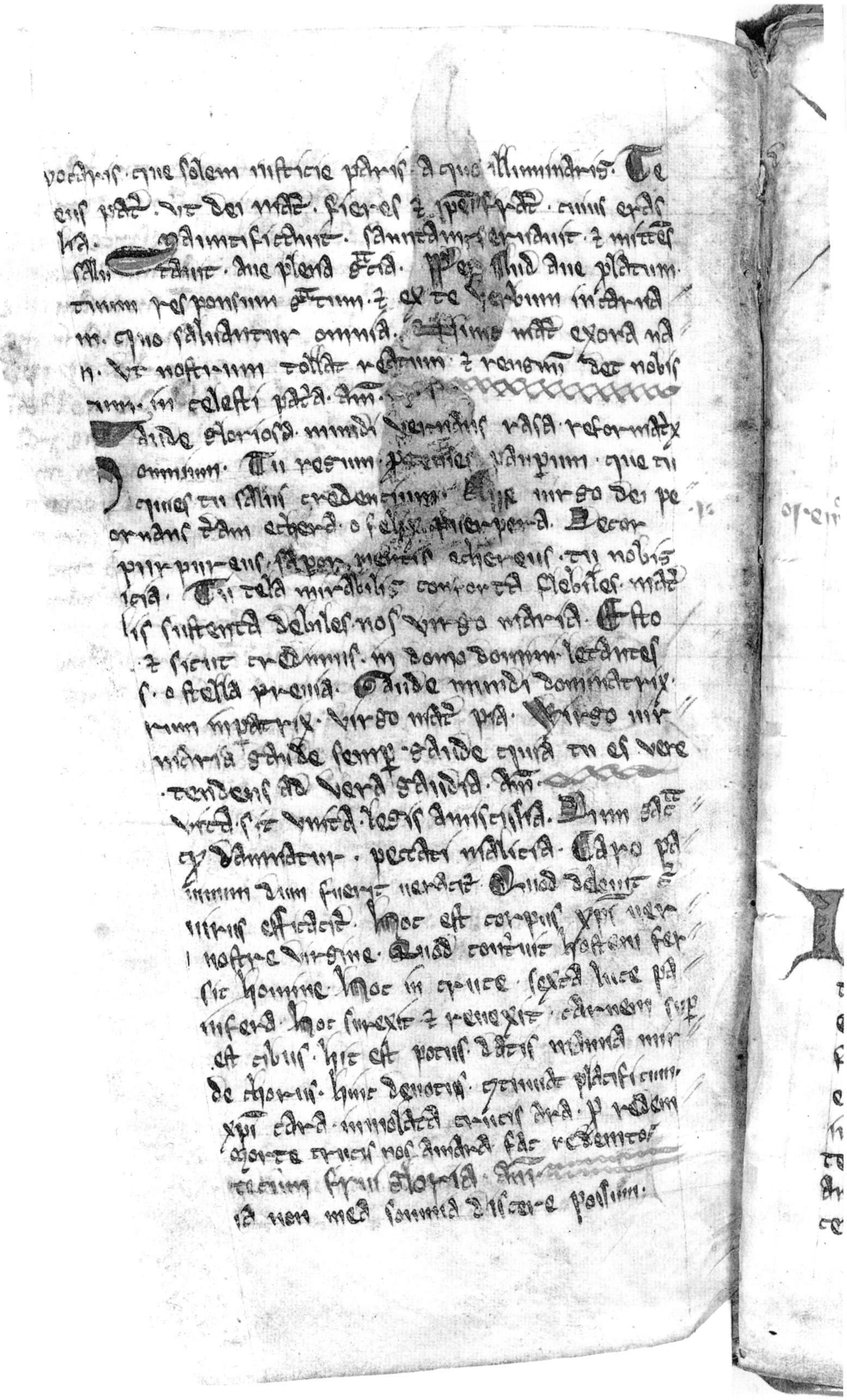
vocaris · que solem iusticie paris · a quo illuminaris · Te
eius prole · ut dei matre · fieres [illegible] · cuius credis
ta · [illegible] · [illegible] · [illegible] et mitteris
salu[illegible]tauit · aue plena gratia · Per illud aue plenarum
tuum responsum [illegible] · et ex te verbum incarna
m · quo saluantur omnia · [illegible] mater exora na
n · ut nostrum tollat reatum · et regnum det nobis
[illegible] in celesti patria · Amen ·
Gaude gloriosa mundi [illegible] vasa · reformatrix
omnium · Tu regum [illegible] · que tu
quos tu salus credentium · [illegible] virgo dei pe
ornans [illegible] ethera · o felix puerpera · Decor
[illegible] super merita [illegible] · tu nobis
tera · Tu tela mirabilis conuerta flebiles · mater
lis sustenta debiles nos virgo [illegible] · Esto
et sicut credimus · in domo domini letantes
s · o stella preuia · Gaude mundi domina[illegible]trix
[illegible] imperatrix · virgo mater pia · Virgo ma
[illegible] gaude semper gaude quia tu es vere
tendens ad vera gaudia · Amen ·
[illegible] sit vnica [illegible] · [illegible]
[illegible] · peccati [illegible] · Caro [illegible]
[illegible] dum fuerit [illegible] · Quid debuit
[illegible] efficacia · Hoc est corpus Christi [illegible]
nostre virgine · Quod conuenit [illegible]
sit homine · Hoc in cruce · [illegible]
infera · Hoc surrexit et reuixit · [illegible]
[illegible] cibus · hic est potus [illegible]
de [illegible] · [illegible] placatum
Christi [illegible] immolata [illegible] · [illegible]
[illegible] nos [illegible] redemptor
[illegible] gloria · Amen
[illegible] mea [illegible] possum.

fol. 203v: art. 81 (iii-v)

oracio domini

Domine deus omnipotens eterne et ineffabilis sine fine
atque [illegible] principio quem unum in trinitate et trinum in
unitate [illegible] confitemur te adoro te laudo te bened
ico te et glorifico tibi de [illegible] misericordie et clemencie gr
acias refero qui me exutum nocte perdicionis et erroris precip
icium fecisti sciencie tue perfice [illegible] domine ceptum in me
opus misericordie tue. da [illegible] semper cogitare loqui et
agere que placita sunt [illegible] in [illegible] presente
tua custodiens fac me in[illegible]mentum et miserum ad tuam
pervenire visionem. Amen. Q[illegible] [illegible] vivis et re
gnas deus per omnia secula seculorum. Amen.

oracio

Omnipotens deus misericors pater et bone domine miser
ere mei de preteritis peccatis indulgenciam de pr
esentibus continenciam de futuris quoque [illegible] ding
eris cautelam. Moderator et opifex tocius boni sine quo
nec possumus bona cogitare nec cogitata in actum pro
ducere nec acta sine dubio consummare. da michi velle
et posse perficere ea que tibi placent et michi expediant
Da michi in perturbacione consilium in tristicia solacium in per
secucione subsidium. in omni tribulacione virtutem
quia tu es deus refugium miserorum iustificacio
peccatorum et consolacio desolatorum. per dominum etc.

Deus propicius esto michi peccatori quia non sum
sicut ceteri homines eternis integritate [illegible]
entes. spiritus constancia pollentes perfec
ta caritate fervientes contemptu mundi sublim
es. virtutum merito gloriosi. sicut et multi qui post
flagicia publica digne penitendo te deo meruerunt
esse devoti. centies pecco in sabbato. [illegible] vereor
in omnibus que facio [illegible] peccavi in celum et cora
m te. Iam non sum dignus esse filium tuum set nec
ancillam. qui propriis viribus nichil valeo exercere exer
cere tu domine exerce ut [illegible] et redde quod vis.

fol. 204r: art. 81 (vi-viii)

promereo non enim habeo quod meum totiens demeritum huc
usque in reservasti. Perfice igitur perfectissime creator quod
in me cepisti. sufficiat hactenus debile dies meos implere et
annos meos expendere. Dispone piissime pater residuum tem
poris quod mortendum mee superhabundans bonitas tua clementer
indulsit secundum legem tuam et salutaria mandata tua.
Ut anima mea et vita sic perseveret dum adherens nullis tem
ptationibus a tua sancta dilectione separetur. Dispone domine
omnes cogitationes meas et omnes actus meos secun
dum beneplacitum tuum. Ut per me et in me et de me
semper fiat tua solummodo voluntas. libera me ab om
nibus malis et perduc ad vitam eternam. Amen. Oratio.
Dulcis et benigne domine Ihesu Christe qui exibuisti caritatem
qua maiorem nemo habet et cui parem nemo ha
bere potest quia nichil debebas. et tamen pro nobis ani
mam tuam pro servis et peccatoribus tuis posuisti et pro ipsis
inimicis persecutoribus tuis expirasti ut eos fratres tuos et iustos
faceres et reconciliare misericordi patri tuo et tibi. Domine qui
tantam caritatem fecisti inimicis tuis ipse precepisti
caritatem amicis tuis. Bone domine quo affectu recogitabo
inestimabilem caritatem tuam. Quid retribuam imm
enso beneficio tuo. Transcendit enim omnem affe
ctum dilectio tue benignitatis. Vincit omne recor
dantis memoriam tuum beneficium. Quid ergo tibi
deo creatori et recreatori meo. Quid retribuam
miseratori et redemptori meo. Domine deus tu
bonorum meorum non eges. Tuus est enim orbis terre
et plenitudo eius. Quid igitur ego mendicus et pau
per ego vermis et cinis. Quid retribuam deo meo
nisi ut ex corde obediam precepto eius. Est
autem preceptum tuum ut diligamus invicem. bone
ihesu. bone domine. bone amice. bonum tuum. quicquid est hinc
precepto tuo desiderat obedire humilis et gementibus

fol. 204v: art. 81 (viii-ix)

ancillum tuum. Tu scis enim domine quia dilectionem quam iubes amo
amore diligo. caritate concupisco. hanc peto. hanc propter hanc pulsat et clamat hic pauperculus et mendicus tuus.
ad ianuam misericordie tue et in cuius iam accepi dulcem
elemosinam gratuite largitatis tue diligens omnem hominem
in te et propter te. quamuis non quantum debeo. nec quantum desidero.
tamen pro omnibus tuam exoro clementiam. sunt tamen plures
quorum dilectionem sicut specialius et familiarius cordi meo
impressit amor tuus. ita ardentius bene desidero illis et
deuotius opto orare pro illis. Vult igitur pie domine uult ancillum tuum orare te pro amicis tuis. sed reuocat reum tuum
a delictis suis. Qui enim in ueniam exorare non sufficio
a fronte scelesta quam tuam aliis rogare presumo. Et quod anxi-
us intercessores quero. et fiducia pro aliis intercedo. Quid faciam domine deus. quid faciam. Tu iubes me orare pro illis. et
dilectio concupiscit. sed clamante in conscientia uita pro peccatis
meis sollicitus sum. pro alienis loqui contremisco. Dimittam ergo
quod iubes. quia feci quod prohibes. Immo quia presumpsi prohibita
amplectar imperata. si forte obedientia sanet presumpti-
onem. si forte caritas operiat multitudinem peccatorum meorum. Oro ergo te pie et bone deus pro his qui me diligunt propter
te et quos ego diligo in te et pro illis deuotius quorum ergo in
me dilectionem et ergo quos meam tu nosti sinceriorem. Non
hoc ago domine ut reus iustus. securus de peccatis meis. sed
confisus caritate sollicitus pro alienis. Dilige ergo eos tu fons
dilectionis qui precipis et das ut diligam eos. et si oratio
mea non meretur prodesse illis quia et offertur a peccatore. ualeat
illis quia fit te iubente auctore. propter te ergo tu auc-
tor et dator caritatis propter te non propter me dilige eos et fac
ut ipsi te toto corde. tota mente. tota anima diligant.
Vt sola que tibi placent et illis expediunt. uelint loquantur et
faciant. Nimis tepida est domine mi nimis tepida est oratio mea quia parum feruida est caritas mea. sed tu me

fol. 205r: art. 81 (ix)

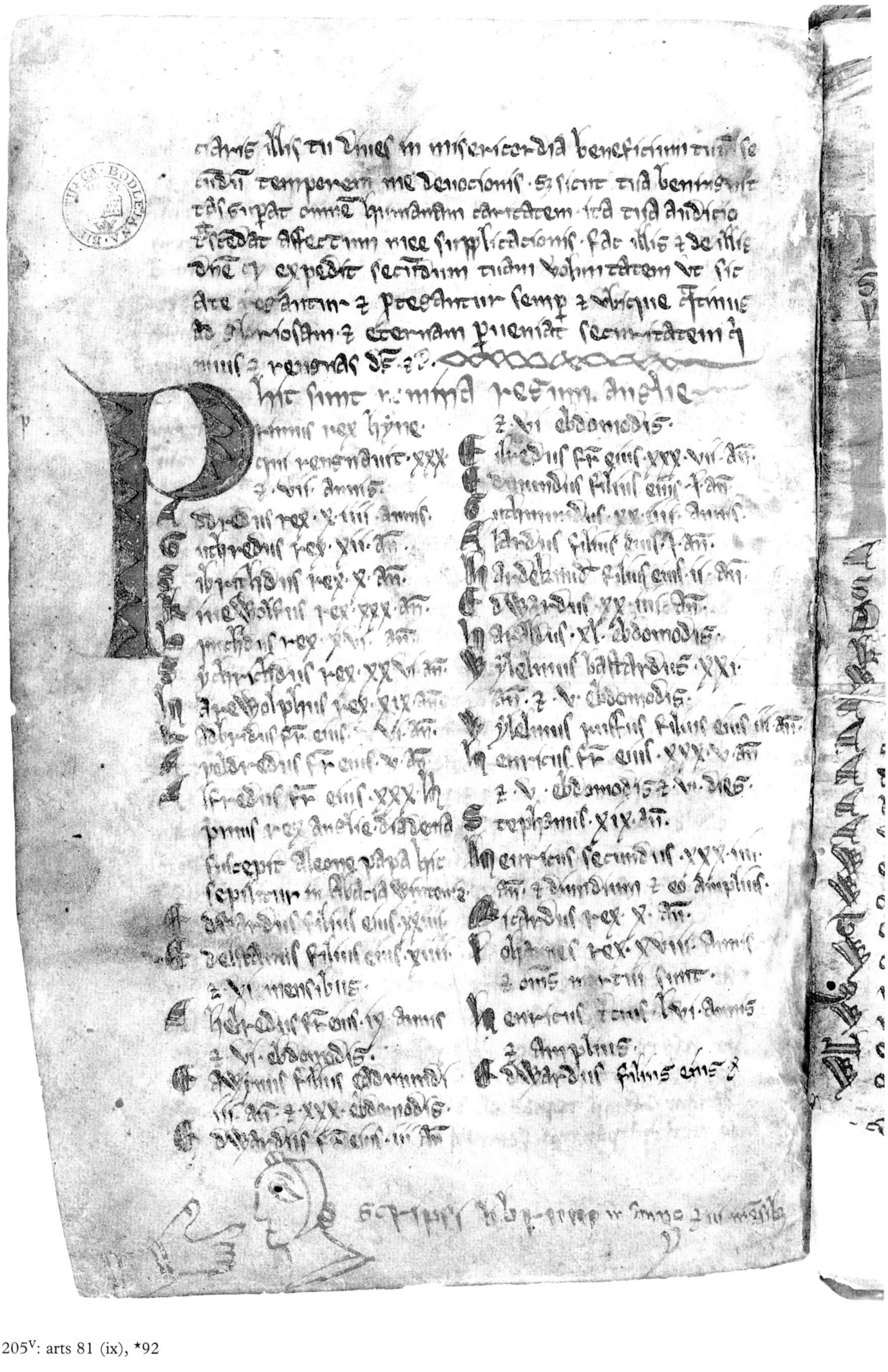

fol. 205^{v}: arts 81 (ix), *92

In manus tuas domine
commendo spiritum
meum redemisti me domine de

Y vine honden toward mine
ch breche soule mine
ovfast ood bidde ... ye
at mine simen forzef you me

Vide bonam oracionem di
cendam ad laudandum sanctam ...

Aue ... xpi caro
ꝑ ...ula cruce ...
pro redemptis hostia
orte cruois nos ...
de redemptos ...
... ...

roine la court celestiel
ous estes druie ꞇ amie
cens ... pechez folie
... par sunt benoime
... de vous ma dame sainte ...me
ous estes pleine de pite
... de mer ꞇ ad ... nome
... festes ... curs
... tous ... ꝑ folour
la estꝑiene marie
e mout estoit de fole ...me

Prescions e dame seinte marie
Den espouse ꞇ amie
Puicele froichez
Dela grace den enhimine
Pur la fore ke diez entere
ke tous iours nous est plenere
Fez pite de mes doloirs
ʒlourre ne far on ...ere secours
... ma ...
e ... de pite replenie
e estes fore
... ...
or ... a poine secourable
che ... ꞇ as poures mercuable
dolens fore desirable
beffnous moutable
ʒlos ... amiable
ers voustre fiz ... tres ...able
ous estes del cel reine
ou te la court vers vous ...
ous estes mere ꞇ pucele
... toutes creatures bele
nkes ne fust don per ... ne
e sa nert en le mo...e troue
ous ... les ... del cel

... vou...re sent ...
e le ma... ke en lesse ꝑ
... vous ma dame ...
e dert
... dame maria
la abbasse ... en grose
ꝑar vous ma dame ... deliue
...ous douce marie
... saint denis ...
e por nul ... les
egne ... crestiens
... les record vos
e me despeir pur mes pechez

... ... corporis xpi colloꝑ ...
...
...
... ꞇ ...
... ... ꝑ ... ꞇ

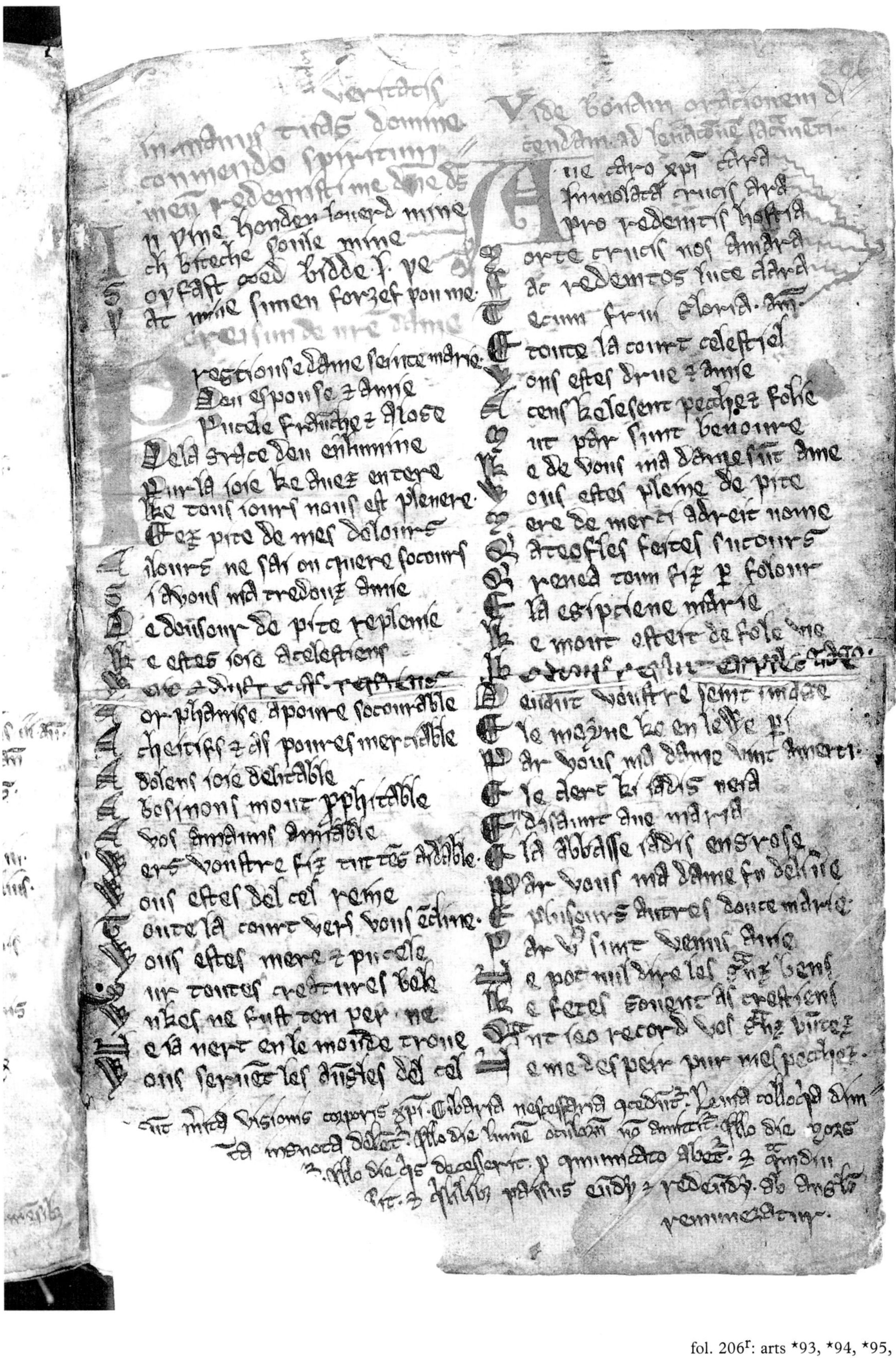

fol. 206^r: arts *93, *94, *95, *96

fol. 206^{V}: art. *95

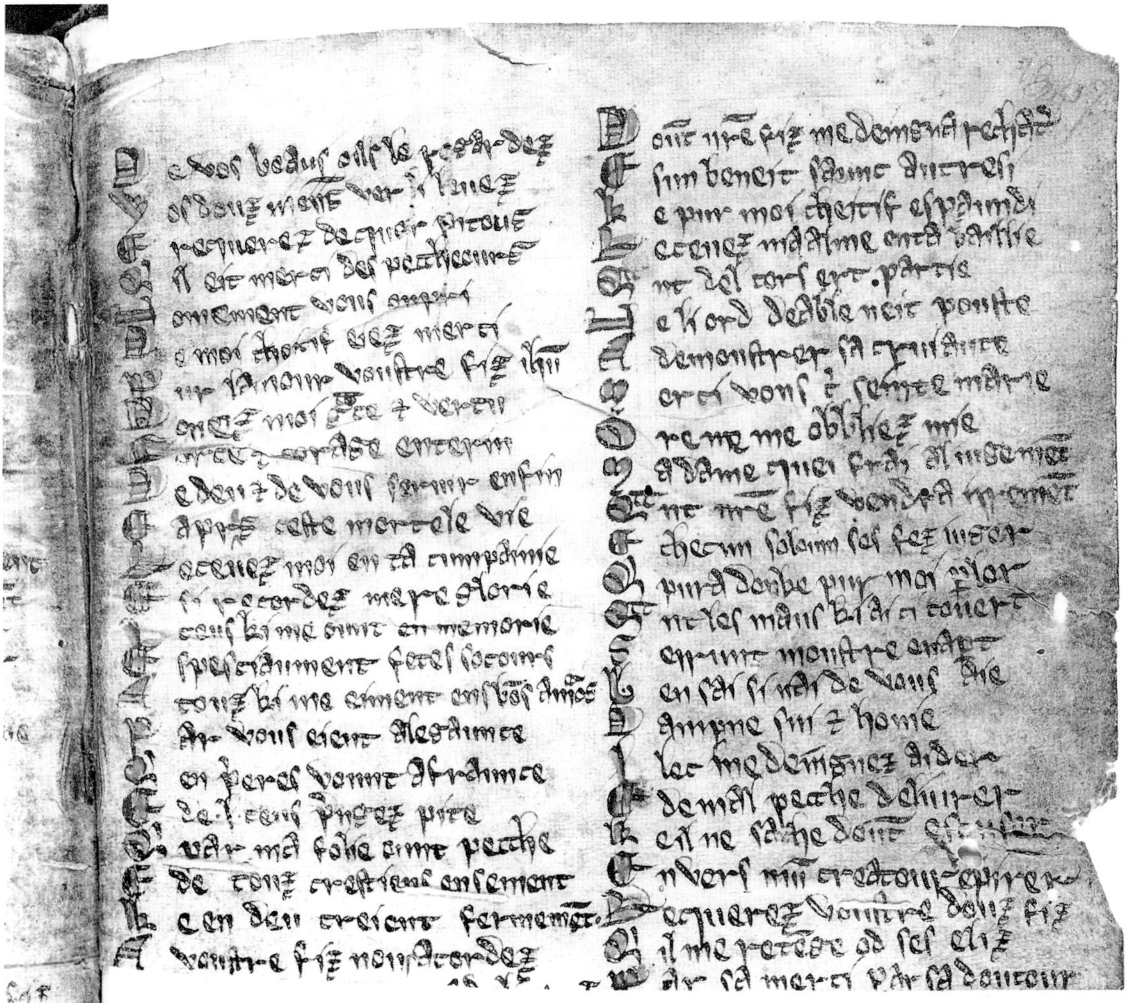

De vos beaus oilz le regard dez
Vos douz visage ver li nez
Regarderez de quer pitous
Qi est merci des pecheours
Leaument vous empri
De moi cheitif aiez merci
Ne larrour vostre fiz Jhesu
Donez moi grace e vertu
Prier e corage entier
De deu e de vous servir enfin
E apres ceste mortele vie
Acenez moi en ta compaignie
E si recordez mere glorie
Ceus ki me ont en memorie
Especiaument ferez socours
A touz ki me aiment en lor amors
Par vous aient alegaunce
Ci peres venent a repentaunce
E de ceus pregez pite
Qui par ma folie ont peche
E de touz crestiens ensement
Ke en deu creient fermement
A vostre fiz nous acordez

Dount vostre fiz me demeneit pecchez
E si me beneit salve ausi
Ke pur moi cheitif espandi
Acenez ma alme en ta baillie
Qant del cors est departie
Le lord deable n'eit pouste
A demonstrer sa cruaute
Merci vous cri sainte marie
Ore ne me oubliez mie
Ma dame quei frai al iugement
Qant vostre fiz vendra au iugement
E chescun solum ses fez iuger
Qant doute pur mon plor
Qant les mains ki erent clouer
Esprint monstre ensement
E en sei si nul de vous rie
Dampne sui e home
Lee me demenez a dire
E de mes peches delivrer
Ke il ne sache dont esmaier
Envers mun creatour quier
Requerez vostre douz fiz
Qil me receive od ses eliz
Par sa merci par sa douceur

fol. 207r: art. *95

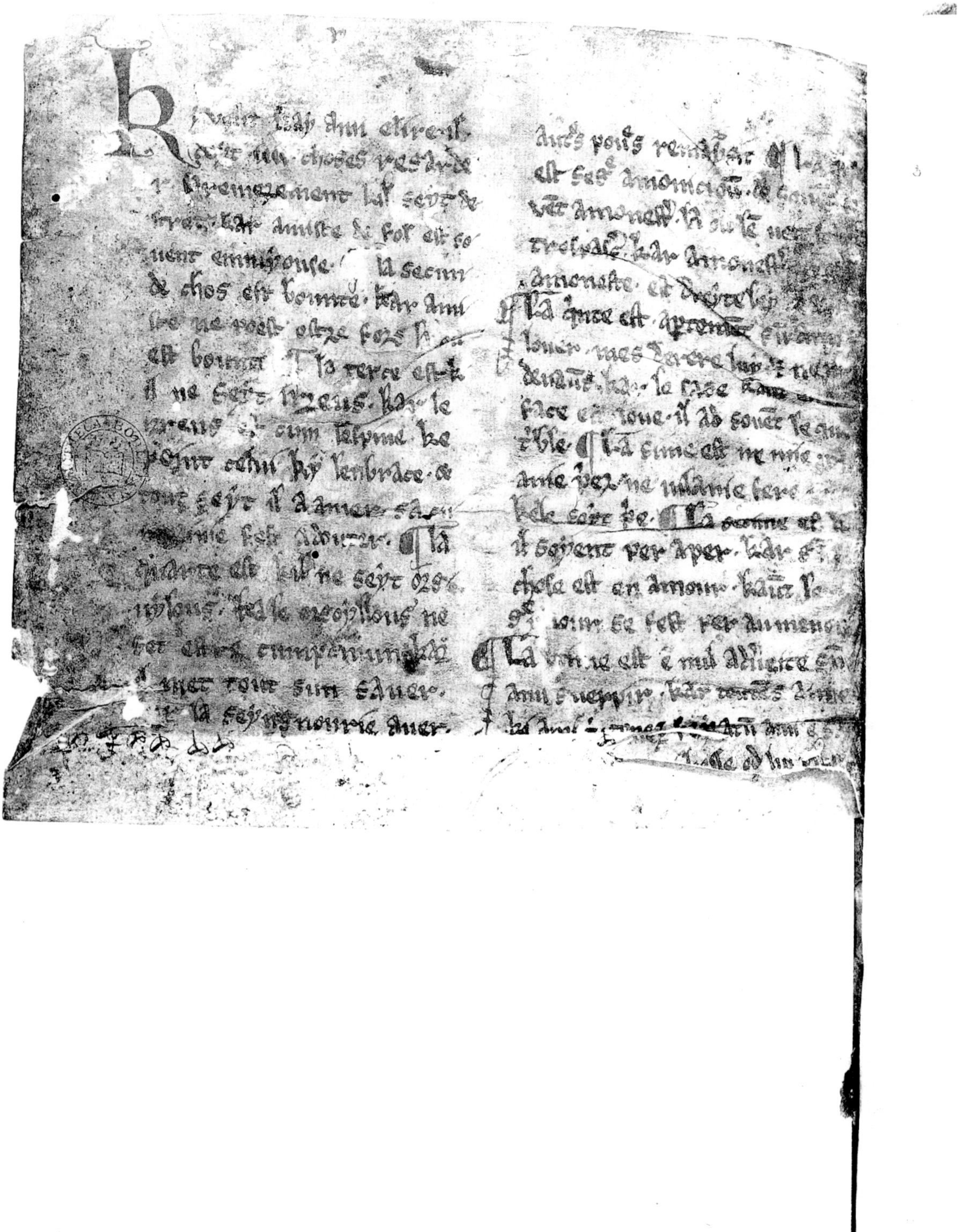

fol. 207v: art. *97

208

fol. 208^r

fol. 208v

fol. 209r

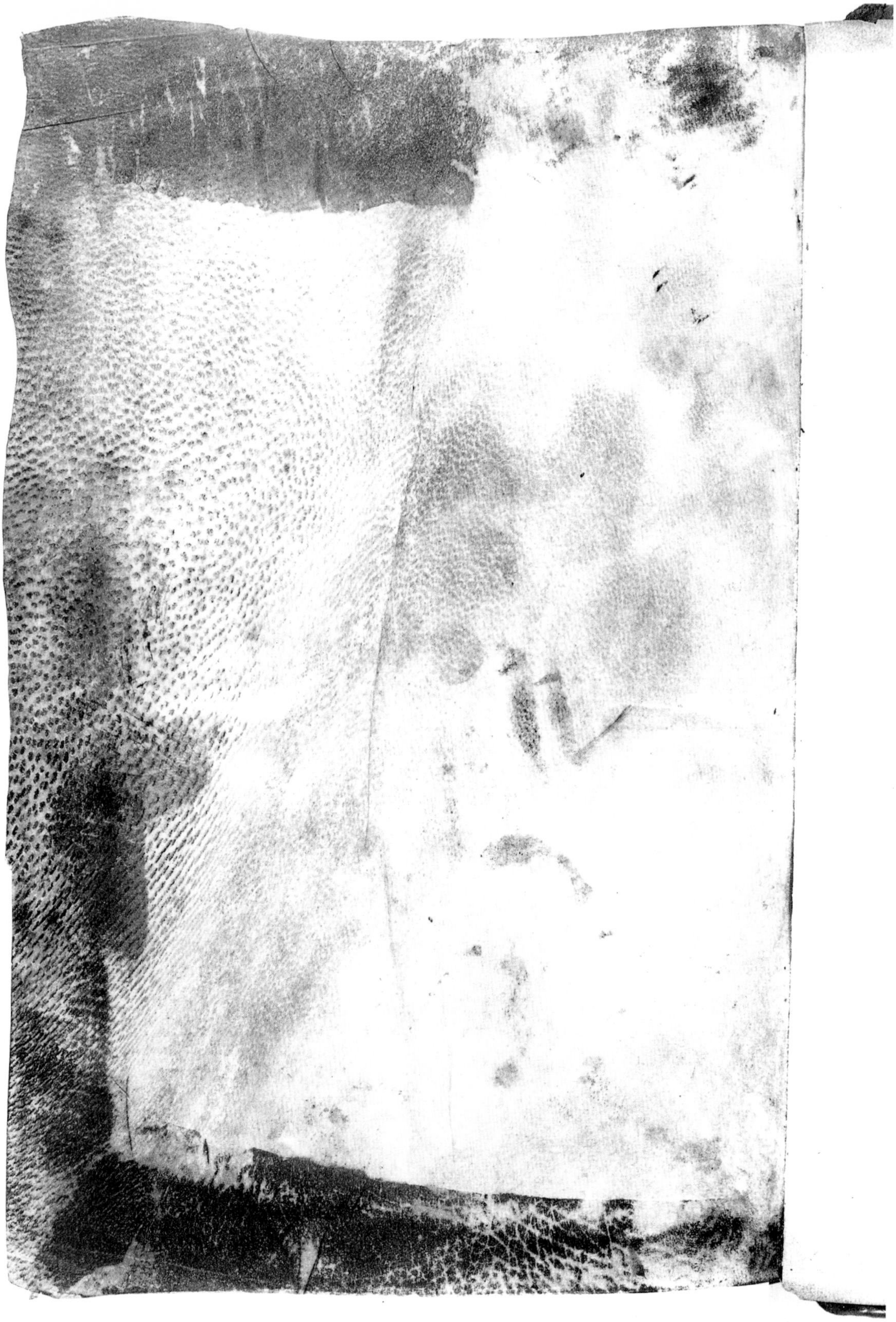

fol. 209v

210 (ult.)

fol. 210v

INSIGNIA KENELMI DIGBY EQVITIS AVRATI

rear cover

spine